云南省第二批"云岭学者"培养项目"中国西南边疆发展环境监测及综合治理研究"（项目批准号：201512018）阶段性成果

2017年度国家社会科学基金重大项目"中国西南少数民族灾害文化数据库建设"（项目批准号：17ZDA158）阶段性成果

云南省教育厅（第八批）"云南省高校灾害数据库建设与边疆社会治理科技创新团队"项目培育成果

Safeguarding Agriculture in Frontier Regions

Famine Relief in Yunnan and
Guizhou Provinces during the Qing Dynasty

固本安边

清代云贵地区的灾荒赈济研究

聂选华 著

中国社会科学出版社

图书在版编目（CIP）数据

固本安边：清代云贵地区的灾荒赈济研究／聂选华著．—北京：中国社会科学出版社，2022.10
ISBN 978-7-5227-0844-7

Ⅰ.①固… Ⅱ.①聂… Ⅲ.①荒政—研究—云南—清代 ②荒政—研究—贵州—清代 Ⅳ.①D691.22

中国版本图书馆 CIP 数据核字（2022）第 167047 号

出版人	赵剑英
责任编辑	宋燕鹏　史丽清
责任校对	李　硕
责任印制	李寡寡

出　版	中国社会科学出版社
社　址	北京鼓楼西大街甲 158 号
邮　编	100720
网　址	http://www.csspw.cn
发行部	010-84083685
门市部	010-84029450
经　销	新华书店及其他书店

印　刷	北京明恒达印务有限公司
装　订	廊坊市广阳区广增装订厂
版　次	2022 年 10 月第 1 版
印　次	2022 年 10 月第 1 次印刷

开　本	710×1000　1/16
印　张	32.5
插　页	2
字　数	502 千字
定　价	168.00 元

凡购买中国社会科学出版社图书，如有质量问题请与本社营销中心联系调换
电话：010-84083683
版权所有　侵权必究

序一
开拓边疆治理和国家建设研究的新视角

何 明

大约三年前，选华申请进入云南大学民族学博士后流动站开展博士后研究时送来他的博士学位论文《固本安边：清代云贵地区的灾荒赈济研究》，给我留下了史学基础扎实且勤奋刻苦的印象。半个月前，他发来以博士论文为基础补充修改后形成的同名著作书稿，希望我为之做序，迫使我重新阅读。这次阅读令我萌生出一些新的感受，现略述如下：

首先，史学基础扎实且勤奋刻苦的印象更加深刻。选华受业于著名环境史专家周琼教授，在周老师六年多时间的严格训练之下，奠定了坚实的史学基础。除了正史的文献之外，作者博览清代云贵两省的地方志、诗文集、游记等，还查阅了中国第一历史档案馆馆藏奏章、诏令和谕旨等档案史料，其中不乏世人所鲜见的新史料，从而使得清朝云贵地区的灾荒及其赈济的过程清晰呈现出来。多数史家奉"论从史出"为圭臬，扎实的史学基础、认真仔细的史料和档案整理梳理，无疑增强了本书的深度和信度。

其次，研究对象的时空边界划定恰当。清朝在中国历史上占有特殊的地位，无论是其政治体制结构还是西南边疆治理对于中国的影响深远，学界多有讨论，在此不做更多阐发。作为云贵高原的主要组织部分，云南和贵州不仅在地理空间上相连，地形地貌、海拔、气候以及生物资源等相似，而且其历史过程、社会结构、文化特征和经济模式等相近，清代曾将两省合置"云贵总督"，对该区域不仅采取统一管理，而且采取了大致相同的治理策略。本书的灾荒及其赈济研究，以清代云贵为研究单位，不仅能够揭示相似自然和社会条件下灾害的类型和特征，并且能够较为完整地阐释有清一代的西南地区的灾荒赈济和边疆治理模式。

再次，传统中国边疆治理研究的独特视角。迄今已有的边疆治理研究大都采用政治经济制度的视角，而鲜有从公共政策的角度切入。众所周知，国家的出现，使人类获得了一种更为强大的抵御灾害的资源和工具。善为国者能够有效运用国家资源应对灾害、救济灾民，其结果不仅"救黎民于水火"，而且增强了灾区与国家的联系、灾民对政府的认同。对于处于国家领土边缘地区的边疆民族地区来说，国家的救灾赈济行动具有增强边疆治理和少数民族国家认同的特殊意义。本书从清朝的云贵地区灾荒赈济角度讨论中国传统国家的边疆治理，拓展了传统中国边疆治理和国家建设的领域，其学术意义是显而易见的。

最后，阐释与论说的深入程度有待进一步加强。序言不是广告，不能只有溢美之词而不指陈得失。我同意史学家的"论从史出"原则，但不认为历史研究等同于史料的收集整理与铺陈复述，而应当体现研究者更多的"主体性"，诸如乾嘉学派的考据学、马克思的历史唯物主义、法国年鉴学派的总体史学和计量史学等等，都体现了研究者对于史料考证分析的创造性智慧和理论建构，产出具有史料依据的新思想和新知识。从这一角度审视，感觉该书论述的严密性、深入性和系统性尚有进一步提升的空间。选华博士毕业不久，属于刚刚踏上学术研究的年青才俊，未来的道路还很长，作为他的博士后合作导师，希望他能不断加强理论思维能力训练和史学理论素养，写出更具创新性和思想性的成果。

是以为序。

2022 年 3 月 23 日于昆明东郊白沙河寓

序二

周　琼

  清代是中国传统集权政治在西南较为深入的时期，史籍的编修及留存也是历史以来最多的时期，"灾异"的记载在数量、类型及详细程度上，都有了极大的提高。明清宇宙期是灾害群发的典型时期，西南地区的灾害数量相较前朝也有大幅度增加，并呈现出自然与人为交叠致灾的特点，其灾害救济的制度化建设也在屡次的救灾实践中渐成体系，这就为清代西南灾害及其应对的研究奠定了基础。

  云贵地区地理位置独特，地质结构及地形地貌复杂，气候类型及生态环境类型多样，气象及地质灾害频繁爆发，形成了灾害类型多、分布及影响范围广、发生频次高等特点。受交通及气候的影响，清代云贵地区灾害风险应急防范难度极大，对区域经济社会发展和边疆社会治理的统筹发展形成了较大制约。清王朝在完成平定三藩、改土归流等底定西南的大政方针后，稳定统治秩序、救荒活民、发展经济就成为清朝政府加强西南边疆治理的重要任务。

  经过明末清初长期的战乱后初步统一天下的清王朝面临百废待兴的艰难局面，进行荒政制度的建设及实践，是对底层民众（灾民）进行绥靖安抚、收揽凝聚民心进而获取统治合法性的有效途径，不仅体现了清代中央集权的统治智慧，也体现了执行中央王朝荒政制度、较好救济灾民的边疆地区在国家认同上的进步。清代作为中国荒政制度的集大成时期，其灾赈制度的优势，是地方政府在王朝集权统治的稳定态势及渐趋雄厚的经济实力下，以强有力的物资调集分发能力，在短期内完成对灾民的赈济，迅速稳定社会经济秩序，其社会成效成为王朝集权在边疆地区深入推行的标识之一。因此，中央王朝的荒政制度在西南地区逐步深入的推行，使云贵地区的防灾减灾救灾能力建设和边疆基层社会的精细化治理程度逐步得到提高，有效地发挥了云贵地区在促进西南边疆与内地一体化发展中的纽带作用，尤其是清代云贵地区备荒救灾体系的健全完善和灾荒赈济中邻近省份协同救济机制的构建及实践，促进了清代云贵地区融入中华民族整体性发展中的进程，也使云贵地区在中华民族共同体建设中的历史功能与区位优势得了到充分的展现。

西南边疆具有稳定的统治基础，也具有典型的地缘性、多元性和战略性特点，随着清王朝在云贵地区改土归流的深入推进，在中原王朝推行过的荒政制度也随之在西南地区逐步推行，不仅适应了流官派遣及其行政建制的设立和调适，也弥合了清代国家治理与边疆治理的阻滞缝隙，继而推进并实现了国家政权建设与民间社会秩序互动的多元共治。清代云贵地区灾荒赈济体现的良好效果，进一步稳定了清代中国西南边疆的政治局势，使云贵地区的山区开发进入到一个前所未有的阶段，社会经济实力相应增强，在灾荒赈济期间能够筹集调拨相应的救灾物资，实现区域社会资源的有效整合和再分配。因此，清王朝在西南边疆地区推动并形成上下贯通、区域协调联动的社会治理体系，这是社会共治——多元主体共同治理本质与内涵的具体表达，这也是聂选华在博士学位论文基础上改成的书稿的核心主旨，他的研究成果及观点，无疑能为当代西南边疆民族地区的防灾救灾减灾体系和共建共治共享的社会治理格局的塑造提供历史镜鉴。

他的研究及思考，是清代云贵地区灾荒赈济实践的第一次系统探讨。清代的云贵地区是个历史场景极为复杂的区域，自然灾害频发、群发，战乱不止，在天灾人祸交织纷呈的历史时空中，无论是自然还是人为因素导致的灾害或社会动乱，其危害及影响在清代西南边疆地区的灾荒中都极具典型性。聂选华的研究，基于区域灾荒史的视角，对清代云贵地区自然灾害的时空分布特征及其社会影响、荒政制度在云贵地区的具体实践揭示清朝政府的粮食安全、边疆安全和国家安全建构过程中的积极效用进行系统探讨，在具体展现云贵地区灾荒史的各个面相的同时，还关照到清代荒政制度在纵向上的地方与国家的互动，并将云贵地区与邻近省份乃至邻国越南等各个既相互独立又彼此联系的区域联结起来加以考察，从而获取对中国灾荒史的整体性新认知。

同时，他立足于边疆观和边疆治理的视角，系统总结清代云贵地区灾荒赈济过程中仓政体系的建设、官方和民间灾赈措施施行及其成效，对清代荒政制度在云贵地区的具体实施和损益变化进行了整体性的考察，从而揭示了清代国家荒政的制度化和灾荒赈济实践路径的系统化对救荒活民的重要作用。在书中，作者对云贵地区这一地理单元和清代社会保障制度建设有了整体性的把握，并将云贵地区的灾荒赈济的历史置于清代荒政制度、区域社会经济以及西南边疆治理的脉络中进行观察，开拓了区域灾荒史研究和边疆治理协同机制构建的新视角，在深化清代中国灾荒史研究中具有一定的学术创新价值，对探讨西南边疆地区的自然灾害管理和灾害风险应急防范体系的构建具有较大的借鉴价值。

在清代区域灾荒赈济的研究中洞察中国，是区域史灾荒史研究的真正归依之处。聂选华的研究，基于灾荒赈济系统及机制构建的视角对清代中国荒政的公共性与国家治理进行再审视，对清代云贵地区灾荒赈济实践的区域联动效应进行深入的探究，不仅揭示了传统中国荒政制度面临的困境，亦彰显了清代荒政之演进与区域公共安全体系建构之间的连续性。从实践层面来看，清朝政府主导的灾荒赈济激活了云贵地区基层社会治理的内源性动力，仓政体系、荒政制度的实践逐渐促进了云贵地区各民族的交往交流交融和国家认同意识的生成，从而维护了西南边疆地区的社会稳定。与此同时，清朝政府的西南边疆治理为荒政制度在云贵地区的深入实践带来了外源性动力。清代云贵地区灾荒赈济期间的基层社会专项治理与系统治理、源头治理与综合治理有机融合，为清朝政府在西南边疆地区实现共建共治共享的社会治理提供了基本遵循。

作为一部研究西南地区灾荒史的重要著述，其成绩固然斐然，但瑜不掩瑕，书稿亦存在有待完善及提高的空间。比如，尽管作者对文献资料的收集几乎做到了"竭泽而渔"，在论述中遵循论从史出和实事求是的原则，并旁征博引学界的优秀成果和独到见解，但在部分内容的论证上仍缺乏严格精详的审慎考辨，在"识大"（博）且要"识小"（精）方面有待下功夫。由于"历史"本身具有历史性，使得史料不可避免带有特定的时代印痕与记述者的主观理解，并非纯粹的客观真实，因而要求研究者在写作时不能尽信史料，尽可能地做到客观中立、不偏不倚和"秉笔直书"，尽管这仅是历史学要实现的一个"高贵的梦想"，但可以是青年学者坚持的方向。自古至今，政治制度、灾荒赈济、生态环境和社会变迁息息相关，因此灾荒史的研究者应当秉持"走出书斋、走向田野"的治史理念和方法，将研究根植于中国大地，藉此探索生命与社会的意义，因此，对清代云贵灾害与环境的互动关系进行更进一步的系统性探讨，应当是可以深化书稿内涵的一个侧面。此外，作者在书中对清代云贵地区灾荒赈济实践的路径及其成效虽然有了宏观的把握，但仍旧存在深入细致探讨的余地。作为对当今社会防灾救灾减灾体系建构具有重要现实借鉴价值的学术性专著，不仅要有扎实的史料功底和逻辑严密的阐述，还要在周密论证和融会贯通的基础上拓展理论视野，推进学术理论的创新，更好地满足实践的需要，也才能够对目前国家进行的防灾减灾救灾体系建设提供更切实可行的资鉴和建议。

选华的书稿付梓在即，心情不免澎湃起伏。在为他的成长进步感到由衷高兴的时候，也为他在人格及人品上的养成欣慰着。我至今依然清晰地记得2012年有幸去他本科学校做讲座认识他的情景，也记得他考入云南大学西南环境史研究所攻读硕士、博士研究生后，他的努力上进、他的踏实稳健、他的责任担当、他在研究所困难时候的坚守相伴……每一件事情，就仿佛是昨日才发生的一样，历历在目。他的成长和成绩，见证着西南环境史研究所走过的每一个足迹，而西南环境史研究所曾经的每一个业绩，也记录着他踏实奋进、努力拼搏的汗水。我不能忘记他为了完成研究所、为了环境史团队的工作，在一次次熬夜后第二天还肿着眼睛在坚持赶稿的辛苦，我也不能忘记在事情堆积如山我手忙脚乱时他说"这件事情交给我"时带给大家安心的感觉；很多时候连我自己都忘记了交给他的任务是什么的时候，他不声不响完成了任务时给大家带来的惊喜；在研究所面临种种困难和压力时他的坚韧和坚守，甚至很多次我都觉得他会坚持不下去，会像别人一样离开背弃我们的时候，却在不经意地回过头的一刹那，看到他还在……他虽然不是学生中最聪明的那个，但他无疑是最努力最有韧性、最不善言辞但却可靠踏实的那个。

我的恩师林超民先生在指导、勉励我们坚持并安心做学问时常说的话是大浪淘沙，如今我把老师的话用在聂选华博士论文的序中，是想说，在世事的变幻莫测中、在沧海桑田的迷茫后，聂选华和他的学术研究，就是大浪淘过后留下来的那粒闪着金光的沙子！他的努力，验证了林超民先生指导我们的话，是对的！他让林超民先生传承下来的方国瑜先生的治学精神，在新一辈学子的身上得以绵延赓续。

生而有涯，学无止境，这部书稿作为聂选华学术人生中的第一部专著，是他多年努力的结果，也为他未来的学术人生，开了一个好头！

2022年6月20日于北京

目 录

导 论 …………………………………………………………… （1）
    一 选题缘起 ………………………………………………… （1）
    二 学术史回顾 ……………………………………………… （8）
    三 研究方法与创新之处 …………………………………… （31）
    四 基本思路 ………………………………………………… （32）

第一章 清代云贵地区灾荒发生的影响因素 ……………………… （34）
  第一节 清代云贵地区灾荒发生的自然因素 ………………… （34）
    一 自然地理环境的变化 …………………………………… （35）
    二 气候变迁加剧灾害风险 ………………………………… （39）
    三 生态环境变迁的负面效应 ……………………………… （44）
  第二节 清代云贵地区灾荒发生的社会因素 ………………… （52）
    一 区域社会发展差异的驱动 ……………………………… （53）
    二 云贵地区暴乱的扰动 …………………………………… （58）

第二章 清代云贵地区自然灾害的时空分布特征 ………………… （63）
  第一节 清代云贵地区自然灾害的时空分布差异 …………… （63）
    一 云贵地区气象灾害风险的时空差异 …………………… （64）
    二 云贵地区地震灾害风险的时空差异 …………………… （95）
    三 云贵地区地质灾害风险的时空差异 …………………… （105）
    四 云贵地区疫疾灾害风险的时空差异 …………………… （118）
    五 云贵地区农作物病虫害的时空差异 …………………… （130）

第二节　清代云贵地区自然灾害产生的后果及影响 …………（138）
　　一　灾害对云贵地区农业生产的冲击 ………………………（138）
　　二　灾害对云贵地区财政经济的损耗 ………………………（145）
　　三　灾害对云贵地区民众生活的扰动 ………………………（149）
　　四　灾荒对云贵地区社会文化的影响 ………………………（156）

第三章　清代云贵地区荒政制度的施行 ……………………（162）
第一节　清代云贵地区荒政的基本程序 …………………（163）
　　一　清代云贵地区的报灾 ……………………………………（163）
　　二　清代云贵地区的勘灾 ……………………………………（171）
　　三　清代云贵地区的审户 ……………………………………（179）
　　四　清代云贵地区的发赈 ……………………………………（185）

第二节　清代云贵地区救灾的主要措施 …………………（191）
　　一　清代云贵地区的灾荒蠲免 ………………………………（191）
　　二　清代云贵地区的灾荒赈济 ………………………………（197）
　　三　清代云贵地区的灾荒借贷 ………………………………（206）
　　四　清代云贵地区的灾荒抚恤 ………………………………（216）

第四章　清代云贵地区的备荒仓储制度建设 ………………（224）
第一节　清代云贵地区的常平仓建设 ……………………（224）
　　一　清代云贵地区的常平仓设置 ……………………………（225）
　　二　清代云贵地区常平仓的功能 ……………………………（233）
　　三　清代云贵地区常平仓的管理 ……………………………（238）

第二节　清代云贵地区的社仓建设 ………………………（243）
　　一　清代云贵地区的社仓设置 ………………………………（244）
　　二　清代云贵地区社仓的功能 ………………………………（250）
　　三　清代云贵地区社仓的管理 ………………………………（257）

第三节　清代云贵地区的义仓建设 ………………………（263）
　　一　清代云贵地区的义仓建设 ………………………………（263）
　　二　清代云贵地区义仓的功能 ………………………………（271）
　　三　清代云贵地区义仓的管理 ………………………………（276）

第四节　清末西南边疆地区积谷备荒制度建设……(281)
　　一　清末西南边疆地区积谷备荒制度推行的原因………(281)
　　二　清末西南边疆地区积谷备荒制度的建设路径………(284)
　　三　清末西南边疆地区积谷备荒制度的实践成效………(291)

第五章　清代云贵地区灾荒赈济的实践路径……………(299)
第一节　清代云贵地区官方救灾的实践方略………………(299)
　　一　减免额赋以纾民困…………………………………(299)
　　二　平粜米谷以平市价…………………………………(307)
　　三　赈给银米以裕口食…………………………………(317)
　　四　鼓励垦殖以补种杂粮………………………………(322)
　　五　捐给养廉银两以资赈济……………………………(328)

第二节　清代云贵地区的民间救灾实践策略………………(333)
　　一　地方官宦倾力捐输赈济……………………………(333)
　　二　民间绅商慷慨捐赀助赈……………………………(337)
　　三　民众祭拜神灵以禳弭殃灾…………………………(342)

第三节　清代云贵地区灾后恢复重建的行动………………(348)
　　一　修缮城墙以资捍卫统治……………………………(348)
　　二　疏挖河道以利农业垦殖……………………………(351)
　　三　修复桥梁设施以利行旅……………………………(357)
　　四　修复盐井以利税课征收……………………………(363)

第六章　清代云贵地区灾荒赈济典型案例探赜……………(368)
第一节　危机与应对：清道光十三年云南地震灾害救济……(368)
　　一　道光十三年云南地震灾情概况……………………(369)
　　二　道光十三年云南地震灾害赈济……………………(374)
　　三　道光十三年云南地震灾后重建……………………(382)

第二节　清光绪朝云南昭通以工代赈的实践路径及
　　　　　实践成效………………………………………………(387)
　　一　清朝"以工代赈"在西南边疆实施的原因…………(388)
　　二　光绪十八年昭通府"以工代赈"实践的主要措施……(392)

三　光绪十八年昭通府"以工代赈"实践的辅助举措 …… (398)
　　四　光绪十八年昭通府"以工代赈"实践的社会成效 …… (405)
　第三节　清代贵州"新疆"地区自然灾害应急响应 ……… (409)
　　一　清代贵州"新疆"的开辟与经营 ………………… (410)
　　二　清代贵州"新疆"地区自然灾害发生的背景 …… (414)
　　三　清代贵州"新疆"地区自然灾害时空分布特征 …… (422)
　　四　清代贵州"新疆"地区的自然灾害应急响应 …… (426)

第七章　清代云贵地区灾赈实践的区域联动效应 ……………… (431)
　第一节　清代云贵地区灾赈实践的区域协同联动 ………… (431)
　　一　云贵地区灾赈物资的应急调运和供给 …………… (432)
　　二　云贵地区灾荒赈济的"国家干预" ………………… (438)
　　三　云贵地区灾赈期间的乡村秩序维系 ……………… (447)
　第二节　清代云贵地区灾荒赈济协同机制的构建 ………… (458)
　　一　清代云贵地区灾荒赈济协同机制的建设 ………… (459)
　　二　清代云贵地区灾荒赈济协同机制的调适 ………… (463)
　　三　清代云贵地区灾荒赈济协同机制构建的效应 …… (469)

结　语 ……………………………………………………………… (477)
参考文献 …………………………………………………………… (484)
后　记 ……………………………………………………………… (503)

导　　论

一　选题缘起

  2013 年，我考入云南大学西南环境史研究所攻读硕士学位，跟随导师周琼教授从事西南灾荒史的研究，从暑假在云南省图书馆摘抄地方志中有关灾害的史料，到 2015 年赴中国第一历史档案馆查阅、摘抄有关云贵两省灾害记录的朱批奏折、内阁题本和录副奏折等档案，我逐渐消除了清代云贵地区灾荒史研究较为困难的顾虑，并在多次向周琼教授请教后，获得深入开展清代西南灾荒史研究的要领。2016 年，我有幸申请到云南大学硕博连读的机会，并继续跟随周琼教授攻读博士学位。为了拓宽我的学术研究视野和研究思路，无论是在博士研究生的课堂上，还是在课外的讨论学习中，周琼教授都不厌其烦地跟我讲授西南地区灾荒赈济在清朝加强西南边疆治理进程中的重要性和特殊性，她还鼓励我撰文参加历届中国灾害史年会，希望我能从学术探讨和交流中对清代灾荒史研究有进一步的思考。将清代云南和贵州两省的灾荒赈济结合起来进行研究，既能推进西南灾荒史研究的工作，亦能确定我的学术理路，"清代云贵地区灾荒赈济的区域联动性"这一富有魅力和极具挑战的选题，就成为我完成博士学业的主攻方向。

  自从人类诞生以来，自然灾害一直伴随着人类生产和生活的全过程，人类文明的发展历程也是人与自然灾害作斗争的历程，因而与自然灾害相抗争成为人类生存发展的永恒课题。2005 年 10 月 19 日，国家减灾委专家委员会在北京召开"减轻我国巨灾行动计划"研讨会，有关国家综合减灾"十一五"规划目标的实现，时任国家减灾委办公室常务副主任、国家民政部救灾救济司司长王振耀接受记者采访时指出："减灾的一项重要目标就是要全面提高社会大众的减灾意识和技能，大众的积极参与，既是减灾工作的一个基本目标，又是社会类减灾工程的主要内容，必须在组织大众参与方面下功夫，才能真正在提高行政减灾能力的同时提高社会减灾能力。"① 他极力强调在国家减灾行动的主导下，应充分发挥公众参与灾害救济的积极性。当前严峻的环境问题和生态危机，对经济社会发展中防灾减灾提出了更高的要求，若缺少备灾或者缺乏清醒的防灾减灾意识，人类的命运在突如其来的灾难面前将显得尤其脆弱。自然灾害作为人类无法从根本上消除的一种灾害类型，更需要人类提高对自然灾害的重视程度和防范技能。然而，如何加强人类对自然灾害的认知和提高公众的防范意识，从而最大限度地减少自然灾害带来的损失，亦是摆在我们面前的严峻挑战和考验。

近年来，作为中国西南边陲的云贵两省自然灾害频繁发生，给当地人民的社会经济发展带来严重困扰和深远影响。2009 年至 2011 年，云南遭受百年一遇的全省特大旱灾，干旱范围之广、时间之长、程度之深、损失之大，为云南历史所罕见。云南大部分地区、贵州西部已达特大干旱等级，其中云南楚雄市尤为严重，20 余万农村人口缺水，水库干涸、河水断流、庄稼绝收，云南大部分地区面临严重生产生活用水困难。2011 年 7 月以来，持续的高温少雨天气导致贵州部分地区发生较为严重旱情，至 8 月 16 日贵州干旱监测显示，全省 30 余个县市出现特旱和重旱。截至 8 月 25 日，贵州省除贵阳市云岩区外的 87 个县（市、区）均不同程度受灾，因旱受灾人口 2000 多万，有近 550 万人、280 多万头大牲畜发生临时饮水困难。8 月 29 日，贵州省出现特旱 23 个县市、重旱 36 个县市区、中旱 17 个县市。特旱区域主要分布在铜仁地区西部、黔东南州中西部、黔南州中东部及南部、六盘水市南部、黔西南州西南部、遵义市东部。由于在此次大旱之前云贵两省皆无大范围降水过程，干旱持续时间长，影响程度加重，抗旱救灾形势严峻，且对云贵地区的经济财产造成巨大损失。

2007 年 6 月 3 日，云南普洱市宁洱哈尼族彝族自治县发生 6.4 级地

---

① 徐娜：《关于贯彻实施〈规划〉的几个问题——访国家减灾委办公室常务副主任、民政部救灾救济司司长王振耀》，《中国减灾》2007 年第 9 期。

震,据云南普洱市人民政府报告显示,地震造成的死亡人数为3人,受伤562人,逾百万人受灾,直接经济损失25亿元。2014年8月3日,云南省昭通市鲁甸县发生6.5级地震,由于震级高、震区人口稠密,且鲁甸正处在雨季,地震还引发滑坡、泥石流以及堰塞湖等次生灾害,地震造成的人口损伤和经济损失惨重。2017年8月28日,贵州省毕节市纳雍县张家湾镇普洒社区大树脚组发生山体滑坡,灾害涉及34户。据8月31日统计数据显示,此次山体滑坡灾害已造成500余人受灾,27人死亡,8人失踪,8人受伤,紧急转移安置575人(其中集中安置156人,分散安置419人),房屋倒塌250余间,直接经济损失8400余万元。国家财政部、民政部向贵州省安排中央财政自然灾害生活补助资金1600万元,主要用于毕节市纳雍县山体滑坡灾害和黔东南州等暴雨洪涝灾害受灾群众紧急转移安置、过渡期生活救助、倒损民房恢复重建和向因灾遇难人员家属发放抚慰金,以支持做好受灾群众基本生活救助工作。

　　历史是一面镜子,总结历史时期灾荒赈济的经验和教训,方可为突如其来的灾害做好充分的准备。通过对清代云贵地区的灾赈实践进行研究,探索区域性灾荒紧急应对过程中防灾减灾机制建设的成效,对探索清代云贵地区的救灾模式具有重要的现实指导意义,亦可为当前云贵高原的防灾减灾救灾体系建设提供一定的历史借鉴。另外,通过对云贵地区历史时期灾荒史实的回顾和探究,藉此引发生活在这一区域或更多的社会公众对现实问题的关注和思考。更为重要的是,鉴于云南和南亚东南亚国家的地缘环境优势,通过总结清代云南和贵州地区官方和民间灾赈的经验,藉此可为当前"一带一路"沿线南亚东南亚国家和地区的防灾减灾救灾体系建设提供借鉴。

　　云南和贵州同处低纬度高原,地理位置特殊,地形地貌复杂,气候类型多样,区域地理环境差异显著。清代云南和贵州是自然灾害频繁发生的区域,其中主要以地震、干旱、洪涝、疫疾和冰雪灾害发生的频次最高。由于云南和贵州位于亚欧板块和印度洋板块的交界和毗邻地带,两大板块相互挤压导致地壳运动活跃,地震灾害造成的经济损失亦比较严重。有清一代,云南和贵州两省各府厅州县所属地方干旱、地震、洪涝、疫疠、虫灾、冰雹、霜冻、雪灾、低温冷害等各类自然灾害频繁发生,并由此引发严重的灾荒,对云贵两地的经济发展和社会治理造成深远影响。环境问题、生态变迁、灾荒演变和人类命运,无论是过去还是现在,抑或将来,都是区域性、全球性生态环境修复、社会协同治理以及增进民生福祉进程中不容忽视的重要论题。深入透视清代云贵地区环境、灾害与人类命运的交织网络,剖析清代云贵地区灾荒赈济与社会协同治理的互动关系,是探讨人类命运共同体构建和区域性自然灾害治理变革的重要内容,亦对推动当前西南边疆地区的防灾减灾救灾体系建设和全面提升防灾减灾救灾的能力与水平具有重要资鉴价值。

"灾异是中国传统社会衡量统治是否符合天意民心、社会是否稳定的重要标志性事件而在文献中有明确反映。"[1] 西汉董仲舒的《公羊传》集天道灾异说于大成,他认为天和人同类相通,相互感应,天能干预人事,人亦能感应上天。受董仲舒天人感应学说的影响,中国古人把灾祸和灵异事件的出现视为上天对人类社会失去规范的统治秩序的警示和惩戒。葛剑雄教授在谈及灾异与人事的关系时指出,从二十四史的《五行志》《天文志》《灾异志》中有关历代天象和灾异的记述来看,凡国之将兴,天子圣明,大臣贤能,则风调雨顺,紫气东来,吉星高照;反之则灾异频仍,天象错乱。[2] 陈侃理认为,中国古代的"灾异"通常被认为是上天对人事的预兆或谴告,而灾异论则把自然现象和异常事变与人事结合起来考察,它的根本依据是天人相关。[3] 清代云贵地区灾荒赈济的施行,是清朝帝国在"大一统"观念和"善治"思维下荒政制度和基层社会协同治理受益的外溢,尤其是清政府在云贵地区历次灾荒赈济过程中坚守生命红线、民生底线,在强化西南边疆民众对清朝政治制度认同的同时,还为国家治理能力在云贵地区的柔性延伸创造了条件,同时对云贵地区的社会稳定发展亦有着重大意义和深远的历史影响。

灾荒与人类社会发展相始终,有关灾荒赈济和区域社会协同治理问题的探讨,一直是史学研究领域的一个重要维度,亦是与当前生态环境恶化和减灾救灾防灾密切相关的现实命题。云贵高原地理环境和地貌格局多样,山川河流众多,地形地质条件复杂,气候类型差别显著,进而形成多

---

[1] 周琼:《云南历史灾害及其记录特点》,《云南师范大学学报(哲学社会科学版)》2014年第6期。
[2] 葛剑雄:《灾异与人事》,《读书文摘》2015年第19期。
[3] 陈侃理:《儒学·数术与政治:灾异的政治文化史》,北京大学出版社2015年版,第9页。

样的自然灾害类型。清代以来，云贵两省的地方志和其他文献中都有关于自然灾害频繁发生的记载。无论是省志、府志、州志、厅志、县志等地方志，还是山川志、寺庙志和盐井志，都不乏这时期同源性和链发性自然灾害的详细记述，尤其是对清代云贵地区的灾荒演化过程、救灾信息传递和官方及民众的灾害风险防范亦有序列化的记载，为探讨孕灾环境复杂性、多种灾害之间的耦合性以及救灾程序的制度化提供了翔实的史料。清代云贵地区的地方志编修，"灾异志""灾祥志""祥异志"是其中不可或缺的纂修类目。例如，据康熙《云南通志》载："休咎之征，关乎天道，而人事系之。滇荒区僻壤，白雉神驹不少，概见灵芝秀麦亦复时生，虽皆和气所致，亦何必沾沾称瑞，以为有补于圣世之祥符也。至若民间灾眚尤为修凝者，所宜加之意矣。备稽旧志，凡累朝物象之变，具细必书，是亦宋李沆水旱必闻之遗意欤。夫春秋纪灾异，而不言征应，则消弭之故，全归人事。古有虎渡河而蝗不入境者，其在督守令且然明乎德。妖之贞胜，庶可语于天人之际乎？作灾异志。"①

广泛阅读清代云贵两省的地方志、诗文集、游记以及中国第一历史档案馆馆藏奏章、诏令和谕旨等档案史料，灾害叙事、应对举措和人文关怀尽显现于字里行间。盖所谓祥者，所以征其瑞也；异者，所以志其怪也。自古祯祥之瑞，肇自人间，因地而施，因人而集，且因时而见。清代云贵地方志中有关自然灾害和自然灵异事件的诸多记录，主要以对人们生产生活产生重要影响的自然灾害为主，尽管记录相对简略，但清代云贵地区历次灾害的形成和发生通常伴随系列次生、衍生灾害事件，并相应地发生或叠加同质性或异质性的灾害链现象，不同灾害之间存在复杂的因果关系尤为清晰。清代云贵地区的自然灾害不仅呈现出突发性、多因性、群发性、周期性、复杂性以及潜在性等特征，同时还兼具地方性、民间性、多元性和丰富性等特点，为揭示多种灾害的关联性及相互作用的实质提供了较好的样本，为探究清代云贵地区不同时间界面和空间尺度下灾荒的关联性及其演化机理提供了历史的视窗。

清代云贵地区水旱、洪涝、蝗虫、瘟疫、地震、雪灾以及低温冷冻等

---

① （清）范承勋、（清）王继文修，（清）吴自肃、（清）丁炜纂：康熙《云南通志》卷28《灾祥》，云南省图书馆藏，清康熙三十年（1691）刻本。

自然灾害频发，战乱频仍，灾荒和人祸交加，人为灾害和环境灾害交织，灾荒不断蔓延和扩散，给防灾备荒带来巨大的挑战。清末云贵两省罂粟的大面积种植，造成耕地面积减少，粮食大幅减产，因而加剧了灾荒的危害程度，对云南和贵州两省人民及其赖以生存的社会环境和生态环境造成了严重的破坏，并给云贵地区的社会经济造成了严重的损失。在清代云贵地区开发的过程中，平坝地区与山区半山区的农业耕作和作物种植相互依存、互为补充，区域灾荒赈济中的粮食需求和供给充足与否，成为灾荒期间扶危济困和解决民生问题的重要因子，亦是探讨灾荒赈济协同治理和区域性联动的关键因素。清朝承继并发展形成传统中国统一多民族国家的"大一统"格局，荒政制度的发展完善，使清朝在云贵地区建立起集荒政和仓政为一体的社会治理机制，并在防灾减灾救灾实践中提升了云贵地区社会协同治理的能力和水平。清代云贵地区在从华夏边缘向民族边疆变迁的过程中，内地化①这一变迁主流成为清代云贵地区实行国家治理和社会治理协同并进的主要驱动力。清代云贵地区灾荒赈济协同机制的建立，是清朝强化西南边疆地区底层社会的国家认同的重要途径，也是"国家在场"的"隐喻"。云贵地区的灾荒赈济实践和救灾的区域联动，从根本上促进了区域社会资源和社会力量的有效整合，并在西南边疆内地化的过程中提升了云贵地区基层社会的协同治理能力，为清朝在云贵地区实施具体的治边方略和荒政制度安排提供了新的思路。

"从国家治理的角度看，中国历史上的'大一统'既是最主要的治理目标理念，也是历代治理体系的重要内容。"② 面对地方文献和档案史料中关于云贵地区灾荒赈济史实的记述，我在梳理和解读的过程中深刻地认识到，清代云贵地区灾荒赈济的实践历史是西南边疆内地化整体历史的重要部分，赈济灾荒不仅是救灾，还是清政府对底层民众的体恤和对生命的关

---

① "内地化"是一个集地域性、社会制度及其发展模式、民族文化及生活方式等内涵为一体，表现历史时期中央集权统治的区域与边疆民族地区差异的名称，指将中央集权直接控制的地区所实施的政治、经济（包括生产力水平和生产方式）、文化及社会生活的发展水平和发展模式推行于边疆民族地区，以改变边疆民族的政治、经济发展模式和发展方向。"内地"既指中央集权直接控制的中原内地，也指边疆地区的省会及受中原内地影响较大的腹里地区，内地化的对象既包括中央集权控制相对薄弱的边疆地区，也包括边疆区域内中央集权势力影响较小的、多民族聚居的边缘地区。参见周琼《清代云南内地化后果初探——以水利工程为中心的考察》，《江汉论坛》2008 年第 3 期。

② 贾益：《从国家治理的角度思考中国历史上的"华夷"与"大一统"》，《史学理论研究》2020 年第 5 期。

怀。从清代云贵地区的灾荒赈济实践和社会成效来看，清代督抚制度的施行，推进了西南边疆管辖和基层社会治理举措的落实，灾荒赈济在较大程度上排解了清朝"大一统"整体发展进程中云贵地区被边缘化的风险，并不断使西南边疆的治理体系得到优化。清代灾荒赈济的施行，"在一定层面上奠定了清王朝在中原地区的统治地位，成为促进清代中华民族认同发展进程的重要原因之一，即加速了汉民族对清王朝的认同及其进程，也加快了满族融入中华民族的步伐。这使清王朝的统治者在恤民、轸念民瘼的外衣下，得到了民众对其恩情的感念，巩固了统治基础"[①]。毋庸置疑，清代国家治理过程中整体行政能力和社会治理水平的提升，满足了云贵地区灾害治理的需要，灾荒赈济作为多元协同参与的公共治理体系，其内地化的发展态势强化了清政府对西南边疆地区自然资源的吸纳和社会治理格局的重构。随着清朝政府在云贵地区统治秩序的规范化和系统化，灾荒赈济使清朝国家治理、边疆治理和基层社会治理制度和体系的内涵不断得到丰富，这对清朝在云贵地区推行固本强基和安边富民的政策产生了根本性的影响。

本研究从环境史的视角切入，通过梳理清代云贵地区灾荒发生的地缘环境和社会因素，对云贵地区灾害发生频率、特征、灾害的时空分布差异与山地自然环境和人类社会经济活动的耦合关系进行分析，试图对清政府在云贵两省的灾赈实践和云贵地区社会经济的互动做系统而深入的考察，并以此探索清政府在灾荒救济中推行的举措及其成效。本研究在探究清代云贵地区灾害链及灾害演化机理的基础上，进一步对清政府云南和贵州官方和民间社会力量的救灾实践做相关性分析，探究清代荒政制度在云南和贵州的流变和对灾赈的影响，并从清代云贵地区的"内地化"进程探究西南边疆地区防灾减灾救灾的特殊性，从灾荒赈济和底层认同[②]双重维度进一步阐释清朝政府在西南边疆地区的荒政实践及社会治理的成效。

在具体的研究中，通过对清朝政府在西南边疆地区的灾赈实践活动进行考察，探赜索隐，对清政府的西南边疆治理路径进行分析，以厘清灾赈在云

---

① 周琼：《清前期重大自然灾害与救灾机制研究》，科学出版社2021年版，第670—671页。
② 周琼教授在探讨清代流民的收容与管理时强调官方举办的栖流所是一项向为成功的管理及控制流民并稳定社会的举措，认为栖流所的设置在边疆治理及社会控制中发挥了稳定民心、稳定地方统治、安抚民众及巩固边防的积极作用，并提出"底层认可"这一概念。周琼：《天下同治与底层认可：清代流民的收容与管理——兼论云南栖流所的设置及特点》，《云南社会科学》2017年第3期。

贵从边疆向内地转化过程中的作用，总结区域性救灾模式和经验，对探讨灾荒赈济中的区域性联动和地方能动性具有重要价值。尽管学界对清代云南和贵州两省的灾荒赈济做出了相关研究，但多数为片段式的单一主题的研究，不足以揭示基于灾害之间的整体关联性，而从长时段的视角对清代云贵地区灾害发生的共性规律，灾荒赈济协同机制的构建及救灾恤贫、固本安边的实效性的考察成果尚少，希冀本研究能够弥补清代云贵灾荒史研究的这一缺憾。

二　学术史回顾

目前，学界关于清代灾荒赈济的研究可谓推陈出新，成果丰硕，成绩斐然，尤其是对清代荒政制度的研究已经形成体系，对灾害救济中报灾、勘灾、审户、发赈等基本程序和救荒措施中蠲免、赈济、调粟、借贷、除害、安辑、抚恤等方面的研究呈现出系统化的特点。通过检索中国知网（CNKI）数据库和全国各高校图书馆馆藏发现，有关清代灾荒史研究的学术论著颇多，长期从事灾荒史研究的学者从不同的视角对清代的灾荒做过相关的探讨和论述，是后辈学人进一步从事灾荒研究的知识宝库。认真分析和总结目前灾荒史学界已取得的研究成果，找寻研究中存在的空白区域，是深入开展区域灾荒史研究的重要前提。

（一）清代荒政研究整体现状及前沿问题

荒政是中国古代历朝政府因应对灾荒而采取的救灾救民的政策。诸如地震、干旱、水患、洪涝、蝗灾、瘟疫等各类自然灾害，在荒年容易造成民众生业艰窘，更甚者则造成社会动荡，历代王朝执政者很早就因救荒活民而逐步推进荒政制度的发展和完善。《礼记·月令》记载，季春之月，"天子布德行惠：命有司发仓廪，赐贫穷，赈乏绝；开府库，出币帛，周天下"[1]。西周时期，救荒已得到重视，荒政初具雏形。《周礼·地官·大司徒》记载："以荒政十有二聚万民。一曰散利，二曰薄征，三曰缓刑，四曰弛力，五曰舍禁，六曰去几，七曰眚礼，八曰杀哀，九曰蕃乐，十曰多昏，十有一曰索鬼神，十有二曰除盗贼。"[2] 南宋董煟编著的《救荒活民

---

[1] 杨天宇译注：《礼记译注》（上），上海古籍出版社2004年版，第182页。
[2] 林尹注释：《周礼今注今释》，天津古籍出版社1988年版，第99页。

书》考古证今，条陈救荒之策，备述救荒之法，是为中国第一本救荒专书。清代俞森编纂《荒政丛书》，辑古人救荒之法，凡七家之言，即于宋取董煟《救荒全法》，于明以来取林希元《荒政从言》、屠隆《荒政考》、周孔《救荒政议》、钟忠惠公①《赈豫纪略》、刘世教《荒箸略》，于清朝取魏禧《救荒策》。亦自作常平、义仓、社仓之考证，溯其源，使知所法。此外亦复究其弊，使知所戒，系统地总结历代以来的救灾措施。

李向军认为，中国古代荒政至迟在春秋战国时期，可以肯定已出现雏形；秦汉至魏晋南北朝，逐步形成并得到初步发展；隋唐两宋，日臻成熟；从元代起，在继承前代成果的基础上继续发展，渐至鼎盛；清代是中国古代荒政发展的鼎盛阶段②。有关清代较为完备的荒政制度研究成果，从其形式来看，皆以论文居多，专著次之；从研究内容来看，较多地集中于对荒政制度各个层面的探讨，既有理论的提升，也有具体个案的细致剖析。李向军《清代灾荒研究》③一书对清代灾荒发生的频次、分布及发展趋势、发生原因与社会影响作出分析，并对清代救荒的基本程序和备荒措施作出系统的阐释，并对清代荒政与财政、荒政与吏治的关系作了详细地探究。邓云特《中国救荒史》④论述清代各类自然灾害的实情，对灾荒的成因及其影响作了探研，同时对救荒思想的发展和救荒政策的实施作了深入的论述。周琼《清代审户程序研究》对清代灾赈过程中的审户程序进行全面综合的论述，并对清代"勘不成灾""以工代赈""粥赈"、流民及"栖流所"等灾荒勘察和灾赈方式进行详细的探究⑤。陈桦、刘宗志《救

---

① 按："钟忠惠公"，即钟化民，明仁和博陆（今浙江余杭区）人。
② 李向军：《试论中国古代荒政的产生与发展历程》，《中国社会经济史研究》1994年第2期。
③ 李向军：《清代荒政研究》，中国农业出版社1995年版。
④ 邓云特：《中国救荒史》，商务印书馆1937年版。
⑤ 周琼：《清代审户程序研究》，《郑州大学学报（哲学社会科学版）》2011年第6期。另外，周琼以乾隆朝"勘不成灾"制度为例，对清代灾赈制度的外化及其影响进行了详细的论述。周琼：《清代赈灾制度的外化研究——以乾隆朝"勘不成灾"制度为例》，《西南民族大学学报（人文社科版）》2014年第1期；周琼对乾隆朝"以工代赈"制度的建立及具体措施、成效作了详细的探究。周琼：《乾隆朝"以工代赈"制度研究》，《清华大学学报（哲学社会科学版）》2011年第4期；周琼对乾隆朝粥赈制度的完善及其举措、成效进行考察，并对完备制度与社会成效的关系做了论述。周琼：《乾隆朝粥赈制度研究》，《清史研究》2013年第4期；《天下同治与底层认可：清代流民的收容与管理——兼论云南栖流所的设置及特点》，《云南社会科学》2017年第3期。

灾与济贫——中国封建时代的救助活动（1750—1911）》[①] 对清代国家政府的社会救助活动、救灾措施及其特征进行了严密的概述。另外，曾桂林《中国慈善简史》对清代慈善事业的发展和慈善机构的设置进行了论述[②]。张高臣《光绪朝灾荒与社会研究》[③] 一书对光绪朝自然灾害的种类和频次、空间和时间分布、破坏强度等展开统计分析，并对光绪朝荒政举措、荒政效果及荒政实施的制度性缺陷展开研究，认为光绪朝荒政的颓废客观上又为近代"义赈"的兴起提供了发展空间。

有关清代荒政研究，周琼在《清前期重大自然灾害与救灾机制研究》一书中指出，"灾赈制度的最终目标是拯救灾黎，其具体实践常彰显出专制体制下罕见的人性温情的光辉，如将部分'勘不成灾'的灾荒纳入赈济范畴，是清代乃至中国古代荒政制度中最富人性化的内容。"[④] 张若开的《晚清时期的灾荒及清政府的赈灾措施》对晚清的灾荒进行概述，并总结了晚清时期赈灾措施及其特点，进一步考察晚清时期政府的赈济制度[⑤]。李光伟的《清代钱粮蠲缓积弊及其演变》对清代灾荒救济中钱粮蠲缓弊端的类型及其在清中后期的发展演变作了分析[⑥]。张建民的《饥荒与斯文：清代荒政中的生员赈济》对清代灾荒发生时期的生员赈济进行系统论述[⑦]。张凤鸣《救济与控制：清代乾隆朝"留养资送"制度研究》以乾隆朝"留养资送"制度的废除为核心，对这一时期政府对流民救济和管理政策的变动、原因及其影响作了分析[⑧]。吴昊沐《晚清赈济体系初探——以"丁戊奇荒"为例》对晚清赈济体系中的官赈、教赈和义赈以及三者之间的相互关系做了论述[⑨]。谢忠强《"官赈"、"商赈"与"教赈"：近代救灾

[①] 陈桦、刘宗志：《救灾与济贫——中国封建时代的救助活动（1750—1911）》，中国人民大学出版社2005年版。
[②] 曾桂林：《中国慈善简史》，人民出版社2006年版。
[③] 张高臣：《光绪朝灾荒与社会研究》，中国社会科学出版社2014年版。
[④] 周琼：《清前期重大自然灾害与救灾机制研究》，科学出版社2021年版，第754页。
[⑤] 张若开：《晚清时期的灾荒及清政府的赈灾措施》，硕士学位论文，吉林大学，2008年。
[⑥] 李光伟：《清代钱粮蠲缓积弊及其演变》，《明清论丛》2014年第2期。
[⑦] 张建民：《饥荒与斯文：清代荒政中的生员赈济》，《武汉大学学报（人文科学版）》2006年第1期。
[⑧] 张凤鸣：《救济与控制：清代乾隆朝"留养资送"制度研究》，硕士学位论文，浙江大学，2008年。
[⑨] 吴昊沐：《晚清赈济体系初探——以"丁戊奇荒"为例》，《延安大学学报（社会科学版）》2013年第2期。

主体的力量合流——以"丁戊奇荒"山西救灾为例》从政府的官赈、民间的商赈和西方来华教会的教赈三者之间的相互关系考察了晚清中国救灾主体的变化①。陈锋《清代"康乾盛世"时期的田赋蠲免》对清代康乾两朝田赋蠲免中的漕粮与耗羡蠲免、蠲免佃户之租与蠲免制度的完善进行了深入的探讨②。张祥稳《清代乾隆政府灾害救助中之"截拨裕食"问题》对乾隆朝时期灾害救济过程中"截拨裕食"这一重要救荒举措进行了专题研讨③。

关于清代灾害与社会关系研究，李文海、夏明方主编的《天有凶年：清代灾荒与中国社会》④ 收录学界有关清代的饥荒与社会、官府救荒制度与实践、基层社会与民间御灾机制、中国救荒制度的近代转型和观念的转变的相关学术研究成果。复旦大学历史地理研究中心主编的《自然灾害与中国社会历史结构》⑤ 一书，各位学者以历史时期中国发生的自然灾害作为个案研究，对灾害的发生过程及其规律、灾害与人口的关系、灾害发生过程中官僚系统与地域社会的作用、水灾与地域社会以及灾害与社会风俗等方面的关系作出了详尽的研究，并对自然灾害与中国的社会经济、政治文化之间的关系进行了深入分析。郝治清主编的《中国古代灾害史研究》⑥ 刊载郭松义等学者对清代自然灾害与农业、灾害与政府赈灾举措以及仓储设置等方面的相关研究。赵晓华《救灾法律与清代社会》⑦ 对清代救灾法律制度和救灾法规政治运作的特征进行了系统梳理和深入探究。

有关近代中国灾荒史的研究，其起步于 20 世纪 80 年代，中国人民大学历史学院是灾荒史研究的发起者和中坚力量。2013 年，灾荒史再研究领域的拓荒者李文海先生发起并组织成立"灾荒史研究中心"，有序推动了国内灾荒史研究不断向前发展，研究成果不断推陈出新。其中以李文海先生、夏明方先生等学者为灾荒史研究的领军人物，他们带领科研团队先后

---

① 谢忠强：《"官赈"、"商赈"与"教赈"：近代救灾主体的力量合流——以"丁戊奇荒"山西救灾为例》，《华南农业大学学报（社会科学版）》2010 年第 2 期。
② 陈锋：《清代"康乾盛世"时期的田赋蠲免》，《中国史研究》2008 年第 4 期。
③ 张祥稳：《清代乾隆政府灾害救助中之"截拨裕食"问题》，《中国农史》2008 年第 4 期。
④ 李文海、夏明方：《天有凶年：清代灾荒与中国社会》，生活·读书·新知三联书店 2007 年版。
⑤ 复旦大学历史地理研究中心主编：《自然灾害与中国社会历史结构》，复旦大学出版社 2001 年版。
⑥ 郝治清：《中国古代灾害史研究》，中国社会科学出版社 2007 年版。
⑦ 赵晓华：《救灾法律与清代社会》，社会科学文献出版社 2014 年版。

出版系列关于近代中国灾荒的论著，时至当前，已涌现出一批优秀的学者和较大影响力的论文和著作。李文海、周源《灾荒与饥馑（1840—1919）》①对中国近代灾荒与社会生活进行探讨，对清代道光朝后期至民国时期的全国灾情作了统计和分析，并就清代封建统治阶级的荒政及救荒之弊病作了阐述。李文海先生主持的中国近代灾荒研究课题组于1994年推出专著《中国近代十大灾荒》②，全书官书、文集、笔记、书信、方志、碑铭、报刊杂志和调查史料等历史资料丰富翔实，尤其是个案比较的科学考证更加凸显学者们谨慎务实的治学精神。李文海先生还在《晚清义赈的兴起与发展》一文中对晚清义赈的产生和发展过程作了论述③。朱浒《地方性流动及其超越：晚清义赈与近代中国的新陈代谢》④将晚清义赈的兴起和发展置于当时社会变局的大背景下，以独到的视角深入分析了晚清义赈与社会变迁的关系，并对晚清义赈与中国近代工业化进程之间的关系作了详细的论述。此外，朱浒《地方社会与国家的跨地方互补——光绪十三年黄河郑州决口与晚清义赈的新发展》从地方社会与国家的跨地方互补视角出发，对光绪年间郑州地区黄河的决口和晚清义赈的新发展作了探讨⑤。"中国近代灾荒史作为一个研究的有机系统，是由灾害、灾荒、灾因、灾荒社会问题、灾荒救治等子系统组成，各系统又有自己的组成要素，这些架构了中国近代灾荒史的学科体系。"⑥

关于近代中国灾荒史研究，夏明方在研究中论述道："远在19世纪晚期，近代著名的维新思想家陈炽，就曾经从历史上森林变迁的角度对中国南北两地的灾害频度以及经济发展水平的差异进行解释。20世纪20年代以后，来自自然科学和社会科学两大领域各个不同专业的许多学者，开创性地运用气候学、地理学、生物学等现代自然科学以及社会学、心理学、经济学等社会科学的理论和方法，对历史上的自然灾害、气候变迁和地貌

---

① 李文海、周源：《灾荒与饥馑（1840—1919）》，高等教育出版社1991年版。
② 李文海、程歗、刘仰东、夏明方：《中国近代十大灾荒》，上海人民出版社1994年版。
③ 李文海：《晚清义赈的兴起与发展》，《清史研究》1993年第3期。
④ 朱浒：《地方性流动及其超越：晚清义赈与近代中国的新陈代谢》，中国人民大学出版社2006年版。关于近代义赈的相关研究，可见朱浒《民胞物与：中国近代义赈（1876—1912）》，人民出版社2012年版。
⑤ 朱浒：《地方社会与国家的跨地方互补——光绪十三年黄河郑州决口与晚清义赈的新发展》，《史学月刊》2007年第2期。
⑥ 孙语圣、徐元德：《中国近代灾荒史理论探析》，《灾害学》2011年第2期。

变迁，以及环境变化对中国历史进程乃至民族心理的影响，都进行了相当深入的探讨，初步建立了具有现代科学基础的灾害学理论和灾害史研究框架。其中最为突出的当属竺可桢和邓拓，此外还有潘光旦先生。"① 夏明方对"丁戊奇荒"的研究颇有见地，他指出："近代以来国内封建主义日益腐败的政治制度和残酷的经济剥削、国外资本主义日趋加深的经济侵略，是形成这次大祲奇荒的根本原因。不过，强调这场灾难的两条灾祸之根，强调它发生的社会必然性，丝毫也没有低估、更没有排除源于自然界的异常破坏力量。实际上，饱经蹂躏、摧残而衰败不已、严重失调的北方社会经济结构，正是在来势凶猛的特大旱灾袭击之下彻底崩毁的，其中所潜伏着的普遍而深刻的社会危机也因此爆发，化为一场椎心泣血的人间悲剧，化为后世中国人民刻骨铭心的惨痛记忆。天灾造成了人祸，人祸加剧了天灾，这在剥削阶级占统治地位的社会之中，确是一条铁的规律，只是在不同的时代具有不同的内蕴而已。"②

从以上有关清代灾荒的研究成果来看，学界对清代荒政体系进行了深入的研究，且多倾向于自然科学视角下的研究，围绕灾荒缘起、分类、发展情形、影响后果等方面的探讨论著较多，与此同时，相关论题的探讨涉及具体的灾害及其救济，与灾荒各要素及灾害本身密切相关的论题也是考察的重要内容。另外，学界也对清代的荒政得失进行了论述，从不同的层面讨论荒政的成败，是灾荒史研究的重要一环，这也是后学之辈从事灾荒史研究不容忽视的。学者在清代灾荒与社会救济的研究中，将灾害与国家制度、民间力量、救灾思想与法律等结合起来考察灾害与社会的相互关系，是灾荒史研究的另一个重要层面。

在学界的共同推动下，近代中国灾荒史研究呈现出了欣欣向荣的局面，近代区域灾荒史还涉及社会结构、社会治理、慈善等领域，也不乏有关论著从医疗史、环境史以及公众史学、新文化史以及历史记忆等视角对灾荒史进行探析，相关研究亦有突破理论、视角瓶颈的反思与探索。从现有的相关著述来看，近代中国灾荒史的研究成果质量及数量都不断攀升，跨学科研究是一大趋势，学者将灾荒史扩展到与之相关联的领域中，整体

---

① 夏明方：《中国灾害史研究的非人文化倾向》，《史学月刊》2004年第3期。
② 夏明方：《也谈"丁戊奇荒"》，《清史研究》1992年第4期。

研究、区域性研究、扩展性研究和具体问题研究皆有所突破，多样化研究呈现一个良性循环的态势，灾荒史研究的领域和界限得到拓宽。相关论著在灾荒史学界引起巨大的反响，在开辟了灾荒史学研究新路径的同时，也带动了一批学术新人积极投入灾荒史研究的阵营，从每年一届的中国灾害史年会来看，从事灾荒史研究的队伍不断壮大，学科内涵认识趋近，研究成果走向综合，研究价值获得学界和社会公众的广泛认同。自2018年起，由中国灾害防御协会灾害史专业委员与中国人民大学清史研究所暨生态史研究中心共同创办的学术辑刊《灾害与历史》每年推出一辑，所收录的学者的文章内容主要涵盖一切从历史角度对灾害进行观察与研究的相关成果，涉及灾害状况、规律、成因、应对、影响以及灾害记忆、文化、信仰等问题，并将其和人类社会历史更广泛、更深入地结合在一起。与此同时，中国人民大学清史研究所教授夏明方担任首席专家的国家哲学社会科学基金重大项目"清代灾荒纪年暨信息集成数据库建设"（13&ZD092）、中央民族大学历史文化学院周琼教授担任首席专家的国家哲学社会科学基金重大项目"中国西南少数民族灾害文化数据库"（17ZDA158）、安徽大学历史系朱正业教授担任首席专家的国家哲学社会科学基金重大项目"民国时期淮河流域灾害文献搜集、整理与数据库建设"（18ZDA196）以及其他与灾害研究相关的项目的实施，深化了清代及近代灾荒史的研究，从实践意义看，相关项目的研究为更好地开展云贵高原的生态经济建设以及当代云贵地区的防灾减灾救灾提供了有益的借鉴。

（二）清代区域灾荒史研究成果不断涌现

近年来，随着清代荒政研究的成熟和近代灾荒史研究的不断发展，区域灾荒史研究备受学者的关注。灾荒史作为社会史研究的重要组成部分，它与区域社会的政治、经济、思想、文化及地方民众的日常生活有着紧密的联系，探索区域内部灾荒的形成及其与国家政权、制度和秩序的交互关系，对考察地方社会史具有重要的价值。在特殊时段的特定区域内，任何一种灾害都通过地方社会内部的特定条件对生活在这一区域的人们产生着复杂的影响，简单来说，区域内部历次灾荒发生发展的成因、过程和后果，以及各种灾害的频率及其相互间的关系等，都与地方民生和地域秩序有着千丝万缕的联系。

清代区域灾荒史研究的理论、方法都逐渐得到提升和改善，研究成果也较为丰硕。袁林《西北灾荒史》①对历史时期西北自然灾害的基本特征、发生次数等进行深入的分析，并在此基础上总结出一系列自然灾害在西北地区发生的基本规律，同时也提出相应的防灾减灾策略。郝平《丁戊奇荒：光绪初年山西灾荒与救济研究》②以社会史的角度为出发点，从长时段的视角对光绪初年山西旱灾在区域社会发展过程中所扮演的角色做出详细的探讨。张崇旺《明清时期江淮地区的自然灾害与社会经济》③一书以明清江淮地区的灾害作为考察对象，对当地的自然灾害与社会经济进行了系统的分析。李庆华《鲁西地区的灾荒、变乱与地方应对（1855—1937）》④主要对鲁西地区的灾荒变乱与地方的应对措施作了介绍，对京杭大运河与鲁西沿岸城市、国家对鲁西的策略和重新定位、士绅和民众的自救、晚清民国时期的兵燹匪患等进行了相关研究。焦润明、张春艳《中国东北近代灾荒及救助研究》⑤一书对近代东北的水灾及救助、近代东北的旱灾及救助、近代东北的饥荒及救助、近代东北的瘟疫及应对等进行了充分的论述。包庆德《清代内蒙古地区灾荒研究》⑥指出灾荒的成因主要有天文、地理、气候等自然因素，而内蒙古地区水利工程的不完善、社会秩序不稳定等社会因素，特别是明清以来尤其是清代中后期至民国以来对内蒙古地区的大规模无序滥垦，是造成该地区生态退化、环境恶化以及灾荒加剧的主要因素。

有关清代区域灾荒史的研究理论和路径亦值得借鉴，张莉《乾隆朝陕西灾荒及救灾政策》通过利用乾隆朝的档案史料，考察了清朝陕西地区自然灾害的时空分布、灾情程度以及与之相关的各种因素⑦。张韬岚《试论清代陕南地区的荒政实施》以光绪二十一年陕南兴安府发生的水灾为例，对清政府在这一地区施行的荒政措施进行了论述⑧。王璋《灾荒、制度、民生——清代山西灾荒与地方社会经济研究》通过对清代山西自然灾害种

---

① 袁林：《西北灾荒史》，甘肃人民出版社 1994 年版。
② 郝平：《丁戊奇荒：光绪初年山西灾荒与救济研究》，北京大学出版社 2012 年版。
③ 张崇旺：《明清时期江淮地区的自然灾害与社会经济》，福建人民出版社 2006 年版。
④ 李庆华：《鲁西地区的灾荒、变乱与地方应对（1855—1937）》，齐鲁书社 2008 年版。
⑤ 焦润明、张春艳：《中国东北近代灾荒及救助研究》，北京师范大学出版社 2011 年版。
⑥ 包庆德：《清代内蒙古地区灾荒研究》，人民出版社 2015 年版。
⑦ 张莉：《乾隆朝陕西灾荒及救灾政策》，《历史档案》2004 年第 3 期。
⑧ 张韬岚：《试论清代陕南地区的荒政实施》，硕士学位论文，复旦大学，2010 年。

类、发生地域及频次的梳理，探讨清代各朝政府、民间救灾行为的差异与变化及其对社会经济的影响[1]。姚延玲《清代道咸同光时期的灾荒与救助——以山西省为例》对清代道咸同光时期山西的自然灾害及其成因进行研究，并对灾荒与救助展开探讨[2]。董传岭《晚清山东的自然灾害与乡村社会》对晚清山东的自然灾害概况、成因、特点及其与乡村人口、乡村经济、赈灾救荒、社会冲突、乡村习俗之间的关系进行了全面的论述[3]。王林《清代山东仓储的兴建、管理和存废》一文通过对山东仓储兴废的考察，进而分析了清代仓储在灾害救济中的重要作用[4]。孙百亮、孙静琴《清代山东地区的人口、耕地与粮价变迁》通过对山东地区人口、耕地、粮价的变迁及其原因进行分析，论述了其对灾荒救济的重要影响[5]。王卫平《光绪二年苏北赈灾与江南士绅——兼论近代义赈的开始》对光绪年间苏北海、沭两地的赈灾做出全面的分析，并对灾害救济过程中出现的近代义赈进行了探讨[6]。白丽萍《清代长江中游地区的仓储和地方社会》一书以社仓与地方社会为研究对象，以长江中游地区为研究区域，旨在揭示清代仓储与地方社会的相关问题[7]，书中亦有关于社仓储备对救灾及成效的探讨。

在区域灾荒史方面，学界的研究可谓百花齐放，相关研究既关注到了区域社会各要素的影响，也涉及荒政及灾荒赈济的方方面面，相关的探讨比较细致，富有深度。与此同时，学者也对区域内晚清义赈这一独具特色的灾荒救济举措进行了专题性的研究，具体问题的研究深入推进，并取得了重要的成果。区域灾荒史的研究作为清代荒政研究的重要组成部分，其研究基于先前荒政制度的研究成果，同时亦超越了原有的荒政研究体系和

---

[1] 王璋：《灾荒、制度、民生——清代山西灾荒与地方社会经济研究》，博士学位论文，南开大学，2012年。
[2] 姚延玲：《清代道咸同光时期的灾荒与救助——以山西省为例》，硕士学位论文，西北师范大学，2009年。
[3] 董传岭：《晚清山东的自然灾害与乡村社会》，硕士学位论文，山东师范大学，2004年。
[4] 王林：《清代山东仓储的兴建、管理和存废》，载郝平、高建国主编《多学科视野下的华北灾荒与社会变迁研究》，北岳文艺出版社2010年版。
[5] 孙百亮、孙静琴：《清代山东地区的人口、耕地与粮价变迁》，《南京农业大学学报（社会科学版）》2006年第4期。
[6] 王卫平：《光绪二年苏北赈灾与江南士绅——兼论近代义赈的开始》，《历史档案》2006年第1期。
[7] 白丽萍：《清代长江中游地区的仓储和地方社会》，中国社会科学出版社2019年版，第21页。

框架，区域灾荒史的探讨和地方社会史、经济史、文化史等交融在一起，并在研究理路和方法上取得了重要突破，这对进一步开展清代云贵地区的灾荒史研究有着重要的启示。

（三）海外中国灾荒史研究及前沿问题

20世纪20至30年代，西方学者开始对中国灾荒史感兴趣，尤其是在80年代以后研究者日益增多，并成为海外中国史研究的重要领域，研究成果渐次受到学界的好评。华洋义赈会的马罗利（Walter H. Mallory）著有《中国：饥荒的国度》（*China: Land of Famine*，1926）一书，他曾将灾荒定义为"灾荒者，基于天然原因而致食粮供给之失败也"[①]。20世纪80年代，西方的中国灾荒史研究取得较大发展，大部分学者都把救灾作为晚清帝国的一项主要工作和成就。法国学者魏丕信（Pierre-Etienne Will）《十八世纪中国的官僚制度与荒政》（*Bureaucratie et famine en Chine au 18e siècle*）一书运用丰富的资料，对18世纪清政府防灾和救灾的独到经验进行考察。他认为，政治强大和经济繁荣的清政府维持着庞大的谷物储备来应对饥荒，他还把向灾区运输、发放粮食与其他救灾措施（如蠲免赋税、发放赈银、允许人们迁移等）结合起来进行研究，对国家经济措施的演变和赈灾的地理分布、荒政与社会秩序、土地集中和人口流动等相关要素进行了详细论述[②]。1980年8月，在哈佛大学索斯摩学院李明珠（Lillian M. Li）教授的策划和组织下，"中国历史上的食品与饥荒工作室"顺利成立，工作室得到社会科学研究委员会和美国学术团体委员会的赞助，它把第一代西方的中国学者联合起来，给予中国灾荒史研究重点关注。此后，魏丕信、王国斌（R. Bin Wong）共同推出《养民：1650—1850年中国的仓储制度》[③]（*Nourish the People: The State Cililian Granary System in China, 1659—1850*）一书，该论文集对清朝各省仓储制度的发展、基本结构、内部运作、成就及最终的衰落进行了研究，并对清朝仓储在晚清中国和世界历史上的地位给予了高度评价。

日本东洋大学教授星斌夫的《中国社会福利政策史的研究——清代赈

[①] 邓云特：《中国救荒史》，商务印书馆1937年版，第2页。
[②] ［法］魏丕信：《十八世纪中国的官僚制度与荒政》，徐建青译，江苏人民出版社2006年版。
[③] Pierre-Etienne Will, R. Bin Wong. Nourish the People: The State Cililian Granary System in China, 1659—1850. Ann Arbor: Center for Chinese Studies, University of Michigan, 1991.

济仓专论》（图书刊行会出版，1985）认为，清代的福利政策主要是儒教王道政治的恩惠，具有慈善的性质。星斌夫指出，清代统治阶级继承明代以前历代的政策，他把三仓作为赈济政策的主流，并进一步分析了常平仓、社仓和义仓的综合功能。1996 年，澳大利亚历史学家邓海伦（Helen Dustan）出版《聚讼纷纭的经国论议》一书，对清政府的粮食贸易和大众生计的政策进行了研究。伦敦大学亚非学院 Andrea Janku 撰写的《中国自然灾害史之探索：临汾县个案研究》一文认为，迄今为止有两种话语主导我们对中国自然灾害的思考：一是与中国古代天命理论有关，从人们的行为、尤其是政府的表现来解释自然现象；二是自 19 世纪下半叶中国加强与西方的互动以来，由于其特殊的地理条件，中国尤其容易遭受自然灾害。文章以山西临汾灾害为研究对象，试图通过考察前现代时期的乡土经验来解释这些超越支配性的话语的深层内涵①。李明珠《华北的饥荒：国家、市场和环境恶化（1690—1990）》②（Fighting Famine in North China: State, Market, and Environmental Decline, 1690s—1990s）一书全面考察了 300 年内直隶地区的政府、市民、意识形态和环境的相互关系，并对清代救灾活动的成效做了更为深入的分析。2001 年，美国社会学家迈克·戴维斯（Mike Davis）出版的《维多利亚晚期的大灾难：厄尔尼诺、饥荒和第三世界的形成》③（Late Victorian Holocausts: El Nino Famines and the Making of the Third World）一书利用魏丕信和王国斌对清代仓储的研究，对现代世界历史中灾荒的角色提出了独创性的看法。2011 年，美国圣地亚哥州立大学历史学者艾志端（Kathryn Edgerton-Tarpley）出版论著《铁泪图：19 世纪中国对于饥馑的文化反应》④（Tears from Iron: Cultural Responses to Famine in Nineteenth-Century China），作者以宽阔的研究视野，引述前代类似事件以及皇帝们颇为有效的赈灾政策，对 1876 年至 1879 年间华北地

---

① ［德］Andrea Janku（安特利娅·杨库）：《中国自然灾害史之探索：临汾县个案研究》，载刘翠溶编《自然与认为互动：环境史研究的视角》，"中央研究院"、联经出版有限公司 2008 年版。
② 李明珠：《华北的饥荒：国家、市场与环境退化（1690—1949）》，石涛、李军、马国英译，人民出版社 2016 年版。
③ Mike Davis, Late Victorian Holocausts: El Nino Famines and the Making of the Third World. London; New York: Verso, 2001.
④ ［美］艾志端：《铁泪图：19 世纪中国对于饥馑的文化反应》，曹曦译，江苏人民出版社 2011 年版。

区的灾荒做了多角度描述。

总的来看，20世纪80年代以来，西方学者对中国灾荒史的研究较少关注灾害成因，而更多的是注重对饥荒与中国政府的功能、世界历史中的清代救灾活动、文化和宗教对饥荒的响应三个问题，研究视角较为新颖。在对饥荒和中国政府的灾荒响应问题的广泛研究中，比较研究被惯用于中国和世界其他地区的灾荒探讨中，同时也赋予了清代荒政研究全球视野，这也为我们开展区域灾荒史研究提供了新的研究理路。

(四) 清代云贵地区灾荒研究及前沿问题

近些年来，学界开始关注清代云南和贵州的灾荒，学者对清代云贵两省的灾荒所做的探讨和交流取得了一定的成就，相关研究工作正在逐步推进。

1. 云贵地区灾害史料辑录与整理

文献资料的整理，是深入推进灾荒史研究的基础和前提。由于云贵高原位于印度洋板块和亚欧板块的交界地点，地壳运动频繁，地震活跃，自古以来受地震灾害的影响较大，相关史料整理成果较多。如，李善邦主编《中国地震目录》（第1集）[1] 收集了有文字记载以来直至1955年云贵地区的大地震史料；顾功叙主编的《中国地震目录》[2] 收集了1970年之前云贵地区的地震原始记录；云南省地震局编辑的《云南省地震资料汇编》[3] 所录云南地震史料始于公元前26年，止于1982年；《西南地震简目（川、滇、黔、藏）》[4] 第二、三部分为公元前26年至1986年间云南和贵州的地震简目，编写组对每次地震时间、震中位置、震级、烈度、深度都做了标注。

气象灾害史料方面，云南省水利水电勘测设计研究院编《云南省历史洪旱灾害史料实录（1911年〈清宣统三年〉以前）》[5] 辑录1253年至1911

---

[1] 李善邦：《中国地震目录》（第1集），科学出版社1960年版。
[2] 顾功叙：《中国地震目录》，地震出版社1984年版。
[3] 云南省地震局编：《云南省地震资料汇编》，地震出版社1988年版。
[4] 四川省地震局地震简目编辑组、云南省地震局地震简目编辑组、西藏自治区地震办公室地震简目编辑组：《西南地震简目（川、滇、黔、藏）》，四川科学技术出版社1988年版。
[5] 云南省水利水电勘测设计研究院编：《云南省历史洪旱灾害史料实录（1911年〈清宣统三年〉以前）》，云南科技出版社2008年版。

年共计659年云南的水旱史料；刘建华主编的《中国气象灾害大典·云南卷》[①]和罗宁主编的《中国气象灾害大典·贵州卷》[②]广泛收集了自有气象灾害文字记载以来至2000年年底的文献资料，全面、系统、客观地记述了云南和贵州古今气象灾害和次生灾害情况；贵州省图书馆编辑出版的《贵州历代自然灾害年表》[③]汇集了1900多年（公元前27年至1949年）来有关贵州历史上所发生的各种自然灾害，包括地震、水灾、雹灾、旱灾和虫害等专题史料；贵州省防汛抗旱办公室、贵州省水文水资源局编辑的《贵州水旱灾害》[④]系统地汇总贵州省水旱灾害的基础史料；覃子建、吴淑才、王继安编辑《贵州地震历史资料汇编》[⑤]辑录正史、方志、家谱、报刊杂志、诗歌文集等文献中的相关地震史料。另有中央民族大学图书馆亦从馆藏云南省地方志，包括通志、州志、府志、县志、厅志和专志中摘取有关寒暑气候、雨雪风霜、水旱蝗震等方面的内容，编排影印汇成《云南气候与灾异资料辑录》[⑥]。

在清代灾荒史料整理方面，集成性的史料汇编为中国人民大学李文海先生、夏明方教授和朱浒教授主编、国家清史编纂委员会组织出版的大型文献资料《中国荒政书集成》[⑦]，该书辑录宋代至清末出版的各类荒政著作，主要以稿本、初刻本或通行本为底本，并适当选编散存的荒政论文，是目前海内外第一部系统、完备的中国荒政资料汇编，亦为学界了解历史时期特别是清代重大灾害的实况及其对社会的影响提供了极为详尽的珍贵资料。《中国荒政书集成》"这套大型史料专书不仅为新清史的修纂提供了丰富可靠的史料依据，而且和编委会组织出版的各种'文献丛刊'、'档案丛刊'、'编译丛刊'等史料专书一起，开发、抢救和保存了历史上丰富的文化资源，泽被后世，功在久远。从这个角度上讲，编委会对各种史料丛刊的策划和出版，其意义不低于新修清史"[⑧]。夏明方认为，在灾害史料

[①] 刘建华主编：《中国气象灾害大典（云南卷）》，气象出版社2006年版。
[②] 罗宁主编：《中国气象灾害大典（贵州卷）》，气象出版社2006年版。
[③] 贵州省图书馆：《贵州历代自然灾害年表》，贵州人民出版社1982年版。
[④] 贵州省防汛抗旱指挥部办公室、贵州省水文水资源局编：《贵州水旱灾害》，贵州人民出版社1999年版。
[⑤] 覃子建等编：《贵州地震历史资料汇编》，贵州科技出版社1991年版。
[⑥] 李德龙主编：《云南气候与灾异资料辑录》，学苑出版社2011年版。
[⑦] 李文海、夏明方、朱浒主编：《中国荒政书集成》，天津古籍出版社2010年版。
[⑧] 程歗：《〈中国荒政书集成〉的史料价值》，《博览群书》2012年第5期。

的数据处理方面，以往研究作出的大量开创性工作，为探讨中国长期气候变化和灾害演变规律奠定了比较坚实的基础。此外，华中师范大学城市与环境科学学院的龚胜生教授团队积20年之功，系统梳理中国3000年的疫灾史，其中《中国三千年疫灾史料汇编》（清代卷）[①]收集了清代云贵地区疫灾流行的史料，为开展云贵地区的疫灾史研究提供了史料支撑。

2. 云贵地区灾害研究进展概述

杨伟兵在《云贵高原的土地利用与生态变迁（1659—1912）》一书中指出："灾变制约因素对土地利用及其变化的驱动，因史籍中更多地体现为自然变异，及自然灾害的发生对农地面积与收成减损等负面影响，除了有些不可逆转的损坏因素外（如滑坡、山崩），大都仍能在灾后恢复垦殖，故对整个高原土地利用面上的分布影响还是有限的，当然对生态环境而言，这些因素却是重要的考量指标。"[②]云贵两省地处低纬度高原地区，地理环境和气候条件具有复杂化和差异化的特点，据文献记载，清代云南和贵州两省的气象灾害、地震灾害和疫病灾害发生频次较高，部分地区还面临不同类型灾害叠加和复合型受灾的困境，灾害呈现出种类较多、空间分布广、发生频率高、灾害程度重和危害强度大等特点，因而云贵地区的灾荒与生态及社会变迁都备受学界的关注。

（1）气象灾害研究

秦剑等人编著的《云南气象灾害总论》一书重点对云南的干旱、暴雨、洪涝、寒潮、低温、冷害、冰雹、大风、雷暴等主要灾害进行了详细的分析，书中充分利用丰富的气象灾害资料和气象科研成果展开多角度的分析和研究，对近500年云南干旱和洪涝灾害的分布和周期变化作了论述[③]；李选周、张坤的《云南水稻冷害的历史考证》一文考证了云南水稻冷害发生的气候背景、水稻冷害地区分布规律、水稻冷害年段变化规律、水稻冷害类型及防御措施[④]；严华生等《昆明近300年的旱涝变化规律》一文通过对昆明近年旱涝史料及近百年降雨观测数据的分析和研究，揭示出昆明旱涝灾害历史气候演变、气候周期变化、年际变化规律以及太阳黑

---

① 龚胜生编著：《中国三千年疫灾史料汇编》（清代卷），齐鲁书社2019年版。
② 杨伟兵：《云贵高原的土地利用与生态变迁（1659—1912）》，上海人民出版社2008年版。
③ 秦剑等编著：《云南气象灾害总论》，气象出版社2000年版。
④ 李选周、张坤：《云南水稻冷害的历史考证》，《农业气象》1982年第4期。

子、厄尔尼诺、大气环流因子变化对昆明旱涝变化的影响①；杨煜达的《中小流域的人地关系与环境变迁——清代云南弥苴河流域水患考述》一文以弥苴河为个案，深入系统地研究了小流域的水患问题，分析了清代云南大理府邓川州境内弥苴河水患的分期和特点及应对措施，着重论述了弥苴河流域生态特点与水灾的关系②，他的著作《清代云南季风气候与天气灾害研究》③依据历史文献和现代器测资料，研究1711年至1911年间云南的气候与天气灾害，重建低纬度地区第一个高分辨率的历史气温序列，并对典型灾害的天气背景和云南季风气候演变的特点进行了分析；张学渝的《云南历史上的旱灾与应对措施研究》一文对历史时期云南旱灾进行登记划分，认为云南历代旱灾具有发生地域普遍、发生时段频繁和影响广泛的特征④；刘红晋《云南历史旱灾及防控措施研究》总结云南历史时期旱灾发生的成因和规律，并对旱灾的防御技术措施及其社会影响做了研究⑤；李苏的《清代云南水旱灾害与社会应对研究》在史料的基础上对清代云南地区的水旱灾害进行统计分析，并对救灾主体的变化作了论述⑥。

关于清代贵州的灾害研究，相关成果以水旱灾害研究为主，同时还涉及清水江和乌江流域内民众的灾害文化信仰问题。李鹏飞的《清水江下游地区自然灾害初步研究（1459—1949）——兼谈经济活动、社会规约与自然灾害之关系》一文通过对这一时段清水江下游地区自然灾害史料的收集和整理，发现清水江下游地区自然灾害的基本类型及发生规律与历史时期繁荣的木材贸易、苗侗等族的立碑活动有一定的关系，并指出清水江流域边开发边保护的控制模式以及社会规约的确立，一定程度上降低了该流域下游自然灾害发生的次数和频率⑦；严奇岩的《明清贵州水旱灾害的时空分部及区域特征》一文结合历史学和灾害学的理论与方法，对明清贵州水

---

① 严华生、谢应齐、罗兰仙：《昆明近300年的旱涝变化规律》，《热带气象学报》1998年第2期。
② 杨煜达：《中小流域的人地关系与环境变迁——清代云南弥苴河流域水患考述》，载曹树基主编《田祖有神：明清以来的自然灾害及其社会应对机制》，上海交通大学出版社2007年版，第46—53页。
③ 杨煜达：《清代云南季风气候与天气灾害研究》，复旦大学出版社2006年版。
④ 张学渝：《云南历史上的旱灾与应对措施研究》，硕士学位论文，云南大学，2012年。相关论述，参考张学渝、李伯川《云南明清时期五百年旱灾史研究》，《云南农业大学学报》2012年第6期。
⑤ 刘红晋：《云南历史旱灾及防控措施研究》，硕士学位论文，西北农林科技大学，2012年。
⑥ 李苏：《清代云南水旱灾害与社会应对研究》，硕士学位论文，云南师范大学，2014年。
⑦ 李鹏飞：《清水江下游地区自然灾害初步研究（1459—1949）——兼谈经济活动、社会规约与自然灾害之关系》，《原生态民族文化学刊》2015年第3期。

旱灾害及其时空分布、区域性特征进行了系统分析①；何术林的《明清时期乌江流域水旱灾害的初步研究》一文从历史地理学的视角对明清乌江流域水旱灾害的时空分布特征和规律进行了初步分析②；张明等人的《清代清水江流域自然灾害初探——以清水江文书和地方志为中心的考察》一文通过利用清水江文书和地方志的对比研究，具体考察了清代清水江流域自然灾害的种类、特点及其对少数民族造成的负面影响③。除此之外，吴才茂、冯贤亮讨论了清水江流域"遇病不药，而事祈祷"的风俗及其存在的合理性，并指出这是民众日常生活中固有的生存、防护策略④。

（2）地质灾害研究

目前，学界对云贵地区地质灾害的研究，以地震灾害的研究成果最为突出。云南地处印度与欧亚两大板块碰撞带的边缘，地壳运动剧烈，地震灾害频繁。皇甫岗《云南地震活动性研究》一文以地震活动规律性以及孕震环境为重点，对云南历史上发生的地震进行了史料考证和分析⑤；邓瑞生、王彬《云南历史地震记载与强震目录再析》一文以云南历史地震记载为依据，并对照《中国历史强震目录》（国家地震局地震防御司，1995年）一书，就1960年和1995年编制的4版强震目录中的地震参数判定失误之处和遗失的中强地震数据作了详细论述⑥；肖雄根据云南地方志中记录的清代至民国时期300多年间云南破坏性地震（M≥4.7）进行考察，并对地震后政府与民间的赈济措施进行分析⑦；曾桂林《云南的地震灾害与社会应对：1659—1949》一文对公元1659年至1949年间云南发生的地震灾害的分布规律进行了探究，并对各时期社会各界就地震灾害的应对举措做了分析⑧；严凤的《清代云南地震灾害及其应对研究》基于清代官方文献和云南地方史料中有关地震的详细记载，阐述了清代云南地震情况及其

---

① 严奇岩：《明清贵州水旱灾害的时空分部及区域特征》，《中国农史》2009年第4期。
② 何术林：《明清时期乌江流域水旱灾害的初步研究》，硕士学位论文，西南大学，2013年。
③ 张明、张寒梅、杨春华、肖敏：《清代清水江流域自然灾害初探——以清水江文书和地方志为中心的考察》，《贵州大学学报（社会科学版）》2016年第6期。
④ 吴才茂、冯贤亮：《请神祈禳：明清以来清水江地区民众日常灾害防范习俗研究》，《江汉论坛》2016年第2期。
⑤ 皇甫岗：《云南地震活动性研究》，硕士学位论文，中国科学技术大学，2009年。
⑥ 邓瑞生、王彬：《云南历史地震记载与强震目录再析》，《云南地震》2005年第2期。
⑦ 肖雄：《清至民国时期云南地震及灾后赈济》，《云南民族大学学报》2009年第1期。
⑧ 曾桂林：《云南的地震灾害与社会应对：1659—1949》，《中国地质大学学报》2011年第3期。

社会应对措施①；陈秉仁在《道光十三年云南全省大地震的研究——在昆华民众教育馆地震讲演会讲演》中，对这次地震的成因和灾害情况做了简要论述②；俞维贤等学者对1833年嵩明8级地震的地表破裂带进行了实地考察研究③；姚佳琳《清嘉道时期云南灾荒研究》一文对清嘉庆和道光年间云南的灾荒和社会影响进行了分析，并以嘉庆二十年（1815）至二十二年（1817）的云南大灾荒、道光十三年（1833）嵩明大地震的个案研究揭示了嘉道年间云南的灾荒状况④；杨瑞华的《云南地震地声初探》从近兆地声和远兆地声两个方面对云南地震地声历史记录进行分析⑤；罗荣联、陈玉茹的《云南历史强震活动图像》结合历史记载和现代器测资料，进一步分析和总结了云南地区强震规律⑥。代少强《贵州六百年地震灾害与社会救治研究》一文对元朝至民国时期贵州的地震历史文献、地震概况、地震时空分布特征以及地震灾害救济与灾后重建作了深入的探讨⑦。

学界对历史时期云南地震灾害的研究，既有将历次地震灾害与其他地震灾害的对比分析，也有集中对云南地震灾害发生的地理机制、地震活动特征、危害程度的深层探究，基于地方志、档案和碑刻等对清代云南地震灾害及赈济的深入分析亦渐次得到重视，研究成果不断涌现，但很明显的是，对云贵两省的地震灾害的整体研究和具体研究都显得不够充分，对地震灾害引发的崩塌、滑坡、泥石流等地质灾害以及衍生灾害（次生灾害）的关注程度也不够，并且在理论和方法方面有待提高。

（3）疫疾灾害

历史时期疫疫灾害的大规模流行，对当时社会公众的生命和健康造成了直接性的危害。疫疫灾害的发生与区域地理环境、气候异常、自然灾害等环境息息相关。龚胜生认为，"中国疫灾变化与气候变化关系密切，寒冷期往往为疫灾频繁期，温暖期往往为疫灾稀少期，气候越寒冷，疫灾越

---

① 严凤：《清代云南地震灾害及其应对研究》，硕士学位论文，云南师范大学，2014年。
② 云南省云立昆华民众教育馆编：《民众生活周刊》1932年第18期，第14—17页。
③ 俞维贤、汪一鹏、宋方敏、候学英、曹忠权、申旭辉、李志祥、沈军：《1833年云南嵩明8级大地震地表破裂带的考察研究》，《地震研究》1996年第4期。
④ 姚佳琳：《清嘉道时期云南灾荒研究》，硕士学位论文，云南大学，2015年。
⑤ 杨瑞华：《云南地震地声初探》，《大理师专学报》1997年第1期。
⑥ 罗荣联、陈玉茹：《云南历史强震活动图像》，《地震研究》1996年第3期。
⑦ 代少强：《贵州六百年地震灾害与社会救治研究》，硕士学位论文，贵州大学，2017年。

频繁，寒冷期越长，疫灾频繁期也越长"①。疫疾灾害作为云贵地区灾荒史研究中的一个重要层面，长期以来亦备受学界的广泛关注。

云南自然地理环境独特，区域气候差异较大，是中国鼠疫较为典型的自然疫源地之一，自然和社会环境的变化与鼠疫流行区域的变迁有密切关联。曹树基、李玉尚的《鼠疫：战争与和平——中国的环境与社会变迁（1230—1960年）》②一书从鼠疫史的方法论、鼠疫流行模式（战争与和平时期）、环境变迁与国家医学等角度，深入探讨了中国的鼠疫流行历史。此外，李玉尚和曹树基还专门讨论了和平时期云南鼠疫的传播模式，认为和平时期云南鼠疫的流行是地形和交通所决定的疫情传播③；李玉尚的《手术与药物：清代后期云南鼠疫流行中的治疗》一文从清代文献和20世纪50年代鼠疫流行史的调查出发，认为无论是药物疗法还是外科手术，其在降低死亡率的作用上都极为有限，除了共同基于"地毒"观念的外敷手段外，清代后期两个区域的其他治疗手段在不少方面殊途而不同归，可能是两地不同的文化和观念所致④；李玉尚《近代中国的鼠疫应对机制——以云南、广东和福建为例》一文对清代地方政府应对鼠疫灾害的方式进行论述，认为医疗资源的分布不均导致防疫重点不同，也致使民众与官方的对抗程度产生不同⑤；李玉尚、顾维方《都天与木莲：清代云南鼠疫流行与社会秩序重建》一文分析探讨了清代云南长达125年的鼠疫流行史，认为其中虽然社会一直在积极寻求各种应对的方法，但都天信仰和唱木莲戏因能"制止"鼠疫而为民众普遍接受，在一定程度上恢复了传统的社会秩序，强化了儒家孝道观念⑥。

---

① 龚胜生：《中国疫灾的时空分布变迁规律》，《地理学报》2003年第6期。
② 曹树基、李玉尚：《鼠疫：战争与和平——中国的环境与社会变迁（1230—1960年）》，山东画报出版社2006年版。
③ 关于云南鼠疫灾害的相关研究，李玉尚和曹树基《咸同年间的鼠疫流行与云南人口的死亡》一文通过对原始档案的分析，估算出咸同战乱中因鼠疫死亡的人口以及这些死亡人口在整个战争人口死亡中的比例，认为是战争加速了鼠疫的传播，危害因此逐渐扩大（《清史研究》2001年第2期）；李玉尚和曹树基《清代云南昆明的鼠疫流行》一文对昆明城区及其郊区的鼠疫流行史进行探讨，完善了对云南鼠疫流行模式的认识（《中华医史杂志》2003年第2期）。
④ 李玉尚：《手术与药物：清代后期云南鼠疫流行中的治疗》，《思想战线》2015年第2期。
⑤ 李玉尚：《近代中国的鼠疫应对机制——以云南、广东和福建为例》，《历史研究》2002年第1期。
⑥ 李玉尚、顾维方：《都天与木莲：清代云南鼠疫流行与社会秩序重建》，《社会科学研究》2012年第1期。

关于云南鼠疫的研究，刘雪松《清代云南鼠疫的环境史研究》一文从环境史的视角出发，对清代云南鼠疫灾害的流行和区域变迁的自然和社会环境进行了详细地探究①；田杰《云南184年人间鼠疫历史的分段》一文采用最优分割法，以网络信息技术为核心，将数理逻辑方法应用在历史学研究中，对云南历史上的人间鼠疫表现出的强烈随机性和动态连续性进行了深入的分析②；胡蝶《清代云南省疫灾地理规律与环境机理研究》一文从地理学的视角揭示了清代云南疫灾的时空分布规律，并从自然灾害学、环境科学和社会学角度论述了疫灾流行的环境机制③；吴寰《灾疫的流动性：清以降以云南为中心的区域鼠疫流行研究（1644—1949）》一文通过对文献资料的整理和搜集提取，采用跨区域的观察视角，分析了清代以云南为中心的鼠疫流行情况及其流动性行为态势④。

疟疾是一种自然地方性疾病⑤，主要是由于按蚊叮咬或输入带疟原虫者的血液而感染疟原虫所引起的虫媒传染病。云南低纬度和高原海拔的双重作用，对复杂多样的山地气候影响较大，这也是云南疟疾流行在地理分布上极其复杂的主要因素。许新民《近代云南瘟疫流行考述》一文将中外文资料结合起来考察，对近代云南瘟疫的种类、流行时段、流行地域、官民医三方对瘟疫成因的认知与防治策略进行了探讨⑥；许新民《疟疾与晚清民国云南生态环境》一文认为，疟疾是一种与生态环境密切相关的传染病，并强调晚清民国时期云南自然环境、人类活动、病原体三者的相互影响和相互作用，造成了疟疾在云南的普遍流行和人口死亡；除了对鼠疫、疟疾的研究以外，清代云南瘴气的研究成果也颇为丰硕，周琼《清代云南瘴气与生态变迁研究》一书对清代云南瘴气存在的自然环境、"瘴域"变

---

① 刘雪松：《清代云南鼠疫的环境史研究》，硕士学位论文，云南大学，2011年；另外，刘雪松《清代云南鼠疫流行区域变迁的环境与民族因素初探》一文在搜集及分析相关文献资料的基础上，结合鼠疫医学特点，对清代云南鼠疫流行区域变迁的环境因素做了初步探讨（《原生态民族文化学刊》2011年第4期）。
② 田杰：《云南184年人间鼠疫历史的分段》，《国外医学（医学地理分册）》2014年第3期。
③ 胡蝶：《清代云南省疫灾地理规律与环境机理研究》，硕士学位论文，华中师范大学，2014年。
④ 吴寰：《灾疫的流动性：清以降以云南为中心的区域鼠疫流行研究（1644—1949）》，硕士学位论文，云南大学，2016年。
⑤ 耿贯一主编：《流行病学》（上册），人民卫生出版社1979年版，第109页。
⑥ 许新民：《近代云南瘟疫流行考述》，《西南交通大学学报（社会科学版）》2010年第4期。

迁的特点、原因和影响等进行了深入系统的研究①；徐凤梅《明清时期贵州瘴气的分布变迁》一文运用田野考察法和文献分析法，综合利用考察资料与明清时期的瘴气史料，对明清贵州瘴气的分布变迁过程与地方经济开发进程之间的关系及其对贵州社会造成的影响进行了分析②。

3. 清代云贵地区灾荒应对研究

清代的荒政制度在云贵两省的实践及成效，是目前学界开展区域灾荒应对机制研究的重点课题之一，相关研究涉及荒政程序及救荒活动的各个方面，宏观研究和微观研究并举，相关研究成果较为丰硕。房爱华《明清时期云南灾荒与赈济浅论》一文分析了政府救济、精英士绅阶层的赈济和社会自救活动等三个不同社会层面对自然灾荒的应对③；朱加芬《乾隆时期的救灾制度及在云南的实践》一文分析了乾隆朝国家框架下云南救灾制度的实施情况、存在的问题及云南救灾的特点④；李新喜的《清代云南救灾机制刍探》一文对清代云南荒政施行过程中的救灾机制作了全面的论述⑤；王明东的《清代云南赋税蠲免初探》一文对清代在云南实行赋税蠲免的种类和原因作了相关分析，并认为清朝政府对云南实行赋税蠲免的政策与当时云南地区的灾害情况息息相关⑥；马亚辉的《乾隆时期云南之灾赈研究》一文对乾隆朝奏折所记载的大量云南灾赈案例进行初步探讨⑦；谭志刚《清朝前期云南灾赈初探》一文对清前期中央政府在云南实行的平粜、赈济、蠲缓、借贷等灾赈政策进行了研究⑧；马晓粉《清代云南灾荒及其应对机制研究》旨在厘清清代云南地区的灾害类型、时空分布及其影

---

① 周琼：《清代云南瘴气与生态变迁研究》，中国社会科学出版社 2007 年版。参考周琼《清代云南瘴气环境初论》，《西南大学学报（社会科学版）》2007 年第 3 期；《清代云南潞江流域瘴气分布区域初探》，《清史研究》2007 年第 2 期；《清代云南澜沧江、元江、南盘江流域瘴气分布区初探》，《中国边疆史地研究》2008 年第 2 期；周琼、李梅《清代云南生态环境与瘴气区域变迁初探》，《史学集刊》2008 年第 3 期。
② 徐凤梅：《明清时期贵州瘴气的分布变迁》，硕士学位论文，贵州师范大学，2014 年。
③ 房爱华：《明清时期云南灾荒与赈济浅论》，载纳麒主编《中国西南文化研究（2008 年）》，云南科技出版社 2008 年版。
④ 朱加芬：《乾隆时期的救灾制度及在云南的实践》，硕士学位论文，云南大学，2015 年。
⑤ 李新喜：《清代云南救灾机制刍探》，硕士学位论文，云南大学，2011 年。
⑥ 王明东：《清代云南赋税蠲免初探》，《思想战线》2010 年第 3 期。
⑦ 马亚辉：《乾隆时期云南之灾赈研究》，《昆明学院学报》2013 年第 Z1 期。
⑧ 谭志刚：《清朝前期云南灾赈初探》，《兰州教育学院学报》2016 年第 4 期。

响，并对官方与民间的灾荒应对机制进行探讨①；田千来《清康雍乾时期云南自然灾害及其应对机制》一文对清朝康雍乾时期云南的自然灾害状况及其原因和救灾机制进行了论述②；姚佳琳《近30年来清代云南灾荒史研究综述》从史料的搜集与整理、灾荒本身的研究及灾荒应对三个层面对近30年来学界对清代云南灾荒的研究成果作了综述和详细分析③。

关于清代云南灾荒的研究，期刊论文和著作的相关研究涉及灾赈制度、应对机制、慈善事业、仓储建设及粮食价格等方面。周琼认为："清前期报灾制度的建设及发展，不仅反映了制度重建及继承的重要作用，也反映了入主中原的满族统治者对中原汉文化及其传统制度的认同、接纳，这是中华民族共同体形成及建构过程中，中华传统优秀文化的魅力及其凝聚力、向心力发挥的实际影响。"④此外，周琼《云南历史灾害及其记录特点》一文从历史灾害的记录及其重要案例出发，对云南灾害史的记录特点和变迁趋势进行了深入的分析⑤；古永继《历史上的云南自然灾害考析》一文根据相关文献资料考察了历史时期云南地区的自然灾害种类⑥；王水乔的《清代云南的仓储制度》认为清代云南因粮食短缺而致仓储不足，仓储运行过程中的弊端削弱了清代云南灾荒赈济的社会功效⑦；另外，王水乔《清代云南米价的上涨及其对策》一文也对清代云南米价上涨的原因及其对策作了分析，并认为仓储对于米价和社会稳定具有重要作用⑧；路中康《士绅与清代云南仓储》一文从清代云南士绅阶层发展的视角，探讨了士绅与云南仓储的修建和积储以及士绅对清代云南仓储的管理⑨；吕志毅《晚清云南积谷备荒始末》一文探讨了晚清云南积谷备荒的措施和实施过

---

① 马晓粉：《清代云南灾荒及其应对机制研究》，《玉溪师范学院学报》2017年第2期。
② 田千来：《清康雍乾时期云南自然灾害及其应对机制》，硕士学位论文，云南师范大学，2006年。
③ 姚佳琳：《近30年来清代云南灾荒史研究综述》，《保山学院学报》2014年第1期。
④ 周琼：《清前期灾害信息上报制度建设初探》，《兰州大学学报（社会科学版）》2021年第4期。
⑤ 周琼：《云南历史灾害及其记录特点》，《云南师范大学学报（哲学社会科学版）》2014年第6期。
⑥ 古永继：《历史上的云南自然灾害考析》，《农业考古》2004年第1期；《云南古代灾情考略》，《云南民族学院学报》1993年第2期。
⑦ 王水乔：《清代云南的仓储制度》，《云南民族学院学报（哲学社会科学版）》1997年第3期。
⑧ 王水乔：《清代云南米价的上涨及其对策》，《云南学术探索》1996年第5期。
⑨ 路中康：《士绅与清代云南仓储》，载周琼、高建国主编《"中国西南地区灾荒与社会变迁"暨第七届中国灾害史国际学术研讨会论文集》，云南大学出版社2010年版。

程中产生的流弊及其影响①；黎敏章的《贵州积谷贮贷的兴革》一文认为清代在贵州推行的积谷借贷实物形态的生息资本，其在筹集方式、借贷对象、取息标准及管理权限等方面，都具有特定的内涵②；祁志浩《清代云南府的慈善事业与滇中社会》一文对清代云南府的慈善事业进行了较为全面的考察，从慈善史的视角解读了边疆的基层社会历史③；王琴《近代西南地区的慈善事业（1840—1949）》一文从政治、经济、社会变革的角度出发，对近代西南地区慈善事业的兴起背景、演变进程、特点及其影响作全面、系统的研究，从中探析慈善事业与社会发展之间的相互关系④，相关内容涉及云南和贵州两地；李锦伟《明清时期黔东北地区应对灾荒的措施》一文从建仓储粮、兴修水利、蠲免、缓征、赈给和赈粜等备荒和救荒措施探讨了明清黔东北的灾荒应对及成效⑤；裴恒涛、谢东莉的《清代遵义社会保障体系浅论》探讨了清代遵义府的仓储政策、税收蠲免、临灾救济等社会救济，并对设立养济院、栖流所、育婴堂等社会福利及运作进行了论述⑥。赵文婷《清代贵州灾荒赈济研究》一文从政府与民间社会两个救灾主体入手探究清代贵州灾荒赈济措施，并分别对灾前防备、临灾赈济以及灾后补救与重建的措施进行系统分析，以揭示政府与民间社会在清代贵州灾荒赈济过程中扮演的角色及救灾效用。

根据访查的文献和档案史料可了解到，清代云贵地区自然灾害频繁，不仅受地理环境和气候变迁等自然因素的影响，而且清代云贵地区的社会格局变迁对灾荒的发生和蔓延以及对整个生态环境的破坏和变化起到了推波助澜的作用。纵观清代云贵两省的地域秩序，频繁发生的灾害及社会动乱对当时的云南和贵州社会造成了消极的影响，灾荒使人口的流动性逐步增强，自然灾害和人为灾害的双重震荡效应对当时的社会生产、社会经济和社会治安、生态环境等亦造成了极大的破坏，严重影响了当时云南和贵州民众的正常生产和生活。面对灾荒的肆虐和扰动，清朝中央政府、云贵

---

① 吕志毅：《晚清云南积谷备荒始末》，《中国档案》2008年第12期。
② 黎敏章：《贵州积谷贮贷的兴革》，《贵州文史丛刊》1991年第1期。
③ 祁志浩：《清代云南府的慈善事业与滇中社会》，《文化学刊》2011年第1期；《清代云南慈善史研究的思考》，《云南档案》2009年第6期。
④ 王琴：《近代西南地区的慈善事业（1840—1949）》，硕士学位论文，湖南师范大学，2011年。
⑤ 李锦伟：《明清时期黔东北地区应对灾荒的措施》，《长江论坛》2012年第3期。
⑥ 裴恒涛、谢东莉：《清代遵义社会保障体系浅论》，《遵义师范学院学报》2009年第5期。

总督、云南巡抚和贵州巡抚等地方衙署要员以及各种社会力量都采取了一系列措施对受灾地区进行赈抚，并取得了一定的成效。总体上看，清朝历代帝王廑念民瘼和嘉惠边隅为本，不断推进中原地区行之有效的荒政制度在云贵地区的实践，使灾荒赈济成为经略边疆和治理边地的一项重要举措，有效加强了云贵地区底层社会对清朝政治制度和文化的认同，民众乐业、边境安宁，继而强化了国家秩序的稳定。

晚清是中国由传统社会向近代社会转型的初期，伴随着清王朝的国势渐趋衰微，财力枯竭，在云南回民起义、贵州苗民起义和各种自然灾害发生后，尽管清朝中央政府积极开展灾荒赈济，由于其财政的匮乏和对云南地方控制力的逐步削弱，荒政的推行已呈现出衰退化的趋势，但这一时期云南和贵州地方的社会力量在灾荒救助过程中发挥着积极作用，尤其是地方官府的跨省区协赈和社会力量的筹赈在灾荒救助活动中扮演着重要的角色。云贵是灾害频发的地区，近年来旱灾、地震等灾害不断发生，并造成了严重的经济损失，给人民的生产和生活造成巨大的影响，同时也对地域社会秩序和国家秩序造成制约。因此，研究清代云贵地区的灾荒，总结历史经验教训，以史为鉴，方能更好地防患于未然，这对现实社会的防灾救灾减灾措施及其政策的制定具有极大的资鉴作用。

相关史料记述，清代云贵地区的灾害种类多，在时空分布上，由于云南和贵州各地区自然条件、地理环境相差较大，各种灾害的发生及分布呈现不均衡的特点，但是云南和贵州同处云贵高原，各种灾害相伴相生、相互制约，并具有明显的灾害关联性，与周遭的生态环境的变化息息相关。清代云贵地区灾荒的历时性和共时性，使清王朝对历次灾荒的赈济、防范、预警等应对机制不断处于调控的状态，且兼具有理性和非理性的特点。伴随清末云贵地区经济和社会较大的转型和发展，一定程度上也加剧了灾赈的近代化转型，并有效推进了灾荒赈济向现代化的过渡。

总体上看，目前学界对清代灾荒的研究比较系统、全面，尤其是对灾赈制度和赈灾体系的研究更为成熟，且从理论和方法上超越了就灾害本身进行灾荒的论述这一层面，研究的内容除灾荒救济和荒政制度外，还向赈灾思想、灾害法制和灾害文化等方向延伸和拓展。另外，清代区域灾荒史的研究也取得了显著的成就，相关成果较多。对于清代云贵地区的灾荒研究而言，尽管学界作了一些有益的探索和研究，相关研究内容涉及明清时期的云南和贵州的仓储建设、救灾机制及具体赈务活动等方面，但成果明显不足以反映清代云贵地区灾害的基本面貌、灾害时空分布特征及救灾协同机制的嬗变。

关于清代云贵地区灾荒史的研究，尽管前人有所涉及，但更多仅是局限于对于某一时空范围内单一自然灾害发生的原因、种类、特点以及救济的探讨，而对云贵地区整体范围内灾荒史的研究重视程度仍然不够。不难看出，云南和贵州的灾荒研究极为薄弱和分散，研究较浅。在灾荒史料的集成性整理方面，仍存在较大的拓展空间。有关清代云贵地区灾赈的研究成果仍旧较少，相关研究呈现出碎片化的特点，缺少系统性和全面性地研究专著，进而导致对这一论题的研究仍停留在少数或具体、或个别问题的孤立探讨层面。从边疆治理的视角出发，对清代云贵两省的致灾要素和环境变迁因子之间的关联性进行分析，探寻清代国家秩序和地方社会变迁的双重变奏，探讨云贵地区灾荒期间赈款物资供给和分配问题，进一步考察这一时期云贵地区的社会公众对清政府灾赈举措及成效的价值认同，能够进一步阐释民生需求、边疆管理和人类命运的交互关系，对考察相关救灾主体在灾赈实践中的协调行动及其能动作用具有重要价值，亦有助于从理论和方法的层面推进对清代云贵灾荒赈济协同机制构建的探讨。

三 研究方法与创新之处

（一）研究方法

1. 文献研究法

本研究对云贵地区的灾荒史料进行收集、梳理和分析，以较准确地把握清代云贵地区灾害的基本情况和成灾规律，并对这一时期云贵地区灾害发生的时空分布特征、灾赈举措及社会成效进行探究，同时还力求通过对云贵两省少数民族地区地方文献记载的灾害梳理，藉此探讨区域性民族灾害文化及防灾减灾方式的传承。

2. 计量史学法

通过对清代云贵地区相关文献中灾害发生频次的计量统计，以图表方式呈现出清代云贵地区灾害发生的频率，探讨灾荒的社会影响以及生态环境的变迁整体趋势和动态过程，并在此基础上对各类灾害数据进行处理和分析，对清代云贵地区的灾害特征及发生频次进行详细探讨，进一步探究清代云贵地区灾赈的实践路径和区域联动效应。

（二）创新之处

1. 云贵地区地质构造复杂、地形破碎、气候多样，气象灾害、地质灾害和疫疾灾害频繁。本书初步基于地理学的知识体系，对清代云贵地区不同时空范围内的自然灾害进行分类探讨，首次全面地呈现清代云贵地区自然灾害时空分布的差异化特征，以充分探讨清代国家的荒政制度在云贵地区的实践路径以及灾赈的社会效用，并对云南和贵州少数民族地区的救灾方式进行考察，从中总结灾荒应对举措和经验。

2. 本书以清政府在西南边疆地区的灾赈实践为重点，首次深入探讨清朝荒政制度在云贵地区实施过程中的整体性变化，以厘清官方灾赈活动和地方社会力量在灾荒赈济中的演变，系统探讨西南边疆地区的生产方式和经济结构对灾荒救济的响应机制。通过探讨清代中央政府在云贵地区的救灾活动，探讨清朝中央政府在西南边疆地区施行灾荒赈济的可行性和有效性，分析清政府在边疆经营和管理过程中所应用的灾赈举措的适用性和有效性。

3. 本书首次从边疆治理的视角出发，探讨云贵地区"内地化"进程中荒政制度对边疆民族地区的影响，借此分析清朝中央政府在灾赈中民本思想的落实，探究西南边疆地区民众的底层认同和国家认同，系统分析清朝政府的灾赈活动在维护云贵地区地域秩序和加强边疆经营和管理的切实效果，旨在考察清代云贵地区灾荒赈济协同机制构建的联动性，进一步深入总结清代国家在云贵地区的救灾活动对"固本安边"的积极效应。

四 基本思路

本书作为一项区域灾荒史的研究，在坚持总体史观的基础上，秉持实证研究，注重长时段的史实考察，力图通过灾荒赈济来透视清代云贵地区灾害救济与地方治理的互动关系，藉此探讨清朝中央政府与地方社会、官方与民间、地方社会的权力结构、治理逻辑和社会格局形塑等诸多问题。同时，通过相关文献资料的整理分析和数据统计，对清代云贵地区灾害发生的自然社会因素进行分析，梳理这一时期云南和贵州两省的灾情概况，并对灾害的时空分布、区域特点及影响等进行分析，探讨区域性灾害易损性和饥荒的可能性，分析清代国家在灾赈资源整合及社会经济的变迁中的作用。

尽管区域灾荒史研究中有诸多成果可供借鉴，但大部分研究皆为西南地区以外的灾害时空分布、仓储备荒以及救灾实践等内容，而对云贵地区的灾荒赈济尚未展开深入的讨论，且相关成果尚未与地理学、社会学、管理学、边疆学等学科的相关知识和研究成果关联在一起，因而忽视了清代云贵地区的灾荒赈济在西南边疆社会协同治理中的重要导向作用。有鉴于此，本书致力于深入考察清代荒政制度在云贵两省的推行和落实情况，对这一时期云南和贵州地区的报灾、勘灾、审户、赈济等救灾程序进行分析，对救灾实践中的官方和民间举措及成效作相关性论述，探讨清政府的救灾策略、社会治理方式及民间文化对灾荒的响应模式。本书以边疆治理为视角，从清政府在云贵地区的灾赈实践过程分析维护西南边疆地区地域秩序的重要性，考察清政府的民生关怀意识和对边疆经营的可操作性方式，以阐释清政府在灾荒赈济中对社会管理的有效性，以探讨清代云贵地区灾荒赈济协同机制建立的现实意义。此外，本书还结合西南边疆地区的地理位置特殊性，通过对清政府在云贵地区的灾赈实践进行探究，分析清代荒政制度从传统向近代的转型方式和影响，对官方和民间的救灾模式进行总结，探讨在救灾过程中官方和民间社会力量的交互作用，进一步对清代云贵地区灾赈实践的区域性协同联动效应和灾荒赈济协同机制的构建进行综合考察。

第一章　清代云贵地区灾荒发生的影响因素

自然灾害是人类赖以生存的自然界因地理环境和自然气候变迁而引发的自然异常事件和现象，它足以给人类及其赖以生存的自然环境和社会环境造成严重破坏。生态环境恶化与自然灾害之间错综复杂的互动关系，是灾荒史研究中绕不开的重要论题。纵观全球人类社会漫长的历史发展和演替进程，灾害发生的主要原因既与周遭生态环境变异相关，亦同人类社会活动密切关联，简言之即自然史和人类史彼此制约、相互颉颃。清代云贵两省各府厅州县所属地方水灾、旱灾、地震、疫疠、虫灾、雹灾、霜灾、低温冷冻等自然灾害频发，其中局部地区自然灾害的衍生和并发，相继呈现出累积性、诱发性和延伸性等特点。清代云贵地区自然灾害的发生是自然环境和社会环境相互作用的结果，揭示各类灾害的致灾因子和演化机制，是深入探讨灾害的社会影响和救灾实践路径的关键环节。

第一节　清代云贵地区灾荒发生的自然因素

人类对地理环境变化、气候变迁和生态环境改变与灾害发生频次的耦合关系并不陌生，无论是全球性的气候变迁，还是区域性的天气变化，抑或是地理环境和生态环境的急剧演变，都无疑增加了极端天气和自然灾害的发生频率及严重程度。清代是中国历史上的"灾害群发期"，在自然因素的驱动下，云贵地区各类自然灾害的发生频次都显著增加，并使云南和贵州两省各府厅州县不断处于应对系统性灾害风险的挑战之中。

一 自然地理环境的变化

　　自然界本身是相互制约、相互联系的整体，并不断处于运动和变化发展的状态。自然地理环境是由地貌、气候、水文、土壤以及生活于其中的动物、植物、细菌等各自然要素组成的复杂物质体系，在自然综合体中，各自然要素时常处于矛盾与斗争、变化和发展之中①。自然地理环境兼具整体性和差异性两大基本特征。区域地表构成自然地理环境的大气、水、岩石、地貌、生物和土壤等诸要素，通过大气循环、水循环、生物循环和地质循环等物质运动和能量交换，使自然地理环境内部彼此之间发生着密切的相互作用和互动交流，由此产生影响周遭环境演变的新功能，进而使自然地理环境统一的演化进程向纵深发展，并在不同的时间节点和空间范围内塑造和影响着人类社会的活动界面和历史进程。

　　自然地理环境是地球能量的交错地带，即岩石圈、水圈、土壤圈、大气圈和生物圈在地球表层相互作用的特定区域。自然地理环境具有三个显著特点：一是来自地球内部的内能和主要来自太阳的外部能量于此相互作用；二是它具有构成人类活动舞台和基地的三大条件，即常温常压的物理条件、适当的化学条件和繁茂的生物条件；三是这一环境与人类的生产和生活密切相关，并直接影响着人类的生存方式与生活态度。由于地理环境的差异性存在，地表物质及形态亦千差万别，在地理、地质形态发生骤变之际，自然界的生态环境就会相应地发生不同类型和程度之改变和变迁，并且主要以干旱、洪涝、地震、泥石流、滑坡等各类灾害的发生为物质和能量转换方式，直接作用于人类社会发展进程，同时亦深刻地改变着人类社会的文明步伐。邹逸麟认为，所谓灾害，即自然界的变异对人类社会造成不可承受的损失。自然界各种较大程度的变异，都会直接影响到人类的社会生活，自然灾害的社会属性既决定于源自其原动力的自然界，同时还取决于其承受体的人类社会②。

---

① 中国科学院《中国自然地理》编辑委员会编：《中国自然地理：历史自然地理》，科学出版社1982年版，"总论"，第1页。

② 邹逸麟：《灾害与社会研究刍议》，载复旦大学历史地理研究中心主编《自然灾害与中国社会历史结构》，复旦大学出版社2001年版，第1页。

云南和贵州两省在地理上同属于一个单元，通常称为云贵高原①。云贵高原地势自西北向东南呈阶梯式的下降状分布，以乌蒙山为界，可将整个云贵高原划分为西部的云南高原和东部的贵州高原。"就自然地理而言，云贵高原不是简单的统一高原地貌，而是山地、低丘、宽谷、浅盆相间，河流、湖泊密布，呈现极为复杂多样的地理景观；就人文地理而言，汉唐以来，是多种族别所谓'西南夷'的少数民族所居地。"②云贵高原地质复杂多样，地理环境迥然有别，山间盆地、河谷阶地、岩溶地貌等地形地貌在漫长的演化过程中呈现出明显差异，对云贵地区自然地理环境的变化产生重要影响，并不同程度地表现为地理环境的突变，继而以单一灾害现象或灾害链的形式表现出来。"地理环境中自然灾异的群发性与集中突发性形成了地理环境的突变。灾异在人类历史的近几千年来，有时出现较

---

①　广泛地理意义上的云贵高原范围包括今云南省、贵州省、广西壮族自治区的北部和西北部、湖南省的西部、湖北省的西南部以及重庆市、四川省的南部等地区（《辞海》，上海辞书出版社2002年版，第4552页）。本研究中所讨论的区域主要为以元江为界划分的云贵高原，主要是指狭义上仅地貌而言所包含的云南高原和贵州高原及其周边地区，主要涉及的范围为清代云南省（"清初沿明制，置承宣布政使司，为云南省，设巡抚，治云南府，并设云贵总督，两省互驻。康熙元年（1662），改云南总督，驻曲靖。三年（1664），裁贵州总督并云南，驻贵阳。二十二年（1683），移驻云南。雍正五年（1727），定云贵总督兼辖广西。十二年（1734），停兼辖广西。乾隆元年（1736），设云南总督。十二年（1747），改云贵总督。光绪中，裁巡抚。领府二十，直隶州一。康熙五年（1666），降北胜直隶州为州，隶大理。八年（1669），降寻甸府为州，隶曲靖。三十七年（1698），升北胜州为永北府，省永宁。雍正三年（1725），改威远土州为直隶厅。四年（1726），割四川之东川府来隶。五年（1727），以四川乌蒙、镇雄二府来隶。六年（1728），降镇雄为州，属乌蒙。七年（1729）置普洱、八年（1730）置开化二府。九年（1731），改乌蒙为昭通府。乾隆三十一年（1766），永北降直隶厅。三十五年（1770），广西、武定、元江、镇沅四府降直隶州，景东、蒙化二府皆降直隶厅，省姚安属楚雄，改鹤庆府为州，属丽江。嘉庆二十四年，升腾越州为直隶厅。道光二年（1822），改分防同知，又改镇沅直隶州为直隶厅。光绪十三年（1887），置镇边抚夷直隶厅，二十四年（1898），升镇雄州为直隶厅。……共领府十四，直隶厅六、直隶州三，厅十二，州二十六，县四十一；又土府一，土州三，土司十八。"赵尔巽等撰：《清史稿》卷74《地理志·云南》，中华书局1977年版，第2321—2322页）和贵州省（"清初沿明制，设贵州布政使司，为贵州省。顺治十六年，设巡抚，治贵阳，并设云贵总督，分驻两省。康熙元年（1662），改贵州总督。四年（1665），仍为云贵总督，驻贵阳。二十一年（1682），移驻云南。旧领府十。康熙三年（1664），增置黔西、平远、大定、威宁四府。二十二年（1683），大定、平远、黔西降州，隶威宁府。雍正五年（1727），增置南笼府。六年（1728），割四川遵义来属。七年（1729），复升大定、降威宁。乾隆四十一年（1776），升仁怀。嘉庆二年（1797），升松桃，均为直隶厅，改南笼为兴义府。三年（1798），降平越府为直隶州。十四年（1809），升普安为直隶州。十六年（1811），改厅。……共领府十二，直隶厅三，直隶州一，厅十一，州十三，县三十四，土司五十三。"赵尔巽等撰：《清史稿》卷75《地理志·贵州》，中华书局1977年版，第2351—2352页）。

②　杨伟兵：《云贵高原的土地利用与生态变迁（1659—1912）》，上海人民出版社2008年版，"总序"，第3—4页。

少，这时地理环境相对地趋于均衡的渐变时期；有时出现的多而集中，对地理环境产生了急剧而明显的影响，是相对的突变时期。所以，地理环境的'突变'是通过自然灾群的突发性和群发性来实现。"① 清代云贵地区各类自然灾害频发，灾害种类多样，致灾因子复杂，灾害造成的损失较大。

水灾和旱灾是清代云贵地区的两大主要灾害类型。"我国历史上的水灾，主要有雨水型灾害和江河洪水灾害两大类。雨水型灾害是指由长时间大雨（史书一般称"霪雨"）或短期内暴雨、骤雨所形成的水潦灾害；江河洪水灾害是指江河决口、溢满所导致的洪涝灾害。就致灾因子而言，两者都没有必然的分界线，都是水多而为患。"② 云南和贵州分别地处云贵高原的核心地带，地形以山地为主，当雨水型和江河型灾害同时发生，往往容易造成田亩被淹、秋成无望、城垣坍塌、房屋倒塌、河堤溃决以及人口伤毙等严重灾情，这与云贵地区的地理环境整体性和异质性不无关系。据《云南天气灾害史料》统计，清代268年中，云南共出现大型洪涝灾害17次③，分别为康熙十年（1671）、康熙三十年（1691）、康熙三十三年（1694）、康熙四十六年（1707）、康熙五十二年（1713）、乾隆四十年（1775）、道光三年（1823）、道光十三年（1833）、道光十九年（1839）、咸丰二年（1852）、咸丰七年（1857）、同治十年（1871）、同治十一年（1872）、光绪三年（1877）、光绪十八年（1892）、光绪十九年（1893）、光绪三十一年（1905），从整体上看，清代云南发生洪涝灾害的频次较高，且清中后期洪灾发生的频率高于前期。贵州省境内喀斯特地貌发育非常典型，对水旱灾害的响应尤其敏感，因地理环境和区域气候的潜在影响，清代贵州水旱灾害呈现出交错分布的特点。民国时期的经济学博士张肖梅认为，贵州"惟以全境多山，河流稀少；倘晴雨不调，易成亢旱之灾。如久雨而山洪暴发，则田禾又有被冲没之虞。因水利未兴，故水旱频乘。此实

---

① 于希贤：《近四千年来中国地理环境几次突发变异及其后果的初步研究》，《中国历史地理论丛》1995年第2期。
② 朱凤祥：《中国灾害通史（清代卷）》，郑州大学出版社2009年版，第34页。
③ 云南省气象科学研究所编：《云南天气灾害史料》，云南省气象科学研究所1980年印，第13页。

为黔省农业上最重大之问题也"①。

　　自然灾害的发生有突然爆发和缓慢积累形成两种主要表现形式，前者表现为地震、台风、火山等，后者表现为干旱、沙漠化、水土流失、石漠化等。清代云贵地区各类自然灾害的发生，皆与自然灾害本身所处的地理环境系统密切相关，自然灾害的致灾机理较大程度上反映了地理环境在整体变迁过程中所遵循的能量守恒、能量转化传递以及能量再分配定律，并在不同的时间序列上以灾害链的形式作用于人类社会。在各类自然灾害发生期间，通常会相继诱发一系列次生灾害或衍生灾害。1987 年，地震学家郭增建首次提出灾害链的理论概念，即"灾害链就是一系列灾害相继发生的现象，但还有出现某种灾害后使另一种灾害不再发生的情况，这也是一种链"②。文传甲对灾害链作出定义："一种灾害启动另一种灾害的现象"，即前一种灾害为启动灾环，后一事件为被动灾环，灾害链更突出强调事件发生之间的关联性③。史培军认为："灾害链是因一种灾害发生而引起的一系列灾害发生的现象，是某一种原发灾害发生后引起一系列次生灾害，进而形成一个复杂的灾情传递与放大过程。"④ 门可佩、高建国强调，"重大自然灾害一经发生，极易借助自然生态系统之间相互依存、相互制约的关系，产生连锁效应，由一种灾害引发出一系列灾害，从一个地域空间扩散到另一个更广阔的地域空间，这种呈链式有序结构的大灾传承效应称为灾害链"⑤。

　　灾害链是自然界重大自然灾害发生后引起的系列并发灾害，对自然环境和人类社会产生严重的制约和影响。地震灾害有直接灾害和次生灾害两种。地震直接灾害是地震的原生现象，如地震断层错动，以及地震波引起地面振动，并造成地表的破坏、建筑物与构筑物的损毁以及诱发山体滑坡、泥石流等等；地震次生灾害是地震直接灾害发生后，破坏自然界原有的平衡状态或稳定形态，进而衍生出的灾害，主要有火灾、水灾和瘟疫等。地震灾害是云贵两省较为常见的地质灾害之一。清代云贵地区发生的

---

① 张肖梅：《经济之自然赋予与利用》，载张肖梅《贵州经济》，中国国民经济研究所 1939 年印，第 A1 页。
② 郭增建、秦保燕：《灾害物理学简论》，《灾害学》1987 年第 2 期。
③ 文传甲：《论大气灾害链》，《灾害学》1994 年第 3 期。
④ 史培军：《灾害研究的理论与实践》，《南京大学学报（自然科学版）》1991 年第 11 期。
⑤ 门可佩、高建国：《重大灾害链及其防御》，《地球物理学进展》2008 年第 1 期。

地震灾害波及范围广，由此引起的一系列次生灾害即可视为地震灾害链之下，云贵地区的自然生态系统在地理环境遽变期间作用于人类生存系统的连锁效应。云南和贵州位于亚欧板块、印度板块与太平洋板块交界处，地壳活跃，板块运动频繁，是地震灾害频发的重要原因。根据中国科学院地震工作委员会统计，自元朝至大元年（1308）迄至1937年，贵州省共发生地震灾害101次，而清代268年间共发生地震灾害59次，其中以嘉庆二十四年（1819）贵阳地震的破坏性最为严重，受地震影响府厅州县达13处。云南是中国地震灾害记录最多的省份，始于西汉河平三年（公元前26年），迄于1954年，1980年间云南发生地震652次，而清代凡地震294次，其中康熙二十七年（1688）鹤庆、剑川地震，乾隆二十年（1755）易门、石屏地震，道光十三年（1833）嵩明地震，皆是损害较大的破坏性地震[①]。清代云贵地区地震灾害发生后，均不同程度地造成各府州县人畜伤亡和财产损失，并破坏了自然环境以及社会原有的平衡状态，尤其是因地震造成的山体滑坡、泥石流等次生灾害，使自然灾害与区域经济链之间的耦合关系渐趋加深，在地理环境的整体变迁下，地震灾害对区域社会经济的扰动和损害，整体上反映了地理环境整体性变迁的不可抗性和生态环境的脆弱性，区域灾害风险的低抵抗力和低恢复能力使云贵地区的灾后重建面临更加复杂的困境。

二 气候变迁加剧灾害风险

气候变化是指长时期内气候状态的变化，通常以不同时期的温度和降水等气候要素的统计量的差异来反映，而气候变化的时间长度从最长的几十亿年至最短的年际变化。"气候变化不仅在时间尺度上有长有短，而且在地理空间上还具有不同的尺度特征。一般而言，气候变化的空间尺度由小到大依次为局地气候、区域性气候、半球或全球性气候。"[②] 历史时期气候变化对人类社会发展的影响兼具动态性、复杂性和不平衡性等特征。由于人们对自然缺乏更为全面性和系统性的认知，而习惯于依靠观测天象来

---

① 中国科学院地震工作委员会历史组编：《中国地震资料年表》（下），科学出版社1956年版，第1242、1369页。

② 翟盘茂、李茂松、高学杰等编著：《气候变化与灾害》，气象出版社2009年版，第6页。

探索大自然，在气候风云巨变之际，人们尚缺乏及时性的气象科学预测和研究，当气候环境发生骤变时，人们只能被动地扮演着祈灾和救灾的角色。"在漫漫历史长河中，气候改变了人世间许多重大事件的进程，而在气候的背后，又隐藏着各种天文因素。在人类对宇宙的探索中，地球气候学正在帮助天文学家认识其他行星的神秘环境。气候可以改变人类的历史，而地球气候只是宇宙万象中的沧海一粟。"① 中国历史时期的气候变化既有冷暖波动，又有干湿波动，气候变化整体上存在明显的地域性差异。

气候冷暖及其影响又具有同步性，即"在一定的时期和一定的地区，气候应具有同一个性质，如果与另一个时期我们认为是基准的气候比较，要么是偏暖要么是偏冷，不能两者同时存在。因此，从气候冷暖的影响迹象来说，各种记载反映的现象应该是同步的"②。"自然界及其异常现象，既对人类的影响至深且巨，势必牵涉到生态环境与人文的互动，以及人文对自然界挑战的反应和消耗自然资源的后果。"③ 在诸多致灾因素中，气候的季节变化和年际变化对灾害种类及其发生频次具有直接影响。气候变化在加剧农业人口贫困的同时，亦增加了灾害风险社会治理的难度。

长时段和短时段尺度下的气候变化及其驱动，是导致清代云贵地区环境变迁和自然灾害发生的重要自然因素。历史气候变迁的研究，是开展灾害史研究不可规避的一个重要领域，气候的冷暖变化在较大程度上影响着人类的活动和历史文明的进程。20世纪70年代，竺可桢先生在气候研究中将中国近五千年的气候变迁划分为"考古时期（约公元前3000—公元前1100年）、物候时期（公元前1100—公元1400年）、方志时期（公元1400—1900年）和仪器观测时期"四个阶段，并以异常严冬作为判断气候的标准，进而指出15至19世纪之间全国冬季相对寒冷，尤其是17世纪我国进入最为寒冷的时期④。气候的寒温与冷暖可以根据海拔较高之山顶上的雪线高低来判定。气候偏冷，雪线就会降低，反之则雪线升高。北京大学于希贤教授参照各时期的物候概况，通过整理记录苍山积雪的相关文献

---

① 居辰：《天文、气候与人类历史》，《中国国家天文》2013年第10期。
② 满志敏：《中国历史时期气候变化研究》，山东教育出版社2009年版，第78页。
③ 汪祖荣：《明清帝国的生态危机》，载汪祖荣主编《明清史丛说》，广西师范大学出版社2013年版，第48页。
④ 竺可桢：《中国近五千年来气候变迁的初步研究》，《考古学报》1972年第1期。

资料，分析并认为大理地区在唐代气候比较暖和，南宋和元代气候寒冷，元末明初稍微转暖，明代中后期一直寒冷，清代前期气候寒冷，中期冷暖交替，后期气候回暖。他指出，苍山雪所反映的气候变迁，冷暖变化的幅度，比中国北方的变化幅度较大①。云南和贵州两省地处低纬度、高海拔地区，地理位置特殊，地形地貌复杂，在历史气候变迁的大背景下，除云南西北部、东北部以及最南部地区的局部气候与全省存在较大差异外，其余大部分地区的历史气候及其变迁总体上与大理地区一致。学界对贵州地区近500年气候干湿状况的研究表明，"无论500年和近百年旱涝序列都存在多个尺度的较规则准周期振荡，其他时间尺度的周期变化则具有很强的局部特征。……贵州500年和近百年气候趋势变化表现出多个时间尺度的相对干湿交替和突变特征。500年旱涝有2个比较明显的全域性周期变化，一个是8年代尺度的周期性最为明显，另一个是24年代尺度；另外在局部变化时段，即1800年以后，3年代尺度的周期性特征也较明显。近百年旱涝有2个比较明显的全域性周期变化，10年尺度的周期性最为明显且能量最强；与500年旱涝变化3年代尺度周期性相对应，另一个是32年尺度的周期"②。

自然界和人类社会都处在不断发展和变化过程之中，亦都处于由低级到高级、由简单到复杂的运动过程和反馈与调适状态。自然界是人类的母亲，自然界的日月星辰、山川河岳、风雨雷电以及动物、植物、微生物等共同构成人类赖以生存的自然环境，人们与周遭的生态环境共同处于一个生态利益共同体和生态命运共同体。资源、环境与人类发展的关系实质上是人与自然的关系，人与自然的同一性在现实维度上是动态的平衡关系，而人与自然界的平衡主要表现在人类对自然环境的适应和对自然资源的开发利用，以及人类与其他生物系统的协调发展和互动交流层面。

自然界的运动变化，尤其是频繁发生的各种灾害对人类生活和生存构成了严重的威胁，毫无疑问会给人类社会带来灾难，甚至是意想不到的苦果。竺可桢先生根据考古实物证据和自然物候的记载，首次建立起过去5000年中国温度变化的曲线，系统地描绘了中国历史时期冷暖变化的整体

---

① 于希贤：《苍山雪与历史气候冷期变迁研究》，《中国历史地理论丛》1996年第2期。
② 武文辉：《贵州500年旱涝分析及趋势预测》，《贵州气象》1999年第3期。

轮廓以及中国气候变迁的基本规律，表现在五千年来温度变化上，从元大德四年（1300）至清光绪二十六年（1900）为明清严寒期，即"第四个寒冷期"。清代中国历史气候的整体性或局部性的变化和云贵两省区域性气候的急剧变化，成为驱动云贵地区不同级别的自然灾害发生的主要因素，进而使各类灾害在特定的时间和空间维度上呈现出一定程度的连续性和相关性。

云南和贵州作为一个特殊的地理区域，处于东亚季风与印度季风的过渡地带，两大季风气候的交错作用对云贵区域气候变迁和社会演变有着重要的影响。"社会总是建构在一定的环境条件之上，气候则是最重要的环境条件之一。"[1] 清代云贵地区各类自然灾害迭次发生，且危害程度不断加深，并促使区域性生态环境发生重大突变，日趋严重的自然灾害即是明清严寒期气候变化驱动最为显著的标志。研究认为，"在中国最近的500年中，从顺治七年（1650）到康熙三十九年（1700）之间是最寒冷的时期"[2]。清代中国气候处于小冰期内，气候阶段性的冷暖波动较大，诸如水旱灾害等极端气象灾害发生频次较高，并且集中于17世纪后半叶的清初期和19世纪的晚清这两个寒冷时段[3]。研究表明，清代（1645—1911）气候总体湿润，但年代波动极为显著，康熙五十九年（1720）、乾隆五十年（1785）、嘉庆十五年（1810）、光绪三年（1877）前后出现了持续性干旱[4]。这在地方志记载中可以找寻答案，康熙五十九年（1720）四月至七月，富民县无雨，"蹚川水涸"[5]。乾隆五十年（1785）八月，禄劝县"旱"[6]。嘉庆二十年（1815）至二十二年（1817），云南发生大面积干旱并导致饥荒，在当时设立的87个府、厅、州、县等行政区中，灾情在

---

[1] 杨煜达：《清代云南季风气候与天气灾害研究》，复旦大学出版社2006年版，第160页。

[2] ［日］田家康：《气候文明史：改变世界的8万年气候变迁》，范春飚译，东方出版社2012年版，第174页。

[3] Zheng zhou J. Y. Wang W. C. Ge Q. S. et al. Precipitation variability and extreme events in Eastern China during the past 1500 years, *Terrestrial Atmospheric and Oceanic Sciences*, Vol. 17, No. 3, 2006.

[4] 葛全胜、郑景云、郝志新、刘浩龙：《过去2000年中国气候变化的若干重要特征》，《中国科学：地球科学》2012年第6期。

[5] （清）杨体乾修，（清）陈宏谟纂：雍正《重修富民县志》下卷《祥异》，清光绪二十六年（1900）抄本。

[6] （清）郭怀礼修，（清）孙泽春纂，（清）孟丕荣笺注：光绪《武定直隶州志》卷4《祥异》，清光绪九年（1883）刻本。

1816年达到峰值的记录有28个，1817年有灾害记录的则达29个①，杨煜达认为，造成这次大饥荒的夏季低温使农作物普遍减产，主要原因在于1815年印度尼西亚坦博拉火山喷发造成这一全球性的气候事件②。清代全球气温降低和气候变冷时期的异常波动，是造成干旱灾害频发的重要驱动因素③。从相关文献记载和研究成果来看，几乎所有清代云贵地区历次水旱灾害的发生，皆与全球性气候系统冷暖变化和区域性气候变迁息息相关，气候变化的敏感性和复杂性所带来的自然灾害及其造成的后果远远超过人类社会的应对能力。

到清朝末期，在中国整体社会环境历经"数千年未有之大变局"的同时，自然生态环境也不断发生着重大变迁，各类自然灾害日趋频发。当代中国从事灾害学研究的自然科学工作者将其称为"清末自然灾害群发期"或"清末宇宙期"，并与历史上另外三个重大灾害群发期即夏禹宇宙期（约四千年前）、两汉宇宙期（前206—公元200）、明清宇宙期（1500—1700）相提并论④。1963年，北京大学地质学家王嘉荫教授以1世纪为时段，对陨石、流陨、雨土、地震等自然灾异进行频次统计发现，陨石坠落次数和陨石雨出现的次数在16世纪出现峰值；在15至19世纪期间，雨土发生的次数于17世纪出现峰值。17至18世纪期间地震灾害发生的频次最多⑤。王嘉荫长时段视角的研究，逐步证明了"清末自然灾害群发期"的存在，并为一批利用类型丰富多样的自然灾害史料进行相关研究的学者所接受。中国科学院南京地理与湖泊研究所研究员陈家其先生的研究，以不同分辨率建立了近二千年和近五百年中国重大气象灾害频率分布曲线。他认为，"近二千年我国重大气象灾害频率分布，在11世纪前处于低发时期，11—12世纪灾害迅速增加，以后通过两峰两谷于19世纪进入灾害群发时期。近五百年，17世纪和19世纪中叶后为两个灾害群发时期"⑥。

---

① 杨煜达：《清代云南季风气候与天气灾害研究》，复旦大学出版社2006年版，第119页。
② 杨煜达：《清代云南季风气候与天气灾害研究》，复旦大学出版社2006年版，第120页。
③ 周晓红、赵景波：《历史时期关中地区气候变化与灾害关系的分析》，《干旱区资源与环境》2006年第3期。
④ 夏明方：《从清末灾害群发期看中国早期现代化的历史条件——灾荒与洋务运动研究之一》，《清史研究》1998年第1期。
⑤ 王嘉荫：《中国地质史料》，科学出版社1963年版，第28、77、113、114页。
⑥ 陈家其：《近二千年中国重大气象灾害气候变化背景初步分析》，《自然灾害学报》1996年第2期。

"清末自然灾害群发期"或"清末宇宙期"概念的提出，促进了中国自然灾害史的研究不断向纵深发展，使历史时期自然灾害发生的成因机制以及自然灾害发生、发展的基本规律得到不断揭示，同时也促进了国内外灾害史研究领域的广泛合作与交流①。清代中后期，云贵地区自然灾害频仍，毫无例外亦是"清末自然灾害群发期"或"清末宇宙期"云贵两省区域气候变化及其由此引发生态危机和环境骤变的重要体现。

气候与自然界和人类社会的关系甚为密切复杂。自然科学的研究成果表明，当某地的气候出现平常不易发生的"异常"现象，或者当某地气候严重偏离其平均状态时，即意味着发生"极端气候"。干旱、洪涝、大雪和低温冷害等都是短时段尺度下极端气候影响下发生的自然灾害，由此进而引发一系列极端气候事件，并最终形成极端事件群，这也是自然灾害的群发性表征。"极端事件群可在长达10年的时间里连续发生，它们对经济的影响可能大于短期波动或较弱的长期变化的影响。"② 复旦大学杨煜达教授系统搜集和整理档案、方志和文集中留存的史料，通过对其中的天气资料进行系统偏差的检验和纠偏方法的探索，重建云南地区较高分辨率的气候序列和极端天气事件，通过对光绪三十一年（1905）至三十三年（1907）间导致云南严重饥荒的连续性旱涝灾害的天气成因进行具体分析，他指出，"1905年和1907年的先旱后涝都有 El - Nino 事件的背景，而1906年的大旱则可能是东亚季风环流的异常所造成"③。

三 生态环境变迁的负面效应

清代云贵地区的环境变迁是自然演变过程和人类活动历史过程交互作用的结果。人与自然同处于一个利益共同体、生态与社会同置于一个命运共同体，生态环境及其演变为人类历史发展提供广阔的舞台，同时也在自然灾害的发生过程中扮演着重要角色。云南和贵州所处的云贵高原地理地貌特殊，自然景观独特，生态环境脆弱。历史时期以来，各朝代不同规模的移民不断进入云贵地区，因人口增加和人类活动而引发的云贵两省区域

---

① 朱凤祥：《中国自然灾害通史（清代卷）》，郑州大学出版社2009年版，第43页。
② M. J. Ingram、G. Farmer、T. M. L. Wigley：《历史气候及其对人类的影响》，龚胜生摘译，载史念海主编《中国历史地理论丛》（第二辑），陕西人民出版社1995年版，第79页。
③ 杨煜达：《清代云南季风气候与天气灾害研究》，复旦大学出版社2006年版，第13页。

性环境变迁如影随形，且由环境变化诱发的自然灾害产生的负面影响，无时无刻都在制约和改变着云贵地区民众的生产生活秩序。

人类活动所引发的环境效应及其诱发的生态环境变迁，主要体现为人类在开发、利用自然资源的过程中，对自然—社会—经济复合生态系统的掠夺和干扰，最终导致该区域生态环境在不同时间和空间维度上产生累积式的环境效应①。明朝统治者通过经略贵州强化和实现对云南的有效管控和治理，在贵州战略要地和交通干道广设卫所及推行军事移民，为推动贵州从化外向化内转变奠定了基础。文献记载："自元世祖至今百有余年，屡经兵燹，图籍不存，兵数无从稽考，但当以今之要害，量以设卫以守。"② 明代在今天的云贵两省地方普设卫所，通过增派驻军的形式进一步加强对云贵高原的统治，即自洪武四年（1371）年始设贵州卫和永宁卫伊始，明王朝先后设置过 30 个卫和 2 个直隶千户所③统管今贵州地区。至明天启年间，云南都司实际统领卫和守御所达 37 个④。但无论是贵州还是云南，卫所的设置仍旧主要分布于交通要道沿线，屯戍士兵且耕且战。因卫所建制和屯戍而频繁迁移至云贵地区的军事移民甚众，汉族移民源源不断移徙贵州后，中原的生产工具、先进的生产技术以及农作物品种被源源不断地引入和推广到云贵两省广大的山区半山区，从而使西南少数民族聚居地区的荒芜地带得到开发。尤其是汉族移民进入云贵地区后开展的相对规模的农业垦殖和矿产开采，使云南和贵州两省的人口在规模上和结构上的变化表现得更趋纷繁复杂。移民进入滇黔并对云贵地区生态环境产生了点、线、面等结构和层次上的整体性影响，使云贵两省原先较为封闭的生态环境格局发生了实质性的变化。

---

① 文传浩：《人类活动的环境效应及生态环境变迁研究述评》，《重庆工商大学学报（西部论坛）》2007 年第 6 期。

② 贵州民族研究所编：《明实录贵州史料辑录》，贵州人民出版社 1983 年版，第 29 页。

③ 按：明代在贵州所设 30 卫为贵州卫、永宁卫、普定卫、普安卫、平越卫、乌蒙卫、乌撒卫、毕节卫、五开卫、层台卫、赤水卫、兴隆卫、镇远卫、新添卫、龙里卫、偏桥卫、清浪卫、平坝卫、安庄卫、威清卫、清平卫、都匀卫、安南卫、平溪卫、贵州前卫、古州卫、铜鼓卫、威远卫、镇西卫、敷勇卫；2 直隶千户所为普市守御千户所、关索岭守御千户所。参考（明）张廷玉等《明史》卷 90《兵志二》，中华书局 1974 年版。除此之外，明代在贵州还设 140 余个所，并广开关、哨、屯、堡若干。参考陈国安、史继忠《试论明代贵州卫所》，《贵州文史丛刊》1981 年第 3 期。

④ （明）刘文征纂：天启《滇志》卷 7《兵贷志》，云南省图书馆据北京大学图书馆据明天启五年（1652）刻本传抄皮藏。

康熙朝平定"三藩之乱"后,清政府不断强化对云贵地区的政治控制和社会治理,以达到稳定西南边疆政局和清朝"大一统"的目的。雍正四年(1726),鄂尔泰任云贵总督,"著《实政四条》:一戒因循;一严朋比;一重彝情;一正风俗"①,极力主张推行"改土归流",他通过在云贵地区派设流官和开垦田土,藉此保障庞大的军队粮食供给以及稳定边防要地。尽管"改土归流"过程中的开垦荒地、兴修水利、丈量土地、额定赋税等诸多措施促进了云贵地区社会经济的发展,但也不同程度地加深了对云贵两省山区半山区的开发进程,区域生态环境的脆弱性明显加剧。雍正四年(1726)至雍正九年(1731)期间,鄂尔泰通过"改土归流"治理西南地区,而此时贵州"苗疆"诸如黔东南的"生苗"②地区尚未被纳入全国统治范围,"黔省各属边界,多有生苗,不纳粮赋,不受管辖,身不到城市,心不通王化,随其自便,无所不为,由来已久"③。因此,鄂尔泰向雍正皇帝进言,并极力主张在黔东南地区贯彻武力开辟政策,以进一步将苗族聚居地区全部纳入国家的统一管理范围。雍正朝在古州、清江、台拱、丹江、八寨、都江等地设置"新疆④六厅"⑤(或称"苗疆六厅"),在加强对西南边疆管理的同时,不同程度地对苗族地区的传统生活方式带来扰动⑥。18世纪,云贵高原各地在军屯、招垦、林业和矿产资源开发等活动的驱动下,"客民大量进入刚刚完成改土归流的或其他地区,带动新一轮的云贵人口与经济增长,使得原生态经济—社会环境发生巨大变革,成为文化移入的直接效应之一"⑦,但不容忽视的是,因大规模的改土归流在

---

① (清)鄂容安:《襄勤伯鄂文端公年谱》(雍正四年丙午),李致忠点校:《鄂尔泰年谱》,中华书局1993年版,第19页。

② 按:"生苗",即明清时期对居住苗疆偏僻地区社会发展较后进的苗民的泛称。

③ 《云南总督鄂尔泰奏报生苗向化请附版图折》(雍正五年六月二十七日),载张书才主编《雍正朝汉文朱批奏折汇编》,江苏古籍出版社1989年版,第10册,第79页。

④ "新疆"意指在"生苗"地区新开辟的区域。参见高文德主编《中国少数民族史大辞典》,吉林教育出版社1995年版,第2378页。

⑤ 按:"新疆六厅",即八寨厅、丹江厅、古州厅、清江厅、都江厅和台拱厅。"新疆六厅"以厅名出现,最早见于《清朝文献通考》卷290记载:"雍正六年(1728)置八寨、丹江厅、都江厅,雍正七年(1729)置古州厅,雍正八年(1730)置清江厅,雍正十一年(1733)置台拱厅。"

⑥ 马国君:《经济开发与生态适应——以历史时期云贵高原三大族系各民族传统生计方式变迁为例》,《贵州民族研究》2009年第3期。

⑦ 杨伟兵:《制度变迁与地域社会:清代云贵地区改土归流和民族生态变迁新探》,《历史地理》第21辑,上海人民出版社2006年版。

深度和广度上的拓展、国家行政力量的直接性统治以及区域范围内生齿的繁衍增多，从而使云贵地区封闭的生态环境实现从量变向质变的转化，改土归流带来的整体性的环境变迁，其实质上是区域性环境灾害发生和演变的重要历史过程。

"灾荒基本上是由于人和人的社会关系的失调而引起的人对于自然条件控制的失败所招致的社会物质生活上的损害和破坏。"① 自明清汉族移民进入和美洲高产作物引种到云贵两省广大山区和半山区之后，环境灾害的致灾因子更加复杂多变，自然灾害的发生呈现出累积式和渐进式的特点。"玉米、马铃薯的种植不仅在云南农业种植史及农作物的地理分布面貌、地面覆盖上引起了重大变革，并随人口增长及垦殖向山区、半山区的推进，使云南生态环境发生了巨大变迁，农业基础退化，水土流失加剧，成为山地生态变迁之厉阶。"② 人类在改造、利用自然环境的过程中，对环境施加的影响日益明显，因为人类活动不仅能够改变一定时空范围内的地貌、水系、土壤、植被和气候，而且还有可能干扰生态系统的物质和能量循环过程③。明代以前，贵州仍属偏远蛮荒之地，据文献记载："黔籍之人，不足以当中土一大郡，又汉夷错居，而夷倍蓰焉。"④ 康熙三十二年（1693），时任贵州巡抚阎兴邦记述："古者六尺为步，三百步为里，庐井满焉。黔则山高箐密，或一里绵二三里之遥，甚者亘百里无人居。地塙不可耕，土皆石，桑麻不生。入其境者，举足悉蚕丛栈阁矣。"⑤ 事实上，明清政府为实现对云南的有效管辖，被称为"化外之地"的贵州自然备受历代朝廷的重视，招揽客民和进行大规模的屯田促进了贵州农业的开发。

玉米，"原称玉蜀黍，各地俗名很多，如番麦、玉麦、玉黍、包谷、包芦、棒子、珍珠米等等"⑥。15 世纪末，玉米开始向世界范围内传播。约在明朝嘉靖年间（1522—1566），玉米开始传入中国。至明末清初时期，

---

① 邓云特：《中国救荒史》，商务印书馆 2011 年版，第 5 页。
② 周琼、李梅：《清代中后期云南山区农业生态探析》，《学术研究》2009 年 10 期。
③ 张崇旺：《试论明清时期江淮地区的农业垦殖和生态环境的变迁》，《中国社会经济史研究》2004 年第 3 期。
④ （明）郭子章：《黔记·序》，巴蜀书社 1990 年版，第 7 页。
⑤ （清）卫既齐修，（清）薛载德、（清）阎兴邦补修：康熙《贵州通志》卷 4《疆域》，清康熙三十六年（1679）刻本。
⑥ 阎万英、尹英华：《中国农业发展史》，天津科学技术出版社 1992 年版，第 261 页。

云南和贵州的地方志文献中已有关于玉米的记载。明朝嘉靖四十二年（1563）《大理府志》记载："秣彝之属五：大麦、小麦、玉麦、燕麦、秃麦"①，是云南地方志中关于玉米最早的记载。清代是玉米在云南得到推广种植的关键时期，"玉米在云南粮食作物大宗的地位"②得以确立。17世纪即清雍正、乾隆朝以后，云贵地区开始大规模推广种植玉米。据乾隆《镇雄州志》记载："包谷，汉夷贫民率其妇子开垦荒山，广种济食，一名玉秫。"③道光十六年（1836），云贵总督伊里布等奏称："云南地方辽阔，深山密箐，未经开垦之区多，有湖南、湖北、四川、贵州穷民往搭寮棚居住，砍树烧山，艺种包谷之类。此等流民于开化、广南、普洱三府为最多。"④据文献记载可知，乾隆朝以后，玉米已经成为当地贫民和外来移民的主要粮食，大量的入滇移民在山区屯垦，耕地的增加相应拓宽了玉米的种植面积。迄至道光年间，云南景东直隶厅"蒙乐山中多上古不死之木，大径数尺，高六七丈不等，山夷不知爱惜，经年累月入山砍伐，侯其木质干燥，放火焚之，而于其地种包麦，一亩有数亩之收，十年八年后，土薄力微，又舍而弃之，另行砍伐，惜哉惜哉！"⑤民国《广南县志》记载："在二三百年前，汉人之至广南者甚稀。其时分布于四境者，附郭及西乡多农人，南乡多倮罗，北乡多沙人。其人滨河而居，沿河垦为农田，山岭间无水之地，尽弃之不顾。清康、雍以后，川、楚、粤、赣之汉人，来者渐多，其时滨河之区，已无插足余地。商则麇集于市场，农则散于山岭间，恳新地以自殖。伐木开径，渐成村落。……汉人垦山为地，初只选择肥沃之区。可久人口繁滋，由沃以及于瘠。入山愈深，开辟越广。山间略为平坦之地，可以引水灌田者，则垦之为田，随山屈曲，垄峻如梯，田小如瓦。迨至嘉道以降，黔省农民，大量移入，于时垦殖之地，数已渐增，所遗者只地瘠水枯之区，尚可容纳多数人口。黔农无安身之所，分向于干

---

① （明）李元阳纂修：嘉靖《大理府志》卷2《物产》，云南省图书馆据北京图书馆藏明嘉靖间刻本传抄皮藏。
② 李昕升：《玉米在云南的引种和推广》，《中国农史》2017年第3期。
③ （清）屠述濂纂修：乾隆《镇雄州志》卷5《物产》，清乾隆四十九年（1784）刻本。
④ （清）谢体仁纂修：道光《威远厅志》卷3《户口》，云南省图书馆据南京图书馆馆藏清道光十七年（1837）刻本传抄皮藏。
⑤ （清）程启章：道光《景东直隶厅志》卷28《杂录》，清道光九年（1829）增刻本。

瘠之山，辟草莱以立村落，斩荆棘以垦新地。"① 因此需要认识到，移民进入云南和贵州后的过度垦山种植玉米，还造成了云南和贵州结构性贫困的长期存在。正如周琼所言："从云南山地生态发展史的角度看，高产作物对山区生态造成的影响是得不偿失的。"②

自康雍乾三朝后，外来移民不断涌入贵州，贵州人口激增，玉米亦相应在黔省得到广泛引种，清朝中央政府的"尽地利"③ 政策导向促进流民对贵州"山头地角"④ 等山区半山区地垦殖。据乾隆《普安州志》记载："苞谷，苞而生如梁，虽山岭可植，不滋水而生。"⑤ 截至乾隆七年（1742）年底，贵州省大定、都匀、思州、松桃、永丰、仁怀、桐梓、普安、瓮安、荔波、玉屏、镇远、铜仁、凯里等府厅州县，并清江左右各卫各陆续具报，或系民间自备工本，相度水源修筑堤堰，开垦成田，或系官为督劝，酌借资本，尽力垦种。贵州总督兼管巡抚张广泗奏称："黔省生齿日繁，臣等广劝耕织。本年共报垦水田七千五百五十五亩零，旱田九千六百三十八亩零。"⑥ 至咸丰年间，"苞谷，今全郡皆产。全郡多山，苞谷宜山，故种之者，较稻谷为多"⑦。由此可知，至清代中后期，玉米已成为黔西南全境普遍种植的粮食作物。"由于人口压力，加上玉米广泛的生物适应性与开垦山头地角的制度相适应，所以在贵州的玉米种植获得很大的发展。反过来，玉米种植也极大地促进了贵州人口的增长。"⑧ 需要指出的

---

① 民国《广南县志》卷5《农政志·垦殖》，1937年稿本。
② 周琼、李梅：《清代中后期云南山区农业生态探析》，《学术研究》2009年第10期。
③ 按：据《清实录》记载："再舍旁田畔、以及荒山旷野，度量土宜，种植树木。桑柘可以饲蚕，枣栗可以佐食，榆桐可以资用，即榛楛杂木，亦足以供炊爨。其令有司督率指画，课令种植……所赖亲民之官，委曲周详，多方劝导。庶使踊跃争先，人力无遗，而地利始尽。"《清世宗实录》卷16，雍正二年二月癸丑条，中华书局1985年影印本，第7册，第272页。
④ 乾隆七年（1742），清政府对山头地角之地与应该升科之地做出规定："凡山头地角、坡侧旱坝可以垦种在三亩以上者，照旱田十年起科之例以下则升科。若系砂石硗埆不成片段，更易无定，或虽成片段不能引水灌溉者永免升科。至水滨河尾人力可以挑培成田，稍成片段在二亩以上者，照水田六年起科之例下则升科。如不成片段零星地上，不能定其有收者，亦准其永免升科。"[乾隆三十一年（1766）六月初四日云贵总督杨应琚奏]。
⑤ （清）王粤麟修：乾隆《普安州志》卷24《物产志》，巴蜀书社1990年版，第184页。
⑥ 《清高宗实录》卷181，乾隆七年十二月乙卯条，中华书局1985年影印本，第11册，第352页。
⑦ （清）张锳修：咸丰《兴义府志》卷43《物产志·土产》，巴蜀书社1990年版，第409页。
⑧ 韩昭庆：《清中叶至民国玉米种植与贵州石漠化变迁的关系》，《复旦学报（社会科学版）》2015年第4期。

是，玉米等农作物的种植扰动了引入种植地区的土壤，使得土层变松，遭受雨水的冲刷后，广大山区半山区的地表土壤极易流失，这是清代贵州洪涝发生后河道淤塞的一个主要原因。例如，据《桑梓述闻》记述：贵州瓮安县龙门坡地方"每大雨连日，则山径之水争赴于谷。山麓土既不固，则上之峭者皆下而为泥，日啮月削，土去石出，谽然遂为山谷。……而山下田又苦于莱之患不宁，惟是凡聚庐而处托冢于原者，皆与山脉联属，岗阜之水既泄，虑无复有磅礴而郁积者，不谋修筑，将致凋耗之虞，而进而人莫能信也"①。贵州播州地方多垦土为田，望之如梯，田大半恃雨而耕。据《播州竹枝词》载："石角山腰土皮薄，三斤犁錧十斤镯。年年山上生出田，不患水田患田脚。"②贵州省客民固多，而兴义府尤其渊薮，贺长龄称："自嘉庆年间平定苗菲之后，地旷人稀，每有黔省下游及四川、湖广客民携眷来租垦荒山……山土瘠薄，垦种三二年后，雨水冲刷，倍形硗确，乃复迁徙他往。"③贵州都江厅"近厅以西悬崖绝壑，无路可通。……土薄而冷，间有开垦成田，每患雨水所冲，土坍石见，是以客民无所图利，即苗民亦鲜盖藏"④。道光《印江县志》记载，贵州印江"小民为终岁之计，刊木垦山，种荞、粱、蜀黍及芋，雨甚沙漂，岁恒无获，且下壅田为大患"⑤。

由于清康雍乾时期云南土地开垦、矿山开采等活动日益激烈，使得区域的生态植被逐渐减少，地质结构小范围内遭到破坏，生态系统结构失调。尤其是在云贵地区连续性降雨或是地震灾害发生之际，洪水涨泛，山体滑坡，并携带大量泥沙，淤塞河床，浸没田地，对农业生产和民众生活造成严重的影响。"环境变异和自然灾害已成为人们考察人类活动与自然

---

① （清）傅玉书：《龙门坡修筑记》，（清）傅玉书：嘉庆《桑梓述闻》卷10《征文·纪述十之二》，清嘉庆三年（1798）成书，1963年贵州省图书馆据光绪三十四年（1908）程香傅氏家藏刻本复制油印。
② （清）平翰：《播州竹枝词十五首》，（清）平翰等修，（清）郑珍、（清）莫友芝纂：道光《遵义府志》卷46《艺文·诗》，清光绪十八年（1892）刻本。
③ （清）黄宅中修，（清）邹汉勋纂：道光《大定府志》卷12《疆土志·疆里记第三上》，清道光二十九年（1849）刻本。
④ （清）罗绕典纂修：道光《黔南职方纪略》卷5《郜匀府》，清道光二十七年（1847）刻本。
⑤ （清）郑士范纂修：道光《印江县志》卷1《田赋志》，民国年间抄本。

界互动关系的一个界面,充当衡量生态系统稳定与质量状况的一把重要标尺。"① 雍正十年(1732),云贵总督高其卓奏准:"昭通兵米自外运入艰难,遣官招募农民一千户到昭通开垦,每户给田二十亩为业,按年收谷麦作价扣还工本,起科征米,以冲兵食。"② 高其卓劝令汉族人口前往乌蒙土府地区垦荒,先尽熟水田给垦,熟水田分配完,再就生水田给垦,生水田又完,然后以旱田给垦,从而加快了昭通地区的土地开辟速度。雍正十三年(1735),清政府谕令"各直省劝令开垦荒地,以广种作,以资食用,俾无旷土游民,原系良法美意,然必该督抚董率所属官吏实力奉行,毫无粉饰,俾地方实有垦辟之田,民间受耕获之利"③。乾隆七年(1742),谕准署云南总督张允随:"嗣后民夷垦种田地,如系山头地角、坡侧旱坝,尚无砂石夹杂,在三亩以上者,俟垦有成效,照旱田例,十年之后,以下则升科。若系砂石硗角,不成片段及瘠薄已甚,不能灌溉者,俱长免升科。至水尾河滨尚可挑培成田在二亩以上者,照水田例,六年后,以下则升科。如零星地土,低洼处所,淹涸不常,难必有收者,仍长免升科。仍照该地方官给照开挖,以杜争占。"④ 至乾隆三十一年(1766),云南"水陆可耕之地,俱经开垦无余",同期,清政府则颁发谕令鼓励开垦"山头地角""水尾河滨"之田土。清朝康熙、雍正、乾隆年间,云南省"普遍地恢复熟荒田,增垦新荒地,兴修水利,方便灌溉,对于云南内地的农业生产的发展起到了积极的作用"⑤。明朝洪武年间就注重移民在云南的开荒与屯田,开垦的目的在于"耕除荒秽,变桑麻硗薄成膏腴"⑥。清康熙时期,云南巡抚王继文呈《筹清屯荒减则贴垦疏》,称:"今滇省田地,本属硗薄,屯民尤困。追乎若以抛荒不垦之田补其重额难支之累,民荒田地一

---

① 杨伟兵:《云贵高原的土地利用与生态变迁(1659—1912)》,上海人民出版社2008年版,第42页。
② (清)岑毓英修,(清)陈灿纂:光绪《云南通志》卷57《食货志·田赋一》,清光绪二十年(1894)刻本。
③ (清)岑毓英修,(清)陈灿纂:光绪《云南通志》卷57《食货志·田赋一》,清光绪二十年(1894)刻本。
④ 《清高宗实录》卷165,乾隆七年四月丁巳条,中华书局1985年影印本,第11册,第89页。
⑤ 尤中:《云南民族史》,云南大学出版社1994年版,第508页。
⑥ (明)周季凤:《天一阁藏明代方志选刊续编·正德云南志》(下凹),明正德刻本影印版,上海书店1990年版,第31页。

概极力劝垦，不但重额可以充实，新赋亦可稍增。"① 从文献记载可知，开荒拓殖的效益是可观的。然而，非理性的垦荒种植使云贵地区山地的地表土壤变得疏松，每逢雨水裹挟，容易引发泥石流和致河道淤塞，甚至田庐被水淹沙埋。例如，云南石屏州城三十里之海东有排泄异龙湖水的河道，其沿岸两山峻挟，曲折长流，建水泸江一带田亩咸资灌溉。"兴缘水口河道箐山多坡，一经雨水，沙石下行，每遭阻塞，两岸沙堤约长十里，若非位费人工，难保无虞。久雨山崩，巨石滚堵河中，更有回龙岔河沙淤尤甚，壅阻遏流，湖水泛涨，田庐受淹，村民散居，钱粮赔累，苦莫能诉。此屏郡之积患也。"② 清代云贵地区因开垦山地和推广种植造成了严重的山地滑坡和泥石流灾害，良田变为贫瘠沙地，灌溉田亩的堰沟被冲塌。乾隆六年（1741），贵州平越府属高坪司地方沿河被水，冲决田一百四十七亩有奇，"平越营打铁关顺河一带地方水沙壅田三十八亩"③，除地方官各自捐赈外，清政府饬有司动项加赈，并准予借给灾民籽种。清代汉族移民不断向云贵两省广大山区半山区进军，进行矿产的开采和农业垦殖，相应地驱动生态环境变迁，持久存在的环境脆弱性在不同的时间节点促使云贵地区各类自然灾害相继发生，并加速了灾荒发生的频次和社会秩序的失范。

第二节 清代云贵地区灾荒发生的社会因素

灾害发生与社会发展之间相互影响、相互作用，除自然要素的变化对人类社会造成潜在和直接的威胁外，人类活动范围的逐步扩大、人们生产方式的改进和生活行为模式的调整，都对自然灾害和环境灾害的发生起着重要的推动作用。"人类在同自然灾害的长期斗争中逐步清楚地认识到，自然灾害不仅是一种自然现象，而且是与人类的生存密切相关的社会事

---

① （清）张毓碧修，（清）张俨纂：康熙《云南府志》卷18《艺文二》，清康熙三十五年（1696）刻本。

② （清）周勋：《岁修海口碑记》，（清）管学宣纂修：乾隆《石屏州志》卷5《艺文志一·记》，清乾隆四十五年（1780）刻本。

③ 《清高宗实录》卷143，乾隆六年五月癸巳条，中华书局1985年影印本，第10册，第1067页。

件。"① 清代云贵地区的社会发展存在较大的差异，给灾害赈济带来困扰的同时，亦不同程度地拓宽了灾害的影响范围，尤其是清代云贵地区的社会动乱，加剧了各种社会性灾害事件的发生频次，灾害与社会互馈过程的长期性和延续性增加了防灾减灾救灾的难度。

一 区域社会发展差异的驱动

云南和贵州两省因自然地理环境和人文地理环境的不同，经济发展方式和开发潜力存在较大的差异，并对清代云贵地区灾荒的救济造成较大影响。云南和贵州是清代西南地缘安全的重要屏障，并在中央王朝国家的边疆治理和地缘政治格局中发挥着举足轻重的作用。据文献记载："贵州古荒服地也，东临荆楚，西接蜀粤，南依滇云，亦西南之奥区也。"② 贵州处于中国西南腹地，岩溶地貌发育非常典型独特，"黔省地居五溪之外，于四海之内为荒服，其称藩翰者未三百年，其地尺寸皆山，欲求所谓平原旷野者，十里而不得袤丈，……其土田物产较他方之瘠薄者，尚不能及十之二"③。人类活动不断向贵州山区半山区的拓展，尤其是美洲高产作物的引种和大面积种植，相应地改变了区域地表的植被覆盖，毁林开荒、陡坡开垦活动不同程度地造成植被破坏、水源减少、水土流失、土壤沙化以及石漠化。"在环境演变影响人类社会的诸多方式中，环境演变引起的资源和灾害变化是最主要方式，环境演变意味着资源的数量与质量以及灾害的强度和频率的改变。"④ 黔省跬步皆山，地堉不可耕，康熙朝贵州巡抚陈诜称："臣初进黔境，见万山濯濯，全不艺种一蔬一木，询之居民，咸称有石无土，止可一平垦种，二三年后便不能收，且山多陡绝，雨多则土膏淋泄，十日不雨即坚结成块，根株不行，是以甘心弃置。臣日思天地大利莫过于土，力行劝渝……民苗鼓舞，方剔石芟莽，随种高粱、小米等物，亦各丰收。臣亲至郊外及遍询来往行人，俱称昔年灌莽蒿莱，今渐作绣壤住

---

① 陈虹：《减灾需要全民共同努力》，载马宗晋、胡嘉海、孙绍骋等主编《灾害与社会》，地震出版社1990年版，第13页。
② （清）田雯：《黔书》卷上《创建》，清光绪二十三年（1897）刻本。
③ （清）田雯：《黔书》卷前《序》，清光绪二十三年（1897）刻本。
④ 方修琦、葛全胜、郑景云：《环境演变对中华文明影响研究的进展与展望》，《古地理学报》2004年第1期。

境矣。但古荒童秃，全省皆然，所劝垦辞，皆山巅不岭，跬步石罅之间，代年耕废，民不以为恒业，故未敢令其报垦。"① 贵州地方志详细记载了砍伐森林和种植玉米的情形，贵州安平县伐木山在西堡南六十里，"山高而广，林深木蔚，斧声终日不绝，今皆垦种包谷，不闻丁丁之声盖十数年于兹矣"②。贵州省铅矿开采既久，碉老山空，不仅影响矿业发展，还容易在夏秋季节引发灾害。乾隆五十三年（1789），贵州巡抚李庆棻奏报："黔省福集、莲花二厂，岁供京楚两运白铅六百余万斤，每年所产，有一百余万斤缺额，自乾隆四十五年始，俱以旧存余铅凑拨，日形支绌。查厂产不旺之故，实缘开采已久，漕峒日深，且挖取时遇山泉，常需雇工淘水，工费更增。"③ 道光四年（1824），云贵总督明山奏报："黔省威厂额办铅斤，因近年产矿不旺，炉中缴铅濡滞，又值上年夏间大雨，漕硐被淹，不能烧办，递相积压。"④ 由此可见，清代贵州地区的采石渔利、冲沙广地、樵采放牧、开办铅厂以及烧山垦种，皆加剧了贵州广大山区、半山区生态环境的脆弱性，从而也使区域经济发展的差异性愈加明显，亦对灾荒期间的赈灾活民造成一定程度的制约。

云南地处中国西南边陲，全省境内属于山地高原地形，山区面积占全省国土总面积的94%，坝区（山间盆地和高原台地俗称"坝子"）面积仅占全省国土总面积的6%，并呈现出"东部高原区的坝子数量多于西部横断山纵谷区，高原顶部（原上）的坝子数多于西部横断山纵谷区和高原的边缘地区"⑤的坝子空间分布特征。1840年以前，"云南的自然地理条件、自给自足的小农经济、弱小的商人群体决定了各个区域经济中心主要的商品交换是在内部进行"⑥，交通相对较为闭塞，与邻近省份的路网连通度弱，进而对灾荒赈济资源的调度形成限制。康熙朝云贵总督蔡毓荣称："滇省山多田少，一岁之获仅供一岁之需，民鲜盖藏，官无余积。……水不通舟，山不通车，从无告籴邻封、借资商贩之事，一遇军需紧急，则搜

---

① 中国第一历史档案馆编：《康熙朝汉文朱批奏折江编》，"康熙四十六年十一月二十六日贵州巡抚陈诜奏"，档案出版社1985年版，第1册，第771—772页。
② （清）刘祖宪纂修：道光《安平县志》卷2《地理志·山水》，1964年油印本。
③ 《清宣宗实录》卷74，道光四年十月丁丑条，中华书局1986年影印本，第34册，第195页。
④ 《清宣宗实录》卷74，道光四年十月丁丑条，中华书局1986年影印本，第34册，第195页。
⑤ 童绍玉、陈永森：《云南坝子研究》，云南大学出版社2007年版，第23页。
⑥ 车辚：《1840年前云南的经济地理特征》，《云南财经大学学报》2009年第5期。

求易尽，接济为艰；或罹水旱灾伤，则内之无可搜求，外之无从接济，兵与民皆坐困。"① 因受地形地貌的限制，云南的农业经济发展亦较为缓慢，尤其是粮食种植面积较少，物资储备较为匮乏，加之交通闭塞造成的运输困难，灾荒期间移粟救民常常出现远水未能解救近渴的现象。乾隆三十一年（1766）奉上谕："滇省山多田少，水陆可耕之地俱经垦辟无余，惟山麓河滨尚有旷土，向令边民垦种以供口食，而定例山头地角在三亩以上者，照旱田十年之例，水滨河尾在二亩以上者照水田六年之例，……嗣后滇省山头地角水滨河尾俱著听民耕种，概免升科，以杜分别查勘之累，且使农氓无所顾虑，得以踊跃赴功，力谋本计。"② 清朝初期，云贵地区人口剧增，进一步加剧了人多地少的矛盾，农业垦殖活动对区域生态系统的干预程度越来越深，逐渐引发系列生态环境问题。尤其此时云贵地区粮食需求迅速扩张与粮食增产空间有限的矛盾持续存在，使自然环境与人口增长构成相互影响又相互制约的关系，人口限度与生态平衡超越社会常态，区域社会结构演变过程中的非均衡性，加剧了云贵地区灾害发生的频次和可能性。

水利的兴废存亡依赖于区域自然环境和社会条件，水利设施建设作为人类社会有效应对干旱和洪涝灾害的重要经济活动之一，对防灾减灾有着重要的影响。清代云贵两省广大山区半山区水利兴修受地形地貌限制，抑或经年失修，水利开发困难滞后及农业灌溉体系不健全，对云贵地区自然灾害的发生和延续未能起到有效的调节作用。"清代是历史以来中央集权统治在云南最为深入的时期，也是云南边疆内地化及其导致的民族社会变迁最剧烈的时期，各民族地区的生态环境也随山区、半山区的深入开发而发生了剧烈的变化，生态灾难在不同层面上纷纷呈现。各民族地区水利工程兴修及疏浚中呈现的程度严重的泥沙淤塞现象，反映了灾难的一个侧面，表现了云南内地化过程中人为因素导致的山地水土流失的严重后果，是清代云南内地化后果的一个缩影。"③ 尽管清代云贵地区在修缮明代遗留水利工程的基础上筹建和新建大量的水利设施，但清代云南水利工程主要

---

① 蔡毓荣：《筹滇十疏》第七疏《议捐输》，雍正《云南通志》卷29《艺文志》，清乾隆元年（1736）刻本。
② 清高宗敕撰：《清朝文献通考》卷4《田赋考》，商务印书馆1936年版，第1册，第4889—4890页。
③ 周琼：《清代云南内地化后果初探——以水利工程为中心的考察》，《江汉论坛》2008年第3期。

以中小型水利为主，其原因在于云南水利（尤其是农田水利）依循坝子发展而成，并决定着平坝地区水利工程的规模和效用。此外，云贵地区山区、半山区与坝区的水利基础设施亦存在较大的差异和局限性，受局部气候和降水时空条件的影响，在干旱和洪涝灾害突然发生之际，堤、塘、坝、闸、枧槽以及地龙等各类水利工程或无水蓄积或宣泄不及，给防洪抗旱带来较大困难。无论是明代还是清代，贵州独特的自然地理环境都对水利工程的修建造成限制，水利设施在明代和清代中期修建较多，而在前期和后期兴修较少，不仅是历朝历代的水利数量悬殊较大，而且在地理空间上也呈现出分布均衡不一、规模小型化、类型多样化和普遍使用井灌的特点。据乾隆《石阡府志》记载："山流引渠，高田作堰，平地开塘，沿河筑坝，农民之水利也"①，这表明地形地貌与水利类型的关联性较强。"明清贵州水利的一个显著特点是规模偏小，灌溉面积普遍不大，呈零星分布状。除受经济发展水平的影响外，更多的是受自然地理条件的限制所致。"② 清代云贵地区水利开发进程的差异化，在不同的时空范围内影响着农业发展和救灾效果。

清代，云贵两省在山区、半山区田土的开垦和水利兴修过程中忽视了自然规律，生态环境的破坏带来了严重的生态灾难。例如，贵州正安州州治地方山高坡峻，林箐丛蓊，"自我朝皇仁煦育，贤牧招徕，户口日增，遍处伐树烧山，开垦成熟。然山田晓确，久雨即崩，荒芜如故，甚至田被沙堆，土遂水洗，悉成石骨，业废课存，以是居民艰于生计，迁徙靡常"③。云贵地区开垦后的荒山易发生水土流失，严峻的自然条件对水利修建和防灾建设提出了更高的要求。"黔省地方土壤瘠薄，山多田少，所有稻田必系依山傍溪，相水开垦成田之后升科征粮，此定例也。然山田垅埧易于变更，每因春夏之交，大雨骤集，山峻水陡，土裂石流，或将熟田壅塞变为沙石者有之，或将堰沟冲塌阻其水源者有之，既阻水源，水田既变为山土，只堪种以杂粮，广种薄收，不及稻田之半。"④ "遵义市水利蔚然

---

① （清）罗文思纂修：乾隆《石阡府志》卷2《地舆志·渠堰论》，清乾隆三十年（1765）刻本。
② 许南海、张勇：《明清贵州水利的时空分布与区域特征》，《学理论》2017年第8期。
③ （清）彭焯修，（清）杨德明、严宗六纂：光绪《续修正安州志》卷5《食货志·田赋》，清光绪三年（1877）刻本。
④ （清）郭石渠：《请豁无田之粮以厚民生疏》，（清）何廷熙：道光《思南府续志》卷10《艺文门·疏》，贵州省图书馆1965年油印本。

兴起，兴修了大量的水利工程；而黔西南州与六盘水市，因受恶劣的自然条件制约和落后的社会经济影响，明清时期水利数量一直很少，发展严重滞后。贵州独特的自然地理环境，不仅影响到水利的空间分布，还使得贵州水利区域性特征明显，如规模小型化、类型多样化、井灌普遍。"① 总体上看，尽管清代云贵地区水利工程取得一定程度的发展，但水利在山区、半山区和坝区的分布却存在较大的差异，历次兵燹后水利设施修浚周期长，加之"山头地角"荒芜土地的开垦造成泥沙淤积堵塞河道，水利灾害的次数明显增多，诸多坝区兴修的水利在洪涝期间却成水患频发区，导致农业受灾损失惨重，经济发展萎靡凋敝，致使救灾效率和成效大打折扣。例如，云南省城有盘龙、金汁、银汁、宝象、马料、海源六河，田亩全资灌溉。乾隆四十九年（1784），云贵总督富纲奏称："臣亲加查勘，各河间有沙石淤积，堤岸亦有残缺之处，随饬粮储道永慧，于春初水落之时，督同管河厅员，于河道淤浅之处及堤岸损缺者，分段挑修，现已一律深通坚固，蓄水充盈，足资灌溉，即将来夏雨时行，亦可宣泄，不致有泛溢之虞。"② 贵州遵义府桐梓县治四面环山，城外只有小河一道，水分两路，右为葫芦洞，左为周家洞，伏流消水，势甚迟缓。每遇大雨时行，宣泄不及，附郭一带悉被浸淹，大为居民之患。光绪五年（1879）四月初二日，贵州布政使林肇元奏称，贵州巡抚嵩溥于道光年间勘明，"桐梓县……戴家沟地方可达蜀江，于平坦之处开作明河，高峻之处穿凿暗洞，以资消泄……迄今数十年之久，泥淤沙壅，非特暗洞堵塞，即明河亦填成平地"③。从史料记载可知，清代云贵地区河道淤塞后来缚河水，不仅造成严重的灾害，亦增加了河道疏浚的难度。

"有清以降，中央政府加强对云贵高原的经营，并实施相对全面和深入的直接开发，大致按照中原地区传统的资源利用范式，在云贵高原进行大规模的土地垦殖和矿业开采。在社会生产力大幅度提高的同时，云贵高

---

① 许南海、张勇：《明清贵州水利的时空分布与区域特征》，《学理论》2017年第8期。
② （清）富纲：《奏报滇黔两省晴雨应时春收丰稔情形折》，台北故宫博物院图书文献处外文献科：《宫中档乾隆朝奏折》，台北故宫博物院1987年版，第59辑，第726页。
③ 《光绪五年四月初二日（朱批）贵州布政使林肇元片》，载水利电力部水管司科技司、水利水电科学研究院编《清代长江流域西南国际河流洪涝档案史料》，中华书局1991年版，第970页。

原的局部地区也出现了人地关系恶化的情形。"① 自明清改土归流以后，云贵地区的人地关系矛盾加剧，较大程度上影响到经济发展的整体水平。"重大环境恶化事件不仅造成严重的饥荒，导致人口的减少与经济的衰落，而且有时还对社会发展的历史进程产生重大影响。"② 清代云贵两省经济发展的区域性差异，伴随清朝中央政府行政和军事控制等治边实践力度逐渐加大而发生变化，人口增长、农业开发、矿产开采和铜铅贸易等新的经济增长方式背后，体现的是全国性商业市场和自然资源商品化的结构性差异。"清代前中期云贵两省地方行政和疆域的新变化，给地区经济社会发展创造了条件，特别是通过改土归流等对地方行政制度作出的重大调整，对民族地区原生态产生深远影响。"③ 自然灾害区域分布规律是自然灾害在不同时空格局的具体体现，"中国自然灾害风险呈现出明显的东西分异为主、南北分异为辅，且在高灾害风险区镶嵌着低灾害风险片，低灾害风险区镶嵌着高灾害风险片的空间格局"④。在人类活动与自然环境的交互作用下，云贵两省经济社会的发展不断向纵深推进，云贵地区的社会结构亦不断处于重大变革和调整之中，各府厅州县经济发展的差异化制约了灾荒救济的能力和水平，并不同程度地加剧了灾荒发生的可能性。尤其是清代乾嘉和咸同动乱的爆发，均导致了云贵地区的社会秩序失衡，民族矛盾和社会矛盾加剧了灾荒发生的频率和危害程度。

二 云贵地区暴乱的扰动

明清鼎革前后的征战持续数十年，最终以康熙二十年（1681）冬平定"三藩之乱"和康熙二十二年（1683）台湾郑氏割据势力的覆灭而宣告结束，这也是清朝确立稳定统治秩序的重要标志。自明末清初云南土司"沙普之乱"开始，随之而来的大西军余部领导人孙可望、李定国以及南明永历政

---

① 马国君：《清代至民国云贵高原的人类活动与生态环境变迁》，贵州大学出版社2012年版，"序一"，第2—3页。
② 方修琦、葛全胜、郑景云：《环境演变对中华文明影响研究的进展与展望》，《古地理学报》2004年第1期。
③ 杨伟兵：《清代前中期云贵地区政治地理与社会环境》，《复旦学报（社会科学版）》2008年第4期。
④ 史培军、王季薇、张钢锋、孔锋、王静爱：《透视中国自然灾害区域分异规律与区划研究》，《地理研究》2017年第8期。

权的抗清战乱等军事活动，尤其是康熙帝征讨吴三桂使云南"民生凋敝，疮痍满目"①，并且征战相继使云南人口急剧减少，并影响到云南各府厅州县所属地方的农业生产和社会发展进程。"明末清初社会大动乱对人口的影响在地区上分布很不平衡。破坏最大的，一是中原，二是西南，它们是农民起义军同官军搏斗的主要战场，自然灾害最重，又受到清军的残酷蹂躏。……顺治十八年（1661）……川、滇、黔、桂四省所占比重更由10%猛降到令人难以置信的1.3%。这里依据的是官方户口统计，不可能很准确，但人口锐减是肯定的。"②承平之后的云贵地区亦时有不同规模的战争发生，战乱期间土地荒芜、农业减产、疾疫横行、流民四起，严重扰乱了趋于平衡的社会结构，历次兵祸连结造成区域经济社会动荡，或直接制造并加重灾荒。如云南"普思诸山，当兵燹之后，地方疲敝，苗猓得以归业，惊鸿甫集，十室九空。深山穷谷，别无出息。所产茶树，实苗猓养命之源。身在地方，急宜视为一方生计所资，加以抚绥，设法保护"③。因康熙年间战乱的波及，普洱一带呈现出十室九匮的荒凉景象，陈宏谋认为普洱以产茶闻名，地方官宜劝导苗民归业种菜加以安抚和想方设法进行保护。

自改土归流后，大批满汉官吏、营兵和"客民"涌入云南和贵州苗疆地区，他们任意盘剥和欺诈苗民，侵吞苗产，苗民生计愈形拮据，进而使贵州苗族聚居地区的阶级矛盾、民族矛盾和社会矛盾不断加深，"内地移民与云贵夷民双方在生产、生活和交往过程中逐渐产生矛盾和冲突，并形成影响云贵地域社会稳定的'夷汉矛盾'"④，苗民不堪清朝中央政府和移民的肆意欺诈，先后揭竿反抗，发生于太平天国运动时期的苗民起义达三次。首次起义是雍乾之交，于黔东南地区由包利、红银等人领导的雷公山和清江苗民起义，即"雍乾起义"（1735—1736）⑤；第二次是乾嘉年间湖南腊尔山地区石柳邓、吴八月等人领导的"乾嘉起义"（1795—1806）⑥；第三次为咸同年间由保禾、张秀眉等人在黔东南、黔南地区领导的"咸同

---

① 朱荫龙：《陈榕门先生年谱》，广西乡贤遗著编印委员会，1943年。
② 胡焕庸、张善余：《中国人口地理》（上），华东师范大学出版社1984年版，第55页。
③ （清）陈宏谋：《培远堂文檄》卷2《再禁办官茶弊檄》，广西乡贤遗著编印委员会，1943年。
④ 杨亚东：《移民与边疆社会：社会控制视阈下清朝对云贵地区夷汉矛盾的调控》，《云南师范大学学报（哲学社会科学版）》2017年第2期。
⑤ 《苗族简史》编写组编：《苗族简史》（修订版），民族出版社2008年版，第115页。
⑥ 《苗族简史》编写组编：《苗族简史》（修订版），民族出版社2008年版，第134页。

起义"①。贵州苗民起义反抗规模较大,斗争激烈,给广大苗疆地区的社会生产生活带来严重的影响。

"清朝边疆构建理念在西南地区的施行,是近现代民族国家发展的必然,客观上推进了中国西南边疆地区的内地化进程,加强了边疆少数民族地区和内地的联系。在此过程中,清政府对文化各异的西南各个族群实施武力征伐与文化同化政策,引起诸多反抗,湘黔区域连绵不断的苗民起义便是其中的典型。"② 雍乾、乾嘉苗民起义是对清朝中央专制王权以"改土归流"和"开辟苗疆"为手段在湘西和贵州两大"生苗"进行中原汉文明张力传播和文明整合做出的拒斥性回应③。18世纪清政府推行"改土归流"的政策,其目的是力图全面对苗族聚居地区加强政治管理和经济控制④,因苗民起义带来的贵州经济衰退和社会发展滞后,不仅加速了灾荒的到来,亦制约了灾荒救济的整体进程。

社会秩序是人类社会处于动态变化且平衡有序的社会状态,属于社会学的范畴。中国古代思想家们提出"治",说明社会的有序状态和社会秩序的维护与巩固非常重要。16世纪英国哲学家托马斯·霍布斯用"社会契约论"来解释社会秩序的起源,他认为,独立的个人为摆脱"人自为战"的混乱状态,相互缔结契约,形成社会秩序。"所有社会都会受到随机的、未预期的内外部变化的影响。不论是外部因素如气候、相对价格、比邻群体的变化,还是内部因素如领导者的身份和性格、内部纠纷与争端、相对价格的变化,这些都使环境处于持续的变化中,所有社会都不得不对此加以应对。"⑤ 云南和贵州地处中国西南边疆,两省全境山多田少,土地比较瘠薄,而清政府征收赋税繁多沉重,社会矛盾被不断激化。清朝中后期,云南各族人民在清朝地方官吏、土司头人和地主豪强的多重剥削和压榨下,过着较为艰苦的生活。清咸丰朝和同治朝,清政府每年向云南征收的

---

① 《苗族简史》编写组编:《苗族简史》(修订版),民族出版社2008年版,第157页。
② 黄秀蓉:《清代早期国家疆域建构与苗族支系蒙人的国际迁徙》,《西南大学学报(社会科学版)》2017年第6期。
③ 孙秋云:《文明传播视野下的雍乾、乾嘉苗民起义》,《中南民族大学学报(人文社会科学版)》2007年第3期。
④ 吴倩华:《用赫克特理论释读雍乾、乾嘉苗民起义带来的困境》,《西南民族大学学报(人文社会科学版)》2011年第5期。
⑤ [美]诺思、[美]瓦利斯、[美]温格斯特:《暴力与社会秩序:诠释有文字记载的人类历史的一个概念性框架》,杭行、王亮译,格致出版社、上海人民出版社2013年版,第14页。

地丁、耗羡、公件等各项赋税总额达四十万四千二百两白银之多。同时，云南各府厅州县所属地方政府的费用和官吏的"养廉"以及苛捐杂税也随征科派，尤其是鸦片战争失败后的赔款亦摊派给云南各族人民，民膏民脂概被搜刮殆尽，人民负担逐渐加重。

清朝咸丰六年（1856）六月至同治十三年（1874）五月，为谋求生存之道，以杜文秀为主的云南回民武装暴动，以反抗清朝的肆意妄为和横征暴敛，给清政府在云南的统治带来了巨大压力。双方经过数次大小战役的较量，人民生灵涂炭，起义军内部危机渐次加深，力量不断瓦解，形势不断恶化。清廷云南地方当局为荡平战乱，连岁拟派杂税，征收饷银，积重难返。同治八年（1858），岑毓英奏报："查滇省军兴十余年，迤西各属尽为贼踞。上年逆匪倾巢下窜，又陷田荒，尚未全行复业。其东南两迤被窜扰之处，亦因征兵筹饷，民力异常拮据。"① 同治十三年（1874），岑毓英再奏："滇省军兴十八年，积欠文武各官廉俸、役食、绿营兵饷及应发恤赏、祭葬各款银两，为数甚钜，纷纷到局请领。"② 据袁嘉谷所撰《公米店丰备仓碑记》记载："考（石）屏之屯仓，常平谷九千石，社仓六千三百余石，今无复存。"③ 咸同兵燹造成云南各府州县仓储被焚毁殆尽，疾病的流行和战争的延续，给拯救灾民和流民带来重重困难。

咸丰、同治时期的战争及鼠疫流行，造成云南地方的人口数量锐减。尤其是对云南府、澄江府、楚雄府、武定州、普洱府、元江州、临安府、大理府、蒙化厅、丽江府等所属地方社会造成严重的冲击，兵燹、鼠疫并行，进而导致人口急剧减少。"咸丰、同治年间的战争中心即鼠疫流行的中心区。这一区域包括云南、澄江、武定、楚雄、蒙化、大理、景东、镇沅和普洱诸府。除普洱府外，其他各府大体介于大理府至云南府一线，即位于云南中部地带。战争和鼠疫造成对云南核心农业区的严重破坏。"④ 另

---

① 《岑襄勤公奏稿有关云南事迹奏稿》卷4《各属灾荒田亩请免钱粮片》（同治八年十二月初五日），载方国瑜主编，徐文德、木芹、郑志惠纂录校订《云南史料丛刊》（第9卷），云南大学出版社2003年版，第255页。

② 《岑襄勤公奏稿有关云南事迹奏稿》卷11《滇省积欠俸廉核实酌发实银片》（同治十三年十一月初五日），载方国瑜主编，徐文德、木芹、郑志惠纂录校订《云南史料丛刊》（第9卷），云南大学出版社2003年版，第414页。

③ 袁嘉谷纂修：民国《石屏县志》卷6《善举》，1938年铅印本。

④ 曹树基、李玉尚：《鼠疫：战争与和平——中国的环境状况与社会变迁（1230—1960）》，山东画报出版社2006年版，第155—156页。

外，这一时期的云南广种罂粟，加之水利经年累月失修，导致农业产量逐渐减少，仓廪无贮，府库亏空，严重加剧了清朝云南当局的财政负担。"封建剥削、战乱兵祸及列强的经济掠夺、迷信赌毒等造成社会环境的全面恶化，各族民众极度贫困，加重了灾后饥荒疾疫的蔓延与流行。"① 至光宣时期，遭受暴动所扰乱的云南社会秩序尚未得到有效调整，而这一时期吏治趋于腐败，列强争夺不休，云南经济复苏缓慢，最终导致云南各族人民在突如其来的自然灾害面前应对能力严重减弱，天灾突袭各府厅州县之后，造成严重的饥荒，对光宣时期云南城乡人口、市镇经济、赈灾救荒和社会稳定等都产生了重大影响。

---

① 蒋立文：《清末民初云南灾荒加剧的社会因素》，《中央民族大学学报（哲学社会科学版）》2012年第6期。

第二章　清代云贵地区自然灾害的时空分布特征

　　云南和贵州地处低纬度高原，山高谷深，江河纵横，且毗邻南亚次大陆和中南半岛，地理位置独特。云贵地区是全球最著名的热带季风气候区，北热带、南亚热带、中亚热带、北亚热带、暖温带、中温带和高原气候等7个温度带气候类型交错分布，同时还兼具陆地低纬度气候、季风气候、山原气候的特点。明清时期，大量汉族移民络绎不绝进入云贵地区，产自美洲的玉米、马铃薯等高产作物源源不断地引进和推广种植，对云贵两省广大山区和半山区的荒地垦殖和开发力度不断加大。尤其是山区半山区农业垦种及采矿冶炼的迅速发展，使云贵两省的森林植被遭受严重破坏，生态环境在移民屯垦与自然交互的过程中不断恶化，进而加剧了云南区域内部的人地矛盾和生态失衡。清代云贵地区自然灾害的积累式发生，是云贵两省原生自然环境遭受破坏后引发生态危机的具体表征。在自然因素和社会因素的相互作用下，清代云贵地区干旱、洪涝、霜冻、雪灾、冰雹、地震、滑坡、泥石流、疫疾等自然灾害频繁发生，部分地区甚至出现多种灾害并发的现象，严重制约了清代云南和贵州地方社会的发展进程。

第一节　清代云贵地区自然灾害的时空分布差异

　　清代云贵地区气象灾害、地质灾害、疫疾灾害和农作物病虫害等各类自然灾害和环境灾害分布范围广、发生频率高、灾害损失严重，尤其是在气候、地形、地质构造和社会条件等多种因素的交互影响下，云贵地区水灾、旱灾、地震、地质、疫疾和农业病虫灾害的发生最为频繁，并在时间纬度和空间纬度上呈现出较大差异，各类灾害的非对称性、非均衡性、累积性和突发性的特点较为显著。

一 云贵地区气象灾害风险的时空差异

气象灾害指的是由于天气气候因素直接或间接引起的自然现象，是气候灾害与天气灾害的合称。气候灾害是大范围、长时间、持续性的气候异常所造成的灾害，主要有干旱、洪涝、霜冻、雪灾、冷害等。而天气灾害则指的是局部地区一定范围内不利的天气现象带来的灾害，诸如台风、暴雨、冰雹、寒潮、大风等，这类灾害强度大、历时短、危害大[①]。纵观清代云南和贵州的历史，气象灾害是清代云贵地区自然灾害中最为频繁而又严重的灾害。云贵地区是中国自然灾害发生比较频繁，造成损失相对较为严重的地区之一。清代云南和贵州各府厅州县干旱、洪涝、冰雹、低温冷冻等气象灾害接连发生，并危及云贵地区各族人民的生命和财产安全，地方社会经济遭受极大的损失。随着各类气象次生、衍生灾害的相继发生，云贵地区自然灾害造成的经济损失亦呈增加的趋势，直接影响着云贵区域社会和经济的有序发展。

（一）干旱灾害

干旱是自然界降水稀缺和土壤水分相对亏缺的自然气象灾害。当干旱发展到相当严重程度的时候，往往会导致农业减产，人畜饮水困难，从而带来粮食匮乏和市场供不应求等资源匮乏问题，甚至在局部范围内引发饥荒，继而对人类社会生产、生活及生态环境造成不良后果。由于生态环境变迁以及人类活动对不同区域的气候会产生不同的影响，故而云贵地区的气候变化具有较强的区域性和差异化特征。云南气象灾害中以干旱灾害最为显著，干旱灾害亦是对云南经济社会影响最大的气象灾种。清代云南干旱一年四季都有发生，各府厅州县都遭受过旱灾，同时由于天气和气候变化导致干旱发生频次增加，旱灾的危害程度有较强的季节性和地域性差异，因而旱灾的年际差异也大[②]。

云南地处低纬度高原季风气候区域，全境地理环境和地质地貌的特殊

[①] 刘建华主编：《中国气象灾害大典·云南卷》，气象出版社2006年版，第1页。
[②] 程建刚、晏红明、严华生、解明恩等：《云南重大气候灾害特征和成因分析》，气象出版社2009年版，第3页。

性存在较大差异，使气象灾害的地域特征更为显著，"半年雨来半年旱、旱灾一大片、洪涝一条线"，这是云南气象灾害频繁发生的真实写照。根据《云南天气灾害史料》①统计，清代云南发生较大旱灾达26次之多，其年份分别为：顺治五年（1648）、康熙四年（1665）、康熙二十七年（1688）、康熙二十八年（1689）、康熙五十三年（1714）、康熙五十九年（1720）、乾隆十二年（1747）、乾隆二十九年（1764）、乾隆三十年（1765）、乾隆四十四年（1779）、嘉庆十六年（1811）、嘉庆二十一年（1816）、嘉庆二十二年（1817）、道光六年（1826）、道光十三年（1833）、咸丰十一年（1861）、光绪十一年（1885）、光绪十四年（1888）、光绪十五年（1889）、光绪二十一年（1895）、光绪二十三年（1897）、光绪二十六年（1900）、光绪二十七年（1901）、光绪三十一年（1905）、光绪三十二年（1906）、光绪三十三年（1907）。显而易见的是，清光绪朝发生的重大干旱灾害明显比清中前期要多。学界根据地次法对清代云南干旱灾害发生次数（见表2-1）进行详细统计，再现了清代云南干旱频次的波动情况。

表2-1　　　　　　　清代云南干旱灾害次数统计表

朝代	在位年数（年）	被旱年数（年）	被旱次数（次）	被旱年平均数
顺治朝	18	2	2	0.11
康熙朝	61	35	84	1.37
雍正朝	13	5	12	0.92
乾隆朝	60	35	125	2.08
嘉庆朝	25	14	51	2.04
道光朝	30	18	45	1.50
咸丰朝	11	11	38	3.45
同治朝	13	11	35	2.69
光绪朝	34	30	250	7.35
宣统朝	3	3	9	3.00
总　计	268	164	651	2.42

资料来源：本表源自李苏《清代云南水旱灾害与社会应对研究》表2.5《清代云南地区旱灾次数统计表》，硕士学位论文，云南师范大学，2014年，第19—20页。

---

① 云南省气象科学研究所编：《云南天气灾害史料》，云南省气象科学研究所1980年印，第4页。

通过表2-1中相关数据的对比不难发现，在清代268年中，云南干旱灾害发生的频次分别为顺治朝0.11次/年，雍正朝0.92次/年，康熙朝1.73次/年，道光朝1.50次/年，嘉庆朝2.04次/年，乾隆朝2.08次/年，同治朝2.69次/年，宣统朝3.00次/年，咸丰朝3.45次/年，光绪朝7.35次/年①。其中，光绪朝干旱灾害发生频次最高，这与"清末宇宙期"（19世纪中叶以后）全国性自然灾害频发的现象相类似。尽管干旱灾害求年均值不能具体反映灾害发生的状况，但能直观地呈现清代云南干旱灾害发生的频率和大体面貌。根据云南地方志和中国第一历史档案馆馆藏档案的记载，乾隆元年（1736）云南遭受干旱灾害尤重，如"榆郡军务未竣，又被旱灾"②。陈宏谋在《飞行备旱之策橄》中称："自去冬今春，以及入夏，雨泽稀少，四野干涸，秧苗将枯，各属报到雨水情形，均未沾足。"③云南山区、半山区雷响田较多，雨水稍缺，秋收未免减薄。乾隆元年（1736），云南大理、昆明、昆阳、嵩明、晋宁等各府厅州县雨水未能沾足，无论是高阜之区，抑或低洼地亩，即因雨泽稍缺导致收成歉薄。云南布政使陈弘谋奏报："滇省自夏间少雨，高亢之田栽插稍迟，曾经据实奏闻。……迨八月尽间，早栽之稻业已结实，其迟栽者正在扬花，忽于八月二十六、七至九月初二、三等日阴雨凝寒，迟栽之稻多被损害，以致收成歉薄。……云南府属之昆明、昆阳、嵩明、晋宁、禄丰、安宁、呈贡，武定府属之和曲，曲靖府属之寻甸，元江府并他郎，昭通府属之恩安、鲁甸，姚安府属之姚州、大姚，大理府属之云南、宾川，楚雄府属之南安及永北府等处均有成灾□分，收成未及四分。"④ 此次云南干旱成灾面积广泛，并影响农作物收成。

清乾隆朝至同治年间，云南各府厅州县亦不同程度遭受干旱灾害的冲击。乾隆五年（1740）七月初七日，云南总督庆复奏称："大理府赵州、弥渡地方及接壤之宾川州雷鸣山地，因七月中旬少雨干旱，农民已种稻荞俱有受旱损伤，约有一万余亩。"⑤ 咸丰元年（1851）十月十五日，吴文

---

① 李苏：《清代云南水旱灾害与社会应对研究》，硕士学位论文，云南师范大学，2014年，第20页。
② （清）陈宏谋：《培远堂手札节要》卷下《寄屠太守用中书》，广西乡贤遗著编印委员会，1943年。
③ （清）陈宏谋：《培远堂文橄》卷4《飞行备旱之策橄》，广西乡贤遗著编印委员会，1943年。
④ 中国科学院地理科学与资源研究所、中国第一历史档案馆编：《清代奏折汇编：农业·环境》，商务印书馆2005年版，第9—10页。另参考谭徐明主编《清代干旱档案史料》（上），中国书籍出版社2012年版，第55页。
⑤ 谭徐明主编：《清代干旱档案史料》（上），中国书籍出版社2012年版，第89页。

镕、张亮基奏请将云南被旱的石屏州和建水县应征钱粮分别蠲免，内阁奉上谕："云南临安府属石屏州建水县本年得雨太迟，田禾未能栽插，且素鲜盖藏，民力未免拮据，加恩著照所请，除将有收之田照常征收外，所有石屏州应征条公等银四千八百八十八两零，税秋米二千六百三十二石零，建水县应征条公等银六千一百三十四两零，税秋米二千九百八十七石零，均著一体蠲免。"① 同治五年（1866），云南省云南等府所属各厅州县地方因田地久荒，秋禾歉薄。同治六年（1867），十二月二十九日，云南按察使宋延春奏请查明云南等府所属各厅州县田地荒芜并开单恳请蠲免钱粮，内阁奉上谕："所有昆明县所属河浪一里及东川府会泽县所属之小江、以濯河、宁靖、清凌等四里应征同治五年分秋税、本折米石、条编折色、耗羡银两著全行蠲免，会泽县属之集义、忠顺、丰乐等三里著蠲免十分之四，安宁州著于十分中蠲免六成五分，昆阳县蠲免十分之五，嵩明州著蠲免十分之四，富民县著于十分蠲免三成九分，恩安县著蠲免十分之五。其云南府属之呈贡、宜良、罗次、宁州、东川府属之巧家、楚雄府属之定远等六厅州县均著蠲免十分之三，以纾民力，余著照所议办理"②，史料中对云南干旱灾害及其严重程度的描述略见一斑。

清光绪朝时期，云南干旱灾害依然频发。例如，光绪二年（1876）春夏两季，云南雨泽延迟，收成歉薄，米价成倍上涨，各属纷纷请求赈济。尤其昭通、鲁甸、大关、盐津、绥江、巧家、永善、彝良、镇雄、会泽、东川等地的旱灾更为严重。光绪三年（1877），云南昆明先后被水、被旱成灾，呈贡、罗平、马龙、会泽、牟定等地方亦先后遭遇干旱，农作物大面积减产。到光绪四年（1878）六月，"呈贡、宣威虫灾，呈贡中卫村虫食禾苗，宣威蝗虫食玉米。九月，马龙田禾蝗虫成灾"③。清光绪朝，云南旱灾比较严重，旱灾发生之后，蝗灾、疾病、虫灾和饥荒相继而来，伴生灾害风靡一时，造成的经济损失较大，又由于仓储严重不足，以至于拯救灾黎实属困难。清光绪三年（1877），云贵总督刘长佑致函贵州巡抚黎培

---

① 《谕内阁云南石屏等州县被旱著分别蠲免缓征钱粮》（咸丰元年十月十五日），中国第一历史档案馆，上谕档，档号：06-06097。
② 《谕内阁云南等府属州县上年田地荒芜著分别蠲免钱粮》（同治六年十二月二十九日），中国第一历史档案馆，上谕档，档号：06-06792。
③ 刘建华主编：《中国气象灾害大典·云南卷》，气象出版社2006年版，第517页。

敬称："滇省气候隔年旱涝成灾，米价日增，人心遑遑，刻下已觉难支，来岁之荒，更不可以设想，论者谓救荒之酌，莫于乞粜于邻然，若粤若蜀，远在数千里外，就令任其取求，已难恃为缓急，是滇之最为亲近，专待拯济者，要非贵省莫属。"① 史料记载，刘长佑于清光绪三年函请贵州巡抚黎培敬，就近从贵州调拨米粮支援云南抗旱备荒，以度危局。清光绪二十八年（1902），昆明地方旱魃肆虐，雨师躲避，入春后很久未有雨水落地，田禾栽插困难。云南粮储道谭宗浚记载："旱魃当权雨师避，避入沲成甘废弃。虫虫已见天地毛，梦带欲问正无睡。岂真苍冥刘斯民，都缘不识河伯为。水龙横挞痴龙慝，海底直叱石燕潜。"②

清光宣时期，云南干旱灾害发生的频次较高，年均旱灾发生率达7次，是继咸丰朝之后云南干旱灾害集中发生的第二个高峰期。文献记载，清朝光宣时期云南干旱灾害以光绪三十一（1905）至三十三年（1907）的特大旱灾尤为严重。光绪三十二年（1906）五、六、七月以及光绪三十三年（1907）五、六、七月，宜良县属地方连岁大旱。光绪三十三年（1907），时任云贵总督丁振铎奏："臣查该县（宜良）属瓦仓等村被灾共田七顷三十六亩一分六厘一毫七丝四忽二微……业经会勘明确，委系十分成灾。"③ 清朝对灾害成灾分数的勘察有明确的规定，"成灾分数不可牵匀计算，应以各田地实在被灾分数为准。如一村之中有田百亩，其九十亩青葱茂盛，独十亩禾稼荡然，则此十亩即为被灾十分；其中有一分收成者，即为被灾九分；二分收成，即为被灾八分；有三分、四分、五分收成，即为被灾七分、六分、五分。以此定灾核算，蠲数方为确实"④。据云贵总督丁振铎奏报，宜良县属瓦仓等村成灾分数为十分，表明以上地方秋禾颗粒无收，因而特此奏请朝廷准将应完光绪三十二年份前项银米照数豁免，以解决民众米粮短缺的问题。文献记载，光绪三十二年（1906），昆明"夏

---

① （清）刘长佑：《刘武慎公遗书》，载云南省水利水电勘测设计研究院编《云南省历史洪旱灾害史料实录（1911年〈清宣统三年〉以前）》，云南科技出版社2008年版，第45页。

② （清）谭宗浚：《希古堂文集》，载云南省水利水电勘测设计研究院编《云南省历史洪旱灾害史料实录（1911年〈清宣统三年〉以前）》，云南科技出版社2008年版，第162页。

③ （清）丁振铎：《奏为云南宜良县属瓦仓等村上年被灾请豁免条粮折》（光绪三十三年正月十九日），中国第一历史档案馆藏，朱批奏折，档号：01-01592。

④ （清）万维翰：《荒政琐言》，载李文海、夏明方主编《中国荒政全书》（第2辑·第1卷），北京古籍出版社2003年版，第466—467页。

旱，大饥乎粜，人争市米，日有踏死者"①。滇中昆明、嵩明、晋宁、路南、新兴、江川、易门、河阳、楚雄、姚安、大姚、元谋、武定、南安，滇东曲靖、鲁甸、寻甸、马龙、沾益、陆凉、罗平、师宗、平彝，滇南通海、建水、石屏、弥勒、宁州、阿迷、个旧、蒙自、邱北、广南、富宁以及滇西大理、云南、赵州等所属地方均遭遇旱灾或大旱天气，各地方粮食匮乏，物价腾贵。光绪三十一年（1905）至三十三年（1907），云南连续两年亢旱成灾，"干旱持续时间之长、受旱面积之广、旱灾程度之重，可以说是近500年来之最"②。

受大气环流及地形等影响，贵州省气候极不稳定，灾害性天气种类多，频次较高，危害严重，春旱和夏旱是省内危害最大的气象灾害③。"由于地貌类型的复杂多样，影响气候的时空变化，使水旱灾害多呈插花性的发生，即在同一时间出现'此洪彼旱'，在同一地区出现'先洪后旱'或'先旱后洪'。"④加之每年西南季风的不稳定变化，导致春夏季雨水的年季波动或年内雨量时空分布不均而发生春夏旱，是致使贵州农业生产和粮食产量极其不稳定的重要因素⑤。清代贵州经常发生干旱灾害的地方有贵阳、遵义、桐梓、仁怀等地区，主要集中在黔南和黔东南。这些府州县经常性地出现干旱天气，且同一年份干旱天气现象频繁出现，严重时则多次造成饥荒问题。研究表明，明清时期贵州共发生干旱灾害大约400次，几乎年均发生1次。其中清代时期共发生300次，发生频率为明代的2倍左右⑥。清代贵州干旱灾害造成大部分原本水利不兴的地区严重缺水，生态环境持续恶化，尤其是历次干旱灾害的干旱烈度、干旱历时、干旱频次等都存在较大的空间差异，进而已成为阻碍清代贵州农业生产和社会发展的关键性要素。仅就清顺治年间贵州灾荒情况来看（见表2-2），干旱和虫灾袭击造成粮价腾贵或饥民载道，对贵州地方社会的可持续发展产生了消极影响。

---

① （清）倪惟钦修，陈荣昌等纂：《续修昆明县志》卷7《五行志》，云南省图书馆藏1943年铅字排印本。
② 秦剑、解明恩、刘瑜、余凌翔编：《云南气象灾害总论》，气象出版社2000年版，第37页。
③ 贵州省防汛抗旱指挥部办公室、贵州省水文水资源局编：《贵州水旱灾害》，贵州人民出版社1999年版，第12页。
④ 贵州省防汛抗旱指挥部办公室、贵州省水文水资源局编：《贵州水旱灾害》，贵州人民出版社1999年版，第3页。
⑤ 罗宁主编：《中国气象灾害大典·贵州卷》，气象出版社2006年版，第1页。
⑥ 张懿：《明清时期贵州水旱灾害的历史分析》，《山西农经》2018年第8期。

表 2-2　顺治元年（1644）至顺治十六年（1659）贵州干旱统计表

时间	府州县	灾情概况	史料来源
顺治十三年（1656）	遵义府	大旱	道光《遵义府志》卷21《祥异》
顺治十三年（1656）	桐梓县	大旱	民国《桐梓县志》卷1《天文志·祥异》
顺治十六年（1659）	铜仁府	大旱，斗米一金	光绪《铜仁府志》卷1《祥异》
顺治十六年（1659）	余庆县	大旱	光绪《余庆县志》灾祥
顺治十六年（1659）	遵义府	大旱，斗米一金	道光《遵义府志》卷21《祥异》康熙《湄潭县志》卷2《灾异》光绪《湄潭县志》卷1《祥异》
顺治十六年（1659）	平越州	大旱，米斗一金	光绪《平越直隶州志》卷1《天文·祥异》
顺治十六年（1659）	思州府	旱，民苗食蕨	康熙《思州府志》卷7《事变志·灾祥》
顺治十六年（1659）	玉屏县	旱	乾隆《玉屏县志》卷1《祥异》
顺治十六年（1659）	平溪卫	连年大旱，斗米千钱	康熙《平溪卫志书·灾异》
顺治十七年（1660）	平溪卫	连年大旱	康熙《平溪卫志书·灾异》
顺治十七年（1660）	安平县	大旱，斗米银一两五钱，民夷饥死甚众	道光《安平县志》卷1《灾祥》
顺治十七年（1660）	贵州省	旱，大饥。巡抚卞三元请动楚运米三千石赈之	乾隆《贵州通志》卷1《祥异》
顺治十七年（1660）	平坝县	大旱，斗米银一两五钱，人民而死者众	《平坝县志》第6册《灾异》
顺治十七年（1660）	玉屏县	旱，黑虫蔽山，草木食尽	乾隆《玉屏县志》卷1《祥异》
顺治十七年（1660）	黄平州	大旱	《黄平州志》卷12《轶事志·祥异》
顺治十八年（1661）	南笼府	旱	乾隆《贵州通志》卷1《祥异》
顺治十八年（1661）	南笼府	旱，岁大饥	乾隆《南笼府志》卷末《附外志·祥异》

资料来源：据康熙《思州府志》、康熙《湄潭县志》、康熙《天柱县志》、康熙《平溪卫志书》、乾隆《贵州通志》、乾隆《独山州志》、乾隆《玉屏县志》、乾隆《南笼府志》、道光《思南府续志》、道光《遵义府志》、道光《贵阳府志》、光绪《湄潭县志》、道光《铜仁府志》、道光《黄平州志》、光绪《平越直隶州》、光绪《铜仁府志》、民国《桐梓县志》、《平坝县志》等清代贵州地方志统计而得。

从表 2-2 可知，在清顺治朝 18 年中，顺治十三年（1656）、十六年（1659）、十七年（1660）、十八年（1661）贵州连续发生干旱灾害，其中顺治十六年和十七年的发生频次最高，因干旱灾害波及的地域较广，且粮食歉收，粮价上涨，皆不同程度地造成了严重的饥荒。贵州干旱灾害的发生时间、范围、次数和程度在各地都有很大的不同①。事实上，整个清代贵州旱灾都时有发生。据文献记载，顺治十七年（1660），贵州"黄平兴隆大旱"②。雍正十三年（1735），贵州"大定、毕节大旱"③。乾隆元年（1736），湖广总督张广泗奏称："上年（雍正十三年）四五月间，……黔省下游各属……天气稍旱，收成甚为歉薄，上上年冬底米价即已昂贵，今当青黄不接之时，米价每斗卖至二钱以外，而八弓、邛水、黄平、胜秉一带甚至无米可买。"④乾隆二十九年（1764），贵州遵义府"春夏水旱，虫食麦荞"⑤。道光元年（1821），铜仁府"旱，大饥，毙者枕藉于道"⑥。19世纪是我国自然灾害的频发期，清代贵州干旱灾害的频次之高充分证明了这一点。顺治十六年（1659）至十七年（1660）和光绪二十一年（1895）至二十二年（1896）期间，贵州发生全省辖境持续两年的重大干旱，米价不断上涨，饥民乏食，饿殍载道。此后，贵州又于光绪二十六年（1900）发生全省性的大旱灾，亦同样引发严重的灾荒（民间谓之"庚子大荒"），因灾导致的米价涨幅达 5 倍以上，文献记载，光绪年间，贵州全境"灾民以草根、树叶、白泥充饥，饿死甚多，暴尸无人收敛"⑦，旱灾特别严重。

干旱是贵州较为常见的气候灾害，主要有春旱、夏旱、秋旱和冬旱。其中，夏季的旱灾是贵州中部以东大部分地区最常见、最严重的旱灾，并自东向西逐渐减轻⑧。研究表明，贵州春旱主要发生在 3 月至 5 月的春季，夏旱主要发生在 6 月至 8 月的夏季（贵州地方常把发生在 6 月初期的夏旱称为"洗手旱"），7 月至 8 月盛夏干旱称为"伏旱"，9 月至 11 月的秋季

---

① 岑士良编：《贵州灾害性天气及预防》，贵州人民出版社 1986 年版，第 6 页。
② （清）李台修，（清）王孚镛纂：嘉庆《黄平州志》卷 12《轶事志·祥异》，1965 年贵州省图书馆据道光三十年增补本复制油印本。
③ （清）黄宅中修，（清）邹汉勋纂：道光《大定府志》卷 45《纪年》，清道光二十九年（1849）刻本。
④ 谭徐明主编：《清代干旱档案史料》（上），中国书籍出版社 2012 年版，第 51 页。
⑤ （清）平翰等修，（清）郑珍，（清）莫友芝纂：道光《遵义府志》卷 21《祥异》，清光绪十八年（1892）刻本。
⑥ （清）余上华修，（清）喻勋，（清）胡长松纂：光绪《铜仁府志》卷 1《祥异》，民国缩印本。
⑦ 罗宁主编：《中国气象灾害大典·贵州卷》，气象出版社 2006 年版，第 27 页。
⑧ 贵州省防汛抗旱指挥部办公室、贵州省水文水资源局编：《贵州水旱灾害》，贵州人民出版社 1999 年版，第 2 页。

以及 12 月至次年 2 月的旱灾分别为秋旱和冬旱①。清代云贵地区遭受干旱灾害比较严重，但在不同的时间节点和空间界面，干旱灾害发生的频率有着较大的波动，尤其是受到区域自然环境和社会环境的影响，云南和贵州两省不同历史阶段、不同的季节变化，旱灾所发生的频次多寡不一（见表 3），其所带来的影响也不尽相同，即"灾害的发生次数与灾害发生的实际损失空间格局分布并不完全一致"②。清代贵州旱灾的发生与境内广布的石漠化息息相关。康熙朝贵州巡抚陈诜奏称："臣初进黔境，见万山濯濯，全不艺种一蔬一木，询之居民，咸称有石无土，止可一年垦种，二三年后便不能收，且山多陡绝，雨多则土膏淋泄，十日不雨即坚结成块，根株不行，是以甘心弃置。臣思天地大利，莫过于土，力行劝谕……但古荒童秃，全省皆然，所劝垦辟，皆山巅仄岭，跬步石罅之间，代年耕废，民不以为恒业，故未敢令其报垦。"③ 清代贵州石漠化已经相当严重，雨季则水土流失，旱季则土壤板结，除区域气候影响之外，喀斯特山区土层稀薄，地表蓄水能力差，脆弱生态环境一定程度上加剧了历史时期旱灾的形成。

表 3　　　　康熙二十八年（1689）至宣统三年（1911）云贵地区
各府厅州县干旱年次统计表

省别	府厅州县	干旱年次（次）	省别	府厅州县	干旱年次（次）
云南省	石屏	5	贵州省	黄平州	1
	昆明	4		贵阳	1
	晋宁	4		贵筑	1
	建水	4		修文	1
	新兴	4		贵定	1
	嵩明	3		龙里	1
	禄丰	3		开州	1

---

① 罗宁主编：《中国气象灾害大典·贵州卷》，气象出版社 2006 年版，第 11 页。
② 刘毅、杨宇：《历史时期中国重大自然灾害时空分异特征》，《地理学报》2012 年第 3 期。
③ 中国第一历史档案馆编：《康熙朝汉文朱批奏折汇编》，康熙四十六年（1707）十一月二十六日"贵州巡抚陈诜奏谢特赐鹿肉条并报劝垦情形折"，档案出版社 1984 年版，第 1 册，第 771—772 页。

续表

省别	府厅州县	干旱年次（次）	省别	府厅州县	干旱年次（次）
云南省	宾川	3	贵州省	定番	1
	南安	3		广顺	1
	楚雄	3		清镇	1
	赵州	3		普定	1
	会泽	3		安平	1
	沾益	3		镇宁	1
	江川	3		归化	1
	南宁	3		兴义	1
	昆阳	2		安南	1
	安宁	2		大定	1
	云南	2		黔西	1
	弥勒	2		平远	1
	丘北	2		威宁	1
	定远	2		遵义	1
	镇南	2		桐梓	1
	恩安	2		都匀	1
	宜良	2		清平	1
	马龙	2		荔波	1
	陆凉	2		独山	1
	呈贡	1		麻哈	1
	和曲	1		安化	1
	永北府	1		婺川	1
	广西州	1		印江	1
	师宗	1		龙泉	1
	永善	1		思州	1
	大关	1		青溪	1
	镇雄	1		玉屏	1
	广通	1		平越州	1
	石崖嘉	1		湄潭	1
	太和	1		普安厅	1

续表

省别	府厅州县	干旱年次（次）	省别	府厅州县	干旱年次（次）
云南省	鹤庆州	1	贵州省	/	/
	剑川	1		/	/
	保山	1		/	/
	丽江	1		/	/
	蒙化	1		/	/
	蒙自	1		/	/
	元谋	1		/	/
	新平	1		/	/
	鲁甸厅	1		/	/
	平彝	1		/	/
	河阳	1		/	/
	阿迷	1		/	/
	宝宁	1		/	/
	罗次	1		/	/
	通海	1		/	/

资料来源：本表源自《清代干旱档案史料》（下）附编2：《1689—1911年分省（市、自治区）各县干旱年次统计表》。详见谭徐明主编《清代干旱档案史料》（下），中国书籍出版社2012年版，第1073页。表中所列干旱频次数据，系根据康熙元年（1662）至雍正十三年（1735）间《宫中档康熙朝奏折》《康熙朝满文朱批奏折汇编》《康熙朝满文朱批奏折全译》《宫中档雍正朝奏折》《雍正朝满文朱批奏折全译》等清代档案出版物，以及中国水利水电科学研究院保存的乾隆元年（1736）至宣统三年（1911）期间清代地方政府各类官员根据其所属州县厅营所禀报的各项内容分别汇总奏呈给皇帝的奏折等档案统计而得。表中统计单位以县为准。府级以治所首县统计。干旱年次以年为准，无论某县一年内出现几次干旱，均以一年次计。

由表3可知，清康熙二十八年（1689）至宣统三年（1911）期间，云贵两省遭受干旱灾害的年次和频次较高，总体上呈现出云南被旱年次及频率远比贵州高的现象。"大气环流异常导致天气气候异常，以及局地生态环境人为破坏造成环境条件的恶化，是贵州自然灾害多发性的主要原因。"[①] 清代云贵两省干旱灾害的不断发生，与西南季风气候区的大气环流运动关系密切，由区域气候驱动所造成的水旱灾害交替并发，其时空分布特点和区域特征较为突出。"由于人口迅猛增长，人地矛盾空前突出，清

---

① 罗宁主编：《中国气象灾害大典·贵州卷》，气象出版社2006年版，第1页。

代山地垦殖或围湖造田涉及地域之广、类型之多、强度之大，实所罕见，由此引起的水土流失和水旱灾害等环境问题最为明显，清代也因此成为历代王朝中生态环境变化最大的一个时期。"[1] 贵州省喀斯特岩溶地貌发育程度高，"岩溶地区透水性强，地表与浅层的蓄水性能差，排泄较快，易形成干旱灾害"[2]。清朝贵州干旱灾害发生后所造成的影响差异化较大，或旱灾虫灾并发，或因旱致饥，或复旱无收，或因旱灾发生后灾民死亡枕藉的惨状亦不乏详细记述。自明代以来，云贵两省在山区、半山区的农业垦殖进入高峰期，为后期灾害的发生积累下了祸根。清代云贵地区的水旱灾害在自然因素和人为因素的作用下，发生次数多、影响范围广、灾害历时长、危害持续严重。

（二）洪涝灾害

洪涝灾害，即由强降雨引发的洪水泛滥以及山洪发生所造成的洪水灾害以及因大雨、暴雨或长期降雨量过于集中而引发低洼地区渍水、受淹所导致的雨涝灾害。由于洪水灾害和雨涝灾害往往同时或连续发生在同一地区，有时难以准确判别，通常将二者统称为洪涝灾害。云贵两省高原、山地、峡谷、坝子、丘陵交错排列，河流、湖泊等水网穿行于其间，在季节性季风气候的影响下，长时间连续性的降雨或短期内强度较大的单点降雨经常引发洪涝灾害，在局部地区还容易引发暴雨泥石流灾害，从而危及各地民众的生产和生活。"云南处在亚洲两大季风系统的结合部，是雨季和干季交替的季风气候。大体上每年5月至10月为雨季，以昆明为例，多年平均降水量约占全年降水量的88%。雨季的降水变化不仅对云南的生态和社会影响甚大，同时也反映了季风的变迁情况。"[3] 贵州省"西高东低的地势一方面有利于暖湿的海洋气流深入内地，而阶梯状的地势，水平梯度的变化具有明显的陡坡与缓坡，对暴雨洪水分布产生显著的影响，在陡坡段，是暴雨洪水的频发区"[4]。由此可以看出，洪涝灾害是云南和贵州发生

---

[1] 严奇岩：《论嘉道时期我国的生态灾变》，《农业考古》2012年第4期。
[2] 贵州省防汛抗旱指挥部办公室、贵州省水文水资源局编：《贵州水旱灾害》，贵州人民出版社1999年版，第9页。
[3] 杨煜达、满志敏、郑景云：《1711—1911年昆明雨季降水的分级重建与初步研究》，《地理研究》2006年第6期。
[4] 贵州省防汛抗旱指挥部办公室、贵州省水文水资源局编：《贵州水旱灾害》，贵州人民出版社1999年版，第8页。

频率高、危害范围较广、对社会经济影响最为严重的气象灾害之一。

清代云贵地区洪涝灾害发生频次高，雨水连绵不断，淫雨成涝，田禾陷入泥淖不能畅茂，是民众最大的忧虑，且因强降雨和洪水涨发漫溢所导致的人、财、物损失不计其数。受云贵高原气候变化和地形地貌的影响，清代云贵两省各府厅州县所属地方大水、淫雨、雷雨等气象灾害发生的频次较高，河川径流水位上涨，堤坝溃决，低洼平地积水，排水不畅，喀斯特岩溶地区泥土被冲刷，大量田地及禾苗被淹没，房屋被冲塌，造成了严重的洪涝灾害。根据《清实录》中有关灾害的统计表明，顺治朝至嘉庆朝的117年期间发生灾害2646次，道光朝至宣统朝91年间发生灾害2698次，清代全国总共发生自然灾害达5344次，水灾次数最多，旱灾次之，水旱灾害占总灾数的69.4%[①]。明清两朝贵州各府厅州县发生不同程度的大小型水灾411次，其中明代正统五年（1440）至崇祯十三年（1640）的200年间贵州发生水灾114次，而顺治八年（1651）至宣统二年（1910）的清代260年期间，贵州共发生水灾292次[②]，清代贵州水灾发生频次明显高于明代。

"在一次暴雨过程中，如果主要降水时间集中，即雨强大，就较易引起山洪发生造成洪涝灾害，如果降暴雨的范围较大，或暴雨持续时间较长，则更易引发严重的洪涝灾害。"[③] 洪涝灾害亦是云南发生频次较高（见表4）的气象灾害。云南全境山高坡陡，94%为山地，因而云南洪灾多属于涝灾，且因短时降暴雨造成的洪灾占全部洪涝灾害的90%以上[④]。由于云南地处低纬度高原季风气候区，降水较为丰沛的时段主要集中在夏季，且容易诱发洪涝灾害，因此，云南洪涝灾害70%以上多发生在夏季，其普遍性、季节性、区域性、插花性和交替性特征显著[⑤]。顺治元年（1644），鹤庆州"大水，淹没禾苗"[⑥]。顺治十一年（1654），蒙化府"大雨七十余

---

① 闵宗殿：《关于清代农业自然灾害的一些统计——以〈清实录〉记载为根据》，《古今农业》2001年第1期。
② 严奇岩：《明清贵州水旱灾害的时空分布及区域特征》，《中国农史》2009年第4期。
③ 罗宁主编：《中国气象灾害大典·贵州卷》，气象出版社2006年版，第66页。
④ 刘建华主编：《中国气象灾害大典·云南卷》，气象出版社2006年版，第97页。
⑤ 刘建华主编：《中国气象灾害大典·云南卷》，气象出版社2006年版，第97页。
⑥ （清）王宝仪修，（清）杨金和等纂：光绪《鹤庆州志》卷2《祥异》，民国间抄本。

日，川原如泽，禾苗尽损，永春、封川二桥俱皆崩圮"①。此年蒙化府（今巍山县境）连续降雨达两月有余，田畴尽成泽国，洪涝灾害使禾稼受损严重，间有民间通行桥梁坍圮。康熙二年（1663），云南府等"昆明、建水、大姚二十四州县大水"②。乾隆六年（1741）八月，署理云南总督印务、云南巡抚张允随奏称，滇省六月二十六、二十七及七月初三、四等日"雨势过骤，山溪暴涨，宣泄不及。据各属陆续申报，元江府冲没田数段，桥梁三处。姚州淹没田三百余亩。富民县水浸竣，塌濒河居民瓦草房屋大小二百余间。新兴、河阳二州县各淹浸民田数十余亩。易门县冲伤四十一亩。又景东、安宁二处，河水泛入盐井，淹及卤台"③。此次云南元江府、姚州、富民县、新兴州、河阳县、易门县、景东直隶厅及安宁州同时遭受大水的冲刷，田亩、津梁、盐井等被灾，成灾面积较广。

表4　　　　　　　　清代云南水灾频次统计表

朝代	在位年数（年）	水灾年数（年）	水灾次数（次）	水灾年平均数
顺治朝	18	5	6	0.33
康熙朝	61	46	119	1.95
雍正朝	13	9	24	1.84
乾隆朝	60	49	190	3.16
嘉庆朝	25	22	75	1.25
道光朝	30	25	76	2.53
咸丰朝	11	8	35	3.18
同治朝	13	10	71	5.46
光绪朝	34	3.3	323	9.50
宣统朝	3	3	67	22.3
合计	268	210	966	3.60

资料来源：本表源自李苏《清代云南水旱灾害与社会应对研究》表2.2《清代云南地区水灾次数统计表》，硕士学位论文，云南师范大学，2014年，第13页。

---

① （清）蒋旭修，（清）陈金珏纂：康熙《蒙化府志》卷1《灾祥》，清康熙三十七年（1698）刻本。
② 龙云、卢汉修，周钟岳纂：民国《新纂云南通志》卷18《气象考·水汽》，民国三十八年（1949）铅印本。
③ 中国第一历史档案馆，《清代灾赈档案专题史料》第59盘，第596页。

由表 4 可知，清朝 268 年期间，云南各府厅州县共发生水灾 966 次，平均每年的发生频率接近 4 次左右，尤其是宣统朝和光绪朝达到峰值，其水灾发生的平均值为 22.3 次/年和 9.50 次/年，频次远比清中前期高；其余清代各朝因降雨的历时性不同，故而水灾频次千差万别，由低至高依次为：顺治朝为 0.33 次/年，嘉庆朝为 1.25 次/年，雍正朝为 1.84 次/年，康熙朝为 1.95 次/年，道光朝为 2.53 次/年，乾隆朝为 3.16 次/年，咸丰朝为 3.18 次/年，同治朝为 5.46 次/年。学界对 1711 年至 1982 年间雨季早晚序列的研究表明，雨季开始期年际和代际的波动在长时段上存在明显的变化，"从 18 世纪初雨季开始期逐渐转向偏早，在 1751—1800 年间雨季平均开始期为 6.27 候"[①]。对比不难发现，自乾隆朝之后，云南水灾的频率逐渐升高，这可能与 18 世纪雨季到来较早有一定程度的关联。

云南洪涝灾害的频发与太阳黑子活动周期有较大的关系。自康熙三十九年（1700）以来，太阳黑子有 3 个世纪周期，其峰点分别在乾隆五十年（1785）、光绪元年（1875）和 1965 年，而谷点分别为康熙四十四年（1705）、嘉庆十年（1805）、光绪三十一年（1905），平均周期长度为 95 年。上升阶段分别在 1705—1785 年、1805—1875 年、1905—1965 年，这一期间云南洪涝灾害多干旱灾害少[②]。《云南天气灾害史料》一书将历史时期云南洪涝灾害分为大洪涝灾年和小洪涝灾年两类[③]，统计显示，元大德四年（1300）至 1979 年的 680 年中，出现大洪涝灾年 49 年，小洪涝灾年 84 年。其中，清代 268 年中共发生大洪涝灾年 17 年，分别为：康熙十年（1671）、康熙三十年（1691）、康熙三十三年（1694）、康熙四十六年（1707）、康熙五十二年（1713）、乾隆四十年（1775）、道光三年（1823）、道光十三年（1833）、道光十九年（1839）、咸丰二年（1852）、咸丰七年（1857）、同治十年（1871）、同治十一年（1872）、光绪三年

---

① 杨煜达：《清代云南季风气候与天气灾害研究》，复旦大学出版社 2006 年版，第 70 页。
② 王宇编著：《云南气候变化概论》，气象出版社 1996 年版，第 154 页。
③ 按：大洪涝灾年：一为淫雨月余或数十日；二为尽成泽国、一片汪洋、一望成湖、水深数尺、陆地行船等；三为田禾庐舍淹没，人畜漂溺、大春或小春收成绝望；四为受灾面积在 5000 亩以上。小洪涝灾年：一是大水、大雨、连雨；二是河水涨发，漫堤或决堤、河流泛滥；三是山洪发生、冲淹田庐；四是局部涝或被淹，水深尺余；五是低洼田禾被淹、大雨（水）伤禾、因洪涝禾稼不登或歉收、薄收。参考云南省气象科学研究所编《云南天气灾害史料》，云南省气象科学研究所 1980 年印，第 13 页。

(1877)、光绪十八年（1892）、光绪十九年（1893）及光绪三十一年（1905）[1]。清代云南洪涝灾害的发生具有显著的区域性和局部性的特征，从文献记载的洪涝史实来看，清代云南发生的历次洪涝灾害往往造成河水泛滥、淤压田禾、坍圮房墙、漂失什物，或冲坍城垣，或危及盐井、损毁盐斤，洪涝灾害对云南农业生产以及社会发展产生严重的影响。

云南的洪涝灾害具有普遍性、季节性、区域性、插花性和交替性的特点[2]。事实上，清代云南大水造成的洪涝灾害分布区域差异性较大，除与地形地貌密切相关外，季风气候的强弱及推进时间的早晚也是历次洪涝灾害严重程度各不相同的一个重要因素。杨煜达对1711年至1911年云南雨季早晚序列和雨季的强弱序列进行研究的结果表明，在雨季开始偏早的63年间，雨季降水偏强的年份为34年，偏弱仅有3年；而在雨季开始偏晚的51年间，雨季偏弱的年份达27年，而偏强年份仅为6年[3]。至清朝光宣时期，云南被水成灾的频次更高，洪涝造成的损失更为严重。据文献记载，光绪四年（1878）夏天，云南大理府浪穹县"水灾，淹没田数千亩，详请给恤"。又光绪九年（1883）癸未秋，浪穹县"弥苴河、凤羽河、茨碧湖水先后溃漫为灾"[4]。浪穹县境内江河溪流纵横交错，湖泊星罗棋布，一旦遭遇强降水，过形骤聚，河道宣泄不及，漫决堤坝，很容易引发洪涝灾害，冲刷庄稼，对农业生产来说就是一场浩劫。光绪三十一年（1905），云贵总督丁振铎奏报："窃查云南省城七月初八、九等日大雨倾盆，昼夜不止，臣正深焦灼饬查堤防，初十日午刻忽据报城外金汁、盘龙等河堤同时漫决，势等建瓴，顷刻过肩灭顶，东南两城外数十里民房、田亩概被淹没，并由涵洞溢灌入城，东南隅各街巷亦水深数尺及丈余不等。"[5] 光绪三十一年，云南省城突降大雨，河堤被冲垮，洪水在城内窜流，漫溢于市，房屋受损，亦淹毙少量人口，并淹没附近粮田。尽管官府和民众想方设法

---

① 云南省气象科学研究所编：《云南天气灾害史料》，云南省气象科学研究所1980年印，第4页。
② 谢应齐、黄华秋、赵华柱：《云南洪涝灾害初步研究》，《云南大学学报（自然科学版）》1994年S1期。
③ 杨煜达：《清代云南季风气候与天气灾害研究》，复旦大学出版社2006年版，第161页。
④ （清）罗瀛美修，（清）周沆纂：光绪《浪穹县志略》卷1《天文志·祥异》，清光绪二十九年（1903）刊本。
⑤ （清代）丁振铎：《奏为云南省城猝被水灾现经设法疏消筹款赈抚情形等事》（光绪三十一年九月初二日），中国第一历史档案馆，录副奏折，档号：03-5608-056。

连日疏消积水，洪流渐次退却，但受灾田亩中的禾稻秋收仍旧不容乐观。

光绪九年（1883）夏四月，云南普洱府"磨黑井大水，桥梁倾圮。丽江府大淫雨，十二栏杆地两山对峙，同时崩塌，塞流成潭"①。文献记载，光绪二年（1876）、四年（1878）五月、九年（1883）秋、十八年（1892）秋、三十三年（1907）秋，云南省永北、浪穹、太和、邓川、昭通、罗茨等厅州县所属地方均淫雨冲溃堤埂，淹没田禾，损伤禾稼，秋收损失惨重②。光绪三十一年（1905）夏，昆明"淫雨弥旬，盘龙江堤决，荡民居数百家，是岁大饥"③。此次昆明连续降水长达十余天，导致盘龙江水猛涨，荡析沿岸居民住宅，并造成严重的饥荒。档案记载，光绪三十一年，"据云南东川府知府周暻、会泽县知县王嘉福会禀，县属入秋以后淫雨不止，山水骤发，丰乐里等村民田暨官庄田亩多被冲没，沙石堆积，不易垦复，秋收失望"④。光绪三十一年云南东川府会泽县属地方秋雨密布，山洪冲没田亩，难望收成。清朝光宣时期，云南淫雨为灾多发生在夏秋季节，是为云南季风气候影响降雨最为显著的季节，连续降雨造成的山洪引发泥石流，对农业生产的威胁较大。

据文献记载，清光宣时期云南水灾高发的季节分别是夏季和秋季，且入秋以后的发生频次最高，而冬春季节水灾发生的频率较低。"自然灾害存在着一种复杂的重叠式的机制，类似于医学上说的'并发症'和化学上说的'连锁反应'。规模越大的灾害越缺乏单纯性，越具备'并发症'。"⑤宣统二年（1910）三月，云南巡抚李经羲奏报："再查云南鲁甸厅属东乡二化里等处田亩上年六月被水成灾……臣覆加查核，该厅属东乡二化里等处被灾共田五十二顷三十七亩……。既经该厅委勘查明，确均系十分成灾。"⑥滇东北地区雨季和旱季比较分明，时令即到，降雨便持续不断。宣统元年，昭通府鲁甸厅属地方田亩被水淹没，勘查得成灾分数为十分，可

---

① （清）岑毓英等修，（清）陈灿等纂：光绪《云南通志》卷4《天文志·祥异》，清光绪二十年（1894）刻本。
② 李春龙、江燕点校：《新纂云南通志》（二），云南人民出版社2007年版，第476页。
③ （清）倪惟钦修，陈荣昌等纂：《续修昆明县志》卷7《五行志》，1943年铅字排印本。
④ 《奏报查勘云南会泽县被灾情形分别抚恤及蠲缓钱粮片》（光绪三十一年二月二十八日），中国第一历史档案馆藏，灾赈档案史料专题，档号：01-01556。
⑤ 高建国：《灾害学概说》（续），《农业考古》1986年第2期。
⑥ （清）李经羲：《奏为勘明云南鲁甸厅属被灾田亩免征本年条粮片》（宣统二年三月初九日），中国第一历史档案馆，录副奏折，档号：01-01730。

见大水引发的洪涝灾害比较严重。宣统二年（1910），云南剑川县人赵藩途经昭通盐井渡至豆沙关时记述："峻岭带迴谿，翔高复带低，故知行险处，已怵望中迷，宿雾牛毛雨，盘涡马足泥，乾糠犹负重，满道怆穷黎。"① 昭通地处乌蒙山区，群山起伏，如浩海腾波，山峡谷深陷，登高望远，山中有山，峰外有峰，逶迤连绵，雨季则泥泞不堪。赵藩诗中描述的是昭通地区涝灾致使百姓粮食断绝，觅食艰难，鸿雁哀鸣，甚是凄凉。

西南季风气候对贵州洪涝灾害的影响较大，贵州暴雨的天气尺度影响系统主要有冷锋低槽、南支低槽、低涡切变线以及南海台风四种过程②。"夏季，贵州位于印度低压的东部，夏季风自东南海洋上长驱直入，温高市重。初夏之际，当它与来自北方的冷气流在长江一带相遇，并在长江中下游形成'梅雨锋系'，出现持续性梅雨天气时，省内往往出现较大的降水，有时产生较大的暴雨。这正是省内雨量达一年中最高峰的时期。"③ 据乾隆《贵州通志》记载："黔地窳而土瘠，气沴而候愆，……岚气上蒸肤寸之云即能致雨，故有漏天之号。山高菁深，亏蔽日月，一日之间，乍寒乍暖，百里之内，此燠彼凉。田功三月始犁，四月播种，五月插禾，九十月纳稼。东作稍迟则苗不茂，夏初无雨泽收必歉，入秋有大风则秀不实，谓之青空。农民岁入除正供外，恒不敷食，所赖山坡，旷土难种，杂种燕麦、荞麦、水稗、旱稗之属，以佐饔飧，故民鲜隔岁之蓄，其亦气候使然也。"④ 受区域气候的影响，历史时期贵州农作品种的选取相应地受到自然环境的限制。"在不同的地形、地势影响下，温度的地区差异显著，雨水分布不匀，干旱、冰雹和低温、绵雨以及引起局部洪涝的暴雨等主要农业灾害天气出现次数之多少，范围之大小和危害程度之轻重，各地也不相同。"⑤

贵州洪灾是仅次于干旱的自然灾害之一，正所谓"天灾流行，国家代

---

① （清）赵藩：《向湖村舍诗二集》，云南省水利水电勘测设计研究院编：《云南省历史洪旱灾害史料实录（1911年〈清宣统三年〉以前）》，云南科技出版社2008年版，第309页。
② 罗宁主编：《中国气象灾害大典·贵州卷》，气象出版社2006年版，第67页。
③ 《贵州省农业气候区划》编写组编：《贵州省农业气候区划》，贵州人民出版社1989年版，第11—12页。
④ （清）鄂尔泰、（清）张广泗修，（清）靖道谟、（清）杜诠纂：乾隆《贵州通志》卷1《天文志·气候》，清乾隆六年（1741）刻本。
⑤ 《贵州省农业气候区划》编写组编：《贵州省农业气候区划》，贵州人民出版社1989年版，第2页。

有"①。研究表明，"贵州水灾主要分布于大江大河的沿岸，集中于乌江、赤水河、都柳江、北盘江的中下游地区，以桐梓、铜仁—黎平—贵阳—桐梓四边形内为甚，旱灾分布范围与水灾基本一致，以桐梓—遵义—惠水一线和思南—镇远一线为甚"②。清代贵州洪涝灾害频发（见表5），因大水泛溢导致的洪灾对地方居民生产生活造成严重影响。《清实录》记载，乾隆十年（1745）五月十三、十四等日，贵州贵阳府"大雨连绵，山水骤发，省城地低，溪河宣泄不及，于十五日黎明，水决外城而入，冲去北内外滨河居住兵民六百五十户，淹毙大小男妇一百六十八名"③。道光二十九年（1849）五月初九、初十、十三等日，贵州松桃厅属地方接连阴雨，厅城外溪河漫溢，加之十四日大雨彻夜不断，导致河水在十五日辰刻陡涨五六丈，松桃直隶万同知李秀发、松桃协副将文英禀称："城厢内外被淹男妇走避高阜，人口无伤，城垣坍塌九段……未刻水退，勘得被水铺户、兵民七百九十四户，分别极贫、次贫，捐给口粮。城外冲塌瓦屋九十八间，草屋二十六间，漂没瓦屋五十四间，草屋十四间。城内冲塌瓦屋二十七间，草屋三间。除有力之家自行修补外，其余贫户给银修整。"与此同时，松桃厅属石岘卫千总同大兴禀报："五月初十日，溪水涨发，沿河公田、屯田被水冲刷，沙石壅塞。"又据铜仁府知府王成璐、署铜仁县知县许朴禀称："五月十三、十四连日大雨，河水泛涨，沿河田地被淹，旋即水退涸出，勘明水冲沙淤者不及十分之一二，已酌给工本修复补种。"松桃等府厅县被水乃一隅中之一隅，其中松桃情形稍重，铜仁较轻。贵州巡抚乔用迁奏称："因民瘼攸关，当饬贵东道周作楫驰往各处督同该府万县逐一查勘，妥为抚恤，毋致一夫失所。并查明户口中、房间确数，散放口粮、修费暨公田、屯田、民田实在冲刷若干亩数，能否修复补种，并铜仁等府厅县照例出粜仓谷，以济民食。"④从地方志及档案记载来看，清代贵州水灾发生频繁，水灾肆虐后伴随田亩受损和人员大量伤亡，财产遭受巨大损失，严重影响了社会经济的发展。

---

① （清）万维翰：《荒政琐言·序》，李文海，夏明方主编：《中国荒政全书》（第2辑·第1卷），北京古籍出版社2003年版，第461页。
② 严奇岩：《明清贵州水旱灾害的时空分布及区域特征》，《中国农史》2009年第4期。
③ 《清高宗实录》（四）卷241，乾隆十年五月辛丑条，中华书局1985年影印本，第12册，第115页。
④ （清）乔用迁：《奏为松桃等处被水委员查勘抚恤事》（道光二十九年六月二十二日），中国第一历史档案馆，朱批奏折，档号：04-01-01-0832-056。

表5　　　　清代贵州大水灾害间隔10年发生年次和地次表

时段	年次 水灾	地次 水灾	总计
顺治八年（1651）至顺治十七年（1660）	1	1	2
顺治十八年（1661）至康熙九年（1670）	5	24	29
康熙十年（1671）至康熙十九年（1680）	4	6	10
康熙二十年（1681）至康熙二十九年（1690）	7	9	16
康熙三十年（1691）至康熙三十九年（1700）	6	9	15
康熙四十年（1701）至康熙四十九年（1710）	1	2	3
康熙五十年（1711）至康熙五十九年（1720）	3	3	6
康熙六十年（1721）至雍正八年（1730）	3	6	9
雍正九年（1731）至乾隆五年（1740）	3	10	13
乾隆六年（1741）至乾隆十五年（1750）	9	16	25
乾隆十六年（1751）至乾隆二十五年（1760）	3	3	6
乾隆二十六年（1761）至乾隆三十五年（1770）	0	0	0
乾隆三十六年（1771）至乾隆四十五年（1780）	6	9	15
乾隆四十六年（1781）至乾隆五十五年（1790）	6	8	14
乾隆五十六年（1791）至嘉庆五年（1880）	4	6	10
嘉庆六年（1801）至嘉庆十五年（1810）	5	6	11
嘉庆十六年（1811）至嘉庆二十五年（1820）	4	6	10
道光一年（1821）至道光十年（1830）	6	16	22
道光十一年（1831）至道光二十年（1840）	10	27	37
道光二十一年（1841）至道光三十年（1850）	8	19	27
咸丰元年（1851）至咸丰十年（1860）	4	7	11
咸丰十一年（1861）至同治九年（1870）	6	9	15
同治十年（1871）至光绪六年（1880）	7	26	36
光绪七年（1881）至光绪十六年（1890）	9	21	30
光绪十七年（1891）至光绪二十六年（1900）	7	22	29
光绪二十七年（1901）至宣统二年（1910）	9	21	30
合　计	136	292	/

资料来源：本表源于《明清贵州水旱灾害间隔10年发生年次和地次表》，详见严奇岩《明清贵州水旱灾害的时空分布及区域特征》，《中国农史》2009年第4期。

由表5可知，顺治八年至宣统二年的260年间，贵州共发生水灾136次，平均每年水灾频次为0.52次，几乎每年都有水灾发生。通过对比发现，自嘉道朝以后，贵州水灾发生的频次明显比清中前期较为频繁。同治十年（1871）至光绪六年（1880）、光绪七年（1881）至光绪十六年（1890）、光绪十七年（1891）至光绪二十六年（1900）以及光绪二十七年（1901）至宣统二年（1910）均为水灾频发的时段。贵州在"清末宇宙期"期间水灾频发，可以从相关档案史料的记载中找寻水灾实况。例如，光绪二十三年（1897）贵州巡抚嵩崑奏称："光绪二十二年（1896）八月十二日，据铜仁县知县胡瀛涛禀称，本年七月十六日夜，县属蟠溪沟地方出蛟，二十二日夜黑湾地方又出蛟，所有沿河田亩、房屋均被水冲失，并淹毙人口……又于九月十三日据青溪县知县饶榆龄禀称，县属漏溪屯及挂扣屯地方与铜仁县境毗连，于七月二十二日夜陡发蛟水，将漏溪屯等处田亩冲坏。"[①] 宣统二年（1910）五月初旬，贵州"连日大雨，（贵州）省河山水暴发，镇远府河流陡涨，溺毙居民，冲塌城垣房舍。……惟此次大雨区域颇广，其距省较远及山峡隐僻之处，尤恐多有罹灾，节经分饬查勘。续据禀报，龙里县之余下堡、杂花冲、水落洞等处，近河田房悉被冲刷。清镇县之滥泥箐、上坝、田席关等处，冲没傍河田亩碾房，溺毙过客及住户男女七人。安平县之四家堡一带，冲坏民田一百九十余亩。……黔西州之煤硐场、清水塘两处，山水猛急，涨至十余丈，冲没田房器物，淹毙男女人口多名，灾情较重"[②]。此次贵州水灾波及龙里、清镇、安平、施秉、黔西等州县洪水涨发达三日，受灾面积较广，各州县所属地方在洪水退却后根据灾情轻重对灾民进行适时赈济和拯救。

（三）低温冷冻灾害

低温冷冻灾害主要是来自极地的强冷空气及寒潮侵入，造成连续多日气温下降、使各类作物因自然环境温度过低而遭受严重损伤以致减产的农业气象灾害。云南和贵州自古以来就是一个以农业生产为主的地区，历史时期云贵两省遭受全球和区域气候冷暖变化的影响比较严重，因气候变化

[①] 中国第一历史档案馆，《清代灾赈档案专题史料》第4盘，第909页。
[②] 水利电力部水管司科技司、水利水电科学研究院编：《清代长江流域西南国际河流洪涝档案史料》，中华书局1991年版，第1202页。

导致的系列低温冷冻灾害连岁叠见。农业产业是受气候寒冷变化影响最为敏感的生产领域，气象天气灾害直接影响着清代云贵地区农业生产及农业经济的稳步发展。气候学家研究认为，天气气候每变化1℃，各季作物的成熟级别可相应变化大约一级。根据我国的农业生产经验，每相差一个熟级，产量变化大约为10%。另外，年温普遍升高1℃，农作物冷害的品数将大量的减少①。清朝云贵两省各府厅州县发生低温冷冻灾害频发，主要有低温连阴雨、低温冷害、霜冻和寒潮和雪灾等，并对云贵两省山区、半山区的农业生产及粮食产量形成巨大冲击。

不同的低温变化过程会导致类型各异的低温冷冻害。作物遭受的低温冷冻害一般分为延迟性冷害、障碍性冷害和混合性冷害②。延迟性冷害和障碍性冷害是相互联系的，两种冷害经常会同时影响作物的正常生长发育。出现延迟性冷害时，往往也会在农作物发育的关键时期伴随出现异常低温，并造成障碍性冷害，从而形成混合性冷害。研究表明，常见的年际冷害有四种：一是春季低温阴雨（正值水稻播种期和麦生育后期），会造成水稻烂种、烂秧、死苗，麦则容易因此死亡；二是秋季的低温冷露灾害，此时南方西南季风南退，东北季风开始影响时期到盛行时期，通常称"寒露风"（正值晚稻抽穗扬花期）容易造成空秕率增高或穗型粒型畸劣③；第三类低温冷冻灾害主要是霜冻，是春秋季节转换过程中发生的短暂性降温，并使地表温度降到摄氏零度或更低的现象；第四类低温冻害则是由寒潮来袭造成的大范围剧烈降温、寒风和雨雪天气，从而造成强低温雨冻灾害和雪灾。

"霜冻是指土壤表面和植物表面的温度下降到足以引起植物遭受伤害或者死亡的短时间低温冷害，可伴有霜的出现，即所谓'白霜'。也可无霜出现但有低温天气使作物受到冻害，通常称为'黑霜'，在古代文献中也称'陨霜'。"④霜冻灾害容易造成对植物的损伤，其实质是低温冷害侵袭，但植物受冻害并非低温的直接作用，而主要是因为植物组织中结冰，

---

① 张家诚、林之光：《中国气候》，上海科学技术出版社1985年版，第566页。
② 高懋芳、邱建军、刘三超、覃志豪、王立刚：《我国低温冷冻灾害的发生规律分析》，《中国生态农业学报》2008年第5期。
③ 王业键、黄莹钰：《清代中国气候变迁、自然灾害与粮价的初步考察》，《中国经济史研究》1999年第1期。
④ 罗宁主编：《中国气象灾害大典·贵州卷》，气象出版社2006年版，第230页。

导致植物受到损伤或死亡，从而造成减产①。文献记载，顺治十年（1653）三月朔，云南宜良县"陨霜杀麦"②。康熙四十九年（1710），云南广西府"五月飞霜"③。乾隆八年（1743），宣威州"八月飞霜"④。"16 世纪至 19 世纪中叶为全球气候变冷的一个新阶段，被称为'明清小冰期'。与嘉道时期大致重合的 1791—1850 年，年平均气温较今日低 0.8℃。并且这段时期多次发生较暖期和较冷期急剧转换的波动，造成了降水量极不均匀及奇寒酷暑交替出现的状况。"⑤明清灾害群发期和明清宇宙期的气温转冷这一变化也波及清代云南西部地区。据档案记载，道光元年（1821），云贵总督史致光、云南巡抚革职留任韩克均奏报："据丽江府知府温之诚率同鹤庆州知州庆瑞禀报，该州地方……讵于九月中旬，山内孝廉村等六十四村正值稻谷扬花之际，寒雨严霜，侵伤谷穗，以致秀而不实者居多。逐一查勘，各该村收成止有一二分。"⑥此次丽江寒雨及霜灾致使山区的孝廉等六十四村稻谷受损，谷粒难以饱绽结实，村民粮食收成大减。

迄至清朝光宣朝，云南遭受霜灾的频次甚多，光绪十六年（1890）八月初九、初十日，镇南州"陨霜"⑦。镇南州（今楚雄南华）尚未到霜降时节便严霜突至，使麦、豆等农作物枯死，收成歉薄。光绪十六年正月初九日，宜良县"大霜，豆、麦俱伤"⑧。从文献记载可知，光绪十六年云南滇中一带霜降较早，并导致豆麦等粮食作物减产。光绪十八年（1892）秋，昆明县"陨霜杀禾"⑨。光绪二十三年（1897）八月，云南府"罗次大霜，禾苗被其肃杀，收成极少"⑩。罗茨八月份大霜伤损田禾，并非是霜降造成的灾害，主要是由于农作物叶面凝霜以后，气候又急剧变晴增热，导致退冷过快，农作物遭受损并影响收成。光绪二十四年（1898）二月十

---

① 北京农业大学农业气象专业编：《农业气象学》，科学出版社 1984 年版，第 305—317 页。
② （清）江浚源等纂修：嘉庆《临安府志》卷 10《灾祥》，清光绪八年（1882）补刻本。
③ （清）周采修，（清）李绶等纂：乾隆《广西府志》卷 23《祥异》，清乾隆四年（1739）刻本。
④ （清）刘沛霖修，（清）朱光鼎等纂：道光《宣威州志》卷 5《祥异》，清道光二十四年（1844）刻本。
⑤ 朱浒：《小冰期降临：1791—1850 年中国环境恶化趋势与应对》，《中国社会科学报》2012 年 7 月 11 日，第 A05 版。
⑥ 中国第一历史档案馆，军机处录副档，3 - 169/9799 - 64，63 盘 633。
⑦ （清）李毓兰修，（清）甘孟贤纂：《镇南州志略》卷 1《祥异》，清光绪十八年（1892）刻本。
⑧ 王槐荣、许实等纂修：民国《宜良县志》卷 1《祥异》，1921 年铅印本。
⑨ （清）倪惟钦修，（清）陈荣昌等纂：《续修昆明县志》卷 7《五行志》，1943 年铅字排印本。
⑩ 李春龙、江燕点校：《新纂云南通志》（二），云南人民出版社 2007 年版，第 475 页。

五日，楚雄府属姚州"火霜，伤菽麦过半"①。姚州府地方降下大霜，并伴随有倒春寒，进而导致南豆和麦受损达50%以上。研究认为，"云南霜冻灾害不像其他省份只有早霜和晚霜会造成灾害，其各月均有发生，让人防不胜防，对不同作物均有可能造成很大损害"②。

霜冻亦是贵州常见的农业自然灾害，清代贵州霜冻灾害往往致使喜热性农作物遭受较大的损失。具体而言，贵州霜冻灾害主要有初霜冻和晚霜冻之分。初霜冻，即早霜冻对贪青晚熟作物危害尤重，并对大季出产作物的灌浆造成不良影响，诸如籽粒难以饱满，千粒重下降，进而导致农业大幅减产甚至绝收。终霜冻，即晚霜冻，即主要是在小季作物成熟期、大季作物出苗期，以及果树花期或幼果期造成的作物减产、田禾冻伤、授粉率低或果实受损等危害，其损害远比初霜冻要烈③。文献记载，康熙三十二年（1693）秋七月，贵州"安平陨霜"④。乾隆十二年（1747）四月，贵州省"大定陨霜，杀禾"⑤。乾隆三十三年（1768）四月，"安南县陨霜，杀禾麦"⑥。光绪二十六年（1900）四月，贵州安顺府平坝县"陨霜，加以己亥之歉收，斗米二两至四两，饿死人无数"⑦。从文献记载可知，清代贵州霜灾对田间地头的禾稼伤损最为严重，其危害不可低估。

雪灾是由于长时间大规模量的降雪以致积雪成灾，进而影响人们正常的农业生产和社会生活的一种自然灾害现象。"不同来源的灾害信息，在雪灾灾情确认、观测及等级划定上差异很大，所反映出的雪灾时空格局也有一定的差别，但它们在空间分布上还是有一定的对应性。"⑧云南发生雪

---

① 由云龙总纂：（民国）《姚安县志》，杨成彪主编：《楚雄彝族自治州旧方志全书·姚安卷》（下），云南人民出版社2005年版，第1085页。
② 濮玉慧：《明、清、民国云南霜灾相关史料编年》，《西南古籍研究》（2010年），云南人民出版社2011年版，第395页。
③ 罗宁主编：《中国气象灾害大典·贵州卷》，气象出版社2006年版，第230页。
④ （清）鄂尔泰、（清）张广泗修，（清）靖道谟、（清）杜诠纂：乾隆《贵州通志》卷1《天文志·祥异》，清乾隆六年（1741）刻本。
⑤ （清）黄宅中修，（清）邹汉勋纂：道光《大定府志》卷45《旧事志·纪年》，清道光二十九年（1849）刻本。
⑥ （清）张锳修，（清）邹汉勋纂：咸丰《兴义府志》卷44《大事志·纪年》，清宣统元年（1909）铅印本。
⑦ 江钟岷、蒋希仁修，陈廷棻等纂：《平坝县志》第6册《事变志·灾异》，1932年铅印本。
⑧ 郝璐、王静爱、满苏尔、杨春燕：《中国雪灾时空变化及畜牧业脆弱性分析》，《自然灾害学报》2002年第4期。

灾的地理范围，仅限于元江流域北部，其中以滇东北昭通、曲靖地区出现的频率较高，云南西部的滇西北迪庆州发生频次较多，清代云南大范围的降雪引发的灾害比较严重。康熙二十七年（1688）四月朔，云南大理府鹤庆县"大雪深三尺，伤稼坏屋"①。康熙三十三年（1694）三月，永昌府"大雨雪，永昌城中阴霾数日，寒甚，四山牛畜冻死者无数"②。此次永昌府大雪骤至，造成永昌天气阴冷，大雪导致四山耕牛等牲畜冻毙甚多。乾隆三十九年（1774）三月，嵩明县"雨雪伤麦"③。乾隆四十三年（1778），云南宣威州县"春大雪，深二尺"④。道光十八年（1838）冬十月，云南浪穹县"大雪三昼夜，平地三四尺不等，林木压折无数"⑤。同治五年（1866）十二月，浪穹县"大雪，罗坪山冻毙四十余人"⑥。从文献记载不难发现，清代云南大雪天气主要发生在每年冬季的十月、十二月以及翌年三月和四月，较大雪灾极易造成麦荞等庄稼损坏，积雪厚重则又会导致林木摧折，隆冬严寒往往会造成人口的伤毙。

截至清光宣时期，云南中部、东部、南部等地区皆偶有雨雪天气，局部地区雨雪造成的灾害还比较严重，雨雪天气过程中并伴有强烈的降温，造成部分农作物遭受低温冷冻和雪灾，粮食收成明显减少，并导致民众受饥挨饿。光绪十九年（1893）正月初九日，云南昭通府属"平地雪深数尺，间有红色者，民觅观音粉食之，三楚会馆开粥厂。"⑦云南昭通降大雪，人民粮食断绝，被迫挖掘观音土充饥，三楚会馆开办粥厂施粥赈济饥民。光绪三年（1877）正月初七日，云龙州属地方"大雪，平地尺余"⑧。

---

① （清）范承勋、（清）王继文修，（清）吴自肃、（清）丁炜纂：康熙《云南通志》卷28《灾祥》，清康熙三十年（1691）刻本。

② （清）罗纶修，（清）李文渊纂：康熙《永昌府志》卷23《灾祥》，康熙四十一年（1702）刊本。

③ （清）胡绪昌等修，（清）王沂渊、（清）梁恩明纂：光绪《续修嵩明州志》卷2《灾祥》，清光绪十三年（1887）刻本。

④ （清）刘沛霖修，（清）朱光鼎等纂：道光《宣威州志》卷5《祥异》，清道光二十四年（1844）刻本。

⑤ （清）罗瀛美修，（清）周沆纂：光绪《浪穹县志略》卷1《天文志·祥异》，清光绪二十九年（1903）刻本。

⑥ （清）罗瀛美修，（清）周沆纂：光绪《浪穹县志略》卷1《天文志·祥异》，清光绪二十九年（1903）刻本。

⑦ 符廷铨、杨履乾等纂：民国《昭通志稿》卷12《祥异》，1924年铅印本。

⑧ （清）张德霈等修：光绪《云龙州志》卷2《灾祥》，大理白族自治州白族文化研究所编：《大理丛书·方志篇》（卷10），民族出版社2007年版，第852页。

光绪二十二年（1896）正月初八至九日，云南临安府蒙自县"大雪，深尺许，为数十年来所最厚者"①。滇南蒙自气候较热，正月积雪深数尺，是气候异常变化之故。光绪二十二年（1896）正月初六至初九日，楚雄府姚州所属地方"雨雪三昼夜，伤菽麦"②。历史文献中所记载云南雨雪多为阴历正月，或为突发性降雪，或为持续性雨雪，但由于云南各地方自然地理环境差异较大，因雪成灾的轻重程度各不相同。

历史时期，每当入冬以后，贵州通常会有较大范围的低温、雨雪、冰冻天气发生，冬季北方寒潮的倾巢南下，贵州降雪、降温范围不断扩张，容易对禾稼造成严重的损伤。"降雪是贵州省冬季一种常见天气现象，降雪时气温较低，对某些农作物和畜禽安全越冬可造成一定危害，降雪常与雨凇同时发生，此时被称之为'雪凝'。"③康熙七年（1668），贵州平远府平远州"大雪经旬。始化大雹，荞麦尽坏，米价腾贵"④。雍正五年（1727），威宁州"大雪，深四尺"⑤。乾隆三十七年（1772）十二月，贵阳府定番州"大雪深尺许"⑥。研究认为，霜雪冻灾害概念比较广泛，"凡是因地面气温急剧下降，或因地面气温达到某一较低水平，或因地面有一定积雪而造成的灾害都属于霜雪冻灾害"⑦。霜雪冻灾害以雪灾所造成的损失较为严重，大雪降临导致的灾情主要体现在积雪覆盖所造成的人口和农作物受损两个层面。嘉庆十三年（1808）四月，贵阳府广顺州"朔日大雪，初三日止，早秧俱坏"⑧。道光十三年（1833），安顺府"七月雨雪，伤稼"⑨。咸丰十一年（1861）冬，贵州平越直隶属湄潭县"雪深三四尺，

---

① （清）王锡昌纂修：宣统《续修蒙自县志》卷12《祥异》，1961年上海古籍书店据宣统间稿本影印。
② 卢汉等修，由云龙等纂：《姚安县志》卷12《舆地志》，载林超民、王学君、王水乔主编《西南稀见方志文献》（第36卷），兰州大学出版社2003年版，第180页。
③ 鲍文：《贵州农业气象灾害及其防灾减灾能力建设》，《湖北农业科学》2013年第3期。
④ （清）李云龙修，（清）刘再向纂：乾隆《平远州志》卷15《灾祥》，1964年油印本。
⑤ （清）黄宅中修，（清）邹汉勋纂：道光《大定府志》卷46《旧事志·纪年》，清道光二十九年（1849）刻本。
⑥ （清）年法尧原本，（清）陈惠夫续修，（清）尹石公续纂：民国《定番州志》卷1《大事·灾祥》，1945年铅印本。
⑦ 袁林：《西北灾荒史》，甘肃人民出版社1994年版，第145页。
⑧ （清）金台修，（清）但明伦纂：道光《广顺州志》卷12《杂记》，清道光二十七年（1847）刻本。
⑨ （清）常恩修，（清）邹汉勋等纂：咸丰《安顺府志》卷21《纪事》，清咸丰元年（1851）刻本。

冰厚六七寸，刀斧不能破，行人苦之"①。从文献记载来看，贵州雨雪常见于冬季和次年三、四月份，少数年份有七月下雪的情况，最为严重的即为康熙七年历经十日的大雪，严重积雪冰冻天气导致荞麦收成锐减，并引发物价腾贵，其他各朝雨雪天气过程持续时间并不长。清代贵州间有大雪天气，由于降雪持续时间长短各异、降雪量大小以及气温冷暖变化不同，因而对荞麦和早秧等小春作物和大季禾稼的损伤程度存在较大差别。

冰雹是一种地方性强、季节性明显、持续时间短暂的天气现象。冰雹灾害是在对流性天气控制下，空中的积雨云中凝结生成的冰块从空中降落，进而对社会生产和生活造成损害的灾害现象。冰雹发生的范围小，时间较短，但来势凶猛，强度较大，通常伴有狂风骤雨。冰雹主要危害农业生产，使农作物茎叶和果实遭受损伤，造成农作物减产或绝收。此外，雹灾较严重的时候，往往会造成人口、牲畜、住宅和禽鸟等的伤亡。从月份和季节分布状况来看，清代"雹灾发生主要集中在二至八月，夏季是高发季节"②。据统计，清代296年期间全国共发生雹灾131次，其发生频次次于旱灾、水灾和地震三大自然灾害，位居第4位③。云南地形地貌特殊，使区域小气候系统变化多端。"云南地处低纬高原和青藏高原东南麓，强大的地形作用使得中小尺度天气系统频繁发生。"④清代云贵地区的冰雹灾害具有明显的季节变化特征，进而使不同时间节点的冰雹灾害在空间分布上存在明显的差异性，冰雹灾害的频发，对区域社会生产和发展产生了严重的影响。

山地地形抬升作用造成气流强烈上升运动，以及局部地区性对流天气是形成冰雹的一个重要因素。云贵地区冰雹灾害的形成与山脉走向几乎保持一致，因而遭受冰雹灾害影响的地区，其灾情态势随云贵两省地理单元的分布通常呈现为狭长带状型。研究认为，云贵两省所处的云贵高原地带地形复杂，气候多样，冰雹多，受害重，对农业危害大。云南冰雹的系统

---

① （清）吴宗周修，（清）欧阳曙纂：光绪《湄潭县志》卷1《祥异》，清光绪二十五年（1899）刊本。
② 朱凤祥：《清代雹灾时空分布情态分析——以〈清史稿〉记载为中心的考察》，《商丘师范学院学报》2013年第8期。
③ 邓云特：《中国救荒史》，商务印书馆2011年版，第33页。
④ 李湘、张腾飞、胡娟、鲁韦坤：《云南冰雹灾害的多普勒雷达特征统计及预警指标》，《灾害学》2015年第3期。

路径，主要是东北、西北两条冷空气通道，即云南东部可延伸至文山西畴、马关、麻栗坡等县，西部则可到达保山腾冲、龙陵等县，因受哀牢山、无量山地形阻滞，云南腹内尚有一些地区因山脉走向、冷空气活动路径，以及下垫面的热特性等多重因素的干扰而形成的地方冰雹路径[①]。

清代云贵地区雨雹成灾，文献中不乏有冰雹"大如碗，坚如砖石""大如鸡卵"等相关记载。例如，清顺治六年（1649），云南大理府赵州"雨雹，大如鸡卵，移时深七尺许，屋瓦皆碎，伤稼"[②]。顺治十八年（1661），贵州思南府"雨雹，大风惬木，屋瓦乱飞"[③]。康熙三十一年（1692）四月，云南丽江府属丽江县"雨雹大如拳，人畜多毙，禾麦尽伤。岁大饥"[④]。冰雹灾害除可能会造成人口伤亡、牲畜伤毙、屋宇损毁，并且较大的冰雹灾害发生还通常有大风灾害尾随而至，暴雨洪涝灾害并发。据文献记载，康熙十八年（1679）夏四月，"贵阳大雨雹，中如目睛，损庐舍无算"[⑤]。康熙三十七年（1698）正月，云南寻甸州"大风，吹塌亦郎里民舍数十间。……六月二日，疾风，自东过西，雷雹随之，所经处虫鸟、花蔬皆死"[⑥]。雍正五年（1727）三月，云南晋宁州"大雨雹，由河泊至金砂之南一带村屯田中小麦尽伤，颗粒无收，树木仅存老干，雹十日未消"[⑦]。由于冰雹灾害来临时伴随强劲的大风，甚至有强烈的雷电活动，因此其成灾过程也往往波及人类自身及家畜。

清乾隆元年（1736）六月，兼管贵州巡抚事湖广总督张广泗奏称："据遵义府知府苏霖泓详据仁怀县知县向廷飏报称，县属之二郎土城，旧县三里地方，于三月初七日风雨交加，冰雹骤至，民间所种葫麦、春荞、牲畜等项，多被打损，等情。又据桐梓县知县郑廷飏报称，县属之芦溪、东芝二里地方，于三月初七日夜风、雨、冰雹骤至，所种胡豆、小麦等项

---

① 刘建华主编：《中国气象灾害大典·云南卷》，气象出版社2006年版，第319页。
② （清）范承勋、（清）王继文修，（清）吴自肃、（清）丁炜纂：康熙《云南通志》卷28《灾祥》，清康熙三十年（1691）刻本。
③ （清）鄂尔泰、（清）张广泗修，（清）靖道谟、（清）杜诠纂：乾隆《贵州通志》卷1《天文志·祥异》，清乾隆六年（1741）刻本。
④ （清）管学宣修，（清）万咸燕纂：乾隆《丽江府志略》上卷《图像略·祥异》，民国间抄本。
⑤ （清）卫既齐修，（清）薛载德纂，（清）阎兴邦补修：康熙《贵州通志》卷29《灾祥》，清康熙三十六年（1697）刻本。
⑥ （清）孙世榕纂修：道光《寻甸州志》卷28《祥异》，民国间抄本。
⑦ （清）朱庆椿修，（清）陈金堂纂：道光《晋宁州志》卷11《补遗志·祥异》，1926年铅印本。

多被冰雹打伤，理合呈报等情。"① 乾隆五年（1740），云南"路南州、河西县于八月十四日被雹打坠已经结实熟稻、谷粒各二百余亩，被雹落于田土，每亩约损十分之一二。又宣威州莺歌寨地方同日雨雹，山水陡发，冲损民房九间，计四户在田已刈稻谷冲浸损失"②。康雍乾时期，云贵地区遭受冰雹及暴雨的袭击，农作物受损严重，大风、冰雹以及短时间强降水等强对流天气的发生，皆不同程度地导致各地玉米、稻谷等农作物受灾，使村民财产受损。

清嘉庆朝至光宣朝，频发的冰雹灾害摧毁云贵两省的禾稼，并损坏房屋，人畜伤亡的情况也时常发生。清嘉庆七年（1802）十二月十八日，云南巡抚初彭龄奏称："接据河阳县士民呈诉，该县属盐井沟等处七村地方，于本年八月间猝被风雹，将垂熟秋禾尽被伤坏。"③ 此次冰雹灾害伴随狂风，使秋收禾稼遭受损坏。道光二年（1822），云贵总督降一级留任史致光、云南巡抚革职留任韩克均等奏报，丽江府属之丽江县"梨树等十一村被雹……被灾四百三十户，计大丁一千九百四十三丁口，小丁一千二十六丁口。又东村等八村被雹打伤……请分别蠲缓赈恤"④。根据档案记载，1822年丽江县梨树等11村发生冰雹天气，共造成该村大小人丁2969丁口受灾，此外尚有东村等8村同期遭受雹灾，因灾情严重，云贵督抚向朝廷奏请拨帑赈济。

现代科学研究表明，"冰雹云中强回波的尺度与上升气流密切相关，强回波的水平尺度越大，说明对流发展过程越剧烈，产生降雹的可能性越大"⑤。贵州地处云贵高原东侧，属山区半山区，境内地形复杂多样，是西南地区强对流天气多发的省份之一。"贵州冰雹的发生与500百帕高度上青藏高原及其两侧的低压系统活动有密切关系。"⑥ 清咸丰七年（1857）三月十六日，贵州遵义府正安州"花池坪教匪作乱，大雹，伤贼团练，继

---

① 中国第一历史档案馆，《清代灾赈档案专题史料》第24盘，第882—885页。
② 中国第一历史档案馆，《清代灾赈档案专题史料》第59盘，第173页。
③ 中国第一历史档案馆，军机处录副档，3-32/1727-59，39盘487。
④ 中国第一历史档案馆，军机处录副档，3-169/9828-34，63盘746。
⑤ 尹丽云、徐远、郭荣芬、严华生、许迎杰：《滇中夏季冰雹天气背景及防雹作业时机的分析研究》，《云南大学学报（自然科学版）》2009年第4期。
⑥ 罗宁主编：《中国气象灾害大典·贵州卷》，气象出版社2006年版，第150页。

之贼众遂平"①。同治十二年（1873）秋九月，荔波县"大风、雷、大雨雹，雹大如鸡卵，草木皆折，吹去民仓一个，不知所之"②。云贵地区经济社会发展以传统小农经济为主，在自然灾害的打击下显得尤其脆弱和不堪。光绪三年（1877）三月，"遵义府一带亦苦冰雹伤春熟无算，就中惟蚕茧为尤受其害。盖该处之蚕多蓄于山中青枫林内，最畏冰雹，偶触及死也"③。从文献的记述中足见以家庭为单位的小农经济的脆弱性，自然灾害所造成的创伤会相应地加剧农民的贫困，诸如冰雹灾害突然性和离散式的袭击，其摧枯拉朽式的"魔力"给灾前防御和灾后补救带来极大的困难。

"冰雹是对流云中的一种固态降水物，它是一种严重的自然灾害。"④光绪三年（1877）夏四月，师宗县"大雨雹，损民房、植物、禽鸟无算"⑤。雹灾轻重主要取决于降雹强度、范围以及降雹季节与农作物生长发育的关系。一般分为轻雹灾、中雹灾和重雹灾三级。师宗冰雹致使居所、禾稼受损，禽鸟大量伤亡，足见其雹块之大。光绪四年（1878）夏四月，丽江"大雨雹，积深尺余，月数次。岁大饥"⑥。丽江府属地方冰雹堆积厚达一尺之多，且一月内突降多次，田禾尽被伤损，粮食绝收，造成严重的饥荒。光绪四年（1878）七月十六日，永北直隶厅属"冰雹大作，旧衙坪、白角坝、二关村、南路片甲等处击损田禾、包谷、荞粮无数。是年大饥"⑦。清光宣时期，云贵地区冰雹灾害发生的频次较高，冰雹造成云贵地区局部地区田禾遭受严重损失，尤其是致使秋季粮食收成歉薄，民食维艰，相应地引起市场粮价的腾贵，甚至造成严重的饥荒。

---

① （清）彭焯修，（清）杨德明等纂：光绪《续修正安州志》卷1《天文志·祥异》，清光绪三年（1877）刻本。
② （清）苏忠廷修，（清）李肇同、（清）董成烈纂：光绪《荔波县志》卷1《天文·灾祥》，清光绪元年（1875）抄本。
③ 《黔中雨雹雨纪》，《申报》光绪三年四月十九日（1877年5月31日），第一千五百六十三号，第二页，上海书店1983年影印本，第10册，第493页。
④ 董安祥、张强：《中国冰雹研究的新进展和主要科学问题》，《干旱气象》2004年第3期。
⑤ （清）岑毓英等修，（清）陈灿等纂：光绪《云南通志》卷4《天文志·祥异》，清光绪二十年（1894）刻本。
⑥ （清）岑毓英等，（清）陈灿等纂：光绪《云南通志》卷4《天文志·祥异》，清光绪二十年（1894）刻本。
⑦ （清）叶如桐等修，（清）朱庭珍、（清）周宗洛纂：光绪《续修永北直隶厅志》卷1《祥异》，清光绪三十年（1904）刻本。

（四）大风灾害

风灾往往造成土壤风蚀沙化，对农作物和树木产生机械损害，影响正常的农业活动，对农业设施和地表植被造成破坏，还会为动植物病虫害的传播和污染物的扩散提供动力。另外，在地表植被稀少的地方，风力强劲时还会引发沙尘暴等衍生灾害。云贵地区的风灾多出现在局部小范围区域，主要原因在于大风受地形的影响极大，云贵高原又是以山区半山区为主的省份，因此清代大风天气的形成过程及其所带来的损害相对就较小。顺治六年（1649），临安府宜良县"大风、雷雨，有龙将合抱大树连根拔起，于空中旋舞，坠地有声"[1]。康熙四十九年（1710）十二月初七日，晋宁州"飓风，覆舟于八仙湾，溺死州民男妇三十余人，及远近贸易数十人"[2]。此次晋宁大风掀翻船只，致使数十人丧生，晋宁州吏目陈法纶督派水手打捞沉尸，全部予以殓藏，灾情上闻于省城，云南巡抚吴存礼拨府库帑银二十两分别加以赈济。乾隆二年（1737）六月，贵州总督张广泗奏报，本年三月二十一日戌刻，台拱厅属地方雷雨、冰雹骤至，"且风势甚猛，台拱镇城建设山巅，所有兵民草房并城楼仓廒[3]等项，间有为风吹倒并揭去瓦片者"[4]。乾隆四十三年（1778）十二月，昆明县"昼晦，大风，民居颠仆"[5]。从地方志文献和档案记载来看，云贵地区大风天气多伴随有雷阵雨和冰雹等灾害，三者交互作用，因而对地方农业生产和人民生活产生的危害较大。

就大风灾害的严重程度而言，清代云贵两省风灾多为中度和轻度灾害，除其成灾过程伴随雷雨冰雹之外，风灾本身所造成的危害远比水旱等灾害要小，对云贵两省地方经济发展影响有限，但其潜在风险仍不容忽视。道光二十四年（1844）九月，桐梓县"大风拔树"[6]。光绪九年（1883）六月六日，姚州"东关外黑白赤气旋绕天际，忽作狂风，沙奔石

---

[1] （清）江浚源等纂修：嘉庆《临安府志》卷10《灾祥》，清光绪八年（1882）补刻本。
[2] （清）王克刚修，（清）王枚纂：康熙《昆阳州志》卷1《灾祥》，清康熙五十五年（1716）抄本。
[3] 按："厫"为"廒"的异体字。
[4] 中国科学院地理科学与资源研究所、中国第一历史档案馆编：《清代奏折汇编：农业·环境》，商务印书馆2005年版，第13页。
[5] （清）戴絅孙纂修：道光《昆明县志》卷8《祥异志》，清光绪二十七年（1901）刊本。
[6] 周恭寿修，赵恺、杨恩元纂：民国《续遵义府志》卷13《祥异》，1936年刻本。

走,屋瓦皆飞,市中甕瓿之属吹入天半,良久乃落"①。姚州遭遇狂风袭击,掀起屋瓦,吹走集市盛装东西的器物。光绪十八年(1892)三月二十八日,宁州所属"狂风大作,吹倒城墙数丈,树木无数"②。根据文献记载,清代云贵地区大风多发生在春夏季节,暴风使房屋瓦片或茅草被掀,城墙、屋宇和道旁树木受损,影响的范围较大。光绪三十三年(1907)十一月,贵州巡抚庞鸿书奏报,九月十二日黔西州属"安德里二三甲、瑶平、蒿枝坝各村庄突被烈风,雷雨冰雹交作,居民房屋多被摧塌,压毙居民二人"。经黔西州知州派员驰往察勘,"自州属西南木渣里起,至东南蒿枝坝止,被灾之处约宽三四里不等,计斜长七八里,受伤田谷约十之三四,尚未成灾"③。此次黔西州狂风、雷雨、冰雹交作,尽管风灾冲击到民房和田谷,但其瞬时性强和历时短,因而灾情相对较轻,不致成灾。

二 云贵地区地震灾害风险的时空差异

地壳运动在改变自然地理环境的同时,也深刻形塑着人类社会的生产生活及各个方面,它既是一种自然现象,也是一种社会现象,因而其兼具自然属性和社会经济属性。研究认为,"地质灾害是指在地球的发展演化过程中,由各种自然地质作用和人类活动所形成的灾害性地质事件。地质灾害在时间和空间上的分布及变化规律,既受制于自然环境,又与人类活动有关,后者往往是人类与地质环境相互作用的结果"④。云贵两省所处的云南高原和贵州高原地理环境复杂,是地质灾害最为多发地区,地震、滑坡和泥石流交错并发,并在一定程度上构成了典型的地震—滑坡—泥石流灾害链,并在不同的时空范围内引发系列次生灾害。

地震是地壳快速运动过程中释放能量时造成地面振动的一种自然现象。地震灾害由地震引起地面强烈振动及伴生的地面裂缝和变形,从而使各类建筑物及附属设施瞬间倒塌和损坏,社会公共基础设施损坏,及其他

---

① (清)岑毓英等修,(清)陈灿等纂:光绪《云南通志》卷4《天文志·祥异》,清光绪二十年(1894)刻本。
② 宣统《宁州志》卷4《灾祥》,云南省图书馆据张声永三影斋所藏稿本传抄皮藏。
③ 水利电力部水管司科技司、水利水电科学研究院编:《清代长江流域西南国际河流洪涝档案史料》,中华书局1991年版,第1181页。
④ 潘懋、李铁锋主编:《灾害地质学》,北京大学出版社2002年版,第3页。

生命线工程设施等被破坏。此外,地震还会引起火灾、瘟疫、滑坡、泥石流等次生灾害,从而造成人畜伤亡和财产损失。云贵高原是我国地质灾害多发地区,从清代云贵两省的地方文献和档案所记载的地震灾情来看,云南是地震频发地区,因地震灾害造成的生命和财产损失不计其数,云南地震灾害发生的频次明显高于贵州。

　　云南位于亚欧板块与印度板块的交接地带,"大陆板块之间相互碰撞使云南境内的地壳块体组合与结构,活动构造展布状况与错动性质,地壳应力场方向、强度与作用方式等等都受到外围大区域构造环境与动力作用系统的巨大影响,形成了云南地区地震频发特有的地震活动背景和动力来源。"① 云南历史强震具有成带性、群发性和中强震的随机性,强震具有地域差异性。"云南的破坏性地震主要集中在巧家~东川~嵩明~华宁、峨山~通海和石屏~建水、思茅~普洱、澜沧~耿马、腾冲~龙陵、中甸~剑川~大理、大关~永善、楚雄~南华,以上构成地理分布的集合体就是地震带区。"② 清代云贵地区的地方志文献中,有关地震的记载多用"地震""地动""地微震""地大震""地震山鸣""地震有声""大震有声""地震成灾""地屡震""复震""连震""速震"和"雷震"等词语,不同的词语表述主要是对地震严重程度的描述,但目前用现代科学技术却难以准确测定其震级。"我国通常把小于2.5级的地震叫小地震,2.4—4.7级地震叫有感地震,大于4.5级的地震称为破坏性地震。"③

　　据文献记载,康熙二十七年(1688)九月,云南巡抚石琳疏言:"滇省鹤庆、剑川等处,于本年五月十七、十九、二十等日地震。得旨:'著该抚速发银米,赈济灾民'。"④ 此次地震灾害比较剧烈,造成城垣楼阁损坏,间有官舍和民居坍塌,档案详细记载,地震"压死兵民男妇一百九十三口,压伤兵马一百四十三口,震倒城楼、官署、仓库,并兵民房屋共六千九百四十间零。打坏军器六十七副"⑤。康熙五十二年(1713)二月二日,寻甸、马龙、曲靖、沾益、晋宁、嵩明、路南、昆阳、澄江、新兴、

---

　　① 刘祖荫、苏有锦、秦嘉政、李忠华、张俊伟:《20世纪云南地震活动》,地震出版社2002年版,第20页。
　　② 罗荣联、陈玉茹:《云南历史强震活动图像》,《地震研究》1996年第3期。
　　③ 孙绍聘:《中国救灾制度研究》,商务印书馆2005年版,第9页。
　　④ 《清圣祖实录》卷137,康熙二十七年九月己卯条,中华书局1985年影印本,第5册,第488页。
　　⑤ 户部等衙门题本。

江川、禄劝、罗次、宣威、师宗、广西、姚州、临安等州县同时地震。其中寻甸受灾最为严重，城堞、房屋尽圮，压死多人。① 截至十六日，地复震二日，马龙州一天之内震动二十余次，此次地震起自寻甸，致使易隆、杨林震后城垣、民居尽颓坏殆尽，伤人数百。雍正十一年（1733）八月二日，云南东川府发生强烈地震，震中位于今东川区铜都街道办事处紫牛村一带，"汤丹厂与碧谷相连，震动略相等，厂人累万，厂有街市巷陌，震时可以趋避，伤亡者仅四五人。而入山采矿之嶆硐深入数里，一有动摇，碛雷沙挤，难保其不死亡也。厂数百硐，硐千百砂丁，一硐有七十三尖，尖者各商取矿之路径也。每尖至少不下十四五人，即一硐中而侥幸出者盖少矣"②。此次地震是有史记载以来东川府最强烈的地震，会泽、巧家等地山谷崩裂，河水滥流，压毙人口，灾情甚重。

清乾隆十九年（1754）十二月十二日，云南府易门县"地微震。十六、七日等日大震，地内有声。……坏城垣、衙署、寺观、民房，压毙男妇三百余人。各村受灾轻重不等，惟中普贝土城民居并无立墙"③。经勘查，此次地震使易门县损失惨重，地震还波及石屏县，"易门县城乡，共倒瓦房二千八百四十一间，草房一千二百六十五间；压毙男妇大口一百七十一名口，幼小子女一百名口，压伤大小男妇八十三名口……石屏县共倒瓦房五十七间，草房五百三十二间；压毙大口四十九名口，小口二十五名口，压伤大小口二十二名口"④。此次地震共导致易门和石屏城乡瓦房、草房倒塌二千八百九十八间和一千七百九十七间，压毙大口二百二十名口，小口一百零五名口，压伤一百零三名口。从地震灾害生命损失的时空特征看，此次地震震级较小，造成的人口损伤和财产损失相对有限。道光十三年（1833），云南嵩明发生8级地震，震级大、烈度强，波及范围广。魏祝亭记载："最烈则嵩明之杨林驿，市廛旅馆，尽反而覆诸土中，瞬成平地，核所毙万余口。"⑤ 嵩明地震波及范围达二十万平方千米，最严重处为嵩明、宜良两县。嵩明县城垣倾圮过半，城乡二十座寺庙、亭阁悉皆崩

---

① 龙云、卢汉修，周钟岳纂：民国《新纂云南通志》卷22《地理考·地质》，1949年铅印本。
② （清）崔乃镛纂修：雍正《东川府志》卷2《艺文》，清雍正十三年（1735）刻本。
③ （清）素尔方阿修，（清）董良材纂：《易门县志》卷1《灾祥》，清乾隆四十二年（1777）刊本。
④ 云贵总督硕色等录副奏折，乾隆二十年（1755）四月十二日。
⑤ 云南省地震局编：《云南省地震资料汇编》，地震出版社1988年版，第160页。

塌，永济石桥被震平，聚川桥、专龙桥、镇水桥、锁水桥严重受损。嵩明地震还造成周边县份一同受灾，宜良县城内房屋倾倒十之八九，县西北村邑受灾更重，房屋片瓦不存，庙宇、学宫、书院倒塌损坏，死亡数千人。同期尚有澄江、寻甸、昆明、呈贡、晋宁、路南等州县不同程度受灾。

地震等级大小通常用地震释放的能量来表示。地震释放能量多，震级就大；地震释放能量少，震级则小。震级每相差1.0级，能量相差约30倍。地震灾害造成的损失同地震强度呈正相关，地震强度越大，震灾损失也越大。"地震灾害的损失同震区人口密度、财富密度成正相关，人口、财富密度越高，震灾损失就越大。"①清代官方文献和云南地方志对地震灾害的记载尤为详细，可知这一时期云南地震灾害发生频率较高（见表6）。"历史时期，云南地震灾害的发生已相当频繁，灾情严重。具体言之，其时空分布表现为：自清代迄至民国的近三百年时期，破坏性地震（M≥4.75）主要集中于乾隆时期和民国时期；地理空间分布则主要集中在滇西、滇南一带，滇中次之，即迤西的大理、丽江及其属县地震最为频发，且为灾甚巨。"②清代云南地震灾害频发，对云南社会造成的人口伤亡、建筑物毁坏、地表结构受损，以及对灾黎造成严重的心理创伤，进一步制约了地方社会的发展进程。

表6　　　　　清代云省地震（M≥4）灾害频次统计表

编号	时间	震中位置 北纬（N）	震中位置 东经（E）	震中参考地名及备注	震级（级）	震中烈度（度）
1	1652年7月13日	25.4°	100.5°	弥渡	(6)	九
2	1655年4月17日	24.4°	102.5°	玉溪	(5)	六至七
3	1663年4月	26.1°	99.9°	洱源	(5)	六
4	1670年7月	25.2°	102.2°	罗次南	(5)	七
5	1674年4月	24.5°	103.7°	泸西	(4)	六
6	1677年12月	25.5°	101.3°	姚安	(5)	七
7	1680年9月9日	25.0°	101.5°	楚雄	(6)	八至九

---

① 楼宝棠主编：《中国古今地震灾情汇总》，地震出版社1996年版，第236页。
② 曾桂林：《云南的地震灾害与社会应对：1659—1949》，《中国地质大学学报（社会科学版）》2011年第3期。

续表

编号	时间	震中位置 北纬（N）	震中位置 东经（E）	震中参考地名及备注	震级（级）	震中烈度（度）
8	1688年6月14日	26.5°	99.9°	剑川	(6)	八
9	1692年9月12日	24.5°	103.8°	泸西	(5)	七
10	1701年	25.2°	102.5°	富民	(5)	七
11	1707年春	25.2°	103.1°	嵩明附近	(5)	六
12	1713年2月26日	25.4°	103.2°	寻甸南	(6)	九
13	1722年2月	24.2°	102.4°	峨山	(5)	六
14	1722年3月	25.1°	102.0°	禄丰	(5)	六
15	1725年1月8日	25.1°	103.1°	嵩明、寻甸间	(6)	八
16	1729年8月10日	25.6°	100.3°	凤仪	(5)	六
17	1732年11月	23.7°	102.5°	石屏	(5)	六
18	1733年8月2日	26.2°	103.1°	东川	(7)	十
19	1740年9月	24.1°	102.8°	通海	(5)	六至七
20	1750年9月15日	24.7°	102.9°	澄江	(6)	八
21	1751年5月25日	26.5°	99.9°	剑川	(6)	九
22	1751年	23.7°	102.4°	石屏	(5)	六
23	1754年6月	25.0°	101.5°	楚雄	(5)	六
24	1755年1月27日	24.7°	102.2°	易门东	(6)	八
25	1755年2月8日	23.8°	102.7°	石屏东	(6)	八
26	1757年6月13日	25.0°	98.5°	腾冲	(5)	七
27	1761年5月23日	24.4°	102.5°	玉溪	(6)	八
28	1761年11月3日	24.4°	102.5°	玉溪	(6)	七
29	1763年12月30日	24.3°	102.8°	通海、江川间	(6)	八
30	1781年10月3日	25.9°	101.1°	盐丰	(5)	六
31	1783年	25.6°	103.8°	沾益	(5)	六至七
32	1785年	25.0°	102.8°	腾冲	(5)	六
33	1786年7月	25.0°	98.5°	腾冲	(5)	六
34	1789年6月7日	24.2°	102.8°	通海、华宁间	(6)	九
35	1799年8月27日	23.8°	102.4°	石屏	(6)	八至九
36	1803年2月1日	25.6°	100.6°	祥云、宾川间	(6)	七至八
37	1814年11月24日	23.7°	102.5°	石屏	(6)	七至八
38	1833年9月6日	25.2°	103.0°	嵩明杨林一带	(8)	十一

续表

编号	时间	震中位置 北纬（N）	震中位置 东经（E）	震中参考地名及备注	震级（级）	震中烈度（度）
39	1834年4月11日	24.9°	103.0°	宜良西	(5)	六
40	1839年2月7日	26.1°	99.9°	洱源	(6)	八
41	1839年2月23日	26.1°	99.9°	洱源	(6)	七至八
42	1845年11月3日	26.0°	100.1°	邓川	(5)	七
43	1846年	26.0°	100.1°	邓川	(4)	六
44	1861年	24.3°	102.9°	华宁	(4)	六
45	1862年2月	25.7°	100.1°	大理	(5)	七
46	1863年4月	25.9°	100.1°	邓川	(5)	七
47	1870年7月5日	24.1°	102.0°	新平	(5)	六至七
48	1876年8月5日	25.5°	99.5°	永平	(6)	七至八
49	1876年秋	25.7°	100.1°	大理	(4)	六
50	1877年10月	25.5°	102.4°	武定	(4)	六
51	1878年8月7日	27.7°	100.8°	永宁东	(5)	七
52	1879年11月23日	24.6°	98.7°	龙陵	(5)	六
53	1879年冬	24.4°	103.4°	弥勒	(5)	七
54	1882年1月	24.4°	103.4°	弥勒	(5)	七
55	1884年11月14日	23.0°	101.1°	普洱	(6)	八
56	1887年12月16日	23.7°	102.5°	石屏	(6)	九
57	1890年4月22日	26.5°	99.9°	剑川	(5)	六至七
58	1890年10月6日	27.3°	100.3°	丽江北	(5)	六
59	1893年4月	25.6°	102.4°	禄劝	(5)	六
60	1895年7月11日	25.3°	100.3°	巍山	(4)	五至六
61	1896年2月12日	26.9°	100.2°	丽江	(5)	七
62	1901年	26.0°	100.1°	邓川	(6)	八
63	1902年8月	26.3°	99.9°	剑川南	(5)	七
64	1906年1月7日	26.2°	104.1°	宣威	(5)	七
65	1906年5月	24.6°	98.6°	龙陵	(5)	六至七
66	1909年5月11日	24.4°	103.0°	弥勒	(6)	八
67	1910年春	24.6°	98.6°	龙陵	5	七
68	1911年10月18日	26.5°	103.1°	会泽西北蒙姑、中和村一带	(5)	七

资料来源：顾功叙主编：《中国地震目录》（公元前1831—公元1969年），科学出版社1983年版，第825—829页。

从表6中清代不同时段云南地震灾害的对比可知，清代268年期间云南共发生破坏性地震灾害68次，其中顺治朝2次，康熙朝12次，雍正朝4次，乾隆朝16次，嘉庆朝3次，道光朝6次，咸丰朝1次，同治朝3次，光绪朝18次，宣统朝3次。其中乾隆朝、光绪朝和宣统朝发生的频次最高。就地理位置而言，清代云南破坏性地震灾害主要集中在滇西腾冲、龙陵、丽江、剑川、邓川、洱源、大理、楚雄，滇南玉溪、石屏、弥勒、普洱，滇东北禄劝、东川、会泽、宣威等府厅州县所属地方发生。从学界关于云南地震构造断裂带的研究来看，以上地方位于中甸（今香格里拉）—大理地震带、澜沧—耿马地震带、永善—大关地震带、通海—石屏地震带、思茅（今普洱）—普洱（今宁洱）地震带、腾冲—龙陵地震带、南华—楚雄地震带以及小江地震带等8个云南地震带区，地壳运动比较活跃，地震灾害频发。清末云南地震灾害频繁发生，与中国灾害史专家提出的"在明清宇宙期（1400—1900年），地震进入了一个高水平活动期"[①]的观点相吻合。

云南省地震局专家学者通过对近500年来，特别是20世纪以来地震灾害记录的系统分析，揭示出云南地震灾害的基本特征，一是地震灾害具有空间差异性，红河断裂带以东地区的震灾较以西地区为重；二是地震灾害随着强震平静期、活跃期的交替表现出轻重有别；三是地震灾害因社会经济的快速发展而越发严重[②]。清光宣时期云南地壳运动活跃，地震发生的频次较高，地震强度较大，波及范围广，对地震灾区的农业生产和民众造成了严重的损失与危害。光绪二年（1876）春正月，"他郎地震数次"[③]，地震过后余震比较频繁。光绪二十八年（1902）秋七月，浪穹县"地微震，士登村较重成灾"[④]。尽管震感较小，震源较浅，但致灾仍然严重。光绪二年六月十五日，大理府"永平地大震，损民房无数，易子么寨山崩，陷民居二十余户，伤六十余人。云龙五井地震"[⑤]。永平地震导致民房损坏

[①] 徐道一、李树菁、高建国：《明清宇宙期》，《大自然探索》1984年第4期。
[②] 赵洪声、和宏伟、张立、李晏平：《云南地震灾害特征分析》，《内陆地震》2001年第1期。
[③] （清）岑毓英等修，（清）陈灿等纂：光绪《云南通志》卷4《天文志·祥异》，清光绪二十年（1894）刻本。
[④] （清）罗瀛美修，（清）周沉纂：光绪《浪穹县志略》卷1《天文志·祥异》，清光绪二十九年（1903）刻本。
[⑤] （清）岑毓英等修，（清）陈灿等纂：光绪《云南通志》卷4《天文志·祥异》，清光绪二十年（1894）刻本。

甚多，山体崩裂掉落并摧毁民居，伤及丁口。同时，错落分布于澜沧江支流沘江沿岸的云龙州诺邓井、山井、师井、大井和顺荡井等地方也发生地震灾害，灾情轻重有差。云南思茅、普洱、威远以及新平等地区也是地震灾害屡屡发生的地区，且地震破坏性大，灾情奇重。

据文献记载，清光绪十年（1884年）九月，普洱府属地大震，"先是五月初三东山鸣，九月二十三阴雨弥漫，东西洱河水暴涨，二十七有声自西南来，地大震，山崩坼裂，庙宇、衙署、民居倾圮无数，伤八十余人，毙十七人。是夜大雨，四山吼鸣，西南若有炮声。至十月杪犹时震动，思茅、威远、新平地震"①。普洱地震发生之前，有山鸣谷响、地震如炮响雷鸣的现象。地震过后，普洱府阴雨天气持久，河水涨发满溢，川原坍塌，城楼、公署、民居等建筑倾尽，累及黎民。宣统二年（1910）春，云南龙陵县"地大震，龙江两岸尤甚，山摇水沸，墙屋倾圮者难以枚举。三月乃止"②。1910年，龙陵发生大地震，龙川江沸腾不止，沿江两岸民居多被摧毁，地震灾害非常严重。

从地质构造上看，贵州处于中国第一阶梯的东部与第二阶梯的西部这一不同地质构造的过渡地带，即南岭巨型复杂纬向构造带之北，川滇经向构造带之东，新华夏系③第三隆起带的西南段。从地震带分布上看，贵州处于我国南北地震带南端，局部有中强地震发生，全部为构造地震，属弱震省份④，尤其是与云南相比，清代贵州发生的破坏性地震灾害尤少（见表7）。文献记载，康熙十二年（1673）冬十月十四日，贵阳府"雷震，自午至酉不止"⑤。康熙三十九年（1700）二月，贵州省城"地震"⑥。乾隆二十一年（1756）五月，贵州南笼府安南县"地震"⑦。乾隆二十四年

---

① （清）岑毓英等修，（清）陈灿等纂：光绪《云南通志》卷4《天文志·祥异》，清光绪二十年（1894）刻本。

② 张鉴安、修名传修，寸开泰纂：民国《龙陵县志》卷1《天文志·祥异》，1917年刻本。

③ 中国地质学家李四光认为，新华夏构造体系的主体，是由走向北北东的几条隆起褶带和沉降带构成的，其中最东一条隆起褶带，就是东亚大陆边缘濒太平洋的强烈褶带。构成新华夏构造体系的大、中、小型的褶皱和不同性质的断裂等，主要分布在东亚大陆边缘的海域中和他们以东的弧形列岛上，以及它们以西的大片大陆上。参考李四光《地壳构造与地壳运动》，《中国科学》1973年第4期。

④ 郭金城：《贵州主要活动构造体系与地震》，《贵州科学》1993年第3期，第19页。

⑤ （清）卫既齐修，（清）薛载德纂，（清）阎兴邦补修：康熙《贵州通志》卷29《灾祥》，清康熙三十六年（1697）刻本。

⑥ 《清圣祖实录》卷197，康熙三十九年二月壬辰条，中华书局1985年影印本，第5册，第7页。

⑦ （清）张锳修，（清）邹汉勋纂：咸丰《兴义府志》卷44《大事志·纪年》，清宣统元年（1909）铅印本。

（1759），贵州安南再次发生地震。乾隆三十四年（1769）四月初三日，思南府"地震"①。乾隆五十年（1785）五月初六，黄平州"地震"②。咸丰三年（1853）二月十五日，铜仁府属地方"地震，微有声，约半日震止"③。查阅嘉道时期贵州地方志，尚未发现有关地震的记载。咸丰十年（1860），贵州正安州、瓮安县、普安厅、水城厅、绥阳县等地发生地震，但均无较大的震动和损伤。

表7　　顺治元年（1644）至宣统三年（1911）贵州省4.7级以上地震简表

年份	月份	日	纬度（N）	经度（E）	震级（M）	参考地名
乾隆二十四年（1759）	5	26	26°00′	105°20′	5	晴隆
乾隆五十二年（1787）	5	17	26°50′	104°20′	4.75	威宁
嘉庆十一年（1806）	/	/	/	/	5	威宁
嘉庆十四年（1809）	8	11	28°40′	107°20′	5.75	正安
嘉庆二十四年（1819）	9	14	26°30′	107°12′	6.0—6.75	贵定
嘉庆二十四年（1819）	9	14	26°30′	107°12′	5.75	贵定
咸丰九年（1859）	6	27	26°00′	105°45′	5	关岭与镇宁之间
咸丰十一年（1861）	1	11	28°00′	107°10′	4.75	绥阳
同治十三年（1874）	/	/	/	/	4?	正安
光绪元年（1875）	6	8	25°20′	106°34′	6.5	罗甸
光绪元年（1875）	6	4	/	/	5	关岭
光绪元年（1875）	6	26	/	/	5	黎平
光绪二年（1876）	/	/	/	/	5	瓮安
光绪三年（1877）	7	4	/	/	4.75	绥阳
光绪四年（1878）	6	24	/	/	4.75	绥阳
光绪七年（1881）	7	11	/	/	4.75	兴仁
宣统元年（1909）	5	15	/	/	5.5	威宁与鲁甸交界

资料来源：本表源自于《贵州省1308年—2015年4.7级以上地震简表》，见王彦彦、张贤文、梁操、纪星星、罗祎浩、郝婧、欧品智《贵州破坏性地震研究》，《贵州科学》2017年第3期。

---

① （清）夏修恕等修，（清）萧琯等纂：道光《思南府续志》卷1《天文门·祥异》，清道光二十一年（1841）刻本。
② （清）李台修，（清）王乎铺纂：嘉庆《黄平州志》卷12《轶事志·祥异》，1965年贵州省图书馆据清道光三十年（1850）增补本复制油印本。
③ （清）余上华修，（清）喻勋、（清）胡长松纂：光绪《铜仁府志》卷1《祥异》，民国缩印本。

从表7可知，清代268年期间，贵州共发生4.7级以上地震灾害17次，其中以光绪年间发生的频次最高，光绪朝34年间就发生4.7级以破坏性地震灾害7次，这与清朝末期西南地震断裂带内部地壳运动活跃有关，同时也深受云南地震的影响。文献记载，光绪元年贵州罗甸发生大型破坏性地震灾害，"震级为6.5度，震中烈度为Ⅷ度"①。有关此次地震，任可澄编著的《安顺府志初稿》有详细记载："光绪元年端阳日寅末卯初，忽然地为之震动，及将曙未曙之时，忽然响声大作，地为之颠簸。地将动之先，响声大作，似若水潮，又若风动树声，或如万籁声，自远至近，声既近则地震动。盖大地一动，山泽亦为之震，民房亦为之折。有陈岁朽屋，远年败壁，余亲见为之颠覆矣，此亦一大惊人之事也。后于即月之十三日戌刻，是夕月朗星稀，地复微动，然不甚惊人，越日贞邑阁郡皆知。端阳日之初震而甚，颁刻即停，须臾复动，如是者三次。后询及往来之人，始知全省皆然。"②

从上述地震史料中可以得知，此次烈度较大，几乎整个贵州省都受到地震灾害的影响，可见其震动比较剧烈。关于这次地震的记载，还散见于贵州各地方志，但记载皆较为简略。光绪元年（1875）夏天中节，"桐梓县黎明地震"③。光绪元年（1875）五月初四日庚子晚，贵阳府"地震二次"④；独山州"五月初四日夜半地大震"⑤。五月五日，平远州"地震，初六日潭水浊，逾时即清"⑥；镇宁州"五月初五日卯刻地动三次"⑦；清平县"蒲节地震"⑧；荔波县"夏五月五日卯刻，地动二次"⑨；桐梓县

---

① 罗远模、张晓东、徐祥、欧品智、文薇亚：《1875年6月8日贵州罗甸地震再考证》，《贵州地质》2009年第4期。
② 任可澄编著：《安顺府志初稿·杂志》，贵州省安顺市图书馆藏民国间抄本。
③ 周恭寿修，赵恺等纂：民国《续遵义府志》卷13《祥异》，1936年刻本。
④ （清）罗文彬：《香草园日记》，民国《贵州文献汇刊》（第五期），1937年刊本。
⑤ 王华裔修，艾应芳等纂：《独山县志》卷14《祥异》，1965年油印本。
⑥ （清）黄绍光修，（清）申云根等纂：《平远州续志》卷1《天文志·祥异》，清光绪十六年（1890）刻本。
⑦ （清）李昶元、（清）彭钰等修纂：《镇宁州志》卷1《天文·祥异》，清光绪元年（1875）抄本。
⑧ （清）段荣勋修，（清）孙茂榲纂：《清平县志》，清光绪六年（1880）增补刊本。
⑨ （清）苏忠廷修，（清）李肇同、（清）董成烈纂：《荔波县志》卷1《天文·灾祥》，清光绪元年（1875）抄本。

"五月辛丑五日黎明地震"①。光绪元年（1875）五月，永宁州"地震有声"②。光绪元年（1875）五月，黎平府"府城地震，考棚侧刘姓园地陷数丈、广丈余"③。光绪元年（1875）六月，贵州水城厅"地动"④。光绪初年，贵州清镇"羊昌石坝寨数十里内地动，旋裂二十余丈，深不可测"⑤。由于此次地震因地壳构造断裂及断块运动强弱导致地震活动存在较大差异，因而各府厅州县对地震的感知各不相同。历史时期贵州的地震活动频度和强度在全国居于中等水平，学界根据对贵州地震活动图像的研究，将贵州的地震灾害划分为黔东、黔中、黔西三个不同形态的断块，并揭示出"贵州地震活动似中国南北地震带中南端兴衰而兴衰，且由东向西逐渐增强，这是符合地理空间结构演进的客观规律的"⑥。

三　云贵地区地质灾害风险的时空差异

学界把由气象灾害或气象条件引发和制约的各种自然灾害称为气象衍生灾害⑦，诸如滑坡、泥石流等地质灾害，以及森林病虫害和农作物病虫害等都是气象变异所导致的自然灾变。云南是全国气象衍生灾害发生较为频繁的重灾区之一，历史时期的气象衍生灾害有时比原生灾害的危害更大，因而灾情亦更为严重，危害相应较大。降雨是滑坡、泥石流灾害发生的必备条件，尤其是连绵的阴雨季节更为容易引发山体滑坡，强降雨或大暴雨进而为泥石流灾害的发生提供水动力条件。"云南的滑坡、泥石流等地质灾害80%发生在主汛期的6—8月和后汛期的9—10月。丰水年地质灾害偏重发生，枯水年地质灾害偏轻发生。"⑧贵州的滑坡、泥石流等灾害在发生时间上具有明显的季节性。主要表现为滑坡、泥石流灾害绝大多数出现在4—10月，特别是5—9月为暴雨发生季节，其发生时间与暴雨时段

---

① 李世祚修，犹海龙纂：《桐梓县志》卷1《天文志·祥异》，1929年铅印本。
② （清）沈毓兰、（清）张焕文：《永宁州志》，清光绪二十年（1894）刊本。
③ （清）俞渭修，（清）陈瑜纂：《黎平府志》卷1《天文志·祥异》，清光绪十八年（1892）刻本。
④ （清）陈昌言纂修：《水城厅采访册》卷10《杂类门·祥异》，清光绪二年（1876）抄本。
⑤ 方中等修，龙在深、杨永焘等纂：民国《清镇县志稿》卷12《杂记·祥异》，1948年铅印本。
⑥ 覃子建、罗远模、王继安：《贵州地震活动图像及烈度区划》，《贵州地质》1994年第4期。
⑦ 刘建华主编：《中国气象灾害大典·云南卷》，气象出版社2006年版，第489页。
⑧ 刘建华主编：《中国气象灾害大典·云南卷》，气象出版社2006年版，第490页。

基本一致①。

地质灾害是由于各种地质作用力突破地质环境的承受能力，导致地质环境被破坏，从而对人类生命财产、生存资源与环境产生危害的过程和现象②。在地球内动力、外动力或人为地质动力作用下，地球发生异常能量释放、物质运动、岩石土体变形位移以及环境异常变化等，危害人类生命财产、生活与经济活动或破坏人类赖以生存与发展的资源、环境的现象或过程都属于地质灾害。③ "灾害的发生是一个复杂的过程，一种灾害与其环境之间、各种灾害之间都存在相互联系和相互作用，从而构成不同层次的灾害系统。"④ 清代云贵两省常见的地质灾害较多，诸如崩塌、滑坡、泥石流、地面沉降、地面塌陷、水土流失、土地沙漠化、石漠化以及地震等，都与云南和贵州的地质环境变迁和生态环境变化有着千丝万缕的联系。

"天灾与环境恶化是一种恶性互动关系。生态环境恶化的原因主要来自两个方面：一是自然因素，自然因素包括气候异常、地表物质非正常变化等等；一是人为因素，人为因素主要是滥垦滥伐滥牧所造成的生态系统紊乱、水土流失加剧等等。"⑤ 受云贵高原地质环境、西南季风气候和大气环流的影响，清代云贵地区山体崩塌、滑坡、泥石流及水土流失等地质灾害频发，并给各地的农业生产造成严重影响。"云南地质环境复杂，新构造运动活跃，受其影响形成云南群山起伏、江河深嵌、斜坡高陡的地貌特点。山地面积占全省国土总面积的94%，≥25°的陡坡地面积占全省国土面积的39.3%，大多数斜坡常处于稳定状态，一经触发，极易失稳，为地质灾害频发提供了基础条件。"⑥ 云南和贵州所处的纬度和地形条件整体上决定了两省气候类型多样和降雨的季节性较强，并具有强降雨集中以及局部地区暴雨多发的特点。强降雨是诱发云贵地区地质灾害最为重要的自然因素，降水集中引发的山洪极易导致滑坡、泥石流等地质灾害，使云贵两省广大山区半山区地质灾害的发生具有突发性和群发性。文献记载，顺治

---

① 罗宁主编：《中国气象灾害大典·贵州卷》，气象出版社2006年版，第242页。
② 许武成主编：《灾害地理学》，科学出版社2015年版，第45页。
③ 赵捷、朱丽主编：《灾害地理学》，黄河水利出版社2013年版，第14页。
④ 张建民、宋俭：《灾害历史学》，湖南人民出版社1998年版，第10页。
⑤ 赵玉田：《文明、灾荒与贫困的一种生成机制——历史现象的环境视角》，吉林人民出版社2009年版，第264页。
⑥ 刘建华主编：《中国气象灾害大典·云南卷》，气象出版社2006年版，第489页。

十一年（1654）六月，云南巍山县"大雨七十余日，川原如泽……永春、封川二桥俱皆崩圮"①。康熙二十九年（1690），云南大理府"左清、密底二河桥复为大水冲塌"②。文献中暴雨后洪流将地方桥梁冲毁的记述比比皆是。康熙四十四年（1705），大理赵州"雨，凤山崩塌"③。康熙五十一年（1712）八月，顺宁府东北观音里有居民杨德羡，一日傍晚与邻居话俗事，忽心动自谓我不欲处此，便携片席去高阜岩下坐，人以为怪。许久之后则"雷雨大作，至夜半乃止，山崩左角，杨家男妇数口、房屋、牲畜尽为压覆，一无余者，而斯人独存"④。此次大雨后导致顺宁府观音里山体崩塌，杨姓举家人丁及财产被滑坡掩埋。雍正十一年（1733）六月二十三日，东川府地大震，"山谷崩裂，河水滥流"⑤。东川府发生破坏性地震使山谷崩塌裂陷，并将河流阻断，造成严重的洪灾。乾隆十六年（1751），元江起蛟，"巴迭山崩，合村俱没，南淇河溢"⑥，元江山体崩塌致使整个村庄被淹没，是清代云南最严重的山体滑坡灾害。

"任何灾害的形成都存在致灾因子、脆弱性和适应性、危险的干扰条件及人类的应对和调整能力等方面的因素。脆弱性是灾害形成的根源，致灾因子是灾害形成的必要条件，在同一致灾强度下，灾情随脆弱性的增强而扩大。"⑦ 泥石流灾害的发生，不仅是清代云南地方生态环境急剧变迁的结果，同时也受季风环流和气候降水的严重影响。乾隆八年（1743）十一月，云南总督张允随奏报："昭通府永善县濒江一带于本年七月间大雨连绵，山水泛涨，夹杂沙石，冲压田地、房屋，现已分别赈恤。"⑧ 此次永善县泥石流共造成270亩田地被摧毁，43户共211人受灾。乾隆三十三

---

① （清）蒋旭修，（清）陈金珏纂：康熙《蒙化府志》卷1《灾祥》，清康熙三十七年（1698）刻本。
② （清）傅天祥、（清）李斯佺等修，（清）黄元治等纂：乾隆《大理府志》卷6《城池·桥梁》，清乾隆十一年（1746）刻本。
③ （清）赵淳等纂：乾隆《赵州志》卷3《祥异》，清乾隆元年（1736）刻本。
④ （清）范溥纂修：雍正《顺宁府志》卷9《风俗·轶事》，清雍正三年（1725）刻本。
⑤ （清）崔乃镛纂修：《东川府志》卷1《祥异》，清雍正十三年（1735）刻本。
⑥ （清）阮元等修，（清）王崧、（清）李诚纂：道光《云南通志稿》卷4《天文志·祥异》，清道光十五年（1835）刻本。另参考黄元直修，刘达武纂：民国《元江志稿》卷末《元江历年传》，1922年铅印本。
⑦ 赵捷、朱丽主编：《灾害地理学》，黄河水利出版社2013年版，第7页。
⑧ 《清高宗实录》卷206，乾隆八年十一月己酉条，中华书局1985年影印本，第11册，第648页。

(1768)夏六月，浪穹县"普陀崆白汉涧水发，沙石填河，湖水横流，淹田宅无数"①。发生泥石流堵截河水，洪水泛滥使田亩和民房被淹受灾。乾隆三十八年（1773）六月二十二日，署云贵总督彰宝奏称，据临安府属之嶍峨县、新兴州报告，五月下旬大雨过后，二州县山水骤发，沿河地亩、民居间有被淹之处，"惟近河之二三村庄略有淹漫之处水退涸出，禾稻仍属无碍，其中实被沙土冲压者，约计顷亩，甚属无多。以四乡牵算，将来稍有减收，不及十分之一"②。所幸此次泥石流积压田亩无多，尚未造成较大的粮食减产。

人类社会所有的生产生活活动都是自然生态环境变迁过程中具有能动性的因子之一。"人口的增加，在其他条件不变的情况下，人口增加越多，对生态环境的压力越大；人们不科学不合理的生产活动和经济活动，这是导致某些资源短缺和出现污染的主要原因；人类为了生存和发展的对各种物能的使用、营养源的吸收和对废物的排放，人们的生活方式的科学与否对生态环境影响极大。……在生活水平一定的条件下，人口发展到生态环境自净力的临界点，人口再行增加就会造成人口与生态环境的恶化。就是其他两个原因不变的情况下，单就人口数量的增加也必然造成生态环境恶化的后果。"③ 随着明清时期云贵地区汉族移民的涌入和人口繁衍增加，农业垦殖活动对云贵地区地质环境的破坏程度也越来越大，相应地提高了泥石流灾害发生的频次。

白汉涧发源于云南大理府浪穹县东南之塔盘山，高距河流之右，与巡检司村落对峙。"自涧口至山巅约十五六里，山顶旧有石塔，今圮，仅留一盘，俗名塔盘山。盘下出泉，汪洋成潭，宽丈许，深不盈尺，下即白汉涧。"④ 清代浪穹县白汉涧水患较重，尽管知县林中麟于乾隆十八年（1753）倡议由涧口镇江寺之下砌筑旱坝拦截，沙石于东南山脚坝口直达河流时，河流湍急，沙到坝口，水送沙行，白汉涧得以安澜者数年。至乾隆二十二（1757）、二十三年（1758）后，"塔盘前后诸山渐次开垦，山

---

① （清）罗瀛美修，（清）周沆纂：光绪《浪穹县志略》卷1《天文志·祥异》，清光绪二十九年（1903）刻本。
② 水利电力部水管司、水利水电科学研究院编：《清代珠江韩江洪涝档案史料》，中华书局1988年版，第99页。
③ 张纯元：《新人口论序》，载马寅初《新人口论》，吉林人民出版社1997年版，第8页。
④ （清）樊肇新纂修：道光《浪穹县志》卷4《赋役志·水利》，清道光二十二年（1842）刊本。

无草木障蔽，一经大雨，沙石横下，压毁旱坝，冲塞河身，以致乾隆三十四年（1769）、三十五年（1770）至四十五年（1780）、四十六年（1781）叠次报灾，蠲赈频仍，正供无出，官民受累。清嘉庆十三年（1808）六月初，大雨三昼夜，涧旁被犁之山尽行倾崩，无量之沙水，数仞之巨石，訇訇怒发，竟将旱坝尽推入河，填满河身八十余丈，点水不流，城内及南北两隅俱成泽国"①。自乾隆二十二年（1757）以后，浪穹县塔盘前后诸山渐次得到开垦，山上森林植被遭到严重破坏，水土无法得到有效保持，雨季泥石流灾害较为严重，嘉庆十三年浪穹暴雨使泥沙再次淤积拥堵河道，平畴沃野悉被淹浸，知县聚集千余民夫挑挖沙泥，并劈破山上巨大滚石，方使河道得以疏浚。

清嘉道以后，由于云南山区半山区不断得到开垦，山地生态环境脆弱，不断加剧山地地质灾害的发生频次。道光元年（1821），浪穹县大水，"卧牛山崩，压毙男妇二十一人，民房二十七间"②。浪穹因雨季持续过久，山体滑坡掩埋村民达二十一人，房二十七间。道光十九年（1839）夏，腾越厅属地方"霪雨月余，水泛山崩，多压田亩，连年米贵"③。此次腾越暴雨后山体崩裂，并引发泥石流灾害，泥沙淤积良田，粮食收成遽减，导致粮价腾贵。咸丰九年（1859）七八月间，景东县"大雨如注，四山崩颓，形如流血"④。光绪元年（1875）八月十一日，永北直隶厅"大雨，东山起蛟，清水驿、期纳、土锅村淹毙男女百余人，田地被石堆沙压者数百亩"⑤。此次永北暴雨伴有蛟水陡发，清水驿、期纳、土锅村田地被沙石淤压，人口伤亡更甚。光绪十六年（1890）五月二十二日，云南巡抚谭钧培奏报："南宁县四月下旬连日大雨，河水暴涨，致将柳树等村圩埂冲决，

---

① （清）罗瀛美修，（清）周沆纂：光绪《浪穹县志略》卷4《赋役志·水利》，清光绪二十九年（1903）刻本。
② （清）阮元等修，（清）王崧、（清）李诚纂：道光《云南通志稿》卷4《天文志·祥异》，清道光十五年（1835）刻本。
③ （清）陈宗海修，（清）赵端礼纂：光绪《腾越厅志稿》卷1《天文志·祥异》，清光绪十三年（1887）刊本。
④ 周汝钊修，侯应中纂：民国《景东县志稿》卷1《天文志·灾祥》，1923年石印本。
⑤ 云南省气象科学研究所编：《云南天气灾害史料》，云南省气象科学研究所1980年印，第110页。

田亩、房屋均被淹没。宣威州田亩亦被冲坏。"① 云南巡抚谭钧培奏报南宁县、宣威州属被水筹赈情形后，得到光绪皇帝朱批谕旨"即著饬属认真查勘赈抚。以恤灾黎"②。该年南宁县、宣威州雨季降水集中，洪涝灾害频发，先后将南宁县中东两路柳树等村九圩堤埂先后冲决，圩内居民500余户受灾，圩田新秧被淹没殆尽，淹倒民房200余间；势头凶猛的洪水和泥石流致使宣威州灰洞、大塘等村及本城西门外田地被冲坏700余亩，来宾铺、马街等处被冲坏田地600余亩，已栽秧苗尽被沙石积压③。"在生产力不发达和小农生产方式的条件下，人口数量在也在很大程度上反映了一个区的地理环境。人口数量的变化还可以作为推断历史时期气候变迁、灾害程度和植被分布等方面的重要指标。"④ 云南省的崩塌、滑坡、泥石流灾害强度可分为极强活动区、强活动区、中度活动区和轻度活动区（见表8），在云南高原的地理空间格局上可分为11个活动亚区。

表8　　　　　　　　云南崩塌、滑坡、泥石流活动强度一览

区名及代号	面积（平方千米）	占全省面积（%）	亚区名及代号	亚区面积（平方千米）
Ⅰ极强活动区	34080	8.9	Ⅰ₁德钦北部崩塌极强活动亚区	5520
			Ⅰ₂鸣音、期纳、宾川崩滑流极强活动亚区	11520
			Ⅰ₃绥江、巧家、东川、元谋崩滑流极强活动亚区	14400
			Ⅰ₄盈江、梁河泥石流滑坡极强活动亚区	2640
Ⅱ强活动区	113280	29.5	Ⅱ₁贡山、永平、元阳崩滑流强活动区	99360
			Ⅱ₂盐津、镇雄崩滑流强活动区	13920

---

① （清）谭钧培：《奏报云南省本年四月份雨水粮价情形事》（光绪十六年五月二十二日），中国第一历史档案馆，朱批奏折，档号：04-01-25-0538-037。
② 《清德宗实录》卷286，光绪十六年六月己未条，中华书局1987年影印本，第55册，第814页。
③ 水利电力部水管司、水利水电科学研究院编：《清代珠江韩江洪涝档案史料》，中华书局1988年，第170页。
④ 葛剑雄：《导论、先秦至南北朝时期》，葛剑雄：《中国人口史》，复旦大学出版社2002年版，第27页。

续表

			Ⅲ₁潞西、景谷崩滑流中度活动亚区	76320
Ⅲ	100800	26.3	Ⅲ₂昭通、宣威崩滑流中度活动亚区	17280
			Ⅲ₃罗平、师宗滑坡中度活动亚区	7200
Ⅳ 轻度活动区	135840	35.4	Ⅳ₁孟连、景洪滑坡泥石流轻度活动亚区	31200
			Ⅳ₂大姚、昆明、砚山崩滑流轻度活动亚区	104640

资料来源：刘建华主编：《中国气象灾害大典·云南卷》，气象出版社2006年版，第490页。

从表8可知，云南崩塌、滑坡、泥石流等灾害主要集中在滇中、滇西北、滇东北、滇南的山区半山区，各崩塌、滑坡、泥石流区域活动强度的时空变化幅度与区域地质环境和气候变异息息相关。云南地质灾害的重点危害区分别为滇西北和滇东北两个高山峡谷地带，全省地质灾害的类型除地面沉降外，其余各类地质灾害的动态演变主要受强降雨、地震及人类活动等频变因素的干扰和控制。事实上，自乾隆嘉庆朝以后，云南山区半山区的土地已得到大面积开垦，山地有限的零星地土开发空间已接近临界点，水土条件的时空差异较大，"大量移民进入屯垦，玉米、马铃薯等高产农作物广泛引种，人烟稀少的山区半山区得到了深入开发，大量山地出现了严重的水土流失，泥石流、水利淤塞等环境灾害频繁爆发"[①]。相关文献和档案记载中的崩塌、滑坡、泥石流等灾害发生点，整体上呈现出与上表所划定的云南全境崩塌、滑坡、泥石流极强活动区、强活动区、中度活动区、轻度活动区及其相对应的亚区保持高度一致。

贵州省地处我国二级阶梯的云贵高原东部，由于其特有的地质背景，地质灾害频发。贵州省滑坡主要分布在乌江流域上游的毕节地区和南、北盘江流域中上游地区的六盘水市和黔西南州，其次为遵义、铜仁两地市。泥石流主要分布在东部雷公山地区和南部南、北盘江流域以及西部乌江流域上游、赤水河流域[②]。明清以来，汉人移民及卫所驻军在贵州屯垦面积不断扩大，美洲高产作物的引进和在山区半山区地推广种植，导致大量的森林植被让位于玉米、马铃薯等作物，急剧增加的人口不断向山要地要粮，山区半山区的生态环境承载力持续削弱，为暴雨期间泥石流灾害的发

---

① 周琼、李梅：《清代云南生态环境与瘴气区域变迁初探》，《史学集刊》2008年第3期。
② 罗宁主编：《中国气象灾害大典·贵州卷》，气象出版社2006年版，第242页。

生埋下了隐患。从地质条件来看，贵州省特有的地理、地质、气候、水文条件，多重自然地理环境因素的作用使贵州地质环境脆弱化，因而地质灾害易发和高发，并且具有"灾种齐全，灾害严重，隐患多广，发生频繁"的特点①。"地质灾害除了受地形地貌、地质、气候等多种自然条件控制外，还受人类活动及社会经济条件的影响。这两方面因素共同决定了地质灾害的类型、发育程度、活动规律及其危害程度。"②

清朝初期，贵州面临"田土荒芜、财政日绌"的困境，顺治十五年（1658），贵州道御史李秀奏称："丞以为劝垦荒田之典不可不隆。其州县土民暨现任文武各官并闲废缙绅，有能捐资开垦者，请饬部从优分别按职升用，则不烦帑金之费，而坐收额课之盈。"③ 由于贵州地贫民穷，因而更多的荒山田土只能让有产者大肆垦殖，这一激进的土地开垦办法，尽管一定时期内使财政收入得到增加，但大规模向山要地毫无疑问加剧了清中后期广大山区水土流失的频次。迨至顺治十八年（1661），户部允准云南、贵州总督赵廷臣条奏："滇黔田土荒芜、当亟开垦。将有主荒田，令本主开垦；无主荒田，招民垦种。俱三年起科。该州县给以印票，永为己业。其滇省冲路残黎，如杨林、永昌等处。请将顺治十七年本省秋粮，借贷为春种之需。"④ 顺治朝贵州土地所有权的初步确定和起科年限的渐进式调整，为清中后期土地开垦政策的制定和完善奠定了前提，同时也为更多田土的垦殖提供了条件。

清乾隆六年（1741），户部议准署贵州总督、云南巡抚张允随所奏："黔省地鲜平畴，凡山头地角、零星地土及山石搀杂，工多获少，或依山傍岭，虽成丘段而土浅力薄，须间年休息者，悉听夷民垦种，永免升科。至有水可引，力能垦田一亩以上，照水田例，六年升科，不及一亩者，亦免升科。无水可引，地稍平衍，或垦为土，或垦为干田，二亩以上，照旱

---

① 杜雪明、王联军、原振雷：《贵州省地质灾害诱因分析》，《中国矿业》2014 年第 S2 期。
② 国土资源部地质环境司、宣传教育中心编：《中国地质灾害与防治》，地质出版社 2003 年版，第 52 页。
③ 《清世祖实录》卷 121，顺治十五年冬十月癸巳条，中华书局 1985 年影印本，第 3 册，第 939 页。
④ 《清世祖实录》卷 1，顺治十八年二月乙未条，中华书局 1985 年影印本，第 4 册，第 49—50 页。

田例十年升科，不及二亩者亦免升科。"① 根据《清实录》有关贵州乾隆年间土地开垦的记载可知，这一时期贵州地区可供垦殖的土地已经大为减少，仅有局部地区的零星地土有待开垦，且规模较小，因而统治者制定开垦水田一亩之内、旱地两亩之内的免税政策，以激发地方民众前往开垦的积极性。

需要指出的是，自明代移民进入贵州迄至清乾隆时期，贵州生齿日繁，户口殷实，人口的持续增加使劳动力锐增，因而土地的开垦从主要的交通要道沿线逐渐向少数民族聚居地区拓展，土地的开垦和玉米、马铃薯等高产作物的种植滋养更多生民的同时，加之矿业的开采和鼓铸，使大量的山区半山区植被遭到破坏，加剧了区域生态环境的恶化，进而使得清代贵州滑坡、泥石流等地质灾害频繁发生。

贵州境内73%的面积为风化严重的喀斯特岩溶地貌所覆盖，全省岩溶地区的土层十分浅薄，是滑坡、泥石流、崩塌等地质灾害的多发省份之一②。历史时期以来，贵州境内的滑坡、泥石流等灾害往往与气象灾害同步出现，不同种类的灾害同步叠加造成多灾并发，相继扩大了灾害的易损性和严重性。"灾次多少、规模大小、灾情轻重是评估一个地区一定时期内灾害的三个主要指标，它们分别从一个方面量定灾害的等级。规模大小、灾情轻重又是量化单次灾害的主要指标。"③ 文献记载，清顺治七年（1650）九月，遵义府"大水，山石崩裂"，康熙十七年（1678）遵义又涨发大水，"坏民居，田四千余亩，各里汙④没无算"⑤。乾隆五十一年（1786）六月十八日，仁怀厅"河西里山崩，覆田百余亩"⑥。此次仁怀泥石流灾害是由五月六日河西里发生地震引起的，因而山体崩塌覆压粮田面积较广。区域降水对地质灾害的影响主要体现在降水集中阶段，其间是滑

---

① 《清高宗实录》卷150，乾隆六年九月壬申条，中华书局1985年影印本，第10册，第1155页。
② 罗宁主编：《中国气象灾害大典·贵州卷》，气象出版社2006年版，第242页。
③ 张建民、宋俭：《灾害历史学》，湖南人民出版社1998年版，第98页。
④ 按："汙"同"污"。
⑤ （清）平翰等修，（清）郑珍、（清）莫友芝纂：道光《遵义府志》卷21《祥异》，清光绪十八年（1892）刻本。
⑥ （清）张正奎修，（清）王椿纂：光绪《增修仁怀厅志》卷6《祥异》，清光绪二十八年（1902）刻本。

坡和泥石流等地质灾害多发时段，暴雨、大暴雨极易引发滑坡和泥石流，"大雨大滑，小雨小滑，无雨不滑"①是贵州滑坡的真实写照。

"人类对地质灾害活动具有双重效应，一方面通过保护资源、改善自然环境、防治灾害等途径，削弱或遏制地质灾害活动，减轻地质灾害破坏损失；另一方面，由于过度开发资源和肆意破坏地质环境，而促使地质灾害活动加剧，破坏损失增长。"②嘉庆十二年（1807）十月初八日，贵州巡抚福庆奏称，据印江县知县具禀，该县七月二十一至二十四日连降大雨，山水陡发，印江河漫溢，冲坏沿河兵民房屋，并田禾苗稻。该知县于水势稍退后亲诣沿河一带查勘，实有"城外滨河汛官衙署墙壁全行冲去，兵民房屋计被水全冲者二十户，仅冲去墙壁者十六户，田禾苗稻全被水淹沙压者约十分之四"③。档案记载，此次印江暴雨倾注后印江河水涨发，沿大河村庄甲山、普同、新寨、中寨、崖底、中州、夫子坝，沿小河村庄峨岭寨、上下桶溪、两河口、上下洞凯、塘板溪等处，近河田稻亦被山水和泥沙淹浸。强劲的洪流冲没滨河营署、塘汛、民舍共计二十户，有十六户墙壁被冲倒墙，泥石流积压田禾收者十居四五，约计五百余亩，并荡析东南大石桥两座，印江大小河沿岸各村庄田亩被冲塌无收者约计二百数十亩，足见此次泥石流流量大和破坏力极强，使粮食收成及其他财产损失巨大。

贵州是典型的喀斯特山区，岩溶地貌占全省土地总面积的73%，广大山区半山区土层瘠薄，暴雨之后地表径流来势猛烈，造成严重水土流失。水土流失属于累进型地质灾害，其危害主要有土地资源贫瘠，人工施肥流失，江河泥沙淤积，良田沃野被沙石掩埋等④。清道光六年（1826）八月二十六日，贵州巡抚嵩溥奏报，松桃厅等处被水，委员勘不成灾，分别抚恤办理。嗣据松桃厅知州禀报，该厅属地方于本年六月初二日酉时雷雨大作，至初三日卯时方止。由于连续性降雨，山水涨发，河道漫流，厅城东门居民房屋被水浸深三四尺不等，"汪贵等七户草房各一间俱被冲倒，松

---

① 吕刚：《贵州重大地质灾害及影响因素分析》，《贵州地质》2016年第2期。
② 国土资源部地质环境司、宣传教育中心编：《中国地质灾害与防治》，地质出版社2003年版。
③ 中国第一历史档案馆，军机处录副档，3-38/2120-69，54盘1018。
④ 罗宁主编：《中国气象灾害大典·贵州卷》，气象出版社2006年版，第3页。

桃协演武厅后营房五间亦被冲倒，未刻漫水稍退。距厅城八十里所辖石岘卫同时被水，冲塌石岘汛城垣五段，低洼公田一百四十三亩，屯田五百五十四亩，概被水冲沙压"。同期遭受洪涝和泥石流灾害的还有铜仁府，由于铜仁地方六月初二日至初五日连降大雨，"铜仁县属之桃映、瓮兴、溶寨、龙鱼四乡，山溪水涨，河流宣泄不及，刘上朝等二十八户沿河低田间被冲塌沙压，谢东旭等八户沿河住处极低，被淹瓦房十五间，草房六间"①。道光六年（1826），松桃厅和铜仁府属地方发生的泥石流大多伴随山区洪水而发生，因各自都携带相当数量的泥土、沙石等固体碎屑物，洪水蔓延，泥沙俱下，淹没粮田禾稻，冲倒城垣屋宇，危及松桃和铜仁所属地方民众的生业。

贵州喀斯特山区是一个相对独特的地域环境单元，为典型的生态脆弱区和易损区，土壤侵蚀及地力退化严重，从根本上危及贵州地方民众的生存环境②。明永乐十一年（1413），明朝政府设置贵州承宣布政使，正式建制为省，以贵州为省名。自此之后，明朝中央政府针对贵州地处边远、山高路险、穷乡僻壤、运粮艰难的情况，积极倡导"移民就宽乡"和大兴屯田，不断鼓励大批量的人口从狭区前往宽乡垦荒种植，尤其是军屯、民屯和商屯将中原农耕技术引入贵州，推广牛耕，兴建水利，引种美洲高产作物，使广阔的山区半山区得到垦种。明清"改土归流"消除了诸如黔东南等少数民族聚居的中心地带的大规模独立存在，原先土司统辖地方"蛮不出境，汉不入峒"的禁令被打破，王朝对土司地区所谓的"生界"地方贯彻"以其故俗治"的方针，多在土司机构中增设流官吏目"佐之"，强化了广大土司地区对中原汉文化及国家的认同，在中原与边疆的互动交流中，内地铁器、牛耕等先进技术以及玉米、马铃薯等作物在黔省少数民族地区得到推广和种植，相继加大了对土司统辖地区山地的垦种力度。据乾隆朝云贵总督爱必达记载："每丁认锄一把，每锄每年租钱数百文不等。客民自认租钱，任意择地而种，穷一人之力，遍山垦挖。此处利厚于彼，

---

① 中国第一历史档案馆，军机处录副档，3-169/9925-43，64盘0552。
② 苏维词：《贵州喀斯特山区的土壤侵蚀性退化及其防治》，《中国岩溶》2001年第3期。

即舍彼而就此，随地搭棚居住，迁徙靡有定处。"① 此即为广大移民进入黔省后在政府政策诱导下肆意垦种的真实景象，如安平县伐木山因垦种使茂密植被遭到毁灭，"山高而广，林深木蔚，斧声终日不绝。今皆垦种包谷，不闻叮叮之声，盖十数年于兹矣"②。清代安平县无节制地移民和毁林开荒，斧斤频入山林对原生态环境的破坏和影响是显而易见的。

　　清代大规模的移民垦殖使贵州广大山区半山区深茂的灌木丛以及森林植被遭到毁灭性的摧毁，林地或荒地被开垦为耕地，田土面积急剧增加，赋税收入基本得以保证。但贵州主要交通干线和深山箐头以喀斯特岩溶地貌为主，石灰岩表层土质偏薄，毁林及玉米和马铃薯的规模化种植进一步加剧了被垦殖地带土层的松动，一遇暴雨极易造成水土流失。"玉米、马铃薯的大量种植，并向中高山推进后，高于25度的陡坡上垦殖，造成农业生态的破坏，水土流失加大，土壤肥力递减，使种植业的产出越来越少。"③ "贵州种植玉米极易造成地表土壤的流失，在喀斯特地区形成程度不一的石漠化景观。"④ 据《大定府志》中的《覆奏汉奸盘剥苗民疏》一文记载："黔省固多客民，兴义府有其渊薮，自嘉庆年间平定苗匪之后，地旷人稀，每有黔省下游及四川、湖广客民携眷而来租垦荒山，俱系极贫之户，终岁竭蹶，仅足糊口，其力不能盘剥苗人，且山土瘠薄，垦种三二年后，雨水冲刷，倍形硗确，仍复迁徙他往。又他省客民，往来滇粤两省，每由兴义经过，中途资斧匮乏，留滞乡场城市者，亦复不少。前抚臣嵩溥折内已详陈之。自臣长龄到黔以来，兴义各属，已无不垦之山，而四川客民及本省遵义、思南等处之人，仍多搬往，终岁络绎不绝，亦尝出示饬属严禁而不能止。"⑤ 从史料记述可知，黔省客民主要聚集居住在兴义府，乾嘉苗民起义使土地抛荒，因而招徕川湘黔客民到荒山垦种，原本坚

---

　　① (清)爱必达、(清)罗绕典：《黔南识略·黔南职方纪略》，贵州人民出版社1992年版，第326页。
　　② (清)刘祖宪纂修：道光《安平县志》卷2《地理志·山水》，道光七年(1827)刻本。
　　③ 蓝勇：《明清美洲农作物引进对亚热带山地结构性贫困形成的影响》，《中国农史》2001年第4期。
　　④ 韩昭庆：《清中叶至民国玉米种植与贵州石漠化变迁的关系》，《复旦学报(社会科学版)》2015年第4期。
　　⑤ (清)黄宅中修，(清)邹汉勋纂：道光《大定府志》卷51《文征·疏》，清道光二十九年(1849)刻本。

硬贫瘠的土地遭到垦复后石漠化严重，并造成水土流失。

明清时期，贵州山区半山区的较大规模的垦殖和开矿冶炼，使森林植被砍伐殆尽，水土流失的脆弱性和不可抗逆性愈加明显。"农业的发展在养育了具有多源一体特征的中华文明的同时，也使中国的水土流失不断加剧。"① 清咸丰三年（1853）七月二十九日，贵州巡抚蒋蔚远奏称，松桃厅五月中旬阴雨不止，河流泛涨，平地积水数尺至丈余不等，松桃厅被水居民三百四十八户内，有极贫者大小九十二名，次贫者大小六十八名，洪水冲坍瓦房三十四间，草房六十四间。因乜江洞住民冉裕秋等六户所居地势较低，洪流淹毙男女大小十三名口，所幸水即稍退，禾苗无伤，"田亩间有沙泥淤积，早已挑浚补种杂粮"②。思州府玉屏县被水居民达四百八十八户，人口田禾俱无损伤，沙压田土业已挑浚，次第补种杂粮，复业在望。光绪二十三年（1897）九月四日，贵州巡抚王毓藻奏称，本年四、五、六、七等月婺川县、镇远县、黄平州、施秉县、青溪县、都匀县、仁怀县、桐梓县、独山州、古州、都江等地雷雨飞腾，山崩蛟涌，洪涛发生，冲激为灾，"蛟水之挟石砾，泥沙填坏粮亩，被灾甚重"③。"水土流失或石漠化等级的变化并不一定呈现相应等级的石漠化或水土流失等级的变化，石漠化的发生与生态恢复存在滞后性。"④ 清道光朝，贵州思南府郭石渠《请豁无田之粮以厚民生疏》记载："黔省地方土壤瘠薄，山多田少，有稻田必系依山傍溪，相水开垦成田之后，升科征粮，此定例也。然山田硗确，易于变更，每因春夏之交大雨骤集，山峻水陡，土裂石流，或将熟田壅塞变为沙石者有之，或将堰沟冲坍阻其水源者有之。既阻水源，水田即变为山土，只堪种以杂粮。"⑤ 贵州喀斯特岩溶地区因清代移民垦殖力度的加大，使原生地表植被遭受破坏，土层剥离和基岩裸露，石漠化的大面

---

① 方修琦、章文波、魏本勇、胡玲：《中国水土流失的历史演变》，《水土保持通报》2008年第1期。
② 水利电力部水管司科技司、水利水电科学研究院编：《清代长江流域西南国际河流洪涝档案史料》，中华书局1991年版，第906页。
③ 中国第一历史档案馆，《清代灾赈档案专题史料》第24盘，第74页。
④ 刘发勇、熊康宁、兰安军、詹奉丽、犹珀玉、艾玉：《贵州省喀斯特石漠化与水土流失空间相关分析》，《水土保持研究》2015年第6期。
⑤（清）夏修恕等修，（清）萧琯等纂：道光《思南府续志》卷10《艺文门·疏》，清道光二十一年（1841）刻本。

积存在充分表明了清代水土流失的严重性，不同时空尺度下的气候环流降雨使水土流失与石漠化的响应因子之间的交互作用和耦合关系更为复杂多样。

四 云贵地区疫疾灾害风险的时空差异

疫疾灾害在中国历史上早有记载，疫疾在一年四季都有可能发生，且流行猖獗，传播比较迅速，波及范围广泛，死亡率很高，对人类社会的影响特别大。根据《医学入门》记载："疫疾如有鬼，疠相似，故曰疫疠，又曰时气。春应暖而反清，夏应热而反凉，秋应凉而反大热，冬应寒而反大温，非其时而有其气。凡有感者，即发头疼身痛寒热，一方长幼病，皆相似。"① 疫疾具有强烈的传染性，可造成疾病长期和大面积的流行和传播。清代以来，云贵两省所处的云贵高原即是疫疾灾害频繁发生的区域，尤其是云南的疫疠传播和流行时间较长，波及和覆盖的范围宽广，因而疫灾所造成的社会影响比较大。"环境因素的变动是环境性疾病发生和流行的主要原动力，而生态环境的变迁则受到自然环境和社会环境双重影响；环境疾病与自然环境间存在着既彼此制约，又彼此推动的互动关系。"② 从有关清代云贵地区疫疾灾害的记述可知，除战争、饥荒等因素影响外，不同时空范围内的疫疾流行与其周遭的环境有着密切的联系。具体而言，清代云贵地区历次疫疾灾害的发生，并非是孤立地存在的，而是与自然环境和社会环境共同组成的有机整体形成一个灾害系统网络，疫灾与环境的交织关系主要体现为疫疾带对区域气候变化敏感，与自然灾害所导致的整体社会结构的失衡，以及同人类本身对疫灾的认知程度和差异形成相互制约的关系。

清代云南各府疫灾发生频次高（见表9），云南疫疾灾害的文献记载较早见于康熙十八年（1679），云南广西府"瘟疫大行，遍及牲畜，倒毙几尽"。康熙二十一年（1682），广西府"瘟疫大行"。康熙三十九年

---

① （明）李梴：《医学入门》卷3《伤寒》，田代华、金丽、何永点校，天津科学技术出版社1999年版，第610页。

② 刘雪松：《清代云南鼠疫流行区域变迁的环境与民族因素初探》，《原生态民族文化学刊》2011年第4期。

(1700),广西府"人民、牲畜瘟疫大行"①。广西府属疫疠灾害连年流行,对地方生民的社会生计造成了重创。乾隆朝,时在云南任职的吴大勋详细地记录了丽江府属地方疫疾灾害的流行状况,乾隆四十二年(1777),云南"丽江起一疫症,甚奇。人身上忽生一二疙瘩,头疼发热,或一日或两三日即死,不知名为何症,死者相续。余(吴大勋)时在省办公,家君在署,为召医生设药局以治之,建醮坛以禳之,久之渐息。而夷俗,一人有病,举家逃避,惧缠染也。虽夫妻、父子不相顾,以至村落为墟,市肆乏人。家君乃传绅士约保劝谕之,并嘱邑令严为示禁。学博杨君署有一仆染此症,呼其弟来署看视,仅于墙外唤问,不敢进门内。讵杨亲为照料医治并无恙,仆亦竟愈。更有异者,此症并及虫豸,丽城多鼠,而其时疫死殆尽,猫捕鼠亦毙"②。乾隆四十二年,丽江流行疫疾灾害,感染者往往头痛、发热、身上长疙瘩,不日即亡,死者甚重。染疾者抵抗力极弱,常被隔离居住,即使父子、夫妻也避之不及,村落荒落凋敝,市场无人问津。此次疫灾的发生,连老鼠都被疫疾传染而死绝,即使猫捕捉到老鼠也被传染致死,疫情及其致灾极为严重。

表9　　　　　　　清代云南各府疫灾发生频次统计表

年代	地区分布 (府、厅、直隶州)	疫灾的种类及发生次数(次)			
		大疫	瘟疫	时疫	疫
康熙元年(1662)至 乾隆六十年(1795)	云南府	1	1	0	0
	曲靖府	2	0	0	0
	澄江府	1	0	0	1
	顺宁府	1	0	0	0
	丽江府	3	0	0	0
	楚雄府	1	0	0	0
	广西府(直隶州)	1	2	0	1
合　计		10	3	0	2

---

①（清）赵弘任修:康熙《纂修广西府志》卷10《征异志·灾祥》,云南省图书馆据北京图书馆馆藏清康熙五十三年(1714)钞本传抄庋藏。

②（清）吴大勋:《滇南见闻录》上卷《天部·疫症》,载方国瑜主编《云南史料丛刊》(第12卷),云南大学出版社1999年版,第4页。

续表

年代	地区分布（府、厅、直隶州）	疫灾的种类及发生次数（次）			
		大疫	瘟疫	时疫	疫
嘉庆元年（1796）至道光三十年（1850）	云南府	1	0	3	6
	曲靖府	3	0	0	4
	大理府	1	0	0	0
	蒙化厅	5	0	0	3
	楚雄府	4	0	0	1
	丽江府	0	0	0	3
	澄江府	1	1	0	3
	永昌府	1	0	0	0
	元江州	2	0	0	0
	普洱府	0	1	0	0
	临安府	3	1	0	2
	开化府	2	0	0	0
	永北直隶厅	0	0	2	0
	景东厅	1	0	0	1
合　计		24	3	5	23
咸丰元年（1851）至光绪三十四年（1908）	云南府	6	1	0	0
	曲靖府	1	0	0	0
	大理府	2	0	1	1
	澄江府	2	0	0	0
	蒙化厅	5	0	0	2
	普洱府	4	0	0	0
	东川府	0	1	0	0
	永北直隶厅	0	0	3	0
	广西直隶州	8	1	0	0
	丽江府	2	0	0	0
	武定直隶州	2	1	0	0
	元江州	2	0	0	0
	临安府	3	0	0	0
	开化府	2	0	0	0
	镇沅直隶厅	1	0	0	0
	昭通府	0	0	3	1
	景东厅	2	0	0	0
	顺宁府	1	0	0	0
	广南府	1	0	0	0
合　计		57	5	7	4

资料来源：参见刘雪松《清代云南鼠疫的环境史研究》附录《清代云南各府疫情发生次数统计表》，硕士学位论文，云南大学，2011年。

根据表9的统计数据可知，清代云南各府的疫疠灾害总体上呈现出清中前期疫灾流行频次较低，而清中后期的疫灾流行频次非常高，就疫灾波及的地理范围而言，康熙元年至乾隆六十年的133年间，疫灾仅在云南府、曲靖府、澄江府、楚雄府、丽江府、顺宁府、广西府等7府所属地方发生；到嘉庆元年（1796）至道光三十年（1850），疫灾在前期疫源地的基础上不断扩展到大理府、蒙化厅、永昌府、元江州、普洱府、临安府、开化府、永北直隶厅、景东厅，其传播和流行地理范围达14个府；咸丰元年（16851）至光绪三十四年（1908）期间，疫灾进一步扩散到武定直隶州、滇东北的东川府和昭通府，滇东南的广南府、滇南的镇沅直隶厅，截至清末，云南疫灾流行地理范围达19个府，且文献中的"大疫""瘟疫""疫"等疫情出现频次皆分别高于康熙朝至道光朝发生的总和。由此可见，几乎整个云南全境范围内人口比较集中、交通较为便捷、工商业发展层次高、市镇规模较大的府厅州县，都不同程度地遭受疫疠灾害的袭扰，且都是从人口较为集中的地方向四周扩散和蔓延，兵燹和水旱灾害交替，瘟神和疫疠肆虐，进一步加重了云南的灾荒危机。

"疫灾分布重心与人口分布重心具有空间上的契合关系。研究认为，瘟疫流行基本上需满足三个基本条件，一是致病力较强的病原体，二是有足够数量的易感人群，三是形成有利的疫病传播途径。"[①] 清代云南和贵州的人口地理分布有一定的规律，且人口分布变动不大，基本形成了移民进入滇黔以来的以平坝和交通干线为中线，地域向四周山区半山区延伸，而人口分布密度从城乡至乡村逐渐减小的总体分布格局，这一人口分布格局与疫灾的传播路径有着深刻的耦合关系。嘉庆六年（1801），云南楚雄府盐丰县（今大姚县）"大疫，死者千余人"[②]。盐丰县疫疠流行，死者达千余人，足见疫症传播广泛，染病者较多。道光七年（1827）八月至九月，寻甸州"城内外疫疠流行"[③]。道光二十六年（1846），蒙化厅"大疫，民多避入山，死者甚众"[④]。咸丰元年（1851）秋，大理府赵州"地震，大

---

① 龚胜生：《中国疫灾的时空分布变迁规律》，《地理学报》2003年第6期。
② 郭燮熙纂修：民国《盐丰县志》卷12《杂类志·祥异》，1924年铅印本。
③ （清）孙世榕纂修：道光《寻甸州志》卷28《祥异》，民国间抄本。
④ 李春曦修，梁友檍纂：《蒙化志稿》卷2《天时部·祥异志》，1920年铅印本。

疫"①。从文献记载中可发现，地震灾害后疾疫引起传染病的流行，因而往往伴随有疫病灾害的发生。咸丰十一年（1861），大理府蒙化县"大疫，死者数百人"②。此后同治三年（1864）、同治四年（1865）、同治五年（1866）、同治六年（1867）及同治七年（1868），蒙化厅连年发生大疫，因疫疾死亡者不计其数。同治十二年（1873），云贵总督岑毓英奏称："自军兴以来，各属久遭兵燹、饥馑、瘟疫，百姓死亡过半……现查各属百姓户口，被害稍轻者十存八九，或十存五六不等，其被害较重者十存一二。约计通省百姓户口，不过当年十分之五。"③ 这则档案清晰地呈现了咸同年间云南暴乱和瘟疫的关联性，战乱、饥荒与疫灾并发使云南人口遭受巨大的损失。咸丰九年（1859），云南"迤西州县沦陷殆尽，副贼蔡七儿久攻缅宁未下，时各属逃难至永者无数，米价腾贵。凡军饷皆筹自民间，贼氛日炽，民力愈疲"④。战乱期间难民流离失所，物价昂贵，加之疫灾的侵袭，贫困交加，疾病缠身，灾荒在所难免。"虽然18世纪末19世纪初的瘟疫在很大程度上是商业往来激增的结果，但19世纪中叶的瘟疫更有可能源于1856—1873年间将云南卷入旋涡达17年之久的暴力冲突，即回民起义中的军队移动和难民迁徙。"⑤

到清光宣时期，云南疫疾灾害频也随人口的流动间歇性地发生，尤其是光绪朝时期疫疾的群发性更为明显。据文献记载，这一时期疫、大疫、时疫、鼠瘟、鼠疫、疫症、瘟疫和疠疫等流行疫疾此起彼伏，相继蔓延在云南高原的平坝地区。疫灾分布及其变迁趋势，与云贵两省区域社会开发过程中人地关系的变化相互关联。"疫灾本质上是人与自然作用的结果，是地表人文化过程中的副产品。"⑥ 自咸丰七年（1857）兵燹后，云南府呈贡县人民逋逃、死亡几乎过半。据光绪《呈贡县志》记载："谨案呈贡

---

① （清）岑毓英等修，（清）陈灿等纂：光绪《云南通志》卷3《天文志·祥异》，清光绪二十年（1894）刻本。
② 李春曦修，梁友檍纂：《蒙化志稿》卷2《天时部·祥异志》，1920年铅印本。
③ （清）岑毓英：《岑襄勤公遗集》卷8《截止民兵厘谷请免积欠钱粮片》，载沈云龙主编《近代中国史料丛刊续编》，文海出版社1984年版，第38辑，第911页。
④ （清）刘毓珂等纂修：光绪《永昌府志》卷28《武备志·戎事》，清光绪十一年（1885）重修木刻本。
⑤ ［美］班凯乐：《十九世纪中国的鼠疫》，宋慧颖译，余新忠校，中国人民大学出版社2015年版，第38页。
⑥ 龚胜生：《中国疫灾的时空分布变迁规律》，《地理学报》2003年第6期。

丁口自咸丰六年（1856）丙辰、七年（1857）丁巳军兴，咸丰十一年（1861）辛酉大疫，同治四年（1865）乙丑大疫，七年（1868）戊辰又大疫兵兴，十二年（1873）癸酉又大疫，相继死亡过半。"[1] 光绪《云南通志》记载："光绪元年（1875）乙亥春，姚州、邓川、广西、元江大疫。"[2] 光绪元年（1875年）十二月，"永昌连年大疫"[3]。文中所记永昌、姚州、邓川、广西、元江等属地方疫灾普遍流行。文献记载，永北直隶厅"光绪七年（1881）辛巳，鼠瘟，南路一带疫作"，"光绪十六年（1890）庚酉九月，时疫"，"光绪十七年（1891）辛卯八月，南路鼠疫复作"，"光绪二十年（1894）甲午，牛大疫"[4]。光绪朝时期，永北厅属地方鼠疫流行，并一度复发。光绪二十年（1894），永北厅有牛患疫疾，一定程度上说明鼠疫能够在不同的动物种群之间进行传播。

表10　　　　　　　　　清光绪朝云南疫疾灾害简表

时间	地点	疫灾情形	文献来源
光绪元年（1875）	昭通府	时疫	民国《昭通志稿》卷12《祥异》
光绪元年	邱北县	大疫	民国《邱北县志》卷1《灾祥》
光绪元年六至十月	姚州	大疫	光绪《姚州志》卷11《灾祥》
光绪元年春	姚州	大疫	光绪《云南通志》卷4《祥异》
光绪元年春	邓川州	大疫	光绪《云南通志》卷4《祥异》
光绪元年春	广西州	大疫	光绪《云南通志》卷4《祥异》
光绪元年春	元江州	大疫	光绪《云南通志》卷4《祥异》
光绪元年春	昆明县	大疫	民国《昆明县志》卷8《五行》
光绪元年三月	昆阳州	时疫	民国《昆阳县志》卷3《天文》
光绪元年十二月	永昌府	大疫	光绪《永昌府志》卷3《祥异》

---

[1] （清）朱若功原本，（清）李明鋆续修，（清）李蔚文等续纂：光绪《呈贡县志》卷1《户口》，清光绪十一年（1885）刻本。
[2] （清）岑毓英等修，（清）陈灿等纂：光绪《云南通志》卷4《天文志·祥异》，清光绪二十年（1894）刻本。
[3] （清）刘毓珂等纂修：光绪《永昌府志》卷3《天文志·祥异》，清光绪十一年（1885）重修木刻本。
[4] （清）叶如桐等修，（清）朱庭珍、（清）周宗洛纂：光绪《续修永北直隶厅志》卷1《天文志·祥异》，清光绪三十年（1904）木刻本。

续表

时间	地点	疫灾情形	文献来源
光绪二年（1876）	昆明县	大疫	光绪《云南通志》卷4《祥异》
光绪二年	邱北县	大疫	民国《邱北县志》卷1《灾祥》
光绪二年	景东厅	疫	民国《景东县志稿》卷1《灾异》
光绪二年夏秋	昆明县	大疫	民国《续修昆明县志》卷7《五行》
光绪三年（1877）	景东厅	大疫	民国《景东县志稿》卷1《灾异》
光绪三年秋	师宗县	大疫	光绪《云南通志》卷4《祥异》
光绪三年	邱北县	大疫	民国《邱北县志》卷1《灾祥》
光绪四年（1878）八至十月	姚州	大疫	光绪《姚州志》卷11《灾祥》
光绪四年秋末至冬初	白盐井	大疫	光绪《续修白盐井志》卷11《祥异》
光绪五年（1879）	开化府	大疫	光绪《云南通志》卷4《祥异》
光绪五年	顺宁府	大疫	光绪《云南通志》卷4《祥异》
光绪五年	永北直隶厅	时疫	光绪《永北直隶厅志》卷1《祥异》
光绪五年夏	楚雄府	大疫	宣统《楚雄县志》卷1《祥异》
光绪五年至七年夏秋	白盐井	大疫	光绪《续修白盐井志》卷11《祥异》
光绪五年至十四年	鹤庆州	大疫	光绪《鹤庆州志》卷2《祥异》
光绪七年（1881）	永北直隶厅	鼠瘟	光绪《永北直隶厅志》卷1《祥异》
光绪八年（1882）	罗平州	大疫	民国《罗平县志》卷1《祲祥》
光绪八年冬	沾益州	大瘟	光绪《沾益州志》卷4《祥异》
光绪十六年（1890）八月初	鹤庆州	时疫	民国《鹤庆县志》卷11《灾异》
光绪十六年	蒙化府	疫	民国《蒙化县志稿》卷2《祥异》
光绪十六年	丽江府	大疫	民国《丽江县志》
光绪十六年九月	永北直隶厅	时疫	光绪《永北直隶厅志》卷1《祥异》
光绪十七年（1891）八月	永北直隶厅	鼠疫	光绪《永北直隶厅志》卷1《祥异》
光绪十八年（1892）秋	邓川州	大疫	民国《新纂云南通志》卷161《灾疫》
光绪十八年五六月	昆阳州	瘟疫	民国《昆阳县志》卷3《天文》
光绪十九年（1893）	昭通府	疫	民国《昭通志稿》卷12《祥异》
光绪二十年（1894）	蒙自县	疫	宣统《续蒙自县志》卷12《祥异》
光绪二十年	永北直隶厅	大疫	光绪《永北直隶厅志》卷1《祥异》
光绪二十二年（1896）夏	浪穹县	疫	光绪《浪穹县志略》卷1《祥异》

续表

时间	地点	疫灾情形	文献来源
光绪二十三年（1897）	陆凉州	疫	民国《陆良县志稿》卷1《祲祥》
光绪二十三年五六月	昆阳州	疫疠	民国《昆阳县志》卷3《天文》
光绪二十三年秋九月	邓川州	大疫	民国《新纂云南通志》卷161《灾疫》
光绪二十四年（1898）秋	邓川州	疫	民国《新纂云南通志》卷161《灾疫》
光绪二十五年（1899）秋	邓川州	疫	民国《新纂云南通志》卷161《灾疫》
光绪二十七年（1901）	邓川州	大疫	民国《新纂云南通志》卷161《灾疫》

资料来源：根据云南省图书馆藏光绪朝云南地方志中的相关记载统计而得。

从表10中可以看出，清光绪朝34年期间，云南疫灾年份达18个（光绪元年、光绪二年、光绪三年、光绪四年、光绪五年、光绪六年、光绪七年、光绪八年、光绪十六年、光绪十七年、光绪十八年、光绪十九年、光绪二十年、光绪二十二年、光绪二十三年、光绪二十四年、光绪二十五年、光绪二十七年），疫灾发生的频率为52.94%，疫灾府厅州县达22个之多，且多集中在夏秋季节，受灾范围较广，多在滇东、滇中、滇西、滇南等人口密集程度较高、经济相对发达、交通较为便利的府厅州县所属地方发生。相关研究指出，清光绪、宣统朝云南疫疾灾害的致灾病种最有可能为鼠疫灾害[1]。关于文献记载中的"疫"与鼠疫的对等关系，刘雪松从疫疾灾害与自然环境之间的互动关系出发，对清代云南鼠疫疫情史料进行了详细的辨析[2]。疫疾灾害的致灾因素特别多，有地震、洪涝、干旱等自然灾害引发疾病流行的情况，也有人口迁徙、交通线扩展、战争扩大等诸多社会因素影响下导致的疫疠流行。清朝光宣时期，云南自然灾害频发，人口流动较大，为疫灾的勃发和流行提供了可乘之机和栖息之所，疫疾灾害横行肆虐，导致人畜大量死亡，田地荒芜，尸横遍野，惨不忍睹。

据文献记载，云南人将鼠疫称之为"痒子症"，"以起病是起结核于身体而名之也"，"感染者突然地头痛、发热、恶寒、身痛，与感重风寒相

---

[1] 胡蝶：《清代云南省疫灾地理规律与环境机理研究》，硕士学位论文，华中师范大学，2014年，第42页。

[2] 刘雪松：《清代云南鼠疫疫情史料辨析》，《西南古籍研究（2011年·总第九期）》，云南大学出版社2012年版，第390—404页；刘雪松：《清代云南鼠疫的环境史研究》，硕士学位论文，云南大学，2011年。

似；所异者是胸中燔热至于极度，复口渴、便赤，略经数小时，腋下或膝下，或胯缝，即起一硬核，是名痒子。痒子起则痛极，且渐次长大，能大至一核桃，此则用任何药敷都归无效，都不能消散其核。且痒子长大后，人即昏迷，大约挨过十多二十个小时，即云毙命，此为往昔一般高年人所道之病症"①。光绪十八年（1892）秋，大理邓川"大疫，染疫之处，鼠子得毒先死，死臭不可触，人多染，或为红痰，或为痒子，十死八九，连年不止，乡邑为墟"②。根据杨琼先生记载，光绪二十三年（1897）、二十四年（1898）秋、二十五年（1899）秋和二十七年（1901），云南邓川相继发生疫灾，这是邓川州属地方鼠疫灾害流行最为严重的年份。民国《昭通志稿》记载："光绪乙亥元年（1875），时疫大作，俗谓痒子症，实即瘰落痧也，后以北城祀都天而止。"③ 痒子为鼠疫，瘰落痧为霍乱，昭通当地人将两种疾病混淆在一起，实际上1875—1876年昭通流行的疾病是鼠疫，而非霍乱④。云南鼠疫流行期间，人民都会接着唱木莲戏和建都天庙，以此驱逐鬼邪，平息鼠疫灾害，但都无济于事，这仅是时人禳灾避疫的一种迷信活动而已。

　　李玉尚、曹树基对清代云南昆明鼠疫流行的特征、社会影响、流行动力以及流行模式进行了详细地探究，认为鼠疫分布模式的地区分异是反映各地区自然生态环境与社会组织差异的一个重要部分⑤。他们将清朝光绪时期云南各府厅州县所属地方村庄与村庄之间鼠疫流行模式概括性地归纳为"此起彼伏的循环"，并指出"决定人间鼠疫流行模式的生态背景是当地鼠疫生态系统所具有的同一特征。决定鼠疫流行范围和死亡人数的是平坝的大小以及其间居住人口的多少，和与平坝有关的商业和交通的发达程度"⑥。美国乔治城历史系教授 Carol Benedict（班凯乐）认为，18世纪末

---

① 罗养儒撰，李春龙整理：《灾异·往昔云南之痒子症》，《记我所知集：云南掌故全书》卷20，云南民族出版社2015年版，第555页。
② （清）杨琼：《柿坪纪述》，龙云、卢汉修，周钟岳等纂：民国《新纂云南通志》卷161《赈恤·附灾疫》，1949年云南省通志馆据1944年刻本重印。
③ 符廷铨、杨履乾等纂：民国《昭通志稿》卷12《祥异》，云南省图书馆藏，1924年铅印本。
④ 李玉尚、顾维方：《都天与木莲：清代云南鼠疫流行与社会秩序重建》，《社会科学研究》2012年第1期。
⑤ 李玉尚、曹树基：《清代云南昆明的鼠疫流行》，《中华医史杂志》2003年第2期。
⑥ 李玉尚、曹树基：《鼠疫：战争与和平——中国的环境与社会变迁（1230—1960年）》，山东画报出版社2006年版，第165页。

的疫病是从滇西的边缘区域向滇东的核心区域传播的，但由于19世纪早期云贵地区尚未完全融入跨地区的贸易体系之中，因此鼠疫的传播并没有跨出云南省境。到了整个19世纪，云南逐渐融入更为广阔的中国政治与经济体系之中，地区之间的活动增多，从而使鼠疫跨越了云贵两省的边界，进而波及中国南方的其他地区，尤其是云贵以东的岭南地区。①

自然地理环境和社会环境的交互作用对疫灾的传播和流行具有重要的影响，自然环境和社会环境的结构性变化，以及自然灾害的波及都在一定程度上对疫灾的发生、传播及扩散起着诱导作用。清代贵州也间有疫疾灾害的发生，但相对于云南而言，贵州疫灾流行的地理范围整体上仍较小（见表11）。据文献记载，顺治五年（1648）和六年（1649），遵义府"连遭荒疫，民大饥，斗粟四两，僵尸载道"。遵义饥荒和疫疾并发，粮食价格上涨，饥民流离四乡，甚至是饿殍载道。康熙十五年（1676），遵义府和铜仁县相继"大疫"②；康熙二十年（1681），湄潭县、天柱县、福泉县"大疫"③。道光四年（1824），安平县发生大疫，"时有二症，一名麻脚瘟，又名黑痧症、蒲莎瘟、吊脚瘟。一名硃砂症，又名心经疔、羊毛疔④，仓卒毙命，几通一省。县自八月初十日起，至二十日止，城内死者二百余人。次年乙酉是灾复作，而毙命者尚少"⑤。此次疫症几乎在贵州全省范围内发生，安平县境内流行达十余日，仅安平县城因病伤亡者200余人。道光五年（1825）疫灾复发，丧命者与前一年相比尤少。据《安平县志》记载，治疗此疫的办法多，但最为有效的是刺患病者的手腕中间曲池穴，两足腕委中穴，出血散毒气。口服之药主要有真人普度丸、辟瘟散。

---

① ［美］班凯乐：《十九世纪中国的鼠疫》，朱慧颖译，余新忠校，中国人民大学出版社2015年版，第51页。
② （清）平翰等修，（清）郑珍、（清）莫友芝纂：道光《遵义府志》卷21《祥异》，清光绪十八年（1892）刻本。（清）余上华修，（清）喻勋、（清）胡长松纂：光绪《铜仁府志》卷1《祥异》，民国缩印本。
③ （清）杨玉柱纂修：康熙《湄潭县志》卷2《灾异》，1964年油印本；（清）王復宗纂修：康熙《天柱县志》卷下《灾异》，民国间影印本；（清）瞿鸿锡修，（清）贺绪蕃纂：光绪《平越直隶州志》卷1《天文·祥异》，清光绪三十三年（1907）刻本。
④ 按："羊毛疔"，即羊毛瘟，是属疫毒瘟邪感而即发的一种温病。多于春末、秋初、夏季温度较高时发病。参考和贵章《谈羊毛疔病及其治法》，《辽宁中医杂志》1980年第5期。
⑤ （清）刘祖宪纂修：道光《安平县志》卷1《天文志·灾祥》，1964年油印本。

表 11　　　　　　　　　　清代贵州疫疾时间序列简表

时间	府厅州县	疫疾情况	文献来源
顺治四年（1647）	安平县	大疫	道光《安平县志》卷1《灾祥》
顺治五年（1648）	遵义府	疫	道光《遵义府志》卷21《祥异》
顺治六年（1649）	遵义府	疫	道光《遵义府志》卷21《祥异》
康熙十五年（1676）	遵义府	大疫	道光《遵义府志》卷21《祥异》
康熙十五年（1676）	铜仁县	大疫	光绪《铜仁府志》卷1《祥异》
康熙二十年（1681）	湄潭县	大疫	康熙《湄潭县志》卷2《灾异》
康熙二十年（1681）	天柱县	大疫	康熙《天柱县志》卷下《灾异》
康熙二十年（1681）	平越直隶州	大疫	光绪《平越直隶州志》卷1《祥异》
康熙二十一年（1682）	赤水厅	大疫	道光《遵义府志》卷21《祥异》
康熙二十一年（1682）	安南县	疫	雍正《安南县志》卷1《灾祥》
康熙二十二年（1683）	安南县	疫	咸丰《兴义府志》卷44《纪年》
康熙六十年（1721）	大定府	疫	道光《大定府志》卷45《纪年》
雍正十年（1732）	大定府	痘疫	道光《大定府志》卷45《纪年》
乾隆三十六（1771）	安南县	疫	咸丰《兴义府志》卷44《纪年》
嘉庆十三年（1808）	兴义府	疫	咸丰《兴义府志》卷44《纪年》
道光四年（1824）	安平县	大疫	道光《安平县志》卷1《灾祥》
道光五年（1825）	兴义府	疫	咸丰《兴义府志》卷44《纪年》
道光五年（1825）	安顺府	大疫	咸丰《安顺府志》卷21《纪年》
道光十一年（1831）	黎平府	疫	道光《黎平府志》卷1《祥异》
道光十三年（1833）	黎平府	瘟疫	道光《黎平府志》卷19《秩官》
道光十四年（1834）	大定县	疫	民国《大定县志》卷3《前事志》
道光十四年（1834）	水城厅	大疫	光绪《水城厅采访册》卷10《杂类门》
道光二十四年（1844）	荔波县	大疫	光绪《荔波县志》卷1《祥异》
道光二十九年（1849）	大定县	痘疫	民国《大定县志》卷4《前事志》
道光三十年（1850）	铜仁府	疫	光绪《铜仁府志》卷1《祥异》
同治四年（1865）	平坝县	疫疾	民国《平坝县志》第6册《事变志》
同治四年（1865）	荔波县	大疫	光绪《荔波县志》卷1《天文》
同治六年（1867）	荔波县	大疫	光绪《荔波县志》卷1《天文》
光绪二十六年（1900）	平坝县	大疫	民国《平坝县志》第6册《事变志》

资料来源：根据清代贵州省地方志中的相关记载统计而得。

从表11中相关文献的记载可知，清代贵州疫疾灾害流行的时间节点主要集中为道光和康熙两朝，这两个时段疫灾发生的频次明显高于其他任何朝代，道光朝疫灾发生次数为10次，康熙朝为9次，顺治朝3次，同治朝3次，雍正朝1次，乾隆朝1次，嘉庆朝1次，光绪朝1次，而目前所收集的文献中，尚无咸丰朝和宣统朝有关疫灾的记载。就清代贵州疫灾流行地域而言，无论是"疫""大疫"，抑或是"瘟疫"，主要在黔西南的安顺府、兴义府，黔西北大定府，黔北遵义府，黔东铜仁府，黔东南黎平府等地方，疫灾的地域分布差异比较明显。历史时期，在区域自然与人类活动的驱使下，疫灾的传播和流行模式不断发生改变，区域气候的变迁，以及气温、湿度、降水、植被覆盖和土地利用方式等，都直接性或间接性地影响疫灾的发生和传播范围；人类活动方式作为影响疫灾传播的间接性源动力，区域人口的生产生活方式和流动模式是大规模传播性疫灾流行的根本原因。"气候变化在生产、经济、人口等层次上的影响，经过累积和传递，最终会体现在其对社会系统稳定性的影响上。"[1] 尤其是区域内部人口的不断增长和垦荒活动，相当程度上为疫灾的区域性流动提供了可乘之机。

学界对1230年至1960年间中国鼠疫流行史进行系统了研究，认为"社会变迁的本质即是环境变迁，环境变迁的本质也是社会变迁"[2]。清代贵州的自然环境变迁主要源于明清以来的移民垦殖和拓荒，民屯、军屯、商屯的持续性开拓，以及人口的流动，彻底改变了贵州原来的社会结构，较大范围内的人口流动使疫灾流行的地理范围不断拓展。道光十三年（1833）五月初三至初五日，贵州黎平府连日大雨，三江河水陡涨，"水灾之后，加以瘟疫，流离失所"[3]。黎平府属地方水灾时候伴随瘟疫的流行，致使灾民贫困交加，避难四乡，给抚恤拯救带来较大困难。道光十四年

---

[1] 萧凌波：《清代气候变化的社会影响研究：进展与展望》，《中国历史地理论丛》2016年第2期。

[2] 曹树基、李玉尚：《鼠疫：战争与和平——中国的环境与社会变迁（1230—1960年）》，山东画报出版社2006年版，第444页。

[3] （清）刘宇昌修，（清）唐本洪等纂：道光《黎平府志》卷19《秩官》，清道光二十五年（1845）刻本。

(1834),贵州水城厅"大饥,大疫,斗米价银一两六钱,死于病馁者众"①。水城厅饥荒和疫灾同时发生,粮价远远高于往常之时价,导致穷黎无力购粮,加之疫疾从生理上无端摧残,因病变和饥馁毙命者不计其数。

"瘟疫、饥荒和战争相互作用,造成一连串后果。战争使农民离开土地并毁了他们的谷物;谷物被毁造成饥荒;挨饿体弱者又很容易成为瘟疫肆虐的牺牲品。这三种都是疾病:瘟疫是人体的失调;饥荒是由作物和牲畜的失调造成的——或是由恶劣天气导致,或是更直接因病虫害侵袭所致;而战争一般被认为是一种大众精神的失调。"②同治四年(1865),贵州平坝县属地方兵燹正炽之际,"疫疾流行,死人甚伙,当时呼为马瘟症,约至八年己巳方止"③。咸同年间,在太平天国革命的影响下,黔东南苗族、侗族、布依族等各少数民族先后揭竿而起,共同反抗清朝中央政府的加重田赋、捐输等残酷的剥削行径,各民族起义军协同作战,"既打破了民族的界限,也打破了起义军之间的界限"④,席卷当时贵州设置的府、厅、州、县等行政统辖区共 73 个,使清政府对贵州的统治面临严峻的危机。同治四年贵州兵祸蔓延期间,水城厅疫疾流行历时四年有余,战乱、贫困、饥饿和疫疾肆虐等导致人口大量死亡。

五 云贵地区农作物病虫害的时空差异

农作物病虫害关系秋粮丰歉和年岁相安与否,为历代各朝统治者所重视。自古以来,蝗灾就与水灾、旱灾并称为我国历史上的三大自然灾害,文献中通常以"螽""蝝""蝗""蝻"等指称蝗灾,"蝗害稼""飞蝗避天""蝻虫食苗""螟蝗大起""蝗虫伤稼"等相关文献记载都不同程度地描绘了蝗灾的危害,因而蝗灾亦被称为"千年祸患"⑤。

就蝗灾治理而言,"清代,官民合作的治蝗救灾体系开始健全,治蝗纳入到政府的行政事务体系,形成了一套管理体制:治蝗救灾日臻制度

---

① (清)陈昌言纂修:光绪《水城厅采访册》卷10《杂类门·祥异》,1966 年贵州省图书馆据上海图书馆钞本复制油印本。
② [英]弗雷德里克·F. 卡特赖特、[英]迈克尔·比迪斯:《疾病与历史》,《疾病改变历史》,仲丹译,华夏出版社 2018 年版,"导论",第 3 页。
③ 江钟岷、蒋希仁修,陈廷荣等纂:《平坝县志》第 6 册《事变志·灾异》,1932 年铅印本。
④ 何长凤:《咸同年间贵州农民起义的特点》,《贵阳师院学报(社会科学版)》1982 年第 2 期。
⑤ 李钢:《蝗灾·气候·社会》,中国环境出版社 2014 年版,第 1 页。

化、法律化；治蝗指挥机构的设立，官民权力与责任的明确，捕蝗人力的调配，集体合作精神的倡导，形成了由下而上的纵向连带责任制，治蝗不再是个人的私事，任何未实心灭蝗的官员、民众都将受到处罚"[1]。康熙四十八年（1709）谕令："州县卫所官员，遇蝗蝻生发，不亲身力行扑捕，借口邻境飞来，希图卸罪者，革职拿问；该管道府不速催扑捕者，降三级留任；布政使不行查访速催扑捕者，降二级留任；督抚不行查访严饬催捕者，降一级留任；协捕官不实力协捕，以致养成羽翼、为害禾稼者，将所委协捕各官革职。该管州县地方，遇有蝗蝻生发，不申报上司者革职。道府不详报上司，降二级调用。布政使司不详报上司，降一级调用。布政使司详报督抚，督抚不行题参，降一级留任。"[2]清政府捕蝗过程中明确规定地方各府厅州县官员治理蝗灾的具体责任，体现了对蝗灾治理的法制化和体系化，"治蝗制度的完善、治蝗组织体系的健全、治蝗人员的积极协调，在治蝗管理上体现了由下而上层层负责的思想"[3]。雍正八年（1730）四月二十三日，雍正皇帝谕令："凡直省地方，向来有蝗蝻之害者，该督抚大吏应转饬有司，通行晓谕附近居民于大热久晴之后，周历湖滨洼地及深山穷谷无人之处，实心实力审视体察，一有萌动之机，无分多寡，即行剪除消灭。"[4]此外，雍正帝还晓示地方督抚要员，若消灭蝗虫期间民力或有不敷，应即行实情禀报该地方官督率人工协同助力，并饬令文武官员派出诚实兵役，会同里长、耆民等悉心察视灾况。鉴于民众苟且慵惰，对蝗虫灾害认识不够，谕令指出应该加以开导，以防患于未然，此则人力易施，虫灾可杜，于禾稼大有裨益。

清代蝗虫灾害对农业生产的影响仅次于干旱和洪涝灾害，飞蝗扑境极易造成粮食收成减产，甚至颗粒无收，进而引发严重的灾荒。生物直接使人致命的案例较为少见，但生物灾害可能间接危害人类生命，造成更多的人口死亡，甚至其后果可与洪水、地震等灾害相当。一场蝗灾，病虫害或者农作物瘟病，可使大面积农作物减产甚或绝收，导致饿殍载道，灾黎失

---

[1] 赵艳萍、倪根金：《清代治蝗管理机制研究》，《中国农史》2007年第2期。
[2] 《钦定大清会典事例》卷110《吏部·处分例·捕蝗》，清光绪三十四年（1908）刻本。
[3] 赵艳萍、倪根金：《清代治蝗管理机制研究》，《中国农史》2007年第2期。
[4] 《谕凡有蝗蝻之害地方官民著周历审察湖滨洼地等处灭蝻于萌动之机》（雍正八年四月二十三日），中国第一历史档案馆编：《雍正朝汉文朱批谕旨汇编》，广西师范大学出版社1999年版，第5册，第76页。

所。蝗灾是以蝗虫为主的有害生物繁殖过量，吞食大量农作物，从而造成饥馑的自然灾害。中国自古以来就是一个蝗灾频繁发生的国家，受灾范围、受灾程度堪称世界之最①。据《汉书》记载："厥风微而温，生虫蝗，害五谷。"② 明代农学家徐光启称："凶饥之因有三：曰水、曰旱、曰蝗，地有高卑，雨泽有偏被，水旱为灾，尚有幸免，惟旱极而蝗，数千里间，草木皆尽，或牛马毛幡帜皆尽，其害尤惨，过于水灾。"③ 一旦发生蝗灾，稻、黍、稷、麦、菽必受其害，相继引发严重的经济损失，甚至是因粮食短缺而发生饥荒。

鉴于清代蝗灾频发，清朝政府建立了皇帝监控之下的地方总督、巡抚负责捕蝗体制④。据《中国历代蝗患之记载》统计，从公元960年到1935年止，历史上发生蝗灾共有619次，平均约每2.5年发生1次⑤。根据《清史稿》的记录，顺治朝共有8年发生蝗灾，覆盖范围达60余县，平均1次/2年；康熙朝27年间有168个县发生蝗灾；雍正朝关于蝗灾的记载较少，仅3年有13县遭受蝗灾；乾隆朝有27年发生蝗灾，受灾达105个县，平均2年余就有1次蝗灾发生；嘉庆朝有3年个19县有发生蝗灾的记述；道光朝有13年64县发生蝗灾；咸丰朝有6年72县发生蝗灾；同治朝没有蝗灾的记载；光绪朝有7年14县发生蝗灾⑥。顺治迄至光绪朝的265年期间，中国有94年发生蝗灾，大约3年就发生1次，尽管蝗灾发生的地理范围分布差异较大，但足见蝗灾频次之高，其中以乾隆朝为甚。

"农业生物灾害主要是指由严重危害农作物的病、虫、鼠等有害生物在一定环境条件（主要是气候条件）下暴发或流行，造成农作物大面积、大幅度减产甚至完全绝收或导致农产品大批量损失的自然变异过程。"⑦ 清代云南和贵州两省的生物灾害以虫灾最为严重（见表12和表13），虫灾与

---

① 赵艳萍：《中国历代蝗灾与治蝗研究述评》，《中国史研究动态》2005年第2期。
② （汉）班固撰，（唐）颜师古注：《汉书》卷27《五行志》，中华书局1964年版，第5册，第1443页。
③ （明）徐光启撰，石声汉点校：《农政全书》（中）卷44，朱维铮、李天纲主编：《徐光启全集》（7），上海古籍出版社2011年版，第986—987页。
④ 王建革：《清代华北的蝗灾与社会控制》，《清史研究》2000年第2期。
⑤ 陈家祥：《中国历代蝗患之记载》，浙江昆虫局，民国二十四年年刊（第五号），第189—234页。
⑥ 赵尔巽等撰：《清史稿》卷40《灾异》，中华书局1977年版，第6册，第1510—1515页。
⑦ 刘建华主编：《中国气象灾害大典·云南卷》，气象出版社2006年版，第492页。

旱灾、饥荒等迭次发生，危害面较广、受灾程度深。文献记载，顺治十六年（1659），云南定远县"蝻虫①食苗"②。康熙五十一年（1712）五月末，富民县阴雨连绵，并有虫啃噬田地里的禾苗，"时五月杪，雨水夹小虫，如线，长一分许，不数日大如指，专啮禾苗，甚者仅存其根"③。此次富民县虫食禾苗尤其严重，人手触碰此虫则瞬间肿痛，即使飞禽捕食亦趋避之。《富民县志》记述，虫灾发生后，富民县令彭兆遂亲自撰写檄文，并督率文武官员、绅士以及民众等人斋戒、步祷三日，方有百鸟飞奔啄之，田地中剩存的禾苗复发茂盛。雍正九年（1731）六月，昭通府田亩中有赤色虫，长寸余，专食稻谷叶片，"旋有群鸦数千下喙，虫俱尽，禾尽伤"④。乾隆三十七年（1772）秋，云南镇雄州"谷间多有白虫食心"⑤，虫灾导致本年秋收歉薄，一市斗米价钱卖至三百二十文，物价腾贵。

表 12　　　　　　　　清代云南省虫灾时间序列简表

时间	府厅州县	虫灾情况	文献来源
顺治十六年（1659）	定远县	蝻虫食苗	康熙《云南通志》卷28《灾祥》
康熙三十年（1691）	晋宁州	禾有螟	康熙《云南府志》卷25《祥异》
康熙五十一年（1712）	富民县	虫食苗	康熙《富民县志·祥异》
康熙五十一年（1712）	禄丰县	黑虫食秧	光绪《罗次县志》卷3《祥异》
康熙五十三年（1714）	罗平县	虫	民国《新纂云南通志》卷20《气象考》
雍正九年（1731）	昭通府	田出赤虫	民国《昭通志稿》卷12《祥异》
乾隆三十五年（1770）	楚雄县	虫	嘉庆《楚雄县志》卷1《祥异》
乾隆三十八年（1773）	镇雄州	谷间多有白虫食心	光绪《镇雄州志》卷5《祥异》
道光十九年（1839）	姚州	虫食禾	光绪《姚州志》卷11《灾祥》
同治五年（1866）	浪穹县	蝗	光绪《浪穹县志》卷1《祥异》
同治十一年（1872）	沾益州	绿腻虫腻禾苗	光绪《霑益州志》卷4《祥异》

---

① 按："蝻虫"，即蝗的幼虫。
② （清）范承勋、（清）王继文修，（清）吴自肃、（清）丁炜纂：康熙《云南通志》卷28《灾祥》，清康熙三十年（1691）刻本。
③ （清）彭兆遂修，（清）杨揭秀纂：康熙《富民县志·祥异》，康熙五十一年（1712）刻本。
④ 符廷铨修，杨履乾纂：民国《昭通志稿》卷12《祥异》，1924年铅印本。
⑤ （清）吴光汉修，（清）宋成基纂：光绪《镇雄州志》卷5《祥异》，清光绪十三年（1887）刻本。

续表

时间	府厅州县	虫灾情况	文献来源
光绪四年（1878）	马龙州	田禾被蝗	民国《马龙县志》卷1《天文·灾祥》
光绪四年（1878）	宣威州	蝗虫食包谷	《云南省气象灾害史料》
光绪四年（1878）	呈贡县	虫食禾苗	《云南省气象灾害史料》
光绪十四年（1888）	阿米州	田谷被虫	《清代灾赈档案专题史料》第3盘
光绪十四年（1888）	蒙自县	田谷被虫	《清代灾赈档案专题史料》第88盘
光绪十五年（1889）	建水县	被虫伤禾	《清代灾赈档案专题史料》第3盘
光绪十五年（1889）	建水县	白色小虫伏啮根节	宫中朱批奏折财政类田赋项，第99函
光绪十七年（1891）	景东厅	蝗	《云南省气象灾害史料》
光绪三十一年（1905）	新平县	螟蝗大起	《云南省气象灾害史料》

资料来源：根据清代云南省地方志及宫藏档案中的相关记载统计而得。

从表12可知，清代268年间云南有15年次发生虫灾，虫害波及20个府厅州县，但年度和区域性差异较大。文献中有关"田谷被虫""虫食苗""蝗"或"螟蝗大起"的记述，表明虫灾对夏秋季节的禾稼损伤最大。例如，清光绪十五年（1889）十一月二十六日，云南巡抚谭钧培奏报：滇省"本年夏秋之交，天气亢旱，入秋以后阴雨连绵，以致东川、昆阳、太和三府州县均各被水冲淹田亩，并冲倒河堤，石屏、镇南、南安、楚雄、元谋、新平六州县均被旱灾，建水县被虫伤禾"①。此次云南洪涝、干旱和虫灾并发，因气候变迁导致的气象灾害及其衍生灾害彼此相互制约，对农作物的损伤最为严重。"气候干旱引起蝗虫生境的恶化有一个时间响应过程。……对于一个点蝗源来说，蝗虫的大量繁殖造成源地虫口密度增大，食料开始短缺，迫于这种生态的压力，蝗虫向外迁飞。……对于蝗区来说，蝗虫点源地并非只有一个，那么从具有相当面积的蝗区范围内多个点蝗源的扩散方式来看，危害地的扩散是由多个点蝗源开始逐渐填满源地间的空间。"②清光宣时期，云南蝗灾时有发生，光绪七年（1881）八月，宜良县属"谷生蝨贼"③。宜良县秋收时节有能吃稻谷根苗的虫灾发

---

① 中国第一历史档案馆，《清代灾赈档案专题史料》第3盘，第1311页。
② 满志敏：《明崇祯后期大蝗灾分布的时空特征探讨》，《历史地理》（第6辑），上海人民出版社1988年版，第235页。
③ 王槐荣修，许实纂：《宜良县志》卷1《天文志·祥异》，1921年铅印本。

生，但幸值谷粒已饱，损伤不大。光绪十七年（1891）辛卯，景东直隶厅属"蝗"①。光绪十八年（1892），大理府属鹤庆州"毛虫食柳尽枯，城乡皆遍"②。鹤庆毛虫吃尽柳叶，致使城乡柳树枯死，格外萧条。又有清光绪二十六年（1900），普洱府属地方"旱蝗，躬督捕治，蝗不为灾"③从文献记载可知，清光宣时期云南部分地区发生蝗灾，主要是由于雨旸不适引发旱灾，为蝗虫吞噬禾稼提供了可乘之机，虫蝗繁殖量迅速增加，给农业生产造成严重的损失。

　　贵州地形地势复杂，气候类型多样，农作物种类繁多，各种农作物病虫害的发生、传播、蔓延危害比较严重。农作物病虫害的发生、消长、流行、分布等与气象条件均有密切关系④。区域气候变迁不仅会直接性地影响病虫的繁殖和传播，而且还不同程度地影响各类病虫赖以生存的宿主——农作物，并间接性地制约农作物的生长态势甚至年岁的收成状况。贵州属于亚热带湿润季风气候，雨量充沛和气候温和不仅有利于各种农作物种植，同时也有利于各类农作物病虫害的繁殖和流行肆虐。顺治十六年（1659）和顺治十七年（1660），贵州平溪卫连年发生大旱，"黑虫蔽山，草木食尽"⑤，斗米价值千钱，民人靠挖掘蕨根粉充饥，赖以苟活。顺治十七年（1660），玉屏县遭受旱灾侵袭，后有"黑虫蔽山，草木食尽，斗米千钱，民赖采蕨以活"。由于旱灾之后虫灾随之而至，灾情的交叉和延续，使玉屏县的粮食收成遭受较大损失。康熙二十六年（1687）夏，玉屏县发生蝗灾，蝗螅"形白而小，从稻谷心中食出，伤稼甚多"⑥。"害虫大量发生可看成是该种害虫在某一时期或阶段的种族繁衍，反映了当前空间因素及历史空间因素的作用。"⑦此次玉屏县蝗螅的繁衍和种群数量的增多，相应地造成禾稼的损伤，农业减产、粮价腾贵、税粮难收以及草木食尽，从侧面反映了蝗灾的易损性。

---

① 周汝钊、侯应中纂修：民国《景东县志稿》卷1《灾异》，1922年铅印本。
② （清）杨金和、（清）杨金铠纂修：光绪《鹤庆州志》卷2《祥异》，大理白族自治州白族文化研究所编：《大理丛书·方志篇》，民族出版社2007年版，第384页。
③ 云南省水利水电勘测设计研究院编：《云南省历史洪旱灾害史料实录（1911年〈清宣统三年〉以前）》，云南科技出版社2008年版，第390页。
④ 罗宁主编：《中国气象灾害大典·贵州卷》，气象出版社2006年版，第258页。
⑤ （清）郑逢元纂：康熙《平溪卫志书》，1964年贵州省图书馆据钞本复制油印本。
⑥ （清）赵沁修，（清）田榕纂：乾隆《玉屏县志》卷1《星野志·祥异》，清末抄本。
⑦ 马世骏：《昆虫种群的空间、数量、时间结构及其动态》，《昆虫学报》1964年第1期。

表13　　　　　　　　　　清代贵州省虫灾时间序列简表

时间	府厅州县	虫灾情况	文献来源
顺治十六年（1659）	平溪卫	黑虫蔽山	康熙《平溪卫志书》
顺治十七年（1660）	玉屏县	黑虫蔽山	乾隆《玉屏县志》卷1《祥异》
康熙二十六年（1687）	玉屏县	蝗	乾隆《玉屏县志》卷1《祥异》
康熙二十六年（1687）	天柱县	螟	康熙《天柱县志》卷下《灾异》
乾隆十一年（1746）	普安州	虫害禾稼	乾隆《普安州志》卷21《灾祥》
乾隆二十九年（1764）	遵义府	虫食麦荞	道光《遵义府志》卷21《祥异》
乾隆三十五年（1770）	遵义府	麦大虫厭	道光《遵义府志》卷21《祥异》
乾隆四十一年（1776）	定番州	虫损禾	乾隆《定番州志》卷1《大事补》
道光十五年（1835）	黎平府	蝗虫伤稼	道光《黎平府志》卷1《祥异》
道光二十一年（1841）	仁怀厅	虫	光绪《增修仁怀厅志》卷6《祥异》
光绪十四年（1888）	平远州	虫灾	《清代灾赈档案专题史料》第64盘

资料来源：根据清代贵州省地方志及宫藏档案中的相关记载统计而得。

从表13可知，清代贵州发生的虫灾频次较低，仅顺治十六年（1659）、顺治十七年（1660）、康熙二十六年（1687）、乾隆十一年（1746）、乾隆二十九年（1764）、乾隆三十五年（1770）、乾隆四十一年（1776）、道光十五年（1835）、道光二十一年（1841）、光绪十四年（1888）等10个年份11个府州县有虫灾的记载，虫灾的发生及流行范围相对有限。"蝗虫虫源是蝗灾的直接形成力量。这些虫源常年都在适宜的生态区域内存在着，一般年份并不形成区域性的灾害性后果。但在生境有利于蝗虫增殖时，发生基地的蝗虫会猖獗起来，虫口密度迅速提高，并向外扩散，作距离不等的迁飞，如此才形成蝗灾或大蝗灾。"[①] 文献记载，乾隆十一年（1746年），贵州南笼府普安州"有虫害禾稼"[②]。乾隆二十九年（1764），遵义府"春夏水旱，虫食麦荞"[③]。乾隆三十五年（1770），贵州遵义府麦大虫厭，田地麦苗无收，造成杂粮失种，最终导致夏二麦歉收，斗米一两四钱，自乾隆三十四年（1769）以来连年被灾，已使境内居民无

---

① 章义和：《中国蝗灾史》，安徽人民出版社2007年版，第141页。

② （清）王粵麟修，（清）曹维祺、（清）曹达纂：乾隆《普安州志》卷21《灾祥》，清乾隆二十三年（1758）刻本。

③ （清）平翰等修，（清）郑珍、（清）莫友芝纂：道光《遵义府志》卷21《祥异》，清光绪十八年（1892）刻本。

食可寻，只得靠采挖侧耳根（《名医别录》记为折耳根，《本草纲目》记为鱼腥草）、夏枯草并补以蕨根粉为饭食，甚有饥饿者挖掘白墡（俗名观音粉）果腹者，灾情尤其惨重。

　　清代云南和贵州两省干旱、洪涝、低温冷冻、风灾等气象灾害，以及地震灾害、地质灾害、疫疾灾害、农作物病虫害等各类自然灾害频繁发生。受云贵高原地理环境、地质地貌和区域气候的多重影响，各类灾害的时空分布差异明显，干旱、洪涝、低温冷冻和虫灾的季节性分布特征尤其突出。由于清代云贵两省地震、滑坡、泥石流、水灾、旱灾、疫疾、雪灾、霜灾、雹灾、风灾和虫灾等自然灾害都在不同的时间节点和地理范围内发生过，因而灾害种类具有多样性，灾害的时空分布具有广泛性。与此同时，由于气象灾害与地质灾害之间往往具有伴生性或链状性，无论是气象灾害还是地质灾害，它们在区域性的整体灾害系统中的连锁反应兼具链式结构或网状结构，各类灾害事件的时间跨度以及灾害发生的时序性特点比较突出。

　　具体而言，清代云贵地区干旱和洪涝灾害的年代际变化和季节性特征比较明显，旱灾和洪涝主要在夏秋两季发生，旱灾在春季和初夏发生频次高，洪灾则主要出现在夏秋两季，且两类灾害都具有衍生性、交互性和重叠性；地震灾害多在亚欧板块和印度洋板块的交接地带发生，地震频次和烈度随区域性地壳内部的板块构造运动强弱而发生变化，具体表现为云南地震灾害频率比贵州要强，且地震灾害的覆盖范围远比贵州宽广；云贵地区的滑坡和泥石流灾害亦多发生在夏秋季节，随地震灾害和洪涝灾害的时空分布而呈现不同的分布态势，具有连续性和累积性的特点；清代云南和贵州的低温冷冻灾害多在冬春季和夏季发生，雹灾主要出现在春夏两季，风灾则主要出现在春季和夏季，与区域性季风气候系统的强弱和变化息息相关；疫疾则主要在夏、冬、春三季，但冬季流行频次低于夏季，与周遭的地理环境和社会环境的变化密切关联。在清代云贵地区迭次发生的洪涝、旱灾、地震、疫疾、虫灾、雹灾、风灾以及低温冷冻等各类灾害中，水灾、干旱、地震、疫疾所带来的滞后性影响较大，其余灾害的影响相对较轻，但各类灾害的累积性和突发性所造成的影响使受灾地区农业生产受挫，灾害的连续性越强，地方灾黎生活越发窘迫，连年灾荒对云南和贵州的社会经济造成巨大的冲击，严重影响了西南边疆地区正常的社会秩序。

第二节　清代云贵地区自然灾害产生的后果及影响

自然灾害是人类社会赖以生存的自然世界中发生的异常现象，尽管自然灾害本身亦是地球环境调整自我和保持能量平衡的方式，但其对人类社会所造成的危害通常是触目惊心的。清朝康熙二十八年（1689）四月，康熙帝以雨泽愆期敕命大学士等传问九卿有关政事之得失，谕令："朕思政事失于下，则灾患应于上，如影响然"[①]，灾害对社会和国家的影响不言而喻。清代云贵地区自然灾害频发，给云南各贵州的社会稳定发展带来极大的危害，甚至影响到清朝中央政府在云贵地区的社会治理成效以及在西南边疆地区的统治秩序。

一　灾害对云贵地区农业生产的冲击

农业是云南和贵州传统社会的经济命脉，是云贵两省山区、半山区社会经济持续发展的基础。民为国之基、谷为民之命。粮食安全作为关系国运民生的"压舱石"，是维护区域社会稳定和国家安全的重要基础。粮食是清代云贵地区民众的日常生活和救灾备荒的基础物资，其供需平衡与否直接关系到云南和贵州的社会稳定和经济发展。清代云贵两省受区域气候变迁的影响，农业生产因自然灾害屡屡发生所造成的损失较重。"气候对粮食单产的影响主要体现在两个方面：一是气候的冷暖直接影响作物的生长期长短，进而影响单产；另一方面，如某一时段灾害增多，作物减产较多，也会拉低这一时期的单产水平。"[②] 清代云贵两省各府厅州县所属地方干旱、洪涝、低温冷冻、地震、滑坡、泥石流、疫疾以及虫灾等不断发生，致使禾稼连岁受灾，灾荒频仍。由于云贵地区平坝地带的耕地有限，小农经济活动空间主要被限制在面积较广的山区和半山区，在各类自然灾害发生和延续期间，云南和贵州集分散性、封闭性、自给性和单一性等为一体的传统小农经济的防灾救灾减灾能力十分脆弱，尤其是在各类自然灾

[①]《清圣祖实录》卷140，康熙二十八年四月己卯条，中华书局1985年影印本，第5册，第539页。

[②]萧凌波：《清代气候变化的社会影响研究》，《社会科学文摘》2016年第7期。

害的严重打击下,所种植的粮食单产屡年歉薄,民众生活物资短缺,粮食价格不断上涨,农业生产遭受重创,给各地民众的生产生活造成严重的影响。

清代云贵两省区域性气候复杂多变,干旱、洪涝、冰雹、低温冷冻等灾害性天气频繁出现,严重制约了各府州县所属地方的粮食生产和增产。每年度春夏季节的干旱往往导致田禾枯萎,谷物颗粒干瘪,不仅秋收无望,还影响到各地方府库仓储的建设、积存谷石的规模以及市场粮价的波动。顺治十六年(1659),贵阳府、安顺府、平溪卫等地旱灾,斗米千钱至一金不等,民饥食蕨,年需告匮,顺治帝谕令:"免贵州贵阳、安顺、都匀、石阡、镇远、铜仁等府属州、县、所、卫、土司十六年分旱灾额赋。"[①] 康熙元年(1662),云南弥勒州"天旱,斗米价银二两"[②]。旱灾导致粮食匮乏,物价上涨,甚有需要官府蠲减赋税,以渡难关。康熙二十七(1688)年十二月,云南开化府"大旱"[③],清廷谕令"免云南开化府本年分旱灾额赋有差"[④]。康熙五十二年(1713),云南广西府遭遇夏旱和秋季暴雨,禾苗受损严重,"荒歉无收,人民外散"[⑤]。乾隆十二年(1747),云贵总督张允随奏报称:"滇省安宁、广通、楚雄等三州县,黔省台拱、天柱、古州、下江等处,秋禾被旱,现委员查勘,酌量接济。"[⑥] 黔省台拱和古州为苗疆要地,值此缺雨天旱,乾隆皇帝担心顽苗乘此新易总督之时故智复萌,晓谕张允随应当留心处理此次旱灾。乾隆二十一年(1756),云南剑川县"夏大旱,秋禾不登"[⑦],此次剑川县夏季大旱,导致秋收无

[①]《清世祖实录》卷132,顺治十七年二月癸巳条,中华书局1985年影印本,第3册,第1018页。

[②] (清)秦仁、(清)王纬修,(清)伍士玠、(清)傅腾蛟等增订:乾隆《弥勒州志》卷24《祥异》,清乾隆四年(1739)刻本。

[③] (清)赵震纂,(清)汤大宾修:乾隆《开化府志》卷1《图象·祥异》,清乾隆二十四年(1759)刊本。

[④]《清圣祖实录》卷138,康熙二十七年十二月壬子条,中华书局1985年影印本,第5册,第508页。

[⑤] (清)赵弘任修:康熙《纂修广西府志》卷10《征异志·灾祥》,北京图书馆馆藏清康熙五十三年(1714)钞本传抄皮藏。

[⑥]《清实高宗实录》卷297,乾隆十二年八月丁亥条,中华书局1985年影印本,第12册,第893页。

[⑦] (清)阮元等修,(清)王崧、(清)李诚纂:道光《云南通志稿》卷4《天文志·祥异》,清道光十五年(1835)刻本。

望。乾隆三十五年（1770），贵州修文县饥荒，饥民就食者达数千人，定番州"斗米价银八钱，流民饿死者数百"①。清康雍乾时期以盛世著称，但区域性的气候变化导致云贵地区自然灾害不断发生，历次旱灾造成的粮食减产或歉收，相应制约了云贵两省地方社会经济的发展进程。

清中前期云南和贵州两省的人口持续繁衍和增长，由于满足民生口粮的需要，遍及西南边疆、云贵两省山区半山区的移民垦殖等经济开发活动蔚然成风，移民垦殖和高产作物的种植"既促成了康乾盛世的繁荣发展，也导致种种资源损耗、生态环境恶化，巨大的人口压力最终导致生活水平普遍下降，社会经济陷于困顿"②。清嘉庆和道光朝时期，中国气候处于由暖转寒的时期，云贵地区亦受寒冷气候的波及，且持续时间较长，因区域气候变异造成云贵地区灾害频发。研究表明，1815 年至 1830 年期间发生的气候突变，这是一个从清代"康乾盛世"时候的相对温暖期进入相对寒冷期的突变，气候的这种突变造成了全国性农业减产③。嘉庆元年（1796）和嘉庆二年（1797），贵州湄潭县连年大旱，"民饥"④。嘉庆二年，云南楚雄县旱灾导致穷黎大饥，"斗米二千四百文"⑤。嘉庆七年（1802）夏，贵州天柱县"米价腾贵，每斗值银八九钱，烟叶每斤价一钱七分。南家堡并沿河处斗米价一两八钱"⑥。道光十二年（1832）五月，云南宣威州异常寒冷，田亩"禾稼不茂，谷半稔"⑦。道光十三年（1833）六月初旬，镇雄州"陨霜杀禾"，道光十四年（1834），镇雄州"大饥，民多饿殍"⑧。

---

① （清）年法尧原本，（清）陈惠夫续修，（清）尹石公续纂：乾隆《定番州志》卷 1《大事·灾祥补》，1945 年铅印本。

② 孙兵：《人口、盛世与民生：对于清前期经济增长方式的反思》，《安徽师范大学学报（人文社会科学版）》2016 年第 2 期。

③ 王铮、黎华群、孔祥德、张正远：《气候变暖对中国农业影响的历史借鉴》，《自然科学进展》2005 年第 6 期。

④ （清）吴宗周修，（清）欧阳曙纂：光绪《湄潭县志》卷 1《祥异》，清光绪二十五年（1899）刊本。

⑤ （清）苏鸣鹤修，（清）陈璜纂：嘉庆《楚雄县志》卷 1《祥异》，清嘉庆二十三年（1818）刊本。

⑥ （清）林佩纶等修，（清）杨树琪等纂：光绪《续修天柱县志》卷 1《祥异》，清光绪二十九年（1903）刻本。

⑦ （清）刘沛霖修，（清）朱光鼎等纂：道光《宣威州志》卷 5《祥异》，清道光二十四年（1844）刻本。

⑧ （清）吴光汉修，（清）宋成基纂：光绪《镇雄州志》卷 5《祥异》，清光绪十三年（1887）刻本。

道光十年（1830）夏六月，贵州黎平县"无雨，秋收颇歉"①。嘉道时期云贵地区灾害对传统的小农种植业造成的损失巨大，因粮食歉收和粮价腾贵导致的饥荒直接对山区半山区民众生命和财产安全造成危害。嘉庆朝云南文人李于阳在诗歌中记述了屡年灾歉造成重大饥荒的惨状，"岁频歉，人苦饥，饥而死者相累累"②，史料反映出云南累年灾荒导致饿殍载道，死亡枕藉，惨不忍睹。

清嘉道时期，"清政府失去了对国家的有效控制而处于风雨飘摇之中。嘉道时期的吏治危机是中国封建专制主义以及为其服务的封建道德礼教共同结下的恶果"③。"嘉道时期是清代承前启后的转折期，这一时期的灾荒也出现了一些特有的状况，成为清代灾荒整体演变过程的转折点。"④嘉道朝以后，清政府"康乾盛世"之光已趋于黯然失色，尤其是乾隆朝末年腐朽吏治的滋生、社会动乱、府库益形拮据以及社会经济的滞后发展，使清朝逐渐走向盛极而衰的困境。"咸同年间云南反清大起义历时18年，是清代云南历史的分水岭，清王朝在云南的统治经历了从总体稳定到全面失控再到重新恢复两次重大逆转。"⑤咸同年间云南自然灾害伴随兵燹匪患同期出现，云南各府厅州县民众缺衣乏食，无家可归的灾黎流离失所。清咸丰七年（1857）昆明县《粥厂谣》详细记述了战乱和灾害造成的饥荒景象，廪里无粮，囷中无粟，成人饿欲死，幼孩道旁哭，"长官来粥厂开，哄然釜底如雷鸣，吸唲鸿雁鸣何哀，釜中粥来熟，死人横满街"⑥。咸同云南乱军横行强夺民众田亩和粮食，原本窘困的黎民生活无着，尽管有急公好义之人设厂施粥，但因仓储遭兵燹焚毁，赈济终究难周全。

清雍正、乾隆时期是云贵地区仓储发展的重要时期，而历经咸同兵燹，云南和贵州两省各府厅州县所属地方的仓储因战乱遭到严重破坏。据

---

① （清）刘宇昌修，（清）唐本洪等纂：道光《黎平府志》卷1《灾祥》，清道光二十五年（1845）刻本。
② （清）李于阳：《即园诗钞》卷8《苦饥行》，载云南省文史研究馆整理《云南丛书》第30册，集部第四十三，中华书局2009年版，第15679页。
③ 张国骥：《清嘉道时期的吏治危机》，《湖南师范大学社会科学学报》2004年第2期。
④ 朱浒、黄兴涛：《清嘉道时期的环境恶化及其影响》，《中国高校社会科学》2016年第5期。
⑤ 许新民：《论清咸同起义以来云南土司治策——以承袭与改流为中心》，《云南师范大学学报（哲学社会科学版）》2013年第1期。
⑥ 云南省水利水电勘测设计研究院编：《云南省历史洪旱灾害史料实录（1911年〈清宣统三年〉以前）》，云南科技出版社2008年版，第139页。

光绪朝《云南通志》记载，云南全省建有仓储的 87 个地区中，咸同战祸波及 29 个地区的常平仓和社仓，仓粮被劫掠殆尽，或尽充军食无存，有 12 个地区的常平仓被毁，有 4 个地区的社仓焚烧，也即全省近一半以上的地区仓储被破坏①。另有档案史料记载，贵州省自咸丰四年（1854）以后，因历年剿办逆匪、碾放军粮，兼以地方被贼蹂躏，加以秋粮减免，存仓粮石不敷支给兵丁月米，均系碾动仓谷，以供支放。其余又被贼匪焚掠，所有各属应存常平社仓谷石，未能截数，按年造报。光绪二十年（1894）十二月初八日，贵州巡抚、布政使嵩崑到任，遵照旧例盘查各府厅州县所属地方仓粮，奏称："各属仓谷因军食兵糈动缺，及被贼焚掠，尚未筹补，仍难截数盘查结报。"②

清代云南和贵州各府厅州县的农作物种植结构和经济发展方式与各地自然地理环境和社会环境形成一个密不可分的整体，云南和贵州农业生产地理格局受自然条件、社会环境、文化交融多重因素的交互影响，相继造成区域性农业经济发展水平、劳动生产力强弱和人口密度分布的差异性和非均衡性长期存在，因而在各类自然灾害的袭扰下，云贵两省山区、半山区农业经济的脆弱性愈加明显，而小农经济的恢复力愈发滞后。光绪八年（1882），贵州铜仁府属地方入夏以来大雨滂沱，河水陡涨，将近河之提河司前瓮怕各洞，及白沙溪苗帽沟等处低洼田亩禾苗、土膏均被冲坏，秋成无望，贵州巡抚林肇元奏报称"铜仁府属水灾，酌量抚恤"③。光绪十六年（1890），临近大暑节气期间，云南"石屏州属上半年雨泽稀少，烈日干风，田地干涸，接近大旱，秧苗已老未能栽种，夏灾已来，米价日昂"④。石屏州春季雨旸失时，导致稻谷秧苗未能按时栽插，夏季大旱导致米价逐渐高抬。光绪二十六年（1900）二月二十三日，贵州巡抚邵积诚奏称，黔省入秋以后阴雨连月，禾稼大伤，雨季过长导致禾稼不能刈获，半多霉烂，"被灾之重以大定府属毕节、威宁为最，其次如贵阳、贵筑、普安、水城、平远、黔西、清镇等处，均止五六分或二三分不等"⑤，迄至冬季，

---

① 王水乔：《清代云南的仓储制度》，《云南民族学院学报（哲学社会科学版）》1997 年第 3 期。
② （清）嵩崑：《奏请展限盘查各属仓粮折》（光绪二十一年正月二十五日），中国第一历史档案馆，宫中朱批财政第 1219 函第 50 号，档号：01 - 06405。
③ 《清德宗实录》卷 152，光绪八年九月癸丑条，中华书局 1987 年影印本，第 54 册，第 153 页。
④ 刘建华主编：《中国气象灾害大典·云南卷》，气象出版社 2006 年版，第 36 页。
⑤ 中国第一历史档案馆，《清代灾赈档案专题史料》第 24 盘，第 267 页。

米价变得极其昂贵。光绪三十二年（1906）夏季，昆明县发生旱灾，粮食供不应求，民众挨饥受饿，尽管官府将仓库所存粮食调出平价出售，但仍旧发生争抢口粮的现象，并有民众被哄乱踩踏致死。光绪三十二年十一月二十三日，云南巡抚丁振铎奏报，昆明县属"西宁等堡被灾共田一百二十九顷一十亩八分六厘四毫……业据会勘明确，委系十分成灾"①。鉴于昆明县西宁等堡因旱成灾，秋粮收成无望，丁振铎恳请将应当征收的光绪三十二年分上列条款银米照数免除，酌情解决民众的困厄。光绪三十二（1906）、三十三（1907）和三十四年（1908）期间，建水县连年遭遇大旱，秋收时节稻谷颗粒无收，一元银币才能购买两升大米，粮价贵如珠宝，民众饥肠辘辘，坐以待毙。

  气候变化对农业生产的影响是一个比较复杂的问题，根据学界的研究，"气候变化的幅度同其变化的时间尺度存在着一定的对应关系，即周期尺度越长，气候变化越大，对农业生产和生态系统的影响也越大"②。清代云贵地区洪水、干旱等灾害多发，且前后延续时间较长，常常造成大面积农田被淹、作物被毁，致使作物减产甚至绝收，从而影响市场粮价的波动。光绪元年（1875）八月十一日，丽江府属永胜"大雨，东山起蛟，清水驿、期纳、土锅村淹毙男女百余人，田地被石堆沙压者数百亩"③。永胜大雨引发山洪，致使清水驿、期纳、土锅村三个地方人丁被淹毙达一百人有余，致使劳动力减少，泥石流还荡平村庄数百亩庄稼，粮食相应减产。光绪二十三年（1897），云南晋宁州属永宁等乡先后遭遇旱潦，并且成灾严重，云贵总督锡良覆查晋宁州属灾情，"被灾共田二十三顷三十七亩六分一厘"，经勘查，确定成灾等级为十分，因旱潦成灾造成的秋粮减产为数甚多。光绪十九年（1893）五月和六月期间，云南临安府宁州"淫雨连绵，恩永河及沙河水大涨，三盆河堤崩溃，州坝田禾淹没，西自孙家坝高田，东至准提庵山口，一片汪洋，尽成泽国"④。宁州河水暴涨淹没粮田，受灾严重，又因夏季恰逢大旱，田地中禾苗大多干萎，收成极度锐减，是

---

  ① （清）丁振铎：《奏为云南昆明县属西宁等堡被灾请豁免银米折》（光绪三十二年十一月二十三日），中国第一历史档案馆，朱批奏折，档号：01-01586。
  ② 张家诚：《气候变化对中国农业生产产生的影响初探》，《地理学报》1982年第2期。
  ③ 刘建华主编：《中国气象灾害大典·云南卷》，气象出版社2006年版，第128页。
  ④ 刘建华主编：《中国气象灾害大典·云南卷》，气象出版社2006年版，第135页。

年米价非常昂贵。光绪二十年（1894），剑川州因旱灾导致城内米价上涨，时人皆感困苦，有《米贵行》记载："闻说米太贱，价折亦伤农。又闻米太贵，难为二铺供。斟酌贵贱间，常持此中庸。其如非人定，由岁判凶丰。"① 清代云贵两省先旱后潦、旱涝交替的灾害现象比较突出，干旱和洪涝骤降致使田亩大范围被灾，粮食产量明显下降。

云贵地区受西南季风气候的影响，天气现象多变，冰雹灾害较为常见。需要指出的是，"冰雹事件是时空尺度均较小的强天气事件"②，因此，清代云贵地区历次冰雹骤降，摧毁庄稼的地域范围相对有限，但由于冰雹突然而至，对云贵地区田间地头的禾稼造成的危害较大。康熙二十七年（1688）夏四月，贵州安南县"冰雹如拳，麦无收"③。乾隆元年（1736），据贵州总督张广泗奏称，贵州镇远、思州、黄平、施秉、余庆、清溪、玉屏等各府州县于四月后或被水灾，或遭冰雹，"虽山溪水涨，涸不待时，冰雹所过，仅一二里，而此一带之田亩、民房多遭损伤"④，由于禾稻遭雹损伤，张广泗即行委员星赴各处查勘，动拨银两散赈，以资抚绥。光绪三年（1877），"贵州四乡连被冰雹，有颗粒无存者，有去其十分中之五六者"⑤。光绪七年（1881）秋，云南思茅厅属地方"雨雹打坏田禾千余亩"⑥。光绪二十八年（1902），云南巡抚魏光焘奏报："鹤庆州属南庄、滥泥井等村田亩于上年八月初九日禾稼初齐，正当扬花结实，忽遭冰雹，概被伤折，秋成无望……被灾田亩一十二顷八十五亩。"⑦ 光绪三十年（1904年）五月初，师宗县"城关及东北二村遭冰雹袭击，历时达一时之久，田内豆麦被毁"⑧。宣统二年（1910）秋，"广南县冰雹灾，粮食歉

---

① 云南省水利水电勘测设计研究院编：《云南省历史洪旱灾害史料实录1911年〈清宣统三年〉以前）》，云南科技出版社2008年版，第510页。

② 段玮、胡娟、赵宁坤、尹丽云、刘春文、沈鹰：《云南冰雹灾害气候特征及其变化》，《灾害学》2017年第2期。

③ （清）何天衢修，（清）郭士信等纂：雍正《安南县志》卷1《灾祥》，清雍正九年（1731）稿本，1966年贵州省图书馆据南京大学图书馆藏钞本复制油印本。

④ 《清实录高宗实录》卷22，乾隆元年七月己亥条，中华书局1985年影印本，第9册，第523页。

⑤ 《黔疆晴雨雷雹纪略》，《申报》光绪三年四月十六日（1877年5月28日），第一千五百六十号第三页，上海书店1983年影印本，第10册，第482页。

⑥ （清）李熙龄原纂；（清）魏锡经辑：《思茅厅志》卷2《祥异》，清光绪十一年（1885）抄本。

⑦ （清）魏光焘：《奏为查明云南宾川等州县上年被灾较重请豁免应征钱粮事》（光绪二十八年五月二十二日），中国第一历史档案馆，抄奏，档号：03 - 6274 - 081。

⑧ 师宗县志编纂委员会编：《师宗县志》，云南大学出版社1997年版，第74页。

收。次年四月,广南、马关、西畴等地区降冰雹,打坏部分庄稼"①。清代云贵两省骤降冰雹,在短时间内将豆、麦、稻谷等禾稼的茎叶悉数损坏,致其未能结实,受灾面积较大,导致被灾地区粮食大减,民户口粮欠缺,并引起市场粮价的上涨。

蝗虫趋水喜洼,蝗灾往往和严重旱灾相伴而生,由干旱地方成群迁往低洼易涝地方,是所谓"旱极而蝗""久旱必有蝗"。"蝗虫之所以猖獗,是制约蝗虫繁殖的客观条件失控,如干旱缺水、天敌减少、植被单一化、越冬残虫量大等,给蝗虫提供了快速繁殖、短期内爆发成灾的可能。"②研究认为:"蝗灾的发生虽然是自然灾害,但灾害的后果却与人类社会密切相关。"③ 一旦发生蝗灾,大量的蝗虫会吞食田禾,使农作物遭到破坏,甚至造成绝收。光绪十三年(1887)八月二十五日,据署平远州陆里各甲绅民呈报,本年"入秋以来,复遇干旱,兼被虫灾,毫无收成"④。光绪十五年(1889)四月和五月,云南建水县"雨水稀少,高阜各田栽插本迟,扬花之际复遭狂风烈日伤损谷胎,又有白色小虫伏啮根节,以致谷穗白而不实,秋收无望,计四百八十三顷十八亩多"⑤。普洱府属地方因旱灾引发蝗灾,时在普洱为官的陈宗海设法捕杀蝗虫,保全了秋收。光绪十五年(1889)夏,建水县的稻谷在扬花之际先遭遇干旱,后又"有白色小虫伏啮根节,以致谷穗白而不实,收成大减,秋灾已成"⑥清朝云贵地区虫灾的发生,造成的直接后果是大范围受灾区的农作物被损坏,收成减少,粮食匮缺,物价腾贵,饥民乏食。

二 灾害对云贵地区财政经济的损耗

清代云贵地区严重的自然灾害除直接造成饿殍载道以外,还对区域社

---

① 文山壮族苗族自治州地方志编纂委员会编:《文山壮族苗族自治州志》(第1卷),云南人民出版社2000年版,第219页。
② 游修龄:《中国蝗灾历史和治蝗观》,《华南农业大学学报(社会科学版)》2003年第2期。
③ 施和金:《论中国历史上的蝗灾及其社会影响》,《南京师大学报(社会科学版)》2002年第2期。
④ 中国第一历史档案馆,《清代灾赈档案专题史料》第64盘,第1358页。
⑤ 刘建华主编:《中国气象灾害大典·云南卷》,气象出版社2006年版,第36页。
⑥ (清)谭钧培:《奏为派员确勘云南省新平等县被灾情形事》(光绪十五年),中国第一历史档案馆藏,附片,档号:04-01-05-0181-024。

会经济造成重创。云贵地区各类自然灾害的频发，加剧了各府厅州县所属地方的财政困难，府库持续亏缺，国家财赋难以得到有效保障，进而使当局难以调拨足够的钱粮用于防灾救灾减灾，加之抚恤灾黎期间投入市场的粮食减少，一定程度上使灾荒不断蔓延，危害持续加深。

清代云南盐课收入是云南财政收入的重要来源，并在云南地方政治、经济、文化、军事等各项政务开支中占据很大的比重。陈荣昌在《重修白盐井志》序言中称："帑藏所入，以盐课为大宗，岁计五六十万，近年来筹盐捐，又岁计五六十万，与正课相比垺。往者官吏之廉俸出于盐，师儒之束脩膏火出于盐，将卒之饷胥出于盐；今则团营团哨之供亦出于盐，学堂之经费亦出于盐。盐之利与滇相维系者何如哉？"① 云南盐课收入对全省社会经济的深广影响就在于此。雍正《白盐井志》详细记载白盐井的盐课，"每井大建月共领薪本银一千四百五十两，小建月共领薪本银一千四百一两六钱六分六厘六毫六丝六忽六微六纤六尘六渺七漠。旧额五井大建月该盐二十万一千一百一十八斤，小建月该盐十九万四百一十八斤"②。清代云南有黑井、元永井、阿陋井、琅井、白井、乔后井、拉鸡井、云龙井、磨黑井、按版井、香盐井、安宁井、云龙井、诺邓井、太和井、弥沙井、乔后井等各大盐井，各盐井能否正常煎盐缴税，关系云南盐课的征收以及地方财政收支的平衡。清代云南盐井在此前历朝的基础上实现了重要的发展，主要表现为盐井数量的直线式增加，即由清前期的九井不断拓展为中期的二十九井③。此外，清朝还在云南黑盐井、白盐井和琅井三地设立盐提举，协助盐务主官管理盐政事务，道光朝《云南志钞》记载："滇之盐产于井，治之以盐法道，而统一巡抚部院，分设官以提举之曰提举，立征榷之法名曰盐课，以官司之曰大使，……凡隶于府厅州县者，其课即令所隶之府厅州督征。"④ 云南盐官和盐役的设置，与云南督抚和盐法道等地方官员形成合力，稳固地控制云南盐业生产和销售，汲卤有定数，煎盐有定额，盐课征收为维护清朝在西南边疆的有效统治奠定了坚实的基础。

---

① （清）李训鋐等修，（清）罗其泽等纂：光绪《续修白盐井志》，清光绪三十三年（1907）刻本。
② （清）刘邦瑞纂修：雍正《白盐井志》卷5《赋役志·盐课》，清雍正八年（1730）刻本。
③ 董咸庆：《云南食盐产地沿革与变迁》，《盐业史研究》（第1辑），1986年，第132页。
④ （清）王崧撰，（清）杜允中注：道光《云南志钞》卷2《建置志·盐法》，清道光九年（1829）刻本。

随着明清移民实边推进，云贵两省的垦殖活动得到不断发展，尤其是清代滇铜黔铅的大量开采和冶炼，相应加速了云南山区经济的发展进程。此外，食盐作为生活必需品，生产成本低，利润丰厚，是清代政府的重要财政来源，而其凿井汲卤和煎炼成盐又与周遭的生态环境息息相关。清代云南洪涝灾害频发，云南部分盐井遭受洪涝或泥石流灾害的冲击，盐业生产和运销受损严重，进而影响到盐课的正常征收。康熙三十一年（1692），云南巡抚王继文奏报："黑井蛟虿横发，漂没柴盐无补，请免停工煎盐课银一万四千四百两。"① 黑盐井遭受暴雨洪流的冲刷，薪柴和盐斤受损严重，清廷允准因灾滞缴盐课14400两。嘉庆二十二年（1817），大理洱源乔后盐井受灾，时有太和县诗人记载："闻说弥苴水，新防筑更开。比邻俱破胆，盐井又成灾。骑月重阴积，秋阳矢信回。市粮稍减价，霪雨复高抬。"② 诗文记述乔后盐井在洪水洗劫后成灾严重，连月阴雨使禾稼受损，市粮价格涨高。光绪三年（1877），云南黑盐井和白盐井同时遭遇洪灾，盐仓、灶房被冲坏，运盐道路和桥梁被冲毁，受灾严重。盐课征收与饷源供给密切相关，黑白二盐井遭灾后，署理云南巡抚、云南布政使杜瑞联奏报："拟将被灾各属如有应行抚恤及来春接济籽种之处，仿照光绪元、二两年可办成案，先由本省厘金项下动款散放，归入善后案内报销，其盐井应如何设法修复，亦由本省筹划办理"③，并将及时派员勘查成灾分数，设法修复盐井，酌情裁定灾后赋税的征收和解送。光绪八年（1882）七月下旬，云南定远县（今牟定）"大雨如注，清水河水陡涨，琅盐井护堤冲缺，涵洞、民房、仓盐、禾稼多被冲淹"④。琅盐井于光绪八年受灾严重，已煎好的食盐被浸泡损毁，屋宇、庄稼被洪流淹没，给琅盐井地方造成严重的经济损失。

光绪十九年（1893），云南丘北"喇维鸣盐井后山发蛟，庙宇、磨房、灶户、屋宇、器具、畜物尽行淹没"⑤。光绪三十年（1904）六月，禄丰县

---

① （清）倪蜕辑：《滇云历年传》，李埏校点，云南大学出版社1992年版，第549页。
② （清）沙琛：《点苍山人诗钞》，载云南省水利水电勘测设计研究院编《云南省历史洪旱灾害史料实录（1911年〈清宣统三年〉以前）》，云南科技出版社2008年版，第490页。
③ （清）杜瑞联：《奏为勘办云南省各厅州县本年被灾地方情形事》（光绪三年十月十九日），中国第一历史档案馆，录副奏折，档号：03-7099-018。
④ 刘建华主编：《中国气象灾害大典·云南卷》，气象出版社2006年版，第129页。
⑤ 刘建华主编：《中国气象灾害大典·云南卷》，气象出版社2006年版，第135页。

"盐永井地方雨水过多，山岸塌陷，压坏民房，伤毙男女及行路人八丁口，井陷微震，河岸灶房倒塌，陷没盐井，推倒街铺八户，压伤多人"①。喇维鸣、盐永等盐井遭遇洪水，井硐、煎盐场地等被淹没，盐斤浸泡损毁，严重者有激流将灶房冲塌，器具、什物漂失殆尽，煮盐被迫停歇，严重影响正常的盐业生产和盐税的缴纳。光绪十九年（1893），安宁盐井被洪水淹没，"据安宁州知州张嘉璧、委员补用知县邬振铎会禀，该井每年额征盐课银二千五百两，卤水甚淡，向须汲泼入田，晒取硝土，泡滤煎熬，历三昼夜而后成盐，味犹带苦，是以资本较重，卖价较轻，平日灶情已形竭蹶。兹被河水浸灌盐井、盐田，冲塌灶房，平时积存硝盐以及器具、什物概行漂没，灾情颇重"。水灾致使安宁井停煎，尽管饷需紧急，但实属无力赶补。云南巡抚谭钧培奏请将"自六月十五日被水停煎起至九月底止，计三个月零十五日，每月应完课银二百八两三钱三分三厘四毫，共应完银七百二十九两一钱六分六厘九毫"②如数蠲免。安宁盐井受灾，不但不能按时上缴盐税，尚须政府给予救灾资金，以填补修复盐井、灶房及仓储之工费，对府库银两亏缺的云南政府而言是一项沉重的负担。

  盐课是政府赋税的重要来源，每逢战事军饷告急，盐课便成为解决军饷的首选③。而连岁不断增加盐税，不仅加重盐井的赋税负担，还影响到市场上食盐的正常供给。由于受交通的限制，肩挑小贩从中获取较多的利润，负担较多，加之各项开支庞大，国库非常拮据。嘉庆二十二年（1817）十月十二日，云贵总督臣伯麟、云南巡抚臣李尧栋奏称，楚雄府白盐井地方夏秋间大雨连绵，冲决河堤，被淹田庐、井灶、盐觔，并淹毙灶民十六丁口，"井区被淹攸关课款，而灶力难支，自应官为借项督令赶修，俾免旷煎堕悞，臣等现已饬令盐道于本年征解引课内动放银七千两，发给殷实灶户，承领一俟水涸冬晴，即可乘时修竣，仍令该提举督率认真修理，按限扣收还款"④。光绪二年（1876），云贵总督刘长佑在《密陈善

---

  ① 刘建华主编：《中国气象灾害大典·云南卷》，气象出版社2006年版，第138页。
  ② （清）谭钧培：《奏为安宁州盐井灶房被水停煎请免停煎期内课款事》（光绪十九年九月二十五日），中国第一历史档案馆，朱批奏折，档号：04-01-01-0993-079。
  ③ 丁琼、李月声：《略论清代云南盐税收入在地方财政中的流向》，《盐文化研究论丛》2010年第5辑。
  ④ （清）伯麟、（清）李尧栋：《奏为云南邓川州及自盐井被水请加赈益蠲免钱粮借项折》（嘉庆二十二年十月十二日），中国第一历史档案馆，宫中朱批（财政）第48函第4号，档号：01-00448。

后难持军饷万难疏》中奏称："滇地山多田少，每年条公正款计银卅余万两，水旱偏灾又免三分之一，各属厘局水不通舟，路不通车，肩贩贸易，年计抽银廿余万两，已觉竭尽全力。盐课试办两年，人民稀少，销路无多。每年拨给军饷不过十四五万两，本省入款多至五六十万亦极矣。……而文武支银卅余万两出其中，绿营饷米银七十余万两出其中。"[①] 清朝光绪年间，除盐政税收因灾难以按时征缴之外，干旱、洪涝、冰雹、低温冷冻、疫疾流行等灾害导致人丁不断减少，农业生产受限，加之散兵游勇行凶抢劫，导致饥荒不断，从而加剧政府开销，国库越发窘迫。光绪十九年（1893），时人记载："今虽承平将近廿年，而大兵之后，瘟疫荒旱，户口虚耗，民率凋伤，悍卒劲兵，半以哗饷，激为游勇，掠劫诸地。"[②] 咸同年间以来的战乱、瘟疫和旱灾造成严重的饥荒，户口减少，民生凋敝，饷银征收进一步加剧了民众的赋役之苦。

三 灾害对云贵地区民众生活的扰动

清代云贵两省的粮食生产因受自然地理环境的影响，季节性和地域性特征明显，仓廒储粮充足才能自主有效应对突如其来的自然灾害破坏和竭力抵制生存危机的威胁。"仓场中的贪官污吏采取各种手法进行贪赃活动，时而隐蔽，时而猖狂，横行于有清一代。"[③] 魏源曾赋诗道出粮仓吏胥的不法行径："仓通廒，廒通仓，仓胥拥之何其昊。国初点胥胥痛哭，近日仓缺万金鬻。"[④] 仓廒粮食或被侵蚀挪移，或盘查不严格，使积谷备荒的仓储体系遭到自然或人为因素的破坏，并对灾后重建工作的开展形成严重制约，最终危及云贵地区灾黎的生产生活。雍正四年（1726）九月初六日，云南道监察御史臣尹秦奏称，在西宁县交盘册内查得捐谷二项共三百五十石，造入交盘，却不在布政司折开盘查数内，随后又查得西宁县有应存党豆七百四十三石五斗六升一合，应存党草三万一千零六十八束半，俱系私

[①] （清）刘长佑：《刘武慎公遗书》，载云南省水利水电勘测设计研究院编《云南省历史洪旱灾害史料实录1911年〈清宣统三年〉以前》，云南科技出版社2008年版，第44页。

[②] 《续滇文丛录》，载云南省水利水电勘测设计研究院编《云南省历史洪旱灾害史料实录1911年〈清宣统三年〉以前》，云南科技出版社2008年版，第47页。

[③] 陈峰：《略论清代仓场官吏的舞弊活动及其危害》，《西北大学学报（哲学社会科学版）》1996年第2期。

[④] （清）魏源：《都中吟》，（清）魏源：《魏源集》，中华书局1983年版，第677页。

相交盘，均未报部。盘查期间，解任知县饶世经对因何亏欠谷石交代不清，尹秦复查出西宁县"谷豆草束俱亏空无着，饶世经以民欠地方抵项，甚属蒙混"①，认为应当即行饬令饶世经于民欠地丁自行征收，照数补项，如不能完结，该由饶世经抵补还项。"粮仓乃社会灾荒救命之利器，每因灾荒或人祸，粮仓便成为人们关注点，成为各方力量争夺的中心。"② 雍正五年（1727）五月二十六日，贵州粮驿贵东道李日更奏称，贵州藩司刘师恕、粮道汪升英并不实力监察，"以致十一府与三十七州县处处亏空，并无一处实贮"③，李日更认为贵州巡抚何世璂日习于边豆之末节，致饰于谦恭之不虑，"而且护庇属官好循情面，凡有揭亏空仓粮者，概不参处，仍复多方维持"④，使仓库亏缺无补，有误政事。仓场官吏对前后卸任之间经手谷石交代不清，玩忽职守的危害贻累黎民百姓。

"灾害系统是由孕灾环境、承灾体、致灾因子与灾情共同组成具有复杂特性的地球表层异变系统，灾情是孕灾环境、致灾因子、承灾体相互作用的产物。"⑤ 清代云贵地区自然灾害发生后，大量农作物被水淹浸，或被泥石流淤积压坏，或因旱失收，水灾、旱灾、冰雹、虫灾等系列的自然灾害使社会生产力急剧下降，粮食成了稀缺之物，灾害使粮田变成杂草丛生的荒地，农业遭受严重的损失不仅使灾荒救治面临严峻的困难，还相应地造成受灾地方粮仓的亏空。因云贵两省部分地区湿气较重，容易导致存仓粮食霉坏变质，造成仓廒额贮的亏损。乾隆元年（1736），云南布政使陈弘谋奏称，州县积贮为阖境民食所关，故而丰收年际视为陈陈相因，而一遇灾荒，颗粒为要，欲期有备无患，惟宜多贮毋亏。"但积贮太多，存贮太久，鼠耗虫伤，不无亏折，按以存七糶三之例，计三年之内虽可全数易出，而洼湿炎热之处，霉变可虞，即地处高燥而东量西折，亏短势仍不免"⑥，仓粮

---

① 《奏报查出直隶西宁县谷石米豆草束情由折》（雍正四年九月初六日），中国第一历史档案馆，朱批奏折（宫中朱批财政第1101函第3号），档号：01-01793。
② 万来志：《清代粮仓制度探析》，《内蒙古农业大学学报（社会科学版）》2010年第6期。
③ （清）李日更：《奏参贵州巡抚护庇属员不盘查仓粮事》（雍正五年五月二十六日），中国第一历史档案馆，朱批奏折，原档号：04-01-35-1101-014-024。
④ （清）李日更：《参贵州巡抚庇护属员致使仓库亏空事》（雍正五年五月二十六日），中国第一历史档案馆，朱批奏折，原档号：04-01-35-1101-013。
⑤ 史培军：《灾害研究的理论与实践》，《南京大学学报（自然科学版）》1991年第11期。
⑥ 《奏请定米谷亏折之章程以重仓储折》（乾隆元年十二月初三日），中国第一历史档案馆，朱批奏折（宫中朱批财政第1103函第22号），档号：01-01885。

递年增加，陈粮上压陈粮，积谷数量较多州县一遇交盘则赔累不少。云南普洱府地处西南极边，毗连外夷，山多田少，产米无多，遇有急用，一时筹办维艰，且因"普洱一带地气潮湿，存米易于霉变"①，需于常年不断出陈易新，使所存米石不致虚糜公项。道光十年（1830）十二月十七日内阁奉上谕，阮元等奏查明云南嶍峨、恩安二县于夏间被水，"其被冲漂没霉变仓谷二千三百五十一石零，著照数豁免"②。道光朝初期，黔省各府厅州县因气候所致，或因水灾造成的仓谷霉变为数不少（见表14）。档案记载，道光十一年（1831），遵义府桐梓县遭遇洪水，县城因仓廒被水满溢浸淹，先后搬出干谷二千二百石，微湿晾干谷一千六百三十五石，捞出湿谷四千六百五十四石，核计被水霉烂、漂失无存谷三千九百二十三石，"湿谷内渐次霉变不堪贮用谷二千八百八十石"③。虽云贵地区边隅积贮较他省尤为急务，但存储过多，因气候和遭灾造成谷物红朽霉变实属无益于民生。

表14　道光初年贵州省各属常平仓历任霉变折耗未摊短缺谷数

府厅州县	未摊短缺谷数（石）	府厅州县	未摊短缺谷数（石）
贵阳府	9177	荔波县	1758
定番州	4536	清江通判	2856
广顺州	2124	黄平州	7516
贵筑县	27623	镇远县	4090
龙里县	16545	天柱县	1008
贵定县	5086	胜秉县	363
修文县	1049	印江县	833
大塘州判	1433	婺川县	3963
郎岱同知	6606	石阡府	1418
归化通判	317	铜仁县	1215

---

① （清）伯麟、（清）永保：《奏报减买云南普洱地方仓谷缘由折》（嘉庆十一年二月初三日），中国第一历史档案馆，朱批奏折（宫中朱批财政 第1191函第3号），档号：01-05163。

② 《谕内阁云南嶍峨等县被水著分别赈豁仓谷缓征钱粮事》（道光十年十二月十七日），中国第一历史档案馆，上谕档，档号：06-04591。

③ （清）嵩溥：《奏为贵州被水灾民赈恤完竣事》（道光十一年九月二十一日），中国第一历史档案馆，朱批奏折，档号：04-01-01-0723-050。

续表

府厅州县	未摊短缺谷数（石）	府厅州县	未摊短缺谷数（石）
镇宁州	2680	古州同知	2874
永宁州	9732	丙妹县	774
普定县	21941	遵义县	9544
清镇县	12548	绥阳县	2981
都匀府	2000	正安州	1045
八寨同知	360	平越直隶州	5071
都江通判	496	瓮安县	5934
独山州	6075	余庆县	600
清平县	14980	湄潭县	4783
都匀县	2430	普安直隶同知	1553
合 计	29675 石		

资料来源：《呈贵州省各属常平仓历任霉变折耗未摊短缺谷数清单》，中国第一历史档案馆，档号：02-02367。

从表14可知，道光初年贵州贵阳府、定番州、广顺州、贵筑县、龙里县、贵定县、修文县、大塘州判、郎岱同知、归化通判、镇宁州、永宁州、普定县、清镇县、都匀府、八寨同知、都江通判、独山州、清平县、都匀县、荔波县、清江通判、黄平州、镇远县、天柱县、胜秉县、印江县、婺川县、石阡府、铜仁县、古州同知、丙妹县、遵义县、绥阳县、正安州、平越直隶州、瓮安县、余庆县、湄潭县、普安直隶同知等40个府厅州县所属地方常平仓历任霉变、折耗未摊短缺谷石共达29675石，其中贵筑县、龙里县、普定县、清镇县、清平县霉变、折耗谷石数量最多，皆亏缺至万石以上。由于各仓廒存贮关系民瘼，云贵总督、巡抚饬令各地方官按照部价每石作银五钱，通限自道光三年（1823）起至道光七年（1827）止，分年提价解贮司库，于每年秋收后酌发买补归仓，以重仓储。

自古以来，粮食关系国家经济命脉，谷物的基本自给自足和口粮安全是社会发展的基石。"王者以民人为天，而民人以食为天"①，清代云贵地区历次自然灾害发生后，都对田土、牲畜的基本生产资料造成破坏，洪涝

---

① （汉）司马迁撰：《史记》卷97《郦胜陆贾列传》，中华书局1963年版，第8册，第2694页。

灾害、地震灾害以及泥石流灾害的破坏性比较强，极其易于导致耕牛的死亡，因而会间接地造成受灾地区农业生产力的下降，并影响到收成的丰歉。顺治十六年（1659），云南府和古越州皆遭遇冰雹袭击，雹大如卵如拳，积厚二尺有余，"伤牲畜无算"①。乾隆十六年（1751）五月，云南鹤庆府剑川州地震"城垣、房屋及人口、牲畜倾倒、损伤者甚多"②。从剑川地震造成城墙、民房以及丁口和牲畜的损伤可知，历次灾害对被灾地方民众的影响最为严重。道光十一年（1831）五月初旬以后，贵州遵义府桐梓县连日大雨，山水陡发，城厢内外被水浸淹，松坎等处亦被水淹，"近城冲塌瓦房三百零二间半，草房一千三百一十二间；松坎等处冲塌瓦房二百三十一间，草房二百四十四间"③。贵阳府和遵义府洪灾使黎民百姓的栖止居所遭受严重的损失，间有造成人口的伤亡，严重影响了被灾地方居民原有的正常稳定的生产生活状态。

云南和贵州地处地壳构造发育带，地震灾害多发，受灾分布点多面广，地质构造复杂，地震灾害致使房屋受损，人员伤亡和损失严重，灾黎居无定所的惨状景象历历在目。文献记载，清代贵州各府厅州县所属土司地区见诸文献记载的地震有 48 次④，乾隆十二年（1747），贵州巡抚张广泗奏称："臣广泗驻营口外，访之夷人，据称地动之事，亦所常有。缘其山石浮松，每遇微动，辄有滚石伤人。"⑤嘉庆十四年（1809）七月朔，正安州发生地震，"忽见山动石坠，居民即将器具牛羊移居对山，迁毕地摇，房屋倒塌，田土尽翻，山泉凝而为潭，深不可测"⑥。道光二十二年（1842）五月五日，余庆县发生地震，"城南二十余里地名魁龙，有一小

---

① （清）鄂尔泰、（清）尹继善修，（清）靖道谟纂：乾隆《云南通志》卷28《祥异》，清乾隆元年（1736）刻本。
② 《清高宗实录》卷391，乾隆十六年闰五月丁亥条，中华书局1985年影印本，第14册，第124页。
③ （清）嵩溥：《奏为贵州被水灾民赈恤完竣事》（道光十一年九月二十一日），中国第一历史档案馆，朱批奏折，档号：04-01-01-0723-050。
④ 代少强、魏冬冬：《清代贵州土司区地震灾害及其社会应对研究》，《长江师范学院学报》2017年第3期。
⑤ 中国第一历史档案馆：《清档·军机处录副奏折》第128号。参考《四川地震资料汇编》编辑组编：《四川地震资料汇编》（第1卷·一九四九年以前），四川人民出版社1980年版，第122页。
⑥ （清）彭焯修，（清）杨德明等纂：光绪《续修正安州志》卷1《天文志·祥异》，清光绪三年（1877）刻本。

溪，两面皆山。山上十余户，一夜雷雨交作，山崩筑溪成一大塘"①。清代贵州地震灾害及其所诱发的山崩、滑坡及泥石流等灾害，给地震灾区民众的栖居造成了严重的影响，同时亦对当地的社会经济造成破坏。光绪二年（1876）六月，云南大理府云龙州"地大震，祠庙、屋宇有损坏者"②。光绪四年（1878）七月九日，"滇蓳州属之大村街地震，每日五六次，数日始息，伤毙男女七十余丁口，牛马牲畜二十余头，民房倒塌者不可胜计"③。光绪四年（1878），滇蓳发生地震，主震结束后余震不断，民众、牲畜皆有伤毙，损毁屋宇无数，人民的生命及财产饱受摧残，部分灾黎被迫流落荒野田间。光绪十年（1884），昆明地震，"震坏民居数百间，伤毙十余人"④。昆明地震房屋坼裂，并有人丁伤毙。光绪二十一年（1895）闰五月初十，蒙化直隶厅属地方"连日地震"，十九日又"大震，先是有声如雷从东北来，广善寺、万寿亭、方家寺、宝善寺、西寺屋瓦皆脱"⑤。蒙化地震造成各庙宇瓦片脱落，急需修缮，其维修一定程度上增加了府库的经费开支，从而加重了灾区的经济负担。

地震灾害具有突发性强、持续时间长、破坏性大、衍生性突出、周期性明显以及防御难度大等特性，不仅对人类造成灾害，还严重摧毁人类赖以生存的基础设施、破坏自然生态环境，并对震区的经济社会发展产生深远的影响⑥。在城乡地区，地震灾害居民使栖居之所倒塌，并造成严重的财产损失，直接导致房屋坍塌，不可避免地会产生债务，加剧了受灾家境的困窘程度。当然，地震灾害也会使得相当数量的人们自发地离开受灾地区，辗转沦落邻近乡村。从社会层面看来，居民因灾流落的结果就是灾区人口的减少。光绪初年，贵州清镇县羊昌石坝寨数十里内地动，"旋裂二十余丈，深不可测，不数年间，寨民死者甚众"⑦。光绪五年（1879），云

---

① （清）陈昌言：《水城厅采访册》卷10《杂类门·祥异》，1966年贵州省图书馆据上海图书馆钞本复制油印本。
② （清）张德霨等修：光绪《云龙州志》卷2《灾祥》，大理白族自治州白族文化研究所编：《大理丛书·方志篇》（卷10），民族出版社2007年版，第852页。
③ （清）叶如桐等修，（清）朱庭珍、（清）周宗洛纂：光绪《续修永北直隶厅志》卷1《祥异》，清光绪三十年（1904）木刻本。
④ 倪惟钦修，陈荣昌等纂：《续修昆明县志》卷7《五行志》，1943年铅印本。
⑤ （清）梁友檍纂修：民国《蒙化县志稿》卷2《祥异》，1920年铅印本。
⑥ 张弓强：《试论地震灾害对经济社会发展的影响》，《灾害学》2012年第1期。
⑦ 方中：《清镇县志稿》卷12《杂记》，1948年铅印本。

南弥勒州地震，"民房、公署、城郭多倾圮"。光绪七年（1881）秋七月，"永北地震，圮民房，毙七十余人"①。光绪十三年（1887）十月初二日，宁州"地大震，伤坏民房数间。石屏州尤甚，震倒民房数千所，压死二千七百余人"②。光绪三十二年（1906）四月，龙陵厅属"地大震五日，每日数次，房屋动摇有声，墙垣多有坍塌，朱家寨压毙一人，报拯有案"③。清代云贵地区破坏性地震灾害发生频次高，文献记载云南地震频次比贵州要高，地震往往诱发城墙、庙宇、房屋等建筑物坍圮、人丁伤亡和巨大的财产损失，与此同时，地震灾害还会造成民众流离失所，严重制约了灾后重建时期劳动力的有效供给和农业生产的正常恢复。

"瘟疫并不是一种单纯的致病微生物和宿主之间互动的生物病理现象，它的发生必然会引起人类社会的种种反应，同时又对社会产生重要影响。"④疫疾灾害的流行对社会造成严重的影响，最为直接的是造成严重的人丁伤亡，从而导致疫灾流行地区人口的急剧减少，最终造成有效劳动力和潜在劳动力的下降，亦给农业生产带来巨大的冲击。乾隆十三年（1748）九月二十八日，贵州提督丁士杰奏称，贵州古州地方与西粤毗连，水土既属恶劣，天时亦复多变，"今岁秋后炎湿暑蒸，兵丁民苗有不善调护者，遂致沾染湿气，疟痢并患，兹自立冬以后，炎热已退，所有流行疾疫俱已平安"⑤。同治四年（1865），云贵总督劳崇光、贵州布政使裕麟奏报，贵州省入夏以来"疫疠盛行，传染遍于通省，而贵阳、安顺、大定等府所属尤甚，各属城乡士民患疫之家十居七八，所患之疫不过吐泻等症，而毙命即在须臾"⑥。光绪十四年（1888），"云南临安府属阿迷、蒙自等州县疫疠流行，死亡甚众"。经时任云南巡抚并署理云贵总督臣谭钧培核查，"蒙自县疫毙人民四千九百二十二丁口"，阿迷州属地方除部分全家死

---

① （清）岑毓英等修，（清）陈灿等纂：光绪《云南通志》卷4《天文志·祥异》，清光绪二十年（1894）刻本。
② 宣统《宁州志》卷4《灾祥》，云南省图书馆据张声永三影斋所藏稿本传抄皮藏。
③ 张鉴安、修名传修，寸开泰纂：民国《龙陵县志》卷1《天文志·祥异》，1917年刻本。
④ 余新忠：《清代江南的瘟疫与社会：一项医疗社会史的研究》，中国人民大学出版社2003年版，第186页。
⑤ （清）丁士杰：《奏报贵州省收成分数等地方情形事》（乾隆十三年九月二十八日），中国第一历史档案馆，朱批奏折，档号：04-01-22-0026-016。
⑥ 刘显世、谷正伦修，任可澄、杨恩元纂：民国《贵州通志》卷3《前事志》，1948年贵阳书局铅印本。

尽，无一幸免之外，"尚有被疫被灾九百二十八户"①。光绪十四年的疫疾灾害造成阿迷州、蒙自县等地方大批人口死于非命，受灾地区尸横遍野，生灵涂炭，人口大幅度减少，劳动力锐减，春耕、夏种、秋收受到严重的制约。光绪年间，宁州（今华宁县）地方发生鼠疫，根据该县一区王马乡马积聪村80岁的傅子义称："当时我们村有600多户，害痒子病，死了只剩下20—30家。"②鼠疫的广泛流行，致使城镇萧条、村庄变得荒凉，男女老幼概因染疾暴毙，人丁稀少，导致男女比例严重失调，不仅使生产能力渐趋下降，还导致民众抵御灾害的能力比以往更加衰弱。

四　灾荒对云贵地区社会文化的影响

"环境变化对社会的影响具备不可逆性，是冲击型的"③，清代云贵地区各类自然灾害的频发，对各府厅州县所属地方民众的打击无疑是毁灭性的。在自然灾害面前，人们不会因为未发生的灾害而做出利益的让步和两难的抉择，当灾害突如其来之际，迫于生存压力和活下去的需要，任何高尚的道德情境都会因危机四伏的灾害袭击而崩溃殆尽，仁慈与正义荡然无存。正如英国经济学家亚当·斯密所言："与其说仁慈是社会存在的基础，还不如说正义是这种基础。虽然没有仁慈之心，社会也可以存在于一种不很令人愉快的状态之中，但是不义行为的盛行却肯定会彻底毁掉它。"④想要在灾荒中求得生存的一线希望，那么就得冲破道德的束缚，冒天下之大不韪，灾荒期间卖儿鬻女、易子相食就是惨无人道的社会现象之一。社会学家潘光旦认为："二千年来，卖儿鬻女，尤其是鬻女，早就成为国度荒年的一个公认的方法；法律和政府且往往加以许可。于是凡是自私自利的心越重，生存的机会就越大；多经历一次荒年，人品上自私自利的心理就

---

① （清）谭钧培：《奏报上年云南阿迷蒙自等州县被灾人口及捐收发放银数事》（光绪十五年九月二十七日），中国第一历史档案馆，录副奏片，档号：02-09359。

② 玉溪地区卫生防疫站：《玉溪地区鼠疫流行史及流行因素调查报告·华宁县》，内部印行本，1957年。转引自曹树基、李玉尚《鼠疫：战争与和平——中国的环境与社会变迁（1230—1960年）》，山东画报出版社2006年版，第173页。

③ 王铮、张丕远、周清波：《历史气候变化对中国社会发展的影响——兼论人地关系》，《地理学报》1996年第4期。

④ ［英］亚当·斯密：《道德情操论》，蒋自强、钦北愚、朱钟棣、沈凯璋译，商务印书馆1998年版，第106页。

深一分。"①

清代中国灾荒期间卖儿鬻女，甚至是易子相食的现象屡见不鲜，据《申报》记载："彼其贩子也，恒重女而轻男。何也？女长则如奇货可居，而大家媵妾妓寮粉头皆取资于此。男则惟卖家僮鳏夫抱子娱老。故女子之鬻也易而其价可以昂，男孩之鬻也难而其价不能贵。"② 史料中反映出因灾荒贩卖子女的情况，其中最为明显的是女性较男性更为容易售卖。清代云贵两省灾荒连岁，使相当一部分人民倾家荡产，衣食无着，饥寒交切，变卖亲生子女的现象间有发生。据文献记载，光绪十九年（1893年），迤东③地方遭遇大旱，各地民众生活异常艰难。据石屏县朱庭珍的《流民叹》记载，光绪十九年，"迤东久旱春复春，千里赤地无完村，小田焦晒龟兆裂，禾苗立槁山如焚，树皮食尽掘草根，饿殍遍野生难存，扶老携幼同奔星，滇池络绎栖流民，弱者半道委沟壑，强者乞食来城闉，妇孺不衣男不裤，傍半哀号肠转轮，苦鬻儿女延残喘，荧荧鬼火招饥魂"④。光绪十九年，云南曲靖、东川、澄江、昭通、镇雄、广西六府州所属地方经历前期久旱后，又复遭春旱，田野满目枯槁，民众靠挖掘草根米皮充饥，衣衫褴褛，饿殍遍野，食不果腹，哀鸿载道。更有甚者鬻儿卖女，换取钱银和米粮，在荒芜的废墟中苟延残喘地活着。

关于社会道德，曾任联合国粮农组织执行委员会主席的卡斯特罗指出："没有别的灾难能像饥饿那样地伤害和破坏人类的品格。"⑤ 美国学者艾志端在研究1876年至1879年期间华北大饥荒——"丁戊奇荒"中指出，"中国与饥荒相连的食人主义图像，打破了年老和年幼、男性和女性家庭成员之间关于爱和遵从的基本儒家思想，更有甚者，也打破了统治者

---

① 潘光旦：《民族特性与民族卫生》，北京大学出版社2010年版，第131页。
② 《禁绝贩卖女孩并劝饥户勿弃所生说》，《申报》光绪四年三月初九日（1878年4月11日），第一千八百二十七号，第一页，上海书店1983年影印本，第12册，第321页。
③ 按：清雍正八年（1730）置，驻寻甸州城（今云南寻甸），后徙曲靖府城（今曲靖县）。初辖云（云）南、临安、澂江、广南、曲靖、普洱、开化、东川、昭通、广西、武定、元江、镇沅十三府，乾隆三十一年（1766）以云南、武定属盐法道，临安、普洱、元江、镇沅四府、州属迤南道。清末辖曲靖、东川、澄江、昭通、镇雄、广西六府、州。
④ （清）朱庭珍：《穆清堂诗钞》，载云南省水利水电勘测设计研究院编《云南省历史洪旱灾害史料实录1911年〈清宣统三年〉以前）》，云南科技出版社2008年版，第47页。
⑤ ［巴西］卡斯特罗：《饥饿地理》，黄秉镛译，生活·读书·新知三联书店1959年版，第63页。

和被统治者之间的和谐幻象,因此,引发了对于家庭、社会、政治忠诚和道德整体性崩溃的恐惧"①。尊老爱幼是中华民族的传统美德,但在灾荒蔓延期间,人类求得生存的本能往往将传统家庭伦理道德扰乱,人们最基本的尊严和人格被生存所绑架,礼义廉耻和责任担当在人类社会生存竞争法则面前被忽视,甚至荡然无存。

"古者以保息养万民,岁有不登则聚之以荒政,国家频赐天下租税,鳏寡孤独者有养,其保息斯民者至矣。"② 尽管清朝中央政府一直都注重通过钱粮赈济、税课蠲免、粮种借贷以及农具租借等方式拯救贫民,且有赡养终老和恤孤贫残的养济院、栖流所、育婴堂以及漏泽园等相继设置,但灾荒发生后原有的规范一致的家常伦理秩序已不复存在,社会弱势群体的普遍存在使社会危机逐渐加深。清代云贵地区灾荒的频发,除造成人口伤毙以外,孤儿、寡妇以及鳏寡孤独之老弱贫民等社会弱势群体明显增多,进一步加剧了社会的阶级分化和不平等性,栖流所设置地理范围的广布充分体现了灾害的脆弱性和不公平性。乾隆朝初期,云南总督张允随疏称:"昆明、嵩明、宜良、罗次、富民、寻甸、宣威、沾益、邱北、弥勒、建水、宁州、阿迷、嶍峨、镇沅、宝宁、元江、他郎、思茅、宁洱、宾川、永平、腾越、鹤庆、剑川、中甸、姚州、和曲、元谋、大关、镇雄、永善各府厅州县,请建栖流所房屋七十六间。所需工料,并口粮、药饵、棺木、抬埋以及资送回籍等项,俱于司库公项银内动支。"③ 张允随奏请于云南三十二个府厅州县筹建七十六间栖流所用以抚恤流移的请示得到乾隆皇帝的允准,"在政治、经济、文化发展程度差异较大的边疆民族地区,推行同一的制度并得到官民尤其土著与流入者的认可"④。光绪十五年(1889),光绪皇帝亲政,当即诏谕外省民人如有孤贫残疾无人养赡者,该地方官宜用心抚恤,"如无室庐栖处,该地方官酌设栖流所,以便栖处"⑤。

---

① [美]艾志端:《铁泪图:19世纪中国对于饥馑的文化反应》,曹曦译,江苏人民出版社2011年版,第260页。
② (清)允祹等:《大清会典》卷19《户部·蠲卹》,文渊阁四库全书本。
③ 《清高宗实录》卷214,乾隆九年四月辛亥条,中华书局1985年影印本,第11册,第746页。
④ 周琼:《天下同治与底层认可:清代流民的收容与管理——兼论云南栖流所的设置及特点》,《云南社会科学》2017年第3期。
⑤ (清)俞渭修,(清)陈瑜纂:光绪《黎平府志》卷3《食货志·蠲恤》,清光绪十八年(1892)刻本。

但是，清代诸如栖流所等社会保障机构的管理不善和官吏从中侵渔肥私等贪腐弊病丛生，视流民为草芥，天下之利尽归于己，几乎将灾黎的生存权利剥削殆尽。清代共建有栖流所331所，其中235所为官方营办①，但无论是民立栖流所还是官立栖流所，都由于经管不妥和资金有限，难以满足灾荒地方孤贫无依流民的安置。据文献记载："中国生齿日繁，生机日蹙，或平民失业，或乞丐行凶，或游手逗留，或流民滋事。近虽设有栖流所、施医局、善老院、育婴堂诸善举，然大抵经理不善，款项不充，致各省穷民仍多无所归者。"② 此外，栖流所的建设及所需钱粮拨给仅敷资养较少数流民，更多的受灾民众亦只能流亡四乡，进而使他们再次走向贫瘠境地。

"中国各省所设普济堂、改过局、自新局、栖流公所，皆所以收养贫民，则势亦有所不必。不知各省之堂之局之公所，有养而无教，以中国乞丐之众，游民之多，而欲以区区之地，养以终身，无惑乎其力之不足也。"③ 云南琅盐井地方养济院建于雍正二年（1724），由井生张伯斌和妻子张氏率其子张天琼捐赀修建，原本为养生房，后琅盐井提举李国义于乾隆元年详明改作普济堂，"为孤老依楼之所，年收义田租谷，以备散给口粮，其有补敷，自行捐给"④。栖流所的建立在于为解决社会稳定，历来受统治者高度重视。贵州《独山县志》记载，乾隆十年（1745）署州牧郑嘉忠所修建的栖流所仅有三间，乾隆五年（1740）州牧李应机又修，但因维持困难而久废；而光绪十一年（1885）州牧沈启溁所建养济院三间，"额养孤贫二十名，月给米二斗四升，盐菜银一钱五分，小建扣支，遇闰加增"⑤。贵州独山县的养济院，其规模和容置孤贫人数都极为有限，且所以糊口的钱粮或靠民间捐助，或由官府拨给少许，因而所能够资养的孤贫人口都相对较少，难以从根本上满足灾荒期间难民的收容。

道光十八年（1838），云贵总督贺长龄奏报："黔省向有育婴堂，以养失乳之婴。又有孤贫院，以恤废疾之老。……惟黔中瘠苦异常，每有父母俱无，衣食并乏之幼童，自五六岁至十二三岁不等，率多沿街求乞，或且

---

① 梁其姿：《施善与教化：明清的慈善组织》，河北教育出版社2001年版，第328—329页。
② 《清经世文三编》卷39《礼政三·正俗》。
③ 《清经世文三编》卷35《户政十四》。
④ （清）孙元湘修，（清）赵淳纂：乾隆《琅盐井志》卷1《建设·养济院》，清乾隆二十一年（1756）刻本。
⑤ 王华裔修，艾应芳等纂：《独山县志》卷17《蠲恤·养济院》，1965年油印本。

乘便偷窃，既乏资生之业，又无管束之人，弱则转死沟中，强则流而为匪。滨于死者固可悯，流于匪者尤可虑。臣与司道捐廉为倡，各官力量自输，共得银五千两，陆续发商生息。计所得息银，每年可收养幼童一百二十名，于南城外置房十余间，以资栖止，……名曰'及幼堂'。"①尽管贺长龄等官员倡捐修建及幼堂，但因灾荒导致的流浪儿童多至难以全部收养矜恤，或夭折或为匪，毫无疑问加剧了社会的不稳定性，同时也从侧面反映出幼童难民救济机构的缺失。此外，清代嘉道朝以后贵州黎平府、古州厅、下江厅等皆设置有栖流所，充分说明因咸同战乱和灾荒导致的流民问题极其严重。

中国古代灾异观极为流行，灾异论凭借"感应论"和"天谴论"将自然现象和异常事变与人事统合在一起，"窃维降祥降殃，天道无或爽之理，作善作恶，人心有自召之几"②，灾异论的数术传统将灾异事件视为凶兆，侧重于占测灾异预兆，并通过救禳手段回避或转移凶兆③，而无论是灾荒救济中的祈禳或是占验，都是非科学的救灾路径，对自然灾害现象认知的偏差甚至是歪曲臆断，毫无疑问贻误了灾荒救济的宝贵时机。费孝通先生认为，"灾是农业的威胁，对此除了祈祷烧香，立庙供奉外，农民们并没有积极控制的方法"④。历史时期，人们的灾异观是迷信的，认为任何一种自然灾害的发生皆与国家政事失修相关，"总缘人事不修，酿成神天之怨词"⑤；而疫疾灾害的发生，往往也被认为是人事失序之祸，"灾沴传染为祸甚烈，要由人事失修，乖气致戾"⑥。乾隆朝《白盐井志》记载白盐井地方阖邑民众为祈祷雨水停止求得天晴，常设坛于玉皇阁，"斋戒洁诚，禁止屠沽，行香步祷，得请而止"⑦。清嘉庆二十一年（1816）夏，云

---

① （清）贺长龄：《捐置及幼堂片》，（清）贺长龄、（清）贺熙龄撰：《贺长龄集·贺熙龄集》，雷树德点校，岳麓书社2010年版，第110—111页。
② （清）程含章：《为云南疫疾赴天师府起到身代表》，周汝钊修，侯应中纂：民国《景东县志稿》卷15《艺文志》，1923年石印本。
③ 陈侃理：《儒学、数术与政治：灾异的政治文化史》，北京大学出版社2015年版，第26页。
④ 费孝通：《乡土中国》，上海人民出版社2006年版，第141页。
⑤ （清）刘世熠：《祈雨告文》，（清）朱若功原本，（清）李明鋆续修，（清）李蔚文等续纂：光绪《呈贡县志》卷7《艺文》，清光绪十一年（1885）刻本。
⑥ （清）陈廷焴：《禁宰牛说》，（清）刘毓珂等纂修：光绪《永昌府志》卷65《艺文志·说》，清光绪十一年（1885）重修木刻本。
⑦ （清）郭存庄纂修：乾隆《白盐井志》卷2《学校·祷雨祈晴》，民国间抄本。

南旱灾严重,"祈祷殆遍,卒不得雨……是岁滇南各郡奇荒"①。步祷求雨是迷信救灾活动的典型,夏明方教授认为,旱灾对农作物的破坏比较严重,"它虽然不像洪水那样来势凶猛、暴烈,但是分布面积广,持续时间长,而且正由于它的能量总是缓缓地释放,以致人们一旦察觉到旱灾的威胁时,往往也就是对它措手不及、无可奈何的时候"②。

---

① 秦光玉辑:《滇文丛录》,载云南省水利水电勘测设计研究院编《云南省历史洪旱灾害史料实录(1911年〈清宣统三年〉以前)》,云南科技出版社2008年版,第41页。
② 夏明方:《民国时期自然灾害与乡村社会》,中华书局2000年版,第54页。

第三章　清代云贵地区荒政制度的施行

中国荒政制度源远流长，清代作为我国自然灾害发生最为频繁的时期，政府因紧急应对灾害造成的损失而组织备荒救灾的法令和制度极其完备，故而清代荒政制度也在各朝救灾的实践中得到发展和完善，报灾、勘灾、审户、发赈等基本的荒政程序走上了规范化和正规化的轨道。清代荒政"集历代之大成，最为全面完备，凡古代赈济济贫之术，靡不毕举"[①]。清代是中国古代备荒和救灾制度发展和完善的集大成时期，《钦定大清会典事例》记载："凡荒政十有二：一曰备祲；二曰除孽；三曰救荒；四曰发赈；五曰减粜；六曰出贷；七曰蠲赋；八曰缓征；九曰通商；十曰劝输；十有一曰兴土筑；十有二曰集流亡。"[②] 以上十二项荒政内容基本上沿袭历代救荒措施并发展而成，为后世开展灾荒赈济提供了理论借鉴和现实指导。清代云贵两省自然灾害频发，云贵督抚皆按照清廷制定的荒政制度和备荒救灾程序，及时启动灾害紧急应对响应机制，详尽周密地开展灾情奏报和救灾。灾荒期间，灾况察验、灾户稽核和发仓救济，报灾、勘灾、审户、发赈等基本救灾程序主要由云贵督抚逐级督率落实，蠲免、赈济、调粟、借贷、除害、安辑、抚恤等法律举措令出即行，提高了灾荒赈济的效率，为官方和民间社会力量参与灾赈奠定了坚实的基础。

[①] 李向军：《清代荒政研究》，中国农业出版社1995年版，第28页。
[②] （清）托津等奉敕纂：嘉庆朝《钦定大清会典》卷12，载沈云龙主编《近代中国史料丛刊三编》（第64辑），文海出版社1991年版，第638—642页。

第一节 清代云贵地区荒政的基本程序

荒政是中国古代政府组织和开展备荒救灾的一整套法令、制度与措施的总称。清朝在总结历代灾荒救济经验和教训的基础上,推进了救荒活民规章制度和救灾举措的系统化和规范化,荒政制度的发展完备对维护清朝的统治秩序、恢复社会元气和促进社会再生产具有重要的贡献。清代云贵地区在灾害发生后,根据清朝的荒政制度启动灾害风险应急防范和灾后恢复重建的应急响应机制,云贵总督和巡抚等官员遵守救荒程序和法令,运用救荒策略指导历次灾荒赈济实践,取得了不同程度的救灾成效。

一 清代云贵地区的报灾

"中国古代荒政逐渐成熟的过程也反映了中国古代应对自然灾害的风险管理的大致轮廓。"[1] 清代荒政制度作为历朝统治者有效加强自然灾害应急管理和灾后重建的规章制度,荒政制度的切实推行能够有效加强灾害风险社会治理,并在统筹推进官方和民间防灾救灾减灾的过程中发挥着重要功用。"自然灾害频繁发生,再加上人口不断增多,造成粮食大量欠缺。由于灾荒会加剧阶级矛盾,封建统治者感到严重威胁,便施行一种特殊的政策——荒政,在一定程度上对灾民实施救济,以达到稳定政权的目的。"[2] 荒政的实施有两个前提:一是荒政在国家政权组织下,通过一系列法令制度或政府行政措施来推动实施,它是国家管理和社会治理职能的具体体现,并与一定的政治、法律制度及社会经济机构相联系;二是荒政实施对象是全体国民,主要是社会生产者。当生产者的存亡关系到国家的治乱兴衰乃至存亡时,统治阶级才会有目的地施行荒政,维持生产者的生存,从而维持社会再生产的进行和社会的稳定[3]。"清代救灾,已经形成一套完整的、固定的程序。地方遇灾,经报灾、勘灾、审户,最后才是蠲免与赈济。"[4]

---

[1] 张介明:《我国古代对冲自然灾害风险的"荒政"探析》,《学术研究》2009 年第 7 期。
[2] 高建国:《灾害学概说》,《农业考古》1986 年第 1 期。
[3] 李向军:《试论中国古代荒政的产生与发展历程》,《中国社会经济史研究》1994 年第 2 期。
[4] 李向军:《清代荒政研究》,中国农业出版社 1995 年版,第 23 页。

"中国古代以农为本，重视荒政工作，报灾检灾制度是其中的重要一环。"① 报灾即灾情报告，是受灾地方官吏逐级上报受灾实情，进而使清政府得以具体了解灾情和施行赈济的初步依据。清顺治六年（1649）谕准："嗣后直省地方，如遇灾伤，该督抚按即当详察被灾顷亩分数，明确具奏，毋得先行泛报，所司即传谕通行。"② 清代对报灾有较严格的要求，顺治十七年（1660），夏灾奏报期限为六月终、秋灾奏报期限为九月终的报灾期时限得以进一步明确。同时，清廷还拟定对灾情奏报延迟的地方官予以严惩的政策。《清朝文献通考》记载："直省灾伤先以情形入奏，夏灾限六月，秋灾限七月。州县官迟报逾限一月内者罚俸六月，一月外者降一级，二月外者降二级，均调用，三月外者革职。抚司道官以州县报到日起限，逾限议亦如之。"③ 清代灾情上报限一月内将报灾分数勘明并造册题报，若府州县地方官如有逾限者，皆按相应的条例予以处分，报灾不得逾限从顺治十七年起遂成定制，但在后期的报灾制度中仍有所损益变化。

清朝中央政府了解地方灾情的主要渠道，惟赖各直省督抚要员按时、据实奏报。乾隆二年（1737），清廷再次对报灾加以明令规定："地方倘遇水旱灾伤，督抚一面题报情形，一面遴委大员亲历被灾地方，并董率属官酌量被灾情形，视其灾情之轻重和饥民多寡，先发仓廪及时赈济，仍于四十五日限内题明加赈。迨赈务告竣之日，将赈过户口、需用米粮造册题销，其被灾顷亩、分数即于勘灾之日严实保结，随疏声明。至应免钱粮数目，于具题请赈日起，再扣限两月造报。"④ 汪志伊《荒政辑要》卷四《则例》记载："地方遇有灾伤，该督抚先将被灾情形、日期飞章题报。夏灾限六月终旬，秋灾限九月终旬（甘肃省地气较迟，夏灾不出七月半，秋灾不出十月半）。题后续被灾伤，一例速奏。凡州县报灾到省，准其扣除程限，督抚司道府官，以州县报到日为始，迅速详题。若迟延半月以内，递至三月以外者，按月日分别议处，上司属员一例处分，隐匿者严加议

---

① 张文：《中国古代报灾检灾制度述论》，《中国经济史研究》2004 年第 1 期。
② 《清世祖实录》卷 45，顺治六年七月辛巳条，中华书局 1985 年影印本，第 3 册，第 360 页。
③ 清高宗敕撰：《清朝文献通考》卷 46《国用考·赈恤·赈济》，商务印书馆 1936 年版，第 1 册，第 5289 页。
④ 清官修：《大清会典则例》卷 54《户部·蠲恤二·救灾》，清文渊阁四库全书本。

处。"① 清政府之所以明确规定报灾时间，主要是为了能及时掌握灾情及其危害程度，以便能够因地制宜筹划赈济事务。清代有关地方灾伤的奏报，户部条例的明确规定为灾情勘察提供了重要的检视依据。

奏报灾情和关心民瘼是清代各直省督抚职掌地方的重要权责之一。据文献记载："督抚膺封疆之重寄，原以惠养百姓为地方第一要务，若舍此而言办事，则其所留心者，不过末节耳"②。清代云贵两省历次灾荒发生后，云贵督抚均根据历朝发展并制定的报灾制度，切实将各府厅州县所属地方发生的灾情奏报给朝廷，以期得到政府的赈济和抚恤。乾隆元年（1736）八月二十五日，云南秋雨后偶遇气温骤降，阴雨连日，田粮受灾。据云贵总督尹继善奏称："云南曲靖、澄江、临安、楚雄、姚安、广西、昭通等府所属州县内有栽种稍迟之地，禾稻正在扬花，忽遇冷雨，多不结实，止有五六分收成，其中呈贡、昆阳、南宁、恩安、鲁甸数处收成则在四分以下，除委员确勘实在成灾者，即行具题，将应免地丁等项照例请免，查秋米一项旧例不在邀免之内，已令所属暂缓征收，谨此奏闻。"③ 此次云南低温冷冻灾害导致稻谷受损严重，收成大减。乾隆元年十月初十日，云南巡抚张允随奏报："大理、永昌、普洱、镇沅、广南、东川、开化、武定、景东、蒙化等府，已经报到各州县田禾未被秋雨损伤，收成自七八分至九分不等，荞、豆杂粮俱皆丰稔。云南、曲靖、澄江、临安、楚雄、广西、昭通、姚安等府，已经报到各州县近水早种者，收成仍有七、八、九分不等，及荞、豆杂粮俱皆丰稔外，惟高田晚种之稻，正在吐花，遽被阴雨，又值骤寒，多不结实，只有五分收成，内如呈贡、昆阳、安宁、鲁甸、恩安等处，俱在四分以下。"④ 报灾是灾害救济的首要步骤，乾隆元年，云南晚稻因低温冷雨导致收成歉薄，云贵总督、云南巡抚第一时间掌握灾害情况，并及时向清廷奏报田亩成灾情况，荷蒙乾隆皇帝敕令豁

---

① （清）汪志伊：《荒政辑要》卷4《则例》，载李文海、夏明方、朱浒主编《中国荒政书集成》（第4册），天津古籍出版社2010年版，第2528页。

② 陈振汉、熊正文、萧国亮：《清实录经济史资料》（农业编·第二分册），北京大学出版社1989年版，第458页。

③ 中国第一历史档案馆编：《乾隆朝上谕档》，乾隆元年十一月初七日，广西师范大学出版社2008年版，第1册，第137—138页。

④ （清）张允随：《张允随奏稿》，乾隆元年十月初十日，云南省图书馆藏。参见方国瑜主编《云南史料丛刊》（第8卷），云南大学出版社1999年版，第551页。

免收成四分以下之安宁等二十六属的地丁钱粮、火耗和公件，稻谷收成六分以下之宜良等三十四属获得开仓赈粜①。

清人杨景仁认为："灾伤之不可讳匿，奏报之不可迟逾，是荒政之第一关键也。"② 贵州地方崇山峻岭，雨泽较他省为最多，每当播种季节，农民必等待大雨后田浍雨盈方可栽插秧苗。乾隆元年（1736）四月二十七、二十八等日，贵州思州、镇远等地大雨骤降，山水骤发，导致沿溪岸侧民房、田亩多被洪水冲塌和损坏。思州汛千总李兴禀称："四月二十七日大雨，至二十八日黎明河水淹入城内，各铺户多被水浸，冲塌城墙二十余丈，推去城外兵房五间、民房九间"，另有沿河田亩低者被水冲洗。此外，据镇远县知县金作楫禀称："二十七日大雨，二十八日卫城水闸沟并西门缺坏处冲倒城墙数丈"；玉屏县知县张能后禀称："二十八日山水陡发直入城内，冲塌兵民房屋二百余间，城墙被水淋塌一十三处"；青溪县知县钟兆熊报称：县属"地名栗子冲居民十六户被水将房屋、米粮、牲畜冲去"。黄平州知州常廷璧报称："班溪地方居民四十八户房屋漂没，田土冲塌"；余庆县知县樊仲琇报称："岩门、箐口等处被水冲塌居民二十五户，淹毙大小适宜名口，构皮滩、新土、瓮古等处冲溺数户，所种秧苗暨燕麦、荞、二麦多被泥土冲洗，势难复种"。据施秉县知县蔡谨奏报："据练总周天璧等报称，诸葛洞前泊有粮船五十九只，四月二十七日夜间山水大发，练总等恐粮船有失，带领乡勇下河抢救粮船二十六只……打捞沉船三十三只。"此外亦有麻阳船水手叚德先报称，粮船所载米三百九十二石被漂没，经略兼管贵州巡抚事、湖广总督张广泗知晓灾情后迅即报灾，"一面委员星赴各被灾处所履亩亲勘，一面动拨银两即行散赈……复一面檄令布政司会同粮驿、贵东二道将赈恤条款逐细核定，飞饬各属划一遵照，并饬令各该地方官等详加查勘是否成灾"③。贵州思州、镇远、玉屏、青溪、黄平、余庆、施秉、麻阳等各县地方官第一时间奏报被水灾情，为张广泗进一步勘灾和赈恤提供了翔实的灾情信息。

---

① （清）张允随：《张允随奏稿》（乾隆二年八月二十六日），云南省图书馆藏。
② （清）杨景仁：《筹济编》卷2《报灾》，载李文海、夏明方主编《中国荒政全书》（第2辑·第4卷），北京古籍出版社2003年版，第53页。
③ （清）张广泗：《奏为勘明思州镇远等地方被水情形并分别赈恤事》（乾隆元年六月十五日），中国第一历史档案馆，朱批奏折，档号：04-01-01-001-0620。

清朝奏报灾荒之疏以急上闻，清人王心敬认为："如境内灾伤，有司须急申于府司督抚，督抚须急奏闻于朝廷，朝廷以万国为一体，必不至漠视而不为之救，则是此一申也，忠于朝廷，惠贻生民。"① 嘉庆二十二年（1817）九月中旬，云南地方正值稻谷扬花之际，突遭寒雨连朝，严霜叠降，禾稻秀而不实。云贵总督臣伯麟、云南巡抚臣李尧栋奏称："窃据署维西通判魏良弼署鹤庆州事富伦布等禀报该厅州地方本年栽种稍迟，九月中旬正值稻谷扬花之际，寒雨连朝，严霜叠降，以致秀而不实，维西厅四境收成高低牵算不过五分，鹤庆州山外七甲各村亦在五分之内，其山内近城之金茨河等四十九村收成不过二三分。又据马龙州知州王毓秀禀称该州地方九月以来北风忽起，天气阴寒，田禾山荞未能一律饱绽，各乡收成仅止四五分不等。"② 伯麟、李尧栋认为，各该厅州寒雨、严霜交作，民情甚属拮据，所有本年应征钱粮并鹤庆州上年民欠未完条粮银米，及维西厅本年春间出借常平谷石，待察看灾害情形，实在无力输纳而又难以催收者，俟照成灾情况恳请分别蠲缓。嘉庆二十五年（1820）五月，贵州思南府婺川县暴雨成灾，云贵总督庆保、贵州巡抚明山及时确查灾情，档案记载："九月十六日奉上谕，据庆保等奏贵州思南属婺川县于五月间山水陡发，冲塌城墙，并淹毙人口，水消后已补种杂粮，勘不成灾。"③ 据庆保等人奏报，此次婺川县洪水淹毙男妇五十余名口，先后得到地方官捐赀抚恤。但县城附近田禾已有损伤，收成不免歉薄，清廷仍饬令庆保等员再行确查，并晓谕如有应行加恩赈恤之处，查明后据实奏报，不可稍存漠视。云贵总督和贵州巡抚据实奏报灾情实况，为清廷修理城垣和抚恤灾黎提供了可靠的信息情报。

报灾贵在及时迅速，康熙皇帝曾谕令："救荒之道，以速为贵，倘赈济稍缓，迟误时日，则流离死伤者必多，虽有赈贷，亦无济矣。"④ 光绪三

---

① （清）王心敬辑：《荒政考》，载李文海、夏明方主编《中国荒政全书》（第2辑·第1卷），北京古籍出版社2003年版，第199页。

② （清）伯麟、（清）李尧栋：《奏报云南维西等厅州歉收情形请分别蠲缓钱粮折》（嘉庆二十二年十月十二日），中国第一历史档案馆，朱批奏折，档号：01-00449。

③ （清）庆保、（清）明山：《奏为遵旨确查婺川县田禾被水后实在情形事》（嘉庆二十五年十一月十一日），中国第一历史档案馆，朱批奏折，档号：04-01-01-0596-039。

④ 《清圣祖实录》卷121，康熙二十四年七月癸酉条，中华书局1985年影印本，第5册，第281页。

年（1877），东川府会泽县连岁旱灾，民众口粮欠缺，饿殍遍野。云南督抚将灾情奏报给朝廷，光绪帝诏谕军机大臣："云南东川等府属被旱，经该督、抚酌拨银两赈恤。……著传谕该督、抚等体察情形，如有应行接济之处，即查明据实复奏。"① 谕令要求，如果灾区有应行抚恤接济之处，参照光绪二年其他地方办理灾害救济成例，从云南省厘金下划拨款项，将其发放给受灾民众，所有灾赈支出汇总于善后案内统一报销。光绪二十二年（1896），云南永北直隶厅、鲁甸厅、鹤庆州等地方先后遭遇洪水和冰雹灾害，但因灾情相对较轻，尤其是九月以后天气晴朗，新谷趋于成熟，民众安于生业，豆麦渐次播种，收成仍为丰稔，各地能够自给自足。云贵总督崧蕃和云南巡抚黄槐森据实奏报灾情，并声叙明年春天无须向朝廷请款接济。根据档案记载："本年（1896）夏初雨水甚少，栽插多有过时，入秋后阴雨连绵。永北厅属蛟水涨发，冲决河堤，溺死人口，淹没田禾。鲁甸厅属山水涨发，河堤冲断，田禾被淹。鹤庆州属雹伤田谷。以上被灾各属，臣等据报均即督饬司道筹款委员会同各该地方官妥为赈抚，并责成该管道府督饬印委各员，将被灾田粮确勘详办暨将大概情形驰陈在案。"② 崧蕃和黄槐森声称，据印委各员将赈过户口、银米和被灾钱粮各项数目造册详报，目前尚未一律到齐，待造齐到日将进一步确核灾情。

灾情报告关系民生大计，讳灾不报一经查实，匿灾者必受到重惩。据文献记载："地方遇灾不报，则民隐不上闻，膏泽无由下究，以致道殣相望，盗贼司目，往往酿成事端，而朝廷不知也。迨知之而百方绥辑，已无及矣。是讳灾者国家之大患也。"③ 雍正五年（1727），贵州布政使祖秉圭恭报黔省秋成，恰遇有人揭报贵州巡抚何世基隐瞒灾情，此案得到清廷高度重视。祖秉圭钦奉硃批："有人奏何世基去岁讳灾不报，沽名钓誉，身为巡抚日与诸生课论而行教官之事，富贵亦惟取悦抚臣，毫无察吏安民之政，果如是否可拟实奏闻，一些不可代为隐饰，亦不可将无为有冤抑人。"经祖秉圭钦奉圣旨访问乡民，"咸称有六七分收成，并未灾荒，实无讳匿

---

① 《清德宗实录》卷59，光绪三年十月癸未条，中华书局1987年影印本，第52册，第812页。
② （清）崧蕃、（清）黄槐森：《奏为查明本年秋收情形来春毋庸接济事》（光绪二十二年十一月二十日），中国第一历史档案馆，朱批奏折，档号：04-01-01-1011-042。
③ （清）杨景仁：《筹济编》卷2《报灾》，载李文海、夏明方主编《中国荒政全书》（第2辑·第4卷），北京古籍出版社2003年版，第56页。

之事"①。祖秉圭亲身力行访察灾情实况，田禾俱系有收，证明何世基讳灾之事不属实，此亦匿灾不实之少数。清代地方督抚为粉饰太平和歌功颂德，匿灾不报间有发生，往往亦为清廷深恶痛绝，对于官员肆意妄为隐瞒灾情，嘉庆皇帝严守先君之制，坚决予以纠正敷衍政务的恶劣行为。

嘉庆元年（1796）六月，威远厅属抱母、香盐、恩耕等盐井猝被水灾，虽人口未有损伤，而盐块多有浸失，衙署房间亦多冲塌，云南巡抚江兰"以云南向不办灾，遂谓被水不重，未经特行具奏，并将抚恤银两不准开销办理"②。时任云南巡抚初彭龄奏称："地方水旱偏灾自应随时入告，乃江兰并不将该井水灾据实奏闻，迟至是年九月，又以勘不成灾饰词具奏，显有讳灾情弊"，并上奏朝廷，"请将此项被水赈恤及冲失盐课银五万三千九百六十余两着落江兰赔补"③。江兰以云南向不办灾为词，隐匿灾情不办，即称该处并未损伤人口，但彼时灶户不能照常煎盐，因未经报灾致有堕欠，在井官亦不免追赔，而灶户等尤为苦累，江兰讳饰之咎实所难辞，嘉庆皇帝谕令著将江兰"交部严加议处，以为封疆大吏玩视灾务者戒"④。江兰因讳灾不报，延误了清廷灾荒赈济的宝贵时机，是清代西南地区匿灾之典型，例应根据定制加以惩处，以肃报灾纪律。

灾荒期间，地方官能否恪尽职守，及时客观上报灾情，关系到政府是否能够及时统筹安排救灾事宜的进程。尽管清朝中央政府对荒政程序有明确的法律条文规定，但在具体实施的过程中，仍有地方官肆意延迟奏报、谎报、瞒报灾情信息，不仅耽误救灾最佳时机，亦加深了灾民的痛苦。据嘉庆朝《大清会典》卷十二记载："罪其匿灾者、减灾分者、报灾之不速者。"⑤光绪十四年（1888）七月二十日，普洱府威远厅属西藩等乡遭遇洪水，云南巡抚谭钧培奏报："威远厅属被水成灾，当饬司道会同善后局酌配料药，发交该管府县分投医疗。一面筹款委员查勘，妥为抚恤，并将

---

① （清）祖秉圭：《奏为遵旨查明巡抚何世基去岁并无讳灾不报及其居官声名事》（雍正五年十月二十日），中国第一历史档案馆，朱批奏折，档号：04-01-30-0027-034。
② 《谕内阁云南抱母恩耕二井被水冲淹匿灾不报着将江兰交部严议》（嘉庆四年十二月二十四日），中国第一历史档案馆，上谕档，档号：06-02628。
③ 中国第一历史档案馆，军机处上谕档，嘉庆四年十二月十六日第4条，盒号787，册号1。
④ 中国第一历史档案馆，军机处上谕档，嘉庆四年十二月二十四日第3条，盒号787，册号1。
⑤ 光绪朝《钦定大清会典》卷20。

大概情形奏报在案。"① 在普洱府奏报灾情的过程中，候补知府余泽春等员到成灾田亩查勘灾情，认为此次灾害尚达不到赈济的标准和要求，因而没有将情况逐级奏报，直至十一月初十日，现任同知方桂芳才将复核后的灾情据实禀报到省。根据核查，迤南道并未转报灾情，普洱府亦未奏闻。此事关系人民疾苦，而各官员有关灾情的报告却含糊其辞。时任吏部尚书麟书奏报："此案云南迤南道许继衡先闻所属被水钦查，旋复批饬赶紧勘明通奏，系属正灾分别赈抚造。惟因续奏勘不成灾，并不详察，据实转报，署普洱府事候补知府余泽春、委员试用通判欧阳洵、前署威远同知候补县彭述贤均因误会分数，将该乡全数田粮灾熟牵算牵奏并不成灾，该委复令灾民遵照具结，又不周历灾区，彭述贤于交卸时不将灾卷移交，后任实属咎有应得，相应请交部一并议处。"② 吏部尚书麟书认为，以上各员瞒报灾情，延迟向上级报灾，且不赴灾区查核灾情，均因公务过失造成耽搁，应当根据此前成案议处。

根据档案记载："查定例，地方被灾，该督抚遴委员会同该州县迅诣履勘，将被灾分数按照区图村庄，分别轻重申报。倘州县官与会勘之员有将成灾田亩报作不成灾者，俱革职，永不叙用。又地方遇有灾伤，若州县已经详报，而上司不据实转详者，革职私罪。又属员呈请上司代题代奏事件，如不将实查情节逐细声明，并将呈请之员降一级留任，私罪。凡详报申覆，不将实查情节详细声明者，亦照此例议处。又知县报灾迟延半月以外者，罚俸一年，公罪。"③ 按照定例，署普洱府事候补知府余泽春、委员试用通判欧阳洵、前署威远厅同知兼候补知县彭述贤例议以革职，永不叙用；迤南道许继衡比照上司不据实转详，革职私罪，例议以革职；现任威远厅同知方桂芳照详报不实，降一级留任私罪，例议以降一级留任。其查报灾粮迟延已在半月以外，应再照报灾迟延半月以外，罚俸一年公罪，例议以罚俸一年。迫于灾区日趋沉重的生活压力以及灾荒危及面大，依法将相关责任人问罪，尽管不能短期内弥补延迟报灾带来的负面影响，但依法

---

① （清）谭钧培：《奏报云南省本年十月份雨水粮价情形事》（光绪十四年十一月二十四日），中国第一历史档案馆，朱批奏折，档号：04-01-25-0532-067。

② （清）书麟：《奏为遵议云南普洱府候补知府余泽春等员将成灾田亩报勘不成灾按例定拟事》（光绪十五年九月二十日），中国第一历史档案馆，录副奏折，档号：03-5253-089。

③ （清）书麟：《奏为遵议云南普洱府候补知府余泽春等员将成灾田亩报勘不成灾按例定拟事》（光绪十五年九月二十日），中国第一历史档案馆，录副奏折，档号：03-5253-089。

论处，方能以儆效尤。

二 清代云贵地区的勘灾

勘灾指的是地方官吏勘查核实田亩受灾程度，确定成灾分数。灾害勘察与报灾几乎同时进行，一般以村庄为单位，按照地亩的受灾程度确定成灾分数。"勘灾是督抚接到报灾讯息后委派官吏亲临灾区，协同基层吏役勘查核实灾情，勘定灾区位置及田地成灾分数、受灾人口数、禽畜财产受损状况，以确定赈济数额、蠲免分数及赈济期限，是赈济程序的肇始，也是灾赈措施推行的前提和依据。"[①] 事实上，勘灾程序比报灾更为复杂繁琐，在灾害勘察的过程中，既需要勘灾官员将被灾地方花户姓名、村庄区图、受灾田亩等则，以及请免条粮、银米数目等全部厘清，又需要进行实地踏勘，确保灾情真实和成灾分数翔实，再由勘灾各委员将原册呈报到州县，最终由州县官员查核，造具总册后，逐级上报户部。等候灾情勘察结束，且户部接到勘灾题请之后，将会委派官员进行灾情复勘，或依照原报，或酌情更改，并将此作为灾荒赈济的基本依据。《荒政辑要》卷四《则例》记载：

> 一、州县地方被灾，该督抚一面题报，一面于知府、同知、通判内遴委妥员（沿河地方兼委河员），会同该州县，迅诣灾所，履亩确勘。将被灾分数按照区图村庄，逐加分别申报司道。该管道员覆行稽查，加结详请督抚具题。倘或删减分数，严加议处。勘报限期，州县官扣除程限，定限四十日。上司官以州县报到日为始，定限五日，统于四十五日内勘明题报。如逾限半月以内，递至三月以外者，分别议处。上司属员一例处分。
>
> 二、州县勘报续被灾伤分数，除旱灾以渐而成，仍照四十日正限勘报外，其原报被水、被霜、被风灾地续灾较重，距原报情形之日十五日以外者，准于正限外展限二十日勘报；距原报情形之日未过十五日者，统于正限内勘报请题，不准展限。若已过初灾勘报正限之后，续被重灾，准另起限期勘报。

[①] 周琼：《清前期的勘灾制度及实践》，《中国高校社会科学》2015 年第 3 期。

三、委员协勘灾务，不据实勘报，扶同具结者，与本管官一例处分。其勘灾道府大员不亲往踏勘，只据印委各官印结，率行加结转报者，该督抚题参。

四、遇灾伤异常之地，责成该督抚轻骑减从，亲往踏勘，将应行赈恤事宜一面奏闻。如滥委属员，贻误滋弊，及听从不肖有司违例供应者，严加议处。凡督抚亲勘灾地，系督抚同城省分，酌留一员弹压；系督抚专驻省分，酌留藩臬两司弹压。

五、地方报灾之后，该管官若将所报灾地，目为报荒地亩，不令赶种，留待勘报分数，致误农时者，上司属员，一例严加议处。①

上述有关勘灾的文献记载，明确了地方督抚及各府厅州县要员在灾害发生后应当具体履行的职责，同时亦具体规定了勘察灾况后的奏报时限。因受灾情形不一，故而勘报日期存在一定的差距，督抚和府厅州县官员勘报灾情逾期的处分原则亦受清廷重视。此外，清政府还对委员协同勘察灾情、府属大员亲往履勘及题报规则作出明文规定。如果官员勘灾过程中逾限或迟缓勘报，抑或勘察不实，或系任意减增成灾分数，都将严加议处，这为地方官切实踏勘和奏报灾情提供了法律文本，有助于清廷根据真实的灾情加以拨帑赈抚。实际上，清代历次勘灾主要还包括各州县应先行刊印"简明程式"，饬令各受灾地方灾户自主开列姓名、户口多寡、村庄区图以及受灾田亩顷数等，这是地方官员勘报灾情的底册。察灾要员根据勘灾底册依次核实人丁死伤情况、房屋损毁状况，以及耕牛等牲畜伤亡实情，凡涉及灾民切身利益之处，无不周历踏勘。

清代历朝统治者对勘灾制度的发展和完善起到重要的推动作用。"清朝极重视灾赈制度，顺治朝于灾荒频仍中开始恢复、建设传统勘灾制度，经康雍两朝灾赈实践的校验、调整、修改及发展，勘灾任务、人员、期限等逐渐确立。乾隆朝顺承其精要，予以改良、补充和修正，制度与灾赈的实际更加贴合，更有利于实施。"② 顺治六年（1649）议定："地方被灾，

---

① （清）汪志伊：《荒政辑要》卷4《则例》，载李文海、夏明方、朱浒主编《中国荒政书集成》（第4册），天津古籍出版社2010年版，第2528页。

② 周琼：《清前期的勘灾制度及实践》，《中国高校社会科学》2015年第3期。

督抚巡按即行详查顷亩情形具奏。"① 顺治十七年（1660）复议勘灾应以一月为限，"续将报灾分数勘明，造册题报。各官如有违限者，亦照前定例议处。永著为例"②。清顺治朝时期，灾情上报需于一月之内确核成灾轻重和分数的定例基本上得到确定。康熙年间在前朝的基础上，极力开展勘灾制度建设，并对勘灾官员委派不妥以及匿灾或讳灾做出了明确的惩罚规定。雍正三年（1725），"先以被灾情形题报其被灾分数，限一月内察明续报，逾限者交该部议处"③ 的规定得以制度化，雍正六年（1728）"嗣后造报分数，勘灾之官宽以十日；察覆上司，宽以五日。总以四十五日为限"④ 这一勘灾期限的调整，从根本上保障了勘灾和赈灾效率。乾隆二年（1737）七月议定："地方偶遇水旱灾伤，督抚一面题报情形，一面遴委大员，亲至被灾地方，董率属官酌量被灾情形。视其饥民多寡，先发仓廪及时赈济，仍于四十五日限内题明加赈。俟赈务告竣之日，将赈过户口需用米粮，造册题销"⑤，进而使勘灾和赈济协同开展的制度得到确立，这在较大程度上缓解了诸如云南和贵州这一边远地区灾情踏勘、奏报的时间紧凑性，为灾黎获得及时有效的赈抚提供了保障。

有清一代，每当灾害发生后，无论是清朝中央政府还是受灾各省府州县所属地方官员，最关心的便是受灾的轻重程度，灾民的生活状况，以及灾情过后如何恢复生产，因而有必要进行详细的灾情勘察，以施行灾荒赈济和恢复社会元气。清代云贵两省各类自然灾害频发，云贵督抚及各府厅州县要员皆根据勘灾定制履亩踏勘，以期灾况归于实际。清顺治十六年（1659）四月初六日，云南巡抚林天擎亲抵云南省会，并将云南地方米贵乏食及残毁情形据实奏报，以急上闻。档案记载，林天擎到滇履职，目击云南地方残毁至极，人皆赤足露体，鹄面鸠形，呼溢道路，滇民受尽从古未有奇惨异刑拷死及饿死者不计其数，见存孑遗又皆父母、兄弟、妻子生离活散，情形异常窘迫。他奏报："（顺治十六年）闰三月中米台市斗价至三两一二钱。四月初旬，因路稍通，每台市斗减至一两八九钱不等，日啖

---

① 光绪《大清会典事例》卷288《户部一三七·蠲恤二三·奏报之限》。
② 光绪《大清会典事例》卷288《户部一三七·蠲恤二三·奏报之限》。
③ 光绪《大清会典事例》卷754《刑部三二·户律田宅一·检踏灾伤田粮》。
④ 光绪《大清会典事例》卷288《户部一三七·蠲恤二三·奏报之限》。
⑤ 光绪《大清会典事例》卷288《户部一三七·蠲恤二三·奏报之限》。

草根，东作无力，秋将绝望。"① 林天擎称，前经略辅臣初抵云南后，业将惨苦景状备悉奏报，此次赴云南任职，惟有会同各员弁尽心抚安灾黎，并商议禁止掠夺、疏通道路等策略，以期四民归心，俾新辟边疆得以一安永安，以纾皇上南顾之忧。

清乾隆朝时期，勘灾制度得到发展和完善。乾隆朝勘灾程序主要为："报灾后查办被灾田亩，则令乡保按村庄田亩被灾分数查造草册，刻期送县，注明某人名下几亩、灾田几亩，或佃田几亩、灾田几亩。盖被灾分数原就灾田而论，不必问其名下共田若干，然注明此句，则其人至有力无力、极贫次贫，已可得其大概矣。有此草册，即分头履亩踏勘。……总之实在成灾，即于详报后速行查勘。"② 灾情勘察，其主要目的在于充分把握救灾时机，"对症下药"，及时施赈。乾隆十三年（1748）六月十六日至十九日，云南昆明等处大雨连降，山水涨发，各河宣泄不及，低洼田庐多被淹没，云贵总督张允随将灾情具折奏明并会疏题报在案。当即饬令云南布政使宫尔劝同粮储道徐本仙分委人员，逐加查勘灾情，嗣后据勘明详报，"安宁、嵩明、富民、禄丰、罗次、平彝、河阳、路南、弥勒、元江等府州县被淹田亩，或水即消退，禾苗转青，或补种杂粮现在滋长，秋成均有可望"③，并据委员同各地方官出具勘不成灾印结，由该管府道加结申报，均应照例俟秋获之时查明分数，另折奏报。经委员勘察，此次水灾，东川、昆明、呈贡、宜良、晋宁等府州县损伤严重。据委员署东川府徐柄等勘报，共被淹低田二百七十八顷七十七亩，系十分灾。淹坍民间瓦房八百零四间，草房一千六百五十八间，墙一千六百七十堵。呈贡县被淹低田三十四顷六十一亩，系十分灾。淹坍瓦房十间，草房四十三间。宜良县被淹低田十六顷六十七亩，系九分灾。又被淹低田四顷五十六亩，系七分灾。淹坍瓦房四十七间，草房八十六间，墙一百八十九堵。昆阳州被淹低田四十二顷六十六亩，系十分灾。淹坍瓦房四十五间，草房五十间，墙十二堵。晋宁州被淹低田五十一顷三十六亩，系十分灾。淹坍瓦房十一间，草

---

① （清）林天擎：《揭为抵省到任日期并陈云南地方米贵乏食残毁情形事》（顺治十六年五月二日），中国第一历史档案馆，揭贴，档号：04-00032。
② （清）万维翰：《荒政琐言·查灾》，载李文海、夏明方主编《中国荒政全书》（第2辑·第1卷），北京古籍出版社2003年版，第467页。
③ （清）张允随：《奏为云南昆明县被水会商筹办赈务及呈贡等州县续被水淹查勘酌办情形事》（乾隆十三年闰七月三十日），中国第一历史档案馆，朱批奏折，档号：01-09369。

房一百五十三间,墙十九堵。① 张允随与云南巡抚图尔炳阿会商灾情后,檄文飞饬司道钦遵乾隆五年(1740)圣旨,因时就事熟筹妥办灾赈,以期使被水灾民均沾实惠。

据文献记载:"灾分轻重,必察其实。勘之不审,目前赈数之多寡既淆,日后蠲缓之等差亦紊。滥则奸民得以幸其泽,而帑项虚縻;隘则穷黎无以赡其生,而变端易酿,不可不慎之又慎也。"② 被灾轻重缓急,查实灾情及其损伤情状,于民生和帑项两有裨益。乾隆十四年(1749)五月十三日和十四日,贵州古州及上下江地方雨势过骤,山溪水涨,近水田庐间有淹浸,内下江营兵民房屋冲塌者二百余间,淹损军田八十余亩,城垣塌十余丈;上江协冲坏塘房六座,兵民房屋七十余间。又遵义府桐梓县于五月二十三日和二十四日大雨,河水骤涨,下流葫芦洞宣泄不及,漫溢城厢内外,浸水居民一百六十八户,浸倒房屋者十一户。云贵总督张允随接据署兵备道徐立御、古州镇总兵官哈尚德、遵义府知府四十七③的灾情报告文书,即行飞饬贵州布政使恒文、粮驿道朱旭晫委员星驰会同地方官确加查勘灾情,"据报河水旋即消退,田禾依然长茂,惟三角坨地方有沙壅田五坵,现在开挖补种,其余并未成灾,其埈塌房屋已饬地方官酌量资给修葺加意抚恤,令各有宁宇"④。张允随还奏称,贵州"新疆"各处苗民咸皆勤力耕作,闾阎和乐,并将地方甚属宁谧情形恭折奏闻。

清代云南和贵州各府厅州县被灾严重,当灾情上报后,云南督抚均按照成例,遴选要员前往灾区逐一履勘。光绪二十三年(1897)七月十三日,云南平彝县久安里地方雷雨交作,冰雹如注,田禾杂粮均被淹没,秋收难望。云贵总督丁振铎收到灾情奏报后,立即行司会局,委员前往平彝县仔细地勘察灾情,并要求妥筹赈抚灾黎,严令勘灾官吏务必督促农民设法补种杂粮,以资接济。丁振铎明示,应将久安里地方被雹成灾的轻重程度、村庄区图、花户姓名以及应酌量减免的钱粮造具清册,以供据实赈济

---

① (清)张允随:《奏为云南昆明县被水会商筹办赈务及呈贡等州县续被水淹查勘酌办情形事》(乾隆十三年闰七月三十日),中国第一历史档案馆,朱批奏折,档号:01-09069。
② (清)杨景仁:《筹济编》卷4《勘灾》,载李文海、夏明方主编《中国荒政全书》(第2辑·第4卷),北京古籍出版社2003年版,第72页。
③ 按:四十七,正白旗,蒙古人。
④ (清)张允随:《奏报贵州省本年春夏以来雨泽禾苗情形事》(乾隆十四年六月二十六日),中国第一历史档案馆,朱批奏折,档号:04-01-22-0027-107。

所用。云南布政使裕祥与粮储道英奎共同上报的赈灾请示，经丁振铎覆查，均与前奏相符。同年（1897），黔省仁怀、婺川、独山、桐梓等属于上年夏间均遭水患，云贵总督和贵州巡抚当即派员查勘赈济，抚臣王毓藻遵循光绪帝谕旨，檄行司道勘察被灾轻重，嗣后据贵州布政使邵积诚、粮储道黄元善详称："据桐梓县何宗轮详报，勘明县属南溪口等处沿河一带水冲沙压田亩被灾八分九分十分者，共计三百五十九亩半，应征光绪二十三年分丁银七两一钱八分，耗银一两零七分一厘五毫。改正米二石一斗五升四合，应请分三年带征，每年征丁耗银二两七钱五分零五毫，改征米七斗一升八合；被灾五分六分七分者，共计三百一十二亩，应征光绪二十三年分丁银六两零七分，耗银八钱九分九厘，改征米一石八斗二升四合，应请分二年带征，每年征丁耗银三两四钱八分四厘五毫，该征米九斗一升二合。"① 以上灾情和赋税征收事宜皆已造具册结，由遵义府王联璧转申署贵西道程荣寿核明加结移请转详呈报，复经该司道等覆查，桐梓县南溪口等处田亩被水成灾分数，委系实在情形，王毓藻覆查灾情无异。

清朝云南和贵州各府厅州县各类自然灾害频发，并造成严重的灾荒。关于各地成灾分数，文献中多记载为"十分成灾""成灾较重""成灾甚重""均属成灾""均已成灾"和"委系成灾"，其中以成灾分数为十分居多，从中可以看出这一时期自然灾害频仍所引发的灾荒造成的损失较大。光绪三年（1877）八月十一日，永北直隶厅属地方"大雨由东山起蛟，水冲清水驿、期纳、土锅村，伤毙男女四百余丁口，田地石堆沙压者数百亩，同知胡锡铨屡勘，申详请赈"②。光绪三十三年（1907），云南师宗县被旱成灾，云贵总督锡良奏报："覆查该县属黑耳嶆等处被灾共田五顷七十亩四分，应征秋粮米十石六斗六升三合七勺，条公等银二十两八钱三分五厘三毫八忽，既经该印委会勘明确，委系十分成灾。"③ 宣统元年（1909）六月，云南鲁甸厅属东乡二化里等处田亩上年六月被水成灾，云南巡抚李经羲奏报："臣覆加查核，该厅属东乡二化里等处被灾共田五十

---

① （清）王毓藻：《奏请桐梓县被灾上年丁耗银改征米石分年带征片》（光绪二十四年闰三月二十四日），中国第一历史档案馆，宫中朱批财政第114函第33号，档号：01-01378。

② （清）叶如桐等修，（清）朱庭珍、（清）周宗洛纂：（光绪）《续修永北直隶厅志》卷1《祥异》，清光绪三十年（1904）刻本。

③ （清）锡良：《奏为云南师宗县属被旱成灾请豁免光绪三十三年分应完银米事》（光绪三十四年四月十九日），中国第一历史档案馆，朱批奏折，档号：04-01-01-1084-017。

二顷三十七亩，应征秋粮米一百三十六石一斗六升二合，条编火耗等银八十四两九钱六分五釐八丝八忽。既经该厅委勘查明，确均系十分成灾。"①鉴于灾情非常严重，云南督抚担心受灾民众毫无能力缴纳赋税，特奏请将受灾地区应征前项被灾条粮、银米悉数蠲免，给予灾黎与休养生息的时间。地方成灾五分以下者为勘不成灾的范围，按照定例不可报灾请赈，但这一规定并非不可易改，得根据受灾地方的实际灾情而定。

在灾害的勘察过程中，受灾地区的成灾分数与相应的蠲免力度成正相关。按照清制，受灾六分至十分者为成灾，五分以下为不成灾。清顺治八年（1651）规定："州县被灾八分九分十分者免十分之三，五六七分者免二，四分者免一，有漕粮州县卫所准改折。"到康熙朝又改此前定例为，被灾地方六分者免十之一，七分八分者免二，九分十分者免三，五分以下者列为勘不成灾，雍正年间又有所变化。乾隆元年（1736），蠲免旧制得到恢复，被灾六分者免十分之一，七分、八分者十分之二，十分者免钱粮十分之三。乾隆三年（1738），乾隆皇帝诏令："朕思田禾被灾五分，则收成仅得其半，输将国赋，未免艰难，所当推广皇仁，使被灾较轻之地亩，亦得均沾恩泽者，嗣后著将被灾五分之处，亦准报灾，地方官察勘明确，蠲免钱粮十分之一，永著为例。"②严格意上讲，田亩被灾的成灾分数当按勘察的实际情况而定，"如百亩之田，五十亩全熟，有五十亩无收，即此五十亩为成灾十分。不可以熟田五十亩，合计为成灾五分也"③。

清朝定制，凡地方遭受水、旱、风、雹、虫、震各类灾害，经各直省地方官等亲往勘查，若受灾达六分以上者，即确定为成灾，五分以下者，则为不成灾，即"勘不成灾"。其不成灾府厅州县所属地方之应纳正供、条丁、耗羡等赋税，如奉旨缓征，即缓至次年麦熟以后，而麦荞等粮赋，则可追缓至秋收成熟。"'勘不成灾'是达不到赈济标准的灾荒，历代均不予救济，凸显了传统赈灾制度的缺陷。清代在总结传统灾赈制度的基础上对'勘不成灾'进行赈济并将其制度化，雍正朝开始对'勘不成灾'制度的建设，乾隆朝予以完善，促成了清代赈灾制度的外化并使其发挥了较

---

① （清）李经羲：《奏为勘明云南鲁甸厅属被灾田亩免征本年条粮片》（宣统二年三月初九日），中国第一历史档案馆，朱批奏折，档号：01-01730。
② 《清高宗实录》卷68，乾隆三年五月丙寅条，中华书局1985年影印本，第10册，第102页。
③ （清）万维翰：《幕学举要·灾赈》，清乾隆芸晖堂刻本。

好的社会效用。"① 清代云贵地区"勘不成灾"之灾荒得到赈济的灾情亦为常见。嘉庆二十三年（1818），云南抱母井地方被水，云贵总督伯麟、云南巡抚李尧栋于未奉谕旨之前业经饬令委员等将该盐井被水之处确实勘明，照例抚恤，并将应修工程及蠲补盐课各事宜分别查报在案。嗣后查得抱母井及黑白二井被水情形，止系山水下冲井灶，被灾轻重各有不同。"惟是滇省盐务旧系官给薪本，令灶煎交由官领运，自新改章程灶煎灶卖，民运民销，一切薪本灶户自备，而边省商民绝无殷实之户，每遇偏灾，益形竭蹷，今岁被水三处除白盐井经委员勘不成灾，地方官捐廉抚恤外"②，其余抱母、黑盐二井被水较重，抱母井地处极边，灶户本为贫乏，黑盐井则前岁被水，灶力已属拮据，伯麟和李尧栋奏请清廷分别宽限蠲缓，以纾灶困。

嘉庆二十五年（1820）五月，贵州思南府属婺川县山水陡发，冲塌城墙，并淹毙人口，水消后已补种杂粮，经云贵总督庆保、贵州巡抚明山委员驰往查勘，系"勘不成灾"，此次婺川县山洪淹毙男妇至50余名口，"虽经地方官捐赀抚恤，但附近田禾已有损伤，恐收成不免歉薄"，嘉庆皇帝敕令庆保等员再行确切勘察，如有应行加以赈济之处，"查明据实具奏，不可稍存膜视"③。道光二十八年（1848）五月三十日，贵州镇远地方被水，据贵州巡抚乔用迁奏明随时抚恤，并及委员驰往查勘，镇远府城外铺户、民房间有冲塌，卫城内营署以及兵民房屋因水退尚速，仅止损失门壁，人口无伤，实未成灾，"照例分别抚恤极贫、次贫兵民，按大小口捐发粮米，并给修屋费银，足资口食栖止。至于营署及兵民房屋，仅损失门壁者，兵民自行修整，沿河田亩间有水冲沙压之处，各业户亦已及时修复，补种杂粮，秋成丰稔，粮价平减"④。此次镇远府被水处所前经勘不成灾，抚臣乔用迁按户抚恤，因而并无失所之人，秋成相继丰收，兵民安静，生计裕如，来春应请毋庸接济。

---

① 周琼：《清代赈灾制度的外化研究——以乾隆朝"勘不成灾"制度为例》，《西南民族大学学报（人文社会科学版）》2014年第1期。
② （清）伯麟：《奏为遵旨查明云南抱母井地方被水情形来春毋庸接济请分别蠲缓事》（嘉庆二十三年十一月初六日），中国第一历史档案馆，朱批奏折，档号：01-0858。
③ 中国第一历史档案馆，军机处上谕档，嘉庆二十五年九月十六日第4条，盒号908，册号1。
④ （清）乔用迁：《奏为遵旨查明贵州镇远地方被水勘不成灾来春毋庸接济事》（道光二十八年十一月十三日），中国第一历史档案馆，朱批奏折，档号：04-01-01-0825-030。

"清代勘灾制度始建于顺康朝,发展于雍正朝,完善于乾隆朝。它规定了勘灾期限,建立了卫所、粮庄勘灾及边勘边赈制度,明确了督抚勘灾职责,专门拨付勘灾费用,确定了完整的勘灾程序。"① 清代云贵地区自然灾害发生后,云贵地方督抚等官员严格按照清政府既定的勘灾程序切实勘察灾情,区别灾荒轻重、户口受损情况,为报灾和赈济提供了确切的依据,充分体现了云贵两省地方行政制度在发展完善中同内地整齐划一的一面。总体上看,云贵两省与内地具有自然地理和社会发展上的差别,云贵地区在施行内地完善、规范的勘灾程序的同时,亦在具体执行的过程中保持相对的严密性和灵活性。

三 清代云贵地区的审户

在历代灾荒救济中,受灾户口、丁口的核实极其重要。明代林希元所撰《荒政丛言》记载:"闻救荒有二难:曰得人难,曰审户难。"所谓审户之难,"盖赈济本以活穷民,而奸欺百出,乃有颇过之家滥支米食,而穷饿之夫反待毙茅檐。寄耳目于人,则忠清无几,树衡鉴于上,则明照有遗,此审户所以难也。……民至于流,即当赈济,无事审户,何难之有?惟夫土著之民,饥饱杂进,真伪莫分,此其所以难也"②。林希元所言道出了勘灾过程中灾户审查的工作难度较大,审户因灾荒期间诸多不确定因素的交互干扰,相应地对地方勘灾官员审查灾情和被灾户口提出了更高的要求。

审户是清代勘灾和救灾环节中较为基础性的步骤之一。"审户又称'查灾'、'核户',主要是查报受灾户口,确定受灾人户的贫困等级(极贫、次贫)及大小口数额、确定灾民财产损毁及人口伤亡的情况,以便官府及时按等赈灾。"③ 清代历次灾荒发生后,各直省地方督抚等官员首要的任务是基于报灾和勘灾的实情,逐一审查被灾地方田亩的受灾轻重程度,其次审查受灾民户的财产损毁情况,民户丁口的伤亡情况,以确定受灾等级,同时须张榜公示所有灾户的情况,使同一地区灾民之间相互监督和递

---

① 周琼:《清前期的勘灾制度及实践》,《中国高校社会科学》2015 年第 3 期。
② (明)林希元:《荒政丛言·疏》,载李文海、夏明方主编《中国荒政全书》(第 1 辑),北京古籍出版社 2002 年版,第 159 页。
③ 周琼:《清代审户程序研究》,《郑州大学学报(哲学社会科学版)》2011 年第 6 期。

呈上级稽查。同治朝《户部则例》规定："若查赈官开报不实，或徇纵冒滥，或挟私妄驳者，均以不职参治。"① 清代对审户的要求极其严格，因为灾荒审户精准与否，关乎赈灾所需钱粮获得的多少、灾赈成效以及社会治理成败。清代云贵地区历次灾荒勘察过程中，云贵总督、巡抚等要员无不实心踏勘灾情，并根据审户章程严格区分受灾户口等级。清乾隆十三年（1748）六月，云南昆明、呈贡、宜良、昆阳、晋宁等五州县被水受灾，云贵总督张允随督饬五州县官吏察得"共被淹低田四百二十八顷六十亩零，被灾人民七千二百余户，大口二万二千二百余口，小口一万四千五百余口"②，张允随还积极与抚臣督率司道③和府州县官员悉心经理，殚力查办，并俟秋冬之际查照定例，"分别极贫次贫，按户加赈"，据实会题成灾分数，依限造册详报此次被水成灾所需赈恤银两、谷石以及应免钱粮额数。

清代灾荒赈济注重对灾民的关照，"故灾户必不可漏，惟有审其力量，以口数为伸缩。若不谙治体，始而善念勃发，谓宁滥毋遗，及见需费浩繁，痛加删削，以至灾民失所，络绎道途，然后复为增益，刁民又妄生觊觎。此皆不体察地方实情，而但以意为轻重也"④。审户作为清代勘灾过程中的重要程序，并直接关系到官府赈灾物资及赈济期限的确定，在历次灾荒赈济中发挥着极其重要的作用，因而备受清代历朝统治者高度重视。清乾隆十八年（1753）三月和四月，云南府呈贡县所属地方先后发生地震，呈贡县城附近江尾、归化等村庄房屋倒塌，人口亦有损伤。地震发生后，云贵总督硕色委令云南粮储道徐铎、云南府知府武深布携带司库铜息银两，并率领佐杂等官先行前往查勘灾情。硕色则于四月初三日亲往呈贡县被灾各村庄察视情形，根据受灾轻重之情节，督同呈贡县地方官抚绥办理赈济，同时还委派地方官逐村按户核查，"统计各乡村共倒塌瓦房七百九十七间，草房七百三十五间，压毙男妇二十九名口，幼小子女二十七名

---

① 同治《户部则例》卷84。
② （清）张允随：《奏为云南昆明县被水会商筹办赈务及呈贡等州县续被水淹查勘酌办情形事》（乾隆十三年闰七月三十日），中国第一历史档案馆，朱批奏折，档号：01-09069。
③ 按：司道，明代为布政司、按察司与分守道、分巡道等职官之通称。清朝时期则是隶属于巡抚的专设机构。
④ （清）万维翰：《荒政琐言·查赈》，载李文海、夏明方主编《中国荒政全书》（第2辑·第1卷），北京古籍出版社2003年版，第470页。

口，压伤未毙大小男妇子女七十三名口"①。道光十一年（1831）五月二十五日，贵州巡抚嵩溥奏称，黔省城关厢内外被水，后据贵阳府、贵筑县勘灾委员查明，"城厢内外被水贫民共计一千零四十八户，男女大口共二千九百六十名口，男女小口共二千一百七十六名口，全塌民居瓦房七十二间，草房二百五十二间，浸损瓦房五百九十四间，草房四百五十零半间，淹毙男妇幼孩十一名口"②。硕色和嵩溥分别督率地方官妥筹查核被震、被水灾情，为按户、按口逐一赈济提供了可靠的灾情报告。

在审户的过程中，首先是要详细审查田亩及禾苗的受灾程度，接着再审查民居、器具、什物等财物是否被毁，以确定极贫、次贫等级。划分极贫和次贫，主要依受灾民户的家产而定，即"贫民当分级、次，全在察看情形。如产微力薄，家无担石，或房倾业废，孤寡老弱，鹄面鸠形，朝不谋夕者，是为极贫。如田虽被灾，盖藏未尽，或有微业可营，尚非急不及待者，是为次贫"③。清代法律对地方官员开展审户工作有严格要求，同治四年（1865）《户部则例》明确规定："凡灾地应赈户口，应要正、佐官分地确查，亲填入册，不得假手胥役"，"倘有不肖绅衿及吏役人等串通捏冒，察出革究。若查赈官开报不实，或徇纵冒滥，或挟私妄驳者，均以不职参治"④。清乾隆二十五年（1760）三月十四日，云南骑兵营马棚失火，烧毙骑操马十三匹，参将王一柱、冯忻、蒋允让等员隐匿不详报，同时将马匹卖出，不足之数，又于生息银内隐匿息银八十八两，以抵建盖马棚之费，肆意侵隐钱粮。云贵总督爱必达于乾隆二十五年四月初七日亲至该营督察，察得署守备冯忻办事迟钝，认为他不宜专营守备之任，当即裁撤，而另委候补守备蒋允让署理，并已交代清楚，宜出结申报。以上三员因钱粮不清混禀，匿灾科派，爱必达奏请"将奇兵营参将王一柱并前署守备事已经题补临元镇标左营守备冯忻、现署守备事候补筹备蒋允让一并革职，

---

① （清）硕色：《奏报云南呈贡等县地震赈恤事宜事》，中国第一历史档案馆，录副奏折，档号：02-16437。
② （清）嵩溥：《奏为本年入春黔省省城被水勘未成灾妥为抚恤事》（道光十一年五月二十五日），中国第一历史档案馆，朱批奏折，档号：01-10898。
③ （清）汪志伊：《荒政辑要》卷3《查赈事宜》，载李文海、夏明方主编《中国荒政全书》（第2辑·第2卷），北京古籍出版社2003年版，第572页。
④ 同治四年《户部则例》卷84。

以便严审究拟"①。道光十四年（1834）二月初四日，内阁奉上谕："阮元等奏参查办灾务迟钝之县令一折，云南署河阳县事、恩安县知县赵发于该县地震成灾查办迟延，咎实难辞，赵发著交部议处。"②

乾隆三年（1738），贵州安顺、郎岱等府厅所属地方发生冰雹灾害，冰雹将晚稻打伤。安顺府知府、郎岱同知将赈过被雹成灾以及乏食穷民口粮、谷折米石以及房价银两等造册详报。嗣后据云贵总督张广泗逐一勘察灾情和审核户口，他奏称："查安顺府册开：该府县辖被雹成灾二百三户，计大口四百六十六口，小口四百九十七口，共赈过四个月口粮，谷折米四百二十八石其斗，又无业穷民八百二十一户，大口一千一十九口，小口七百五十六口，共赈过三个月口粮，谷折米六百二十八石六斗五升。打坏瓦草房四间，共给房价银叁两。又据郎岱同知册开：厅辖被雹灾民二百五十四户，大口四百三十一口，小口三百二十一口，共赈过四个月口粮，米三百五十四石九斗。又无业穷民一百三十四户，大口一百六十四口，小口七十八口，共赈过三个月口粮，米九十一石三斗五升。打坏草房四间，共给房价银二两。"③ 安顺、郎岱被雹成灾，地方官严格按照审户程序区分灾情，奏请予以拨给口粮赈济。清代荒政定制，即在地方督抚等官员查勘灾情的过程中，必须根据受灾民户人丁和财产损失的情况如实奏报，以利赈济。

在清代灾荒勘察过程中，各直省地方查灾要员需于履勘灾情期间将受灾户口和田亩成灾分数一并分晰查明具报，以凭是否加以赈济。据《荒政辑要》卷三《查赈事宜》记载："查报饥口，例应查灾之员随庄带查。向凭地保开报，固难凭信，即携带烟户册查对，其中迁移事故，亦难尽确。在有田灾户，尚有灾呈开报家口；其无田贫户，更无户口可稽。况人之贫富、口之大小，必得亲历查验，方能察其真伪。"④ 此外，清制明确规定，

---

① （清）爱必达：《为云南奇兵营参将王一柱等员匿灾科派侵隐钱粮题请参处事》（乾隆二十五年六月十二日），中国第一历史档案馆，朱批奏折，档号：02-01-006-001684-0031。
② （清）阮元：《谕内阁云南恩安县地方成灾知县查办迟延著交部议处》（道光十四年二月初四日），中国第一历史档案馆，上谕档，档号：06-05066。
③ （清）张广泗：《题请奏销安顺等府厅州县乾隆二年间九月晚稻被雹成灾赈过银两米谷事》（乾隆三年十月二十八日），中国第一历史档案馆，题本，档号：02-01-04-13118-013。
④ （清）汪志伊：《荒政辑要》卷3《查赈事宜》，载李文海、夏明方主编《中国荒政全书》（第2辑·第2卷），北京古籍出版社2003年版，第572页。

凡十六岁以上灾民为大口，不满十六岁至能行走者为小口，再小者诸如襁褓中之婴儿则"不准入册"①。正如方观承所言："赈，所以救农也。国家府库、仓廪之积，皆农力也。出其所入于丰年者，以赈其荒，恩非倖邀也。故司赈者，必视田亩被灾轻重与器用、牛具之有无，以别极贫、次贫。其不因灾而贫者，则非农也。不因灾而贫者亦赈之，误以赈为博施之举也。"②需要指出的是，即使是损失相似的灾荒，其赈济标准亦并非严格遵依大小口的标准。乾隆二十八年（1763）十一月，云南江川、通海、宁州、河西、建水等五州县地震被灾，云贵总督吴达善奏称："江川等州县此次地震，压损房屋较多，民力未免拮据。著将应行赈恤之项，加倍散给"③，乾隆二十九年（1764）赈济时规定："压毙人口，每大口给银一两五钱，小口给银五钱。压伤不论大小口，每口给银五钱。现存被灾各户，每口赈谷一石，幼者赈谷五斗，折色谷每石折银五钱"④。

清代灾荒审户，主要由"勘灾人员查清并确定灾民的贫困等级状况、灾民大小口数额及勘定灾民财产损毁情况及人口伤亡数等项，以此为据客观填报审户图册"⑤。作为勘灾过程中基础性、不可或缺的环节，审户为官府掌握准确的灾害情报和调拨银钱进行赈济提供了重要条件。乾隆三年（1738）谕令："各省督抚身任地方，皆有父母斯民之责，于所属州县水旱灾伤，自应速为访察，加意抚绥……现在成例分别极贫、次贫，其应即行拯救者，原不待部覆。"⑥清乾隆七年（1742）规定："山西、湖广、贵州不分极贫、次贫，山东、陕西只分极贫、次贫，皆按月给赈。江南、浙江原分极贫、次贫、又次贫，凡被灾待赈每至数千户，分为极贫、次贫易为察验，至又次贫与次贫相去无几，不便酌减赈恤，且分晰多端，未免耽延滋扰，应只分为极贫、次贫，其又次贫宜从删省。"⑦审户关系发赈是否能

---

① 《大清会典事例》卷270《户部一一九·蠲恤六·救灾》，中华书局1991年版。
② （清）刘锦藻撰：《清朝续文献通考》卷81《国用考十九·赈恤》，商务印书馆1999年版，第1册，第8395页。
③ （清）吴达善：《谕内阁去年云南江川等州县被震应行抚恤之项著加倍散给》（乾隆二十九年正月二十二日），中国第一历史档案馆，上谕档，档号：06-01041。
④ 《大清会典事例》卷270《户部一一九·蠲恤六·救灾》，中华书局1991年版，第84页。
⑤ 周琼：《清代审户程序研究》，《郑州大学学报（哲学社会科学版）》2011年第6期。
⑥ 《大清会典事例》卷270《户部一一九·蠲恤六·救灾》，中华书局1991年版，第83页。
⑦ 清高宗敕撰：《清朝文献通考》卷46《国用考·赈恤·赈济》，商务印书馆1936年版，第5292页。

够顺利开展，《救荒十六策》记载："发赈最难审户，审户不清，不但粜济第等不均，抑且丁口混乱"①。灾户审核中，其区分标准主要为："产微地薄，家无担石，或房倾业废，孤寡老弱，鹄面鸠形，朝不保夕者，是为极贫。如田虽被灾，蓄藏未尽，或有微业可营，尚非急不待者，是为次贫。"②乾隆五年（1740）谕准："成灾六分者，极贫加赈一个月；成灾七八分者，极贫加赈两个月，次贫加赈一个月；成灾九分者，极贫加赈三个月，次贫加赈两个月；成灾十分者，极贫加赈四个月，次贫加赈三个月，每大口日给米五合，小口二合五勺，扣除小建，银米兼放。"③嘉庆十二年（1807）四月，贵州省城猝遇大水，沿河一带官民房屋俱有冲塌，贵州巡抚福庆率领并督同司道分别确查灾情，以从优抚恤灾黎。此次被灾各户为数无多，从优分别抚恤，"所有倒塌房屋修葺有资俱得及时修复，向有恒业者咸皆各安生业，其无业贫民照例赈以口粮，当时无虞乏食，旋即照常营趁度日，并查明极贫之户，又复加赈一月，于小民生计益觉裕如"④。

道光十一年（1831）五月，贵州遵义府桐梓县被水成灾，贵州巡抚嵩溥接到灾情报告收，即行委令护贵西道朱德璲驰赴桐梓县督同遵义府于国琇、署桐梓县王镇疆暨委员署正安州柏中烃、署绥阳县陈鏊确实踏勘灾情，旋据该道府等禀报水退时遵即逐细确查，城厢内外被灾居民一千四百一十五户，男女大口四千零四十九名，小口三千八百六十七名口；松坎等处被灾居民三百零四户，男女大口九百三十六名口，小口七百二十七名口，先有分设粥厂煮赈。近城内外赈粥碾动仓谷一百七十四石，松坎等处用过赈粥银一百零五两三钱，抚恤一月口粮，照例大口月给谷三斗，小口月给谷一斗五升，共给过近城抚恤谷一千七百九十四石。松坎等处因距城遥远，运谷困难，照例大口月折银一钱五分，小口月折银七分五厘，共给过银一百九十四两零。又闻赈归来近城五十二户，松坎十八户，按照大小

---

① （清）寄湘渔父撰：《救荒六十策·凡例》，载沈云龙主编《近代中国史料丛刊三编》（第54辑），文海出版社1989年版。
② （清）汪志伊：《荒政辑要》卷3《查勘·查赈事宜》，载李文海、夏明方主编《中国荒政全书》（第2辑·第2卷），北京古籍出版社2003年版，第572页。
③ （清）姚碧：《荒政辑要》卷1《灾赈章程》，载李文海、夏明方主编《中国荒政全书》（第2辑·第1卷），北京古籍出版社2003年版，第751—752页。
④ （清）福庆：《奏为查明贵州省城赈恤工程俱经办理妥协事》（嘉庆十二年七月十三日），中国第一历史档案馆，朱批奏折，档号：04-01-02-0075-005。

名口共给过抚恤谷三十石。桐梓县被灾地方"除田虽被水淹而家可支持者例不给赈，该户亦不赴领外，查近城极贫来领者三百四十八户，男女大口一千三百五十二名口，小口一千一百九十三名口。次贫来领者九百三十九户，男女大口二千八百五十一名口，小口二千六百八十其名口。照例按大小口给谷，分别极贫两月，次贫一月，共赈谷二千四百二十七石零。松坎等处极贫来领者一百三十二户，男女大口四百五名口，小口三百五十六名口；次贫来领者一百八十一户，男女大口五百四十三名口，小口四百一十一名口。按大小口照例价折银，在于本境有收之处及邻境就近买食，仍分别极贫两月，次贫一月，共给过银二百八十七两零"[1]。

清代审户制度于顺治朝至雍正朝时期相继沿用明制及其定例，进而在灾荒审户过程中加以适当损益变化，主要是查报灾户情况并据灾户贫困情况进行赈济。至乾隆年间，"随着赈灾实践的增多，审户的重要性逐渐受到重视，审户的各项措施也逐渐程序化、制度化。在审户程序制度化的过程中，审户的具体措施在顺康雍具体实践的基础上逐渐细化，并得到了修正和完善"[2]。在此期间，受灾地区贫困等级、大小名口额数以及财产损失状况的确定标准得到统一，为赈灾的进一步开展奠定了坚实的基础。清代云贵地区灾荒审户在具体践行的基础上，基本与内地保持一致，为推动西南边疆地区灾荒赈济期间社会治理方式和体系的转变提供了机遇。

四 清代云贵地区的发赈

发赈是办理赈务过程中最为关键的程序。官府所调拨的钱两和米粮能够按时发放到灾民手中，关乎救灾的时效性。清代地方被灾，在受灾户口勘定和确认后，需要立即着手进行开仓赈济，通常以户为单位，按照勘灾大员拟定的赈票及所列数目，及时将赈济银两和米粮发放到灾民手中。据《荒政辑要》记载："极贫则无论大小口数多寡，俱须全给。次贫则老幼妇女全给，其少壮丁男力能营趁者酌给。"[3] 为方便灾民领赈，发赈官吏需要

---

[1] （清）嵩溥：《奏为贵州被水灾民赈恤完竣事》（道光十一年九月二十一日），中国第一历史档案馆，朱批奏折，档号：04-01-01-0723-050。
[2] 周琼：《清代审户程序研究》，《郑州大学学报（哲学社会科学版）》2011年第6期。
[3] （清）汪志伊：《荒政辑要》卷3《查勘·查赈事宜》，载李文海、夏明方主编《中国荒政全书》（第2辑·第2卷），北京古籍出版社2003年版，第572页。

在州县本城设厂，同时于四乡要道设厂，使灾黎能在一日之内往返居所。假如四乡之厂相距甚远，仍可多设立一至二厂，以方便灾民。在发赈之前，发赈官员要先将某被赈村庄将在某厂、某时发放事项明白晓谕，使各受灾民户知晓领赈情形。为防止冒领，清朝还规定："于票上钤用第几赈放讫戳记，仍付灾民收回，以备下月领赈。册内亦并用冲戳，俟领完未赈，即将原票收回缴县核销。"① 为防止发赈官吏克扣钱粮，清朝规定，在发赈期间，有司官员务必亲临，进行现场监督，使胥役无法假手侵占赈灾款项。

正如方观承所言："赈所以救农也，国家府库仓廪之积，皆农力也。出其所入于丰年者，以赈其荒，恩非幸邀也。故司赈者必视田亩被灾轻重，与器用牛具之有无，以别极贫、次贫。其不因灾而贫者，则非农也。不因灾而贫者亦赈，误以赈为博施之举也。夫农饥则四民皆饥，谷贵则百物皆贵，盖推广恩泽而及之耳，非赈政之本意也。故灾赈首重赈农，其余乏食之民，不过为区别，斯可也。"② 赈灾救民，发放赈济钱粮，拯救灾民于苦难之际，不仅是清朝政府恤民爱民的重要体现，也是通过灾赈进一步加强社会治理和公共服务的必然选择。清代云贵地区灾荒发生后，云贵督抚及地方要员根据灾荒情报和勘定的成灾实情，积极商议灾赈方式和办法，通过拨帑赈济，将灾黎生计所需的银钱和米粮按照既定的标准散放，在维系灾民生存需要的同时，也使受灾地方的社会秩序得以稳定。乾隆元年（1736）四月，贵州镇远、思州、黄平、施秉、余庆、青溪、玉屏等府州县或被水灾，或遭冰雹，以上七属地方田亩、民房多遭伤损，贵州总督张广泗即行委员星赴各被灾地方查勘灾情，立即动拨银两散赈，竭力抚绥受灾民众。贵州于雍正十三年（1735）遭遇苗民起义滋扰，今岁镇远、思州一带偶被水淹没，乾隆皇帝甚为轸念民瘼，谕令"著该督张广泗加意赈恤，严饬各该地方官实力抚绥，务使被灾民人不致失所"③。

乾隆五年（1740），户部议定赈恤规程，乾隆皇帝称："赈济之事最关紧要，不可不先定条例以便遵行，然临时情形难以预料，唯在督抚因时就

---

① （清）汪志伊：《荒政辑要》卷3《查勘·查赈事宜》，载李文海、夏明方主编《中国荒政全书》（第2辑·第2卷），北京古籍出版社2003年版，第575页。
② （清）王庆云：《石渠余纪》，北京古籍出版社1985年版，第7页。
③ 中国第一历史档案馆，军机处上谕档，乾隆元年七月初七日第1条，盒号547，册号2。

事熟筹妥协。如果应行赈济，即于常例之处多用帑金，朕亦无所吝惜等因"①。乾隆十六年（1751）五月初一日，云南鹤庆府属之剑川州地震，城垣、房屋及人口、牲畜倾倒损伤折者甚多，其同时被灾者鹤庆、浪穹次之，邓川、丽江较轻，大理、宾川微动无碍。因滇南地处极边，此番被灾甚重，乾隆皇帝深为悯恻，敕令云贵总督和云南巡抚"将被灾各该处所有应行赈济给价及一切抚恤事宜，毋拘常例，即行董率有司一面加意办理，一面奏闻，务令灾黎得所"②。道光元年（1821）七月，贵州威宁州后所地方溪水陡发，淹毙男妇客民一百三十余名，冲塌民房六十余间，业经贵州及威宁地方官捐赀抚恤，分别赈给房屋修费，亦先后涸出被灾田亩，所种杂粮俱无伤损，经贵州巡抚明山委员踏勘，系属勘不成灾，但被灾情形尤重，道光皇帝谕令："该地方官虽已捐赀抚恤，尚恐灾民口食不继，或致流离失所，著明山遴派诚实妥干之员，再行前往确查，如有应需接济之处，迅速奏明办理，毋令一夫失所。"③ 云南和贵州两省地震灾害和洪涝灾害期间获得国家层面的发仓赈济，有利于被灾地方流民问题的解决和农业生产的复业。

清代灾荒赈济有严格的标准，依据勘查所得极贫和次贫以及大小口之多寡而定。举《大清会典事例》记载："极贫之民，除先行抚恤一月外，应加赈两月；次贫之民，普赈一月。极贫从七月至八月，次贫以八月，动用常平仓储，每大口月给米一斗五升，小口七升五合，谷则倍之。"④ 乾隆四十九年（1784），云南云龙州地方猝被水灾，灶户、民居间有冲塌，乾隆皇帝谕令："所有无业贫民，著加恩给予一月口粮，先行抚恤，务使各沾实惠。"⑤ 嘉庆二十二年（1817），云南邓川州白盐井被水，据云贵总督伯麟和云南巡抚李尧栋委员等勘查确实，因邓川州小邑等九里地方被灾较重，奏请"将极贫户口加赈四个月，次贫者加赈三个月，计可展至来春，

---

① （清）杨景仁：《筹济编》卷6《发赈》，载李文海、夏明方、朱浒主编《中国荒政书集成》（第5册），天津古籍出版社2010年版，第3153页。
② （清）硕色：《谕内阁云南鹤庆地震著加意赈恤勿拘常例》（乾隆十六年闰五月二十二日），中国第一历史档案馆，上谕档，档号：06-00512。
③ 中国第一历史档案馆，军机处上谕档，道光元年七月初一日第2条，盒号913，册号1。
④ 《大清会典事例》卷271《户部一二·蠲恤七·赈饥一》，中华书局1991年版，第100页。
⑤ （清）阮元等修，（清）王崧、（清）李诚纂：道光《云南通志稿》卷4《天文志·祥异》，清道光十五年（1835）刻本。

俟赈务完竣，仍察看情形，如果尚须接济，再行出借籽种"①，以期核实办理灾务。道光十一年（1831），贵州遵义府桐梓县被水成灾，因该处地瘠民贫，受灾之家并非宽裕，此次猝遭水患，荡析离居者甚众，贵州巡抚嵩溥奏称："自应仰体圣主子惠黎元之至意，优加赈济，将被灾极贫各户加赈两月，次贫至户加赈一月，俾口食有资，无虞失所。"② 同年（1831），贵州贵筑、瓮安、施秉、镇远四县，松桃厅属石岘卫、思州府黄平州先后被水。其中思州府、黄平州、瓮安、施秉、镇远三县被水甚轻，据各该地方官查明冲坏田土无多，及时挑复补种，冲塌房间则捐给修费，同时给予灾民口粮，以资抚恤。而松桃厅属石岘卫被水冲沙压屯田、公田挑复不及，贵州巡抚嵩溥"奏准照本年秋收分数，在松桃厅常平仓内动给屯军谷石，以供食用。又贵筑县城厢内外被水贫民，前经抚恤两月口粮，并给与修费银两"③。云南和贵州灾赈期间的根据受灾大小口数以及灾情轻重程度，相应对成灾地方予以加赈，为灾黎顺利渡过灾歉困境提供了口粮保障。

光绪十三年（1887）十一月初二日，云南石屏、建水等州县地震成灾，余震频繁，城墙、衙署、居民房屋均被震倒或震裂，庙宇毁坏破裂，男女丁口被压毙或受损伤。石屏州为地震中心，受灾最为严重。档案记载："城内民房、南城震倒十之八九，东城震倒一半，西北稍差，而决裂歪斜已千余间，男妇老幼压毙二百余人，受伤及成废疾者共三百余人，四乡村寨被压。民人东乡死者八百余人，伤者七八百人；南乡死者二百余人，伤者四百余人；西乡死者三百余人，伤者五百余人；北乡死者百余人，伤者倍之。城乡死伤共四千余名口，房屋倒者十之八九，未倒之房亦皆决裂歪斜。谷米、器具尽被覆压，满目哀鸿。非特栖身无所，抑且糊口无资，露宿风餐，贫富无异。"④ 根据云贵总督丁振铎的奏报，石屏州被震

---

① （清）伯麟、（清）李尧栋：《奏报云南邓川等四厅州被水歉收俟来春酌借籽种折》（嘉庆二十二年十一月十一日），中国第一历史档案馆，宫中朱批财政第48函第13号，档号：01-00455。
② （清）嵩溥：《奏为贵州被水灾民赈恤完竣事》（道光十一年九月二十一日），中国第一历史档案馆，朱批奏折，档号：04-01-01-0723-050。
③ （清）嵩溥：《奏为遵旨查明贵州桐梓县来春民力拮据妥为接济事》（道光十一年十一月十七日），中国第一历史档案馆，朱批奏折，档号：01-09614。
④ 《云南巡抚谭钧培奏报石屏等州县地震筹款赈恤威远厅监狱震倒监犯逃逸折》（光绪十三年十一月二十五日），《宫中档光绪朝朱批奏折》第117册，载蒋克训、齐书勤、郭美兰主编《明清宫藏地震档案》（上2），地震出版社2005年版，第1207页。

· 188 ·

成灾难以征收钱粮，应酌情免除。据统计："石屏州属地震成灾无征秋米六百四十石八斗一升四合六勺，条丁银七百二十八两五钱三分五厘，奏平银七十二两八钱五分三厘五毫，公耗银四百二十四两八钱七分六厘。"① 此次石屏、建水等州县地震导致受灾民户颇多，人丁死伤无数，什物损毁，受灾地方灾民无法缴纳赋税。又灾区粮源断绝，灾黎露宿荒郊，觅食尚难，哀鸿遍野。地震灾害发生后，云南督抚立即委派干员前往勘察灾情，详尽核实受灾户口及等级（见表15），并及时调拨钱粮进行赈济。

表 15　　　　　光绪十三年云南省石屏州地震灾户及赈济表

受灾地点	灾情轻重	受灾户数（户）	赈济银两（两/钱）
州城关厢	重灾	384	384 两
	次灾	287	229 两 6 钱
	又次灾	557	278 两 5 钱
东乡	重灾	1357	1357 两
	次灾	721	576 两 8 钱
	又次灾	1455	727 两 5 钱
南乡	重灾	107	107 两
	次灾	137	109 两 6 钱
	又次灾	342	171 两
西乡	重灾	371	371 两
	次灾	359	287 两 2 钱
	又次灾	559	297 两 5 钱
北乡	重灾	59	59 两
	次灾	233	186 两 4 钱
	又次灾	305	152 两 5 钱
合　计		7233	5294 两 6 钱

资料来源：根据军机处录副奏折《云南巡抚谭钧培奏报石屏等州县地震成灾赈过户口银两各数折》（光绪十四年五月二十日）统计而得，载蒋克训、齐书勤、郭美兰主编《明清宫藏地震档案》（上2），地震出版社2005年版，第1212—1214页。

从表15中可以看出，在云南巡抚臣谭钧培奏报石屏州地震成灾户口

---

① （清）丁振铎：《奏为查明云南光绪九年至十三年各属被灾钱粮补造册结请豁免事》（光绪二十六年九月三十日），中国第一历史档案馆，录副奏折，档号：02-05799。

中，根据对地震灾情的勘察，将成灾户口审定为重灾、次灾、又次灾三个等级，州城关厢以及东、西、南、北四乡受灾户数为七千二百三十三户，其中重灾户数为二千二百七十八户，次灾户数为一千七百三十七户，又次灾户数为三千二百一十八户。受灾最为严重的当属石屏州城和东乡两地。据光绪十四年（1888）的档案记载，此次地震灾害发生后，云南布政使曾纪凤会同善后局、司道禀报称，署理石屏州知州王培心已会同委员等根据"被灾最重者，每户赈银一两，稍次者八钱，又次者五钱"的标准，已将应赈给灾黎的钱两酌情发放，石屏州城关厢以及东西、南、北四乡共散给灾黎赈银五千二百九十四两六钱，其中州城八百九十二两一钱，东乡二千六百六十一两三钱，南乡三百八十七两六钱，西乡九百九十五两七钱，北乡三百九十七两九钱。另外，在石屏州地震灾害中，人丁伤亡惨重，受委的勘灾官吏将人口的伤毙情况按照"被伤"和"压毙"进行详细的统计（见表16），并据实核算各类受灾人口应赈给的钱两数目，及时开仓散赈，以医治伤者，埋藏遇难各员，切实抚慰民众。

表16　　　　　光绪十三年云南石屏州地震人丁伤毙及赈济表

受灾地点	受灾情况	伤毙丁口（口）	银两赈济（两/钱）
州城关厢	被伤	293	医药银87两9钱
	压毙	241	埋葬银144两6钱
东乡	被伤	711	医药银213两3钱
	压毙	872	埋葬银523两2钱
南乡	被伤	75	医药银22两5钱
	压毙	45	埋葬银27两
西乡	被伤	497	医药银149两1钱
	压毙	274	埋葬银164两4钱
北乡	被伤	231	医药银69两3钱
	压毙	134	埋葬银80两4钱
合　计		3373	1481两7钱

资料来源：根据军机处录副奏折《云南巡抚谭钧培奏报石屏等州县地震成灾赈过户口银两各数折》（光绪十四年五月二十日）统计而得，载蒋克训、齐书勤、郭美兰主编《明清宫藏地震档案》（上2），地震出版社2005年版，第1212—1214页。

从表16中可以看出，州城关厢以及东、西、南、北四乡共有三千三百七十三口人丁伤毙，其中州城关厢伤毙五百三十七口，东乡伤毙一千五百八十三口，南乡伤毙一百二十口，西乡伤毙七百七十一口，北乡伤毙三百六十五口，东乡地方人口伤毙最严重。档案记载："压毙每丁口给埋银六钱，伤者给医药银三钱"，统计石屏州因地震造成人丁伤毙共赈济一千四百八十一两七钱。据统计，此次石屏州地震灾户和人丁伤毙共赈济银六千七百五十八两三钱。加上各委员因勘灾需要雇募役夫与车马、临时书吏、购买笔墨纸张共用银一百二十二两八钱七分；又开挖、修筑州城沟渠以工代赈耗银三十二两八钱三分。总共赈济银两六千九百一十四两。此次石屏州地震成灾，其赈济银两来源颇广，主要有善后局划拨、官员捐廉、商号和客商义捐。史料记载，善后局发银三千两，蒙自营务处题拨银一千两，云南巡抚谭钧培捐银三百两，云南藩司曾纪凤奉母命捐银一千两，贵州藩司史念祖捐银一百两，提用石屏州钱粮银五百两，提拨石屏州厘金银一百四十两，同庆丰商号捐银五百两，普洱客商捐银二百七十两，磨黑井客商捐银五十两，前项银两内长出平余银五十四两，总共银六千九百一十四两。此次震灾，除云南官方迅速报灾、勘灾，调拨仓粮和库银开展救灾以外，地方社会各界力量也汇聚起来，积极参与抗震救灾，一定程度上使石屏州地方灾情得以减轻，受灾民众妥善安置，基本生活得到保障。

第二节 清代云贵地区救灾的主要措施

安民以靖盗定乱为先，救荒以赈饥养民为急，这是清朝历代帝王实现修德政、得民心、固邦本和安边境的治国理政之道。清代云贵地区的灾荒赈济得到历朝统治者的高度重视，并在程式化的荒政制度框架下得以次第开展，无论是清朝中央政府的蠲免、赈济、借贷和抚恤，抑或云贵地方督抚组织的灾荒赈济实践，体现的是清朝的国家意志和帝王的恩泽周于寰宇。

一 清代云贵地区的灾荒蠲免

清代灾荒赈济期间的蠲免，即中央政府对受灾地方因灾户田粮减产或者绝收，经勘灾大员实地踏勘后，确系生业维艰，按期缴纳法定赋税仍旧困难，国家相应予以租税和赋役的免除，以达到赈灾有效开展的目的。文献记载:"岁荒年饥,以里户十分论,计足支用者不过一二分,储微粟而不足用者计当十五六,一无恃赖者亦当三四分。民方颙颙望赈于官家,而吏且捶楚而额征之,空室者惟有逃亡,储微粟者势且不暇,顾冬春之寒饿,罄所有以输公,而其究也,且与本室空者同归流亡耳。故《周礼》荒政十二,以薄征为第一也。"①薄征与蠲免异曲同工,清代地方受灾,政府皆按照受灾情况而分别实施蠲减钱粮、免除服役、缓征赋税,具体而言,即大灾期间则蠲免赋税,中度灾害则减少赋税数额,轻度灾害时赋税不减,而延缓至来年丰年时再征,这是灾荒期间减轻灾民赋役负担较为有效的举措。"清代西南边疆田赋虽在国家财政收入中占比不大,但关系国计民生,事涉边疆安全与稳定发展。清廷对其财政治理主要表现在应对灾荒与战乱的田赋蠲缓、减轻民众赋税负担的普免积欠和整治田赋征缴积弊。"②

清代历朝统治者就高度重视灾荒期间缓解灾民繁重赋役的重要性,蠲免政策作为救灾的一项重要经济政策,其蠲减规模和数额在中国古代蠲免政策中达到鼎盛。总体上看,康熙朝蠲免钱粮数量多、规模大、影响远,超过历史上任何朝代③。文献记载:康熙四十五年(1706)五月,康熙皇帝在蠲免直隶顺天、河间两府灾歉赋税时晓谕户部:"朕念黎元方有起色,办赋犹艰。若一时新旧并征,势难兼应,宜更加宽恤,以弘休养。"④历次灾荒中蠲免的主要对象是当年未能如期缴纳的田赋,或者是历年缓征、带征银米未能完纳,逋欠过多,抑或来年待缴田赋已明定案册,而差役繁多,透支过度。此外,因各类自然灾害往往破坏农业生产的时序,进而导致农作物减产,民力难支额赋,恢复灾黎的生业相继成为当务之急,蠲免势在必行。康熙四十九年(1710),康熙帝在普免全国各省钱粮谕令中称:"每思民为邦本,勤恤为先;政在养民,蠲租为急。数十年来,除水旱灾伤例应豁免外,其直省钱粮,次第通蠲一年,屡经举行,更有一年蠲及数省,一省连蠲数年者。前后蠲除之数,据户部奏称,共计已逾万万,朕

---

① (清)王心敬辑:《荒政考》,载李文海、夏明方主编《中国荒政全书》(第2辑·第1卷),北京古籍出版社2003年版,第187页。
② 李光伟:《清中后期西南边疆田赋蠲缓与国家财政治理》,《史学月刊》2020年第2期。
③ 李丹丹:《浅析清代康熙朝蠲免政策及其影响》,《黑龙江史志》2012年第17期。
④ 《清圣祖实录》卷225,康熙四十五年五月甲戌条,中华书局1985年影印本,第6册,第263页。

一无所顾惜。百姓足、君孰与不足。朝廷恩泽、不施及于百姓,将安施乎。"① 史料中字里行间流露出康熙帝高度重视农业生产,对被灾地方民瘼轸念有加,蠲免钱粮的政策充分体现了他固本安农的思想,为稳定社会秩序奠定了坚实的基础。

  清代灾荒蠲免,肇始于顺治朝初期。"蠲免是国家将应向人民征收的赋税减少以至免除,可分为灾荒蠲免、拖欠蠲免、普行蠲免等类,其中以灾蠲为最重要。"② 据文献记载,顺治初年议定:"凡被荒之地,或全免,或免半,或免十分之三。以被灾之轻重,定额数之多寡。"③ 顺治十年(1653),有关灾荒蠲免的分数得到确定:"被灾八九十分者,免十分之三;五六七分者,免十分之二;四分者,免十分之一。"④ 顺治十七年(1660),清廷又根据地方被灾蠲免的实际需要,议定:"地方除五分一下不成灾外,六分者免十分之一,七八分者免十分之二,九分者免十分之三。此例现在遵行,凡此多寡不同之数,或旋减,而旋增,皆因其时势为之,亦非先后互异,意为增损也。"⑤ 顺治十八年(1661)四月,四川道御史夏人佺认为云南地方现在用兵,百姓苦惫不堪,疏言仿照崇明恩例,敕令巡抚确查供需紧张地方,据实奏闻,"重者免其田赋一年,次者免其田赋之半"⑥。康熙年间,清廷对云南和贵州两省受灾地方的赋税进行蠲免,以减轻受灾民众的负担。例如,康熙二年(1663),"免贵州都匀等六卫、普市一所本平分额赋有差"⑦。康熙三年(1664),"免贵州新添卫康熙二年分水灾额赋"⑧。唐熙二十七年(1688),"免云南开化府本年分旱灾额赋有差"⑨。康熙三十年(1691),"免云南昆明等十州县本年分水灾

---

  ① 《清圣祖实录》卷244,康熙四十九年十月甲子条,中华书局1985年影印本,第6册,第419页。
  ② 倪玉平:《试论清代的荒政》,《东方论坛(青岛大学学报)》2002年第4期。
  ③ 《清世宗实录》卷67,雍正六年三月癸丑条,中华书局1985年影印本,第7册,第1020页。
  ④ 《清世宗实录》67,雍正六年三月癸丑条,中华书局1985年影印本,第7册,第1020页。
  ⑤ 《清世宗实录》卷67,雍正六年三月癸丑条,中华书局1985年影印本,第7册,第1020页。
  ⑥ 《清圣祖实录》卷2,顺治十八年三月戊条,中华书局1985年影印本,第4册,第59页。
  ⑦ 《清圣祖实录》卷10,康熙二年十一月庚辰条,中华书局1985年影印本,第4册,第165页。
  ⑧ 《清圣祖实录》卷12,康熙三年七月辛卯条,中华书局1985年影印本,第4册,第191页。
  ⑨ 《清圣祖实录》卷138,康熙二十七年十二月王子条,中华书局1985年影印本,第5册,第508页。

额赋有差"①。

　　清康熙初年，清廷为减轻政府开支，遂取缔四分和五分灾的蠲免。工部尚书傅维鳞疏言："荒至十分者，止免三分；八九分者，免二分；六七分者，免一分。"②雍正朝社会经济发展取得一定成绩，库帑渐次充裕，"以是观之治赋若得其人，则经费无不敷之事"，雍正六年（1728），雍正皇帝决心将蠲免之例加增分数，以惠丞黎。据《清世宗实录》记载："其被灾十分者，著免七分；九分者，著免六分；八分者，著免四分；七分者，著免二分；六分者，著免一分。"③雍正八年（1730）二月初七日，户部议驳云南巡抚沈廷正题请南宁县水灾豁免钱粮，地方涸出田亩补种有秋，仍应征收之处，应不准行。奉上谕："部驳甚是，依议，凡被灾免赋之处，若地方官民详报之时，以熟作荒，冒滥蠲免，则当从重治罪。若从前实系水淹，已照例蠲免，后因涸出地土，小民补种禾稼，仍欲征收钱粮，殊属不合。沈廷正所见卑小，著饬行。"④贵州桐梓县于道光十一年（1831）五月被水成灾，巡抚嵩溥委令护贵西道朱德璲驰赴桐梓县督同地方官勘察灾情，查得近城二十余里水冲沙压粮田一百九十户，各户自行出资挑挖修复和补种杂粮，而田被水淹稻谷伤损殆尽，所种杂粮仅资糊口，核计受淹田亩成灾实有七分。按照定例被灾七分者，蠲免二分。本年桐梓县被灾各户共应完钱粮银六百三十一两，秋米一百八十五石，被灾后民力实属拮据，无力完纳。据藩臬两司、粮储道覆查议详前来，嵩溥奏称："仰恳圣恩俯准将本年应征银米照例蠲免二分，其余八分缓至明年秋收后分作二年带征，以抒民力。"⑤从档案记载可知，清廷对灾荒蠲免分数的管理尤为严格，若有冒滥欺隐之处，地方官例应受到惩处。

　　清代推行蠲免政策的终极目标是维系灾荒期间的社会安定，藉此进一步维护中央集权国家的统治。"在传统社会中，经济活动、经济政策必须

---

① 《清圣祖实录》卷153，康熙三十年十一月壬申条，中华书局1985年影印本，第5册，第694页。

② 《清圣祖实录》卷14，康熙四年三月己亥条，中华书局1985年影印本，第4册，第219页。

③ 《清世宗实录》卷67，雍正六年三月癸丑条，中华书局1985年影印本，第7册，第1020页。

④ 中国第一历史档案馆编：《雍正朝汉文朱批谕旨汇编》，广西师范大学出版社1999年版，第8册，第97页。

⑤ （清）嵩溥：《奏为贵州被水灾民赈恤完竣事》（道光十一年九月二十一日），中国第一历史档案馆，朱批奏折，档号：04-01-01-0723-050。

从属于政治统治。蠲免政策对于清前期经济的休养、加速地区经济的复兴起了重要的作用。"① 清人顾祖禹认为："云南之于天下，非无与于利害之数者也。"② 云贵两省地处西南边疆，自清军于顺治十六年（1659）正月占领昆明伊始，清朝就开始在云南设治经营，历朝统治者在通过武力征服的同时，亦逐步加强对云贵地区灾荒期间的社会治理。康熙二年（1663）十二月，康熙帝谕令："免云南昆明县，及左右六卫本年分水灾额赋有差。"③ 雍正三年（1725），"免云南南宁、沾益等四州县本年分水灾、雹伤额赋有差"④。针对雍正十三年（1735）贵州黔东南包利红银起义的影响，乾隆皇帝谕令对新疆六厅少数民族地区实行田土"永不加赋"，并明文规定了官吏在田赋征收过程中不得肆意妄为，"苗人纳粮一事，正额虽少，而征之于官，收之于吏，其间经手重叠，恐繁杂之费或转多于正额，惟有将正额悉行豁免，使苗民与胥吏终无交涉之处，则彼此各安本分，蠲免'新疆'赋税"⑤。乾隆二年（1737），清廷谕令总理事务王大臣："上年滇省州县有收成歉薄之处，前已降旨，将成灾地方应征地丁等项，照例豁免；应收秋米，从乾隆二年为始，分作三年带征。今据云南督抚奏报，今春雨旸时若，可望丰收。但朕思滇省百姓，既有带征之秋米，又有应纳之正供，昨岁歉收之后，输纳未免艰难，朕心深为轸念，著将乾隆元年分云南省所有分作三年带征之秋粮，全行豁免。"⑥ 嘉庆六年（1801），"免云南建水、浪穹二县水灾本年额赋"⑦。清康雍乾嘉四朝对云南灾荒额赋的蠲免，其意图不仅在于恢复灾区生产，安抚灾民，亦源于对"怀柔地方，以靖地方事"的政治考量。

清代灾荒蠲免有灾免、欠免、恩免和普免等多项具体实施办法。普免，即灾荒期间政府对一省或数省，抑或受灾府厅州县地方应征的钱粮进

---

① 杨振姣：《皇权政治与康雍乾时期蠲免政策》，《辽宁大学学报（哲学社会科学版）》2006年第2期。
② （清）顾祖禹撰：《读史方舆纪要》，贺次君、施和金点校，中华书局2005年版。
③ 《清圣祖实录》卷10，康熙二年十二月甲辰条，中华书局1985年影印本，第4册，第263页。
④ 《清世宗实录》卷38，雍正三年十一月辛酉条，中华书局1985年影印本，第7册，第563页。
⑤ （清）余泽春修，（清）雨嵩庆等纂：光绪《古州厅志》卷3《田赋志·蠲赈》，清光绪十四年（1888）刻本。
⑥ 《清高宗实录》卷41，乾隆二年四月丁丑条，中华书局1985年影印本，第9册，第734页。
⑦ 《清仁宗实录》卷91，嘉庆六年十一月壬寅条，中华书局1986年影印本，第29册，第213页。

行免征，康熙帝统治期间"藏富于民"的蠲免政策亦为此后历朝皇帝所沿用，并得到切实推行。例如，乾隆三十二年（1767），乾隆皇帝谕令称，因滇省边缘一带官兵进剿缅匪，已降旨将云南省本年应缴地丁钱粮分别蠲免，"因念近边各该土司地方，毗连外夷，自缅匪滋事以来，伊等均能奉公效力，所有该土司等应征本年粮银普行蠲免"①。嘉庆六年（1801），云南临安府属建水、大理府属浪穹二县田亩被水冲淹，秋成无望，"所有本年应征条粮，均著加恩全行蠲免"②。其中灾免、欠免和恩免的施行常见于历次灾荒蠲减之中，是广大灾黎得以减负和休养生息的惠民之举。同治元年（1862），因受咸同兵祸波及，贵州地方粮食收成大减，正供征收艰难，清廷谕令："蠲减都匀、镇远、思南、黎平、石阡五府，独山、麻哈、都匀、清平、荔波、清江、黄平、镇远、施秉、安化、印江、下江、永从、开泰、锦屏、平越、余庆、瓮安、湄潭、开州、贞丰、贵定、修文、普安、安南、龙泉、大塘、松桃、归化、广明、永宁、龙里、兴义、绥阳、清溪、罗斛三十六厅州县被扰地方积欠额赋有差。"③清朝在云贵两省推行的灾荒普蠲和蠲免积欠策政策，蠲免"藏富于民"和"后裕民生"使广大自耕农获得松绑，并为被灾地方农业生产在一定时期内的恢复和发展提供了可能。乾隆朝再规定地方被灾五分亦可获得蠲免，文献记载："嗣后著将被灾五分之处，亦准报灾。地方官查勘明确，蠲免钱粮十分之一，永著为例。"④

在云南和贵州历经改土归流之后，云贵地区的政治和经济发展总体上与清朝中央政府保持协调一致，历次灾荒期间蠲免政策的执行，相对缓和了自18世纪以来云贵两省广大山区、半山区土地开垦和粮食生产之间所存在的结构性矛盾。清代云贵地区汉族人口集中以及各少数民族聚居地区"租佃关系在起着某种深刻的变化，这种变化要求作为地主制经济的上层

---

① 《清高宗实录》卷785，乾隆三十二年五月庚辰条，中华书局1985年影印本，第18册，第654页。
② （清）王文韶修，（清）唐炯纂：光绪《续云南通志稿》卷42《蠲恤》，清光绪二十七年（1901）刻本。
③ 《清穆宗实录》卷24，同治元年四月庚申条，中华书局1987年影印本，第45册，第661页。
④ 《清高宗实录》卷68，乾隆三年五月丙寅条，中华书局1985年影印本，第10册，第102页。

建筑的清政权在政策上做出调整"①，而灾荒蠲免就是顺应这一生产关系改变而出现的即时响应。事实上，清代灾荒蠲免一直在云贵地区得到施行，如光绪二十四年（1898），清廷谕令："缓征贵州仁怀、婺川、独山、桐梓、四县被水田亩光绪二十三年分丁银、米石有差。"② 光绪三十三年（1907），云南禄劝县被水成灾，云贵总督兼管巡抚事臣锡良督率禄劝县知县李荣朴会同委员赵心得会勘灾情，其中县属中云、卓干等村被水成灾，共田一顷三十五亩，应征秋粮米一石二斗四升三合二勺二抄八撮六圭，条公等银二两五钱三分五厘九毫二丝七忽三微八纤四尘九渺；中云、龙马等村被水冲压较重田二顷十六亩，应征秋粮米一石九斗八升九合一勺六抄六撮，条公等银四两五分七厘四毫六丝五忽二微八纤六尘八渺。各该村被水冲塌尤重田一顷四十二亩，应征秋粮米一石三斗七合六勺九抄二撮二圭，条公等银二两六钱六分七厘四毫七忽三微八纤六尘。以上各村均系十分成灾，并有冲塌田亩，若仍照常征收，民力实有未逮，锡良奏称："禄劝县属被灾较重各田粮，应请自三十三年起蠲免三年，限至三十六年起征。其被灾尤重各田粮并请蠲免五年，限至三十八年起征报解。"③ 清朝中央政府对云贵地区灾荒期间应征或带征或缓征粮赋的征收予以减免，从而加强了西南边疆社会的稳定性，"土地免科的法令，广东、云南、贵州免科亩数的上限几乎已不存在"④，即清代蠲免政策在云贵地区有效落实的重要体现。

二 清代云贵地区的灾荒赈济

所谓赈济，即灾荒期间官府通过发放钱粮用以救济灾民。"赈务首在重米，米有不敷，乃兼用银。"⑤ 康熙朝和雍正朝时期，灾赈月给米粮数额

---

① 经君健：《论清代蠲免政策中减租规定的变化——清代民田主佃关系政策的探讨之二》，《中国经济史研究》1986年第1期。
② 《清德宗实录》卷421，光绪二十四年六月丁亥条，中华书局1987年影印本，第57册，第516页。
③ （清）锡良：《奏为勘明云南鲁甸等州县请豁免上年条粮事》（光绪三十四年四月十五日），中国第一历史档案馆，朱批奏折，档号：04-01-35-0130-049。
④ 柯炳棣：《中国历代土地数字考实》，联经出版事业公司1995年版，第106页。
⑤ （清）方观承：《赈纪》卷2《核赈》，载李文海、夏明方主编《中国荒政全书》（第2辑·第1卷），北京古籍出版社2003年版，第501页。

以及赈济期限等皆未形成定制，各省府州县所属地方赈济需视具体灾情而定。清朝康熙元年（1662），议定八旗地方被水灾地，"每六亩给米二斛；蝗、雹灾，每六亩给一斛"。康熙九年（1670），康熙帝命大臣勘察淮扬水灾，次年又遣大臣同江南督抚截留漕米并凤徐各仓米赈济灾民，议定"人给米五斗，六岁以上十岁以下半之"，此即赈济标准之肇始，并在云贵地区亦得到应用。康熙二十七年（1688），云南鹤庆府剑川州地震成灾，"死者每名给银一两，伤者半之。屋坏者，每间二两。无栖止者，人给谷一石，幼者半之"①。康熙五十八年（1719），贵州镇远府被灾，清廷谕令：发"常平仓谷赈济镇远、施秉二县被灾贫民"②。清朝乾隆十二年（1747）六月十六日至二十日，云南省城大雨滂沱，山水陡发，入滇各河宣泄不及，昆明县被淹田二百七十八顷，省城内外并昆明县所属地方远近各里沿河村庄地势低洼之处被水浸倒兵民瓦草房以及冲塌墙壁，共计二千七百余间，实属偏灾，云贵总督张允随与云南巡抚图尔炳阿督率省城各官竭诚祈祷，并饬令云南布政司宫尔劝以及差委标弁派委在省正、佐、杂职文员携带银两前往各村普赈，并令灾民暂于邻村及空闲寺庙安顿，"每大口日给米五合，小口减半，共赈济十二日。水势消退，各归复业"③。

灾荒赈济不仅需要有成例可循，更需规则加以约束，既方便多方调剂赈灾物资，亦对被灾地方有益。乾隆四年（1739），灾荒赈济中大口日给米五合，小口二合五勺的标准遂得到统一。清朝《荒政则例》规定：

> 民田秋月水旱成灾，该督抚一面题报情形，一面饬属发仓，将乏食贫民，不论成灾分数，均先行正赈一个月。仍于四十五日内，按查明成灾分数，分晰极贫、次贫，具题加赈。被灾十分者，极贫加赈四个月，次贫加赈三个月。被灾九分者，极贫加赈三个月，次贫加赈两个月。被灾八分、七分者，极贫加赈两个月，次贫加赈一个月。被灾六分者，极贫加赈一个月。被灾五分者，酌借来春口粮。应赈每口米

---

① 清高宗敕撰：《清朝文献通考》卷46《国用考八·赈恤·赈济》，商务印书馆1936年版，第1册，第5289页。
② 《清圣祖实录》卷285，康熙五十八年八月条，中华书局1985年影印本，第6册，第779页。
③ （清）张允随：《张允随奏稿》，乾隆十三年六月二十九日，云南省图书馆藏。另参考方国瑜主编《云南史料丛刊》（第8卷），云南大学出版社1999年版，第733页。

属数，大口日给米五合，小口二合五勺。按日合月，小建扣除。银米兼给，谷则倍之。贫生饥军，各随坐落地方与赈。闲散贫民，同力田灾民一体给赈。闻赈归来者，并准入册赈恤。①

清代各省成灾地方的赈济标准，《荒政则例》中的记载最为具体详尽，文中规定凡被水旱之地，督抚既需及时奏报灾情，亦需开仓发赈，不论成灾分数，通行正赈一月口粮，这对受灾地方灾户生业的恢复具有重要作用。此外，正赈后的查灾期限为四十五日，督抚等员需根据成灾分数酌量予以极次贫灾民加以赈济，闲散灾民与力田灾民享有同等赈济银米的条件，最大程度地实现了清代国家灾荒期间扶危济困和赈济养民的灾赈理念和宗旨。乾隆三十四年（1769），云南大理府属邓川、浪穹二州县，以及鹤庆府并所属剑川州因夏间雨水过多，低洼地亩不无涨漫，田禾俱遭浸损，业经云南督抚题明，清廷降旨善为赈恤。唯恐次年三四月间例赈停止，而麦秋未届，值此青黄不接之时，被灾地方穷黎难免拮据。乾隆皇帝谕令："著再加恩，将邓川州、浪穹县、鹤庆府、剑川州被水极次贫民俱加赈一个月，该督抚等、其董率属员实力奉行。"② 地方被灾加赈，需由督抚据实奏闻朝廷，由皇帝裁决加赈是否可行。

清朝嘉庆二年（1797），谕内阁："前因黔省狆苗滋事，业经降旨加恩普行赈恤，并将兴义及被贼滋扰地方应征钱粮，交该督抚蠲免一年，该处民苗自不致失所。第念自开赈迄今，三月届满，黔省秋成较迟，若一停赈，被难民苗仍不免谋生乏术，所有兴义各属，著加恩展赈三个月，其余分别加赈两个月，俟秋获后再行停止。"③ 嘉庆三年在（1798）正月，"加赈贵州狆苗滋扰之兴义、贞丰二州县，并册亨州同、黄草坝州判、新城县丞、捧鲊巡检所属难民"④。道光十三年（1833）八月，"给贵州都江、下江、古州、独山、四厅州被水衙署、兵民房屋修费。加赈都江、古州两厅

---

① 同治四年《户部则例》卷84。另参考（清）汪志伊《荒政辑要》卷4《则例·散赈》，载李文海、夏明方主编《中国荒政全书》（第2辑·第2卷），北京古籍出版社2003年版，第589—590页。
② 《清高宗实录》卷826，乾隆三十四年正月丁酉条，中华书局1985年影印本，第19册，第13页。
③ 《清仁宗实录》卷19，嘉庆二年闰六月丁卯条，中华书局1986年影印本，第28册，第255页。
④ 《清仁宗实录》卷26，嘉庆三年正月丁卯条，中华书局1986年影印本，第28册，第314页。

灾民一月"①。

《大清律例》记载："天下有司凡遇岁荒，先发仓廪赈贷，然后具奏，请旨宽恤。"② 清代灾荒最为常见的赈济方式为正赈、大赈和展赈。正赈指的是凡地方偶被水旱灾害，无论成灾分数高低，亦不分极贫和次贫灾民，官府都要概行赈济一个月，因事关灾黎生计，故又称急赈或善赈。大赈，即各省被灾凡十分者，极贫需在正赈之外加赈四个月，次贫相应加赈三个月。如果各府厅州县所属地方灾歉连岁，或发生罕见灾荒，则需视灾情将极贫加赈五、六个月至七、八个月不等，次贫则加赈三四个月至五、六个月不等。展赈，即在大赈办理完结之后，假如灾黎生计依旧困难，或来年青黄不接之际仍有乏食可能，则由督抚等员临时奏请再次加以赈济一月至三月。此外，清代灾荒赈济的主要形式还有普赈、续赈、摘赈、抽赈、大赈以及展赈等，对各省灾荒赈济起到积极的推进作用。清人吴元炜《赈略》记载：

> 普赈者，因旱灾以渐而成，高下同一无收，故不分极次之贫，以救其急。故又曰急赈，亦曰县先赈，须在八月分散给。
>
> 续赈者，因被灾过重，极贫内之老病孤寡，全无倚依，一经停赈，即难存活，于八月普赈之后，仍续赈九、十两月，俾接至大赈。
>
> 摘赈者，于查验普赈户口之时，遇有老病孤苦，情状危惨，非急赈之不生者，或钱或米，先行摘赈，然而不过百中之一二，所用钱米，另册请销。
>
> 抽赈者，以不成灾之区，有龥无赈，以其毗连灾村之五分灾内无地极贫，酌量抽赈，照六分成灾定例，查办造报。
>
> 大赈者，即普赈后照例加赈。自十一月为始，按被灾分数，别极次之贫，定加赈月分之多寡办理。③

---

① 《清宣宗实录》卷242，道光十三年八月丁卯条，中华书局1986年影印本，第36册，第633页。
② 田涛、邓秦点校：《大清律例》，法律出版社1999年版，第128页。
③ （清）吴元炜：《赈略》卷上《赈名》，载李文海、夏明方主编《中国荒政全书》（第2辑·第1卷），北京古籍出版社2003年版，第676页。

清代灾荒救济期间的加赈，即清朝政府对已经发赈而又难以为继之穷黎予以再次赈济，加赈时间一般为被灾次年的二月至五月。"展赈者，因灾重之区，于常例大赈之后，去麦秋尚远，其极贫终难存活，奏蒙恩旨，再行加赈几月之谓也。"①据文献记载，清代展赈恩旨多在每年正月颁布，乾隆皇帝谕令："每岁新正，预查各省有因灾予赈地方，俱降旨加恩展赈，以示体恤。"②嘉庆八年（1803），云南浪穹县被水成灾，经嘉庆皇帝加恩分别蠲免被灾屯田应征上年之税秋麦和条公、耗羡等银，并酌给灾户口粮赈恤。嘉庆九年（1804）正月初四日，内阁奉上谕："恐今春青黄不接之时民力不无拮据，著加恩将该县被水各村庄查明极贫民户展赈四个月，次贫民户展赈三个月，照例折给。"③道光二十九年（1849），贵州巡抚乔用迁奏报遵旨勘明贵州桐梓县被水地方灾情，请分别蠲缓，并经筹款委员查勘，抚恤一月口粮，兼有加赈，并酌给浸塌房屋修费，其现经勘明成灾六分，若令照常征收各户应完本年银米，民力不免拮据。同年（1849）九月，内阁奉上谕："加恩著照所请，所有该县被淹之区本年各户共应完钱粮银二百八十八两零，秋米八十四石零，著准其蠲免一分，其余九分缓至明年秋收后分作两年带征，以纾民力。"④

　　灾荒期间饥民领赈也并非易事，"村民当领赈时，急于得饱，非立法大为之防，则诸患生焉。道里不均，有往返之劳；厂宇不宽，有拥挤之虑；时日不定，有守候之苦。称较有低昂，量概有盈缩，荐盖少而米虞蒸湿，校贯差而钱或短少，外出户口之遗漏重冒者，保邻亲属之扶同捏饰者，皆为患所宜防也"⑤。因此，清代各省的灾荒赈济，钱粮的调拨和发放，皆根据受灾地方民户的远近选择散赈地点，以便灾民领赈。乾隆二年（1737），清廷对赈济厂址作出规定："直省各州县所辖地方，或数十里至百余里不等。歉岁散赈，止于城中设厂放给，在附郭之区，不难就近赴

---

① （清）吴元炜：《赈略》卷上《赈名》，载李文海、夏明方主编《中国荒政全书》（第2辑·第1卷），北京古籍出版社2003年版，第676页。
② （清）彭元瑞等纂修：《孚惠全书》卷38，上海辞书出版社图书馆藏本，第565页。
③ 《谕内阁云南浪穹县上年被水贫民著分别展赈豁免税秋麦米酌借常平仓谷》（嘉庆六年正月初四日），中国第一历史档案馆，上谕档，档号：06-02840。
④ 中国第一历史档案馆，军机处上谕档，道光二十九年九月二十五日第1条，盒号1154，册号1。
⑤ （清）方观承：《赈纪》卷3《散赈》，载李文海、夏明方主编《中国荒政全书》（第2辑·第1卷），北京古籍出版社2003年版，第532页。

领；其远乡僻壤乏食贫民，距城窎远，赴领多艰，难免往返匍匐驮载之苦。……嗣后凡遇赈济，于城中设厂散赈之外，再于东西南北离城二三十里乡村地方，择其庙宇高大者，预将米谷运送分贮。其绅衿房屋，不便令其运贮作厂散赈。仍先拟定散赈日期，出示晓谕，至期州县亲往散赈。倘州县一时不能分身兼顾，该督抚即另委贤员前往协同散给。俾僻远贫民，得以就近领食，或免长途跋涉之苦。"① 乾隆元年（1736），滇省晚稻被伤，收成歉薄，勘灾散赈头绪纷繁，稍不详慎，则应蠲应赈者不得均沾，而不应蠲赈者反得冒滥，以致粮库项动费不赀，而究之真正灾黎，仍有遗漏。张允随认为，实在成灾应行赈恤之处，若议散给米谷，查各属仓粮除兵米平粜之外，所余无多，且灾黎四散，村居难以转运分给，若令其来城就领，又苦于负重远行，均有不便。张允随奏称："今岁荞、豆杂粮处处尚属有收，非有银无米可买之时。臣与督臣悉心筹划议定每大口一月赈银二钱，小口赈银一钱，听其就便买食，分别男妇按月蕆给，从腊底新正即行开赈，给以三个月口粮。"② 因顾及灾区分散，灾民领赈不便，张允随委同道府大员分地督查，根据灾情酌量展赈，以使穷民均沾实惠。

赈济工作极为繁琐，躬身赈济是以应防奸欺，"盖凡官府赈济，当其发粮也，则既偷窃于吏胥；及委役之散粮也，则又克减于委役。盖窃克者十恒居其半矣"③。"清朝盛世的制度建设使得既有的荒政程序更加标准化，传统荒政程序成为近代自动化的一种理论资源。……救荒策略的成功实施和救荒程序的顺利完成更多地取决于救荒措施、手段的配置、财源的争取和动员、赈务的组织和协调以及地方官的个人素质等'实践性因素'。"④ 关于灾荒赈济过程中可能出现的积弊，御史杨开鼎陈奏赈务积弊折中指出，"惟在督抚大吏，慎选贤能之员，稽察查赈放赈之事，将存报册籍细加对勘。密访各府作弊之吏役保甲地棍，拿获严加治罪。又间时亲至极贫

---

① （清）姚碧：《荒政辑要》卷1《灾赈章程》，载李文海、夏明方主编《中国荒政全书》（第2辑·第1卷），北京古籍出版社2003年版，第758—759页。
② （清）张允随：《奏为办理云南府等各属平粜赈抚事宜事》（乾隆元年十一月二十二日），中国第一历史档案馆，朱批奏折，档号：01-08627。
③ （清）王心敬辑：《荒政考》，载李文海、夏明方主编《中国荒政全书》（第2辑·第1卷），北京古籍出版社2003年版，第190—191页。
④ 周荣：《中国传统荒政程序：理论与实践——基于明清救荒书和两湖地区赈济实例的考察》，《江汉论坛》2007年第6期。

数家访问，曾否按口报册，曾否如数沾恩。其于斗斛戥头，先时较准，临放之时，或于数人中抽验一二，胥役自无敢短折。督抚藩臬，又必不时访查，于州县之奉行不实者，严加参处，不少宽容"①。

清乾隆二年（1737）谕令："州县散赈，假手书役，米粮多杂沙土，斗斛不能足数，由有司漫不经心，该管上司察出严参。"乾隆三年（1738）覆准："办赈各官出力者，分别保题议叙；其有不实力奉行及务必者，分别题参科罪。"乾隆四年（1739），清廷再次对州县官员办赈舞弊行为作出具体规定："地方被灾蠲赈，倘有不肖书役暗中克扣，诡名冒领，州县漫无觉察者，降两级调用。"②乾隆八年（1743）春夏之交，贵州省米贵，僻处偏远的黔省穷黎嗷嗷待赈，而贵州总督张广泗则奏请，所需赈济银两应由黔省各州县官员捐给，乾隆皇帝接到奏折后饬令："养赡之资，动用存公银两为是，若散给州县，令地方官捐资，岂朕保赤之意？张广泗不识大体，可申饬之。"③

清代赈济灾民的另一种形式是煮赈，亦即粥赈、煮粥或赈粥，灾荒期间地方官府或殷实户在固定的适中区域开设粥厂，通过煮粥赈济被灾民众和贫穷饥民，因其就食便捷，备受统治者重视和灾黎所喜于接收。《礼记·檀弓》记载："齐大饥，黔敖为食于路，以待饿者而食之"④，这是有关中国古代煮粥赈济灾民的最早记载。"清代在广行赈济的基础上施以煮赈，进一步完善了赈济制度，为更多的灾民提供了就食条件。"⑤灾赈期间，由于灾民较多，赈济难以遍给，面对诸如施赈期间"多有遗漏"和"减报口数"⑥，抑或"开报不实""徇纵冒滥"⑦等诸多积弊，因地制宜设厂施粥无疑是极次贫灾民得以存活的重要机会。清雍正六年（1728）议定："凡赈济饥民，近城之地仍设粥厂，其远在四方，于二十里之内各设

---

① （清）姚碧：《荒政辑要》卷1《灾赈章程》，载李文海、夏明方主编《中国荒政全书》（第2辑·第1卷），北京古籍出版社2003年版，第755页。
② （清）杨景仁：《筹济编》卷6《发赈》，载李文海、夏明方主编《中国荒政全书》（第2辑·第4卷），北京古籍出版社2003年版，第111页。
③ （清）彭元瑞等纂修：《孚惠全书》卷28，上海辞书出版社图书馆藏本，第488页。
④ （清）陆曾禹：《钦定康济录》卷3上《临事之政》，载李文海、夏明方主编《中国荒政全书》（第2辑·第1卷），北京古籍出版社2003年版，第331页。
⑤ 李向军：《清代荒政研究》，中国农业出版社1995年版，第34页。
⑥ （清）佚名：《赈案示稿》，中国科学院图书馆藏抄本。
⑦ 同治四年《户部则例》卷84。

米厂一所，照煮赈数按口一月一领。"① 清代云贵两省灾荒期间，官府亦通过开展粥赈来缓解灾荒造成的流民问题。康熙五十二年（1713），云南昆阳州地方瘟疫流行，米价腾贵。云贵总督郭瑮、云南巡抚吴存礼"会题赈济"②，并及时设厂煮粥以济灾民。乾隆三十五年（1770），贵州贵定县大旱成灾，"兰家施粥两月，全活无算"③。

《荒政摘要》记载："猝被水灾，房屋坍倒，一时举爨无资者，或暂行煮粥赈济。"④ 咸丰元年（1851），云南临安府署之石屏、建水二州县地方亢旱歉收，"据临安府转据署石屏州王涟漪申称，上年（道光三十年）州属因旱成灾，经各官首先倡捐银三千四百余两，并州属士民捐银五千二百余两，买米平粜，设厂施粥，贫民均沾实惠"⑤。"灾后或青黄不接时，在其他赈济措施来不及施行或不能覆盖的地区，在城镇乡村广泛设置粥厂，以更直接快捷的方式、在最大范围内救助了饥民，使饥民安心度荒，不至于流离失所，避免了灾民盲目流徙对社会治安造成的冲击。"⑥ 煮赈具有救济及时和安抚饥民迅捷的特点，灾荒期间的煮赈一定程度上减少了被灾地方流民的数量及其可能由此引发的社会动荡，由此可见煮赈救荒具有稳固灾区局势和维护地方社会秩序的功效。

工赈，又称以工代赈，是清代灾荒期间经常实行的赈济灾民的辅助性措施，即灾荒之年官府主动出资兴办公共工程，通过招募灾民自主参与开凿水渠、兴修水利、修葺城墙等，大多皆与农田水利建设和恢复农业生产相关，日给银米，佣工受食，在提高灾民自救意识的同时，亦有利于实现官府的救荒目的。据《清实录》记载："以工代赈最有益于贫民者，首惟挑河，次筑堤，次修土城，又次修砖城。盖挑河，无论丁壮老幼男妇，均可赴工抬土；筑堤，有夯硪泼水等工，多须丁壮。城工，则土城雇用夫工为多。砖城，备办灰砖料物，工匠为多。虽所用夫工于穷民亦有益，但未

---

① （清）杨景仁：《筹济编》卷7《煮赈》，载李文海、夏明方主编《中国荒政全书》（第2辑·第4卷），北京古籍出版社2003年版，第132页。
② （清）朱庆椿纂修：道光《昆阳州志》卷2《祥异》，清道光十九年（1839）刊本。
③ （清）谢圣纶纂：乾隆《滇黔志略》卷82《耆旧》，清乾隆二十八年（1763）刻本。
④ （清）李侪农：《荒政摘要》，载李文海、夏明方主编《中国荒政全书》（第2辑·第4卷），北京古籍出版社2003年版，第524页。
⑤ （清）吴文镕：《奏为云南石屏蒙自二州县因旱成灾绅富捐输赈济事竣请分别奖叙事》，中国第一历史档案馆，录副奏折，档号：02-07537。
⑥ 周琼：《乾隆朝粥赈制度研究》，《清史研究》2013年第4期。

若挑河抬土，民易趋赴。"① 以工代赈对增强被灾地方社会基础设施建设的益处和发挥救灾效用的双重功能显而易见。以工代赈同钱粮赈济相向而行，灾荒救济与基础建设相辅相成、统筹兼顾，以工代赈项目的实施和专项工赈行动能够使"'年力少壮者佣趁度日'，灾民从中获得钱粮等物资，达到间接救灾即'兴工作以助赈'之目的"②。

中国自古以来就是以农为本的国度，灾荒赈济关系民瘼，共赈成效与社会发展和国家建设息息相关。盖所谓"食者，民之本也。民者，国之本也。国者，君之本也"③。以工代赈在于救荒活民，其使"饥者得食，其谷价不得不减，亦乘除之大数，而衰益之微权也。……如此而既有以活小民之生，又复以济公家之务，无赈之名，收赈之实，救荒之策，信无要于此者"④。清代云贵两省被水、被震较为频繁，泥沙淤积河道、洪流冲刷田亩和冲塌居民房墙，地震使城垣坍塌等灾情相继见诸史籍，为促使被灾民户复业和保证灾民的基本生活需求，云贵督抚在实行赈济的同时，亦通过发动灾民参与公共基础设施建设的方式，积极自主自救，不同程度地拓展了灾黎的生存空间。清嘉庆十二年（1807）四月，贵州省城猝遇大水，沿河一带官民房屋俱有冲塌，其中贡院冲塌甚多，正值本年乡试，所以应当立即赶紧修葺。贵州巡抚福庆奏称，贡院内外围墙、房屋及东西号舍业已筹款赶办，现已修葺完竣。而出水去路最关紧要，理应及时疏导，以备蓄有猝发。福庆率同司道及首府县公捐廉俸，雇集人夫，"查明河身淤浅之处开挖挑浚，派委在省候补佐杂，每日分段督察稽查"⑤，待具报疏河工竣后，福庆再次亲行履勘，壅滞河身已一律深通，其出水去路，亦经开挖宽畅无虞。

以工代赈最为直接的赈灾救民的目标在于践行清代"民为邦本，治天下之道，莫先于爱民"的执政理念。清乾隆二年（1737），贵州道监察御

---

① 《清高宗实录》卷214，乾隆九年四月戊申条，中华书局1985年影印本，第11册，第744页。
② 周琼：《乾隆朝"以工代赈"制度研究》，《清华大学学报（哲学社会科学版）》2011年第4期。
③ 刘文典：《淮南鸿烈集解》，《新编诸子集成》（第1辑），中华书局1989年版，第308页。
④ （明）孙绳武：《荒政条议》，载李文海、夏明方主编《中国荒政全书》（第1辑），北京古籍出版社2002年版，第590—591页。
⑤ （清）福庆：《奏为查明贵州省城赈恤工程俱经办理妥协事》（嘉庆十二年七月十三日），中国第一历史档案馆，朱批奏折，档号：04-01-02-0075-005。

史周人骥奏称苗疆善后事宜，内有诸臣调条奏修筑城垣一事，而黔省人民本非繁庶，三时力作，胼胝为劳，惟于农隙之时，始有人夫应募。贵州总督兼管巡抚事务臣张广泗督率属员妥议，应修之工程宜及时兴举，计工授食，以苏穷黎。因春耕期间民众悉务耕耘，实无多余的人力赴工供役，张广泗奏请："拟于秋间苗情大定，百姓农隙之后，然后再令兴工，庶民苗得以乐事趋工，而修筑城垣亦得速于告竣。"① 云南省会城垣建自前明洪武年间，迄至嘉庆朝已数百余载，虽然历经节次修整，而历年究已久远，城垣既多塌裂，其城楼排垛、炮台、卡房等项倾颓之处更不一而足。嘉庆十四年（1809），署昆明县知县萧大经详请修理，业于是年汇咨城垣情形案内，节准部臣行催，均经转行遵照。嘉庆十八年（1813）据昆明县王笃庆亲往覆勘，估需工料银四万二千六百零七两七钱六分八厘。云贵总督伯麟、云南巡抚孙玉庭督同司道、府县亲往城垣逐段屡勘，确认工段估需银两均属实，尚无浮冒。孙玉庭奏称："所有此项修城银两，应请仍于地丁项下动拨支用，除饬令将应修工段另造细数清册，并取印结图说，照例详请会题"②，同时还责成该府县着手遴委专员会同承办工事，按照惯例保固，倘有偷工减料情事，即当严行奏参。通过在被灾地方实施工赈，加强城垣或河道等基础设施建设，藉此为饥民的生命保全、社会的稳定和经济发展等经国大计提供即时支撑，有利于巩固直接赈济的成果。

三 清代云贵地区的灾荒借贷

灾荒借贷，指的是国家向被灾地方出借银钱、口粮、籽种、牛具等物资，以供灾黎糊口或复业，并于秋熟时根据收成分数确定是否加息，核定数额缴还常平仓。明嘉靖朝广东按察司佥事林希元疏云："幸而残冬得度，东作方兴，若不预为之所，将来岁计，复何所望？"③ 灾荒期间借贷的对象主要为成灾地方中缺少基本的生产资料以及无力而又能进行再生产的灾

---

① （清）张广泗：《奏为遵议监察御史朱凤英请敕贵州督抚详查荒情米价分别赈恤及修筑城垣折事》（乾隆二年四月初八日），中国第一历史档案馆，朱批奏折，档号：04-01-01-0014-001。
② （清）伯麟、（清）孙玉庭：《奏请动项修理云南省会城垣事》（嘉庆十八年四月十八日），中国第一历史档案馆，朱批奏折，档号：04-01-37-0066-019。
③ （清）杨景仁：《筹济编》卷12《借贷发赈》，载李文海、夏明方主编《中国荒政全书》（第2辑·第4卷），北京古籍出版社2003年版，第193页。

户，因清代常平仓的米粮贮藏较为充足，其谷本"保持了平粜、出借、赈贷三大功能"①。

清代云贵地区灾荒发生期间，云贵督抚根据清朝中央政府的借贷制度和灾情状况，借给被灾地方灾民银两或籽种，以资复业。乾隆二年（1737）六七月间，云南禄丰等州县大雨时行，近河低洼民田无不漫溢，泥沙淤积田亩。云南巡抚张允随奏称："据报即飞行确查，俱旋即涸出，禾苗无恙，间有沙淤土压之处，复令开挖，并借给籽种，补种杂粮。"② 乾隆十三年（1748）六月初七日，铜仁府提溪司等处及连界之恩州府属清溪县地方因梵净山发蛟，溪水下注，田舍被淹，贵州巡抚爱必达勘察灾情称："据铜仁府勘报，共水淹田一百四十余亩，已给籽种补种者，十余亩，其余亦俱可垦种，并不成灾。……又据清溪县勘报，被淹田一百三十余亩，已给籽种补种秋荞者九十五亩零，俟来年布种。"③ 道光十五年（1835），云南宣威州岁大饥，"州牧熊守谦发常平仓赈贷之，全活无算"④。云贵地区水灾造成的泥石流灾害导致田禾不同程度受损，被泥沙淤积的禾稻只能重新播种或栽插，酌宜借给籽种，有助于即时补种或来岁春耕。

清代官府在特殊情况下给予受灾民众的低息或无息的借贷，诸如赈贷或常平仓、社仓等出借和赈贷等，属于灾荒救济与自助自救的低息借贷关系，通常是小额的钱粮等农业生产物资融通⑤。清代借贷的钱粮主要取之于各省府州县所属常平仓，官方借贷作为灾民再生产的制度保障，"丰时敛之，凶时散之，其民无者从公贷之，据公家为散，据民往取为贷"⑥，为被灾地方黎民复业期间的挑挖再耕和补种杂粮提供了保障。乾隆十四年（1749），滇省入夏以后雨泽频降，弥勒州于七月十九、二十一等日因雨水

---

① 赫治清：《中国古代灾害史研究》，中国社会科学出版社2007年版，第377页。
② 中国科学院地理科学与资源研究所、中国第一历史档案馆编：《清代奏折汇编——农业·环境》，商务印书馆2005年版，第14页。
③ （清）爱必达：《奏报贵州地方雨水苗情事》（乾隆十三年八月二十日），中国第一历史档案馆，朱批奏折，档号：04-01-22-0216-142。
④ （清）刘沛霖修，（清）朱光鼎等纂：道光《宣威州志》卷5《祥异》，清道光二十四年（1844）刻本。
⑤ 柏桦、刘立松：《清代的借贷与规制"违禁取利"研究》，《南开经济研究》2009年第2期。
⑥ （清）杨景仁：《筹济编》卷12《借贷发赈》，载李文海、夏明方主编《中国荒政全书》（第2辑·第4卷），北京古籍出版社2003年版，第187页。

过多，河渠泛漫，云南巡抚图尔炳阿奏称："淹损两岸沿河下则田三百八十三亩零，业经按亩借给常平仓谷，以资接济。"① 乾隆十六年（1751），云南剑川等州县地震被灾较重，清廷谕令将成灾地方地丁暂行缓征，云贵总督硕色奏请再借给被灾兵丁一月饷银。尽管兵民于地震之后得到朝廷的抚恤，但是元气未能在短时间恢复，硕色奏称："著将剑川、鹤庆、浪穹、丽江等四州县被灾较重之户所有本年应征地丁银米，缓作两年带征，以苏民困。其被灾兵丁，亦著再借给饷银一月，分作四季扣还，以恤兵艰。"② 清代灾荒借贷还对驻防各地的八旗兵、绿营兵的受灾予以高度注重，并在实践中形成系统的兵丁借贷制度③。从乾隆十四年（1749）和乾隆十六年（1751）云南灾荒借贷可知，为便于复业和资给口食，灾荒期间借给灾民的主要以粮食为主，而兵丁则酌量借给银两，并成为灾赈实践中维护地方社会秩序的重要举措。

　　清代借贷偿还制度主要在乾隆朝得以建立，其保障了赈贷制度的循序渐进施行。有关借贷钱粮的归还期限也在赈贷制度的发展中得到完善。乾隆二年（1737），清廷议定："本年收成五分者，缓至明年秋后责入；六分者，本年入半，其半次年全入；七分至十分者，本年责入。"④ 此外，因灾借贷免息制度也在乾隆二年得到朝廷明令恩准，"今闻外省奉行不一……借常平仓谷者，遇歉收之年，仍循加息之成例，似此则非朕旨之本意矣。嗣后无论常平、社仓谷石，但值歉收之岁，贫民借领者，秋后还仓，一概免其加息，俾蔀屋均沾恩泽，将此永著为例"⑤。乾隆四年（1739），清廷又进一步对借贷和偿还之策进行完善，并形成定例："收成五分以下，所借粮食缓至来年秋收后征还；收成六分者，本年先还一半，昔年征还一半；收成七分者，秋后征还，免其加息；收成八九分者，秋后加息还

---

　　① 水利电力部水管司、水利水电科学研究院编：《清代珠江韩江洪涝档案史料》，中华书局1988年版，第81页。
　　② 《清高宗实录》卷396，乾隆十六年八月戊戌条，中华书局1985年影印本，第14册，第205页。
　　③ 周琼：《农业复苏及诚信塑造：清前期官方借贷制度研究》，《清华大学学报（哲学社会科学版）》2019年第1期。
　　④ （清）高宗敕撰：《清朝通典》，商务印书馆1935年版，第2124页。
　　⑤ （清）杨西明：《灾赈全书》卷2《借给贫民》，载李文海、夏明方主编《中国荒政全书》（第2辑·第1卷），北京古籍出版社2003年版，第498—499页。

仓。"① 此外，清廷还规定："若值歉收之年，国家方赈恤之不遑，非平时贷谷者进制可比，若还仓时止应完纳正谷，不应令其加息，特此永著为例。"② 乾隆十七年（1752）谕准："灾民夏灾贷者秋后责入，秋灾贷者次年麦熟后责入，均免息率限一年"③，夏贷秋后归仓，秋贷麦熟后归仓，较大程度上为灾黎的复业提供了保障。

从整体上看，清代借贷制度起源于康熙朝，在雍正朝得到逐步建设，乾隆朝得以发展完善并最终确立④。清乾隆二年（1737）谕准："各省出借仓谷，于秋后还仓时，有每石加息谷一斗之例。如地方本非歉岁，循例出陈易新，则应照例加息"⑤，使平年或常年借贷加息制度得到基本确立，春借秋还和秋借春归亦得到朝廷的恩准。乾隆十年（1745）六月中旬后，贵州省地方天气渐觉亢旸，上下两游⑥时雨时晴，未能一律沾足，凡附近河滨以及背阴冷水田亩较之往年转多倍收，即地处高阜尚有水源可资灌溉，或偏得雨一二次者，亦称中熟，惟雨泽既缺，而又无水源引灌，此等地土虽无多，然秋成未免稍歉。署贵州布政使陈惪荣、粮驿道介锡周汇册详报贵阳等十三府所属各州县地方秋成分数，贵州总督兼管巡抚事务臣张广泗覆加查核，南笼、大定、都匀、黎平四府，镇宁、永宁、普安、永丰、平远、威宁、独山、麻哈八州，安平、普安、安南、毕节、都匀、荔波、开泰七县，总共十九属地方俱有九分收成；贵阳、安顺二府，定番、黔西、正安三州，贵筑、龙里、普定、清镇、清平、天柱、永从、锦屏八县，总共十三属地方俱有八分收成；平越、镇远、石阡、思州、铜仁五府，广顺、黄平二州，贵定、修文、遵义、绥阳、桐梓、仁怀、平越、瓮安、湄潭、镇远、施秉、龙泉、玉屏、清溪、铜仁十五县，总共二十二属

---

① （清）吴元炜：《荒政琐言》，载李文海、夏明方主编《中国荒政全书》（第2辑·第1卷），北京古籍出版社2003年版，第465页。
② 嘉庆朝《大清会典事例》卷275。
③ 光绪朝《钦定大清会典事例》卷276，清光绪二十五年（1899）石印本。
④ 周琼：《农业复苏及诚信塑造：清前期官方借贷制度研究》，《清华大学学报（哲学社会科学版）》2019年第1期。
⑤ 《大清会典事例·户部三》卷276《户部一二五·蠲恤一二·贷粟一》，中华书局1991年版，第176页。
⑥ 按：贵州境内地势西高东低，清代贵州上下两游为贵州省行政区划中地理空间划分的一项依据。上游即贵阳府、安顺府、南笼府、大定府、遵义府、兴义府等府属地方；下游即平越府、都匀府、镇远府、思南府、石阡府、思州府、铜仁府、黎平府属地方。

地方俱有七分收成；思南一府、开州一州、余庆、安化、印江、婺川四县，总共六处俱有六分收成。通省合计本年秋收共有七分七厘四毫零。本年收成既有高下，丰歉之不齐，则民间即有苦乐之各异，张广泗"通饬所属将来冬春之交如果米价昂贵，此等歉收之户，粒食维艰，或即详请开仓平粜，或酌量借给籽种口粮，令于来岁秋成还仓"①，以期仰体皇仁，不致一夫失所。

灾荒期间，"农民遇年歉失所，朝不保夕，则其救济之法，自以保命为先，故须急赈。迨生计既有延续之可能，为欲维持生计，须恢复生产。然灾后农民，赤手空拳，何来农本？历代论者胥以为有放贷之必要，据此，则生放贷之策。放贷之种类颇多，主要者即贷种食、牛具等农本，今之所谓农贷者是也"②。嘉庆六年（1801）五月，云南易门县属太和川等九村，被淹田二千余亩，因沙石淤压，孙曰秉奏请"每亩业经借给常平谷二斗"③。清朝定制："凡歉收之后，春季缺乏籽种不能耕，或旱禾初插，夏遇水旱及既雨既霁贫民不能耕种，速命州县开常平仓或社仓出谷放贷，以使耕种有资贷秋熟。等秋收后，凡收成在八分以上者，加息归还；收成只有七分的，免息归还。收成只有六分的，本年归还一半，来年再还一半；收成五分以下的，缓征。"④ 道光十一年（1831）夏间，贵州桐梓县被水成灾，该处仅有小河分注，岩洞同样积水难消，据贵州巡抚嵩溥勘明，戴家沟地方山势尚低，可以开河一道，藉资宣泄，所需工费等银一万一千余两，除该管道府县等现已捐银二千两外，著奏请允准在司库报部公费项下借支银九千两发交。道光十一年（1831）十月三十日，内阁奉上谕："遵义府督同桐梓县赶紧办理所借银两，其五千两著归于该县民粮，分作十年匀摊带征还欠，俟正赋二年带征完竣，再于道光十四年（1834）起征，其余四千两，由该抚等酌量捐廉，著分作五年扣还归款。"⑤ 清代对灾民进行借贷是拯恤贫乏的有效途径，乾隆皇帝谕令："借粮一例济贫

---

① （清）张广泗：《奏报贵州省秋成分数并米价事》（乾隆十年十月十七日），中国第一历史档案馆，朱批奏折，档号：04-01-22-0021-024。
② 邓云特：《中国救荒史》，商务印书馆1993年版，第396页。
③ 中国第一历史档案馆，军机处录副档，3-29/1618-62，45盘1057。
④ 《荒政则例》卷15。
⑤ 中国第一历史档案馆，军机处上谕档，道光十一年十月三十日第2条，盒号970，册号2。

穷。"① 借贷有利于促进灾荒期间资金的合理调配，借贷予民一定程度上能够促进被灾地方的社会再生产和提高灾民的自主救助积极性。

清代借贷政策对经管出借和赈贷事务有严密的规定，若所借银钱和粮食未能如期归还，可根据处分则例对相关官员进行惩处。清人姚碧《荒政辑要》记载："州县每春间借出谷石，自秋收后勒限征比，务于十月内尽数完纳，造具册收送部。年底令知府、直隶知州亲往盘查。其府州仓谷，责令该管道员盘查，出具印结申报。逾限不完，或捏造册收，即行揭参议处，仍令欠户照数完纳。如该管上司不行揭参，照徇庇例议处。"② 由于借贷政策的规定比较严格，因而清代历次灾荒期间基本上都很好地执行了出借和赈贷之策，尽管个别省份的部分府厅州县存在冒滥之举，但仍瑕不掩瑜，借贷在有效救济饥民的同时，亦从根本上加强了广大灾黎对清朝统治政权的接受和认可。此外，借贷还促进了地方社会秩序的稳定，尤其是灾民根据借贷规则如期缴还谷本、本金或息率，不同程度地塑造了灾民的诚信行为，官府与民众之间互助互信的借贷机制得以延续和发展。"清代官方借贷是针对农耕进行的最能促进社会经济恢复、最具社会诚信塑造效应的官赈制度。官府在春耕夏种、青黄不接即民间"乏食""缺种"之际，向饥民借贷籽种钱粮、耕牛农具等恢复农耕所需的基本物资，是灾后农业生产及传统社会的经济秩序迅速恢复并获得持续发展的基本保障。"③

唐代诗人周昙《晋门憨帝》所记载"耕牛吃尽大田荒，二两黄金籴斗粮"之句，深刻地揭示了牛力在传统中国农耕社会发展过程中对土地开垦耕作的重要性，"民以贫而田不能多，再以田少而牛无所给，是困而益困，贫而益贫矣。岂哀多益寡之道欤？视其田之多寡，共给耕牛，当为至法"④。耕牛是传统中国农耕社会的重要生产资料之一，"为了加强对耕牛的保护，清政府在救灾过程中，严格执行禁宰耕牛制度，并将借贷耕牛进

---

① （清）彭元瑞等纂修：《孚惠全书》卷42，上海辞书出版社图书馆藏本，第604页。
② （清）姚碧：《荒政辑要》卷3《粜借章程》，载李文海、夏明方主编《中国荒政全书》（第2辑·第1卷），北京古籍出版社2003年版，第783页。
③ 周琼：《农业复苏及诚信塑造：清前期官方借贷制度研究》，《清华大学学报（哲学社会科学版）》2019年第1期。
④ （清）陆曾禹：《钦定康济录》卷3下《临事之政》，载李文海、夏明方主编《中国荒政全书》（第2辑·第1卷），北京古籍出版社2003年版，第375页。

一步制度化，将之视作救灾的重要环节"①。尤其是在灾荒期间，"非耕牛则农功不能兴举"②，官府为提高灾民积极参与灾后重建的积极性，对将耕牛借给灾民使用极为重视，"有田无牛犹之有舟无楫，不能济也……买牛而给与贫民，获救荒之本"③，借给灾民牛具，足资备荒土地耕种复业。为了有效保护耕牛，清朝还通过立法对私下屠宰耕牛者、私开圈店者和贩卖耕牛者进行严惩，据《大清律例》记载："宰杀耕牛，并私开圈店，及贩卖与宰杀之人，初犯，俱枷号两个月，杖一百；再犯，发附近充军。杀自己牛者，计只，照盗牛例治罪。故杀他人牛者，仍照律，杖七十、徒一年半。若计只重于本罪者，亦照盗牛例治罪，俱免刺，罪止杖一百、流三千里。"④ 清代云贵地区灾荒赈济过程中，政府除借给口粮和银钱外，也根据被灾地方复业需要予以借给耕牛。乾隆三十三年（1768）八月初十日，云贵总督阿里衮、云南巡抚明德奏称，永昌、普洱两路军粮派拨采买十余万石，今岁春间俱已敷用，沿边土司所属地广民稀，雨泽既多，泉源又密，好岁之丰收，足敷夷民食用，但贱价卖与内地商贩，而内地米粮价亦平减，加之近年来缅匪蹂躏，沿边地区夷民逃散，田地荒芜，"今岁仰蒙圣恩调驻重兵，夷民均已复业，各事耕耘，但其中有力者固多，而缺乏籽粮、牛力者亦属不少，若于今冬查明缺乏籽粮牛力之家，于明春借给银两，令其购办籽种、牛具，普行耕种，则沿边一带夷民感戴皇仁，均得家给人足、安居乐业，俟秋成后按照时价交米还项，不敷军粮已在各该土司地方来买"⑤。同治年间，黔省军兴日久，穷民被扰，经济社会凋敝日深，尽管有川楚两省增兵援黔，各军分投渐次荡定战乱，民困稍苏，惟有村落废墟，饿殍载道，招徕安抚则殊费财力，时任贵州巡抚曾璧光奏请"散给牛种、屋费"⑥，以使灾黎乘时力穑，藉资生业。

---

① 赵晓华：《清代救灾期间的耕牛保护制度》，《历史档案》2019年第2期。
② 《清高宗实录》卷181，乾隆七年十二月甲寅条，中华书局1985年影印本，第11册，第344—345页。
③ （清）陆曾禹：《钦定康济录》卷3下《临事之政》，载李文海、夏明方主编《中国荒政全书》（第2辑·第1卷），北京古籍出版社2003年版，第374页。
④ 田涛、郑秦点校：《大清律例》卷21，法律出版社1998年版，第348页。
⑤ （清）阿里衮、（清）明德：《奏请借给沿边土司籽种粮石牛力银两事》（乾隆三十三年八月初十日），中国第一历史档案馆，录副奏折，档号：03-0821-069。
⑥ （清）曾璧光：《奏为贵州省招抚流民散给牛种设法调剂来春无庸接济事》（同治八年十二月初七日），中国第一历史档案馆，录副奏折，原档号：03-4679-017。

"滇南大政，惟铜与盐"①，云南食盐煎煮期间的汲卤和柴薪等基本生产经费的周转则是云南盐业能否顺利发展的重要保障，而"惟滇省情形特殊，煎盐薪本由官垫给"②。"薪本借贷是清代云南盐业生产经费来源中特殊的一项，且基本贯穿于整个清代云南盐业发展的全过程"③，尤其是在洪涝灾害发生期间，薪本借贷亦变得更为常见。乾隆四年（1739）奉上谕："闻近年以来，童山渐多，薪价日贵，兼之卤淡难煎，所领薪本，不敷购买柴薪之用，灶户未免艰难"④，薪本借贷作为云南盐业生产的基本保障，关系云南食盐产业的发展和盐课的征收，官府借给薪本成为解决灶户煎盐乏力的重要支撑。清代云南井盐生产受地理自然环境的影响，往往在夏秋季节容易遭受洪涝灾害的冲击，山洪肆意横流时容易造成对各盐井地方人口、桥梁、民房、盐斤、柴薪、井灶等的损伤，对煎盐和盐斤的运销造成严重的制约，洪水冲失及短煎盐斤通常亦需要通过官府的借贷方能实现复煎和盐课征收。档案记载，滇省盐务旧系官给薪本，令灶煎交由官领运，自新改章程灶煎灶卖，民运民销，一切薪本灶户自备，而边省商民绝无殷实之户，每遇偏灾，益形竭蹙，云贵总督伯麟、云南巡抚李尧栋在奏折中称："至各井灶民只以煎盐为业，前被冲塞井区，业经官为借项淘挖，车戽获漓，起煎可资生计。其淹倒房屋亦经照例赈给修费，并给一月口粮，均已得所，来春可以毋庸再行接济。"⑤嘉庆二十二年（1817），云南邓川州白盐井被水，山水冲下井灶，井民只得向官府借项，在冬晴之际赶紧修理复业，所借银两亦按限扣还，不致竭蹶。关于冲失盐斤，督臣伯麟、抚臣李尧栋奏请："白盐井被淹井区，官为借项于盐道库动放银七千两，俟水涸冬晴，乘时修竣，仍按限扣收还款。"⑥

---

① （清）檀萃辑：《滇海虞衡志校注》，宋文熙、李东平校注，云南人民出版社1990年版，第65页。

② 刘楠楠：《1915年云南盐务整理案》，《民国档案》2013年第4期。

③ 赵小平、余劲松：《清代云南盐业生产中的薪本银借贷问题研究》，《盐业史研究》2017年第1期。

④ 龙云、卢汉修，周钟岳等纂：民国《新纂云南通志》卷147《盐务考一》，1949年云南省通志馆据1944年刻本重印。

⑤ （清）伯麟、（清）李尧栋：《奏为遵旨查明云南抱母井地方被水情形来春毋庸接济请分别蠲缓事》（嘉庆二十二年十一月十一日），中国第一历史档案馆，宫中朱批内政（赈济篇）第50号，档号：01-0858。

⑥ （清）伯麟、（清）李尧栋：《奏报云南邓川等四厅州被水歉收俟来春酌借籽种折》（嘉庆二十二年十一月十一日），中国第一历史档案馆，宫中朱批财政第48函第13号，档号：01-00455。

清代的盐作为"帝国的隐喻",是国家专营专卖制度本身"帝国在场"的重要归依,国家通过推行食盐专卖的管制,"重新形塑当地的族群关系"①,使其影响深入社会治理内部。"盐政不仅是一种财政政策,而且也是一种国家边疆治理之策",清代云南盐井的官营所体现的"国家在场","还通过盐课、专卖管理等措施将国家意识涓滴于边疆各族民众心里,以达到国家对边疆的有效治理和强化边疆各族人民的国家认同"②,此外,盐井范围内的灾害治理亦是关系国家边疆治理成效的重要内容。清代云南盐井受灾,受官府动项借给银两修复盐井的记载较多。例如,道光二十六年(1846),云南白盐井被水成灾,溺毙井区男妇十六名口,冲没民居瓦房二百七十六间;冲没存仓盐九十八万三千四百五十九斤、存灶盐三万五千斤,冲没盐母十九万二千四百斤;被水后因滷性尚未复原,短煎额盐二百零三万八千一百六十四斤;冲塌滷井五处,共计四十一眼,内除据报该提举率同灶户等自行设法措办银五千四百余两修复十四眼外,尚未修二十七眼;冲失大锅七百三十五口,小锅五千八百八十口,冲没柴薪三百九十五万四千斤;冲塌大灶房一百二十四间,小灶房六十六间,柴房五十八间,常平仓一间,社仓三间,盐仓三十一间,大桥七座,小桥四座,提举衙署一所;冲失常平仓谷三百二十三石,社谷、会谷共计四百五十五石。因白盐井被灾甚重,导致课重灶贫,盐修复工程十分紧要,亦只能向官府借项兴修,所有修理各项皆赖官府借给银两(见表17)。道光二十六年(1846)十二月初一日,内阁奉上谕:"陆建瀛奏井地被水,请援照例案借款抚恤一折。本年云南白盐井地被水冲没人口桥房等项,丁力未免拮据,加恩著照所请,所有估需桥房各项银二万二千余两,准其在于溢课内如数借给,仍统限三年扣收还款,并免其造册报销。"③

---

① 舒瑜:《微"盐"大义:云南诺邓盐业的历史人类学考察》,世界图书北京出版公司2010年版,第10页。
② 张锦鹏、刘丽凤:《国家在场:从清代滇南盐官营看国家边疆治理》,《云南社会科学》2021年第4期。
③ 《谕内阁云南白盐井地被水著借款抚恤》(道光二十六年十二月初一日),中国第一历史档案馆,上谕档,档号:06-05824。

表17　　道光二十六年（1846）云南白盐井被水借赈银数统计表

被水灾情	赈济标准	借给银数	备注
溺毙男妇 16 名口	照例每名散给埋葬银 1 两 5 钱	共借给银 24 两	
被灾难民请赈一月口粮、银两	大丁 2926 名口，照例每名折给银 1 钱 5 分；丁 1418 名口，照例每名折给银七分五厘	共借给银 545 两 2 钱 5 分	
冲没民居瓦房 276 间	照例每间给银 1 两 5 钱，民墙 1076 堵，照例每堵给银 2 钱	共借给银 629 两 2 钱	
冲没存仓盐 983459 斤，存灶盐 35000 斤	查嘉庆二十三年黑井被灾被水案内冲没盐案，系蠲免七分之三，下余七成每百斤赈给薪本银 1 两 2 钱 2 分 5 厘	请每百斤借给薪本银 6 钱，统计冲没盐 1018459 斤，共借给银 6110 两 7 钱 5 分 4 厘	
冲没盐母 192400 斤	查嘉庆二十三年黑井被水案内冲没盐母系减八赈二，每百斤赈给银 5 钱	议请酌赈二成，每百斤借给银 4 钱，计应赈盐母 38480 斤，共借给银 153 两 9 钱 2 分	
被水后因滷性尚未复原，短煎额盐 2038164 斤		毋庸借给银两	请自道光二十七年起，予限三年偿补
冲塌滷井 5 处，共计 41 眼，内除据报该提举率同灶户等自行设法措办银 5400 余两修复 14 眼外，尚未修 27 眼	据估每眼应需银四五百两不等，通共 41 眼，需银 10000 两以上，未免过多，	应请共借给银 5000 两	如有不敷，仍由该提举等自行筹办
冲失大锅 735 口，小锅 5880 口	嘉庆二十三年黑井被水案内每大锅一口赈给银 9 钱，小锅一口赈给银 4 钱 5 分	被冲锅口较多，自应酌加删减，应请每大锅一口借给银 2 钱，小锅一口借给银 1 钱，共借给银 735 两	
冲没柴薪 3954000 斤	嘉庆二十三年黑井被水案内冲没柴薪系减八赈二，每千筒赈给银 2 两 8 钱 5 分 7 厘	议请酌赈一成，每百斤借给银 1 钱，计应赈柴薪 395400 斤，共借给银 395 两 4 钱	
以上共需银 13516 两 5 钱 6 分 4 厘，应请在于溢课银内借支，仍俟将冲失及短煎盐斤依限三年偿补完竣后，限三年，在于灶户卖盐价内扣收归款			
冲塌大灶房 124 间，小灶房 66 间，柴房 58 间，常平仓 1 间，社仓 3 间，盐仓 31 间，大桥 7 座，小桥 4 座，提举廨署 1 所		现饬确勘高宽丈尺，按照例价约需银 8000 余两，俟查估确数到日，并请在于溢课银内借支，与前各款银两一并予限三年扣收还款	

续表

被水灾情	赈济标准	借给银数	备注
冲失常平仓谷 323 石，社谷、会谷共计 455 石		内除捞获湿谷碾米 160 石赈济贫民外，下短常平仓额贮谷石应饬该提举筹捐	社谷、会谷责成灶民等照数买补还仓，不任短绌

资料来源：(清) 陆建瀛：《呈白井被水请借赈银数清单》（道光二十六年九月二十九日），中国第一历史档案馆，单，档号：03-2839-050。

从表 17 可知，道光二十六年（1846）云南白盐井被灾地方共需官府借给各项修费银两一万三千五百一十六两五钱六分四厘，按照定制，所有此次盐井复业柴薪及工本等费应请在于溢课银内借支，待井区复业，仍俟将冲失及短煎盐斤依限三年偿补完竣，限三年在于灶户卖盐价内扣收归款。官方借贷是缓解盐井灶户因灾导致薪本不足的有效举措，薪本借贷作为清代云南地方盐务经费来源中的一种特殊形式，[①] 自康熙三十八年（1699）施行伊始，有关借贷的规章制度便逐渐得到发展完善，官府在灾害期间积极向灶户借垫煎盐薪本，待滷井、灶户等修复，盐煎得以复业，则由灶户按期限偿还清款，是清代云南灶户"先盐后本"核销形式的又一重要突破，从而为清朝政府提取盐课、稳定增加财政收入以及云南盐业的发展建立起了一道相对安全的防护屏障。

四 清代云贵地区的灾荒抚恤

清代抚恤作为对灾民赈济的另一种重要形式，为直省各地方在地震、水灾、干旱、风灾、冰雹等突发性自然灾害发生之后灾黎度过难关提供了最为基本的生活保障，因政府的即时抚恤不区分被灾极次贫等级，甚至亦不察看贫富状况，都一视同仁地给予灾民额定的、临时性的赈济和抚绥，其主要目的是使灾区尽快恢复生业，使灾民的栖止得到安置，以保障灾民能安心从事正常的农业生产。

清代灾荒期间的抚恤之举有规制可循。据《荒政摘要》记载："抚恤一项，原为被灾之初，查赈为定，极次未分，灾民之中，如系猝被水冲，

[①] 赵小平、余劲松：《清代云南盐业经费来源问题研究》，《盐业史研究》2018 年第 2 期。

家资漂散，房舍冲坍，露宿篷栖，现在乏食，势难缓待者，自应不论极次，随查随赈，给以抚恤一月口粮，或钱或米，各岁灾户现栖之地，当面按名给发。……如有灶户在内，虽属盐法衙门管理，倘场员查办不及，应令地方官照依民例，先行抚恤，造册详请盐政衙门拨换归款。"① 乾隆十二年（1747），云南府安宁州、楚雄府广通、楚雄二县雨水未能深透，云贵总督张允随奏称："现饬确查，果否成灾，分别抚恤"，得旨："览奏俱悉，被旱之处，加意抚恤，毋致灾黎失所"②。贵州境内地势西高东低，气候的变化不稳定性，加剧了灾害性天气发生的频率，其中因季风气候的推移造成的雨季洪涝灾害尤其明显。乾隆十年（1745）五月十三四等日，贵州大雨连绵，山水骤发，贵州省城地势低下，溪河宣泄不及，五月十五日，洪水冲决外城而入，冲去北门内外滨河居住兵民六百五十户，淹毙大小男妇一百六十八名。时任贵州总督张广泗协同司道亲往查勘，饬令所属地方官分别轻重，并加意赈恤。乾隆十年（1745）四月十四日，贵州普安州突降大雨，山溪骤涨，淹毙北门外民人十一口，五月初七日，水淹兵民住房一百零六户，张广泗奏称："飞饬布政司委员赍帑前往，照省城所办，分别赈恤"，得旨："所奏俱悉，被灾处所，加意抚恤之，黔省尤不比他处也"③。云南和贵州的地理位置十分重要，对维护清代国家统一和社会发展具有重要作用，乾隆皇帝谕令对云贵地区灾害造成灾黎的损失加以抚恤，体现了清政府对西南边疆社会治理的高度重视。

清代抚恤主要根据被灾地方灾民的受灾情况，临灾需要赈济时一次性给予灾户大小口一个月的钱粮，此外亦根据灾民房屋和财产的损失情况，官府向无力应对灾害的黎民给予房屋修缮费，发给被灾死亡者殓葬费，拨给受伤丁口医疗费，以及泥沙淤压田亩垦复费以及耕牛等大牲畜倒毙费，凡是涉及农业种植者生产生计的事，政府皆酌量支给一定的银两，以资救荒活民。据杨景仁《筹济编》记载："拯饥。水旱成灾，督抚疏闻，即行抚恤。先给饥民一月口粮，以免待哺。乃察被灾之轻重，及民之极贫者与

---

① （清）李侪农：《荒政摘要》，载李文海、夏明方主编《中国荒政全书》（第2辑·第4卷），北京古籍出版社2003年版，第523—524页。
② 《清高宗实录》卷293，乾隆十二年六月戊子条，中华书局1985年影印本，第12册，第846—847页
③ 《清高宗实录》卷241，乾隆十年五月辛丑条，中华书局1985年影印本，第12册，第1155页。

次贫者,除抚恤一月外,被灾六分者,极贫予一月粮;被灾七八分者,极贫予两月两,次贫一月;被灾九分者,极贫予三月粮,次贫两月;被灾十分者,极贫予四月粮,次贫三月。每户计口日授米五合,幼弱半之。如米谷不足,则依时价以银代给,州县官亲为省视。"① 乾隆二十六年(1761)四月内,云南省新兴州、江川县属两处发生地震灾害,先经云南抚臣爱必达等照例分别赈给,但究因被灾过重,穷黎尚多拮据,清廷军机大臣等奏请按照乾隆十六年(1751)滇省鹤庆、剑川等府州地震赈恤之例予以赈济抚恤,"瓦房每间赈银五钱,草房一间赈银三钱;压毙大口每口赈银一两五钱,小口给银五钱;受伤人口无论大小,每口赈银五钱。又加赈济贫受伤者,大口赈银五钱,小口赈银三钱。又被灾贫苦灾民大口赈谷一石,小口赈谷五斗"②。

贵州省镇远府滨临大河,府城地势稍高,卫城较低,容易受到洪水的袭击。道光十八年(1838),镇远府被水淹没,府城偏东庙宇、衙署、铺户、民居、监房、义仓多有淹漂,卫城十淹其九,仅存镇署后楼三间,并府县仓厫暨寺院零星民居,约计两城淹毙兵民一千八百余名口,冲失瓦草房二千八百余间。贵州巡抚贺长龄奏称:"除有力各户与尚可谋生者不给赈外,实计贫民男妇大小一万二百余名口,请给一月口粮。……经该司督查该府县核实数放被水兵丁并眷口二千余名,于常平仓内动给。"③贺长龄《镇远等处被水委员勘抚片》详细记载了镇远府此次被水成灾的抚恤情况,他奏称:"臣查被水情形,镇远为重,黄平、施秉、青溪次之。当饬司筹发银三千两,交贵东道马佑龙。并委准升黎平府知府黄士骐驰往查勘,加意抚恤,先尽湿谷碾米散放,按房给予修费,毋使一夫失所。"洪流冲坍桥梁,只能暂用船只济渡,贺长龄还亲履踏勘并查明庙宇、衙署、兵房间数,及田庙能否修复,并奏请"宽免秋粮,并将桥道赶紧兴修,以利行旅"④。镇远府此次被水成灾,极贫男妇大小共二千一百余名口,贺长龄奏

---

① (清)杨景仁:《筹济编》,载李文海、夏明方主编《中国荒政全书》(第2辑·第4卷),北京古籍出版社2003年版,第17页。
② 《奏报云南易门等处地震时曾奉旨加倍赈给银两情形片》(乾隆二十六年六月十六日),载蒋克训、齐书勤、郭美兰主编《明清宫藏地震档案》(上2),地震出版社2005年版,第523页。
③ 中国第一历史档案馆,军机处录副档,3-50/2837-41,46盘1424。
④ (清)贺长龄:《镇远等处被水委员勘抚片》(道光十八年闰四月二十四日),(清)贺长龄、(清)贺熙龄撰:《贺长龄集·贺熙龄集》,雷树德点校,岳麓书社2010年版,第96页。

请给予一月口粮抚恤，于常平仓谷项下动支，冲失瓦草房则援例酌量给予修费。道光十八年（1838）闰四月，贵州镇远猝遭大雨，上游山水并注，大河陡涨十余丈，沿河各地方先后被水成灾，施秉、青溪等县亦不同程度受灾，奉道光皇帝谕令："兹据该抚查明，除淹毙兵民及冲失瓦草房间，业经该府县捐资敛埋，给予修费外，所有镇远、施秉、青溪等县被灾贫民兵丁，请动常平仓谷，散给一月口粮。青溪县最瘠苦，请加抚恤一月口粮。冲失兵房，按名发给席价，被水较重之镇远镇、青溪汛兵，每名借银二两，……淹毙弁兵及兵之父母妻室，每名各给银三两五钱"①，以资妥为抚恤。

  灾荒期间黎庶居无定所可能造成社会秩序的混乱，抚恤期间给予银两修缮房墙事关民瘼。有关房屋损毁，有统一的赈济标准，"坍房修费，例应每瓦房一间，给银七钱五分；草房一间，给银四钱五分。原为冲坍过甚，无力修葺者，方始动给，俾穷民无露处之虞。如系有力之家，并佃居业主之房，亦不得滥及"②。清乾隆十五年（1750）八月十五日和十七日，云南省城及澄江、临安各府属地震，云贵总督硕色奏报："惟澄江附郭之河阳县，地震甚重，城垣、门楼、学宫、衙署及民房倾塌甚多，压毙男妇三十七名口。又抚仙湖内湖水鼓涌，淹毙二十名，现委员查勘抚恤。"③乾隆二十年（1755）六月，云南剑川州属滨湖之木砵、江登等一十九村先后被水成灾，六月十七日至二十七八等日昼夜大雨，各处山水汇集，湖尾疏泄不及，一时泛涨漫溢，导致湖边田地被水淹浸，房屋、墙垣间有坍塌，实系已成编灾。同年七月二十八日，云贵总督硕色、云南巡抚爱必达奏称："该州滨湖田地被水淹浸，虽属一隅偏灾，但各乡村于乾隆十七年秋禾被水成灾……幸无失所，今又复被水淹，民力未免拮据。请照前例，查明贫难户口，先行抚恤一月。"④乾隆年间，云南澄江、临安、剑川等府州县地震，云南官府皆按照历年抚恤成例予以灾民救济，抚恤一月口粮能够勉强使灾黎糊口，物资的保障有助于灾黎摆脱地震灾害造成的财产损失和

---

  ①（清）贺长龄：《镇远等处被水查勘抚恤完竣折》，（清）贺长龄：《捐置及幼堂片》，（清）贺长龄、（清）贺熙龄撰：《贺长龄集·贺熙龄集》，雷树德点校，岳麓书社2010年版，第103页。
  ②（清）李侨农：《荒政摘要》，载李文海、夏明方主编《中国荒政全书》（第2辑·第4卷），北京古籍出版社2003年版，第524页。
  ③《清高宗实录》卷373，乾隆十五年九月己巳条，中华书局1985年影印本，第13册，第20页。
  ④ 中国第一历史档案馆，《清代灾赈档案专题史料》第57盘，第106页。

心理影响。

清代的抚恤政策在历朝的实践过程中得到发展和完善，为云贵地区灾荒期间的抚恤提供了重要指导。乾隆二年（1737），乾隆皇帝向全国直省督抚颁布谕令："自古致治以养民为本，而养民之道必使兴利防患，水旱无虞，方能使盖藏充裕，缓急可资。是以川泽陂塘、沟渠堤岸，凡有关于农事，豫筹筹划于平时，斯蓄洩得宜，潦则有疏导之方，旱则资灌溉之利，非可诿之天时丰歉之适然，而以临时赈恤为可塞责也。"① 乾隆三年（1738）奉上谕："朕念水旱之灾，固宜赈救，而水为尤甚。旱灾之成以渐，犹可先事豫筹，水则有骤至陡发之时，田禾浸没，庐舍漂流，小民资生之策，荡然遽尽，待命旦夕，尤当速为赈救，庶克安全，不至流移失所。"② 乾隆皇帝在谕令中特别强调地方被水成灾的突发性，并谕令地方官应当及时予以抚恤，俾使灾黎栖止无虞，安业有资。

乾隆四十一年（1776），各省抚恤标准得到基本确定。据《户部则例》记载：塌房修费瓦房每间一两五钱左右，草房八钱左右，淹毙人口每大口发银一两左右，小口减半。地震压毙人口即塌房每间赈银五钱，草房三钱。压毙大口没扣赈银一两五钱，小口五钱。压伤不论大小，没口赈银五钱③。嘉庆朝再次对抚恤对象加以补充，"被灾之家，果系房屋冲塌无力修整，并房屋岁实系饥寒且身者，均酌量赈恤安顿。如遇冰雹、飓风等灾，其间过有极贫之民，亦准其一体赈恤"④。嘉庆二十一年（1816）夏秋以来，云南大理府属之邓川州大雨连绵，山水涨发，致使田亩、庐舍尽被水冲淹，州属小邑等七里村庄田庐被冲，幸居民等先已迁避，并未损伤人口，"惟被淹移徙各户无计谋生，自应动项抚恤，给与一月口粮，再冲倒房墙各应照例酌派苫盖修费，今按照所报户口、房墙计算，需银三千一百九十余两"⑤。清代灾荒抚恤尤其注重被水之区，《荒政琐言》记载："大

---

① 《清高宗实录》卷47，乾隆二年七月癸卯条，中华书局1985年影印本，第9册，第806—807页。
② 《清高宗实录》卷72，乾隆三年七月辛酉条，中华书局1985年影印本，第10册，第155页。
③ 同治四年《户部则例》卷84。
④ 嘉庆朝《大清会典事例》卷217。
⑤ （清）伯麟：《奏为查勘云南省邓川鹤庆二州被水情形请将应征钱粮分别缓征事》（嘉庆二十一年九月二十八日），中国第一历史档案馆，朱批奏折，档号：02-04553。

水淹漫，室庐荡然，被灾最为惨烈，自应急赈。"①清代抚恤主要根据民力的支撑情况加以核定，"被灾贫民，虽例应先行抚恤一月，仍须酌看情形，或被灾较重，或连遭歉薄，民情拮据，应行先抚后赈者，即行照例将抚恤一月口粮，先于正赈之前，开厂散给汇报。如甫当麦收丰稔之后，适遇秋灾，或民力尚可支持，只须加赈，毋庸赈恤者，亦先期通禀，以便于情形案内，声叙详题"②。

清朝各直省地方大水冲坍民房、淹毙人口的情况较多，清政府通常根据抚恤标准发给灾民坍塌房屋修缮费和伤亡者的治疗费或殓埋费。乾隆四十一年（1776）议准："云南省水冲民房修费银，瓦房每间一两五钱，草房每间一两。墙修费银，每堵二钱。淹毙人口埋葬银，每口一两五钱。"③但这一抚恤标准在具体的灾荒赈济实践中往往有所调整。道光十一年（1831）五月，贵州省城、贵阳府贵筑县城厢内外被水成灾，因临河居民于河水骤涨之际未能及时防御，人丁间有伤毙，居民瓦草房亦有坍塌和浸损，情形殊为悯恻，"全塌瓦房每间给修费银一两，草房给银五钱，其仅止浸损瓦房每间给银五钱，草房给银二钱五分，俾得修整。盖复淹毙人口，大口各给银二两，小口各给银一两，以资殓埋，为数无多，毋庸动用公款"④。当前恰逢青黄不接之时，距秋成尚远，贵州嵩溥巡抚奏称："应即酌加抚恤，于常例抚恤一月之外，再加一月口粮"，俾被水穷民无虞。"乏食大口每月给仓斗米二斗四升，小口每月给米一斗二升"，共需米一千九百四十六石四斗。贵州省城有损积便民仓谷，原系筹备灾赈之用，碾米足敷支给，毋庸动拨常平仓粮。清代云南盐井易于被水成灾，故而官府因时因地动项抚恤，督饬灶民兴工修复盐井、井灶就成为汲卤煮盐和保障盐课征收的重要策略。文献记载："被灾地方，原有以工代赈之例。如有应兴工作，自当即时修举。但如挑河、筑堤等工，虽用夫力居多，方与贫民

---

① （清）万维翰：《荒政琐言》，载李文海、夏明方主编《中国荒政全书》（第2辑·第1卷），北京古籍出版社2003年版，第472页。
② （清）李侨农：《荒政摘要》，载李文海、夏明方主编《中国荒政全书》（第2辑·第4卷），北京古籍出版社2003年版，第524—525页。
③ （清）杨景仁辑：《筹济编》，载沈云龙主编《近代中国史料丛刊三编》，文海出版社1991年版，第54辑，第21页。
④ （清）嵩溥：《奏为本年入春黔省省城被水勘未成灾妥为抚恤事》（道光十一年五月二十五日），中国第一历史档案馆，朱批奏折，档号：01-10898。

有益。"① 宣统元年（1909）六月中旬，云南普洱府石膏井提举所管按板井地方连日大雨，山水涨发，冲去罗永源等二灶驼牛八双，淹没盐六十一锅。另外，抱母井地方河水泛溢，冲倒盐房和民房十余家，河堤三丈余尺，各灶漂失锅一千余口，柴薪千余排，被沙泥填塞井灶，无滷可煎，牛马等大型牲畜亦多被漂没。据兼摄该井提举李庆恩电禀灾情，云贵总督李经羲奏报称："查该各井上年被水伤煎曾经奏明，勘赈在案。据报情形较上次尤重，当经行司会道筹款委员会同逐一履勘，并查明曾否伤及人口，妥为抚恤。一面督饬灶民赶将井灶修复，以顾课额。"②

清代救荒的抚恤之策有恤孤贫、养幼孤、收羁穷、安节孝、恤薄宦、矜罪囚、抚难夷、以及救灾等③。据《荒政摘要》记载："被水淹毙及坍房压毙，大口给棺殓银八钱，小口四钱。除有属领埋外，其无属暴露者，著令地保承领掩埋。如有好善绅士情愿捐备者，亦听其便。"④嘉庆十二年（1807）七月二十一日至十四日，贵州思南府属地方连日大雨，山水泛溢，各处均有冲塌墙壁，以及伤损人口和田亩。尽管印江县属地势宽阔，但两岸皆田，河水盈涨四出，滨河营署、塘汛民舍计被全冲者二十户，冲倒墙壁者十六户，田禾沙压无收者十居四五，约计五百余亩。……其大小河沿河各村庄田亩冲塌无收者，约计二百数十亩，民房冲去二十七户，冲坏墙壁者一百一十二户，淹毙男妇大口九名口，各处小石桥十余座。印江县绅宦"捐廉抚恤"⑤。清代云贵地区的灾荒抚恤，除恩准拨给银两和粮食外，官府还会施给医药，以对患有疫疾的民众进行抚恤。例如，光绪十四年（1888），云南临安府阿迷、蒙自等州县疫疠流行，死亡甚众。其间，又因旸雨不时，田谷被虫，收成歉薄。"蒙自县疫毙人民四千九百二十二丁口，共赈银一千九百四十四两九钱，内除该县绅民捐助银三百四十四两九钱外，实发银一千六百两。"阿迷州除故绝之户毋庸赈抚外，尚有被疫被灾

---

① （清）李侨农：《荒政摘要》，载李文海、夏明方主编《中国荒政全书》（第2辑·第4卷），北京古籍出版社2003年版，第525页。
② （清）李经羲：《奏为本年六月云南石膏井提举所管按板井被水伤煎委勘赈抚督饬修复井灶事》（宣统元年），中国第一历史档案馆，附片，档号：04-01-05-0311-021。
③ 李向军：《清代荒政研究》，中国农业出版社1995年版，第41页。
④ （清）李侨农：《荒政摘要》，载李文海、夏明方主编《中国荒政全书》（第2辑·第4卷），北京古籍出版社2003年版，第524页。
⑤ 中国第一历史档案馆，军机处录副档，3-38/2120-69，54盘1018。

九百二十八户，共赈银五百五十三两一钱，内除该州捐银五十三两一钱外，实发银五百两。共由局筹发银两千一百两抚恤，请归善后项下汇销。兼署云贵总督谭钧培奏称："当经饬局分别筹款抚恤，配药医疗，并查明被灾钱粮"[1]，经具折奏报灾情，仰蒙光绪皇帝圣恩准予豁免。光绪十四年（1888）云南疫灾流行，造成丁口的伤毙所需抚恤银两甚縻，地方士绅急公好义捐赀抚恤之义举，一定程度上激发了地方社会力量参与灾荒救济的能动性。

---

[1] （清）谭钧培：《奏报云南临安府属阿迷等州县被灾赈抚动用过银两数目事》（光绪十五年），中国第一历史档案馆，朱批奏折，档号：04-01-02-0089-033。

第四章 清代云贵地区的备荒仓储制度建设

中国自古以来就有重农贵粟的传统观念,仓储建设和积谷备荒作为传统中国社会保障得以维系的重要举措,在历次灾荒赈济中发挥着重要的作用。清代的仓储备荒制度建设在云贵地区得到较好的实践,云南和贵州各府厅州县常平仓、社仓和义仓的兴建和运行,官方主办、官督民办和民间置办的仓储管理模式,较大程度上促进了云贵地区常平仓、社仓和义仓的功能发挥。清代云贵地区常平仓、社仓和义仓运行过程中的具体规范的调整和完善,为清代云贵地区的仓储备荒制度建设提供了法制保障,为清朝中央政权加强对西南边疆地区的社会治理奠定了坚实的物质基础。清朝末年,以常平仓、社仓、义仓为主的仓政体系逐渐崩溃,为筹集备荒仓储谷本和推进仓储革新转型,清政府在云南开展了规模宏大的积谷运动,并在云南各州县普设积谷仓,其旨在重振仓政和备荒养民。清末云南积谷备荒制度建立得益于绅民量力捐谷、就近建仓存储和遴选地方士绅经管,而官员只司监督之责,不许胥吏经手,在较短的时间内积累了大量的仓粮,并在清末的灾荒赈济中发挥了养民之效。

第一节 清代云贵地区的常平仓建设

国家仓储建设事关粮食安全,清朝政府高度重视粮食储备的建设,历朝统治者屡次谕令直省地方督抚加强贮粮仓廒的建设。清代在云贵地区广泛地建立常平仓、社仓和义仓等形式多样的米谷储备仓廒,为西南边疆地区的扩大再生产提供了丰裕的粮食储备。"仓储不属于直接生产领域,但与生产、再生产关系密切。"① 清代云贵地区常平仓、社仓、义仓的建立和运行，是清朝中央政权践行"固本安边"的重要举措，其仓储功能与中原内地几乎一致，额贮粮食主要用于被灾地方的借贷、兴修公共工程、平仰物价以及赈济救灾等诸多领域，有效地强化了对西南边疆地区的社会治理。

一　清代云贵地区的常平仓设置

历史时期，中国历代的仓储建设一直处于动态的建设和演变过程中，经过历朝的发展和完善，仓储种类逐渐增加，仓廒功能不断在实践中得到细化。春秋时期管仲"敛轻散重"的思想是常平法之源起。战国时，李悝在魏国推行平籴法，即政府于丰年购进粮食储存，以免谷贱伤农，推进了常平思想的实践，是为常平思想的真正肇始。迄至汉代，大司农中丞耿寿昌"令边郡皆筑仓，以谷贱时增其贾而籴，以利农，谷贵时减价而粜，名曰常平仓。民便之"②。耿寿昌将平准法运用于粮食收贮，倡导设立常平仓调节市场粮食价格，对粮食储备制度的发展完善产生了深远影响。史载："李悝有平籴法，以宏周给之仁，耿寿昌籴谷于近郡，以省漕卒之费，法固善而意亦良美矣。"③ 此后，唐宋元明各朝亦高度重视常平仓建设，在社会治理过程中皆视其为至善之策。康熙帝视积贮为天下之大命，强调仓储建设务使朝廷德意遍及闾阎，使利兴弊革，谕准："古者耕九余三，即有灾祲，民无饥色，其道有可讲求者欤。夫有治人，始有治法；行实政，必有实心。"④ 清代云贵地区的仓储建设体系的形成主要沿袭和移植中原内地原有的仓储构架和系统，其中以常平仓的建设最为普遍。

顺治十二年（1655），清朝中央政府题准："各州县自理赎锾，春夏积银，秋冬积谷，悉入常平仓备赈。置簿登报布政司，汇报督抚，岁底造报户部。其乡绅富民乐输者，地方官多方鼓励，毋勒以定数。每亩捐谷或四

---

① 徐建青：《清前期的公共事业经费》，《中国经济史研究》1993年第4期。
② （汉）班固：《汉书》卷24《食货志》，中华书局1964年版，第4册，第1141页。
③ （清）周作楫修，（清）萧琯、（清）邹汉勋纂：道光《贵阳府志》卷46《食货略三·积贮》，清咸丰二年（1852）刻本。
④ 《清圣祖实录》卷41，康熙十二年三月庚寅条，中华书局1985年影印本，第4册，第554页。

合或三合，余或动帑采买，或截留漕米拨运，是为常平本谷。"① 顺治十三年（1656）谕令各省修缮仓厫，康熙十八年（1679），"令地方官整理常平仓，每岁秋收劝谕官绅、士民捐输米谷，照例议叙"②。清廷饬令地方官修葺和整理常平仓，标志着清朝在沿袭前朝粮食储备制度的基础上，筹建地方仓储已经正式启动。云南常平仓建设较贵州为早，明朝洪武十六年（1383），白盐井在司署后建立起常平仓。③ 明正德二年（1507），朝廷颁发谕旨："令云南抚按同二司设法籴买米谷上仓，专备赈济。"④ 康熙二十一年（1682），云南楚雄府南安州知州唐之柏奉云南督抚檄文，推行常平法，唐之柏"同署学正黄应泰、吏目刘赐照设计平房三间"⑤。清代国家和农民的实物积累是维持社会再生产稳定进行的必要条件，常平仓作为小农自身积累之外的重要补充，官方主导下的仓厫粮食的日积月累和有效管理，为灾荒期间灾民的生产和生活提供了重要庇护和保障。

粮仓储蓄关乎地方救灾能力的提升和社会治理成效的显现。乾隆三年（1738），乾隆皇帝谕准："储蓄之道，实为吾民养命之源。人人撙节爱惜，共励俭勤。留目前只之有余，以补将来之不足，则丰年有乐利之休，而歉年无艰实之患矣。"⑥ 清代贵州省建仓较早，但建仓后切实施行积贮较其他省份都晚。顺治十六年（1659），贵州省永宁州建有仓厫六十间，凡"募役仓厫三间，顶营司仓厫二间，沙营司仓厫一间，六保厫一间，大字仓三间，前新仓三间，中新仓三间，上新仓三间，高阶仓五间，联阶仓五间，新有仓四间，盈宁仓二间，风字仓三间，调字仓三间，雨字仓三间，润字仓三间，开泰仓四间，民字仓三间，安字仓三间，顺字仓三间"⑦。以上仓厫在此后历朝运营期间，遇有朽坏，各任皆加以修补，移交新任。康熙二

---

① （清）杨景仁：《筹济编》卷30《裕仓储》，载李文海、夏明方主编《中国荒政全书》（第2辑·第4卷），北京古籍出版社2003年版，第430页。

② （清）张维翰纂修，（清）葛炜续纂修：嘉庆《江川县志》卷14《积贮》，清光绪三十三年（1907）抄本。

③ （清）刘邦瑞纂修：雍正《白盐井志》卷3《建置志》，清雍正八年（1730）刻本。

④ （清）张维翰纂修，（清）葛炜续纂修：嘉庆《江川县志》卷14《积贮》，清光绪三十三年（1907）抄本。

⑤ （清）张嘉颖等修，（清）李镜、（清）刘联声等纂：康熙《楚雄府志》卷2《仓厫》，云南省图书馆藏民国间抄本。

⑥ 《清高宗实录》卷77，乾隆三年九月丁丑条，中华书局1985年影印本，第10册，第217—218页。

⑦ 陈钟华纂修：《关岭县志访册》卷3《食货志·仓储》，1964年油印本。

十八年（1689），"河南道御史周士皇疏请开捐米谷，修理常平仓，收贮以备荒歉。工科掌印给事中谭瑄疏请沿边诸郡官民输米，仍照各省捐纳之例，令其捐纳，所捐米谷贮仓，以备赈济"①。周士皇、谭瑄二疏并奏，并得到康熙皇帝的允准，清廷议准常平仓储宜依议通行直隶各省。贵州之有积贮，实自此始。

清代云贵地区常平仓的建设，为有效应对云贵高原频发的自然灾害奠定了坚实的基础，同时亦在较大程度上避免了临灾走向"欲赈无谷"的尴尬境地。清制，"由省会到府、州、县，俱建立常平仓，或兼设裕备仓。乡村设立社仓，市镇设立义仓"②。事实上，康熙年间各直省地方的常平仓建设刚处于逐渐恢复和渐进式发展的阶段，全国范围内大部分省份尚未建立存粮仓廒。因此，康熙帝屡颁圣谕，饬令各省地方积极筹建常平仓，广储仓粮。康熙二十一年（1682），朝廷敕令云贵总督蔡毓荣于滇南酌定各款，"捐输米十余万石，分贮两迤郡县，每岁出陈易新，遇有征调，本省额粮不敷，则酌动以济，兵年饥，则平粜以济民，更将事例定为银米兼输，米以备积贮之需，银以供修城之用"③。康熙三十年（1691）覆准："直属所捐米谷，大县存五千石，中县四千石，小县三千石。倘遇荒歉，即以此项给散。其留仓余剩，于每年三四月照市价平粜。五月初旬，将平粜价银尽数解贮道库。九月初旬，各州县仍领出籴新谷还仓。"④清道光年间，"贵阳府常平仓存积贮谷八千二百七十三石六斗二升六合八勺，重农谷三千一百三十六石，钦奉米三十二石二斗二升二合，谷七十七石八斗二升"⑤。在清代国家大一统思想的引导下，清代云南和贵州两省从府至县，基本上都设置有常平仓，仓储粮石额数因地区差异而各不相同，并随市场或国家的需求不断发生变化。

云贵地区山多田少，粮食产量有限，仓粮匮乏之际，仰赖于邻近省区供

---

① （清）鄂尔泰、（清）张广泗修，（清）靖道谟、（清）杜诠纂：乾隆《贵州通志》卷15《食货志·积贮》，清乾隆六年（1741）刻本。
② 赵尔巽等：《清史稿》卷121《食货二·仓库》，中华书局1976年版，第13册，第3553页。
③ （清）张维翰纂修，（清）葛炜续纂修：嘉庆《江川县志》卷14《积贮》，清光绪三十三年（1907）抄本。
④ （清）杨景仁：《筹济编》卷8《平粜》，载李文海、夏方明主编《中国救荒全书》（第2辑·第4卷），北京古籍出版社2003年版，第147页。
⑤ （清）周作楫修，（清）萧琯、（清）邹汉勋纂：道光《贵阳府志》卷46《食货略三·积贮》，清咸丰二年（1852）刻本。

给，仓储额贮总体偏少。此外，云贵地区交通不便，增加了从邻封购买和转运粮食的困难，云贵地区仓廒粮石的存贮数量和规模亦受影响。据《黔南识略》记载，清代贵州财赋所入不如江南一大州县，置营伍军饷所需咸资外省协济。而月支兵米，经历任截盈就缩，于本省悉心经划，有变价申解以待粮道之拨发者，有径自转运以待邻境之接收者，有按程接运以纾道远之劳苦者，计每岁通省应征、改征米石供给古州，后议以都匀府、都匀县、清平、独山、三脚、八寨六县及黎平、开泰经历三处筹备供应。都匀所属之三脚厅州同，实总流出之要会，故其地建设古州仓。贵州之积贮为重要，而下游之黎平为尤甚。"上游不通商贩，其价贱而民多盖藏，黎平横介楚粤，为苗疆重地，通舟楫，民稍集聚，辄转售于外境，故其价昂，而储蓄亦寡，苗人皆食杂粮，其收获稻米，除纳赋之外，皆运售楚省。"① 清代贵州仓廒储备供需极其紧张，黎平府境内因交通闭塞，且无商贾往来贩运，所产粮食难以供给本省贮藏所需，不断凸显了建仓积贮的重要性。

在积贮不足的情况下，清代云贵地区的粮仓存贮米谷，亦实行劝谕捐输，以广积储。康熙三十一年（1692）谕令大学士等："朕思积贮米谷最为要务。诚有所积贮，虽遇灾伤，断不致于饥馁。但小民不知储蓄，每遇丰稔之年恣意糜费，及逢俭岁，遂底困穷。今时届麦秋，可敕各该地方官劝谕百姓，比户量力共相乐输，委积储偫。州县官将捐助者姓名与米数注册，秋成之后亦仿此行焉。其春时乏食者贷与之，至秋照数收入，以为积蓄。每年于麦谷告登之后劝勉捐输，则数岁之间，仓廪充裕，即罹灾祲，民食自可不虞匮乏矣。"② 康熙帝谕令各直省地方官务当劝谕百姓比户量力捐输，州县将输纳之姓名、数目注册，春夏借与乏食之民，秋收照数偿还，每岁收获以后，皆依此例奉行。继此之后，康熙帝再次谕准："积贮所以重农，凡直省现在官员各量己力捐谷，于就近地方常平仓存贮，每年逐一造册报明，于是黔省积贮弥广矣。"③ 康熙四十五年（1706），清廷覆准："总督贝和诺以滇省舟楫不通，而常平仓积贮较之别省尤为紧要，自

---

① 胡翯、许用权纂修：《三合县志略》卷 11《营建略·仓廒》，1940 年铅印本。
② 《清圣祖实录》卷 155，康熙三十一年夏五月辛亥条，中华书局 1985 年影印本，第 5 册，第 712 页。
③ （清）黄宅中修，（清）邹汉勋纂：道光《大定府志》卷 41《经政志·积贮》，清道光二十九年（1849）刻本。

康熙二十九年春（1690）季起，至康熙四十二年（1703）春季止，通共捐过监生并各官捐纳纪录谷三十二万七千三百二十石，自四十二年四月暂行停止，令往陕西、甘肃地方捐纳，迄今三年，滇省赴甘肃捐纳监生者只有六名，彼此无益，令云南常平仓仍照例本省捐纳。"① 自康熙二十二年（1683）捐纳起至乾隆二十五年（1760）止，云南省宁州常平仓"共额实贮谷九千六百九十二石六斗八升"②。道光年间，贵州铜仁府额贮常平谷三万零二石八斗五升九合。自嘉庆六年（1801）起至道光三年（1823）止，"捐输谷二十八石"。而铜仁县额贮常平各案谷二万二千七百七十一石三斗七升八合四勺。自嘉庆元年（1796）起至道光三年（1823）止，"捐输谷五十六石"③。清乾隆三年（1738），贵州遵义县有原贮积贮谷一千二百四十石，重农谷七百六十七石，钦奉谷一百四石八斗四升。"至乾隆十三年（1748），增置买补谷四千石，常平谷四万五千一百一十八石，共五万一千二百二十九石八斗四升，定为额。至道光十九年（1839），续增溢额、捐输等谷八百六石，共五万二千三十五石八斗四升"④。

"常平仓作为一个有组织、有意识地备荒和对冲灾害风险的方式，以事先的积聚有效地转移和分摊了灾害风险之不测，对后世影响巨大，经不断完善，它成了历代政府备荒救荒的重要举措。"⑤ 清代云贵地区的常平仓粮食积贮，主要遵循因地而异、因时制宜的原则，并根据各府厅州县经济发展水平和地方社会发展需要，对常平仓储量进行适时调整，或增减额贮数量，或对仓廒进行重修或扩建，其最终目的是要保障积贮粮食的充裕。乾隆五年（1740），贵州省黄平州实贮积贮谷六百石。旧州积贮谷三千三百八十六石九斗二升四合。钦奉案内谷二石九斗，旧州米二十石八斗，谷五十二石三斗。实贮和钦奉二项统共四千六十余石，并贮常平仓。自乾隆六年（1741）起，额贮仓粮陆续加增。至乾隆十三年（1748）定额后，实

---

① （清）张维翰纂修，（清）葛炜续纂修：嘉庆《江川县志》卷14《积贮》，清光绪三十三年（1907）抄本。
② （清）毛鳌、（清）朱阳纂修：乾隆《晋宁州志》卷14《积贮》，清乾隆二十七年（1762）刻本。
③ （清）敬文等修，（清）徐如澍纂：道光《铜仁府志》卷4《食货志》，1965年油印本。
④ （清）平翰等修，（清）郑珍、（清）莫友芝纂：道光《遵义府志》卷14《赋税·积贮》，清光绪十八年（1892）刻本。
⑤ 张介明：《我国古代对冲自然灾害风险的"荒政"探析》，《学术研究》2009年第7期。

贮常平额贮谷三万零九百二十一石八斗二升六合四勺，嗣于乾隆二十七年（1762）奉旨暂减常平谷六千石，实存谷二万四千九百二十一石八斗二升六合四勺。至乾隆四十六年（1781），奉旨全行买补减贮归款。"自乾隆四十七年（1782）至嘉庆五年（1800），现在常平实贮谷三万九百二十一石八斗二升六合四勺，贮州仓者三千六百八十六石，贮旧仓者二万七千二百三十五石八斗二升六合四勺。"①黄平州历年贮存仓粮的额数，与清代国家对西南边疆地区社会治理的价值取向密切相关，无论储备粮食增减与否，其作为国家治理地方社会的重要工具，都有利于提升清朝中央政府的调控能力和社会治理水平。

　　清代云贵地区先后多次历经兵燹袭扰，仓廒遭受重创，常平仓仓谷亦在战乱中饱受损失。云南丽江府建有筹边仓，后改为常平仓，雍正朝改土归流期间建于土通判署后，"截至乾隆六年（1741），止存积年捐纳谷二千四百石，官庄米三千四百二十一石八斗八升，折谷六千八百四十三石七斗六升，拨买腾越州官庄谷三百三十八石四斗六升四合，捐输存剩谷二百二十六石二斗。又存本地俊秀木世荣等新捐谷六百六十石八斗二升七合，以上共谷一万零四百六十九石二斗五升一合，详定永远常平积贮，以后递年收存，递增至九千石"②。咸丰七年（1857），丽江府常平仓毁于兵燹，仓廒未能修复，米谷全被损毁。明朝万历年间，贵州正安州在州治南建有预备仓。康熙十八年（1679），正安州迁治所至古凤，建有常平仓。雍正七年（1729），正安州"建有仓廒四所，嘉庆初，共置仓二十九间。同治四年（1865），州城失守，仓廒被焚，仅存三间"。康熙二十二年（1683），贵州遵义府桐梓县建重农积粟仓于县治大堂右，建常平仓于大堂后，自乾隆朝至民国初期，"旧存新建常平仓共计三十二间"③。道光二十九年（1849），桐梓县知县刘关保修仓廒于署后。同治三年（1864），因匪乱陷城，桐梓县仓廒被焚毁，承平之后，复建常平仓于大堂后。清中前期，贵州古州厅共建有常平仓六十间。雍正十年（1732），贵州巡抚元展成疏请

---

①（清）李台修，（清）王孚镛纂，（清）易宝善续修，（清）刘霞举续纂：道光《黄平州志》卷4《食货志·积贮》，1965年油印本。

②（清）陈宗海修，（清）李星瑞纂：光绪《丽江府志》卷3《食货志·积贮》，云南省图书馆藏民国间抄本。

③刘显世修，任可澄纂：民国《贵州通志》卷11《建置志·公署公所下》，1948年铅印本。

设立苗疆积储，古州开始建仓贮谷，"仓内额贮谷三万三千三百九十五石其斗二升，内分左卫仓贮谷四千七百四十八石，右卫仓贮谷二千三百六十六石"①，咸同军兴后，古州仓廒均被焚毁。光绪三年（1877），古州左卫千总王金魁重建。光绪四年（1878），右卫千总赵儒章重建厅署仓，实贮谷二万六千二百八十一石七斗二升。

  清代云贵地区的常平仓建设历经从无到有的发展，仓廒贮藏客观上随清朝中央政权在云贵地区的施政能力不断发生变化，总体上呈现的是清中前期仓廒建设和仓储额数渐趋增加的状态，而清咸同朝以后的仓廒数量和存仓粮食较嘉道朝以前则有大幅度的减少。正如魏丕信指出："常平仓的理论容量在各个地区和不同时期差别相当大，但还是存在一个总的趋势，即：从17世纪末到18世纪后期，仓谷存储量趋向于增加。"② 自康熙朝建仓积谷贮藏以来，云南腾越州额贮常平仓谷一万石，加以捐监谷、义租谷、官庄谷、罚俸谷约有三万石零，全州积贮总数超过四万石，但皆因乾隆三十一年（1766）、乾隆三十二年（1767）、乾隆三十三年（1768）军兴时，前署腾越州知州唐思全数动碾供支军需。至乾隆三十五年（1770）秋，腾越州开始买补常平仓谷一万石，继接次加买和增买。至乾隆四十一年（1776），腾越州"共贮谷十万石，加以年收义租所入，至四十四年（1779）秋溢额已一千一百余石矣"。"按常平正额，奏明买补一万石后，永昌一厅一州二县奏明采办军需常平谷二十八万石，保山十万，腾越十万，龙陵三万，永平五万，皆系额贮万石外。惟腾越会计连额贮在内，实合十万石。"③ 贵州省的常平仓积贮始于康熙二十八年（1689），据道光朝《大定府志》记载，自遵奉康熙二十八年的积贮之例和康熙三十一年（1692）存储重农谷、钦奉米谷之例开始，至乾隆三年（1738），贵州省的粮仓呈现积贮弥广的景象，"大定府亲辖地实贮积贮谷六千石，重农谷三千一百三石，钦奉米十五石七斗七升，谷四十八石五斗二升。水城实贮重农谷六石。平远实贮积贮谷六千石，重农谷八十一石，钦奉米九十二石八

---

  ① （清）俞渭修，（清）陈瑜纂：光绪《黎平府志》卷3《食货志·积储》，清光绪十八年（1892）刻本。
  ② ［法］魏丕信：《十八世纪中国的官僚制度与荒政》，徐建青译，江苏人民出版社2003年版，第157页。
  ③ （清）屠述濂纂修：乾隆《云南腾越州志》卷5《户赋·积贮》，1931年刻本。

斗八升四合，谷六石六斗四升一合。黔西实贮积贮谷七千二百九十六石，重农谷二百二石，钦奉谷四百五十四石六斗。威宁实贮积贮谷八千石，荞一千六百六十六石六斗六升六合七勺，重农谷四千九十六石，荞折米二十五石，荞二十五石，钦奉米十八石四斗八升，谷十四石九升，荞九石九斗二升。毕节县实贮积贮谷一千八百四十石，重农谷五十五石，钦奉谷一百五石二斗"①。由文献记载可知，清康熙朝至乾隆朝，云贵地区的常平仓积贮较为充裕。

在清朝中央政权的高度重视下，清代全国各直省地方的仓储额贮粮食不断增加，"乾隆十三年（1748）以前，定额四千八百十有一万六百八十石，计减积谷千四百三十一万八千三百五十石，令各该督抚视所属府州县之大小，均匀存储，其间有转运难、出产少、地方冲要，以及提镇驻扎各省犬牙相错之处，彼此可以协济，均应分别加储"②。清代云贵地区的常平仓建设尽管取得了较大的发展，但因受地理环境的限制，各府厅州县所产粮食较少，尽管常平仓廒建设不断增加，但究因西南边疆长期性贫困的持续存在，故而仓廒储存数量根本不可能实现理想的充裕状态。清代仓储制度及其建设因防灾备荒应运而生，"无论何种积储方式，指导思想都是一致的，即欲有以济之于临时，必先有以储之于平日。积储的前提是日用有余，在社会生产力低下，人口相对压力大，社会趋向贫困化的总体条件下，充裕的积储几乎是不可能的"③。尽管清朝政府加强边疆治理的过程中增建常平仓廒，但三藩之乱、乾嘉时期、咸同时期义等战乱几乎波及云贵两省全境，仓粮被洗劫一空，部分府厅州县仓廒被焚毁，使原本贮藏未曾充裕的仓贮显得愈加拮据，兵燹后各府厅州县粮仓得到不同程度的恢复，而仓储类型及其运行方式皆发生了较大的改变，且仓储规模难如其旧。但亦要看到，清代中后期云贵地区常平仓的修复，作为清代国家积谷备荒机制的延续，仍旧扮演着调剂市场粮价和赈济灾荒的重要工具的角色。

---

① （清）黄宅中修，（清）邹汉勋纂：道光《大定府志》卷41《经政志·积贮》，清道光二十九年（1849）刻本。
② 《清会典事例》卷90《户部·积贮》，中华书局1991年影印本，第3册，第60页。
③ 张建民、宋俭：《灾害历史学》，湖南人民出版社1998年版，第272页。

二 清代云贵地区常平仓的功能

清代常平仓因袭前代而建，同样具有平抑物价和借贷赈粜的功能，籴与粜卖是常平仓最基本的职能，故名之曰"常平"。"常平不惟能平米价，米价平，诸食货之价概不过昂。过昂，则人不食之矣。米不得不食，而他物可以不食。故常平仓者，兼平百物者也。……惟平米谷，则他物自平。"① 诚然，临灾赈济、抚恤贫民亦是常平仓的重要职能。"清代常平仓仍然保持了赈贷与平粜两大功能，春夏出粜，秋冬籴还。如遇凶荒，按数赈给灾民。仓谷存粜的比例为存七粜三，各地也可酌情略有变动，或存六粜四，以及不限额数。大体上丰年少粜或不粜，歉岁逾额出粜，惟不得空仓全粜。"② 清制，各直省地方的仓储，主要由清朝中央政府的主管机构户部加以统辖。至顺治十一年（1654），清廷规定地方的常平仓和预备仓主要由直省道员监管，每届期限，各省道员定期报部核查。顺治十七年（1660）议准："常平仓谷，春夏粜出，秋冬籴还，平价生息，务期便民。如遇凶荒，即按数给散灾户贫民。"③ 常平仓平价、赈粜和赈济的功能基本得到明确。

"清代粮食储备的主体是由官府掌控的常平仓，有备荒、平抑谷价等多种功能，是影响粮食安全的核心要素。"④ 清代国家鉴古定制，各直省地方府厅州县贮谷于常平仓，每岁存七粜三，更视年事丰歉，以为籴散，法良意美。虽有凶旱水溢，民无菜色，酌盈济虚，预筹于未然，毋庸临时而补苴，是有司之责。文献记载："自杨仆射作两税而征民之法定，耿寿昌作常平而积贮之利兴，积谷与赋税相表里，此盛世无救荒之政，积贮者，即所以救荒也。"⑤ 雍正十二年（1734）议准："地方偶歉，即动仓谷减

---

① （清）俞森：《常平仓考》，载李文海、夏方明主编《中国救荒全书》（第2辑·第1卷），北京古籍出版社2003年版，第37—38页。
② 李向军：《清代荒政研究》，中国农业出版社1995年版，第42页。
③ （清）杨景仁：《筹济编》卷8《平粜》，载李文海、夏方明主编《中国救荒全书》（第2辑·第4卷），北京古籍出版社2003年版，第147页。
④ 王志明：《雍正朝粮食安全政策与措施探析》，《社会科学》2017年第8期。
⑤ （清）李德生等修，（清）李庆元等纂：道光《定远县志》卷3《积贮》，云南省图书馆藏清抄本。

价,存七粜三,不足则酌量详报,不必拘定粜三之数。"① 云南万里遐荒,清初米价数倍于他省,崇山峻岭运送艰难,故此前事例弘开。而滇省捐输独少,必将各款应输之数视往例酌减十之二三,藉此足以鼓舞急公,且收效自速,"但得捐输米十万石,分贮两迤郡邑之间,每岁出陈易新,无忧红腐,遇有征调,本省额粮未敷,则酌动以济兵年,饥则平粜以济民,如此三五年间,缓急足恃,稍俟民殷物阜,更何忧积贮之难"②。据《大清会典》记载:"凡常平积贮之法,必相风土之热寒燥湿,东西南北异方,稻麦粟米异宜,每岁出陈易新,高燥者以十之七存仓,十之三平粜,卑湿则存半粜半,各因时宜而变通之,以均岁之丰歉。"③ 贵州毕节县常平仓建于康熙年间,"贮监谷,贱籴贵粜,以利贫民"④。清代云贵地区的仓储平粜和备荒功能的发挥,为清朝中央政府强化对西南边疆的社会治理和维护国家统一提供了前提条件。

清乾隆元年(1736)诏谕:"夫民为邦本,固当爱之,爱之则必思所以养之,养之则必先求所以足之。朕欲爱养足民,以为教化之本,使士皆可用,户皆可封,以臻唐虞之圣治。"⑤ 乾隆四年(1739),清廷确立重储为民的思想,并谕令各直省地方预先筹备仓粮积贮。乾隆帝谕令:"从来养民之道,首重积贮。而积贮之道,必使百姓家有盖藏,能自为计,庶几缓急可恃。"⑥ 乾隆五年(1740)谕令:"地方积谷备用,乃惠济穷民第一要务。"⑦ 从清代云贵地区常平仓的建立、仓谷的采买以及仓储额贮数量的规定来看,清朝中央政府和云贵地方当局都在有意识地加强从邻近省区输入粮食的能力,借此充实仓储。"仓储积累是在社会剩余产品的分配与再

---

① (清)杨景仁:《筹济编》卷8《平粜》,载李文海、夏方明主编《中国救荒全书》(第2辑·第4卷),北京古籍出版社2003年版,第147页。
② (清)蔡毓荣:《筹滇第七疏·议捐输》,(清)鄂尔泰、(清)尹继善修,(清)靖道谟纂:乾隆《云南通志》卷29《艺文》,清乾隆元年(1736)刻本。
③ (清)俞渭修,(清)陈瑜纂:光绪《黎平府志》卷3《食货志·积储》,清光绪十八年(1892)刻本。
④ (清)董朱英等修,(清)路元升纂:乾隆《毕节县志》卷1《疆舆志·建置》清乾隆二十三年(1758)刻本。
⑤ 《清高宗实录》卷16,乾隆元年四月丙寅条,中华书局1985年影印本,第9册,第428页。
⑥ 白新良:《清史纪事本末》(第5卷),上海大学出版社2006年版,第1428页。
⑦ 光绪《钦定大清会典事例》卷189《户部·积储》。

分配过程中形成的，其形成有不同的途径和方式"①，其中主要积累来源和路径有和籴、截漕、劝捐、捐输和摊派等。积贮原为地方防备荒歉之用，而官府在采买粮食充实仓廒谷本的过程中，容易引起各地粮价的上涨，妨碍采买地方正常的粮食供给，因此宜根据各直省地方产粮情形灵活购买贮藏。乾隆十一年（1746）谕令："今岁丰收之处尚多，正宜趁此时留心筹画，豫为仓贮民食之计，俾不至谷贱伤农。但必以本地之谷，补本地之仓。恐收成分数不齐，产米多寡不一，或因一时采买，米价又致昂贵，有妨民食。著各该督抚酌量所属地方情形，有二麦既丰，而秋成又稔者，动拨历年所存谷价，分路采买，亦不必迫期足额。务须妥协办理。使仓储可以渐充，而米价不至增长。"②

常平仓是中国古代地方官府储粮仓库的一种。它以平抑谷价、赈救灾荒为主要目的。③ 仓储粮食是否充裕，是官府能否在粮食调剂中发挥作用的物质基础。因此，常平仓的仓粮存储亦要重视地方内部市场与外部市场粮食供给的有效性。"仓储量的设置和常平仓的地域分布，也不能不考虑到区域内和区域外的各种因素。"④ 雍正七年（1729）谕令户部："各州县之设立常平仓，积贮米谷，原以备地方一时缓急之需，所关甚重。朕为此备极焦劳，多方筹划，务期仓储有备，旱潦无虞。……凡各省未有仓库之州县，著督抚详悉查明，即行商酌建造。"⑤ 云南宜良县建有常平仓二十间，分别为县署西首八间，创建失考，康熙年间县令高士朗重修；县署大门内西首四间，东首五间，系乾隆三年（1738）署县令王客僧详请添建；县署二门旁西首二间；县署大堂东首一间。以上宜良县常平仓廒"节年存仓捐款京斗谷九千二百七十六石一斗九升"⑥。雍正十年（1732），贵州巡

---

① 徐建青：《从仓储看中国封建社会的积累及其对社会再生产的作用》，《中国经济史研究》1987年第3期。
② 《清高宗实录》卷270，乾隆十一年秋七月丙午条，中华书局1985年影印本，第12册，第524页。
③ 刘永刚、饶赟：《浅论清代陕甘地区仓储制度及其流变》，《延安大学学报（社会科学版）》2008年第3期。
④ 姚建平：《内功能与外功能——清代两湖地区常平仓仓谷的采买与输出》，《社会科学辑刊》2005年第4期。
⑤ 《清世宗实录》卷84，雍正七年闰七月戊戌条，中华书局1985年影印本，第8册，第128页。
⑥ （清）王诵芬纂修：乾隆《宜良县志》卷2《田赋志·仓储》，清乾隆三十二年（1767）刻本。

抚元展成上奏《苗疆积贮疏》，他认为黔省产米有限，转运亦属艰难。今欲商议积贮于苗疆，而即拨粮于本省，势必不能。事实上，雍正九年（1731）六月，元展成曾具折条奏："以古州之都江河道直通广西之柳、庆、浔、宾等府州，除柳、庆二府现在将所贮每年粜三、谷三万石碾运古州毋庸议拨外，仰请皇上勅下广西抚臣，将浔州、宾州沿河等仓拨谷五万石，分贮新疆，每年于青黄不接之时，照例减价粜三，以济兵民之食，秋成买补还仓。"① 元展成所奏得到雍正皇帝的允准，并推进了古州厅属地方仓储积贮事务的开展，为有效应对可能发生的灾荒做好了准备。尤其是存仓粮食获准赴广西采买，灾荒社会国家治理的区域联动效应取得重要突破。

乾隆元年（1736）议准："年岁丰歉不常，丰收即照常价减粜，以为出陈易新之计；歉收应大加酌减。"② 乾隆三年（1738）议准：歉岁平粜，酌量于乡镇村庄增厂粜买，并责令贫户赍甲牌赴籴，分图轮买。嗣后覆准："冲要之所，东西南北分设各厂，老幼男妇令其分路出入，不使拥挤守候。预期现将时价减价实卖若干之处，榜示晓谕，乡村市镇将谷运往，酌量乡户多少，以定粜谷之数。"③ 清代云南丽江府维西厅居金沙江、澜沧江两江之间，尽管处于万山之中，至光绪朝设治近二百年，④ 尚未遇到水旱奇灾。清光绪二十八年（1902）和二十九年（1903），维西厅属"雨泽愆期，斗米较之往年价逾数倍，官绅捐赀办平粜余银数百余两，即令慈善基金年收息银作常平年终济贫之用，或二三百千，或百余千文不等"⑤。乾隆四年（1739），清廷对各直省地方常平仓储谷石的减价粜卖比率作出统一规定："常平仓谷常年出粜，丰年每石照市价减银五分，歉岁减银一

---

① （清）余泽春等修，（清）余嵩庆等纂：光绪《古州厅志》卷10《艺文志》，清光绪十四年（1888）刻本。
② （清）杨景仁：《筹济编》卷8《平粜》，载李文海、夏方明主编《中国救荒全书》（第2辑·第4卷），北京古籍出版社2003年版，第147页。
③ （清）杨景仁：《筹济编》卷8《平粜》，载李文海、夏方明主编《中国救荒全书》（第2辑·第4卷），北京古籍出版社2003年版，第148页。
④ 按：清雍正五年（1727）置维西厅，隶鹤庆府。乾隆三十五年（1770），改隶丽江府。即今云南维西傈僳族自治县（1913年废厅改县）。
⑤ 李炳臣修，李翰湘纂：《维西县志》，云南省图书馆藏抄本。

钱。"① 同期，清政府对粜价幅度作出补充："若在寻常出陈易新之际，照时价每石核减一钱，若岁荒价昂，该督抚即临时酌量，不拘减一钱之数。"② 乾隆九年（1744）谕准："积贮乃民命所关，从前各省仓储，务令足额，原为地方偶有水旱，得资接济。即丰稔之年，当青黄不济之时，亦可藉以平粜，于民食甚有关系。"③ 乾隆十三年（1748），云贵总督张允随奏称，滇黔两省米贵，缘于生齿日繁和积贮失调，而云贵地区交通梗阻，亦造成粮食流通和购买、存贮困难。张允随奏报："滇黔两省，道路崎岖，富户甚少，既无商贩搬运，亦无囤户居奇。夷民火种刀耕，多以杂粮、苦荞为食。常年平粜，为数无多，易于买补，与他省情形迥别。乃近年米价亦视前稍增者，特以生聚滋多，厂民云集之故。近开凿金沙江，川米流通，滇属东、昭二府向来米价最贵之处，渐获平减。"④ 云南白盐井常平仓，位于白井南关河西，系提举郭存庄置。光绪三十二年（1906），云南亢旱成灾，白盐井地方米价陡涨，民心皇皇，"（白盐井）提举文渊禀请上宪，借粜本银三千两，买谷四百九十六石二斗四升，以镇民心"⑤。

建立常平仓的主要目的，是在于灾歉年岁使因受农业生产波动和灾害袭扰的黎庶能够守住"本业"和"安于田亩"，官府通过长期的常平仓粮积累，于荒歉之年粜放米谷，在拯救灾黎乏食之困境的同时，亦为来岁农业生产提供了稳定的劳动力。"仓储积累正是通过平粜、借贷两大经济职能，来维持一部分农民的再生产，从而在巩固和维护农业经济发展的过程中取得了一定成效。"⑥《户部则例》规定，平粜仓谷，贵州存七粜三，若米价稍贵，则不拘此例减粜定价。"丰岁每石照市价减银五分，歉岁价减一钱，若市价过昂，则大加酌减者，督抚核实奏报，一面发粜，总不得过

---

① （清）杨照谨：《常平仓谷章程疏》，（清）贺长龄、（清）魏源等编：《清经世文编》卷40《户政》，中华书局1992年版，第969页。
② （清）乾隆官修：《清朝通志》卷88《食货略八》，浙江古籍出版社1988年版，第7271页。
③ （清）杨景仁：《筹济编》卷30《裕仓储》，载李文海、夏方明主编《中国救荒全书》（第2辑·第4卷），北京古籍出版社2003年版，第429页。
④ 《清高宗实录》卷311，乾隆十三年三月癸丑条，中华书局1985年影印本，第13册，第104—105页。
⑤ （清）李训鋐等修，（清）罗其泽等纂：光绪《续修白盐井志》，清光绪三十三年（1907）刻本。
⑥ 吴滔：《明清苏松仓储的经济、社会职能探析》，《古今农业》1998年第3期。

三钱。"① 常平仓作为清代官方主导运营的备荒机构，其主要功能在于充分运用价值规律来调剂市场粮食的供给和需求，通过常平仓籴及粜卖粮食，合理调节粮食价格，在供应官需民食的同时，有效发挥防灾救灾和稳定粮食市场价值的功用，切实保障受灾黎庶的利益。俞森《常平仓考》记载："常平者，荒歉之预备，无伤于农，有益于民。谷贱时增价而籴，谷贵时减价而粜，故遇水旱霜蝗之变，民无菜色，不至于流离饿殍之患。此古治民之良法也。"② 研究表明，清代常平仓储谷石的平粜，"每石比市价便宜100文至200~300文不等，即低于市价10%~20%左右"③。康熙二十五年（1686），云南巡抚王继文奏报："云南孤贫口粮，岁发常平仓捐谷赈恤。"④ 清同治年间，云南各州县出借、加买常平仓谷石，取息征还，如系借正额买补归款者，则可免其取息。光绪《云南通志》记载："滇省平粜米石照市价每石减银五分，青稞减银一分六厘六毫六丝（每青稞三石抵米一石）。"⑤ 清代云贵地区存仓米谷的平粜和赈恤，为保障灾黎的生计生存实现了仓储利益最大化，并为灾赈公共积累及其再分配提供了合理化实践模式。

三 清代云贵地区常平仓的管理

清代各直省地方仓储谷本来源的多样化，为充实常平仓米谷提供了重要来源。"清代基于对历代制度的继承、发展与完善，建立了中国传统社会最为完备、发达的仓储制度。"⑥ 清代云贵地区仓储建设的勃兴，从仓廒兴建到购粮贮存，再到粜借和归款，整个仓储运行环节都根据清朝国家意志来加强经营管理。清代云贵地区的常平仓在各州县仓储中占据重要地位，作为官方经办的仓储机构，清朝中央政府设置专门管理常平仓的机

---

① 陈昭令修，李承栋纂：《黄平县志》卷19《食货志·积贮》，1965年油印本。
② （清）俞森：《常平仓考》，载李文海、夏明方主编《中国荒政全书》（第2辑·第1卷），北京古籍出版社2003年版，第47页。
③ 李军：《中国传统社会的救灾——供给、阻滞与演进》，中国农业出版社2001年版，第99页。
④ （清）鄂尔泰、（清）尹继善修，（清）靖道谟纂：乾隆《云南通志》卷14《积贮》，清乾隆元年（1736）刻本。
⑤ （清）岑毓英修，（清）陈灿纂：光绪《云南通志》卷61《食货志·积贮》，清光绪二十年（1894）刻本。
⑥ 刘永刚、饶赟：《浅论清代陕甘地区仓储制度及其流变》，《延安大学学报（社会科学版）》2008年第3期。

构，并遵依严格的法律、规范，赋予各级官员筹建管理、监督盘查等诸项权责。同时，清政府还将常平仓事务管理作为官吏政绩考核的重要内容之一，以重仓储。

自康熙朝开始，清廷就重视捐输米谷备荒防灾，康熙帝谕令："捐输米谷入常平等仓备荒，有裨民生，最为紧要。务令经管各官殚心奉行，力图实效。作何定例考成，著一并确议具奏。"① 雍正三年（1725），贵州巡抚毛文铨疏言："贵州山高多雨，积贮米石，恐致潮湿霉变"，得旨："积贮仓粮，特为备荒赈济之用。南省地气潮湿，贮米在仓，一二年便致霉烂，实难收贮，著改贮稻谷，似可长久，应否改折稻谷收贮之处，著九卿详议具奏"②。经九卿商议认为，南方诸省土脉潮湿，兼有岚瘴，因而积贮仓米易致浥烂③，不如稻谷可以长久保存。因此议定：嗣后江南浙江、福建、湖广、江西、四川、广东、广西、云南、贵州等省存仓米一石，改换稻谷二石，留心收贮，在需用之岁则碾旧贮新，是为尽善之策。雍正三年（1725）覆准："云南所存之米，俟易谷既完之后，每年额征兵饷仍收米给兵，余悉改征稻谷，各省均照此例，其有亏空仓米者，亦令悉以稻谷追补还仓。"④ 雍正四年（1726）户部覆准："州县仓厫不修，致米谷霉烂者，照侵蚀科断，并将亏空各州县解任"；"其谷令自行催还，限以一年，逾限者治罪"⑤。清朝政府认为："若亏空仓粮，则一时旱潦无备，事关民瘼，是亏空仓谷之罪较亏空钱粮为甚，自宜严加处分。"⑥ 雍正六年（1728）上谕："各府州县仓厫，俱造入交盘项内，若有木植毁烂倾圮渗漏者，接任官揭报，将前任官照例议处赔补；接任官徇情滥受，亦照例议处，仍令赔修，其霉烂亏空米石，限年赔完，限内不完，照例治罪。"⑦ 此举将常平仓的日常管理纳入州县官吏的职责，为强化对常平仓的经营提供

---

① 中国第一历史档案馆整理：《康熙起居注》，中华书局1984年版，第973页。
② 《清世宗实录》卷29，雍正三年二月乙酉条，中华书局1985年影印本，第7册，第436页。
③ 按：浥烂，为仓库制度用语。清制，各储粮仓座遭雨坍塌，致使储仓之谷被水霉烂，该管仓之监督等未能事先报请修理者，除著该员赔补、赔修外，仍应交部严加议处。
④ （清）阮元等修，（清）王崧、（清）李诚纂：道光《云南通志稿》卷61《食货三·积贮》，清道光十五年（1835）刻本。
⑤ 赵尔巽等撰：《清史稿》卷121《食货二·仓库》，中华书局1976年版，第2册，第3556页。
⑥ 《光绪大清会典事例》，新文丰出版公司据光绪二十五年（1899）原刻本影印，第7633页。
⑦ 《清世宗实录》卷68，雍正六年夏四月庚寅条，中华书局1985年影印本，第8册，第1034页。

了法律支撑。乾隆十三年（1748），云南巡抚图尔炳阿照例核查滇省上年仓谷存用实数，奏称："通省旧管仓存米、谷、荞、稗、豆、青稞一百七万七千四百二十九石五斗三省零，内除须参赵州被劾知州樊广德亏空谷一千七百四十四石九斗升另于彼案审追究结外，实存米、谷、麦、荞、稗、豆、青稞一百七万五千六百八十四石五斗六升零。"①

清政府对经管地方仓廒官吏的卸任及交接有严密的规定。康熙十八年（1679）谕令："盛治之世，余一余三。盖仓廪足而礼教兴，水旱乃可无虞。比闻小民不知积蓄，一逢歉岁，率致流移。夫兴俭化民，食时用礼，惟良有司是赖。督抚等其选吏教民，用副朕意。"② 建仓贮粮，意在保民安邦，主要依赖地方官悉心筹划和经营管理。康熙三十一年（1692）议定："各省常平仓，俱照直隶分贮各州县有升迁事故离任者，照正项钱粮交代，有短少者，以亏空论。"③ "18世纪以来的则例、律例使得既有的荒政程序更加规范化，不管是官府统治者还是民间精英，在面临灾荒时都会自觉或不自觉地启用这一荒政程序。"④ 清廷为实现对仓储建设及额贮粮食的有效管理，明确各直省地方督抚要员的职责，并对地方官在仓储管理上予以严格的监视和督察。仓储足额是防灾救荒的重要保障，清廷因此制定了新旧官员交卸期间的盘查和交代制度，若仓谷霉烂红朽，抑或仓廒亏空，则严厉惩处地方官，如果粮食霉烂，官吏要革职留任，限期赔偿；若官员离任时，要将常平仓钱粮盘查交代给新任官吏，新任官吏要在三个月查核奏闻，亏空者则加以责罚。清朝规定，直省地方仓廒管理失责并导致米谷霉烂，咎于地方政府要员失职。雍正四年（1726）覆准："凡地方仓廒，有渗漏及墙垣木植不坚全者，所需工费无多，该地方官即为修补。若年久倾圮，砖瓦木植破碎朽坏者，该地方官详明上司，估计工费报部，即动支正项修改。……倘州县官漫不经心，因循怠玩，不修补仓廒，不详请修盖，以致米谷霉烂者，照溺职例革职。限一年内照动帑买补之数赔完，限内部不完，照侵蚀钱粮例，以未完米谷之数，以律治罪。"⑤

---

① （清）图尔炳阿：《奏报本年云南民数谷数折》（乾隆十三年十二月十八日），中国第一历史档案馆，朱批奏折，档号：01-03342。
② 赵尔巽等撰：《清史稿》卷6《圣祖本纪》，中华书局1976年版，第2册，第200页。
③ 清高宗敕撰：《清朝文献通考》卷34《市籴三》，商务印书馆1936年版，第1册，第5171页。
④ 张介明：《我国古代对冲自然灾害风险的"荒政"探析》，《学术研究》2009年第7期。
⑤ 光绪《钦定大清会典》卷189《户部·积贮》。

清朝规定："督抚于岁终核实奏销，以册送部稽核。如有亏缺，先请动帑买补，将亏空官员题参，照例治罪，限每年追赔。"① 黔省山多田少，产米有限，不通舟楫，且无外来米贩可资接济，全赖各属仓储筹备充盈，庶不致临事周章。而前因苗疆用兵，贵州通省积贮米谷业经支放无余，总督贵州兼管巡抚事务臣张广泗钦遵圣训，以仓储攸关民食，因时因地加意经理，严饬所属地方实力催征买补，务期积贮充盈。乾隆十年（1745），云贵总督张广泗饬令各府厅州县将存仓各项米谷一律造具廒口清册，编列字号，逐仓注明采买、征收年分和数目，以便通报查考。张广泗奏称："遇有开耀，即将应耀某廒，某年分米谷，逐一声明买补。平粜及征收秋粮之时，亦将收入某廒口数目申报，庶盘查交代皆可按籍而稽，稍有亏缺，难以掩饰，实于仓储有益。"② 清朝定例，直省州县经管仓库，宜应详慎收贮，丝毫无亏，即遇新旧交卸，亦不容稍有短缺。嘉庆十三年（1808）三月，贵州前署镇宁州候补知县郑吉士到任，嘉庆十四年（1809）六月底讣丁忧，藩司详委试用知县苏文纪前往接署，该州应存常平仓谷一万八千九百九十七石零，除盘交过谷一万二千一百四十石外，尚短交谷六千八百五十七石零，经接任之员节次移催，郑吉士耽延并不交收，显有侵挪情弊。贵州巡抚鄂云布奏称："据藩臬两司转据该管道府揭报前来，相应会同督臣伯麟恭折参奏请旨，将前署镇宁州候补知县郑吉士革职拿问，以便提同仓书库吏人等彻底审究，是侵是挪，务得确情，分别严办。"③

"清代常平仓的分布具有点面结合、广泛配置的特点，从地理差异及经济发展水平来看，其分布重点在边疆重镇、偏远山区、商业繁荣地、产粮区及政治文化中心地区。"④ 康熙朝时期，全国仅有27%左右的州县建立常平仓，而伴随常平仓粜籴之法及其他各项仓储制度的实施，至雍正年间，全国各州县基本普遍建立常平仓，并不断得到发展。⑤ 乾隆元年

---

① （清）俞渭修，（清）陈瑜纂：光绪《黎平府志》卷3《食货志·积储》，清光绪十八年（1892）刻本。
② （清）张广泗：《奏报盘查仓谷等事折》（乾隆十年六月二十四日），中国第一历史档案馆，宫中朱批财政第1133函第16号，档号：01-02861。
③ （清）鄂云布：《奏参短缺仓库钱粮之署州折》（嘉庆十四年十月初四日），中国第一历史档案馆，宫中朱批财政第1192函第37号，档号：01-05240。
④ 史革新：《中国社会通史（晚清卷）》，山西教育出版社1996年版，第497页。
⑤ 牛敬忠：《清代常平仓、社仓制度初探》，《内蒙古师大学报（哲学社会科学版）》1991年第2期。

（1736），清廷制定采买定章，"各州县买补仓谷，时值岁歉价昂，不能买补，而该处所存尚可接济，准其展至来年买补。若谷价不敷，而贮仓又系不足，该州县即将详明上司，以别州县谷价之盈余，添补采买，为酌盈剂虚之计。"① 乾隆二年（1737），命筹划常平仓出粜买补之法，谕令："各省常平仓，原为济民而设，每年青黄不接之时，存七粜三，以给民食，秋成之后，照数买补，出陈易新，不致红朽，以备歉岁赈恤之用，法至善也。"② 拘于成案粜卖仓粮，违背市场供需秩序和物价波动的规律，有碍民食和社会经济的稳定发展。乾隆二十九年（1764），两江总督尹继善对仓储"存七粜三"定例提出整顿办法："嗣后各省州县凡存仓米谷，除实遇歉收之年，米价过昂，非粜三可济民食者，不妨额外多粜，准其据实具详酌量办理，其寻常岁稔价平之年，不必拘定粜三之例，或可竟全数停粜，或止须酌粜十之一二。总看各处情形，临时酌办。庶春间少卖一石，则仓内多一石之积贮。秋成少买一石，则民间多一石之米谷，似于民食仓庾两有裨益。"③

有清一代，"常平仓制已臻于成熟和完备，其干预和调节经济的能力在清中期达到了前代未有的水平"④。清朝帝王认为积贮为王政之要图，民生之切务，故而高度重视积贮备荒，藉以避免谷贵伤民，谷贱伤农，致力于追求和实现"俾积谷之家实获利益，必不使有谷贱伤农之叹"⑤。清代荒歉之岁，灾民谋食维艰，生计困难，各省拘于成例旧案，容易导致常平仓储的救荒功能难以得到有效发挥，因此清朝政府会采取因地制宜的举措，除不能空仓全粜外，重新调整被灾地方常平仓储的存粜比例，以使存贮的仓粮普惠穷民。乾隆七年（1742），清廷谕令："各省常平仓谷，每年存七粜三，原为出陈易新，亦使青黄不接之时，民间得以接济，当寻常无事之际，自然循例办理。若遭值荒歉，谷价昂贵，小民难于谋食，而仍存七粜三，则闾阎得谷几何？大非国家发谷平粜之本意也。嗣后凡遇岁歉米贵之年，著该督抚即饬地方官交出仓储，减价平粜，务期有济民食。毋得拘泥

---

① （清）乾隆官修：《清朝通志》卷88《食货略八》，浙江古籍出版社1988年版，第7271页。
② 《清高宗实录》卷58，乾隆二年十二月丙申条，中华书局1985年影印本，第9册，第947页。
③ （清）尹继善：《请禁采买短价疏》，（清）仁和琴川居士编：《皇清奏议》卷55。
④ 綫文：《从"常平仓"到"就业缓冲储备"——中国经济传统的现代价值探论》，《南开学报（哲学社会科学版）》2016年第5期。
⑤ 《清世宗实录》卷86，雍正七年九月辛丑条，中华书局1985年影印本，第8册，第157页。

成例。"① 乾隆二十九年（1764）覆准："各省各州县存仓米谷，除实遇歉收之年，米价过昂，非粜三籴济民食者，据实酌量多粜。其寻常岁稔价平之年，照存七粜三之例办理。"②

清代云贵地区自然灾害频发，不同程度地导致灾区粮食减产甚或颗粒无收，而灾区粮食供应充足与否，事关粮食价格稳定和赈灾成效。"仓储积累在社会经济发展过程中主要起一种调节结构的功能，即维护自给自足的小农经济，保证其最低程度的简单再生产的进行，从而稳定社会秩序，保障社会赖以生存的最基本的物质条件。"③ 就清代常平仓的建设和运营而言，兼具治标和治本的双重功效，其是清代中央集权国家对基层社会的一种管理体系和模式，所谓社会管理，即"实施管理的人们通过作为控制系统的社会组织机构的有关功能，使社会成员的行为与活动，在规定的社会生活与社会关系范围内有序地进行，以保证社会的稳定发展和实现社会正常运转，争取最佳社会效果"④。清代云贵地区常平仓备灾救荒的实践理念和路径与这一内涵相一致，由于常平仓主要由官方设置和经管，其在被灾地方助力兴建公共工程和提供社会保障方面发挥了积极的效用，从而促进了西南边疆的社会治理进程。

第二节 清代云贵地区的社仓建设

社仓是清代云贵地区备荒、救济需要而建设的粮仓类型之一，其多设于各府厅州县的乡社。社仓额贮谷本主要源自民间倡捐筹集，存粮取之于民，亦用之于民，丰年收敛闭藏，凶年酌量散放，在滋养民生和维系社会稳定方面起到重要的保障效用。清代云贵地区的社仓建设遵循清朝社仓建设的制度规范，经过康熙朝的社仓初创尝试、雍正朝大力推行社仓建设，逐渐在西南边疆地区建立起较为成熟的社仓网络格局，社仓的平稳运行和额贮管理，为云贵地区的备荒救灾和社会协同治理创造了条件。

---

① 《清朝文献通考》卷36《市籴考五》，浙江古籍出版社1988年版，第5191页。
② 《清会典事例》卷275《户部·积贮》，中华书局1991年影印本，第4册，第167页。
③ 吴滔：《明清苏松仓储的经济、社会职能探析》，《古今农业》1998年第3期。
④ 袁亚愚、詹一之编：《社会学——历史·理论·方法》，四川大学出版社1986年版，第219页。

一 清代云贵地区的社仓设置

社仓是传统中国社会践行民生政策的重要部分,从隋开皇五年(585)创立社仓伊始,至唐宋之际相继实施,迄至南宋朱熹于福建尝试社仓之法,社仓的谷本、赈贷、取息、存贮和出纳等制度获得较大发展,为清代社仓的建立提供了范本。清代社仓是较为重要的民间仓储类型,主要由民捐民管。清代社仓建设始于顺治十一年(1654),顺治帝谕准:"会典旧制,各府州县俱有预备四仓、义仓、社仓等法。每处积贮,多者万余石,少者数千石。各省仓储俱数百万计。故民有所恃,荒歉无虞。今责成各地方该道专管,稽察旧积,料理新储。应行事宜,听呈督抚具奏。"① 这则史料诠释了清初国家从沿袭旧制、整理旧章向筹建本朝仓储新机制的转变。康熙帝亦屡颁圣谕强调仓储建设的重要性,在平定"三藩之乱"后,康熙帝的视线从"讨伐"向"建设"转变,极力推崇"养民恤民"的民本政策,并遵依固本安边的基本原则,倡导建设民间自愿捐输、自主管理的社仓。但是,从整体效果看,由于朝廷强调社仓建设顺从民意,而非多加动员,因此康熙朝社仓建设长期未见起色,仅有常平仓建设获得较大进展。

清朝初期社仓建设迟缓导致各直省地方民间赈贷力量的衰微,这是清初灾荒赈贷中官方始终占据主导地位的一个因素。② 雍正帝即位后,倡导"多言社仓之益"③。雍正二年(1724),上谕:"古人云:'备荒之仓,莫便于近民,而近民则莫便于社仓。'"④ 雍正三年(1725),清廷谕准江苏巡抚何天培的奏请,当即颁行社仓五事:一是赈贷均预造排门册存按;二是正副社长外,再举一般实者总司其实;三是州县官不许干预出纳;四是所需纸笔,必劝募乐输,或官拨罚项充用;五是积谷既多,应于夏秋之交,减价平粜,秋收后照时价买补。⑤ 继此以后,清代社仓建设逐步走上正规化和制度化的轨道,并推进了全国社仓的建设进程。"社仓作为辅助

---

① 《清世祖实录》卷84,顺治十一年六月庚辰条,中华书局1985年影印本,第3册,第663页。
② 陈建宇、杨乙丹:《回归与因循:清初灾荒赈济的探索与实践》,《农业考古》2018年第1期。
③ 中国第一历史档案馆:《雍正朝汉文朱批奏折汇编》,江苏古籍出版社1989年版,第9册,第365页。
④ 《清世宗实录》卷18,雍正二年四月丙辰条,中华书局1986年影印本,第7册,第304页。
⑤ 赵尔巽等撰:《清史稿》卷121《食货二·仓库》,中华书局1976年版,第13册,第3560页。

常平仓不足的仓储形式，自南宋朱熹在其家乡创办成功之后，为元明清三代所继承，长期以来，形成了由本乡民众自愿捐输米谷、设置于乡村、民众自行管理、留作本乡之用的基本模式。"① 清代云南社仓亦得到一定程度的发展。雍正十三年（1735）题准："云南设立社仓，通计一省所捐谷麦七万余石，其中千石以上者，仅二十余处，此外皆数百石、数十石，亦有全无社谷者。民间缓急之需，终不能免。按各属皆有常平仓及官庄等谷，存贮尚多，可以酌量暂拨，以作社本。"② 社仓真正创始于雍正朝，天下直省皆有设立，但贵州省大定府建有社仓并可稽考者，惟有大定、平远、威宁等州县而已。文献记载，道光年间，大定社仓贮谷"二百三十一石六斗六升六合六勺"③。《黔南识略》载：平远州建有社仓六处，"贮谷五百一石二斗有奇"④。《平远新志》载：平远有"社仓谷五十四石三斗七升五合"。道光二十七年（1847），交代册常平额同府册，"有六里社仓谷五百一石二斗二勺，系社长经管，数与识略同"⑤。同期，威宁贮存社仓米四百六十九石，此数与《黔南识略》所记相同。

"备荒仓储是我国古代传统社会保障事业的重要组成部分，常平仓、社仓和义仓等诸种仓储各司其职，相互补充，平日积粮，在灾年通过赈济、借贷等方式救济灾民，构成了较为完整的备荒体系，对保障民众生活、维持社会稳定起到了很大作用。"⑥ 正如邓云特所言："历代救荒议论中，具有积极性质的，约有二种：一为改良社会条件之理论，一为改良自然条件之理论。"⑦ 具体而言，灾赈过程中社会条件的改进涵盖重农和仓储两个层面，临灾施赈取决于有充实的仓廒积贮，以及正常的米谷供应。社仓作为中国古代重要的仓储方式之一，其设置于民间，不受官府干预，仅

---

① 白丽萍：《康熙帝与社仓建设——以直隶为中心的考察》，《北京社会科学》2013年第5期。
② （清）托津等奉敕纂：嘉庆《钦定大清会典事例》卷162《户部·积贮》，载沈云龙主编《近代中国史料丛刊三编》，文海出版社1991年版，第65辑，第7254页。
③ 按：《黔南识略》记载，大定府贮存"社仓米一百一十五石有奇"，根据清代米谷碾成比例计算，数与此同。（清）爱必达纂修：乾隆《黔南识略》卷24《大定府》，清光绪三十三年（1907）刻本。
④ （清）爱必达纂修：乾隆《黔南识略》卷25《平远州》，清光绪三十三年（1907）刻本。
⑤ （清）黄宅中修，（清）邹汉勋纂：道光《大定府志》卷41《经政志·食货略》，清道光二十九年（1849）刻本。
⑥ 黄鸿山、王卫平：《传统仓储制度社会保障功能的近代发展——以晚清苏州府长元吴丰备义仓为例》，《中国农史》2005年第2期。
⑦ 邓云特：《中国救荒史》，商务印书馆2011年版，第202页。

接受监督，其功能与常平仓基本相同，即民间自主存粮、自主经营，以备荒歉和救济之用。社仓与常平仓的区别为，"行于官府者，则为常平，不必下涉于民；行之民间者，则为社仓，不必上经于官，宜听民间自为积散"①。雍正皇帝决心施行社仓之法，但力求避免社仓积储扰民，足见他对社仓建设持谨慎的态度。雍正二年（1724），谕直隶各省总督巡抚等：

> 社仓之设，原以备荒歉不时之需，用意良厚，然往往行之不善，致滋烦扰，官民俱受其累。朕意以为，奉行之道，宜缓不宜急，宜劝谕百姓听民便自为之，而不当以官法绳之也。近闻各省渐行社仓之法，贮蓄于丰年，取之于俭岁，俾民食有赖而荒歉无忧，朕心深为嘉悦。但因地制宜，须从民便，是在有司善为倡导于前，留心照应于后，使地方有社仓之益，而无社仓之害，此则尔督抚所当加意体察者也。②

从文献记载可知，雍正朝对社仓建设、管理具有严格的法律制度保障。雍正帝谕令："社仓之设，所以预积贮而备缓急，原属有益民生之事，朕御极以来，令各省举行，曾屡颁训谕，俾民间踊跃乐输，量力储蓄，不可绳之以官法，诚以此事若非地方官劝率照看，则势有所难行；若以官法相绳，则又恐勉强催迫转滋烦扰，是以再三训饬，惟期设法开导，使众乐从，不致一毫扰累，乃为尽善也。"③清代贵州都匀府原额常平、社仓等谷"三万一千七十一石七斗一升六合二勺"，乾嘉两朝续有增益。咸丰军兴，仓谷动支罄尽。到光绪初年，都匀府知府罗应旒"清厘绝产，年得田租谷数千石，义学四十六，置社仓二十九，教养兼资，不第借贷贫乏，取盈备荒"④。都匀府之所以建有社仓，归功于知府罗应旒悉心置办。文献记载，同治十一年（1872），苗乱甫定，罗应旒奉檄承乏于都匀府，方其下车，即闻见府属地方白骨积野，田荒过半，征粮无稽，司事者往往十取二三，

---

① （清）俞森：《社仓考》，载李文海、夏明方主编《中国荒政全书》（第2辑·第1卷），北京古籍出版社2003年版，第136页。
② 《清世宗实录》卷19，雍正二年闰四月丁丑条，中华书局1985年影印本，第7册，第308—309页。
③ 中国第一历史档案馆：《雍正朝起居注册》，中华书局1993年版，第2册，第1277页。
④ 窦全曾等修，陈矩等纂：《都匀县志稿》卷13《食货志·仓廪》，1925年铅印本。

曰收公谷。官差、土司、劣绅、奸民皆苛索无度。罗应旒请于大吏，假以便宜，一切不便于民者，悉禁之。罗应旒"更请以帑金，给牛垦荒，履亩均粮，得绝产田器，府地书院二，义学四十六。又以余谷置社仓二十九，各州厅县分置有差"①。此为都匀府建设社仓积谷的大概情形。

  清代社仓虽然具有民间主体性，社仓谷本系民捐民守，民借民还，但经营中仍不免存在诸多弊端，因此需要官方加以监督。清代社仓之积贮，为民间备荒之缓急，惟有逐年增加米谷额贮，方可广行接济。云南全省土田瘠薄，农作产出较少，尽管有司悉心筹划，实力劝捐，但民间捐输终究有限，所积无多。雍正十三年（1735），云南布政使陈宏谋奏报："自奉行至今，通计一省捐积谷、麦等项止有七万余石。其中一千石以上者，仅二十余处，此外皆数百石、数十石，亦有全无社谷者。每遇缺乏籽种、青黄不接之时，夷猓穷民无处借贷，汉奸劣绅乘机盘剥，重叠科算，最为民害，虽严行示禁，而民间缓急之需终不能免。"②陈宏谋为边方积贮起见，认为滇省社谷尤宜多贮，并称各属具有常平仓及官庄等谷，除每年存七粜三外，存贮尚多，可酌量暂拨，以添作社本，对仓储和民生两有裨益。贵州独山州建设社仓于州署左右及署后，雍正二年（1724），独山州奉文开始兴建社仓，州城士庶建社仓在文庙东侧，鸡场士庶建社仓在三佛殿后。乾隆十六年（1751），独山州知州解韬移鸡场社仓归本城社仓。乾隆十七年（1752），署州牧伊伦泰移社仓入州署。至乾隆年间，独山州共建置社仓"一十九座五十六间"③。清雍乾两朝，渐趋承平后的云南和贵州社会秩序整体上走向稳定，农业经济逐渐复苏，伴随官府的大力倡导兴建社仓，尽管仓储数量有限，云贵两省的社仓建规模设得到不同程度的发展。

  雍正二年（1724），云南阿迷州知州元展成将李纯旧葡署改设为傍甸乡打鱼寨社仓一座。同年，元展成将李纯贮谷土仓改设为集甸乡布沼城子寨社仓一座。此外，阿米州还间有傍甸乡大尧寨社仓一座、大架衣社仓一座、矣近冲社仓一座。故而至嘉庆年间，阿米州总共建有社仓五座。④清

---

  ① 窦全曾等修，陈矩等纂：《都匀县志稿》卷13《食货志·仓廪》，1925年铅印本。
  ② 中国第一历史档案馆：《云南布政使陈宏谋为酌通社仓借本以资接济事奏折》（雍正十三年七月十九日奏），中国第一历史档案馆：《雍正朝设立社仓史料（下）》，《历史档案》2004年第4期。
  ③ （清）刘岱修，（清）艾茂、（清）谢庭薰纂：乾隆《独山州志》，卷5《食货志·仓廒》，清乾隆三十四年（1769）刻本。
  ④ （清）张大鼎纂修：嘉庆《阿迷州志》卷3《仓廒》，清嘉庆元年（1796）刻本。

代云南社仓谷本购置、存储得到官府的拨帑资助。云南安宁州亦在州治设仓，雍正年间将朱承命所设文会馆借作社仓，"贮官庄归公京斗谷一千四百八十四石四斗三合九勺"。此外，安宁州还建有东界社仓、南界社仓、西界社仓、北界社仓、上三保社仓、下三保社仓，"以上社仓共谷七百二十七石三斗七升"①。雍正元年（1723）谕令天下有司设立社仓，迄至咸丰年间，贵州省安顺府永宁州额设社仓八间，分别为州城二间、分建募役司二间、顶营司二间、沙营司二间。在永宁州城者，向系社长经管，并未修有社仓。乾隆十四年（1749），永宁州知州严再昌查详归州，并实建社仓于常平仓之侧，社仓修造经费主要源自于社谷变价。据文献记载：永宁州"原贮谷三千一百五十七石五斗三升九合二勺。其分贮募役司社谷七百零三石五斗，分贮顶营司社谷六百五十二石五斗二合"。但由于嘉庆二年（1797）南笼府逆苗烧抢，社仓额贮粮石无存。分贮沙营司社谷五百五十石，亦于因同年六月郎岱厅逆匪纠约本属高得寨苗匪烧抢无存。至嘉庆年间"实在现贮州城社仓谷一千二百五十一石四斗八升七合二勺"②。

雍正三年（1725），户部议覆称：云南巡抚杨名时疏言："滇省社仓捐输谷石，自雍正二年（1724）为始，其贮谷实数，请于次年岁终具题，嗣后永为定例。庶每年捐输谷数并里民借支谷数、以及有无发赈等项，均得稽核。"③云南白盐井地方旧乏仓廒，"原输社谷一千六百二十余石"，俱分寄各井龙祠。乾隆十九年（1754），提举郭存庄倡捐百余金详置，在南关河西建仓，盖屋二层，"置廒五间，以助五井之谷，旁为两厦，以居仓役，置立社长副，以司出纳，每岁借收，以为常有"④。云南呈贡县亦建有社仓，旧云南通志记载，实贮历年社仓谷七百八十七石四斗九升，案册贮有社仓谷"二千九百二石二斗六升"⑤。文献记载，呈贡县社仓和常平仓积谷贮于呈贡城旧归化城内，截至道光年间，历届官员卸任俱有交代，自咸

---

① （清）杨若椿等修，（清）段昕纂：雍正《安宁州志》卷9《田赋志·积贮》，清乾隆四年（1739）刻本。
② （清）常恩修，（清）邹汉勋等纂：咸丰《安顺府志》卷26《经制志·积贮》，清咸丰元年（1851）刻本。
③ 《清世宗实录》卷37，雍正三年十月戊辰条，中华书局1986年影印本，第7册，第547页。
④ （清）郭存庄纂修：乾隆《白盐井志》卷1《建置·社仓》，清乾隆二十三年（1758）刻本。
⑤ （清）朱若功原本，（清）李明鋆续修，（清）李蔚文等续纂：光绪《呈贡县志》卷6《田赋》，清光绪十一年（1885）刻本。

丰七年（1857）兵燹扰动，云南督抚饬令地方齐团招练保护，呈贡县令邹庆珍通禀开仓养练，额贮粮石被食用罄尽，仓廒亦被兵祸折毁，至光绪年间全部被废弃。光绪三年（1877），呈贡县"左卫千总王金魁建仓十二间"。光绪四年（1878），呈贡县"右卫千总赵儒章建仓九间"①。贵州古州厅属地方原间有常平仓，仓储较为充裕，迨至咸丰五年（1855）乱后常平仓额贮粮石耗失，仅存有社仓在左右两卫，"原贮谷一万零七百二十八石七升二合三勺"，兵燹后亦被损毁。

　　清道光咸丰朝以后，清朝政府"因国势衰颓，经济不振，库房损毁益众，粮食储备数量急剧下降"②。就清代全国备荒仓储情势来看，伴随嘉道后清朝国家政治逐渐走向衰颓，各直省地方的仓储建设亦因吏治的腐败而趋于衰落，尤其是咸同战乱之后，地方仓廒遭到严重的劫掠，积贮米谷被扫荡一空，甚者则仓廒无存。道光元年（1821），谕令："社仓、义仓，所以辅常平仓之不足，本系良法美意。雍正、乾隆年间，各直省实力奉行，小民均受其益。迨后日久弊生，如该御史③所称仓正偷卖分肥，州县籍端挪借，胥役从中侵蚀，遂至日就亏缺，仅存空廒，继则旷废日久，并廒座亦复无存。是以近年直省偶值偏灾，议缓议蠲，从未闻有议及以社、义二仓之粟周赡穷黎者。夫积贮为生民之大命，此事废弛已久，自应及时兴复，以裕民食。"④贵州普安直隶厅承平时本城社仓储谷二万余石，额贮较为丰裕。自乾嘉以来屡遭兵燹，仓粮出以佐军，公费私挪，几无存留。咸丰十一年（1861）和同治元年（1862），普邑迭值奇荒，咸同变乱肆起，四里六营相继沦陷，普安遂沦为虎狼窟穴，幸有厅甫复钱伯雅司马怆怀，前辙亟谕捐输，遂保孤城转危为安。光绪《普安直隶厅志》详细记载了普安厅社仓存贮情况，实有"本城社仓存储京石谷一千石，北里社仓存储京石谷一千八百五十二石三斗二升，南里设仓存储京石谷六百七十一石四斗四升，平夷里社仓存储京石谷二百一十八石七斗四升，乐民里社仓存储京石谷三百八十五石四斗，狗场社仓存京石谷一千二百五十一石零三斗八

---

① （清）余泽春等修，（清）余嵩庆等纂：光绪《古州厅志》卷3《田赋志·积贮》，清光绪十四年（1888）刻本。
② 任新平：《近代中国粮食储备制度的变迁》，《江苏社会科学》2006年第3期。
③ 按：道光元年，御史陈继奏请整顿社义二仓折。
④ （清）刘锦藻：《清朝续文献通考》卷61《市籴考六·籴》，商务印书馆1999年版，第1册，第8165页。

升,归顺营社仓存储京石谷九百四十六石八斗八升,簸箕营社仓存储京石谷三百六十四石,希黑社仓存储京石谷七百石,普陌营社仓存储京石谷四百零一石六斗,鲁士营社仓存储京石谷三百石。以上城乡通共存储京石谷八千零九十一石七斗六升"①。

"清代社仓经过康熙朝试点实践,再经雍正朝全面试行而普及全国,并在乾隆朝得以延续。雍正朝试行社仓承前启后,将康熙帝犹豫再三的设立社仓想法变为成功实践,并为乾隆朝更加完善和普及奠定了坚实的基础。"② 具体而言,清嘉道朝以后,云贵地区的社仓运行几乎同全国社仓一样,因国家政治松弛和仓储管理不善而走向衰微。在社仓的建设过程中,其主动性主要在于地方士绅等社会力量的联合作用上,官方作为社仓建设的倡导者和监督者,为推动地方仓储的建设起到了积极的协调作用。"官方只在社仓设立之初的倡导和设立后的监督方面有所作为,民间在社仓的日常运行——出纳和仓正、仓副的选举上享有完全的自治。"③ 社仓是清代国家仓储体系的一部分,其基本特征是民间性,这亦是历代仓储建设和积谷备荒得以发展的根本目的。"社仓谷本来源主要由士民捐纳,可以补常平仓之不足,也可以减轻国家在救灾方面的负担。"④ 尽管清代云贵地方的社仓建设相对于常平仓较为迟缓,其规模和储仓粮食都十分有限,但在雍正和乾隆朝时期,云贵各地方皆积极开展社仓建设,这为云贵地区的农业生产发展以及备荒防灾起到了重要的推动作用。

二 清代云贵地区社仓的功能

积谷备荒,是清代维持地方社会再生产和推进边疆治理的重要基础。清代国家荒政制度日臻完备,促进了云贵地区民间社会力量的救济渐次得以兴盛,社仓作为民间社会具有自主自救性质的基层备荒仓储,为西南边疆地区小农安居乐业和国家稳定统一提供了一定的物质条件。雍正朝期间,谕令极力推进社仓建设,并酌情制订较为完备的社仓条例,劝输社谷

---

① (清)曹昌祺等修,(清)覃梦榕等纂:光绪《普安直隶厅志》卷10《食货志·积储》,清光绪十五年(1889)刻本。
② 常建华:《清康雍时期试行社仓新考》,《史学集刊》2018年第1期。
③ 杜玲:《雍正时期社仓的设立:皇帝、官僚与民间》,《北方论丛》2006年第6期。
④ 赵新安:《雍正朝的社仓建设》,《史学集刊》1999年第3期。

有具体的定制。雍正二年（1724）谕令："近闻各省渐行社仓之法，贮蓄于丰年，取资于俭岁，俾民食有赖，而荒歉无忧。朕心深为嘉悦，但因地制宜，须从民便。是在有司善为倡导于前，留心稽核于后，使地方有社仓之益，而无社仓之害。此则尔督抚所当加意体察者也。"① 雍正七年（1729）谕准："国家建立社仓，原令民间自行积贮，以百姓之资粮，济百姓之缓急，其春贷秋偿，及滋生羡息，各社自为经管登记，地方有司但有稽查之责，不得侵其出纳之权，此社仓之古法也。"② 清代云贵地区的社仓建设，其作为地方社会保障制度的重要构成形式，与常平仓和义仓相结合，对云南和贵州两省的农业生产、物价调节、防灾备荒、安稳民心、乡村控制以及边疆治理等都起到了驱动效用。

雍正帝非常重视直省地方的社仓建设，雍正二年（1724），雍正帝诏行各省便民社仓，将常平仓谷捐输谷石自当为始改为社仓，仍令粮道专管，汇造总册，每于年终详报，题达一次。雍正帝谕准："有司善为劝导于前，留心稽核于后，使地方有社仓之益，而无社仓之害，尔督抚当加意体察。"③ 雍正二年（1724），全国各省业已"渐行社仓之法"④。清代云贵地区的社仓建设，亦在地方防灾备荒的过程中起到重要作用，并为清朝中央政权加强对西南边疆地区的社会治理水平提供了重要参考。乾隆二十四年（1759），清廷奏准："云南社仓，行于雍正二年，至今三十余载，子母相生，数逾数十倍，自应因时定额。且此项谷石，只供农民籽种之需，非同常平仓谷，以备平粜，宜多为积贮者比。著照常平额数七分为率，其已经租额及较额有余者，自乾隆二十四年为始，尽数存贮，按年敛散，永不收息，每石只收耗谷四年升。其未经足额之处，仍照例收息，俟足额之日，一体免收，只收耗谷。"⑤ 云南楚雄府大姚县山多田少，亦复硗瘠牵确。嘉庆二十一年（1816），大姚县收成歉薄，虽未导致大荒，然食木叶、茹土粉、道殣相望之黎庶颇多。清廷谕令当值生日日繁、田不加广之际，

---

① 《清世宗实录》卷19，雍正二年闰四月丁丑条，中华书局1985年影印本，第7册，第309页。
② （清）托津等奉敕纂：嘉庆《钦定大清会典事例》卷162《户部·积贮》，载沈云龙主编《近代中国史料丛刊三编》，文海出版社1991年版，第65辑，第7252页。
③ 清高宗敕纂：《清朝文献通考》卷35《市籴考四》，商务印书馆1936年版，第5177页。
④ 沈云龙：《皇朝政典类纂》卷35，文海出版社1982年版，第207页。
⑤ （清）托津等奉敕纂：嘉庆《钦定大清会典事例》卷162《户部·积贮》，载沈云龙主编《近代中国史料丛刊三编》，文海出版社1991年版，第65辑，第7261—7262页。

地方官应悉心劝捐劝赈，多方求济，以敷救荒之用。大姚县除建有本城社仓外，尚有东界社仓、南界社仓、西界社仓、北界社仓及苴却社仓，自创始以来经理得人，历百余年，储积常丰，至道光年间，有"额贮社仓谷三千五百一十六斗石九斗三升"①。嘉庆年间，大姚县所属地方歉收，粮价腾贵，于是将社仓仓粮全行支借，以资救灾。

社仓之建，对赈饥养民较有裨益。清康熙、雍正年间，叠饬各直省举行社仓。清代云南邓川州建有社仓六间，截至咸丰年间，在中所、右所、青索、百厚营、长官村的社仓已经废坠。惟有千户营社仓"尚存谷六百十二石二斗四升"。乾隆五十年（1785），复经御史朱续晖奏请饬办社仓，钦奉谕旨："听民自行经理。"乾隆帝谕准："邓多（川）水患，殷富不及东南，苟遇凶荒，必资赈济。然赈济之政，莫善于常平、社仓二法，盖常平掌于官，附郭之天灾有备。社仓立于社，乡村之饥馑无虞，法良意美，举其废而普其泽，是在念切民瘼者。"②乾隆皇帝的圣谕，详细地指陈建立社仓以拯救饥民于困境的重要作用。清人陈龙岩《常平论》所言："今社仓之制，亟宜修举，令绅士殷户量捐义输，有司岁为出陈易新，备缓急而弘养济。"③咸丰朝以前，贵州水城厅建有三间社仓贮谷，"时丰里原存社仓谷一百七十九石九斗八升，岁稔里原存社仓谷二百九十四石九斗，崇信里原存社仓谷二百二十三石五斗零一合五勺"④。自咸丰十一年（1861）苗变起至同治九年（1870）止，水城厅先后将存贮粮食动支民食军需，但同时亦遭贼伙焚毁，地方社仓额贮遂颗粒无存。

据《礼记》载："冢宰制国用，必于岁之杪。五谷皆入，然后制国用。用地大小，视年之丰耗，以三十年之通制国用，量入以为出。……国无九年之蓄，曰不足；无六年之蓄，曰急；无三年之蓄，曰国非其国也。三年耕，必有一年之食；九年耕，必有三年之食。"⑤中国历代帝王念切民依，以食为天，故地方必以积贮为先务。雍正三年（1725），雍正帝以南北各

---

① （清）黎恂修，（清）刘荣黼纂：道光《大姚县志》卷8《仓廒》，清光绪三十年（1904）刻本。
② （清）钮方图修，（清）侯允钦纂：咸丰《邓川州志》卷6《建置志·仓储》，清咸丰五年（1855）刻本。
③ （清）陈龙岩：《常平论》，（清）罗文思纂修：乾隆《石阡府志》卷7《田赋志》，清乾隆三十年（1765）刻本。
④ （清）陈昌言纂修：《水城厅采访册》卷4《食货门·赋税·仓储附》，1965年油印本。
⑤ 叶绍钧选注，王延模校订：《礼记》，商务印书馆2017年版，第29页。

省秋成大熟，因谕督抚转饬所属有司，宜乘丰年力行社乡之法。雍正十一年（1733），谕准："各省州县设立社仓，以便民济用。若遇应行借给之处，该州县官一面申详，一面即速举行。"① 乾隆皇帝认为社仓建设足以应对闾阎之缓急，他对建置社仓的首肯是推进仓储建设的重要驱动因素。"社仓作为自愿结社的基础上建立起来的自救性合作组织，不但用于赈贷、赈粜、赈济，亦可用来养恤。"② 清代常平、社仓、义仓或设于官，或立于乡，其名虽不同，而仓储积贮以防患的救灾理念则基本一致。云南昭通府城中设有官兵，每月放粮不少，均于丰岁广为储备。昭府于府治县署咸设有积贮，所以裕兵食，而救荒岁也。昭通府旧志载："额贮社谷一千二百四十三石四斗，额贮社麦六百四十八石三斗。至光绪十年（1884），昭通府恩安县案册记载，额贮社仓麦、荞五千七百零五石一斗三升。"③ 自雍正二年（1724）奉文捐输起，至乾隆二十五年（1760）止，晋宁州属各里社仓"共额实贮本息谷九千七百六十九石九斗九升"④，乾隆二十四年（1759），晋宁州奉文施行社仓、积谷等事，案内遵例免其升息，这为晋宁所属地方的仓储建设拓展了较大的空间。乾隆年间，贵州思州府玉屏县共建设社仓一十七处：一在县署内，贮社谷一百八十八石八斗五升；其余分建于茅坡、大洞坪、羊蔡屯、朱家场、披头寨、朱家坪、唐家屯、喇哈畈、龙塘、田坝坪、新庄、梅路大屯、南宁堡、鲇鱼堡、邱家湾、马家屯共一十六处，"共贮社谷一百八十五石四斗二升"⑤，由各社长经管，社仓的建设为玉屏县所属地方的防灾备荒积累了较为充裕的米谷。

清代各省社仓的基本功能是借贷，偶有无偿赈济，其主要用于缓解地方青黄不接之际的缺粮。⑥ 清代云贵地区的社仓建设，其仓储米谷主要源于民间，亦作用于民间，社仓仓储额贮粮石较大程度地适应和满足被灾地方调节粮价和赈济贫乏的需要。雍正三年（1725），云南琅井地方奉文设

---

① （清）毛鹜、（清）朱阳纂修：（乾隆）《晋宁州志》卷14《积贮》，清乾隆二十七年（1762）刻本。
② 吴滔：《建国以来明清农业自然灾害研究综述》，《中国农史》1992年第4期，第48页。
③ 符廷铨修，杨履乾纂：《昭通志稿》卷2《食货志·仓廒》，1924年铅印本。
④ （清）毛鹜、（清）朱阳纂修：乾隆《晋宁州志》卷14《积贮》，清乾隆二十七年（1762）刻本。
⑤ （清）赵沁修，（清）田榕纂：乾隆《玉屏县志》卷3《建设志·仓廒》，清乾隆二十二年（1757）刻本。
⑥ 刘宗志：《从清代社仓与义仓之差异看民间社会救济之增长》，《中国农史》2018年第2期，第105页。

立社仓，提举汪士进率众灶户于北极宫后建造社仓，"士庶每年勉捐谷石贮仓"①。云南白井提举司原无仓谷，亦于雍正三年奉文设立社仓，由前任提举孔尚琨捐俸建置，"每年井司倡率五井土灶共捐谷石，著仓备赈，立社长副二名专管"②。文献记载，雍正十三年（1735），由于云南各属社仓贮谷大多少于千石之数，官府议定"将各属常平仓及官庄等谷内动拨或五百石或八百石作为社本，按地方大小以足千石以上之数"③。据道光《思南府续志》记载："郡县常平积贮、额谷社仓，则小歉出粜，以平市存，粜价以备秋成买补。大歉则尽谷出粜，存价以俟稔岁买补，循其法持久行之，小有水旱，不足为灾矣。"④

乾隆三年（1738），清廷对各省出借仓谷和收还归仓之例进行适时调整，"若值歉收之年，岂平时贷谷可比，至秋收后只应照数还仓，不应令其加息，此乃兼常平、社仓而言也"⑤。自雍正二年（1724）起，云南永北府历年都有官绅士庶捐输米谷，至乾隆年间，"积存本息京斗谷一万一千四百九十七石八斗四升"⑥，向系春借，秋后加一息谷还仓。至乾隆二十四年（1759），永北府奉文社仓本息谷积至一万京石，免收息谷，只收耗谷三升，藉此抵作该社长管仓折耗之需。针对各省偶有借社仓谷石照不加息办理，而借常平仓谷，则又于歉收之年仍循加息之案，乾隆皇帝谕令："嗣后毋论常平、社仓谷石，若值歉收之岁，贫民借领者，秋后还仓，一概免其加息。"⑦ 丽江府建有社仓四座：大研社仓，乾隆六年（1741）贮大麦五百一十九石二斗六升四合七勺一抄，小麦一百九十二石一斗二升；白沙社仓，乾隆六年贮大麦四百六十五石四斗，小麦一百七十三石九斗五升六合；东河社仓，乾隆六年（1741）贮大麦二百七十六石七斗，小麦一

---

① （清）孙元湘修，（清）赵淳纂：乾隆《琅盐井志》卷1《建设》，清乾隆二十一年（1756）刻本。
② （清）刘邦瑞纂修：雍正《白盐井志》卷3《建置志·社仓》，清雍正八年（1730）刻本。
③ （清）乾隆官修：《清朝通志》卷88《食货略八·平粜》，浙江古籍出版社1988年版，第7270页。
④ （清）夏修恕等修，（清）萧琯等纂：道光《思南府续志》卷3《食货门·积贮》，贵州省图书馆藏1966油印本。
⑤ 《清朝文献通考》卷36《市籴考五》，浙江古籍出版社1988年版，第5188页。
⑥ （清）陈奇典修，（清）刘慥纂：乾隆《永北府志》卷9《赋役·仓储》，清乾隆三十年（1765）刻本。
⑦ 《清朝文献通考》卷36《市籴考五》，浙江古籍出版社1988年版，第5189页。

百零三石二斗八升；白马、木保、剌缥三里社仓，乾隆六年（1741）大研等三社仓内分给社本，大麦二百七十七石六斗二升四合，小麦六十六石一斗二升。截至乾隆六年（1741），以上四社仓"共存本息大小麦二千七十四石六斗八合七勺一抄，每谷一京石折小麦七斗，折大麦一石，递年加一收息"①，谷本和息谷概交殷实社长经理出纳，每于夏麦秋粮谷收完之日，府守亲行盘查一次。至嘉道间，本息谷存至八千三十一石二斗，毁于咸同间兵燹。

国家重农贵粟，令直省州县广为储蓄，常平自有定额，社仓则按地方之大小计，存贮之多寡，至官绅士民好义乐输者，仍听其捐输。普洱府建有社仓八所，一在本城，贮京斗谷四百一十一石四斗二升；一在圆通里东四户，谷六百四十五石八斗四升；一在圆通里西四户，谷八百八十三石零一升二合；一在信成里，谷一千一百一十六石五斗七升七合；一在善长里，谷一千五百四十九石二斗八升；一在义正里，谷一千九百零九石二斗；一在嘉会里，谷一千三百五十三石六斗；一在通关哨，谷一百九十五石九斗七升一合。以上八仓"共贮社仓京斗谷八千一百五十九石九斗"②。嘉庆六年（1801），清廷议准归民接济籽种，春借秋还，藉以调剂，民食余缺。光绪二年（1876）八月初八日，清廷覆议鲍源深奏请饬各省捐备仓谷以济荒歉一折。光绪帝认为足民之政，积谷为先，国家设立常平仓，原以备赈济之用，第监守在官，于民究有未便。鲍源深拟仿照江南从前设立丰备仓之法，劝民遵办。光绪帝谕准："其向有社仓者，加意整顿。其未立者，赶紧捐储，事成报官，地方官不得问其出入，以杜扰累，所筹尚属周妥。著直省督抚体察情形，饬属一体办理，务使户有盖藏，以备荒歉。"③贵州省存贮仓库钱粮，例应年底委员盘查，又奏销上年各属经管常平谷石收支数目暨民间与九卫社仓实存米谷造具册结，照例均于十二月内分别题咨。然而自咸丰四年（1854）以后，"因剿办逆匪，碾放军粮，兼

---

① （清）陈宗海修，（清）李星瑞纂：光绪《丽江府志》卷3《食货志·积贮》，云南省图书馆藏民国间抄本。
② （清）郑绍谦纂修，（清）李熙龄续纂修：道光《普洱府志》卷12《积贮·仓库》，清咸丰元年（1851）刻本。
③ 陈昭令修，李承栋纂：《黄平县志》卷19《食货志中·积贮》，1965年油印本。

以地方被贼蹂躏，秋粮减免，不敷支给，兵丁月米，均系碾动仓谷以供支放"①，各属应行常平、社仓谷石，均未能截数按年造报，历经前抚臣将咸丰十年（1860）起至光绪六年（1880）仓粮奏请展限，并得到光绪皇帝的谕允。

  道光四年（1824）谕令："直省设立常平仓、并社仓、义仓、盐义等仓。皆收贮米谷杂粮、以备平粜、及赈济之用。"②清光绪朝以前，云南东川府巧家县并未建设仓储，光绪十二年（1886），巧家同知朱坦能奉令由民粮新条项下，秋粮一斗、条银一两，各捐社谷五京升，历办至光绪十六年（1890）止，"同知易为霖以有谷无仓，难以管理，乃于城区成立区社仓，并就各里甲出产粮食之地，或积为荞仓，于城区二甲、三甲、八甲各成立仓管"③，社仓所储米谷，是以历经灾荒，均得平粜救济。据《楚雄县志》记载："岁不能无旱溢，民不能无饥馑，古来社仓、义仓、常平仓所以为，民谋食者，重也。"清代楚雄府楚雄县建有积谷仓七廒，分别在界地饱满街、荷花村、大琶、小琶、日落村、马粪塘、智民寺等七处，"共存京石谷七千三百八十一石四斗五升四合六勺"④，社仓储粮为土硗民贫、户鲜积蓄的楚邑地方防灾备荒积聚了一定的粮食。

  面对清代云贵地区较为严重的自然灾害和社会动乱，社仓作为灾荒救济中重要的防灾体系和备荒制度，社仓的仓储额数尽管较常平仓为数甚少，但其赈济功能和稳定社会秩序的功用仍不可被忽视，社仓积谷备荒在某种程度上为缓解云贵地区的灾荒提供了条件。需要指出的是，清代社仓由民间自行建置和经管，尤其是地方士绅等社会力量捐款倡建、经管出纳等，在运行的过程中与各府州县的保甲、乡约等相互渗透融合、彼此牵制，使社仓在清代国家基层社治理中扮演着重要的角色，"改土归流后，清政府在原先实行土司制度的少数民族地区，按照汉区的体制，在县以下编立都图内甲。……另一种情况是在平定少数民族反抗斗争后，在当地编

---

  ① （清）林肇元：《奏请展限盘查仓库钱粮缘由折》（光绪七年十二月二十日），中国第一历史档案馆，宫中朱批财政第1218函第22号，档号：01-06364。
  ② 《清宣宗实录》卷69，道光四年六月乙未条，中华书局1986年影印本，第34册，第91页。
  ③ 陆崇仁修，汤祚纂：《巧家县志稿》卷4《民政》，1942年铅印本。
  ④ （清）崇谦修，（清）沈宗舜纂：宣统《楚雄县志》卷4《食货志述辑·积贮》，云南省图书馆藏民国间抄本。

立保甲，以加强控制"①。因此，从清朝中央政权推行保甲制度以稳固控制基层社会来讲，云贵地区的社仓制度仍属于清代国家加强中央集权的有效手段之一，社仓的建设和发展不仅强化了清朝国家机器在西南边疆的基层管理能力，其对乡村的有效控制，实现了仓储筹建与治边思想的高度统一，社仓作为国家治理的重要工具对安定小农和稳固国家政治秩序的重要性不言而喻。

三　清代云贵地区社仓的管理

清代社仓谷物的储积源于民间，官府仅起到监督的作用，因而在民间自主管理的体系下，清政府亦对社仓经管做出了相应的规定，即社仓管理由民间公同选举产生。清朝历代帝王对社仓建设十分重视，社仓运行期间社长的设置是官府稽核体制下的重要内容。康熙十八年（1679）户部题准："乡村立社仓，市镇立义仓，公举本乡之人，出陈易新。春日借贷，秋收偿还，每石取息一斗，岁底州县将数目呈详上司报部。"②云南腾越州于界头、曲石、瓦甸、龙江、缅箐等五地建有社仓，额贮社谷七千石，"设社长副二人掌，或年更，或留办，皆察其人至殷实而诚谨者委之，春放秋偿，不收息租，官为稽核，其由来有捐之民者，有捐之官者"③。据俞森《社仓考》记载："世有治人无治法，法之善者，全藉得人以相助为理。今拟各里先推举好善而公正、老诚而精敏者绅衿士民十余人，立为社正二人，社副四人，社直二人，社干八人。"④《重修腾越州龙江社仓碑记》记载：腾越州城东北六十里橄榄坡为龙江练，旧时建有社仓，额贮米谷一千一百一十余石，后因连年军务所需，碾谷为粮支放，谷尽仓毁。乾隆间，腾越州官"择乡之笃实者为社长，一人副，一人主会计，今岁大稔，买谷如旧额，无稍增损"⑤。贵州省南笼府三里"捐助社谷二千八百八石九升零，设立社长，专司出纳"⑥。

---

① 罗婵：《清政府对西南地区的管理和控制》，《广西社会科学》2003年第7期，第149页。
② 赵尔巽等撰：《清史稿》卷121《食货志》，中华书局1976年版，第13册，第3559页。
③ （清）屠述濂纂修：乾隆《云南腾越州志》卷5《户赋·积贮》，1931年刻本。
④ （清）俞森：《社仓考》，载李文海、夏明方主编《中国荒政全书》（第2辑·第1卷），北京古籍出版社2003年版，第117页。
⑤ （清）屠述濂纂修：乾隆《云南腾越州志》卷13《记载下》，1931年刻本。
⑥ （清）李其昌纂修：乾隆《南笼府志》卷3《赋役志·积贮》，清乾隆二十九年（1764）刻本。

清代社仓管理主要由社仓经首负责，社仓储备的日常管理及乡里社谷借贷与监督，皆由经首执掌，通过簿部登记和册结上报的方式加强对官吏侵吞行为的适时监督。"每社设立用印官簿，一样两本。一本社长收执，一本缴州县存查登记，数目毋得互异。"每年借贷完毕，社仓经首会同所在地方知县将总数申报上司，"如有地方官抑勒挪借、强行粜卖侵蚀等事，社长呈告上司，据实题参"①。研究认为："社仓经首，作为社仓的管理者，最初通过社仓的运营，与其他乡村基层组织与势力，诸如地方政府、团保等相互联系、相互渗透，有效地加强了他们在基层的权力。"② 在社仓管理的实际运作中，社长人数的择取虽有定制，但亦不能实现整齐划一，而是应根据地方仓储管理的实际需要相应设置。云南沾益州建有正东路社仓三间，门楼一间，看守房一间，社长四名；东南路社仓三间，门楼一间，看守房一厦，社长四名；南路社仓三间，门楼一间，看守房一厦，社长四名；西路社仓三间，门楼一间，看守房一厦。社长四名，经管社谷一千零五十石；北路社仓三间，门楼一间，看守房一厦，社长四名；本城四门社仓三间，门楼一间，看守房一厦，社长四名。"以上四门五路城乡共设立社长二十四名，共经管社谷六千三百石。"③沾益州四门五路共建有社仓十八间、门楼一间、看守房六间，由二十四名社长负责经管，社长作为社仓出纳及一切日常事务的直接管理者，足见社仓经营体系完备，管理制度较为严密。

"清朝社仓奉朱熹社仓法为圭臬，设于乡村，由民间推举社长管理，用春借秋还方法救济贫民。"④康熙四十三年（1704），九卿遵旨议覆："臣等先议州县官仓谷霉烂者，督抚题参，革职留任，限一年赔补，赔完免罪复职。逾年不完，解任。二年外不完，定罪，著落家产追赔。"康熙帝谕准："著行文各省督抚定议具奏。今直隶各省督抚等疏称所议仓谷霉烂，限年赔完甚当。但恐有扶捏之弊。应于补完日令府道出具印结，申缴

---

① 《钦定大清会典事例》卷193《户部·积储》，光绪二十五年（1899）刻本，第6—7页。
② 李德英、冯帆：《清末社仓经首选任与乡村社会——以四川新津县社济仓为例》，《四川大学学报（哲学社会科学版）》2014年第4期。
③ （清）王秉韬纂修：乾隆《沾益州志》卷2《积贮》，清乾隆三十五年（1770）刻本。
④ 黄鸿山、王卫平：《清代社仓的兴废及其原因——以江南地区为中心的考察》，《学海》2004年第1期。

藩司督抚存案。如再有亏空，府道亦分别议处。应如所请。"① 雍正朝在全国颁行社长之法，社仓建设听从民间自理是一项重要的准则。雍正二年（1724）谕准："仍以各方风土不同，更当随宜立约，须有社仓之益，而无社仓之害，方为永远可行之计。故令各省，于一省之中，试行数州县，俟一二年后著有成效，然后广行其法于通省也。"② 嘉庆年间，云贵总督书麟覆查滇黔两省各属仓谷较多，有动碾未经买补者，他奏称："今值此丰收，自应乘时采买，以实仓储"，书麟当即饬令藩司粮道查明动缺数目，或全数采买，或酌量先买十分之几，督饬各州县遵照定例，按照时价给发采买，不许丝毫贻累小民，并称"臣回署后，密加访察，倘有不肖官役藉端滋扰，即行严参"③。

滇省各属社仓本谷有官绅、士庶乐输者，有借动常平仓谷者，或多或少，原无定额，若概以收息十倍为准，如社本二三千石之处，收息必至二三万石，较之现定常平额贮不啻加倍，社仓多一分致积贮，民间即少一分流通。乾隆十四年（1749），云南布政使宫尔劝勘察社仓积谷，其定例：于未经收支时，地方官预发空白印簿各二本，交社长查收，将逐日收支实数备登簿内，事毕该社长将一本收存，以备稽查。照填一本，送地方官汇造总册，于次年春间亲诣各社仓盘查实贮，出结申报督抚。司道府查核新旧交代时一体盘查，接受出结申报存案，立法颇属周到。但未定有捏结追赔之例，恐地方官视为具文，以致社长等侵蚀挪移，或未借捏借，或未完报完，势必渐成亏缺，殊非为民筹备之本意。宫尔劝奏称："嗣后饬令地方官于每岁春间务亲诣各社仓，逐一盘查社长，如有亏缺，立即详追，如无亏缺，出结通报。如出结之后查出亏缺，即将捏结官详参追赔。如遇交代，照常平仓谷一体盘查，前官如有亏缺，详揭参追，如无亏缺，造册出结详报，如出结后查出亏缺，即将出结官项参追赔。"④ 以此办法厘定积谷成规，既可无此盈彼绌之虞，又可杜有名鲜实之弊。

雍正二年（1724），雍正帝谕准："兴建社仓本为民计，劝捐须俟年

---

① 《清圣祖实录》卷215，康熙四十三年三月壬寅条，中华书局1985年影印本，第6册，第183页。
② 清乾隆官修：《皇朝通典》卷14《食货》，浙江古籍出版社2000年版，第2099页。
③ （清）书麟：《奏报滇黔二省乘时采买仓谷片》，中国第一历史档案馆，宫中朱批财政1187函第37号，档号：01-05045。
④ （清）宫尔劝：《奏请照常平定额积贮社仓折》，中国第一历史档案馆，宫中朱批财政1147函第12号，档号：01-03394。

丰，如值歉岁，即予展限。一切条约，有司勿预，庶不使社仓顿成官仓。今乃令各州县应输正赋一两者，加纳社仓谷一石。"此后又议定："凡州县官止任稽查，其劝奖捐输之法，自花红递加匾额以至八品冠带。如正副社长管理十年无过，亦以八品冠带给之。其收息之法，凡借本谷一石，东间收息二斗。小歉减半，大歉全免，只收本谷。至十年后，息倍于本，只以加一息。"① 此外，清朝还规定仓谷收贮仓庾之法："凡建仓屋，四围空旷，不近民居烟火。其有与之相近者，需买砖堆砌，以备不虞。……其平素无仓地方，若新敛有谷，或与各乡约宽余处所寄囤，或各乡约所有空居，即度其值易买，俾乡约社仓合置一处尤便。"②

社仓之设，始于朱子。康熙皇帝认为，社仓之法"仅可行于小邑乡村，若奏为定例属于官吏施行，于民无益"③。乾隆元年（1736），朝廷还对社仓经管开支做出更为详尽的规定，即"将息谷十升中以七升归仓，以三升给社长作修仓折耗。如有逃亡故绝之户，无可著追者，令社长报明地方官，查明确实，取结通详，于七升息谷项下开销"④。乾隆四年（1739），清廷议复西安巡抚张楷办理社仓条款一折，档案记载："设立社仓，多属百姓之所乐输，是以奉行之法原与常平不同。……仰见世宗宪皇帝睿虑周详，圣谕已极明晰。是社仓之设，全在各省督抚地方有司因地制宜，斟酌办理。"⑤ 雍正九年（1731）奉上谕："地方绅衿富户，捐谷十石以上至三十石者，分别给以花红匾额；二百石以上至四百石者，分别给以顶带；该地方捐谷至三千石以上，将地方官从优议叙。仍严行申饬，毋得抑勒苛派，以滋烦扰。"⑥ 社仓作为民间仓储而建立，其额贮米谷能够调和丰年与歉岁之间的食物供应鸿沟，并可以为日益增长的人口提供稳定的食物保障，但这一切有赖于官方的稽查。"社仓在雍乾年间普遍建立后，清政府即着眼于社仓制度的逐步完善，采取一系列措施，克服管理上的种种

---

① 赵尔巽等撰：《清史稿》卷121《食货志》，中华书局1976年版，第13册，第3559—3560页。
② （清）俞森：《社仓考》，载李文海、夏明方：《中国荒政全书》（第2辑·第1卷），北京古籍出版社2003年版，第111页。
③ 《清圣祖实录》卷294，康熙六十年九月丙申条，中华书局1985年影印本，第855页。
④ 《钦定大清会典事例》卷193《户部·积储》，光绪二十五年（1899）刻本，第11-12页。
⑤ 中国第一历史档案馆：《为议复西安巡抚张楷办理社仓条款事奏折》（乾隆四年四月初一日），中国第一历史档案馆：《乾隆朝整饬社仓档案》（上），《历史档案》2014年第3期。
⑥ 《清世宗实录》卷107，雍正九年六月丁酉条，中华书局1985年影印本，第8册，第421页。

弊端。"①《钦定大清会典事例》记载:"倘不肖社长即该州县等私行收息,挪移侵亏,立即严参究处,分别追赔治罪。至官绅士民好义乐输者,仍听赴仓捐输,岁底另册报部,以备修建社仓之用。"②

清制:"设立社仓,于本乡捐出即贮本乡,令本乡诚实之人经管,上岁加谨收贮,中岁枲借易新,下岁量口赈济。"③ 社仓和义仓都具有半民间性质的特点,"这些机构尽管是按照政府的原则经营的,而且每年还得报告经营情况,但却是由地方精英们具体管理的,恐怕没有地方政府的直接干预,且仓谷也完全来自私人捐输"④。"社仓建立是地方官和士绅共同起作用的过程。社仓建立后,其基本管理原则也是'官设民稽',官府和士绅共同发挥重要作用。"⑤ 云南楚雄府白盐井地方环山而治,跬步皆硗确,无稻田陂泽之利,惟该井地方素产五盐,井熬波煮,民生得以仰赖。由于故地贫瘠,白井恒有乏食。雍正三年(1725),白井提举孔尚琨奉文并捐俸建置社仓,阖井绅士输有社谷一千六百二十余石,因无仓廪,米谷寄于诸灶户及龙祠间,以为接济民食之需,亦仿借给籽种之例。乾隆十九年(1754),郭存庄来守兹土,伏念社谷之设,储备攸关,必藏于廪困,以免风雨蒸湿之患,散贮不聚,遂首倡捐俸百金,合五井之输,请于督宪,"在井治之南关河西隙地建仓一所,又以井地购谷不易,灶户借谷者原照二谷一米之例,秋成以米准抵还仓"。同年,白井提举郭存庄建置社仓的奏折获准允可,凡历五十余日,縻费白金一百八十余两。建屋一层,计廒五架。其旁为两厦,以宿守仓之役。白盐井社仓的管理,"令五井各立社长副,轮司出纳,于是社谷之散贮者始聚,计五年来谷数增至二千余石"⑥。

常平仓、社仓和义仓的创设,原意为赈灾惠民,立法最为良善。但是,在具体实行的过程中,仓谷出借时,于富户则抑之使借,而于贫民则

---

① 牛敬忠:《清代常平仓、社仓制度初探》,《内蒙古师大学报(哲学社会科学版)》1991年第2期。
② (清)托津等奉敕纂:嘉庆《钦定大清会典事例》卷162《户部·积贮》,载沈云龙主编《近代中国史料丛刊三编》,文海出版社1991年版,第65辑,第7262—7263页。
③ 乾隆《大清会典则例》卷40《户部·积贮》,文渊阁四库全书本,商务印书馆1986年影印本,第621册,第248页。
④ [法]魏丕信:《十八世纪中国的官僚制度与荒政》,徐建青译,江苏人民出版社2003年版,第165页。
⑤ 陈春声:《清代广东社仓的组织与功能》,《学术研究》1990年第1期。
⑥ (清)郭存庄:《捐建白井社仓记》,(清)郭存庄纂修:乾隆《白盐井志》卷4《艺文》,清乾隆二十三年(1758)刻本。

靳而不予。且出借之斗斛，任意减少，而还仓之谷石，勒令加增，以致小民不沾实惠，转或因之受累，是惠民之法，适以资贪官而病民，此等积弊各省皆存在。嘉庆三年（1798）谕准："著通饬各该督抚随时留心，严行查核，遇有此等滋弊累民之劣员，即据实严参示惩。于各州县仓谷，必令如数实贮在仓，不许留价作抵。于借粜仓谷，务令出入斗斛，一律均平，俾小民得沾实惠，庶足除积弊而实仓储，便民食而肃吏治。"① 嘉庆四年（1799）谕准："各省社长，于岁底将出入贮欠数目，造册结报一次，地方官转报上司，造册报部。一切出纳，听民自便。"②

贵州石阡府社仓位于郡城察院右阙，最早系明朝隆庆三年（1569）推官王朝用创建，万历年间先后获历任郡守增修、添捐建设，迄至顺治十四年（1657），仓毁无存。康熙三年（1664），推官陈龙岩劝令城乡举行社仓，凡设社仓六处，共贮京斗谷三十八石九斗一升有零，分别为"本城社仓，贮存谷十九石二斗，西河社仓，贮存谷五石八斗，苗民里社仓，贮存谷一石七斗九升，司前社仓，贮存谷八斗，江内社仓，贮存谷四石七斗二升，在城里社仓，贮存谷六石六斗"③，皆分别设置社长加以管理。清朝政府亦对社长的经管成效进行定期考核，并根据对社仓的经营得失加以奖励，以重仓储。"正副社长，经营一年，公慎无过，赏息谷一京石；二年无过，赏息谷三京石；三年无过，赏息谷五京石。如不愿赏谷，即以此五京石之数，令地方官置给匾额。"④ 清代云贵地区社仓谷本来源与全国其他省区相同，伴随地方农业生产的发展，社仓谷本逐步以民间捐输为主。雍正二年（1724），清廷谕准："捐至十石以上给以花红，三十石以上奖以匾额；五十石以上递加奖励。其好善不倦，年久数多，捐至三四百石者，该督抚奏闻，给以八品顶戴。"⑤ 清朝政府颁布的鼓励捐输的政策，在云贵地区的仓储发展过程中起到了一定的推动作用。

云贵地处西南边疆，山区、半山区面积广，农业生产较中原内地欠发达，经济开发较晚，加之不尚久远之积储，故而素鲜盖藏，清代以前备荒

---

① 《清仁宗实录》卷27，嘉庆三年二月癸卯条，中华书局1986年影印本，第28册，第326页。
② （清）托津等奉敕纂：嘉庆《钦定大清会典事例》卷162《户部·积贮》，载沈云龙主编《近代中国史料丛刊三编》，文海出版社1991年版，第65辑，第7269页。
③ （清）罗文思纂修：乾隆《石阡府志》卷7《田赋志》，清乾隆三十年（1765）刻本。
④ 《钦定大清会典事例》卷193《户部·积储》，光绪二十五年（1899）刻本，第23页。
⑤ （清）托津等奉敕纂：嘉庆《钦定大清会典事例》，中华书局1991年影印本。

制度建设比较滞后。清代云贵地区的统一经历了复杂而又漫长的历史过程，在清代国家大一统思想下，逐步推进"边地"的治理，社仓建设作为清朝政府强化对西南边疆社会治理的重要工具的补充，在特殊时期为赈饥养民、缩小贫富差距、缓解社会矛盾以及维持边疆地区社会稳定发展起到了重要作用。作为一项重要的社会保障制度，清代国家以仓社为媒介，将国家意志不断渗透到云贵地区的乡村社会之中，社仓额贮取之于民、用之于民，更养之于民和利之于民，为提高清代国家在西南边疆地区的社会治理能力奠定了坚实的基础。

第三节 清代云贵地区的义仓建设

义仓是清朝政府为防备荒年而于各直省地方设置的粮仓，是一种以民间社会力量积极参与为主、自主救济性质的救荒恤贫仓储类型和粮食储备制度。清代云贵地区的义仓建设历经雍乾时期的初步探索，于嘉道朝后获得一定的发展空间。从义仓建设的实践来看，清代云贵地区的义仓与全国分布趋同，多设于市镇，亦有部分建于少数民族村寨，存仓粮食主要由官方和地方士绅及民众自愿捐置，并通过无偿赈济的形式赈济灾黎。清代云贵地区的义仓建设与常平仓和社仓的备荒救灾功能形成补充，为清代国家加强对西南边疆的社会治理能力提供了条件。

一 清代云贵地区的义仓建设

义仓，其字义内涵为："谓分富赈贫，其利合义，故曰义仓。"[①] 隋朝开皇五年（585），隋文帝采纳工部尚书长孙平建议设置义仓，"奏令诸州百姓及军人劝课，当社共立义仓。收获之日，随其所得，劝课出粟及麦，于当社造仓窖贮之。即委社司，执帐检校，每年收积，勿使损败。若时或不熟，当社有饥谨者，即以此谷赈给"[②]。据《清史稿》记载，清代州县仓储主要有常平仓、社仓和义仓三类："由省会至府、州、县，俱建常平仓，或兼设裕（预）备仓。乡村设社仓，市镇设义仓。"此外亦因军事镇

[①] ［日］井上龟五郎：《农仓经营论》，欧阳翰存译，商务印书馆1935年版，第18页。
[②] （唐）魏征、（唐）令狐德棻撰：《隋书》卷24《食货》，中华书局1973年版，第70页。

成和食盐专卖需要，于"东三省设旗仓，近边设营仓，濒海设盐义仓"①。在清代的仓政体系中，义仓得以冠名始于雍正四年（1726）初期的两淮盐义仓，雍正帝谕准："今众商公捐及噶尔泰奏请解部之项，共计三十二万两。著将二万两赏给噶尔泰。其三十万两，可即为江南买贮米谷、盖造仓廒之用。所盖仓廒，赐名盐义仓。"②至乾隆朝，吉林地方官府创设八旗义仓、湖北巡抚晏斯盛奏请令商人建置义仓、直隶总督那苏图受圣命试办义仓，几乎都为官府主导倡建，与社仓储积相比，其规模和额贮仍属偏少，"迨嘉道以降，义仓的积弱地位乃至三仓制体系方得到根本改变"③。

康熙帝认为，义仓在全省通行比较困难："义仓之法，一州一县小处则可，若论通省，似乎难行。"④至乾隆年间，义仓建设得到乾隆皇帝的重视，乾隆十一年（1746）谕准："义仓一事，乃急公慕义之人，当米谷有余，输之于仓，以备缓急。目下正值丰收之际，宜饬地方官善为鼓舞劝导，以足仓储。盖米谷为民食攸关，乘此丰年，当广为储蓄之计。"⑤道光三十年（1850），东川府知府汪之旭率阖郡捐资新建仓四楹，为廒十二，殷实之户输米四千京石，以备旱涝。咸丰六年（1856），东川地方变乱，拨发义仓谷协养兵练，仓粮耗尽无存。光绪三年（1877），东川府知府李衍绶负责办理赈济余款，"复率阖郡倡捐买腴田百余亩，收租存贮，交绅粮轮流经管"。光绪十八年（1892），东川府地方歉收，知府萧凤仪开仓平粜办赈，存仓谷米仍复用完。又复积蓄数年，"现存仓米二百五十京石，府仓历任交代存仓京斗米三百三十八石八斗一升"⑥。

春借秋还是清代社仓的主要经营模式，并通过征收息谷的途径来实现社谷谷本的增值，但往往容易遭受自然灾害、社会动乱以及小农的长期性贫困的制约，社仓谷本和息谷皆难以有效收回。鉴于社仓衰败的教训，清代义仓的增殖主要通过购买义田和发典生息来实现。购买义田，即将官民

---

① 赵尔巽等撰：《清史稿》卷121《食货二·仓库》，中华书局1976年版，第13册，第3553页。
② 《清世宗实录》卷40，雍正四年正月乙巳条，中华书局1985年影印本，第7册，第595页。
③ 朱浒：《食为民天：清代备荒仓储的政策演变与结构转换》，《史学月刊》2014年第4期。
④ 中国第一历史档案馆编：《康熙朝汉文朱批奏折汇编》（康熙六十年八月初一日），档案出版社1984年版，第8册，第840页。
⑤ 《清高宗实录》卷276，乾隆十一年十月癸酉条，中华书局1985年影印本，第12册，第611页。
⑥ （清）余泽春修，（清）茅紫芳纂，（清）冯誉骢续纂修：光绪《东川府续志》卷1《积贮》，清光绪二十三年（1897）刻本。

捐集的钱粮拨出一部分购买田亩，用以招募租户，按年收租。发典生息则是将仓储银钱典与城中铺户，取租生息，藉以广裕仓本。乾隆二年（1737），安宁州同知李元正捐施京斗谷五斗，琅井井生杨应清捐施京斗谷一石五斗，邓世公捐施京斗谷一石，井民江源、杨占春、施隽功三人捐施京斗谷二石五斗。乾隆二年（1737），琅井地方"井生江自潇施入义田一分，坐落本井河头甸心河旁，随田秋粮九升，永入义仓备赈。井民王时雨之妻袁氏勤苦省用积银，四十年于临终嘱其戚属交官买置义田一分"①。至乾隆二十年（1755），李崇仁捐银买到王兴儒民田一段，坐落学前，其租送入义仓，官纳秋粮三斗二升，以上租谷俱散给穷民。安宁州绅宦和井民自主捐置谷石或积银，为义仓的建设提供了充足的资源。亦有李崇仁捐银置买田产，收租相应归入义仓，为义仓额贮米谷的增加提供了重要渠道。

据文献记载，清代云贵地区的义仓粮食来源有官捐和民捐两种，而无论是官捐还是民捐，所有捐输谷石及存获息谷，皆根据定制用以无偿赈济灾民。例如，云南阿米州义仓存九天阁内，系阿迷州乡贤教授杨培于康熙二十七年（1688）置，"京斗租二百石，并详明上宪委士轮管，年终散给孤寡盐米。杨培之子训导于朝，捐杂费租二十二京石。孙天与捐租一十九石四斗，贡生廖乌柱捐租六京石六斗，知州张大鼎增租一十京石，署州李玉溪暨子庆余捐银五十两"②，所有获捐银两典租协办盐米，以供乏食贫民。楚雄府楚雄县建有和丰义仓。位于城内南街。光绪十年（1884），楚雄府知府陈灿筹款，"积市石谷四百石零，又劝城乡殷实户捐市石谷五百石零，共千石"③。陈灿将所捐谷石委托给邑绅陈思增、李万春、杨春富等董其事。迩来二十有余年，已储积市石谷二倍有奇。古州厅有义仓十一间，旧址在厅署侧，原贮谷二千二百二十石。道光二十三年（1843），贵州省古州同知杨兆奎续捐谷"一千七百石零"，至光绪年间俱已耗失无考。此外又有车寨义仓，里人于道光二十三年捐谷共一千三百石，光绪年间已废。④

贵州省大定府黔西州建设有义仓五座。一设于城东关外，官为捐谷。

---

① （清）孙元湘修，（清）赵淳纂：乾隆《琅盐井志》卷1《建设》，清乾隆二十一年（1756）刻本。
② （清）张大鼎纂修：嘉庆《阿迷州志》卷3《义仓》，清嘉庆元年（1796）刻本。
③ （清）崇谦修，（清）沈宗舜纂：宣统《楚雄县志》卷4《食货志述辑·积贮》，云南省图书馆藏民国间抄本。
④ （清）余泽春等修，（清）余嵩庆等纂：光绪《古州厅志》卷3《田赋志·积贮》，清光绪十四年（1888）刻本。

一设在城内南厢、一设永丰里、一设平定里、一设安德里，皆民间自行捐置。此即大定府境内之义仓整体状况。道光中期，湖南善化贺长龄巡抚贵州，当即举行颁敛利民之实政，所部多立义仓，而大定六里之仓，尤著其事，具以上闻。道光皇帝依照雍正朝案例优奖捐粟绅民。此外，大定城及六里凡十仓，分别为本城义仓、乐贡里六龙义仓、悦服里上五甲羊场义仓、悦服里下五甲马场义仓、嘉禾里上五甲虎场义仓、嘉禾里下五甲牛场义仓、大有里上五甲鸡场义仓、大有里下五甲以那架义仓、仁青里双山义仓、义渐里瓢儿井义仓，"共贮谷一万三千八百二十六石三斗七合二勺"①，以上义仓皆系道光十九年（1839）巡抚贺长龄、知府张志詠、徐鋐、分巡贵西兵备道周廷授等首倡捐谷建置。道光五年（1825）十月十七日，贵州安平县知县刘祖宪奉各宪札，饬令各府厅州县随时劝谕士民量力捐输，以厚积贮而济荒歉。嘉庆二十五年（1820），安平县案奉本府县行奉贵西道何转奉督部堂庆保札饬各府厅州县察看该地方情形，或捐廉量助，或劝富乐输，据实具详。道光元年（1821）至四年（1824）秋，安平县知县徐玉章"共劝捐便民义谷九百四十余石"②，设立本城二间、姜家岩、猪槽堡仓四间，修九甲堡仓各一间，钟灵山仓一间。道光四年七月二十一日，刘祖宪莅任安平知县，接移交仓储印结，此项义谷用以备荒及贫民籽种、青黄不接之时所需。

　　清嘉道年间社仓的衰落，相应地促使义仓开始在全国范围内得到推广和普及。③"嘉道以降，仓储变革趋势明显，以官仓为主的旧体系向积谷仓为主的新体系转变，成绩斐然。"④ 云南府义仓谷石，系承平年间省垣绅耆为备荒散赈而设，并陆续捐赀籴买积存小西门外旧府仓。道光二十九年（1849），云南年岁歉收，总督林则徐、巡抚程矞采奏明，施薄赈济，并将前省城绅士所捐谷石存贮广储仓，作为义谷平粜之用。咸丰军兴，将仓谷移存太平仓，而城外仓廒概毁。光绪七年（1881），云南省城绅士勘明基址，复具禀云南府立案，永远归入义仓。⑤ 滇省跬步皆山，从无外来商贩，

---

　　① （清）黄宅中修，（清）邹汉勋纂：道光《大定府志》卷41《经政志·积贮》，清道光二十九年（1849）刻本。
　　② （清）刘祖宪纂修：道光《安平县志》卷4《食货志·积贮》，云南省图书馆藏清抄本。
　　③ 刘宗志：《从清代社仓与义仓之差异看民间社会救济之增长》，《中国农史》2018年第2期。
　　④ 吴四伍：《清代仓储基层管理与绅士权责新探》，《学术探索》2017年第4期。
　　⑤ （清）王文韶等修，（清）唐炯等纂：光绪《续云南通志稿》卷26《地理志·衙署》，清光绪二十七年（1901）刻本。

偶遇水旱，遂致米粮匮乏。从前省垣绅士曾经捐银买谷，陆续平粜，截至光绪年间，云南"尚存谷价银一万二千两，并此次赈捐项下余银七千五百五十二两零，应请一并采买谷石于小西门外云南复旧仓，分借仓廒收贮，交该绅士等自行经管，作为积谷义仓"①。道光十五年（1835），贵州安顺府永宁州知州黄培杰劝众绅士捐资倡建，并拨募役白坟田、本州邓凯田、北口庄田、叶姓田，共四田份归入义仓，"每年约收净谷一百六十京石"②。适值年耆长经营州属义仓，向来分社各乡，兵燹迭经，颗粒无有。匪乱肃清后，改设州城，历任虽有捐输，仓粮为数较少。光绪十五年（1889），永宁州"知州沈毓兰任内奉文建修丰备义仓于西偏，札饬各乡绅董劝捐义谷数百石有奇，陆续运入州城存贮。兹除节次赈济州属火灾外，现实存京石义谷七百一十石"③。

　　清代云贵地区义仓建设的历史是西南边疆内地化整体历史的一部分，义仓建设的阶段性特征揭示了西南边疆在内地化进程中实现社会治理的复杂性，义仓建设参与主体的多元性增强了区域社会治理的协同效应，拓展了西南边疆地区义仓建设"在地化"的实践内涵。清代云贵地区的义仓建设遵循因地制宜的策略，清朝"因俗而治"政策的实施与边疆内地一体化进程的加快，为义仓在云贵地区的发展提供了条件。嘉道以后，常平仓和社仓的衰落，促使义仓在全国范围内得到全面推广和普及，④ 主要特征是以官仓为主的旧体系向积谷仓为主的新体系转变。⑤ 清代云贵地区筹建的义仓兼具独立性和自主性，无论是官员个人还是地方士绅的捐置，皆系自主自愿，捐置方式不受官府牵制，因而义仓建设的数量和规模在短期内取得重要进展，其米谷储积为清朝加强西南边疆社会治理提供了粮食安全保障。义谷救荒乃"最善之策"，"惟义仓之法，坏废已久，恐各州县名虽有仓，实乃无谷，饬令放借，徒为画饼。欲修方敏恪遗法，须俟丰岁为之，

---

① （清）岑毓英修，（清）陈灿纂：光绪《云南通志》卷61《食货志·积贮》，清光绪二十年（1894）刻本。
② （清）常恩修，（清）邹汉勋等纂：咸丰《安顺府志》卷26《经制志·积贮》，清咸丰元年（1851）刻本。
③ 陈钟华纂修：《关岭县志访册》卷3《食货志·仓储》，贵州省图书馆藏1964年油印本。
④ 刘宗志：《从清代社仓与义仓之差异看民间社会救济之增长》，《中国农史》2018年第2期。
⑤ 吴四伍：《清代仓储基层管理与绅士权责新探》，《学术探索》2017年第4期。

非荒歉时所能及此"①。鉴于义仓备荒之便利,至光绪朝末年,清政府仍倡导地方兴复和发展义仓。光绪二十四年（1898）,奉上谕:"民闲,义仓必应劝办。"② 光绪帝还晓谕地方要认真经理备荒义仓,以纾民困。

清代云贵地区除在府厅州县治所或市镇建义仓外,还在村寨、屯堡等处建立义仓,一度出现府厅州县所辖村寨义仓储存谷石数额多于城区义仓谷石的情形。贵州镇远府台拱厅不仅将义仓设在厅城,还将其延展至东郎寨、交架寨、番招寨、苗江寨、五岔寨、内寨、石川峒寨、稿午寨、新寨、汪江寨、台盘寨、水牛寨、施洞口、黄泡寨、报效寨等十四个村寨。光绪五年,台拱同知周庆芝奉文通饬城乡五区的汉苗军民捐谷,先后获捐谷一万零九百余十京石,③ 分储城乡村寨（见表18）。贵州省黄平州向来仅建有社仓,且积存谷石较少,咸丰兵燹损毁殆尽。光绪五年（1879）,贵州巡抚林肇元通饬各府厅州县筹办义仓谷物,分贮各堡寨,以备歉荒。黄平州绅民踊跃捐献谷石,共积存京斗义谷一千六百二十二石九斗二升。光绪十三年（1887）,巡抚潘霨通饬捐办义谷,增加捐输谷三千五百三十石七斗三升,实际共存京斗谷五千一百五十三石六斗五升（见表19）,此数即成定额。

表18　　　　光绪五年（1879）贵州台拱厅义仓统计表④

厅属区名	义仓位置及名称	间数（间）	积谷石数
中区	县城内义仓	九	二千六佰九十七石
东区	东郎寨义仓	一	二百零四石
	交架寨义仓	二	三百三十六石四斗
	番招寨义仓	五	一千二百零一石
	苗江寨义仓	三	一百一十六石
	五岔寨义仓	二	一百七十八石
	内寨义仓	三	一百七十一石
	石川峒寨义仓	一	三百三十八石三斗
	稿午寨义仓	二	二百五十石

---

① （清）曾国藩:《曾国藩全集》,岳麓书社2011年版,第31册,第89页。
② 《清德宗实录》卷416,光绪二十四年三月丁亥条,中华书局1985年影印本,第57册,第443页。
③ 按:每石实重九十六斤。
④ 据民国《台拱县文献纪要》统计。

续表

厅属区名	义仓位置及名称	间数（间）	积谷石数
南区	新寨义仓	三	二百零三石
南区	汪江寨义仓	五	一千五百石
西区	台盘寨义仓	三	六百五十八石三斗
西区	水牛寨义仓	三	一百七十一石
北区	施洞口义仓	五	一千六百九十一石
北区	黄泡寨义仓	五	八百五十石零八斗
北区	报效寨义仓	三	三百十四石
合计		五十五	一万零九百五十石八斗

表19　光绪二十三年（1897）贵州黄平州义仓统计表[①]

义仓名称	仓储谷石数量（京斗）
本城仓	二千一百零四石九斗一升
重安仓	五百七十四石八斗五升
金竹寨仓	八十四石七斗
班溪仓	四十二石
旧州仁上甲仓	五百四十一石五斗六升
旧州仁下甲仓	一百二十二石六斗
旧州义上甲仓	三百五十一石
旧州智上甲仓	二百一十五石五斗
旧州智下甲仓	九十四石一斗
旧州信上甲仓	三百四十五石五斗
旧州信下甲仓	一百四十八石三斗
旧州在字甲仓	八十一石一斗五升
旧州太字九甲并在字五甲共仓	四百四十七石四斗八升
合计	五千一百五十三石六斗五升

从表17、表18的统计数据可知，清水江流域台拱厅和黄平州的义仓或设立于村寨，或依保甲制度建设，[②]且义仓筹建逐渐从府厅州县治所向

[①] 据民国《黄平县志》卷19《食货志·积贮》统计。
[②] 程泽时：《以义为利：清末清水江流域的仓储与谷会》，《西华师范大学学报（哲学社会科学版）》2021年第4期。

村寨、屯堡延伸，这一趋势在咸同变乱后更为明显。义仓建设关系地方灾民的生存，义仓存储用于赈济灾荒，于地方救灾和国家施行边疆治理有较大裨益。云贵两省在光绪朝先后开展义仓的恢复建设，义仓运行管理和粮食储存为云贵灾荒赈济奠定了基础。清政府在"改土归流"初期致力于地方社会秩序的维护和重建，"重建的背后隐含着清朝'正统'意识形态作为秩序构建的标准"①，通过仓储制度的建设加强对基层社会管理和边疆社会治理，在云贵地区的成效较为显著。

清代云贵地区义仓建设起步、徘徊以及兴复发展的阶段性历程与其所处的地理空间场域密切相关。与清代全国范围内的义仓建设相比，云贵义仓的建设整体进程较中原省份晚，且义仓建设的整体规模小，因而仓储粮石亦远不如"中心"地带充裕。"边疆内地化本是一个历史的进程，在中国各朝代疆域伸缩、民族融合的过程中，南北区域均有不同体现。"② 西南边疆地区的社会治理是历代王朝都面临的重要问题，且都采取了因地制宜的治理举措，"因俗而治"与边疆内地一体化互为参用、协同推进，在西南边疆内地化的进程中，仓储体系建设为清政府实现灾荒赈济、社会治理以及维护国家统一的愿景提供了支撑。

清朝养民之道以足食为先，而裕民之法以积贮为重。清代云贵地区的义仓作为西南边疆协同救灾的重要仓储形式，其粮食筹集和储备主要源于云贵地方官员个人名义的倡捐和地方士绅及民众的乐善好施。清代云贵地区的义仓建设历经康雍乾时期的探索起步，嘉道时期的缓慢发展，至光绪朝的短暂复苏三个阶段，在地理空间上呈现出差异化和多样态的特征。从清代云贵地区义仓建立的情况来看，云贵地区的义仓同全国其他直省一样，先后历经修建、损毁和兴复的曲折历程，但仍旧遵循以民间士绅自我管理为主的原则，官方则处于监督角色，为云贵义仓的可持续发展提供了条件。光绪朝云贵义仓的恢复重建，作为清朝边疆社会治理的重要工具，其赈饥济贫的服务功能在备荒和赈灾的实践中与常平仓和社仓具有共通之处。义仓的建设兼具独立性和自主性、兼有官方或民间力量的自主自愿捐

---

① 姜明、石君勇、王健：《清代"国家意识"在贵州苗疆地方社会的实践——以清水江地区为个案》，《贵州大学学报（社会科学版）》2019年第6期。
② 张萍：《边疆内地化背景下地域经济整合与社会变迁——清代陕北长城内外的个案考察》，《民族研究》2009年第5期。

置方式，由于不受官府牵制，因而义仓建设数量和规模取得了重要进展，其米谷储积为清代国家加强边疆治理提供了一定的保障。

二 清代云贵地区义仓的功能

"以丰备歉、防患于未然的仓储制度是中国古代民众实施救灾的独特创造。"① "三仓制"作为重要的社会保障制度，是清朝强化西南边疆治理能力和稳固基层社会的重要动因。清代义仓的功能偏重于对被灾地方的无偿赈济，间有借贷。义仓作为救助灾民于荒年的重要仓储，主要在于解决不同年份间的缺粮问题，尽管其救济效果相较于社仓不甚明显，但无偿赈济和借贷均能在一定程度对缓解灾情起到辅助作用。② 云南楚雄府建有义仓一座（又称京仓），道光十九年（1839），楚雄府知府张敩率文武官绅、士民捐资积谷千石，藉此备荒防灾。③ 咸丰十年（1860），因兵燹导致楚雄府城沦陷，义仓被焚毁。道光九年（1829），贵州省贵阳府知府于克襄劝建义仓四所，即"厓洞仓，贮谷八百三十四石五斗；迎恩寺仓，贮谷五百四十五石；斑竹园义仓，贮谷八百六十四石；花犳猪义仓，贮谷四百九十五石八斗"④。以上四仓额贮粮食，系由于克襄捐银百两建仓，云南按察使翟锦观、江西布政使花杰各捐银五百两买进米谷，贵阳地方绅民各捐谷以益之。斑竹园仓，则由郡人李含章、李培章共同捐谷倡建。故而四所义仓储积较为充裕，防灾备荒得以依赖。

乾隆十八年（1753），直隶总督方观承指出："义仓置于隋长孙平，至宋朱子而规划详备。虽以社为名，实与义同。其要在地近其人，人习其事，官之为民计，不若民之自为计，故守以民不守以官；城之专为备，不若乡之多为备，故贮于乡不储于城。"⑤ 云南东川府旧有义仓。道光三十年（1850），东川府郡侯汪慧生创置义仓于城南隅，构仓四楹，建厫十二，输粟充实，复令绅粮总共出纳、会计经营，积至数千石，积储主要惠济于东

---

① 吴四伍：《清代仓储救灾成效与国家能力研究》，《江海学刊》2021年第1期。
② 刘宗志：《从清代社仓与义仓之差异看民间社会救济之增长》，《中国农史》2018年第2期。
③ （清）崇谦修，（清）沈宗舜纂：宣统《楚雄县志》卷3《建置述辑·官署》，云南省图书馆藏民国间抄本。
④ （清）周作楫修，（清）萧琯、（清）邹汉勋纂：道光《贵阳府志》卷46《食货略三》，清咸丰二年（1852）刻本。
⑤ 赵尔巽等撰：《清史稿》卷121《食货二·仓库》，中华书局1977年版，第13册，第3561页。

川府郡民。咸丰初年,乌龙构衅,兵祸忽兴,其后满地疮痍,田土污菜,以致岁饥。幸有义仓积储,邦人免于饥饿流离。咸丰六年(1856)和咸丰七年(1857),东川府辖境伏衅仍萌,烽燧四起,干戈弗戢。当时郡县吏应变失策,以万姓保命之资徒供军食,廪舍虽存,而储粟荡然无存。光绪二年(1876),松坪李公来守是郡,关心民瘼,大凡地方利弊者,举次力行,义仓一事亦谋划已久。光绪三年(1877),东川府属地方天时恒旸,麦秋不登,越四月不雨,旱魃为灾,民饥而谋食者转徙道路。适值马公晋三来权邑篆,谒时无以途见者告,适岁科府试结束,集郡人士相与咨谋,义仓兴复,各持己见,而李公意已决定,首捐廉三百金,邑侯马公亦解囊襄助。"公复力请于大府,奏发帑金五百。郡之人感其德愤于义,踊跃捐赀,约得银三千余两,籴米数百石,一以分设赈局,以赈饥民,一以贱直平粜,以济穷乏。"① 赈济之余,尚赢千金有奇。李公复将此银钱用以置田,遂将黄氏归官变直之产,即以原价购赎,得田八十五亩五分,岁获谷百二十余石,以义仓旧业约法立条,其详且尽,今后东川府广积贮、平粜粜,灾荒赈济固有谷本。

文献记载:"自古国家久安长治之模,莫不以足民为首务,必使田野开辟,蓄藏有余,而取之不尽其力,然后民气和乐,聿成丰享。"② 明清时期,义仓的功能旨在"以备荒歉",灾民借领义仓粮石需加以息粮,若用于救荒活民,方为施行无偿赈济。古人削竹为箸,屑木为香,续綍为纲,与夫负米裹盐,搬柴运水,其为事劳也。贵州地瘠民贫,山陵林麓居十之七,而军民居其三,军户自屯田官赋外,所余无几。镇远府黄平州阇城老幼俱为苗民,负米进入城郭,计升合贸易,有不足者,出重息以称贷于人,故苗粟一日不至,则饥称贷不得,嗷嗷待哺而已。明嘉靖二十八年(1549),贵州黄平灾祲叠告,民填沟壑者几半,咎于平时未有仓储筹备。有鉴于此,时任贵州提学副使万士和"仿晦翁社仓遗意,稍得赎金籴粟数十石,积贮于官,视诸生贫乏之差而多寡,其数以散之,如挈故物以还

---

① 《东川兴复义仓叙》原碑藏于会泽县文物管理所碑刻长廊,笔者于2016年6月于会泽县文物管理所访查原碑并抄录。
② (清)马吉森、(清)马吉樟编:《马中丞(丕瑶)遗集》,载沈云龙主编《近代中国史料丛刊续辑》,文海出版社1982年版,第58辑,第897页。

人,其受粟于仓也"①。取诸寄官,特为收敛节缩,故名之曰义仓,此即黄平义仓创建之始。万士和关心民瘼,视积储为生民之大命,继而益之,日计不足,岁计有余,所积弥多,所及弥广。康熙二十七年(1688)八月,新任贵州巡抚田雯莅黔,适值岁丰谷贱,凡银一金可籴米谷六斛,田雯当即谋求共事者,"相率出俸钱以易之,得谷三千石有奇。司会司书记之,仓人廪人掌之,盖将以防天时之不常,而济地利人稛之不及"②。清代云贵地区义仓的建设和推广,在一定程度上为被灾地方的备荒救灾提供了条件,其与常平仓、社仓相辅而行,共同对增加粮食有效供给量、平抑市场粮食价格和赈济恤贫等发挥着重要作用。

道光年间兴起的义仓,其得以建立的原始出发点是弥补正走向衰败的社仓救荒的不足,藉此使民间仓储得以充裕。但是,"义仓从一开始兴起时,其用途就比较灵活,或者用于赈济,或者侧重于平粜,赈济而不出借,或粜、借、赈兼行,并不统一"③。雍正皇帝御极初,诏天下郡邑各社仓,悉遵朱子旧,有司咸实力奉行。云南临安府建水州旧有义仓,每于东林寺散赈。自雍正朝祝宏莅任建水州知州伊始,郡城绅士即以监赈请询,得所由往见,老幼纷如各受,所以去窃羡此邦盛事,诚足上佐朝廷爱养之仁,而得朱子社仓之遗意。自是而后,每冬夏辄一出郭,监视以为常。雍正八年(1730)春,建水郡绅捷公、沈君等兴复北义仓,请记于州牧祝宏。临安府有义仓五所,为前明乡贤所置,各贮田租,备赈贫乏。康熙四十六年(1707),因兵燹迭起,田藉湮没无查。沈君坦言,今在东关燃灯者,是为故绅刘公请复于前牧李公余田,册籍无考,后于古壁得断碑,载有北义仓名,而其事久废。是故沈君与邹君龙门及其弟之松,因里中旧积公田数亩,各量捐己资,"仿前辈遗意,更得同志转相劝助,合为置田若干亩,建仓于普庵堂。岁储田租,亦冬夏二季出以赈散里中之衣食不给并婚丧难举者,已三载于兹矣"④。临安府建水州北义仓的兴复,其主要在旧

---

① 《附提学万士和义仓记》,陈昭令修,李承栋纂:《黄平县志》卷19《食货志·积贮》,贵州省图书馆藏1965年油印本。
② 《巡抚田雯积谷说》,陈昭令修,李承栋纂:《黄平县志》卷19《食货志·积贮》,贵州省图书馆藏1965年油印本。
③ 白丽萍:《道光朝的义仓建设》,《农业考古》2014年第3期。
④ (清)祝宏:《新建北义仓碑记》,(清)祝宏修,(清)赵节等纂:雍正《建水州志》卷11《艺文·记》,清雍正九年(1731)刻本。

仓的基础上得以建成，仓储米谷源自民间士绅等积极捐输，并购置田亩入租存贮，为冬夏季节散给贫民提供了物质基础。贵州黎平府古州厅于厅署旁建义仓共十一间，"原贮谷二千二百二十石"。道光二十三年（1843），古州厅杨兆奎劝捐谷一千七百石，后因苗变仓圮，米谷无存。光绪三年（1877），古州厅同知余泽春请款修建，并买谷存仓。光绪四年（1878），古州水灾，拨义仓谷石发赈，"复奉文买还，实存谷三千石"[①]。古州义仓的建设和仓粮的额贮，为水灾赈济灾民提供了可靠的食物保障，用毕复购存储，足见古州地方对义仓建设的重视。

义仓积储用于备荒防灾，不仅事简易为，更有助于避免仓储平粜和借贷所造成的弊窦丛生。研究认为："盖以推陈出新，易滋蒙混，春放秋收，出借难偿，所以专主于凶荒散放，不在推陈出新，以求滋长，亦不必春借秋还，以收利息。亦陶澍鉴于当时社仓之弊，矫枉过直之举也。"[②] 道光十一年（1831）五月十二日至十六日，贵州镇远府属地方连次大雨，河水旋涨旋消，镇远卫城与黄平重安江城垣因建修年久，雨淋水浸后坍塌较多。五月二十三日，因镇远上游山水并注，河水陡涨。黄平州滨河草房微有冲坏，镇远府饬令给资黏补。而邻境思州府属地方于五月二十五、二十六等日雷雨交作，大水灌浸城垣，西南西北隅间有坍塌，监墙南面亦多倾倒，已经修整完好。云贵总督嵩溥奏称："饬司查明该府州县被水甚轻，并未成灾，水冲沙压田亩无多，已修复补种杂粮，冲坏草房亦经给资修好，坍塌城垣分饬修理完固，以资捍卫。因值青黄不接之时，镇远思州施秉三处粮价稍增，均碾粜义仓谷石，以平市价而裕民食。现在民情甚为安谧。"[③] 积谷备荒，实因礼而利之善政。光绪二十四年（1898）谕令内阁："刚毅奏各省常平仓社久同虚设，民间义仓必应劝办，每年积数千石，三年数逾万担，虽遇奇荒，小民不致失所等语。各省积谷为备荒要政，既据该尚书详陈办法，必应实力举行，著各督抚严饬所属劝谕绅民，广为劝办，不得

[①] （清）俞渭修，（清）陈瑜纂：光绪《黎平府志》卷3《食货志·积储》，清光绪十八年（1892）刻本。
[②] 冯柳堂：《中国历代民食政策史》，商务印书馆1993年版，第213页。
[③] （清）嵩溥：《奏为镇远府思州近日被水城垣损坏捐款补修事》，中国第一历史档案馆，宫中朱批，档号：01-10907。

以一奏塞责。"①　光绪年间，黔省素有积储，前因水旱之阨，散赈已多。署理贵州巡抚、布政使嵩崑莅任后，"檄查旧谷存数，两年来谷熟中稔，劝办新谷，除省垣建仓收买，预为谷贵平粜外，饬各属仍照旧劝积，众情踊跃"②。嵩崑称，劝办义仓不仅是未雨绸缪之计，并有利于满足穷民缓急不时之需，严厉督饬各府厅州县结报新旧谷实储情况，详细奏闻。

　　常平仓、社仓和义仓三种不同类型仓储的社会功能比较相近，作为清代各直省地方基层社会的济民举措，三者兼具各自主要范围内视灾荒程度而定的平粜、出借和赈济职能。③"清代的义仓主要指由民间集资建设、由地方绅富管理、专救本地灾民的备荒仓储。"④　义仓积贮，贵在平时未雨绸缪，相机存储，以备灾年赈济所需。当时和岁丰之时，由人民量力捐集，迨饥馑荐臻之际，输出平粜，以各地方之积供各地方之食。黄平州向来只有社仓，义仓积谷较少，迨至咸丰五年（1855）兵燹，社仓存储焚毁无存。光绪五年（1879），贵州巡抚林肇元通饬各府厅州县筹办义仓谷，以备歉荒，黄平义仓建置则始。黄平义仓贮存于各堡寨，州属绅民自五年捐集起，"共存京斗义谷一千六百二十二石九斗二升"。光绪十三年（1887），奉抚宪潘霨通饬捐办义谷，增捐三千五百三十石七斗三升，黄平州"共存京斗五千一百五十三石六斗五升"。此数即成黄平历年义仓储积定额。光绪十七年（1891）至十九年（1893），义仓用于黄平贮城东坡半山十里桥平溪水灾支赈，"去京斗义谷二百四十七石五斗，实存在仓谷四千九百零六石一斗五升"⑤。光绪二十二（1896）、二十三年（1897），州牧瞿鸿锡复任内出陈易新，将义仓所储米谷全数平粜，仍照原额填足，分贮于本城、重安仓、金竹寨仓、班溪仓、旧州仁上甲仓、仁下甲仓等各乡寨仓廒，义仓的建设及仓廒存储的渐次充裕，较大程度上满足了黄平备荒赈济之需。

---

　　①　《清德宗实录》卷416，光绪二十四年三月丁亥条，中华书局1987年影印本，第57册，第443页。

　　②　（清）嵩崑：《奏报饬令各属劝办义仓谷石缘由片》，中国第一历史档案馆，宫中朱批财政第1220函第44号，档号：01-06439。

　　③　张岩：《论清代常平仓与相关类仓之关系》，《中国社会经济史研究》1998年第4期。

　　④　王卫平、黄鸿山：《清代慈善组织中的国家与社会——以苏州育婴堂、普济堂、广仁堂和丰备义仓为中心》，《社会学研究》2007年第4期。

　　⑤　陈昭令修，李承栋纂：《黄平县志》卷19《食货志·积贮》，贵州省图书馆藏1965年油印本。

三 清代云贵地区义仓的管理

关乎义仓管理，直隶总督方观承疏言："其要在地近其人，人习其事，官之为民计，不若民之自为计，故守以民而不守以官。"① 云南楚雄府在滇之西北，山险地瘠，无通津大川，足藉资于泛运，无富商巨贾可劝捐于临时，以地处冲要，为省垣屏翰，迤西各郡咽喉，土著、客民良莠相杂，脱遇饥馑，尤多隐患。官司土者，亟于建仓积谷之图，为思患预防之计，以备荒歉，拯穷黎、定人心、弭时变。咸同兵燹后，楚雄县诸义仓焚毁靡遗，义谷颗粒无存。光绪八年（1882），陈灿来守楚郡，诸父老而谘以利弊，佥曰："光绪四年（1878）夏，雨泽愆期，诸长吏走祷罔应，米价增倍，城市人心皇皇，若不可终日。筹楚之第一要政计，无逾于积谷备荒者。"光绪九年（1883），楚雄府知府陈灿从由马龙厂铜务项下筹获银五百余金，先期购买市石谷四百石零，以为之倡，并召诸绅士耆而告以捐谷之举，佥爰置印簿分颁城乡，不三月而得谷若干石，合之前买之谷，共计市石谷一千石零。爰以诸绅谋度地于郡城之南街，高燥宏敞，经始于光绪十年（1884）六月初六日，落成于十一年（1885）二月初三日，建仓廒五间，住房三间，缭以周垣，名之曰和丰义仓。陈灿还与诸绅议定章程，仓谷管理"择绅士之殷实老成者，按年经管，官吏不得侵扰需索"。同时，陈灿还与诸绅议定章程，立案刻石，酌定："每年二月，新旧绅管更替，各具册结于官，官为亲稽实数，防侵挪也。春借秋还，每年取息二升，所以给籽粒滋生息，并借以推陈出新也。必良民有的保，而后借非其人，则不轻借，亦不强借，所以防亏欠，而免抑勒也。"②

清代义仓由士绅管理成为各级统治者的共识。③ 清代义仓的管理，主要由民间公同推举仓正、仓副各一人，以全权负责义仓的收贮和出纳事务。文献记载："各省义仓，听民间公举端谨、殷实士民二人，充当仓正、仓副，一切收贮出纳十一，责令经历，不必官吏经手，以免滋弊，期公举

---

① （清）方观承：《畿辅义仓图》，《中国方志丛书》，成文出版社1969年版，第1、2页。
② （清）陈灿：《新建和丰义仓碑记》，（清）崇谦修，（清）沈宗舜纂：宣统《楚雄县志》卷11《艺文述辑》，云南省图书馆藏民国间抄本。
③ 刘宗志：《从清代社仓与义仓之差异看民间社会救济之增长》，《中国农史》2018年第2期。

呈换赏罚年限，岁底报部，悉照社仓条例办理。"① 云南晋宁州建设社仓的时间较早，元朝至元六年（1269），诏令立义仓于乡社。明嘉靖八年（1529），谕令云南各府州县推行积谷救荒，行义仓法，"令本土人民各二三十家约为一会，每会共推家道殷实、素有德行一人为社首，处事公平一人为社正，会书算一人为社副，每朔望一会，分别等地。上等之家出米四斗，中等二斗，下等一斗。每斗加耗五合入仓，上等者主之。但遇荒年，上户量贷，丰年照户还仓。下户酌量赈济，不复还仓"②。各省州县府造册呈送抚按，每年查核清算一次，若有虚报，即罚社首出一年之米。

民为邦之本，仓乃民之天，然欲重民食以固邦本，莫大于备储积而防荒歉，此则古今不易之良图。嘉庆六年（1801）议准："各省义仓，一切收储出纳事宜，责令经理，……照社仓例办理。又议准义仓谷石非本地农民概不准借。"③ 道光帝谕令"如乡村有愿立义仓者，地方官尤当劝捐倡办，不准官为经理，致滋流弊。庶仓储充裕，缓急皆有可恃"④。清光绪二年（1876），鲍源深奏请饬令各省捐备仓谷，以济荒歉，仍照江南从前设立丰备仓之法，劝民遵办，其未立社仓者，赶紧捐储，地方官均不得问其出入，以杜扰累。东川府巧家县地处边远，山满田稀，尠产稻谷，向未设有常平、丰备以及社仓，每遇荒歉，坐受饥困，专待官赈，而毫无预备。光绪年间，咸同兵燹造成东川府巧家县民众穷匮的影响一直遗留下来，每逢年谷不登，无论大歉抑或小歉，仓储难支赈济。巧家同知胡秀山认为，丰备仓创始自近今，乐岁捐聚，凶年散赈，散尽复捐，不准借贷生息，以杜弊端。而巧属地瘠民贫，田稀谷少，难以多捐常捐，所宜师其意，而酌古准今，实力行之，其功效自见。经胡秀山及同城经历首捐为倡，亦赖各绅粮尚义急公，同心乐输，分捐成数，"共计市石谷一百石，合京石谷四百石"，收储放积。巧家同知根据捐输成数，复设法筹款，发交绅首钟光耀等起修仓廒，以备广为储积。胡秀山称："事成公举正副总理，呈请官发印簿，轮年选换，专司经管"，然此次捐输钱粮系民间同心好义自捐自

---

① （清）席裕福、沈师徐辑：《皇朝政典类纂》卷152，载沈云龙主编《近代中国史料丛刊续辑》，文海出版社1982年版，第88辑，第2074页。
② （清）毛 、（清）朱阳纂修：乾隆《晋宁州志》卷14《积贮》，清乾隆二十七年（1762）刻本。
③ （清）昆冈：《钦定大清会典事例》卷194《户部·积储·义仓》，中华书局1991年版。
④ 《清宣宗实录》卷459，道光二十八年九月癸巳条，中华书局1986年影印本，第39册，第799页。

办，官督惟有监督以劝其成，因名之曰义仓。"仍然恪遵社仓法度，及钦奉上谕原奏官，但察其虚实，不问其出入，由民自理，以杜扰累，而免侵渔，此亦官督绅办之定制。"①

清代义仓建设和管理过程中，为使士绅、富民积极进行捐粮，清政府给予一定奖励，"各省义仓，由殷实商民捐谷存，既应量予奖励"②。黔省地瘠人稠，户少盖藏，每遇青黄不接，粮价增昂，储积最关紧要。咸丰五年（1855），贵州巡抚蒋霨远同司道谆嘱在籍郎中黄辅辰宝为劝输前任漕运总督朱树、江苏苏松太道王玥、翰林院检讨但钟良、知州衔前任湖南攸县知县孔宪典、候选盐运使司副使高以廉、州同职衔李珮琳等，当即首先倡捐，并劝在城绅商量力捐输，"现计捐谷一万五千四百五十六石，又捐建义仓银一千三百五十七两，于贵阳府贵筑县两处学宫内建仓三十八廒，将谷石陆续交仓分储，以备不时糶济之需"③，并酌定经管章程条规，期于经久，有备无患。清制，凡捐谷每石合银一两，十两以上，地方官奖以花红匾额，一百两以上，督抚奖以匾额，二百两至千两以上者，分别议叙。此次省城绅士商民捐建义仓储积谷石，蒋霨远认为，除绅商捐数无多，由臣督率地方官奖以花红匾额外，其捐数较多之但钟良等二十名，均各与甄叙，与定章奖励相符，并奏请循例恳恩俯准交部分别议叙，以示奖励。

义仓作为清代直省地方重要的仓储类型，其贮仓谷石主要源自于民间绅商士宦及殷实富户的捐赍，其收贮和出纳由民众自主职掌。嘉道以后，由于常平仓体系弊坏，仓廒存贮出现较大缺额，并影响到备荒防灾建设，因此统治者将目光聚焦于义仓建设。嘉庆十八（1813），谕令直省地方官，"劝谕地方富户，设立义仓，以备荒岁，不必官为经理，总期民食有资，事无烦扰"④。贵阳府开州大乱数平，地方渐次垦复，州官乃饬由各富户，按亩捐输，更以筹办善后耕牛、籽种之所余，购谷存储备荒。迄至光绪十三年（1887）、十四年（1888），开州所属地方义仓始备。据《开阳县志

---

① （清）胡秀山：《义仓碑记》。载陆崇仁修，汤祚纂《巧家县志稿》卷9《艺文》，1942年铅印本。
② 《清宣宗实录》卷296，中华书局1985年影印本，第37册，第589页。
③ （清）蒋霨远：《奏为省城绅士商民捐建义仓储积谷石请奖励事》（咸丰五年五月初七日），中国第一历史档案馆，朱批奏折，档号：02-03509。
④ 《清仁宗实录》卷281，嘉庆十八年十二月癸丑条，中华书局1986年影印本，第31册，第837页。

稿》记载:"其时各地义仓,即由总甲管理,按年以一部分放借生息,以息折银缴解州署,用作寒衣济腊及慈善之费,其息视年岁丰歉,或多或少,并无额定缴纳数目。"① 至光绪二十二年(1896),开州知州张翰奉令开办巡警局,并请准以义仓所储义谷生息,以此作为巡警局经费,预计全州仓谷共五千余石,以二斗取息,年可获息千石左右,可折银一千三四百两。每年秋收后,各管仓人员,照例将加二息谷,以五升作鼠耗及管仓员津贴,以一斗五升按政府定价折解,即遇丰年不能贷放,人民亦须照数摊息。

"仓储制度既有贮粮备荒、人安而致政治的社会保障功能,同时又是国家财政中'致财足以制国用'的重要经济保障。"② 清代云贵地区常平仓、社仓和义仓的建置沿革、管理机制和功能运行,以及仓储管理规章制度的逐渐完善,为云南和贵州地区的临时灾荒赈济提供了物质保障。王国斌认为,中国官府于19世纪对地方仓储的干预和控制在"积极性地减弱"③。清代仓储建设作为历朝政府以救荒思想和实践的重要载体,其在承袭历代旧制的基础上,粮仓储备具有官方贮藏、民间储藏和官民共贮的特点,即在清代荒政制度中的仓储体系中,常平仓和社仓主要由官方主导建设和运行,而嘉道朝以后的义仓建设则由民间自主经管和运营,避免了临灾施赈时层层报告导致的救灾滞后性。"三仓"体系在西南边疆地区的建立和协作运行,为云贵地区的灾赈实践提供了重要的社会保障功能。嘉道朝以后,中国西南地区的仓储建设遭到严重的损毁,总体上看,仓厫积谷备荒的社会治理功用逐渐失去原有的能动性。

嘉道朝后云贵地区义仓的兴建和发展,尽管分布范围局限于云南和贵州部分府厅州县的市镇,义仓规模和额储数量相对有限,但其在常平仓和社仓衰落的过程中,一定程度上对灾荒救济和清代国家的边疆治理起到了临时补苴的效用。"清前期政府的注意力集中在常平仓和社仓的运作上,咸丰以后常平仓瓦解并无望重建,社仓也出现流弊,地方官只能通过重视

---

① 欧先哲等修,钟景贤等纂:《开阳县志稿》卷3《政治·救济》,1940年铅印本。
② 张岩:《试论清代的常平仓制度》,《清史研究》1993年第4期。
③ 王国斌:《转变的中国:历史变迁与欧洲经验的局限》,李伯重、连玲玲译,江苏人民出版社2008年版,第114页。

民间性质的义仓来表达其道德责任。"①［魏］丕信认为，18世纪的地方政府掌握了更大的地方收入，因而可以采买更多的粮食补充常平仓。②常平仓、社仓、义仓较为完善的仓储制度和体系在清代前期对经济发展、社会稳定起到了一定的积极作用，但随着清朝日趋没落，采买粮食迟缓、仓廒管理不善、挪用侵渔、监督盘查不力等非正常管理普遍存在，仓储制度在实施中弊窦丛生，逐渐走向衰败。③清代云贵地区的常平仓、社仓和义仓等仓储机构建设，在区域防灾救荒实践中发挥着重要的功用。常平仓、社仓和义仓作为清代国家和云贵地区灾荒赈济中非常重要的社会治理工具，尽管三者的建立机制和仓储谷本来源存在较大差异，但彼此稳定物价和赈饥养民等功能在具体的灾赈和备荒实践中却具有共通之处。

萧公权在研究清朝粮食体系中指出："在清朝的整套乡村统治体系中，灾荒控制所占地位非常重要，因而清政府对它的重视并不亚于保甲或里甲制度。"④清朝帝国对西南边疆地区的统辖方式由垂直管理逐渐向地方协调推进，尤其是伴随着清朝国家从强盛走向衰弱，仓储制度运行过程中的国家权力和地方社会力量之间的博弈关系愈加复杂多样。云贵地区虽然地处西南边疆，行政地理上亦属于清朝帝国统治的边缘性地带，但在清朝政府历次征伐和大一统思想的塑造下，云贵地区的儒学不断得到发展，不断强化了西南边疆地区各民族对清朝国家的高度认同。清代云贵地区的义仓作为地方性和民间性的公共粮食储备系统和救灾机构，其由民间自主经办和地方士绅管理，自始至终都是国家基层社会结构和地方权力体系的重要组成部分，仍旧间接性地接受官方的监督，因而从整体上讲，清朝通过义仓的建设和施济，较大程度地实现了对乡村社会治理体系的深度干预。

清代作为中国荒政的总结时期，在仓储制度上得到不断发展，也是古代仓储制度最为发达的阶段，无论仓储规模还是经营管理都得到进一步完善。⑤清代云贵地区的备荒仓储制度建设是清代国家仓储建设的一个缩影，

---

① 吴滔：《明清苏松仓储的经济、社会职能探析》，《古今农业》1998年第3期。
② （法）魏丕信：《十八世纪中国的官僚制度与荒政》，徐建青译，江苏人民出版社2003年版，第157—158页。
③ 康沛竹：《清代仓储制度的衰败与饥荒》，《社会科学战线》1996年第3期。
④ ［美］萧公权：《中国乡村——论十九世纪的帝国控制》，张皓、张升译，九州出版社2017年版，第173页。
⑤ 叶玲、杜振虎：《清代陕西仓储制度的建设与管理运营初探》，《农业考古》2016年第4期。

云南和贵州地方政府结合清朝中央政权大一统和加强西南边疆社会治理的需要，积极推进常平仓、社仓和义仓的筹备和仓粮额贮建设，为提高云贵地区的农业生产力提供了条件，仓储粮食为解决云南地区灾荒期间口粮供需矛盾以及缓解社会矛盾起到了调和作用。常平仓、社仓和义仓所形成的"三仓制"作为一项重要的社会保障制度，是清朝中央政权强化西南边疆治理能力和稳固边疆社会的重要驱动因素。清代云贵地区的备荒仓储制度是清代国家仓储建设的一个缩影，云贵地方政府结合清朝大一统和加强西南边疆治理的需要，积极推进义仓以及常平仓和社仓的建设，为提高云贵地区的救灾能力创造了条件。

第四节　清末西南边疆地区积谷备荒制度建设

清光绪十六年（1890），云南仿照江苏亩捐成案，推行积谷备荒，积谷制度的建立、发展和完善，使积谷成效甚为显著。积谷作为清末云南防灾备荒的良法善政，究因施行长久导致积重难返，清政府云南当局于宣统元年宣告终止积谷，并因地制宜拟定整饬积谷办法及功过章程，以期对积谷制度进行优化和调适。清末云南积谷作为西南边疆地区积谷备荒制度的重要实践，积谷制度建设和弊病革新，推动了西南边疆地区仓储备荒机制的发展和转型。

一　清末西南边疆地区积谷备荒制度推行的原因

积谷备荒作为官府和地方社会灾害应急响应的重要手段，其制度的施行有助于提高灾害的应急保障能力和灾后恢复重建效率。清朝中央政权高度重视积谷备荒，但在西南边疆地区一直尚未得到有效推行，这与西南地区长期性穷困和灾害频发密切关联。清末云南粮食歉收和仓储体系的崩溃，制约了云南官府和民间社会灾害应急响应能力的提升，这为积谷备荒制度的建立提供了历史机遇。

云南自然灾害频发是清末西南边疆地区积谷备荒制度得以推行的重要因素。清代中国气候变化对西南地区人类社会发展的影响兼具动态性和复杂性的特征。"自然界及其异常现象，既对人类的影响至深且巨，势必牵涉到生态环境与人文的互动，以及人文对自然界挑战的反应和消耗自然资源的后果。"① 云南地处云贵高原，由于清康雍乾时期土地开垦、矿产开采等活动空间的拓展，使云南广大山区半山区植被逐渐减少，地表形态和地质结构遭到严重破坏。在季风性气候的驱动下，连续性降雨导致洪水涨泛，山体滑坡容易形成泥石流灾害，淤塞河床，覆压田亩，对农业生产造成潜在的影响。"地理环境中自然灾异的群发性与集中突发性形成了地理环境的突变。灾异在人类历史的近几千年来，有时出现较少，这时地理环境相对地趋于均衡的渐变时期；有时出现的多而集中，对地理环境产生了急剧而明显的影响，是相对的突变时期。所以，地理环境的'突变'是通过自然灾群的突发性和群发性来实现。"② 清末云南干旱、洪涝、地震等自然灾害发生频次高，波及范围广，并由此引发系列次生灾害，对西南边疆地区社会经济的发展产生"连锁效应"。

清朝末期，中国处于"清末自然灾害群发期"或"清末宇宙期"③，各类自然灾害的发生频次偏高。④ 云南地处西南边疆，清末全球性气候干湿与冷暖交替变迁，加剧了云南灾害暴发的频率及危害程度，干旱、洪涝、地震、低温冷冻等灾害并发，破坏了云南传统的农业生产结构，粮食减产，物价腾贵，不同程度地加大了灾荒发生的可能性和冲击性。毋庸置疑，清朝末期，西南边疆地区的气候变化与全国气候变迁同步，但在不同时间节点和空间界面上，其影响程度上存在较大差异，百年尺度上的区域性干湿变化更具复杂性和多样性。"尤其是近 300 年来，云南气温的变化常常体现出突变的形式，而在 1871—1910 年大约 40 年的气候变化表现为极不稳定。"⑤ 由于清末历史气候突变造成云南农业收成歉薄，在自然因素

---

① 汪祖荣：《明清帝国的生态危机》，载汪祖荣《明清史丛说》，广西师范大学出版社 2013 年版，第 48 页。

② 于希贤：《近四千年来中国地理环境几次突发变异及其后果的初步研究》，《中国历史地理论丛》1995 年第 2 期。

③ 清朝末期，在中国整体社会环境历经"数千年未有之大变局"的同时，自然生态环境也不断发生着重大变迁，各类自然灾害日趋频发。当代中国从事灾害学研究的自然科学工作者将其称之为"清末自然灾害群发期"或"清末宇宙期"，并与历史上另外三重大灾害群发期即夏禹宇宙期（约四千年前）、两汉宇宙期（前 206—公元 200 年）、明清宇宙期（1500—1700 年）相提并论。

④ 夏明方：《从清末灾害群发期看中国早期现代化的历史条件—灾荒与洋务运动研究之一》，《清史研究》1998 年第 1 期。

⑤ 杨煜达：《清代云南季风气候与天气灾害研究》，复旦大学出版社 2006 年版，第 165 页。

与社会因素的耦合作用下，自然灾害的衍生效应引发严重的灾荒，使云南官府及地方社会的救荒具有滞后性的特点，这为清末云南积谷备荒制度的推行提供了条件。

地方府库储备匮缺是清末西南边疆地区积谷备荒制度的主要驱动力。云南山多田少，夙号瘠区，民间少有积储，在自然灾害的袭扰下，灾荒赈济尤其艰难。清朝末年，云南各属地方灾荒频仍，禾稼连岁受灾，进而影响到仓储的丰欠。由于云南耕地有限，农业经济发展空间受限，在自然灾害突发期间，云南集分散性、封闭性、自给性和单一性等为一体的传统农业的防灾能力微弱，收成歉薄，物资短缺，物价上涨，农业生产恢复乏力，赈灾物资尚无保障，给灾民的生产生活造成致命性的打击。同时，清末云南严重的自然灾害直接加剧地方财政困难，府库匮乏使云南官府调拨钱粮救灾捉襟见肘，一定程度上使灾荒不断蔓延，危害持续加深，积谷备荒势在必行。

云南僻处一隅，偏灾偶遇，筹措为艰。"滇省承平时，本有常平、社仓、义仓之设，存积谷石，以备荒赈。军兴以还，各属仓储空虚，户鲜盖藏，偶遇灾歉，庚癸频呼。"[1] 自咸同兵燹以来，西南边疆地区陷入长期战乱与灾疫肆虐的状态，连年皆有被灾之区，丁口不断消耗，土地大量抛荒，严重削弱了农业的再生产能力，并影响到春秋粮食收成，仓储匮乏削弱了救灾的成效。清代云南仓储体系崩溃以咸同兵燹为标志，其发展与衰颓同清王朝由强转衰相同步。光绪年间，云南建有仓储的八十七个地区中，有二十九个地区的常平仓和社仓因咸同兵燹被焚毁，或充军食无存，有十二个地区的常平仓和四个地区的社仓毁坏，毁坏的仓储几乎接近全省仓廒总数的一半。[2] 历史上云南交通较内地更为落后，灾年从邻省输送粮食或商贾贩运极为艰难。"滇省地处极边，山多田少，承平日久，户口增繁，一年所产米粮不敷以岁之食，且跬步皆山，不通舟车，边隅积贮较他省尤为急务。"[3] 仓储兴废关系荒政得失，仓储制度的建立以及积贮钱粮对

---

[1]《云南全省财政说明书》第二类《杂赋·积谷》，载桑兵主编《清代稿钞本》（续编），广东人民出版社2017年版，第94册，第42页。
[2] 王水乔：《清代云南的仓储制度》，《云南民族学院学报（哲学社会科学版）》1997年第3期。
[3]《奏报筹备滇省极边要地积贮米谷折》，中国第一历史档案馆，宫中朱批财政第1122函第2号，档号：01-02480。

仓储备荒救灾及其功效的发挥具有直接影响。

清朝末年,"以常平仓、社仓、义仓三仓为主的备荒仓储体系逐渐失效"①,充分调动民间社会力量参与仓储建设,标志着中国历朝仓政发展过程中传统的养民思想进入新的历史阶段。在传统灾赈中,仓储充实与否是地方官府救荒能力、社会资源整合力强弱的重要体现,亦是官府加强社会公共管理职能和强化社会治理水平的重要指向。"救荒之策,备荒为上",而"备荒莫如裕仓储"②。清咸同兵燹后,云南全境常平仓、社仓和义仓不同程度地遭到劫掠和焚毁,传统备荒赈灾的三仓体系趋于解体。尽管部分地方仓储仍得以保存,但所储粮石难敷灾赈应急所需,并制约了清政府及云南当局的灾荒社会治理能力。清末云南积谷备荒制度的建立和实施,推进了传统中国仓储制度的结构性变迁和制度性延续,并为西南边疆地区的备荒救灾提供了重要的供给机制和制度保障。

二 清末西南边疆地区积谷备荒制度的建设路径

光绪十六年(1890),清政府云南当局参酌江苏省亩捐成例,在全省统一按照纳粮一升捐钱二文的方式,就地买谷存仓储备,并由各地征存夫马津贴项下拨充修仓费用,若有不敷支出,则允准云南善后筹饷报销总局(简称"云南善后局")拨款添补,以防荒年。清末云南积谷原拟定以十五年为限期,实际施行长达十九年。积谷备荒制度的建立,既顺应清末西南边疆灾荒赈济的需要,亦在积谷的过程中促进了备荒防灾机制的完善和发展。

预积贮而备缓急,仓廪足而有益于民生。中国积谷防饥思想源远流长,积谷备荒、平粜、借贷和恤民,历朝皆有践行。"国无九年之蓄,曰不足;无六年之蓄,曰急;无三年之蓄,曰国非其国也。三年耕,必有一年之食;九年耕,必有三年之食。"③继此之后,积谷备荒受到历代帝王的高度重视,历朝仓储制度的发展完善即是践行积谷备荒的重要体现。"良

---

① 郭宇昕:《晚清积谷运动的兴废——以四川省为中心》,《安徽史学》2021年第2期。
② (清)寄湘渔父编撰:《救荒六十策》,载沈云龙主编《近代中国史料丛刊三编》,文海出版社1989年版,第1页。
③ (汉)郑玄注,(唐)孔颖达疏:《礼记正义》卷12,北京大学出版社1999年版,第377页。

以救荒无善策，而自有其策，与其遇荒而补苴，不如未荒而筹备，诚使为民牧者，历史时期，事理达于平时，偶值偏灾，措之有本。"① 无论丰歉与否，未雨绸缪方能有备无患，建仓积谷足以防患于未然。因天诫以修人事，思患预防，莫大于此。

积谷亦称"义谷"或"社谷"，晚清始称"积谷"。清朝康熙皇帝高度重视积谷备荒，并鼓励在地方建仓储粮。"各省常平等仓积贮米数，甚属要务。有此积贮，偶遇年谷不丰，彼地人民即大有裨益。虽先经奉旨通行，恐有名鲜实，一遇水旱议赈之时未能接济，致民生艰困。今将某省实心奉行，某省奉行不力，其逐一察议具奏。"康熙二十一年（1682），户部颁行积谷奖励办法："州县卫所官员设法劝捐，一年内劝输米二千石以上者纪录一次，四千石以上者纪录二次，六千石以上者纪录三次，八千石以上者纪录四次，一万石以上者准加一级。如定有处分之例，恐有不肖官员畏罪过派，苦累小民，是以难定处分之例。"② 雍正十三年（1735），云南布政使陈宏谋奏称："臣仰体圣怀，于滇省社仓悉心筹画，实力劝捐。惟期积少成多，庶几有备无患。只因土田瘠薄，出产无多，所捐终属有限。自奉行至今，通计一省捐积谷麦等项，止有七万余石。其中一千石以上者，仅二十余处，此外皆数百石、数十石，亦有全无社谷者。"③ 鉴于云南社仓建设较为滞后，陈宏谋建议用常平仓及官庄谷石作为社本，使社谷渐次充裕，广为储备粮食，以适应备荒救灾之需。

"积谷所以备荒，此司牧要政之一端。或州县捐奉若干，为绅衿富民经倡，或秋成时奉文发簿，令里甲等各户劝输，然胥吏其中保无收多报少之弊，宜置簿印发登填，填完查明详报。但今奉有按亩捐输之例，积贮愈多，敛散出易之际，尤宜留心。"④ 清朝历来重视灾前的储粮备荒工作，积储民食以培邦本，是清朝历代统治者治国理政和勤恤爱民的民生思想。清朝是中国荒政制度建设和发展的集大成时期，"清代救灾，已形成一套完

---

① （清）杨景仁：《筹济篇》，载李文海、夏明方主编《中国荒政全书》（第2辑·第4卷），北京古籍出版社2003年版，"序"（林则徐），第6页。
② 《清圣祖实录》卷103，康熙二十一年七月甲寅条，中华书局1985年影印本，第5册，第41页。
③ 《云南布政使陈宏谋为酌通社仓借本以资接济事奏折》（雍正十三年七月十九日），中国第一历史档案馆：《雍正朝设立社仓史料》（下），《历史档案》2004年第4期。
④ （清）黄六鸿：《福惠全书》卷8《杂课·积谷》，清光绪十九年（1893）刻本。

整、固定的程序。地方遇灾，经报灾、勘灾、审户，最后才是蠲免与赈济。这一系列环环相扣的办理程序的确立，标志着清代荒政日臻制度化、经常化"①。事实上，清代云南救灾机制在借鉴内地模式的基础上，其形制相对较为健全。在积谷备荒的具体实行过程中，云南官府对以常平仓和社仓为主要形式的仓储谷本来源、数额规定、管理制度、经营形式等都有严格规定，但因地处西南边疆，受农业生产滞后的发展影响，仓厫积谷亦因政权鼎革而容易遭受冲击。

滇省"户鲜盖藏，舟楫不通，转输匪易，积谷以备不虞，尤为切要之政"②。为强化灾荒防备，光绪十五年（1889），云南巡抚谭钧培以旧章无效，奏明由公筹款分发各属采买，倡导并酌参江苏亩捐③成案，通饬云南各府厅州县自光绪十六年（1890）起，拟定按纳粮一升捐钱二文，以十五年为限，就地买谷，分储城乡，并颁发选绅建仓、推陈易新各章程，全省各府州县自此逐步开展积谷事宜。清政府云南当局视按粮抽捐即纳粮一升随抽积谷钱二文，每银一分亦抽钱二文为备荒善政，并晓示各地方，若届限所积无多，再由官绅酌量请展，以省城为根本重地，另提款银发绅买谷，另存丰备仓。此即清末云南积谷制度建立之肇始。积谷关系救荒要政，清末云南积谷备荒建章立制，使良法善政在社会变革中得以有序实施。

光绪二十年（1894）六月，中甸厅李丞禀请将存仓青稞一百六十余石放出平粜，由司移局准粜，饬令秋后买补具报，并饬将未领十七、十八、十九三年摊发银两备文赴司请领，多购青稞，以广积储，而备荒歉。④ 清末云南积谷备荒，倡导在官，经管在绅，尤其是在积谷仓储管理的过程中，官绅共同出具积谷实数印甘各结，充分保障了积谷备荒的时效性。按

---

① 谢亮：《传统荒政的公共性与行政国家成长的再审视——基于"官僚制实践困境"命题中的行政伦理》，《浙江社会科学》2011年第10期。

② 《云南按察使司布政使司为滇省办理积谷事详》（1898年9月），云南省档案馆藏。

③ 按：亩捐主要行于江苏、安徽等省。咸丰三年（1853），雷以诚在江北里下河开办亩捐，以济饷需。咸丰四年（1854），亩捐推行到扬州、通州两府各州县。当时江北亩捐是以"地亩肥瘠，业田多寡"为标准，照地丁银数分别抽捐，大致每亩自二十文至八十文不等。其后江南各州县亦相继举办。一般用作本地团练经费。安徽举办亩捐，概因"各州县支应具差，款项无出"，或每亩捐钱四百文，或每亩捐谷二斗。

④ 《清末云南各地历年存仓积谷及现存未经买谷银钱各数目清册》，云南省档案馆藏。

照既定的积谷章程,绅司出纳,官司稽查,一有亏短,即著绅管摊赔,明确了仓储管理的具体权限。光绪二十四年(1898)十一月初六日,云贵总督崧蕃批示,滇省积谷办理情形应汇通团保一并奏咨,并通饬各属宜将所存银钱赶紧买谷入仓,"督绅妥为经理,遇有任卸造册列入交代,以杜亏挪,而重储蓄"①。清末云南积谷"官督绅办"的实践模式,充分丰富了云南地方办理积谷储备方式的形式和内容,但从晚清帝国对基层社会的管理格局及治理方式来看,清朝政府借积谷"民捐绅办"和"官督绅办"之名,希图减少不准加派额赋的制度限制,通过推行积谷强化对地方备荒仓政的实际掌控。"由于'官督绅办'的管理模式往往以强制'民捐'为基础,加重了民众负担,因此亦可视作官府转嫁责任的表现。"② 清末云南积谷备荒作为官府田赋加派的重要手段,尽管在柔性奖励机制和刚性惩罚措施的监管下取得显著的成效,但积谷捐究属违例摊派,在贻累百姓的同时,使积谷仓务积弊难返,制度设计的缺陷使积谷备荒面临重重困境。

清朝末期,清政府与英国订立严禁鸦片的协议,议定自光绪三十二年(1906)开始,期尽十年之工,杜绝官方和民间种植和吸食鸦片。云贵总督锡良随即饬令全省在光绪三十四年(1908)完全禁绝罂粟的种植,并采取果断措施肃清鸦片运输和吸食问题,除滇西和滇西南个别边远偏僻村寨尚有偷种偷吸食鸦片的情况外,云南全境大部分地区的鸦片种植得到有效遏制。③ 尽管清政府云南当局尝试以棉花等经济作物的推广种植弥补烟户的损失,但短期内难收成效。据档案记载,"查近年滇省农民自禁种罂粟,入项顿减,虽力求扩充种植,而收效难在目前,上年加收路股,即虞民力难支"④。此外,滇越铁路的兴修征收路款,云南地方的财政收入锐减,民力益形拮据,并进一步影响到积谷成数和仓储。云贵总督沈秉堃奏报称:"滇省抽收积谷钱文一案,迄今已阅十有九年,现在各属所存之谷已属不少,兼以禁种罂粟,复加抽铁路股款,民间财力实有未逮,请自宣统元年

---

① 《云南迤东兵备道陈为办理积谷交代案批移》(1989年10月),云南省档案馆藏。
② 黄鸿山:《晚清田赋加派与基层社会管理格局变动——以江苏"积谷捐"为中心》,《史学月刊》2015年第1期。
③ 秦和平:《云南鸦片问题与禁烟运动(1840—1940)》,四川民族出版社1998年版,第26页。
④ 《云南善后筹饷报销总局为停止抽收积谷钱文详》(1909年2月11日),云南省档案馆藏。

上忙开征起，一律停止抽收，以纾民困。"① 云南各府厅州县因罂粟禁种和路股摊派而无力筹足积谷银钱，且已超过积谷十五年的限期，通省仓储积谷额数实属不少，过多积贮则保管烦难，而备荒要政毋庸乏力为继。

在云南施行积谷的前期，议定的章程严谨缜密，积谷存额不断增加。但由于云南各府厅州县地理环境差异较大，积谷数量难归一律，因而各地积谷赔累者不在少数。究因滇省地瘠民贫，积谷推行过久，侵蚀挪移等弊病丛生，积谷成效实属堪虞。经云南布政使司、云南善后局查核，云南积谷弊病颇多。"有借此营私者，有假公提用之弊，有私行挪移之弊，有视推陈易新为利薮之弊，有新旧任空交空收互相通融之弊，有因添建仓廒任意浮冒开支之弊，有历年抽获钱文不为买谷暗地侵蚀亏空之弊，有以钱易银买谷辗转折扣朦混之弊。"② 积谷为备荒要政，亦为足食良图，所定积谷章程十二条在实施的过程中亦较为妥善，但积谷日久，法制松弛，各府厅州县官员推进积谷每多怠玩。尽管云南督抚续定杜弊章程六条，亦不足以惩恶扬善，"办理尽善者固不乏人，而奉行不力弊窦丛生者亦复不少"③。此外，新旧任此禀讦之案层见叠出，狡诈者任意刁难，庸懦者预存畏怯，辗转弊混，积谷钱粮交代纠葛不清；云南各属地方燥湿情形略有不同，若存储过多和经理失宜容易导致虫蛀霉坏；遇新旧交代积谷数目，盘量接收仓储额贮，每多亏短，廉洁官绅因此赔累者较多。

光绪二十四年（1898），云贵总督崧蕃奏称："滇省举办积谷、保甲，已著成效。"得旨："仍著督饬各属认真办理，毋得日久生懈，虚应故事。"④ 清末云南积谷在前期取得了良好的效果，而后期则进退维谷，危机不断，诸如官吏结党营私、假公提用、挪移亏欠、购谷摊勒等弊端不断显露，积谷仓储体系趋于崩溃。囿于积弊牵绊，清政府云南当局希冀通过拟定整饬积谷办法和功过章程来匡正时弊，却因积重难返而收效甚微。"就

---

① 《云南全省财政说明书》第二类《杂赋·积谷》，载桑兵主编《清代稿钞本》（续编），广东人民出版社2017年版，第94册，第43页。
② 《云南布政使司等拟定整饬积谷办法及积谷功过章程呈》（1901年10月5日），云南省档案馆藏。
③ 《云南布政使司等拟定整饬积谷办法及积谷功过章程呈》（1901年10月5日），云南省档案馆藏。
④ 《清德宗实录》卷436，光绪二十四年十二月丁酉条，中华书局1987年影印本，第57册，第733页。

民情而言，积谷捐加重民众负担，显为民众所不愿。就制度而言，它由官府强制征收，性质属于额外加派，与清廷不准加赋勒派的定制相抵触。"①清代云南积谷因积弊较深，赔累愈甚，是善政反为弊政，自积谷举办后，"各属收获钱文采买净谷，竟有并不遵章按年造报，历时既久，纠葛愈深，亏耗因而无从稽考"②，为保障积谷的有序推行，针对积谷弊病因时因地进行整顿和制度层面的调适，借此使积谷备荒的仓储体系永久维持，以推进备荒救灾事宜的开展。

  清末，云南各府厅州县积谷一事疲纂已极，各属官吏任内造报积谷册结邀免涂销并另造，徒劳案牍，殊属不成事体。而积谷关系救荒要政，积谷成数及其申报册结的办理务求明晰。为重新厘定积谷办法和功过章程，云南布政使司等妥议，储谷积弊宜及时核实，并"速将通省积谷沿习弊混确切查明，应如何悉心核正，体察时宜，严定划一简当章程，切实功过法则，以资遵守而清积弊之处，限奉文一月内妥议详覆，听候核夺饬遵"③。谭钧培禀称："积谷一事，在上则纂而难考，姑听延混；在下则藉口窒碍，任意疲芜，良吏不免滋累，贪夫巧为剥蚀"④，切实清理和整饬积谷章程，不仅有助于避免聚讼无休，还有利于维系良法善政。光绪二十六年（1900），云贵总督丁振铎奏："云南沾益州知州王垣临勒买积谷，短发价银，纵容子弟家丁聚赌招摇。"⑤清廷谕令，著将贪鄙谬妄之员即行革职，以示惩儆。

  清末云南积谷原有定章十二条，上年下忙本年上忙收获钱文于新谷登场之际，勿论各属谷价低昂与否，皆限每年九十冬腊四个月一律采买入仓，以杜防胥吏支挪侵占。但云南各府厅州县间有收获钱文后，延至数年并不采买谷石，即使平粜所获亦复因循拖宕，并不按时如数填还，尤其有

---

① 黄鸿山：《晚清田赋加派与基层社会管理格局变动——以江苏"积谷捐"为中心》，《史学月刊》2015年第1期。
② 《云南布政使司等拟定整饬积谷办法及积谷功过章程呈》（1901年10月5日），云南省档案馆藏。
③ 《云南布政使司等拟定整饬积谷办法及积谷功过章程呈》（1901年10月5日），云南省档案馆藏。
④ 《云南布政使司等拟定整饬积谷办法及积谷功过章程呈》（1901年10月5日），云南省档案馆藏。
⑤ 《清德宗实录》卷471，光绪二十六年闰八月癸亥条，中华书局1987年影印本，第57册，第191页。

离任数年拖欠仓谷不清还之弊，新旧任交卸归款无望。光绪二十七年（1901），云南布政使司等拟定整饬积谷办法及积谷功过章程凡八条：一是积谷宜划清年限，详晰造报，以免再滋弊混也；二是收获积谷钱文买谷存储，宜再声明定限，以防挪移亏欠也；三是采买积谷宜严禁摊勒，以归实际也；四是积谷遇有交代，宜饬实交实收也；五是积谷宜推广出陈易新，以免红朽也；六是出粜积谷宜明定开支，以杜弊端也；七是积谷交代，宜严定造册限期也；八是买粜积谷办理尽善，宜给奖，以示鼓励也。① 云南布政使司、云南善后局等衙门根据前期的积谷弊病，拟订整饬积谷的办法及奖罚官吏的积谷功过章程，力图匡正弊端，以重仓储。

云南布政使司、粮储道等因时制宜拟定颁行整饬云南积谷办法和积谷功过章程，其主要目的在于剔除积谷弊病。主要有造报不详和假公提用，扫除浮冒朦蔽和挪移亏欠，摈除藉势勒买和营私剥削，根除病伤贫民和预先定买，扫除谷粮霉蛀和红朽腐烂，消弭官绅开支不明和侵蚀分肥，更正造册混淆和积谷耽延等积弊。同时，云南官府还饬令各属官绅务当共同遵守此章程，实力奉行积谷规程，庶积谷成效之渐臻，俾缓急之足恃，实于地方荒政大有裨益。云南督抚、布政使司判定，云南积谷积弊较深，尤其是在新旧交代期间，不肖官吏盘量接收多有亏短，而廉洁官绅则因此赔累甚多，设法变通积谷办法，对积谷存数予以限制，是减少经年赔累的良方。光绪二十九年（1903），鉴于积谷弊混之实情，云南布政使司和云南善后局拟订变通积谷办法，按各属历年抽收积谷钱文之多寡，确定存谷数目之等第，"无论府厅州县暨各分防，每年抽钱六百千文以上者列为上等，额定存谷五千石；每年抽钱三百千文以上至六百千文者定为中等，额定存谷三千石；每年抽钱自数十千文之百钱文者列为下等，额定存谷二千石。城乡各仓并同计算，均以存积如额为止，不再加添"②。清末云南积谷等第划分，使进一步开展积谷备荒更具可操作性。似此变通办理，存谷无多，官绅无滋累之苦，数归划一，交代无含混之虞，而于备荒要政，仍属毫无所损，一举而三善。

光绪二十九年（1903），云南督抚重新议定积谷办法，将积谷分为上、

---

① 《云南布政使司等拟定整饬积谷办法及积谷功过章程呈》（1901年10月5日），云南省档案馆藏。

② 《云南议拟变通积谷办法呈》（1903年1月20日），云南省档案馆藏。

中、下三等，在明定积谷抽收银钱标准的同时，还酌核控制各府厅州县仓廒存谷数量，并成为防止暑湿上蒸时段粮食霉变的良策。此次拟定各属额存积谷，云南布政使司和云南善后局饬令遵照业已详定之新章，每年于青黄不接之时，允准出粜积谷总额的三成。若地方较热以及潮湿各区，均准出粜五成，藉此吐故纳新、取赢散滞。至于粜卖积谷所得银钱，宜应在当年秋后如数籴买还仓，不许丝毫短少。建仓贮粮是清代备荒要政，清末云南积谷在备荒安民、兴农利业和维系统治等方面发挥着重要作用。整饬后的云南积谷办法规定："如遇水旱偏灾办理平粜赈恤等事，仍照旧章禀请动用，事竣即将粜涉赈放谷石由该地方官核明价值若干，仍按额定数目赴局领款，买补填仓，并将额存谷石随时督绅认真经理"①，倘查出或被禀揭存有亏短及虫蛀霉坏各弊，准由经理官绅究责，以杜仓储空虚，以期仓廒积储对备荒救灾发挥应有的实际效用。

　　清末云南积谷定章，平粜变价及所报价值，虽经各该州县禀报，仍由云南善后局行饬各该管府州查明所报价值是否符合，分别准驳，并非仅据各该州县册报遽为核准。同时，积谷交代定章，既责成各该府道加结层递核转，杜弊已极周密。清末云南积谷制度的建立及弊病的革除，为各府厅州县仓储积谷的施行提供了制度保障，使积谷实践取得了良好成效，主要源于积谷机制的自我适应和调整，积谷的地方实践推进了西南边疆地区仓储制度空间溢出效应的积聚，为这一时期积谷备荒的有效开展提供了粮食储备保障。更重要的是，云南积谷作为官方主导的国家社会治理工具，积谷成效取决于地方社会经济韧性对它的支撑，积弊的革除和规程重构则取决于社会韧性对它的维系。

三　清末西南边疆地区积谷备荒制度的实践成效

　　清朝末期云南积谷备荒制度的施行，为西南边疆地区备荒机制的发展和完善提供了重要的探索模式和实践范本。云南积谷备荒实践路径的探索和实践成效，在推进传统中国仓储备荒体系实现重大变革的同时，亦丰富了中国西南边疆地区备荒机制的内容和内涵。

　　积谷为备荒要政，建仓存粮作为救灾的战略储备，对灾荒赈济及预期

---

① 《云南议拟变通积谷办法呈》（1903年1月20日），云南省档案馆藏。

效果的显现至关重要。"滇省自军兴以还，各属仓储空虚，民少盖藏，偶遇灾歉，庚癸频呼，穷民流离困苦，不堪设想。"① 光绪十五年（1889），谭钧培奏报筹办滇省积谷，奏疏中略言云南户鲜盖藏，尤宜未雨绸缪。实际上，自光绪十年（1884）起，云南已初步拟定劝办积谷章程，即按粮一斗捐谷五升，因为数稍多，且捐谷或输纳不齐，或谷色不净，办理并无成效。此后议定由官方主导酌筹款项采买谷石，以为引导，同时还参酌江苏按亩捐钱买谷奏案，通饬自光绪十六年（1890）起，"按纳粮一升捐钱二文，粮多州县每年约可捐钱数百缗，少者百余缗、数十缗不等，均就地买谷存储，复明定章程，酌予年限，由各属官绅妥为会办，免滋流弊，仿耕九余三之意，作积铢累寸之图，在粮户平时易于遵行，凶年堪资接济，实于备荒有裨"②。自光绪十年（1884）至十五年（1889），云南筹办积谷的方式、数额和章程在复杂的社会困境和变局中得到调整。云南积谷在短期呈现出丰硕的成效，积谷路径的探索推进了清末西南边疆地区仓储制度的创新发展。

清末云南各府州县抽收积谷钱文定章，每秋粮一京升捐积谷钱二文，米折、荞折、条公等项，以银一分作米一京升照捐，其银米并纳之田，只计米不计银，均按各属额征钱粮数目抽收买谷，按年造报，以十五年为期限，限满即行停止。在施行积谷的过程中，"遇有交卸，造具册结，随同正款造报"③，明确了新旧任官吏对积谷的责任。光绪十五年（1889），经前抚臣谭钧培饬令仿照江苏按亩捐钱买谷奏案，从轻酌定每秋粮一京升随捐积谷钱二文，晓示各属按粮捐钱，筹款买谷，妥为存储，以为民倡。"省垣户口繁盛，筹银万两，各属以城中烟户多寡，分上中下三等，上等四百两，中等三百两，下等二百五十两，发交地方官会同绅董采买净谷，妥为存储，名曰净谷，聊作根本。"④ 终究因积谷成数有限，非推广劝办仍无补于闾阎。谭钧培相继将办理情形附片奏明，并开列明确的积谷章程，

---

① 《云南议拟变通积谷办法呈》（1903年1月20日），云南省档案馆藏。
② （清）王文韶修，（清）唐炯纂：《续云南通志稿》卷55《食货志·积储表》，清光绪二十七年（1901）刻本。
③ 云南省档案馆：《总理云南善后筹饷报销总局为各属应征司粮款数目开单覆局核办移》（1901年11月24日）。
④ 龙云、卢汉修，周钟岳等纂：民国《新纂云南通志》卷159《荒政考·仓储》（附录《劝县办积谷示》），1949年云南省通志馆据1944年刻本重印。

出示劝谕，示仰阖省城乡人等知悉。

清末云南积谷章程凡十二条，其对积谷抽收的银钱和粮食数额有明确的规定，使积谷标准和规制得到统一。尤其是粮票上加盖"每升带捐积谷钱二文"①字样，随粮验票，一定程度上能够防止地方胥吏在办理积谷过程中侵吞挪移和徇私舞弊的行为。积谷备荒，仓储建设应置于首要位置，积谷章程对城乡积谷捐钱建仓的数量、规模皆有统筹规划，同时还对城乡积谷建仓的协调机制作出总体设计。云南督抚批饬，积谷仓粮的收购、贮存标准以及积谷成数和存钱额数，宜应张榜公示，务期公开公正。另外，在对积谷仓储管理的过程中，新旧交卸、官绅稽核、备荒放赈、捐助奖叙等皆有详细的规定，使实施积谷有章可循。从积谷章程来看，云南官府作为清末云南积谷推行的主体，在积谷实施过程中扮演着举足轻重的作用。清代官方的积谷理念在积谷备荒制度下一直处于主导地位，地方士绅等社会力量在积谷中给予协助和支持，为积谷遵循法定程序、提高积谷效率创造了条件，相应地推进积谷备荒体系和制度在实践中臻于完善。

光绪十八年（1892），抚宪谭钧培批示，积谷为闾阎备荒而设，但各属究因价有低昂，未能一律买齐，殊非备豫不虞之道。他指出，当前积谷章程已经酌定，凡各属设法采买积谷，皆限于新谷登场后按照市场时价，无论贵贱，宜应会同绅董一律采买入仓，并将城乡仓谷新买若干、旧存若干、价直若干，详晰开报，统限次年正月到省，以凭稽核。光绪十六年（1890）至二十八年（1902）期间，云南各属册报积谷实数，有买存二三千石者，有积至四五千石，以及七八千石者，其数虽属不一，究属办有成效，云南官府饬令各属自应接续办理，以期递年推广。宣统二年（1910）五月，云贵总督李经羲奏称："筹办滇省积谷，拟以各属现存谷数作为定额，责成官绅切实管理，酌拟章程，通饬各属试办。"② 清末云南积谷备荒是一项探索性和实践性较强的系统工程，云南官府因势明定积谷章程，使云南各属积谷有序推进，在积谷备荒制度的规范下，积谷取得显著成效，为西南边疆地区防灾备荒开辟一条新的仓储路径。

清末云南积谷捐输的推行，较大程度上使云南的备荒仓贮机制得到较

---

① （清）王文韶修，（清）唐炯纂：《续云南通志稿》卷55《食货志·积储表》，清光绪二十七年（1901）刻本。

② 云南省历史研究所编：《〈清实录〉有关云南资料汇编》，云南人民出版社1984年版，第522页。

好的发展，而积谷捐输皆由云南官府在征收赋税时强制统一征收，按照田赋数量多寡酌量摊捐，充分揭示了官府赋税征派的附加性和强制性。正如张謇所言："积谷带征一项，即日本地方附加税。"① 清末云南积谷捐输亦即政府正赋之外的附加税，其强制性征收逐渐加重了人民的负担，尽管其促进积谷成效显著增加，但亦为积谷弊病的产生埋下了隐患。

清末云南积谷，经云南布政使司、云南善后局禀商谭钧培，并仿照江苏亩捐成案设法创办，议定酌提公款，按属摊发，以民为倡，并议定每粮一升，随抽积谷钱二文，每银一分，亦抽钱二文，均令核实买谷，分建仓廒，广为存储。按照云南当局拟定的积谷章程，积谷备荒有省城和地方两套体系，云南当局允准原办之社仓亦仍其旧，与积谷相辅而行，使得积谷规模较大，储积粮食数量较为充足。光绪二十一年（1895），宪节莅滇，"复经通饬各属买谷务按时价，统限每年十一月底运仓，十二月造册报查，并将价值及新买旧存各数一并开报，责成各道府州就近密查，倘有摊买病民及虚报存仓等弊，据实揭参"②。云南积谷实为积储民食以培邦本，云南布政使司和按察使司共同核议，除遵照历次章程切实办理积谷外，拟请将云南各府厅州县积谷一项，无论正署官员交卸，均饬令造具交代清册，随同钱粮正款层递加转，以银钱列抵，交代亏欠者，照杂项钱粮定例参核，俾昭慎重。

清末云南积谷以及现存未经买谷银钱各数，皆与递年应存之数相符。光绪三十一年（1905），云南粮储道向云南善后局汇核各属册报实存积谷银钱，"通共合年收积谷钱三万九千八百二十四千四百一十八文"③。光绪三十三年（1907），云南按察使司、布政使司、盐法道、粮储道等汇核详查云南自开办积谷起至现在止所有各属存仓积谷，以及放赈出粜及存钱尚未买谷入仓的额数，除各属存钱数目无需查开外，所有各属存仓积谷数目宜应逐一查明。其中"镇边、蒙化、个旧、中甸、维西等厅均未抽收积谷钱文，亦有存仓谷石，又有因地制宜存荞、存苞谷、存青稞者，均未能绳

---

① 《张殿撰请免提苏属积谷款仍留各地方办学议（代谕）》，《申报》光绪三十二年十一月十五日（1906年12月30日）第2版，上海书店1983年影印本，第85册，第807页。

② 《云南按察使司、布政使司为滇省办理积谷事详》（1898年9月），云南省档案馆藏。按："揭参"，即弹劾。

③ 《粮储道开具滇省各属应征税秋银米数目致云南善后筹饷报销总局咨》（1908年2月11日），云南省档案馆藏。

以一律"①。清末云南历年积谷固有成效，但因各属所处地理环境、经济发展水平和荒旱灾害频发，导致各地实际积存粮仓的京石谷、荞、苞谷、青稞等数额存在较大差异。

清末云南积谷章程尤为周密，为买谷储存建立了完善的监督机制，积谷办理成效不断取得突破。自光绪十六年（1890）迄二十四年（1898），云南省"征钱三十三万三千八百三十六串五百九十五文，共积谷二十万九千八百九十六石四斗五升三合七抄六撮，存银八千四百一十八两二钱六分七厘九毫九丝四忽，存钱一万一千四百八十二串九百九十文，存糙米九百二十八石五斗七升二合九勺，存荞八百八石六斗二升二合八勺，存苞谷十一石二斗"②。从积谷过程来看，"民捐绅办"或"官督绅办"的积谷形式，调动了地方士绅等社会力量参与积谷备荒的积极性，积谷银钱的加增是最直接的体现。清末云南积谷建章立制，为积谷仓储功能优化和贮存数额不断增加提供了制度保障，积谷程序的制度化和合理化，有序推进了晚清西南边疆地区救灾资源的有效整合。

光绪三十四年（1908），云贵总督锡良严饬云南各属确查光绪三十三年（1907）各项仓谷存储及支用实在数目，并批示应逐一造具表册，按照列限于十月内奏销。云南布政使司等认为，"现值清厘财政整顿报销之时，何得任意延玩，应由该督转饬，即将光绪三十三年（1907）应造常年社义等仓各项粮食奏效赶速造册送部核办，其光绪三十三年（1907）以前未报各案，亦应挨年补行造报，以凭稽核"③。稽查积谷实数事关仓储要政，因此应相应移请云南善后局按年将存储支用实数遵例造报详咨，逐细核对，以归简净，俾昭核实。

按照云南积谷章程，"常年均有巢余，大饥亦准放赈。嗣又节次续议额定各属存谷数目足额者，饬将每年抽收积谷钱文，易银批解；未足额者，俟照额买足后，仍饬将每年所抽积谷钱文，易银解局"④。清末云南积谷在灾荒平粜和赈济方面发挥着重要的作用。光绪十八年（1892），云南

---

① 《云南善后筹饷报销总局为查明滇省存仓积谷数目移》（1907年10月13日），云南省档案馆藏。
② （清）王文韶修，（清）唐炯纂：《续云南通志稿》卷55《食货志·积储表》（附表《光绪朝滇省各厅州县积谷钱数谷数》），清光绪二十七年（1901）刻本。
③ 《云南布政使司为遵令查明造报积谷数目移》（1908年12月13日），云南省档案馆藏。
④ 《云南善后筹饷报销总局为办理造报积谷案移》（1908年12月30日），云南省档案馆藏。

鲁甸厅灾荒频仍，督办赈务委员龙文"请以该处积谷六百京石，照设平粜"①。清末云南积谷备荒制度的施行，使咸同兵燹以后濒于废弛的云南仓储一度得到恢复，丰年置仓积谷，灾年开仓赈民，较大程度上有利于云南各府厅州县荒歉之际的借贷和赈济。

自光绪十五年（1889）开征起，截至二十四年（1898）秋季止，云南通省"共存谷荞社谷二十一万七千二百四十石零一斗九合四勺九抄六撮，其因岁歉粮贵，尚未采买入仓者共存银六千三百四十二两三钱二分一厘一毫九丝四忽，共存钱九千四百三千七十八文"，省城丰备仓则"另存谷二万二千七百七十八石六斗六升七合，又存银一万四千八百三十七两六钱六分"②，各属造报积谷所存谷石较为充裕。至光绪二十七年（1901），云南实报现存"积谷二十五万六千四百九十石零九斗，荞七百三十三石一斗四升，米一千四百零五石一斗一升，银一万六千六百八十五两六钱六分，钱二万八千零四十二千五百一十三文"③，积谷备荒实践成效整体上比较显著。溯自开办起至光绪三十三年（1907）年底止，"各属报告统计共存谷二十八万二千四百五十五石六升三合"④。清末云南积谷制度建设及积弊整顿，推进了西南边疆地区积谷备荒机制的不断完善和发展。云南省城及各府州县铢积寸累，积谷成数使备荒仓储建设初具规模，其作为国家灾荒治理的重要组成部分，促进了清末西南边疆地区积谷仓储运行和管理模式的变化，并推进了国家社会治理体系内在紧张状态的自我调适。

清末云南积谷并未真正达到预期的"达民兴邦""善政""以济吾民"之目的，⑤良法善政因积弊而终止。宣统元年（1909），云南积谷已逾十五年的限期，并因积谷管理不善致使"民力难支"和清政府云南当局财政入项顿减而面临走向停滞的困境。宣统二年（1910），云贵总督李经羲奏称："迨宣统元年，经前护督臣沈秉堃查因此项积谷前文定限早逾，各属仓储

---

① （清）李耀廷辑：《云南昭通工赈记》，载李文海、夏明方、朱浒主编《中国荒政书集成》（第10册），天津古籍出版社2010年版，第6738页。
② 《云南按察使司布政使司为滇省办理积谷事详》（1898年9月），云南省档案馆藏。
③ 《清末云南各地历年存仓积谷及现存未经买谷银钱各数目清册》，云南省档案馆藏。
④ 《云南全省财政说明书》第二类《杂赋·积谷》，载桑兵主编《清代稿钞本》（续编），广东人民出版社2017年版，第94册，第42页。
⑤ 张磊：《从档案史料看清末云南积谷问题》，载林超民主编：《西南古籍研究》（2008），云南大学出版社2009年版，第80页。

谷石数已不少，现复筹办滇蜀、腾越铁路，征收随粮路股，民力拮据，业将粮捐积谷钱文奏准自宣统元年起，一律停收。"① 云南积谷捐输逾限已久，弊病丛生，不足以昭民信，仓廪存谷不能递年增加，筹办之法惟有以注重保存和严防侵蚀为重。李经羲饬称，此后云南各属积谷，即以现存谷数作为定额，并责成官绅切实管理，凡遇有新旧交替、盘量接收及遇荒歉赈粜、推陈易新、开支折耗等一切事宜，胥关紧要，须详请奏咨和妥筹办理，以彰用善政之举谋求善治之效。"1911年云南重九起义后，政权易手，前清遗留下来的积谷被起义军政当局接收。"② 清末云南积谷立法善美，积谷制度的施行在西南边疆地区"内地化"的过程中兼具传统多元和近代化的特点。清末云南积谷在传统中国的社会变革中被迫中止，破解"历史周期律"的良法善政终究难以超越国家社会治理的滞后性。在近代社会转型的变革中，尚需多元化的社会治理主体广泛参与，以协同作出合理的政策安排和制度调适。

晚清时期，中国社会结构处于从传统向近代转型的节点。积谷备荒制度作为社会转型期晚清帝国社会治理的工具，其在传统社会结构嬗变过程中因实践路径的依赖和制度调适而得到相应的延续和发展完善，并驱动传统中国仓储体系在变革力度和深度上经历前所未有的变迁。清中前期，云南常平仓、社仓和义仓的建设较为完备，仓贮充盈。但自咸同兵燹后，云南仓储大半损毁殆尽。光绪朝积谷备荒制度的推行，是晚清帝国和云南官府对民间仓储制度进行系统整顿的产物。但因积谷实践面临的国家宏观制度缺位和管理调控失位，使云南积谷承受了传统中国仓储制度渐进式结构化变迁带来的阵痛。

19世纪末20世纪初，传统中国社会结构在遭遇冲击时所展现出的社会抗逆力和复原力，使西南边疆地区仓储机制的变革和延续在近代化转型的过程中兼具复杂性和严峻性。在清末云南积谷备荒制度的建立和革新演变过程中，"官方主导""官绅会办""官督绅办""绅民合办"的特点尤为突出。但清政府和云南当局主导的积谷备荒制度与地方社会韧性在不同程度上存在越位，传统中国仓储备荒由官府垂直控制和管理的模式被打

---

① （清）李经羲：《奏报酌拟筹办滇省积谷章程事》（宣统二年四月十四日），中国第一历史档案馆，朱批奏折，档号：04-01-35-1225-049。
② 吕志毅：《晚清云南积谷备荒始末》，《中国档案》2008年第12期。

破，积谷备荒制度的近代化转向亦在传统中国社会结构的重新调适和建构过程中，推动了清末不同于传统仓储运营方式和实践模式的创新。清末云南积谷备荒制度的建立和发展，尽管其运行体系比较健全完备，但在西南边疆"内地化"的进程中仍面临多重障碍，这充分体现了清朝中央政权强制性推行的积谷备荒制度在边疆地区具有不适应性，无论是积谷举措，抑或备荒机制，需要在具体实施的过程中审时度势地加以改良和调适。

  防灾减灾是人类社会生存发展的永恒课题。当前，经济全球化和区域经济一体化的进程不断加快，全球性生态危机和环境问题交互作用，使灾害发生的频次持续增高，灾害的协同治理已成为全球共同关注的现实问题。西南地区集边疆、民族、山区、贫困为一体的地缘政治环境，自然环境多样和人文环境多元，使这一地区防灾备荒机制以及灾害应急救援方式与内地乃至国际上具有较明显的不同之处，尤其是西南边疆民族地区的救灾物资储备方式更具独特性。防灾减灾需要切实加强备荒能力建设，这有历史的经验可资借鉴，清末云南积谷备荒就是典型的案例。科学认知致灾规律，提高灾害风险的应急响应能力，有效保障粮食安全，坚持以防为主、防灾抗灾救灾相结合，提升防灾备荒能力和综合防灾减灾水平，有效化解和防范自然灾害风险，是构建人类社会命运共同体的重要抉择。

第五章　清代云贵地区灾荒赈济的实践路径

清代云贵两省各府厅州县所属地方自然灾害频发，使云南和贵州在不同时空领域受到灾害的冲击，被灾地方农业生产秩序的紊乱，使地方经济社会处于萧条状态，并引起严重的灾荒，灾民丧失了抵御灾荒的基本能力。"民为邦本、本固邦宁"，清政府为加强对西南边疆的社会治理和维护国家统一，在荒政制度和救灾体系的指导下，积极对云贵地区的灾黎进行赈济抚恤，通过开展灾荒治理重塑了灾民的生存空间。面对严重灾荒，政府救济不能完全解决灾害遗留问题，除官方因地制宜组织力量实施灾荒赈济以外，云贵两省民间社会力量也积极开展自发性的自救与互助，灾荒救助活动在一定程度上使灾荒危机得以缓解，同时也为灾后重建的有序进行奠定了基础。

第一节　清代云贵地区官方救灾的实践方略

灾荒赈济是清代各直省地方社会生活中的日常性事务，也是清朝历代统治者治国安邦和固本安边的重要举措之一。清代云贵地区灾荒发生后，中央政府依托完备的荒政制度和仓政体系，对云贵地区的防灾减灾和灾后重建事务进行指导和督办，推进了官方主导的救荒活民和社会协同治理的进程。

一　减免额赋以纾民困

历史时期，中国历代王朝都会在灾荒期间采取一系列的拯饥救民的重要举措，以助灾黎复业。据《管子》记载："饥者得食，寒者得衣，死者得葬,不资者得振,则天下之归我者若流水"①,赈灾救民对社会治理的重要性不言而喻。地方自然灾害发生后,恢复农业和发展生产是第一要务,其中挽救农民的生产能力是灾荒赈济的当务之急。清代灾荒蔓延期间,历朝统治者注重临灾发放口粮,并因地制宜减免或缓征钱粮等赋税,使灾黎得以糊口,同时亦较大程度上消除了地方官催缴正项额赋的压力,使灾害对灾户乃至区域社会的消极影响渐次降低,为清廷赈饥养民和维护地方社会的稳定发展奠定了前提。

中国农耕文明源远流长,"重农务本""强本抑末""以农立国"的农本思想受历朝统治者高度重视,农业作为国家赋税的主要来源和社会经济发展的基础,关乎国家发展大计。"古人咸知农事伤为饥之本,惰农自安,罔有黍稷,饥已至而救之已晚,故救荒之根本政策,重农亦其一也。"② 在清代云贵地区灾荒发生期间,清政府旨在通过蠲免田赋和发给灾民钱粮,以促进受灾地方农业生产的恢复和经济复苏。清代灾赈成例,地方偶被灾伤,临灾赈抚之后,便需要实地勘定成灾分数,汇册上报清廷中央政府恭候赈灾谕旨。凡抚恤灾黎,"有蠲赋,有减征,有缓征,有赈,有贷,有免一切逋欠"③。根据清朝的荒政制度,蠲免、减征、缓征和免除逋欠属于额定征收赋税和劳役的减免,赈贷和赈给银米则属于额外加赈。总体上看,清朝对云贵地区被灾地方的施赈主要有两项举措,一是减免或免除、抑或缓征赋税和劳役;二是在灾荒期间赈给饥民银两和粮米,灾情严重时还予以加赈。其中,蠲免额赋是清代灾荒救济中最为基本和最为常见、通用的救灾举措之一,是灾荒期间农业领域兴农除害和防灾备荒的方略。

清代蠲免田赋反映的是一定的阶级关系和土地关系,同时也是社会财赋资源分配关系的重要体现。通过实施蠲免政策,能够适时地缓和、干预国家、地主与农民财富分配领域的矛盾,其作为维系国家和地方社会秩序的必要手段,在社会生产和分配上形成了有机的调节系统,在缓和阶级矛盾的同时,也维护了地主阶级和国家的长远利益及整体利益。④ 贵州是少

---

① (唐)房玄龄注,(明)刘绩补注,刘晓艺校点:《管子·轻重甲第八十》,上海古籍出版社2015年版,第450页。
② 邓拓:《中国救荒史》,商务印书馆1937年版,第420—421页。
③ (清)王庆云:《石渠余记》卷1《纪灾蠲》,清光绪十六年(1890)刻本,第14页。
④ 李丹丹:《浅析清代康熙朝蠲免政策及其影响》,《黑龙江史志》2012年第17期。

数民族聚居的地区，彝族土司在贵州西部地区"世有其土、世长其民"，并在历代王朝政权的更迭中得以存续发展。与此同时，"在资源有限和文化差异以及不同的价值目标和价值取向的条件下，彝族与移民不可避免地产生政治、经济和文化等各方面的竞争和对抗"①。康熙年间，吴三桂平定贵州水西土司地区的叛乱后，亦通过税赋的减免进一步加强对这一地区的控制，文献记载，康熙四年（1665），平西王吴三桂疏言："水西初定，残黎东作无资，请发军前银三万两有奇，买牛种散给，并发军前米一万五千石赈济贫民，督令乘时耕种。"② 同年，康熙帝谕令："免水西宣慰司额征米二千石，俟设流府后，招垦成熟起科。"③ 清廷通过大幅度减免税收和赈给牛种等物资，"恩威并施"之举较大程度上缓解了清朝中央政府与土司统辖在政治上的约束与反约束，为扶助战后水西贫民生业和维护地方社会秩序创造了有利的环境。

"自然力量的变化，一方面固然导源于自然界本身的运动或演替过程，这种过程长期以来就是自然生态环境发生变化的不可忽视的突出因素；另一方面，它又是人类的活动所引起或加剧的，愈趋晚近，这种活动对自然生态环境的改变作用也就愈大。"④ 无论是自然生态环境的变迁，还是人类活动范围拓展所造成的灾害，都对小农生产产生巨大冲击和影响。清代直省地方偏灾，为有效缓解灾民困境，以及平复社会的恐慌心理，官府对所辖区域的有限救灾物资进行调拨和调和，往往通过赈济和免除额赋的形式最大限度地拯救灾民，以恢复被灾地方农业生产环境的发展。清代云贵地区的灾荒严重阻碍了西南边疆地区社会经济的发展，官府通过实施荒政切实调控社会秩序，以缓和社会矛盾。康熙二十七年（1688）九月，云南巡抚石琳奏称，云南鹤庆、剑川等处于本年五月十七、十九、二十等日地震，不同程度被灾，得康熙皇帝谕旨："著该抚速发银米，赈济灾民。"⑤

---

① 郝彧：《元明清时期贵州彝族与移民的冲突与调适》，《西南民族大学学报（人文社会科学版）》2013年第4期。
② 《清圣祖实录》卷15，康熙四年五月庚戌条，中华书局1985年影印本，第4册，第229页。
③ 《清圣祖实录》卷15，康熙四年六月戊辰条，中华书局1985年影印本，第4册，第232页。
④ 夏明方：《中国灾害史研究的非人文化倾向》，《史学月刊》2004年第3期。
⑤ 《清圣祖实录》卷137，康熙二十七年九月己卯条，中华书局1985年影印本，第5册，第488页。

同年十二月，清廷再次谕令："免云南开化府本年分旱灾额赋有差。"① 康熙五十年（1711）十月，康熙帝谕令户部："朕诞膺大统，抚育寰区，夙夜孜孜，不自暇逸，凡以为民也。勤图利济，休养安全，即无水旱之虞，时布宽仁之政。蠲租除赋，务使遐方率土，无不均沾。或值雨旸偶愆，出帑发粟，多方赈恤。其有益于吾民者，靡弗备举而亟行之。"② 康熙帝极其注意救灾与赈济模式的有效结合，并强调防灾、备荒的重要性，为各省受灾地方的灾荒赈济指明了方向。

"赋由租出"是对清朝农业赋税来源最为本质的高度概括，因此，为保证灾歉以后能够继续实现赋税征收，"法外开恩"对被灾地方的重赋予以补偿就相应地成为灾荒赈济的重要内容。乾隆二年（1937）题准："地方倘遇水灾骤至，督抚闻报，一面题报，一面委官量拨存公银，会同地方官确察被灾之家，果系房屋冲塌无力修整，并房屋虽存实系饥寒切身者，均酌量赈恤安顿。如遇冰雹、飓风等灾，其间果有极贫之民，亦准其一例赈恤。"③ 清代云贵两省各府厅州县所属被灾严重，在灾情勘察的过程中，云贵督抚均行饬司道先后委员前往灾区勘察灾情，并指定各该管道、府督同履勘，妥筹赈济和抚恤灾黎，并将受灾田亩和粮米以及分别应当蠲免和缓征数额详细列出，并遵照以前的惯例核实办理蠲免。乾隆二十年（1755），云南剑川州地震成灾，乾隆皇帝敕令："蠲免云南剑川州本年地震水陷损折常平仓米一千三百三石有奇。"④ 乾隆二十八年（1763）十一月，云南江川、通海、宁州、河西、建水等五州县先后发生地震，其中江川县等州县地震倒塌房屋较多，民力拮据，清廷允准着将应行赈恤之处，酌加倍散给。乾隆二十九年（1764）正月，乾隆皇帝谕令："所有五州县应纳条公银两。及江川、河西二县拨运兵米等项，并加恩概予蠲免。该督抚等务董率属员，实力奉行。务俾灾黎均沾实惠，毋令胥吏侵蚀中饱，以

---

① 《清圣祖实录》卷138，康熙二十七年十二月壬子条，中华书局1985年影印本，第5册，第508页。
② 《清圣祖实录》卷248，康熙五十年十月戊午条，中华书局1985年影印本，第6册，第454页。
③ 《大清会典则例》卷54《户部·蠲恤二》，清文渊阁四库全书本。
④ 《清高宗实录》卷500，乾隆二十年十一月甲戌条，中华书局1986年影印本，第15册，第14页。

副朕体恤边氓至意。"① 乾隆皇帝敕令减免云南地震灾区的条公银两等赋税,旨在减轻地震灾害对灾民的冲击和影响。

清代灾荒额赋蠲免,是保障灾黎生计的重要策略,条公、条粮、耗羡等额赋的恩免和减除,可以减轻灾民承受灾害袭击之阵痛。嘉庆二十一年(1816)秋以来,云南丽江府鹤庆州大雨连绵,山水涨发,致使田亩、庐舍皆被水冲淹,州属被水之大板桥等四十六村被淹民屯田亩情形较重,云贵总督伯麟、云南巡抚陈若霖奏称:"请将应征秋粮银改米六百八十五石二升零、条公等银三百六十一两四钱零全行蠲免,以舒民力。"② 光绪二十四年(1898年)五月初旬,云南建水县属大雨不止,山水涨发,各处支河同时并涨,将高营、包寨等十余村河堤冲决,两岸田禾均被淹没。同年七月初旬南宁县属复遭连日大雨,多处河堤溃决,被淹田禾甚多。又七月下旬马龙州属冰雹大作,将火烧箐等七村田地稻谷打伤。以上各州县均已成灾,建水、南宁、马龙等州县要员会同各委员前往灾区将受灾田地多寡、以及条粮、银米应蠲应缓各数目勘察明确,并已登记造册、出具灾情报告。光绪二十五年(1899),云贵总督崧蕃奏称:"查建水县属之高营、包寨等村共被灾田亩一百三十五顷四十七亩五厘,请免秋粮米四百五十五石五斗七升二合九勺四抄四撮,条公等银八百五两二钱八分九厘四毫。南宁县属共被灾田三十二亩四分五厘,请免秋粮米二石二勺七抄二撮,条公等银二两五钱五分七厘九毫一丝六忽。再马龙州属之火烧箐等七村共被灾田六顷九十六亩五分,请免秋粮米三石六斗四升七合九勺四抄,条公等因十一两六钱五分三厘。又请缓征秋粮米一石七斗一升五合七勺六抄,条公等因五两五钱一分八厘九毫。均经该印委等会勘明确,成灾较重。"崧蕃奏请:"准将光绪二十四年分应征前项银米分别蠲免,并缓至二十五年、六两年分别带征,以舒民困。"③

清代灾荒蠲免作为传统中央集权国家主导之下的社会治理措施和工具,被灾地方督抚等要员根据灾情奏请皇帝予以适当蠲免或是全行免除,

---

① 《清清高宗实录》卷7,乾隆二十九年正月甲戌条,中华书局1985年影印本,第9册,第311页。
② (清)伯麟、(清)陈若霖:《奏为查勘云南省邓川鹤庆二州被水情形请将应征钱粮分别缓征事》(嘉庆二十一年九月二十八日),中国第一历史档案馆,录副奏折,档号:02-04553。
③ (清)崧蕃:《奏为云南省建水等县被灾田粮请蠲缓事》(光绪二十五年三月十六日),中国第一历史档案馆,录副奏折,档号:03-6262-047。

是荒政制度之下灾荒赈济得以有效运行的根本前提。与此同时，清代灾情奏报制度和赈济秩序的井然有序，以及地方官员的老成持重为皇帝爱民养民谕旨的传递发挥了重要作用，历次灾荒中额赋的蠲免或缓征一定程度上对灾荒赈济起到了实质性的效果。咸同年间，贵州各族人民掀起反对清朝通过派征田赋、捐输等方法加重剥削的起义，给清朝在贵州的统治以沉重的打击，战乱平息之后，清朝政府不断调整在贵州民族地区的统治政策，积极招抚流亡，安抚灾黎，并通过禁苛宽赋推进农业生产的恢复，被扰地方粮赋的免除为贵州地方经济社会的复兴奠定了前提。文献记载，咸丰五年（1855），清廷谕令："蠲免贵州兴义、大定二府、黔西、遵义、桐梓、仁怀、普安、安南、贞丰、绥阳、正安、毕节、兴义十一州县被扰地方上年额赋有差。"① 同治二年（1863），清政府谕准蠲免贵州民族起义波及地方的税赋，《清实录》记载："蠲免贵州贵阳、都匀、镇远、思南、黎平、石阡、兴义、七府、平越、麻哈、定番、黄平、贞丰、开泰、贵筑、都匀、清平、荔波、施秉、安化、印江、永从、开泰、余庆、瓮安、湄潭、龙泉、普安、修文、安南、绥阳、婺川、贵定、龙里、遵义、兴义、长寨二十九厅州县，暨清江、下江、锦屏通判、县丞所属被扰地方新旧额赋有差。"② 清朝政府对贵州被扰地方予以税赋减免，是贵州各民族争取生存空间的既得利益，亦是清政府与贵州民族地区各民族相互妥协的结果。

"近代历史上自然灾害的普遍而频繁，从根本上说，是由于束缚在封建经济上的小农经济生产力水平十分低下的结果。以一家一户为经济单位的小农经济，不可能具有有效的防灾抗灾能力，一遇水旱或其它自然灾害，只好听天由命，束手待毙。"③ 云贵两省地处云贵高原腹地，广大山区半山区的小农经济最为容易遭受自然灾害的冲击，以耕种土地面积为基础的农业税赋的缴纳亦受到牵制，朝廷赋税的蠲免政策使灾民的元气得到恢复。光绪五年（1879），永昌府龙陵地方"田亩渐熟，奉文加新科一赆④，蠲免二赆，上纳八赆，至十年后始复旧额。"⑤ 光绪六年（1880），龙陵县

---

① 《清文宗实录》卷186，咸丰五年十二月丁未条，中华书局1986年影印本，第42册，第1087页。
② 《清穆宗实录》卷72，同治二年七月壬子条，中华书局1987年影印本，第46册，第464页。
③ 李文海：《中国近代灾荒与社会生活》，《近代史研究》1990年第5期。
④ 按："赆"通"成"（即为"成"字的异体字）。古代在计数、测量之时，成与十相通。《司马法》载："通十为成。"《周礼·冬官考工记》载："方十里为成。"《左传·哀公元年》载："有田一成。"
⑤ 张鉴安、修名传修，寸开泰纂：民国《龙陵县志》卷1《天文志·祥异》，1917年刻本。

腊猛街洪水泛滥,淹毙百余人,据实详报,并请求蠲免抚恤。光绪七年（1881）,"楚雄县邑绅陈思增、李万春等赴省呈诉无着之粮,官不能赔,民不能摊,蒙上宪委同知彭祖诺会同楚雄县惠山踏勘水冲沙淤无着之民屯三百八十九石五斗,勘实通禀批准免征在案"①。光绪二十六年（1900）,贵州被水成灾,光绪皇帝谕令:"蠲缓贵州毕节、威宁、水城、贵阳、贵筑、大定、黔西、平远、安顺、清镇、普安十一府厅州县被灾地方钱粮有差。"② 光绪三十二年（1906）,云贵总督丁振铎奏称,据云南罗平州知州陶大浚禀报,州属西北一带田地遭遇干旱,已经成灾。云贵总督丁振铎奏称:"当经行饬司道委员前往责成该管道府督同履勘明确,妥筹赈抚,并令切实查明被灾分数,将本年钱粮应否蠲缓,照例详办。"③

云南和贵州向来山多田少,夙号瘠区,兵燹余生,破坏严重,而清代历朝的连年被灾,户鲜盖藏,地多荒废,民众安业尚难,灾荒期间减免赋税是保障农业发展和提高农民生产积极性的重要举措。光绪三年（1877）,署理云南巡抚臣杜瑞联奏称:"据云南府属之昆明、呈贡、嵩明等县以及武定直隶县、迤东澄江府属之路南县、广西直隶县属之师宗县、迤西大理府属之太和县、赵县、云南县、邓川县、浪穹县、丽江府属之鹤庆、剑川二县、初楚雄府属之楚雄、定远二县并黑白二盐井、永北、景东二直隶厅、迤南临安府属之宁县暨通海、河西二县先后奏报,或蓄积尽被淹冲,或房屋多遭漂没,或栽插逾期,禾稼大半虚穗,或霖涝日久,城郭亦致坍塌。当经前抚臣潘鼎新会同督臣督饬该管道府委员查勘是否成灾,据实禀覆核办。"④ 以上各属地方先后遭遇水旱灾害,田禾被淹,积粮损坏,盐井被冲,受灾比较严重,灾民粮食匮乏,云南督抚先后调拨府库钱粮进行赈济。灾情奏报清廷后,光绪皇帝传谕:"经该督、抚酌拨银两赈恤,惟念来春青黄不接之时,民力未免拮据,著传谕该督、抚体察情形,如有应行

---

① （清）崇谦等纂修:《楚雄县志》卷4《食货述辑·田赋》,载林超民、王学、王水乔主编《西南稀见方志文献》（第32卷）,兰州大学出版社2003年版,第238页。
② 《清德宗实录》卷480,光绪二十七年二月癸卯条,中华书局1987年影印本,第58册,第329页。
③ （清）丁振铎:《奏为云南罗平州属被灾委员勘明妥筹赈抚并详办蠲缓事》（光绪三十二年十一月初十日）,中国第一历史档案馆,录副奏片,档号:03-5609-063。
④ （清）杜瑞联:《奏为勘办云南省各厅州县本年被灾地方情形事》（光绪三年十月十九日）,中国第一历史档案馆,录副奏折,档号:03-7099-018。

· 305 ·

接济之处，即查明据实覆奏，务于封印前奏到，候旨施恩。当经议定，所有被灾各府、厅、州、县如有应行抚恤及来春接济籽种之处，仿照光绪元、二年所办成案，先由本省厘金项下动款散发，归入善后案内报销。"①

作为自然灾害较为频繁的云贵地区，清朝中央政府临时减免农业赋税以救荒的政策让灾民有了休养生息的机会，额赋的减免基本上符合清廷"凶年当损上益下"的恤民理念和原则。光绪三十三年（1907），昆明县属板桥等堡田亩先遭遇干旱，后又遭遇洪水，灾情严重。经昆明县知县陈先沅会同委员路朝绂按堡逐一履勘，分别核实受灾田亩和户口，酌情予以免除额赋。文献记载："蠲免计板桥、波罗、长坡、大蔴、马军、小坝、严家、普自、阿角、永福、官渡、西宁、螺蛳、前卫、珥琮、大西、西华、张家、多依、西马、土堆、大渔、海源、桃园、羊肠、范竹、厂口、莲花、严家地、永丰、西岳、雄川、望城三十三堡共被旱被水无收上则田粮三百二十六石三斗八升五合九勺九抄，中则田粮三百九十石一斗二升八合八勺八抄，下则田粮三百四十九石九斗七升九勺八撮，并免条编等银一千三百三十二两一钱七厘二毫一丝二忽五微。"② 宣统元年（1909），云南陆凉州属闻家寨等村被旱成灾，前护督臣沈秉堃将委勘赈抚情形奏报在案，经云南巡抚李经羲"覆加查核，该州属闻家寨等村被旱成灾共田二十六顷一十二亩，应征秋粮米五十七石二斗五升五合四抄，条公等银九十五两五钱一分三釐一毫四丝三忽零。既经该印委会勘明确，委系十分成灾"③。由于灾情比较严重，收成歉薄，民众生活拮据，赋税缴纳困难，李经羲奏准将陆凉州属宣统元年因灾逋欠的条粮和银米全部减免，以舒民困。

农业赋税是清朝国家机器和地方政权得以持续发展的不竭动力。清代是云贵地区继明代以来农业经济发展的又一个高峰期，因而历朝帝王都注重在灾荒发生期间通过蠲免额赋的方式来推动农业生产的发展，"当农业受到冲击而萧条的时候，'重农思想'就对赋税改革起了导向的作用，减免赋税自然就作为一项与民休息、劝课农桑的政策，用以恢复和发展农业

---

① 龙云、卢汉修，周钟岳等纂：民国《新纂云南通志》卷 161《荒政考三·赈恤·蠲恤》，1949年云南省通志馆据 1944 年刻本重印。
② 陈荣昌纂：《昆明县志》卷 5《政典志·蠲恤》，1925 年刻未定卷样本。
③ （清）李经羲：《奏为勘明云南陆凉州属被灾田亩请蠲免条粮片》（宣统二年四月十二日），中国第一历史档案馆，朱批奏折，档号：01-01731。

生产"①。清代云贵地区灾荒发生期间，清朝中央政府为拯救被灾民众和稳定农业发展根基，减免赋税与赈济相辅而行，对稳定被灾地方的人口、恢复农业发展以及社会秩序都起到了及时作用，为来岁额定赋役的征收创造了条件，这表明清王朝的赋税收入对农业和农民的严重依赖性。

二 平粜米谷以平市价

平粜，即赈粜，指的是在灾荒期间官府将仓廪所积储的粮食按照低于市场时价的价格出售给贫民，以济口食。中国传统平粜之法，最早见于范蠡与计然的平粜策略："故岁在金，穰；水，毁；木，饥；火，旱。旱则资舟，水则资车，物之理也。六岁穰，六岁旱，十二岁一大饥。夫粜，二十病农，九十病末。末病则财不出，农病则草不辟矣。上不过八十，下不减三十，则农末俱利，平粜齐物，关市不乏，治国之道也。"②范蠡与计然的平粜思想，是传统中国国家干预经济的理论基础，"李悝法、桑弘羊改革是对范蠡平粜思想的集成和发展，是封建国家干预经济的早期实践"③。市场粮价的平衡有利于平抑其他商品的价格，从而使赋税和市场有效供给都能得到基本保障，这是平粜所要达到的目标，清代灾荒期间国家通过平粜影响粮食价格的波动，是国家干预市场经济另一种特殊实践方式。顺治七年（1650）谕准："常平仓谷，春夏粜出，秋冬籴还，平价省息，务期便民。如遇凶荒，即按数散给灾户贫民。"④清代赈粜的对象主要是各直省被灾地方城乡中有一定家资的中下户，是官府积极干预市场经济以达到救助灾黎的一种有效手段。在清代荒政制度的导向下，直省督抚及各府厅州县官府通过出粜常平仓储粮食来平抑灾荒期间市场上的粮食价格，使有一定资产的灾户凭借市场供应度过灾年，进而也从根本上让家中没有任何仓粮积储的下层民众能够勉力购买口粮，借此延续生力。平粜作为大灾或特大灾害期间赈济措施的辅助措施，对灾荒赈济具有重要的促进作用。

研究认为，"赈粜是通过平抑粮价达到救助灾民的一种方法，亦即常

---

① 石研研、赵闻：《中国古代农业赋税减免政策初探》，《经济研究导刊》2010年第30期。
② （汉）司马迁撰：《史记》卷129《货殖列传》，中华书局1963年版，第10册，第3256页。
③ 周建波：《范蠡的平粜思想与封建国家干预经济的早期实践》，《东岳论丛》2010年第2期。
④ （清）杨景仁：《筹济编》卷8《平粜》，载李文海、夏明方主编《中国荒政全书》（第2辑·第4卷），北京古籍出版社2003年版，第147页。

平粜法的基本职能,其对象主要是家中无粮食积蓄的下层民众"①。宋代董煟《救荒活民书》卷二《赈粜》记载:"其法在于平准市价,默消闭粜之风。如市价三十文一升,常平只算粜时本钱,或十五六至二十文一升出粜。"②清代沿袭宋代以来历朝的平粜之策,在灾荒期间积极对市场物价进行干预,尽散赈项保证被灾小民均沾恩泽。"《易》云:损上易下,民悦无疆。惟赈粜,则所损者甚少,而民之悦也诚无疆矣。"③康熙三十年(1691)覆准:"直属所捐米谷,大县存五千石,中县四千石,小县三千石。倘遇荒歉,即以此项散给。其留仓余剩,于每年三四月照市价平粜。五月初旬,将平粜价银尽数解贮道库。九月初旬,各州县仍领出粜新谷还仓。"④积贮米石是清代仓储备荒的重要一环,常平仓具有贮粮备荒赈济的基本社会保障功能,其出粜粮食以平抑市价的方式在整个清代得到延续发展,并促进了灾荒期间社会保障体系的发展和完善。文献中有关粮价腾贵后国家干预的记载较多,例如,雍正十年(1732年)春夏,云南曲靖府米价昂贵,"(沾益州)知州杜思贤详请减粜,民甚赖之"⑤。乾隆二年(1737),云贵总督张允随对安宁、昆明等被灾州县所属地方"减价平粜"⑥。乾隆十年(1745),云南布政使阿兰泰、粮储道宫尔劝会详具报本年云南通省民数谷数,通省旧管存仓米、谷、麦、荞、稗、豆、青稞九十五万七千三百一石二斗,云贵总督张允随奏称:"除本年平粜等项谷五千九百二十一石六斗一升外,实在存仓米、谷、麦、荞、稗、豆、青稞一百三万一百八十六石三斗四升零。"⑦

平粜是常平法的基本职能,其主要目的是及时救助灾黎。雍正十二年

---

① 李华瑞:《宋代救荒中的赈济、赈贷与赈粜》,《西北师大学报(社会科学版)》2014 年第 1 期。

② (宋)董煟:《救荒活民书》卷 2《赈粜》,载李文海、夏明方主编《中国荒政全书》(第 1 辑),北京古籍出版社 2002 年版,第 107—108 页。

③ (清)陆曾禹:《钦定康济录》卷 3 上《临事之政》,载李文海、夏明方主编《中国荒政全书》(第 2 辑·第 1 卷),北京古籍出版社 2003 年版,第 313 页。

④ (清)杨景仁:《筹济编》卷 8《平粜》,载李文海、夏明方主编《中国荒政全书》(第 2 辑·第 4 卷),北京古籍出版社 2003 年版,第 147 页。

⑤ (清)陈燕、(清)韩宝琛修,(清)李景贤纂:光绪《沾益州志》卷 4《祥异》,清光绪十一年(1885)刻本。

⑥ 刘子扬:《清代地方官制考》,紫禁城出版社 1988 年版,第 23 页。

⑦ (清)张允随:《奏报上年云南民数谷数折》(乾隆十年十二月二十一日),中国第一历史档案馆,朱批奏折,档号:01-02911。

(1734）议准："地方偶遇歉收，即动本地方积贮仓谷减价平粜，或存七粜三，尚有不足，则酌量详报，不必拘定粜三之数。"① 设厂平粜作为救灾济贫的一项重要举措在灾荒期间常被施行，其主要是通过政府行为控制和平抑市场粮价，使家中无粮或积蓄歉薄的下层民众能够买得起口粮，以保证日常基本生活的一种方法。据《荒政琐言》记载："每年青黄不接，市价昂长，预行指款详粜，亦有由有司将存七粜三谷米数目行知者，照时价核算，每米一石，丰年减价五分，歉收米贵之年减价一钱。若荒歉之岁，当大加核减，不拘一钱五分之例，按市价核钱，除零出粜。若出粜不敷，即续详多粜，亦不拘粜三之数。"② 平粜主要由政府规定粮价波动的幅度，或运用粮食收购（平籴）或抛售（平粜），以稳定粮食价格。乾隆十二年（1747），"议准地方偶遇歉收，即动本地方积贮仓谷，减价平粜，或存七粜三，尚有不足，则酌量详报，不必拘定粜三之数。十三年，议准平粜常平仓谷，凡遇价值偶贵，各该州县酌定卖价，一面开粜，一面详报"③。乾隆朝平粜政策的发展和完善，为后世灾赈期间平粜齐物和赈济灾民提供了制度样本。

文献记载，乾隆皇帝一直高度重视平粜赈济的功用，他认为："国家设立平粜，买惠济贫民第一要务。"④ 乾隆元年（1736）议准："年岁丰歉不常，丰收即照常价减粜，以为出陈易新之计；歉收应大加酌减。"⑤ 乾隆元年（1736），云南省安宁等六十属地方秋收歉薄，钦奉上谕将该年滇省所有分作三年带征之秋粮全行豁免。云贵总督张允随钦遵谕旨，出示通行晓谕，严饬所属地方官实力赈灾，被灾地方汉民和夷人无不欢欣。鉴于晚稻收成歉薄，张允随于乾隆二年（1737）奏称："既蒙皇上敕将收成四分以下安宁等二十六属地丁、钱粮及火耗、公件俱行豁免，复动项赈恤，并收成六分以下之宜良等三十四属，将存仓米谷，一体减价平粜，以资接

---

① 清官修：《大清会典则例》卷54《户部·蠲口二·救灾平粜》，清文渊阁四库全书本。
② （清）万维翰：《荒政琐言·平粜》，载李文海、夏明方主编《中国荒政全书》（第2辑·第1卷），北京古籍出版社2003年版，第462页。
③ 《大清会典则例》卷54《户部·蠲恤二》，清文渊阁四库全书本。
④ （清）彭元瑞：《孚惠全书》卷54，上海辞书出版社图书馆藏本，第716页。
⑤ （清）杨景仁：《筹济编》卷8《平粜》，载李文海、夏明方主编《中国荒政全书》（第2辑·第4卷），北京古籍出版社2003年版，第147页。

济"①，其无力之灾民，可以借给籽种，以助春耕。乾隆七年（1742），乾隆帝敕令地方督抚适时奏报民众购买米谷的价格情况，谕准："歉岁谷价甚昂，止每石照市价减一钱，则穷民仍属艰难。又百姓赴仓籴买官米，与赴店籴买市米难易判然。若官价照时价略为减少，则所差几何，是国家有平粜之恩，而闾阎未受平粜之益。嗣后督抚务将该地方实在情形，必须减价若干，方于百姓有益之处，确切奏闻。"②

乾隆十三年（1748），云南米粮腾贵，云贵总督张允随奏报米贵之由："一在生齿日繁，食者益众，而地不加辟，谷不加赢。此时之不得不贵者也；一在积贮不善调剂，积贮非病，病在处处。积贮采买非失，失在年年采买。每当新谷上市，价值本平。一闻官员采买，例有定限定额，奸牙市侩任意把持，遂致丰收之处与灾地同，及至平粜，地方官恐不敷买补，名为减粜，所减无几，民未收积贮之利，先受米贵之害。"③张允随认为，当前救荒急务，首要之举是暂停采买，东南商贾四达之区可停，而沿边舟楫不通之所宜行，同时应当审地势之轻重，察仓廪之盈虚，视年岁之丰歉，以定采买之缓急。如此方可因时补救，以裕民天。乾隆二十一年（1756），贵州大方县大旱，粟腾贵，"发粟平粜"④。乾隆二十八年（1763）十一月二十六日夜，云南河西县地震，街房、庐舍倒塌甚众，伤人极多。市中无米，民间慌乱，士绅向大载⑤"即将家中食米减价出粜，须臾而尽。又将豆子减售，民乃安帖"⑥。乾隆三十一年（1766），云南寻甸州春夏间米价高昂，"知州舒瑞龙粜卖仓米，支放积谷，以济贫困"⑦。向大载将个人积储在灾年出粜以济民食，是为灾荒期间私人形式的出粜，此举极大地丰富

---

① （清）张允随：《张允随奏稿》（乾隆二年八月二十六日），云南省图书馆藏。另参考方国瑜主编《云南史料丛刊》（第8卷），云南大学出版社1999年版，第561页。
② （清）杨景仁：《筹济编》卷8《平粜》，载李文海、夏明方主编《中国荒政全书》（第2辑·第4卷），北京古籍出版社2003年版，第148页。
③ （清）张允随：《奏呈云南米贵之由略节》（乾隆十三年二月十四日），中国第一历史档案馆，朱批奏折，档号：01－03158。
④ （清）黄宅中修，（清）邹汉勋纂：道光《大定府志》卷36《耆旧》，清道光二十九年（1849）刻本。
⑤ 按：据《河西县志》卷3《士女志·文学》记述：向大载，字子厚，号坤舆。甲辰邀乡荐教授生徒，首德行，次文艺。
⑥ （清）董枢：《粤令向广厚传》，（清）董枢等纂修：《河西县志》卷3《士女志·文学》，清乾隆五十三年（1788）刻本。
⑦ （清）孙世榕纂修：道光《寻甸州志》卷28《祥异》，民国间抄本。

了清代灾荒赈粜的内容。乾隆三十五年（1770），贵州省黔西州岁大饥，斗米值银二两，黔西知州谭秀侪"不告而减粜以赈，全活数十万人。是秋大熟，斗米值银一钱六分，秀侪悉籴以归仓"①。黔西知州谭秀侪开粜活民，尽管未按照规制先行奏报，但秋熟后即行籴买归仓，以实仓储，并无侵渔冒滥。

清代常平仓赈粜"在调控粮食价格的过程中都遵循着一个基本原则，即国家干预经济以不破坏市场的正常运行为前提"②。《钦定康济录》记载："籴莫贵于早，粜莫贵于时"③，充分强调了籴买和出粜应当选择的有利时机。清代各省存仓粮原为青黄不接市价昂贵之时减价粜济，此为通例。黔省山多田少，民鲜盖藏，每岁夏田所种小麦、燕麦、蚕豆、春荞等类，于五月初间陆续收获，至五月底方可完竣，其自春徂夏，正值青黄不接，米少价昂，必须开仓平粜，始克以济民食。然黔省价独照夏收册报中米价值办理详粜，开仓多在五六月间，维时夏收已毕，民食有资，市价亦减，无需仰给官仓。乾隆四十一年（1776）十月初一日，贵州巡抚裴宗锡认为，近年黔省各属开粜，每致无人赴粜，粮食腾贵原因在于先仓复陈，复因于后调剂失宜，殊非仰体圣主利育边氓之至意。有鉴于此，裴宗锡奏称："臣不敢因向来如此，遂尔袭谬承讹，前于二月分雨水折内曾将饬司察看及时粜济缘由附折陈奏，但不请循通例，明改旧章，恐各属顾虑迟回，仍使闾阎不沾平粜之益，应请嗣后黔省平粜仓粮，均于青黄不接、米价翔贵之时察看情形，即以月报中米市值为准，分别丰歉，按例减粜，庶因时制宜，于民食有裨。"④ 裴宗锡认为出粜米谷宜适时访查粮价，按照丰歉与否并根据时价及时赈粜，以济灾民口食。

清制，直省各府厅州县所属仓库有无亏空，每届年终都钦奉谕旨汇奏一次，以重责成。乾隆四十一年（1776），贵州巡抚裴宗锡汇奏盘查黔省各属仓库称，据布政使郑大进详据粮驿道国梁、护贵东道吴光廷、贵西道

---

① （清）黄宅中修，（清）邹汉勋纂：道光《大定府志》卷30《职官》，清道光二十九年（1849）刻本。
② 王静峰、王金辉：《论常平仓制度的起源及当代启示》，《曲靖师范学院学报》2017年第2期。
③ （清）陆曾禹：《钦定康济录》卷3上《临事之政》，载李文海、夏明方主编《中国荒政全书》（第2辑·第1卷），北京古籍出版社2003年版，第308页。
④ （清）裴宗锡：《奏请循例平粜仓粮以济民食折》（乾隆四十一年十月初一日），中国第一历史档案馆，宫中朱批财政第1174函第27号，档号：01-04513。

徐堂暨贵阳府知府陈业远等逐一盘查，各属仓库并无亏缺。裴宗锡覆查，贵州省"额贮常平及溢额谷共一百七万二千六百三十五石零，米二十一万九千六百三石零，内未粜减贮谷四万七千七百三十石零，米一万二千八百五十二石零。又本年平粜常平谷四万九千八百一十六石零，又借粜常平米六万一千七百一十六石零，余俱实贮在仓"①。乾隆四十四年（1779）夏五六月，贵州黎平县，民大饥，斗米一两一二钱，饿死者较多，"发廪减价粜赈之"②。贵州灾荒赈粜，其谷本主要源于常平仓贮，从乾隆四十一年（1776）的出粜及仓贮谷石额数可知，历次粜出及借粜谷数都根据仓储制度如期归还，均为实贮于仓廒，为灾荒赈济提供了保障。

明代林希元《荒政丛言疏》记载，救荒三权中首要者为"借官钱以籴粜"③。乾隆四十五年（1780）覆准："各省平粜，遇歉收价昂，或有接济他省，必须逾额多粜。数在五分以内者，令督抚声明，先行报部；如在五分以上者，奏明办理。其空仓全粜，于地方储备有关，永行禁止。"④ 清朝明确规定了出粜米谷的原则，既要保障仓廪的有效周转，亦要使灾民得资糊口，因而根据出粜分数据实详报是粜卖粮石的前提。"米价不平，农与民俱受其伤，而饥年则米自贵，未可强之使平也。"⑤ 宋代董煟《救荒全法》记载："赈粜者，用常平米，其法在于平准市价，默消闭籴之风，比市价减三分之一；如若不足，当委官循环籴粜，务在救民，不计所费。"⑥ 乾隆三十一年（1766）来，滇省粮价昂贵，青黄不接时出粜甚多，迨至秋成，市价仍昂，不能采买，通计乾隆三十年（1765）以前，云南共有未补平粜米一万五千余石，虽经前督抚臣刘藻奏准以别属捐纳监谷拨补，适逢普洱兴师，又将附近普洱之州县所有应拨省仓监谷改运军粮，粜项仍多悬

---

① （清）裴宗锡：《奏报盘查本年各属仓库钱粮无亏折》（乾隆四十一年十一月二十二日），中国第一历史档案馆，宫中朱批财政第 1175 函第 15 号，档号：01-04542。

② （清）俞渭修，（清）陈瑜纂：光绪《黎平府志》卷 1《天文志·祥异》，清光绪十八年（1892）刻本。

③ （清）陆曾禹：《钦定康济录》卷 3 下《临事之政》，载李文海、夏明方主编《中国荒政全书》（第 2 辑·第 1 卷），北京古籍出版社 2003 年版，第 412 页。

④ （清）杨景仁：《筹济编》卷 8《平粜》，载李文海、夏明方主编《中国荒政全书》（第 2 辑·第 4 卷），北京古籍出版社 2003 年版，第 149 页。

⑤ （清）杨景仁：《筹济编》卷 8《平粜》，载李文海、夏明方主编《中国荒政全书》（第 2 辑·第 4 卷），北京古籍出版社 2003 年版，第 146 页。

⑥ （清）陆曾禹：《钦定康济录》卷 3 下《临事之政》，载李文海、夏明方主编《中国荒政全书》（第 2 辑·第 1 卷），北京古籍出版社 2003 年版，第 411 页。

缺。乾隆三十一年（1766），杨应琚任云贵总督，他察得省城粮价甚昂，民间急须接济，"随商同抚臣常钧、藩司、粮道即为酌量借粜，以平市价，以济民食"，考虑到额征粮赋半本半折，民间交纳未便，而仓贮虚悬又艰于筹补，杨应琚奏："自应酌量变通，以期便民情而裕储备。"① 道光元年（1821）六月，贵州省各府属地方未得雨透，通省粮价较增。十一月十二日，云贵总督明山奏称："思南、丹江两处均请开仓平粜。"② 道光十一年（1831），黎平府春夏米贵，盗风四起，抢劫各处乡村仓谷，"黎平府刘锡荣发廪，减价粜赈之"③。道光十三年（1833），贵定县大旱，米价昂贵，又逢义仓不济，"发仓米减价平粜，全活甚众"④。乾嘉时期贵州因灾出粜，常平仓的粮食储备对赈济灾民发挥了重要作用。

清人方观承《赈纪》记载："因灾出粜，仍限以粜三成例者，为留米备赈也。其时米少价昂，不得不借此少平市价，以系民心。究之能籴者尚非极贫，极贫者无钱可籴，故亦不须多粜也。其轻灾僻邑及歉后米少价昂，行之为有实益。"⑤ 所谓平粜，即"丰收之年，按照市价进行出售，实现出陈易新。歉收之年，粮食短缺，按照市价进行平粜，对民生于事无补，需要低于时价售粮，才能对百姓起到接济作用"⑥。贵州通省尽系山陬，一年所产之米仅足一年之食，既鲜盖藏，不通商贾，故望岁更甚于他处。雍正五年（1727）夏秋两季，贵州省雨旸时若，田禾茂盛，收成八分九分不等，惟有春夏之交阴雨过多，荞麦稍损，米价高昂。贵州布政使祖秉圭奏称："将仓粮减粜接济，民无艰食，仰见我皇上加意仓储之有益于民生，良非浅鲜也。目下五谷丰登，米价减贱，所粜谷石现在勒限买补还仓。"⑦

---

① （清）杨应琚、（清）汤聘：《奏报云南酌改征粮之法以便民情以补仓储折》（乾隆三十一年八月初十日），中国第一历史档案馆，宫中朱批财政第1102函第35号，档号：01-04063。
② 中国第一历史档案馆，军机处录副档，3-169/9799-66，63盘0638。
③ （清）俞渭修，（清）陈瑜纂：光绪《黎平府志》卷1《天文志·祥异》，清光绪十八年（1892）刻本。
④ 民国《贵定县志稿》第四期呈稿《名宦》，民国八年钞呈本，1964年贵州省图书馆复制油印本。
⑤ （清）方观承：《赈纪》卷6《借粜蠲缓》，载李文海、夏明方主编《中国荒政全书》（第2辑·第1卷），北京古籍出版社2003年版，第590页。
⑥ 张艳丽：《清代京师平粜探析》，《学理论》2014年第18期。
⑦ （清）祖秉圭：《奏报贵州省本年夏秋季收成分数雨水粮价事》（雍正五年八月初四日），朱批奏折，中国第一历史档案馆，档号：04-01-30-0271-021。

清代云南自然灾害频发，荒年不断，灾民无力购买口粮，生活每况愈下。在青黄不接或市场粮价上涨之时，云南和贵州官府通常遵循"照时价减粜，按成色核收"的原则，及时举行平粜，对灾荒导致的城乡贫困户、鳏寡孤独、伤残病人以及流离失所的流民进行救助。光绪四年（1878），云南建水县属地方春夏两季没有下雨，粮食供应紧张，米价昂贵，建水县官员和地方士绅在天庙设局，酌情开展平粜。文献记载，光绪十九年（1893）三月至六月，建水县不雨，且发生灾荒，官府"设局平粜"。光绪二十九年（1903）夏四月，土匪周云祥自个旧窜踞建水，被扰民户乏食，"设平粜局于玉皇阁，以赈避兵难民"①。建水县天灾人祸接连不断，粮食歉收或被匪劫掠，流民口粮无从寻觅，只能靠官府平粜赈给。光绪二十五年（1899），贵州自春徂夏旸雨应时，早晚两稻禾苗芃茂，颇有丰收景象。但入秋后阴雨连旬，据贵阳、大定、普安、郎岱、水城、平远、黔西、贵筑、清镇、毕节等府厅州县先后具禀，禾稼被伤，多秀而不实，收成歉薄。云贵总督魏光焘奏报称，已饬令司道委员前往各属查勘被灾田谷，实有几分收成，应征钱粮，应否蠲缓，统俟查明详报至日再恳恩施，"至来春青黄不接，如果民食维艰，由黔筹办赈粜，以抒民困，应请毋庸另筹接济"②。宣统二年（1910）五月初七、初八日，贵州镇远县大雨，河水陡涨二丈有余。城垣房舍均有冲塌，溺毙人口二名，"城中一时米贵，当将府县义谷平粜灾民，分别赈恤"③。

　　《管子》记载："粟者，王者之本事，人主之大务，有人之图，治国之道也。"④ 从中可以了解到国家在粮食的控制和流通方面起着重要作用。清代"损上益下"的恤民政策在灾荒平粜中表现尤其突出，"百姓之身家，国之仓廪所由出。年丰岁登，民则为上实仓储。旱潦告灾，君即为民谋保

---

　　① 丁国梁修，梁家荣纂：《续修建水县志稿》卷10《祥异·旱灾类记》，1933年据1920年铅字排印重刊。

　　② 《奏为委员查勘贵阳等府厅州县被灾情形明春青黄不接由黔筹办赈粜毋庸另筹接济事》，中国第一历史档案馆，宫中朱批光绪朝二十五年号5（包）22，档号：01-10204。

　　③ 水利电力部水管司科技司、水利水电科学研究院编：《清代长江流域西南国际河流洪涝档案史料》，中华书局1991年版，第1202页。

　　④ 中国人民大学、北京经济学院《管子》经济思想研究组：《〈管子〉经济篇文注释》，江西人民出版社1980年版，第156页。

聚"①。灾荒期间,灾民的境况较差,社会再生产能力严重下降,若得不到及时接济,生计会更加艰难,严重者沦为流民,四乡觅食,并对灾区或邻近地区的社会秩序造成隐患,平粜一定程度上可以使他们渡过时艰。魏丕信认为,"在中国所有的饥荒时期,灾流民经过的道路和乡村,换句话说,在比真正的灾区更为广大的社会里,没有人是最安全的。"②光绪十八年(1892)和光绪十九年(1893),云南连年大水,田禾被淹,粮食歉收,云南省城米价每市斗卖到五两余钱。云南督抚先后将此前存余的仓谷碾成米粮,于城外分设官店粜卖,平粜所需钱两俱从云南府库项下支出。文献记载:

> 具禀奉谕,将前项存谷粜出,碾米平市,并于大小、东西城外及南城外,分设官米店五处,按日由仓运米分送,并饬采买来客米,随照市价减成售卖,随由善后局发银五千两作为减价津贴及官米店铺租、人工、火食开支等。谕遵即粜出前项仓谷二千一百七十四石六斗,碾得市石米一千一百一十四石四斗零七合,如数分送五城官米店,照市减价售卖,所有卖获价银,除善后局宪收回原发津贴银五千两,并开支各店薪工、火食、铺租、运脚及添制器具等项暨收卖客米津贴,共银四千九百三十六两六钱四分外,余存银三万三千九百二十七两二钱八分。③

光绪十八年(1892)和光绪十九年(1893)云南连续两年的大水,导致荒歉成疾,严重影响了受灾民众正常的生产和生活。据灾荒实情进行设厂赈粜,事关民众疾苦是否能尽快消除。光绪二十年(1894)八月,光绪皇帝谕军机大臣等:"电寄王文韶等:据都察院代奏云南京官中书张士镛等呈称:'滇省荒歉连年,小民槁饿转徙者不可胜计,缘放赈之处无多,平粜之米有限。五六月间,米价每百斤竟至五两。恳发钜款,赈粜兼筹。

---

① (清)陆曾禹:《钦定康济录》卷1《钱袋救援之典》,载李文海、夏明方主编《中国荒政全书》(第2辑·第1卷),北京古籍出版社2003年版,第252页。
② [法]魏丕信:《十八世纪中国的官僚制度与荒政》,徐建青译,江苏人民出版社2006年版,第39页。
③ 龙云、卢汉修,周钟岳等纂:民国《新纂云南通志》卷159《荒政考一·仓储》,1949年云南省通志馆据1944年刻本重印。

……前年因该省被水成灾，特颁钜帑，以资赈抚。兹据该中书等所称各节，是否确实？著王文韶、谭钧培体察情形，应否拨款赈粜之处，迅速由电覆奏。"① 由此可见，巨灾平粜赈济，通常为朝廷所关注，"民本思想"在此体现得尤其透彻。

平粜主要是借用仓谷调节灾区的粮食供求紧张问题。常年春季借出秋季归还，平价生息，出陈易新。灾年则需减价粜卖，以解决民食困难。平粜对调节市场物价，稳定地方社会秩序起着重要作用。光绪二十六年（1900），清廷谕内阁："邵积诚奏黔省水灾，恳恩拨发赈款一折。贵州毕节、威宁、贵阳、贵筑、普安、水城、平远、黔西、清镇等处上年秋成歉收，经该护抚筹款平粜，今年入春以来，仍少晴霁，收成尚无把握。"由于灾区既广，轸念民依实深廑系，光绪帝谕令："著户部迅速筹拨银十万两，发交邵积诚饬属分别灾情轻重，切实筹办赈济。"② 光绪三十二年（1906），滇省因近年米粮缺乏，价值奇昂，遵练新军，需米甚多，采买为难，准由昆明县仓拨发米七千一百五十石五升七合三勺一抄八撮，每石酌中收回价值银二两五钱五分，共收回银一万八千二百三十二两六钱，"又因连年水旱，陆续将仓存谷石发市平粜接济民食，共收获粜价银一十五万九千五九十二两七钱零，原拟俟价值平减照数买补还仓。故自光绪十八年（1892），该前县许台身起历任交代均列为移交米谷，其实与存银两项并交相沿已久，只因粮价年贵一年，迄未照案买补。本年又值旱灾，无米入市，民心惶惶，故将存仓谷石全数粜出，综计先后共存米谷价银十七万七千八百二十五两四钱"③。档案记载，光绪三十二年（1906）昆明县共存米九千四百一十一石五斗一升四合二勺五抄二撮，谷一十二万八千四百八十七石五斗一升四合五勺，因灾荒平粜和划拨接济操练新军之需，先后将仓谷全部平粜。尽管收获部分米谷平粜价银，但灾荒期间，米粮价格实属昂贵，加之灾赈活动一直在持续，尚需钱两和银米赈济，所存银两万难照数买足还仓。云贵总督丁振铎奏请将粜谷所得银两妥善保管，待粮食平稳

---

① 《清德宗实录》卷347，光绪二十年八月己巳条，中华书局1987年影印本，第51册，第465页。

② 《清德宗实录》卷461，光绪二十六年三月丁巳条，中华书局1987年影印本，第58册，第43页。

③ （清）丁振铎：《奏报云南昆明县仓谷接济新军等未能买补情形事》（光绪三十二年十二月十三日），中国第一历史档案馆，录副奏折，档号：02-04290。

再相应照数买还归仓。

三 赈给银米以裕口食

中国传统救灾制度"主要来自于政府创建的以制度规章等形式形成的各种救灾制度",是"基于政府救灾的法令、政策而产生的制度。是各级官员的常备职责之一"①。清制,直省地方遭遇灾荒需要及时赈济,凡有赈米、赈银、折赈和贷赈,极贫之民便赈给米谷,次贫之民则赈给钱两,稍贫之民则对其进行赈贷或折赈。历次云贵地区自然灾害发生后,清政府和云贵地方当局作为灾害救济的实施主体,都积极介入被灾地方灾情奏报、勘察、审户及发赈等整个过程,并根据被灾轻重程度和救灾的缓急为灾民发放钱粮,以尽可能地解决灾民的生存需求问题。康熙二十七年(1688),云南剑川地震成灾,"死者、伤者、庐舍坏者,计而赈之"②。雍正七年(1729)七月十四日,云南大理府连次地动,赵州城内亦于十六日地动,两处城垛、哨房及素有斜之居民房屋倒塌数处,并损伤大小妇孺二口,云南巡抚沈廷正奏称:已"动支司库备公银两,将倒塌房屋、损伤人口之处,照例赈恤"③。雍正十三年(1735),贵州仁怀被水成灾,黎庶乏食,雍正皇帝谕令:"赈恤难民口粮、米折、寒衣等项银四十五万一千二百三十八两有奇。"④云贵地区被水、被震成灾,官府皆赈给米谷和银钱,基本上缓解了灾黎的口食之忧。

《管子·国蓄》记载:"五谷食米,民之司命也。"⑤这句话充分强调了五谷杂粮对人民生命的重要性。文献记载,乾隆七年(1742)议准:"地方如遇水旱,即行抚恤,先赈一月,再行察明户口。被灾六分者,极贫加赈一月,连抚恤共两月。被灾七八分者,极贫加赈两月,连抚恤共三月;次贫加赈一月,连抚恤共两月。被灾九分者,极贫加赈三月,连抚恤共四月;次贫加赈两月,连抚恤共三月。被灾十分者,极贫加赈四月,连

---

① 李军:《中国传统社会的救灾——供给、阻滞与演进》,中国农业出版社2011年版,第114页。
② (清)王庆云:《石渠记余》卷1,光绪十四年(1888)刊本。
③ 《雍正朱批谕旨·沈廷正卷》卷51。
④ (清)张正奎等纂:光绪《增修仁怀厅志》卷4《蠲政》,清光绪二十八年(1902)刻本。
⑤ 中国人民大学、北京经济学院《管子》经济思想研究组:《〈管子〉经济篇文注释》,江西人民出版社1980年版,第197页。

抚恤共五月；次贫加赈三月，连抚恤共四月。"嗣后又覆准："若地方连年积欠，疑惑灾出非常，将凡属应行赈恤事宜，该抚因时因地妥议题明，除偶被偏灾照例赈济外，其有不能照常办理者，或将极贫加赈自五六月至七八月不等，次贫加赈自三四月至五六月不等。"① 地方凡遇水旱，不论成灾分数，不分极次贫民，即行概赈一月，一般称为"正赈""急赈"或"普赈"。灾荒中凡成灾十分者，极贫在正赈外加赈四月，次贫则加赈三月，若地方连年灾歉，或灾出异常，须将极贫加赈五六个月至七八个月，次贫加赈三四个月至五六个月，是为大赈。

  清代直省地方仓储粮食相对较为有限，因此每届灾荒，都需要根据灾情予以适当的谷石赈济，"将米赋予最需要的人，达到了米的效用最大化"②。由于各地方每年秋熟不一，因而仓储额贮粮石亦不尽相同，赈给银两作为次贫之民，相对减轻了常平仓赈济的压力。乾隆元年（1736）四月，贵州玉屏县大水，淹至城内三牌坊、北门馆驿一带被水淹没，民居尽被洪水冲塌，"知县张能后每户每间给银六钱"③。清代灾荒赈济期间，若粮食不足的情况下，可施行银米同时统筹兼赈，乾隆三年（1738）议定："直省州县，如遇歉岁赈济，仓谷不敷动支，改督抚酌量情形，准其银谷兼赈，谷六银四。"④ 乾隆十六年（1751年）五月初一日，云南剑川、鹤庆、浪穹、丽江、邓川等府州县同时地震，云贵总督硕色等"先后酌动司库铜息项下银二万两，并动各该处常平仓粮，银谷兼放"⑤，同时查照雍正二年（1724）嵩明、宜良等州县地震赈恤之成案，饬令所属地方官员勘查妥办，以使灾黎得所。至于在地震中被灾的兵丁，则预放一日饷银，酌济米石，俾使安心差操巡防。道光十年（1830）闰四月二十四、二十五等日，贵州青溪县雷雨大作，溪水陡发，冲坏沟边田 24 亩，五月初八和初九等日复连次大雨，河水骤涨，冲塌沿河民房三十五间。据青溪县知县禀称："水退后驰往各该处履勘，并未成灾，被水各户，分别恤给银米。"⑥

---

 ① 《大清会典则例》卷54《户部·蠲恤二》，清文渊阁四库全书本。
 ② 张祖平：《明清时期的政府社会保障体系研究》，北京大学出版社2012年版，第32页。
 ③ （清）赵沁修，（清）田榕纂：乾隆《玉屏县志》卷1《星野志·祥异》，清末抄本。
 ④ 《清会典事例》（第四册）卷271《户部·蠲恤》，中华书局1991年版，第98页。
 ⑤ 谢毓寿、蔡美彪主编：《中国地震历史资料汇编》（第3卷、下），科学出版社1987年版，第592页。
 ⑥ 中国第一历史档案馆，军机处录副档，3－60/3582－42，55 盘0913。

清代灾荒赈济期间，地方督抚等员皆应在正赈结束之前，即行踏勘灾情，根据被灾地方的实际情况予以加赈。《荒政辑要》记载："灾赈州县，务于正赈未满一两月前，先将地方赈后情形察看明确。如果灾重叠祲之区，民情困苦，正赈尚不能接济麦熟者，应剖析具禀，听候酌办。如奉恩旨加赈，即照所指何项饥口、应赈月份，遍行晓示灾民，仍照原给赈粟，按期赴厂领赈。"① 乾隆十六年（1751）四月，云南新兴州、江川县两处地震，先后倒塌民房和伤压人口，云南巡抚爱必达奏请照例赈给。同年六月，清廷谕令："该州县地震成灾，虽经该督抚等照例分别赈给，但念被灾过重，穷黎尚多拮据，所有赈恤银谷，著加恩照乾隆十九年恩旨，于常例之外，加一倍赈给"②，俾灾民均沾实惠。乾隆五十四年（1789）五月十四日，滇省通海、宁州、河阳、江川、河西等五州县连续地震，各州县城垣、官署俱有坍坏，并多有倒塌民居，伤毙人口之处，云贵总督富纲亲往查勘抚恤，并将灾情奏报朝廷。因通海等五州县同时地震，情形较重，乾隆皇帝谕准："所有震倒房屋、伤毙人口，分别借给银谷，务须督率各属，确实妥办，毋令一夫失所。并著照乾隆二十八年江川等处地震之例，加倍赈给，并将通海等五州县、应纳五十四年条公等项，一体加恩蠲免。"③

清代云贵两省灾荒频仍，广大灾民嗷嗷待哺，并对社会秩序的稳定造成严重的影响。积谷备荒，拨出积贮粮食救济饥馁，使灾黎有恃不恐，人心易于安定。在灾荒赈济中，赈济米粮主要由地方常平仓、社仓调拨发给，如果散放不敷则由邻近州县调拨输送，或到米粮丰产之区采买。滇黔向来山多田少，道途险阻，运输极其困难，每逢灾歉，无不靠邻省筹划接济。乾隆年间，黔省顽苗梗化，清廷屡次用兵剿抚，转运军需，动支各属积贮仓粮，以致处处亏少。乾隆元年（1736）底，贵州通省计存仓米共三十万二千余石，迨至乾隆四年（1739），贵州收成稍歉，因储蓄空虚，"委

---

① 《清会典事例》（第四册）卷271《户部·蠲恤》，中华书局1991年版，第98页。（清）汪志伊：《荒政辑要》卷3《查赈事宜》，载李文海、夏明方主编《中国荒政全书》（第2辑·第2卷），北京古籍出版社2003年版，第577页。
② 《清高宗实录》卷639，乾隆二十六年六月辛巳条，中华书局1986年影印本，第17册，第134页。
③ 《清高宗实录》卷1330，乾隆五十四年闰五月甲午条，中华书局1986年影印本，第25册，第1012页。

员领赍帑银赴湖南沅州地方采买米谷石，转运贵阳安顺等处平粜接济，每米一仓石合计价值水陆运费共需银至三两八钱六分零"，而贵州下游之古州、清江等"新疆"地方获蒙皇恩浩荡，永行不数田赋，"岁拨楚粤二省米四万石，按年运赴黔省，供支既费帑金，复累邻省，亦属不得不然之势"①。光绪三十一年（1905），云南省雨旸失时，五谷连岁不登，又夏秋之际始旱继涝，三迤地方受灾严重。云南省城"城外金汁、盘龙等河堤同时漫决，势等建瓴，顷刻过肩灭顶，东南两城外数十里民房、田亩概被淹没，并由涵洞溢灌入城，东南隅各街巷亦水深数尺及丈余不等"②。云南省城附近地方洪流泛滥，受灾特别严重，昆明等十余州县田禾尽被淹没。云贵总督统率所属官员筹划赈济，现将仓库存积米谷调出，及时发放给灾民，随后又电禀朝廷，请求临近各省平价卖给米粮。清政府知悉灾荒严重，随即向云南划拨赈款银二十六万两。两广总督岑春煊从越南购买大米，旅黔同乡官王玉麟购办黔米，并运至云南，以资接济，"不数月而闾阎得庆更生，地方亦臻安定，民到于今称之"③。

因各省地方被灾情形和仓贮基础不一样，因此灾荒赈济中的银米兼放宜据实妥办。汪志伊《荒政辑要》记载："放赈给粮，虽有银米兼放之例，然须视地方情形酌办。如系一隅偏灾，四围皆熟，米充价贱者，则给赈银，留米以备急需。如系大势皆荒，米少价贵之处，则应多给赈米，少给赈银，庶几调剂协宜。"④ 灾赈期间，或由于仓粮有限，且市场米谷时价平减，官府通常会通过折给米谷价钱的形式，以银两折给灾民，使各自自愿购买口粮。诚然，折赈银两也有较为严格的规定，并非随意赈放，通常情况下同普赈米石一样，折赈的期限也为一个月。《荒政辑要》记载："放折赈，定例每石折银一两库平纹银，按月给发。如奉特恩加增米价，应照所加之数增给。该州县务须预将各厂应放村庄户口，逐一查明，每村庄共该

---

① （清）介锡周：《奏陈仓储粮石数目折》（乾隆十二年五月初一日），中国第一历史档案馆，宫中朱批财政第1139函第14号，档号：01-03072。
② （清）丁振铎：《奏为云南省城猝被水灾现经设法疏消筹款赈抚情形等事》（光绪三十一年九月初二日），中国第一历史档案馆，录副奏折，档号：03-5608-056。
③ 龙云、卢汉修，周钟岳等纂：民国《新纂云南通志》卷161《荒政考三·赈恤》，1949年云南省通志馆据1944年刻本重印。
④ （清）汪志伊：《荒政辑要》卷3《查赈事宜》，载李文海、夏明方主编《中国荒政全书》（第2辑·第2卷），北京古籍出版社2003年版，第576页。

大几口、小几口者，各若干户，照一月折赈之数。逐户剪封停当。"① 此外，由于灾荒期间大小口数不一，米折银的标准也因此有所不同，既要使灾黎得以苟活，又要保证帑项的实用性，酌情开展米折有助于缓解被灾地方府库。方观承《赈纪》记载："升米折银一分五厘。一个月三十日，大口每月给予赈米七升五合，给银一钱二分五毫；小口每个月给赈米三升七合五勺，给予银五分六厘二毫五丝。"②

在灾荒赈济中，除直接赈给米粮之外，开设粥厂煮粥赈济，也是粮食赈济的一项重要方式。乾隆六年（1741），"议准凡拯济饥民，近城之地仍设粥厂，其远在四乡于二十里之内，各设米厂一所，照煮赈米谷，按口一月一领"③。"粮赈与粥赈质同形异，粮赈是以米、谷非熟食形式的赈济，粥赈则是以熟食的方式进行的特殊形式的粮赈，具有简易快捷、灵活机动的特点，即赈即食，成效立竿见影，受到官府及饥民的欢迎"④。道光十四年（1834），贵州平远大饥，"设粥散粟"⑤ 以赈济。清光宣时期，云南因灾荒而实行粥赈主要是由官方和地方绅士共同筹办，或有会馆煮粥义赈。光绪十七年（1891）六月，腾冲饥荒，官绅筹赈，粜米施粥。光绪十七年（1891），永昌府属发生干旱灾害，"四至六月，龙陵不雨，禾苗不得全播，米价高昂。六月，腾冲饥荒，官绅筹赈，粜米施粥"⑥。光绪十九年（1893），昭通饥荒严重，饿殍载道，有三楚会馆开设粥厂赈济饥民。光绪二十六年（1900），永善县属地方发生饥荒，又土匪横行劫掠，灾民多掘观音土充饥，饿殍遍野，又永善县地方粮价腾贵，米价从每升六十四文涨至百十文，时赴永善任职的贺宗章"出数百元收买，即于城隍庙，先设粥厂，委绅经理，城乡就食者二百余人。更派绅分赈各乡属，深山穷僻，势

---

① 《清会典事例》（第四册）卷271《户部·蠲恤》，中华书局1991年版，第98页。（清）汪志伊：《荒政辑要》卷3《查赈事宜》，载李文海、夏明方主编《中国荒政全书》（第2辑·第2卷），北京古籍出版社2003年版，第577页。
② （清）方观承辑：《赈纪》卷3《散赈》，载李文海、夏明方主编《中国荒政全书》（第2辑·第1卷），北京古籍出版社2003年版，第532页。
③ 《大清会典则例》卷54《户部·蠲恤二》，清文渊阁四库全书本。
④ 周琼：《乾隆朝粥赈制度研究》，《清史研究》2013年第4期。
⑤ （清）黄绍光、（清）申云根、（清）谌显模纂：光绪《平远州续志》卷7《人物志·孝义》，清光绪十六年（1890）刻本。
⑥ 云南省保山地区地方志编纂委员会编：《保山地区志》（上卷），中华书局1999年版，第179页。

难普及"①。

　　清朝时期，云南每遇灾荒，灾民生计艰难，尤其是在次年青黄不接之际，灾民生活更是拮据。因此，在发放赈济款项的过程中，多兼施银两和米谷。临灾抚恤，则及时赈给口粮，但为便于灾黎自行购买衣食之需，避免奔走四乡等候发放赈粮，往往也从云南府库或州县地方地丁银、藩库存公银中划拨赈济款项，或是从毗邻省区调拨，或关税银或漕折银，抑或京饷。光绪十四年（1888），云南临安府属、阿迷、蒙自等州县疫疠流行，人民死亡较多。又因雨泽延迟，田谷遭遇虫灾，致使秋后收成歉薄。档案记载，经兼署云贵总督谭钧培核查，"蒙自县疫毙人民四千九百二十二丁口，共赈银一千九百四十四两九钱，内除该县绅民捐助银三百四十四两九钱外，实发银一千六百两。阿迷州除故绝之户毋庸赈抚外，尚有被疫被灾九百二十八户，共赈银五百五十三两一钱，内除该州捐银五十三两一钱外，实发银五百两。共由局筹发银二千一百两，请归善后项下汇销"②。光绪十八年（1892）春间，云南昭通府、东川府遭遇旱灾，又同年六月以后昆明等十六州县阴雨连绵，河水泛滥成灾，淹没田禾无数，口粮匮乏，房屋被冲塌，灾民居无定所，奉上谕"由户部迅速筹拨银十万两，以备赈需。嗣准户部电咨云南，赈款由四川拨银十万两应用"③。

四　鼓励垦殖以补种杂粮

　　清代灾荒期间，为从根本上减少自然灾害带来的冲击和损失，政府极力鼓励被灾民户疏挖河道、挑复被泥沙淤压的田土，以补种杂粮，这为安置流民和赈济灾民起到了推进作用。法国学者魏丕信指出："洪水的显著特点是其爆发的突然性与巨大的破坏性"④，洪流侵袭之后泥沙淤积，导致禾稼被压坏，进而造成粮食减产就是其破坏性的表征之一。清代云贵地区因灾害或人口迅猛增长对土地需求量的增加详见于史册，而"移民运动直

---

①　（清）贺宗章：《幻影谈》，载云南省水利水电勘测设计研究院编《云南省历史洪旱灾害史料实录（1911 年〈清宣统三年〉以前）》，云南科技出版社 2008 年版，第 305 页。
②　（清）谭钧培：《奏报上年云南阿迷蒙自等州县被灾人口及捐收发放银数事》（光绪十五年九月二十七日），中国第一历史档案馆，录副奏片，档号：02-09359。
③　陈荣昌纂：《昆明县志》卷 5《政典志·蠲恤》，1925 年刻未定卷样本。
④　[法] 魏丕信：《十八世纪中国的官僚制度与荒政》，徐建青译，江苏人民出版社 2006 年版，第 18 页。

接推动了18世纪云贵地区经济的快速发展，特别是改土归流后，移民的进入和开发更加深入到人稀的山区和边地，对整个高原经济社会面貌变化起到重要推动作用"①。据《清实录》记载，康熙五十一年（1712）二月，皇帝谕大学士九卿等："前云南、贵州、广西、四川等省遭叛逆之变，地方残坏，田亩抛荒，不堪见闻。自平定以来，人民渐增，开垦无遗。或沙石堆积难于耕种者亦间有之。而山谷崎岖之地，已无弃土，尽皆耕种矣。由此观之，民之生齿实繁。"②文中明确记述康熙年间云南战乱对土地和农业生产造成了严重的破坏，而在承平后皆得到大幅度的开垦，其中，人口的增长对土地的需求和对农业的依赖在荒地的复垦中起着重要驱动作用。

自雍正朝改土归流之后，云贵两省的人口持续繁衍增长，相继推动了对土地的开垦进程。例如，雍正十三年（1735），云南巡抚张允随疏报：蒙化府"开垦雍正十二年分田地二十六顷有奇"③。乾隆三年（1738），云南巡抚张允随奏报：云南镇沅等三府州县于乾隆二年"开垦民屯田地共一百九十五顷九亩有奇"④。贵州承平之后，生齿日繁，需要更多的土地耕种以养活日益增加的人丁。乾隆七年（1742），贵州总督兼管巡抚张广泗奏称："乾隆九年分，（贵州省）南笼、平越、都匀、镇远、思南、石阡、思州、大定、遵义、定番、并州、永宁、普安、黄平、正安、贵定、龙里、安平、安南、瓮安、湄潭、荔波、施秉、清溪、毕节、桐梓、仁怀等府州县陆续报垦水旱田地共二千八百三亩有奇。"⑤雍正二年（1724）统计直省屯田额数，凡三十九万四千五百二十七顷九十九亩九分七厘，云南平彝等处屯田八千零六十一顷二十九亩二分有奇，贵州省贵阳府等处屯田二千二百一十一顷九十六亩四分有奇；⑥截至乾隆十八年（1753），清廷统计天

---

① 杨伟兵：《云贵高原的土地利用与生态变迁（1659—1912）》，上海人民出版社2008年版，第102页。
② 《清圣祖实录》卷249，康熙五十一年二月壬午条，中华书局1985年影印本，第6册，第469页。
③ 《清世宗实录》卷159，雍正十三年八月丙戌条，中华书局1985年影印本，第8册，第954页。
④ 《清高宗实录》卷80，乾隆三年十一月丙辰条，中华书局1985年影印本，第10册，第259页。
⑤ 《清高宗实录》卷250，乾隆十年十月辛丑条，中华书局1985年影印本，第12册，第225页。
⑥ 清高宗敕撰：《清朝文献通考》卷10《田赋考十》，商务印书馆1936年版，第1册，第4943页。

下田土，凡七八八十万一千一百四十二顷八十八亩，其中云南民田六万九千四百九十九顷八十亩，① 贵州民田二万五千六百九十一顷七十六亩。② 通过雍正二年（1724）和乾隆十八年（1753）云贵地区屯田两组数据的比较，乾隆朝时期云贵地区的土地垦殖面积明显比雍正初年增加。乾隆三十一年（1766），诏谕："滇省山多田少，水陆可耕之地，俱经垦辟无余。惟山麓河滨，尚有旷土，向令边民垦种，以供口食。"③ 例如，乾隆五十六年（1791），云南巡抚谭尚忠疏报：东川府会泽县属地方"开垦田地五顷六十四亩有奇"④。迄至嘉庆朝，云贵两省耕地的数量亦比此前有了较大的扩展。

清代云贵地区灾害的发生，都不同程度地使两省向国家缴纳的额赋减少，灾荒期间蠲免和缓征的额数，就客观地反映了灾害对国家财税收入产生直接的影响。因此，在国家调拨帑银和米谷赈给灾黎的同时，亦鼓励垦种和补种，以尽可能地减少灾害对粮食产量的影响，降低对国家财赋的损耗。咸同军兴以来，云南田地荒芜较多，并深刻影响到国家的赋税征缴。同治十三年（1874），云贵总督岑毓英称同治十二年（1873）的钱粮仍系尽收尽解，并用于开支军饷。本年委员分投丈量田地，按亩估计秋熟成数，已种田亩自九成至五六成不等，荒芜田亩自一成至四五成不等，请分别对已耕田地和荒芜田地征收和减免。同治十三年（1874）十二月，清廷谕令内阁："云南甫就肃清，流亡未集，田亩半属荒芜，若将应征钱粮照常征收，民力实有未逮，加恩著照所请。即自同治十三年起，予限十年，将滇省各属钱粮，按照此次清查已种田亩成数，分别征收，其荒芜田地，各按成数将应纳钱粮暂行蠲免，以苏民困。俟十年限满，百姓元气稍复，荒芜尽行开垦，再照旧额征收。"⑤ 清廷谕准待被扰民众元气恢复后对荒芜田土进行开垦，以征收额定粮赋，国家对农业的依赖性由此可见一斑。

---

① 清高宗敕撰：《清朝文献通考》卷4《田赋考四》，商务印书馆1936年版，第1册，第888页。
② 清高宗敕撰：《清朝文献通考》卷4《田赋考四》，商务印书馆1936年版，第1册，第889页。
③ 《清高宗实录》卷764，乾隆三十一年七月癸酉条，中华书局1986年影印本，第18册，第393页。
④ 《清高宗实录》卷1388，乾隆五十六年十月己酉条，中华书局1986年影印本，第26册，第642页。
⑤ 《清穆宗实录》卷374，同治十三年十二月辛未条，中华书局1987年影印本，第51册，第946页。

"政举民安"是清朝历代统治者推行国家治理和边疆治理的重要事务之一,其中"捐赈饥民"即是实现安民工作的重点,因而清政府十分重视各省地方督抚等要员是否实心经理荒政。嘉庆七年(1802)谕准:"因思荒祲出于天灾,补救则全资人力,若地方官不实心经理,玩视民瘼,即当治以应得之罪。"[1]"我国是长期以农业为主导的国家,水旱灾害,尤其是重大水旱灾害一经发生,必然使以粮食为主的农产品大量减少,造成用于维持劳动力再生产的生活资料匮乏,难免给社会的消费系统带来巨大震动。"[2]为从根本上消除灾荒期间农业生产可能面临瘫痪的处境,鼓励垦殖和补种杂粮就相应成为解决灾荒导致物质基础崩溃这一尴尬境遇的良策。雍正八年(1730)二月,户部议覆:"云南巡抚沈廷正奏:南宁县水灾地亩,豁免钱粮,迨水退之后,补种有秋,请仍旧征收。应不准行。得旨:部驳甚是,凡被灾免赋之处,若地方官民详报之时,以熟作荒,冒滥蠲免,则当从重治罪,若从前实系水淹,已照例蠲免,后因涸出地土,小民补种禾稼,仍欲征收钱粮,殊属不合,沈廷正所见卑小,著饬行。"[3]清代灾荒期间,凡被灾地方获得恩旨蠲免,嗣后补种杂粮等项,概不征收额赋,云南巡抚沈廷正拟于补种成熟后再行征收,与灾荒蠲免事属不符,因而被户部驳饬。

农业及农业生产是水旱等自然灾害的承受体,因此历次云贵地区干旱灾害或洪涝灾害发生之后,损失最严重的是禾稻,田亩被旱、被淹,粮食歉收,最直接的影响是导致灾民乏食。乾隆六年(1741)三月二十六日,云南元江府小寨、昆红四村夜半起蛟,沙压水冲田稻百余亩,云南总督庆复奏称:"经臣饬行查勘,劝令开挖浮沙,补种杂粮,酌借籽粒工本。"[4]乾隆十三年(1748)夏秋以来,滇省雨水稍多,濑河最低田亩,间被水淹。云南嵩明、罗平、河阳三州县,低下之处稻谷均有十分,荞豆杂粮均有八分;高阜之处稻谷均有十分,荞豆杂粮均有九分。云南巡抚图尔炳阿于十一月十六日奏报:"嵩明、河阳二州县被水后,转青禾稻、补种杂粮

---

[1] 《清仁宗实录》卷98,嘉庆七年五月庚辰条,中华书局1986年影印本,第29册,第310页。
[2] 谢永刚:《水灾害经济学》,经济科学出版社2003年版,第13页。
[3] 《清世宗实录》卷91,雍正八年二月丙午条,中华书局1985年影印本,第8册,第221页。
[4] 水利电力部水管司科技司、水利水电科学研究院编:《清代长江流域西南国际河流洪涝档案史料》,中华书局1991年版,第251页。

均有七分。"① 中国传统的农业"受自然条件之影响最为深刻"②，农业生产是清代云贵地区的主要经济来源之一，因此每逢水旱灾害袭扰农作物，容易对小农的生产和生活造成严重的打击，为使小民糊口有资，除官府予以赈济外，于灾后补种杂粮能够尽可能多地添补口粮。乾隆十四年（1749）五月二十三、二十四等日，贵州大定府属地方雨势猛急，溪流涨发，近河田庐间有被水冲没之处，贵州布政使恒文奏称："及时补种秋荞，实未成灾。又大定府属威宁州地方，较之通省极为寒冷，似与直隶张家口外气候相仿。每至五六月间，尚穿棉衣皮褂，本年四月十二日夜，霜气稍重，迟荞间有黄陨，当经补种齐全，并无妨碍。"③

"灾害问题的实质是经济问题"④，"在小农经济的条件下，人口对社会经济的发展起着至关重要的作用，人口的多寡是经济起伏、国力盛衰的重要标尺"⑤。有鉴于此，为避免劳动力的损耗甚至是人口的过多死亡，对被灾土地进行挑复垦殖和补种杂粮是避免耕地抛荒和增加口粮的一项重要措施。研究认为，"洪水对土质的破坏，含沙泥水所过之处，地面尽为沙碛，寸草不生，如同沙漠，使得田地长期不能耕作"⑥，因此需要乘时挑挖修复，以资补种杂粮。由于水旱等灾害的袭扰，禾稼或不能生产，或被洪水吞噬和泥沙淤压，进一步导致灾后黎庶面临口粮等物质生活匮乏的困境，并对被灾地方黎民的生产和生活带来影响。嘉庆九年（1804）七月，云南富民、晋宁、呈贡三州县山水骤发，河堤冲决，云南巡抚永保奏称："除呈贡一县水势消退甚速田禾并未被伤毋须缓征赈恤外，其富民县被水处所业经照例抚恤，灾民均各得所。"九月二十五日内阁奉上谕："惟晋宁州备淹田亩微有沙泥淤塞，现经挑复，只能补种杂粮。"⑦ 嘉庆二十五年（1820），贵州婺川县被水，镇远等四府属得雨稍迟，十一月初二日，云贵

---

① 水利电力部水管司、水利水电科学研究院编：《清代珠江韩江洪涝档案史料》，中华书局1988年版，第79页。
② ［日］森次勋：《中国农业之基础条件》，罗理译，《农村复兴委员会会报》1934年第9期。
③ 水利电力部水管司科技司、水利水电科学研究院编：《清代长江流域西南国际河流洪涝档案史料》，中华书局1991年版，第301页。
④ 郑功成：《灾害经济学》，湖南人民出版社1998年版，第10页。
⑤ 朱凤祥：《中国灾害通史》（清代卷），郑州大学出版社2009年版，第349页。
⑥ 邓拓：《中国救荒史》，商务印书馆1937年版，第172页。
⑦ （清）永保：《谕内阁云南富民等州县被水收成失望应征秋粮著缓至次年秋后带征》（嘉庆九年九月二十五日），中国第一历史档案馆，上谕档，档号：06-02892。

总督庆保、贵州巡抚贵州明山奏称:"婺川县被水查勘低洼田禾间被损伤,即经补种杂粮。镇远、思南、石阡、思州等四府属得雨稍迟,所种稻粮秋成稍薄,乘雨翻犁补种,秋荞收成仅有六分。现在各该处粮价尚属平减。"[1] 婺川县被水、镇远等四府雨泽愆期皆造成禾稼受损,待雨泽滋润土膏即行复垦补种,亦能实现秋收有望。

"频繁发生的各种灾害如一张永远填不满的巨嘴,贪婪地吞噬着人类劳动创造的财富。"[2] 自然灾害作为影响农业生产的重要因素之一,其对土壤生态环境、土地生产力以及土地的产出和经济效益都形成严重的制约。"水旱靡常,灾荒代有,赈饥济溺,为施政者所不可忽也。"[3] 道光三年(1823)三月二十八日,永善县知县陈规勋禀称:县属桧溪汛地方山水骤发,冲坍兵民房屋,田禾间有被淹。云贵总督明山、云南巡抚韩克均覆查灾情后奏报称:"其被淹田地系属零星,不成片段,旋经水退,即时垦复,补种杂粮,……不致成灾。"[4] 同年(1823)五月初九日至十一日,都匀县连得大雨,山水骤发,沿河低洼田亩间有淹浸,旋即涸出。据都匀县宋炳基禀报:"内有冲去秧苗及沙淤处所,分别疏浚,及时补种晚秧。"[5]
"国民经济的主体是农业,并且是个体经济的小农业。"[6] 清代云贵地区是一个以农业为主要来源的典型的小农经济社会,自给自足之时有之,灾荒乏食之际亦间有发生。严重的水旱灾害"不仅造成土地荒芜,农业基础设施毁坏,而且毁损庄稼,危害农业生物体"[7]。咸丰元年(1851),云南石屏、建水二州县得雨太迟,始终并未深透,云贵总督、云南巡抚张亮基奏称:"田禾不能遍栽,即间有补种杂粮之处。"[8] 光绪十五年(1889)四五月间,云南楚雄府楚雄县天气亢旱,栽插失时。光绪十六年(1890)五月

---

[1] (清)庆保:《奏为贵州婺川等被灾地区明春应否接济俟查明后遵旨奏闻事》(嘉庆二十五年十一月十一日),中国第一历史档案馆,朱批奏折,档号:04-01-01-0596-040。

[2] 马宗晋、郑功成:《灾害历史学》,湖南人民出版社1997年版,第227页。

[3] 龙云、卢汉修,周钟岳等纂:民国《新纂云南通志》卷159《荒政考一》,1949年云南省通志馆据1944年刻本重印。

[4] 中国第一历史档案馆,军机处录副档,3-169/9853-20,63盘1029。

[5] 中国第一历史档案馆,军机处录副档,3-169/9853-28,63盘1055。

[6] 陈振汉:《清实录经济史资料》(第1辑:农业编)第一分册,北京大学出版社1989年版,第5页。

[7] 陈文科、熊维明、朱建中、林后春、刘汉全:《农业灾害经济学原理》,山西经济出版社2000年版,第77—78页。

[8] 中国第一历史档案馆,军机处录副奏折,赈济灾情类,3/74/4338/19。

二十二日，云南巡抚谭钧培奏：楚雄县"七月得雨，补种杂粮，复因连日淫雨，多被浸坏，收成大减"①。尽管旱地作物在清中期得到普遍种植，在扩大了云贵高原旱地耕地面积的同时，也推动了山区农业的发展，②但是受云贵两省地形地貌以及西南季风气候的影响，无论是雨季过早，抑或雨季较迟，都会影响云贵地区粮食作物的种植，即使是灾后补种杂粮，其收成往往也因气候的变化而导致大幅减少。

清代云贵地区各类自然灾害的频发及彼此的交互作用，对云南和贵州各府厅州县被灾地方的农业生产造成冲击，民众家里储存的粮食被洪水冲失，大片良田被洪水淹漫殆尽，山洪携带的泥沙覆压庄稼，使小农的劳动力和生产资料都遭严重的挫伤和破坏，小农赖以生存的经济基础发生根本性的动摇。为避免灾民流落他乡，挑复被淹田地并督令补种杂粮，是弥补农业生产巨大损失的重要举措，为灾黎生存空间的拓展和生命的延续提供了重要保障。

五　捐给养廉银两以资赈济

养廉银是清朝特有的官员之薪给制度，其创建于雍正元年（1723）。由于该薪给制度本意是想藉由高薪来培养、鼓励官员养成廉洁的习性，并避免贪污事件的发生，因此取名为"养廉"。养廉银主要来源于地方火耗或税赋，因此视各地富庶或贫苦而定，养廉银的数额均有不同。研究认为，"清代中期，随着国家经济实力衰退，传统荒政中官赈独尊陷入困境。养廉银作为雍正朝高薪养廉制度的产物，几代相承而渐成族制，上至皇帝下到百官，均不敢轻挪以为它用"③。因为养廉银属于官员个人的薪金收入，通常不用于地方政务开支。但地方官员有牧民之责，所属地方受灾，荒歉迁延，捐资助赈对地方救灾活民具有较大的效用。

清代各省地方官员捐廉助赈，在弥补官方赈济不足的同时，一定程度上激活了地方政府的灾荒救济和社会治理职能，促进了官方灾赈资源的有

---

① 中国第一历史档案馆，宫中朱批奏折（财政类）田赋项，第99函，第32号。
② 杨伟兵：《云贵高原的土地利用与生态变迁（1659—1912）》，上海人民出版社2008年版，第104页。
③ 闫娜轲：《捐廉助赈与清代荒政施赈主体多元化的发展——以〈抚豫恤灾录〉为中心的考察》，《青海社会科学》2016年第3期。

效调剂和落实到位,进一步形成国家赈济为主导、地方政府施赈为辅、地方官自主倡率捐廉、地方基层士绅慷慨捐输的四个施赈层级,尤其是在清代国家府库亏空和财力不济的背景下,官员以个人的名义捐廉助赈,尽管其救济力量有限,但相继推进了清代中国灾赈主体多元化和社会化的形成并取得较大发展。清代滇黔灾荒频仍,云南和贵州两省的地方官积极倡捐养廉银,在国困民乏、仓虚银缺之时,用于修浚河道、修缮墙垣、盐井等开支,对灾荒赈济起到了较大的帮助。乾隆六年(1741),贵州遵义府仁怀县所属桃竹坝地方被水成灾,田亩被泥沙淤压。贵州总督兼管巡抚事务张广泗奏称有"地方官各自捐赈"①。嘉庆六年(1801)五月初八日,云南府属易门县太和川等处大雨如注,山水陡发,河流宣泄不及,附近田亩俱被冲淹,并浸倒居民房屋,并未损伤人口。据云南府勘察详称,易门太和川地方河身窄浅,此次洪水使附近一带九个村庄同时被淹,另淹倒沿河居民草房二十二间。七月二十一日,云南巡抚伊桑阿奏报:"该县杜钧捐廉抚恤,每间给银五钱。"②乾嘉两朝云贵地区灾荒期间的捐廉抚恤,有效配合官府的灾荒赈济,为尽可能多地拯救更多的被灾民众提供了条件。

西汉董仲舒《春秋繁露》记载:"凡灾异之本,尽生于国家之失,国家之失乃始萌芽,而天乃出灾害以谴告之;谴告之而不知变,乃见怪异以惊骇之,惊骇之尚不知畏恐,其殃咎乃至。"③中国自古以来的"灾异天谴"理论系统地阐明了历朝国家政权得以存在和维系的正当性和合法性,并因此让历朝统治者时常所警惕。清代荒政制度推行的主要意图在于通过对被灾地方的社会治理保全民命、保障生民,以维护国家的完整统治和社会的稳定运行。官捐养廉发轫于雍正朝,发展完善于乾隆朝,作为清代独创的财政制度,其在提高官员收入和促进吏治清明的同时,例行允准动拨养廉银两用于灾荒赈济,尽管其破坏了高薪养廉的祖制,但却较大程度上弥补了乾隆朝以后官赈的缺位,也有助于减轻被灾地方府库不堪赈济的负荷。研究认为,嘉庆十八年(1813)河南省各级官员捐廉助赈河南饥荒开

---

① 《清高宗实录》卷143,乾隆六年五月癸巳条,中华书局1985年影印本,第10册,第1067页。
② 中国第一历史档案馆,军机处录副档,3-38/2114-53,54盘0164。
③ (汉)董仲舒撰:《春秋繁露》第8卷《必仁且智》,上海古籍出版社1975年版,第54页。

启了区域性捐廉助赈模式①。继此之后，全国各直省被灾地方动用养廉银赈济的情况屡见不鲜，公拨养廉或官员自愿捐献剩余养廉银助赈，有效地整合地方资源，为缓解灾黎食物短缺和地方重要工事以及部分公共基础设施建设注入了新力量。

美国学者乔纳森·H. 特纳指出："权力、财富与权威存在着高度相关的情况。"②救荒活民关系社会再生产能否有序进行，对统治阶级与被统治阶级矛盾的缓和亦具有重要作用。养廉银两作为国家权力和国家财赋的一部分，事关国家吏治，亦攸关国家稳定。清嘉道朝云贵地区灾荒频繁发生，官捐养廉成为被灾地方社会治理的重要组成部分，推动着灾赈实践不断丰富，灾赈效果不断显现。档案记载，嘉庆十二年（1807）四月，贵州省遭遇大水，泛滥的洪水将沿岸官民房屋冲塌，贵州巡抚福庆先后对灾情进行勘察和覆查，他奏称经过施行灾赈和从优抚恤，灾民实已安定如常，并无一夫失所，其贡院内外围墙、房屋及东西号舍也经过筹款赶办，已修葺完竣。他奏称："至出水去路，最关紧要，自应赶紧疏导，以备蓄有猝发。经臣率同司道及首府县公捐廉俸雇集人夫，查明河身淤浅之处开窎③挑浚，派委在省候补佐杂每日分段督察、稽查，于具报工竣后，臣又复亲见加履勘实，已一律深通，其出水去路，亦经开窎宽畅无虞。"④嘉庆十二年（1807）七月，贵州思南府接连下雨不止，山水陡发，思南府印江县地方被灾最为严重，印江县属滨河营署、塘汛、民舍计被全冲者二十户，冲倒墙壁者十六户，田禾沙压无收者十居四五，约计五百亩。此外大小河沿河各村庄田亩冲塌无收者，约计二百亩，民房冲去二十七户，冲坏墙壁者一百一十二户，淹毙男妇大口九名口，各处小石桥十余座。十月初八日，贵州巡抚福庆奏称：印江县地方官"捐廉抚恤"，思南府"复捐廉从优续加抚恤"⑤。嘉庆二十二年（1817）夏秋，云南大理府邓川州、楚雄府白

---

① 闫娜轲：《捐廉助赈与清代荒政施赈主体多元化的发展——以〈抚豫恤灾录〉为中心的考察》，《青海社会科学》2016 年第 3 期。

② [美] 乔纳森·H. 特纳：《现代西方社会学理论》，范伟达主译，卢汉龙校订，天津人民出版社 1988 年版，第 198 页。

③ 按："窎"同"挖"。

④ （清）福庆：《奏为查明贵州省城赈恤工程俱经办理妥协事》（嘉庆十二年七月十三日），中国第一历史档案馆，朱批奏折，档号：04-01-02-0075-005。

⑤ 中国第一历史档案馆，军机处录副档，3-38/2120-69，54 盘 1018。

盐井两处地方大雨连绵，冲决河堤，被淹田庐井灶、盐斤，并淹毙灶民。云贵总督伯麟、云南巡抚李尧栋奏称："白盐井除淹毙灶民十六丁口酌给埋葬，并冲倒民房关卡各项应需工料修费等银为数无多，业经楚雄府暨该井提举捐廉筹办。"① 道光二十年（1840）六月，遵义府桐梓县被水，勘不成灾。贵州巡抚贺长龄奏称："臣查桐梓县被水贫民，自经抚恤之后，年谷顺成，地方安静，惟山多田少，户鲜盖藏，俟来春体察情形，如尚须接济，仍捐廉妥办。"② 道光二十七年（1847）六月二十一日，云南定远县黑盐井和琅盐井被水冲淹井口、灶房和运道，十月初三日，云南巡抚程矞采等奏："黑盐、琅盐等井被水较轻，业经该提举捐廉抚恤。"③

光绪朝时期，捐廉助赈仍旧在云贵地区得到有效推行，其具体实践推进了晚清云贵地区灾赈方式的多样化发展，并较大程度上弥补了灾荒期间社会治理因资金匮乏带来的缺陷。光绪三年（1877），鹤庆州属地方大雨滂沱，洪水猖獗，将州城冲坏，云南鹤丽镇总兵朱洪章积极勘察新河口的形势，目睹积潦为灾，"遂捐廉四千五百两"，对河口进行疏浚。光绪五年（1879），邓川州知州王培心"捐廉修江尾、马甲邑两处溃堤，民咸德之"④。光绪九年（1883），昆明县知府捐廉修浚扣水坝，并修筑堤坝，以解除水患。光绪十七年（1891），云南宣威、永善、师宗、平彝、会泽等府州县先后被水成灾，经云南布政使史念祖会同善后局、司道详称，以上地方共赈济银四千二十二两八钱八分一厘七毫七丝，"内由善后局筹发银三千九百七十七两四分七厘七毫七丝，其余银两由各地方官捐廉散给"⑤。光绪十八年（1892）夏间，云南附省及东昭各属被水成灾，云贵总督王文韶、云南巡抚谭钧培各捐廉银一千两，以为官绅之倡。嗣据云南布政使史念祖报捐五百两，云南按察使岑毓宝、粮储道英奎、盐法道普津各捐银二百两，署云南提督蔡标捐银四万两，临元镇总兵何秀林、调署开化镇总兵

---

① （清）伯麟、（清）李尧栋：《奏为云南邓川州及自盐井被水请加赈益蠲免钱粮借项折》（嘉庆二十二年十月十二日），中国第一历史档案馆，宫中朱批财政第48函第4号，档号：01-00448。
② 中国第一历史档案馆，军机处录副档，3-60/3592-6，55盘1265。
③ 水利电力部水管司科技司、水利水电科学研究院编：《清代长江流域西南国际河流洪涝档案史料》，中华书局1991年版，第860页。
④ （清）秦光玉辑：《滇南名宦传》，载云南省水利水电勘测设计研究院编《云南省历史洪旱灾害史料实录（1911年〈清宣统三年〉以前）》，云南科技出版社2008年版，第503页。
⑤ （清）谭钧培：《奏报光绪十七年份滇省用过灾赈银两数目事》（光绪十九年十二月二十日），中国第一历史档案馆，朱批奏折，档号：04-01-01-0990-053。

何雄辉、腾越镇总兵张松林、鹤丽镇总兵吴永安各捐银二百两,署昭通镇总兵刘兴、署普洱镇总兵屈洪春各捐银一百两,留滇委用道唐启荫捐银一百五十两,大关同知朱毓崧、永善县知县夏宝宸各捐银以便两,此外还有前云南盐法道、山东布政使汤聘珍捐银五百两,前云南粮储道、山东按察使松林捐银三百两①。光绪二十二年（1896）七月十六日,贵州铜仁县知县胡瀛涛禀报称,贵州省铜仁府铜仁县属蟠溪沟地方出蛟,二十二日夜黑湾地方又出蛟,所有沿河田亩、房屋均被水冲失,并淹毙人口,"当即前往勘明,捐资抚恤"。光绪二十二年（1896）九月十三日,据青豀县知县饶榆龄禀称："县属漏溪屯及挂扣屯地方与铜仁县境毗连,于七月二十二日夜陡发蛟水,将漏溪屯等处田亩冲坏,当即前往勘明,捐廉赈济。"②

清光绪朝云南灾荒赈济期间的捐廉助赈,除府库拨给大部分赈银以外,其余由云南各地方官从余剩的养廉银中捐给。档案记载,光绪二十六年（1900）,永善直隶厅属地方小春复歉,米价昂贵,饥馑荐臻,灾情甚重,民情愈形窘迫。时值贺宗章到任,先后调拨赈款银九百四十两,后于六月初一日相继移交赈款银二千两,"而灾区太阔,户口过多,所领之款,实已不敷分发,早已捐廉二百两"③。光绪二十七年（1901）五月二十一日午刻,黑盐井地方大雨倾盆,雷电交作,蛟水泛滥,惊涛骇浪,将黑盐井龙沟河堤冲决四十余丈,附近十三家灶房、四十三户民房以及庙宇、衙署均被冲刷,人畜多数漂没,盐平半皆融化。经勘察核实,水灾造成"有姓氏可稽者已至五十余丁口",东井、新井被砂石淤塞,经该提举等员竭力抢救,最终保全了盐井,而民灶荡析离居,停煎堕课,损失严重。云南巡抚林绍年奏称："前据该卸提举以修筑河堤各工均已一律完竣,共用去工料银二万六千九百二十一两一钱九分,除领过银二万六千两外,其余不敷之款,系由该卸提举捐廉。"④

---

① （清）王文韶、（清）谭钧培：《奏报滇省文武各官绅民捐资助赈银数请准奖叙事》（光绪十八年十二月二十四日）,中国第一历史档案馆,录副奏折,原档号：03-5600-005。
② （清）嵩崑：《奏为铜仁、青豀二县被水田亩请豁免应征丁粮折》（光绪二十三年二月三十日）,中国第一历史档案馆,灾赈档,宫中朱批财政第112函第21号,档号：0112-021。
③ （清）贺宗章撰：《便宜小校略存》,载云南省水利水电勘测设计研究院编《云南省历史洪旱灾害史料实录（1911年〈清宣统三年〉以前）》,云南科技出版社2008年版,第306页。
④ （清）林绍年：《奏为滇省修筑黑盐井龙沟河堤工用过工料银两事》（光绪二十九年十一月十六日）,中国第一历史档案馆,朱批奏折,档号：04-01-01-1062-062。

清代灾赈中的官员捐廉助赈具有较强的官方干预色彩,"捐廉助赈为地方灾荒救济注入了新力量,鼓舞了地方绅商等有力之家的捐输热情,有效地集聚地方资源以缓解严重的食物短缺问题"[①]。清代云贵地区灾荒期间的官捐养廉助赈实践,官府或官员个人以切实的赈灾行动向地方商贾、绅士和殷实之户做出积极倡导和表率,并驱动了民间社会力量踊跃捐输赈灾,同时使官方勤政爱民恤民的良好形象得以在灾区形塑起来,尽管官捐养廉的赈济效果相对有限,但也在一定程度上缓和了灾荒导致的社会矛盾。

第二节 清代云贵地区的民间救灾实践策略

清代云贵地区的灾荒赈济除以国家主导的救荒模式以外,民间社会力量自主开展的赈济亦是实现灾荒与社会协同治理的重要组成部分。从实践层面来看,清代云贵地区的绅宦和士民以及民间慈善机构组建的救灾体系,具有多样性、即时性、持续性和公益性的基本特征,民间的救灾行动在云贵地区的防灾减灾救灾和灾后重建过程中发挥着积极的作用,在较大程度上弥补了官方赈济中存在的缺陷,从而提高了灾荒赈济和社会协同治理的成效。

一 地方官宦倾力捐输赈济

《清史稿》记载:"其乐善好施例内,凡捐资修葺文庙、城垣、书院、义学、考棚、义仓、桥梁、道路,或捐输谷米银米,分别议叙、顶戴、职衔、加级、纪录有差。余如各省盐商、士绅,捐输钜款,酌予奖叙。皆出自急公好义,与捐纳相似,而实不同也。"[②] 捐输与捐纳本质上的差别不辨自明。杨景仁认为:"太平之世,遇歉岁而民不饥,盖不独损上益下也。抑民间有自相补助之道焉。历代助赈,皆有优奖之典,诚以施期于当厄,多一人输,即多数人食,多劝一人输,即多活数人命也。……然乡党好施

[①] 闫娜轲:《捐廉助赈与清代荒政施赈主体多元化的发展——以〈抚豫恤灾录〉为中心的考察》,《青海社会科学》2016年第3期。
[②] 赵尔巽等撰:《清史稿》卷112《选举志》,中华书局1977年版,第3246页。

者例加奖励，此劝善之良谟，实救荒之仁术也。"① 个人捐输作为清代重要的灾荒赈济措施，受到历朝统治者的高度重视。乾隆帝谕曰："救荒无奇策，富户能出资赈粜，足以助官赈之所不及，于闾阎殊有裨益。"② 据《筹济编》记载："大抵劝输之事不一端，助赈而外，凡设粥、平粜、辑流民、收幼孩、施衣、施棺等项皆是也。当饥荒之岁，安富必早安贫，斯有力皆须努力，是在良有司之善劝矣。"③ 乾隆三十六年（1771）五月十九日，贵州省镇远府施秉县雨水过大，溪流宣泄不及，青冈山脚为水所刷，山土坍卸填塞河道，溪水陡长五丈六尺，暴雨导致青冈山土石滑坡，并将山腰、山脚住居民田三十九户掩埋，共压毙大小男妇九十三名口，贵州布政使三宝奏称：经镇远府知府亲往勘察灾情，"全家被压者五户，捐棺掩埋"④。

顺治十年（1653）议准："士民捐助赈米五十石，或银百两渐，地方官给匾旌奖；捐米百石，或银二百两者，给九品顶戴；捐多者递加品级。"⑤ 顺治十一年（1654）覆准："现任官并乡绅捐银千两、米千石以上者，加二级；银五百两、米五百石以上者，纪录二次；银百两、米百石以上者，纪录一次。生员捐米三百石者，准贡；俊秀捐米二百石者，准入监读书。"清廷为有效利用地方社会的救灾资源，积极鼓励民间社会力量参与赈济救灾，通过授官赐爵的方式吸引地方士民捐输助赈，为灾赈过程中更多的绅商和民众参与救灾树立了典范。顺治十八年（1661）议准："凡捐谷，每二石折米一石，豆照时价，计银议叙。"⑥ 康熙元年（1662），题准："捐银米部分本属隔属，如一年内捐及额者，题请议叙。"七年（1668）覆准："满洲蒙古汉军并现任汉文武官弁捐输银千两或米二千石

---

① （清）杨景仁：《筹济编》卷8《平粜》，载李文海、夏明方主编《中国荒政全书》（第2辑·第4卷），北京古籍出版社2003年版，第170页。
② 《清高宗实录》卷405，乾隆十六年十二月庚申条，中华书局1986年影印本，第14册，第321页。
③ （清）杨景仁：《筹济编》卷10《劝输》，载李文海、夏明方主编《中国荒政全书》（第2辑·第4卷），北京古籍出版社2003年版，第174页。
④ 水利电力部水管司科技司、水利水电科学研究院编：《清代长江流域西南国际河流洪涝档案史料》，中华书局1991年版，第441页。
⑤ （清）杨景仁：《筹济编》卷10《劝输》，载李文海、夏明方主编《中国荒政全书》（第2辑·第4卷），北京古籍出版社2003年版，第170页。
⑥ （清）杨景仁：《筹济编》卷10《劝输》，载李文海、夏明方主编《中国荒政全书》（第2辑·第4卷），北京古籍出版社2003年版，第171页。

者,加一级;银五百两或米千石,纪录二次;银二百五十两、米五百石,纪录一次。"① 顺治康熙朝对士民和绅商捐资捐输予以议叙和奖励有了明确的规定,为后世历朝的劝输赈济奠定了条件。

清代扩大捐输渠道的方式有劝捐(输)、零捐、图赈和奖励捐输等②。乾隆二年(1737)覆准:"被灾贫民,该地方富户如有出资安插,不致流离失所者,督抚察明用过银米实数,作何优赏之处,即于题赈济银米疏内分别议奏。"③ 乾隆四十一年(1776)议准:"绅衿士民,有于歉岁捐赈者,准亲赴布政司衙门具呈,并听自行经理。事竣,督抚核实,捐数多者题请议叙,少者给匾额。若县官勒派押捐,或以少报多,滥邀议叙者,从重议处。"④ 雍正皇帝认为:"夫所谓乐善好施、扶危济困者,大抵于水旱饥馑之岁,散财发粟,赈救穷黎,又或于平常无事之时,造义仓以储米谷,修桥路以便行人,或置敦宗赡族之田,或立养老育婴之所。凡此善事多端,必须出自本人之诚心,而又亲身经理,谊同休戚,始可以惠乡间而收实效。"⑤ 乾隆三十一年(1766)十月十一日,云贵总督杨应琚、云南巡抚汤聘奉上谕覆查云南省捐监事例,实有云南通省常平仓额并未载等则谷、荞、青稞七十万九千五百十四石,久经足额,所有收捐监谷遵照向例另案存贮,以备不时赈恤及平粜不能买补之用。杨应琚、汤聘奏称:"每年收捐监谷多者万余石,少者数千石,分计每州每县不过数名,历系殷实之户亲赴州县报捐,即将自有谷、荞照数交纳,总缘滇省粮价较昂,若照时价征收折色,报捐之户势必裹足不至。"⑥ 由于云南产米本少,商贩难于接济,且滇省距京最远,赴部报捐未免艰难,而监谷一项可以接济常平之不足,杨应琚和汤聘奏请:"所有云南捐监事例,似应循照旧例,仍留本省收纳,实属官民两便。"

---

① (清)杨景仁:《筹济编》卷10《劝输》,载李文海、夏明方主编《中国荒政全书》(第2辑·第4卷),北京古籍出版社2003年版,第171页。
② 赵晓华:《清代赈捐制度略论》,《中国政法大学学报》2009年第3期。
③ (清)杨景仁:《筹济编》卷10《劝输》,载李文海、夏明方主编《中国荒政全书》(第2辑·第4卷),北京古籍出版社2003年版,第171—172页。
④ (清)杨景仁:《筹济编》卷10《劝输》,载李文海、夏明方主编《中国荒政全书》(第2辑·第4卷),北京古籍出版社2003年版,第172页。
⑤ 《清世宗实录》卷156,雍正十三年五月癸亥条,中华书局1985年影印本,第8册,第911页。
⑥ (清)杨应琚、(清)汤聘:《奏报云南捐监事例应仍留本省收捐本色折》(乾隆三十一年十二月十五日),中国第一历史档案馆,朱批奏折,档号:01-04091。

咸丰元年（1851），云南临安府石屏、建水二州县地方亢旱歉收，经云南巡抚张亮基会同云贵总督吴文镕奏蒙恩旨，将该州县应征钱粮分别蠲免，并劝谕绅富量力捐输。咸丰三年（1853）二月十八日，调任闽浙总督云贵总督吴文镕、云南巡抚吴振棫奏报称，据临安府转据署石屏州王涟漪申禀："上年（咸丰二年）州属因旱成灾，经各官首先倡捐银三千四百余两，并州属士民捐银五千二百余两"，藉此买米平粜，设厂施粥，贫民均沾实惠。又蒙自县地方同时被旱，据前署县沈炳禀请设局平粜，并劝士民捐输助赈。兹据该知县王秀毓查明，"该绅士等共捐银四千一百余两，所有捐银三百两之监生沈灿一名"①。吴文镕、吴振棫将所有捐数应叙之石屏州士民潘席珍、蒙自县监生沈灿等捐输赈济事汇核造册，以奏恳圣恩敕部议叙，以昭激劝。石屏、建水、蒙自等州县士民情敦桑梓，踊跃乐输，实属急公慕义，吴文镕、吴振棫奏报，除官员不敢仰邀议叙，及捐银二百两不愿议叙之蒙自县卫千总解天禄并银数在二百两以下者，由县属分别予以奖励外，其捐银二百两以上之士民，仰恳圣恩敕部给予议叙，以示奖励。

黔省地瘠人稠，户少盖藏，每遇青黄不接，粮价增昂，储积最关紧要，并对灾荒赈济造成严重影响。道光二十三年（1843），署贵州遵义府仁怀厅同知杨钜源详称，该厅地瘠民贫，多有乏食，幼孩沿街乞求，既无亲属收养，而年幼力弱，又不能肩挑背负佣趁营生，情形实为可悯，亟宜设法安置。贵州巡抚贺长龄奏称："当经该厅捐廉为倡，士民闻风兴起，陆续报捐，共钱二千六百千文，在于东关建坊七间，收养幼孩三十名，给予衣被饭食。又延塾师一人在堂课读，令其粗识道理。并置买田房，岁首租谷一百三十四石五斗及租钱七千文，以为堂中经费，专委该厅照磨，稽查经管，造册由司核详。"贺长龄认为，捐献钱数合银不及二百两者，由他督饬该厅奖以花红匾额，"至该署厅杨钜源捐钱一千千文，可否一并交部议叙，并免造册报销，出自逾格鸿慈，为此会同督臣桂良附片陈明"②。咸丰五年（1855）五月，贵州巡抚蒋霨远奏称："臣与司道谆嘱在籍郎中黄辅辰宝为劝输前任漕运总督朱树、江苏苏松太道王玥、翰林院检讨佟钟

---

① （清）吴文镕、（清）吴振棫：《奏为云南石屏蒙自二州县因旱成灾绅富捐输赈济事竣请分别奖叙事》（咸丰三年二月十八日），中国第一历史档案馆，录副奏折，档号：02-07537。

② （清）贺长龄：《奏报仁怀厅士民捐输赈济银两请予议叙事》（道光二十三年正月十九日），中国第一历史档案馆，附片，档号：04-01-35-0675-035。

良、知州衔前任湖南攸县知县孔宪典、候选盐运使司副使高以廉、州同职衔李珮琳等当即首先倡捐,随劝在城绅商量力捐输,现计捐谷一万五千四百五十六石,又捐建义仓银一千三百五十七两,于贵阳府、贵筑县两处学宫内建仓三十八廒,将谷石陆续交仓分储,以备不时粜济之需。"① 贵州此次劝谕合省地方官捐输,复有省城绅士商民慷慨捐资,劝输得捐谷一万五千五百五十六石,捐建义仓银一千三百五十七两,并在此基础上建盖粮仓三十八廒,为灾荒赈济储积了较为丰富的谷石。此后,蒋霨远将此次办理赈捐事宜具文呈报给云贵总督恒春,以期循例恳恩俯准为捐输的省城绅士商民给以议叙和奖励。

"作为清政府饮鸩止渴、剜肉补疮之举,晚清赈捐制度在国家救灾体系中占据着举足轻重的位置,但是,赈捐并不能彻底解决和制止国家救济能力的急剧衰颓,赈捐制度本身的混乱不堪及其所导致的恶劣的社会后果表明,晚清官赈体制之弊已经积重难返。"② 清代云贵地区灾荒期间的捐输助赈作为清政府云南和贵州当局动员地方社会力量参与救灾的主要渠道之一,历次捐输的开展,充分反映了清代国家作为赈灾主体的权力不断下移,绅宦商贾通过捐献财力参与到被灾地方的社会重建过程中,在一定的时空范围内有效解决了官府府库维艰的赈灾问题。云贵地区的士民、绅商以及两省官宦的捐助施赈,不仅是对国家劝输政策的积极响应,也是中国儒家道德观念中"修善""行善"这一价值取向驱动的结果。需要看到的是,自乾隆朝后,云贵两省地方力量的捐输逐渐得到发展,尽管嘉道以后云贵官方赈济举措面临积重难返,捐输亦无法从根本上挽回传统国家政权主导之下荒政失位的颓势,而这却从根本上推进了晚清云贵灾赈方式出现多元化和多样化的近代化转型趋势。

二 民间绅商慷慨捐赀助赈

在中国荒政制度史上,灾赈措施的制度化、程序化和法制化,使清代灾荒赈济达到了传统中国救灾事务的顶峰。诚然,尽管清朝政府的救灾举

---

① (清)蒋霨远:《奏为省城绅士商民捐建义仓储积谷石请奖励事》(咸丰五年五月初七日),中国第一历史档案馆,朱批奏折,档号:02-03509。
② 赵晓华:《晚清的赈捐制度》,《史学月刊》2009年第12期。

措比较完备，但偏灾向隅之际，亦并非仅仅依靠官府的拨帑赈济就能够拯救饥民。尤其是嘉道朝以后，中国社会整体性地面临内忧外患的困境，频繁的军事压力和庞杂的财政开支相应地加剧了政府负担，并不同程度地降低了各省灾荒期间的整合能力和调剂能力。

中国民间互帮互助的行为源远流长，据《周礼》记载："令五家为比，使之相保；五比为闾，使之相受；四闾为族，使之相葬；五族为党，使之相救；五党为州，使之相赒；五州为乡，使之相宾。"① 文献中深刻地揭示了西周时期社会成员之间于危难之际都能够及时得到邻里和乡民的资助和招抚，其互助行为在中国历史发展长河中不断得到仿效和传承。地方乡绅作为乡村的知识阶层和精英阶层，他们一般都拥有一定的文化主导权和发言权，凭借对区域内部乡村文化和教育的引导和支配，士绅在乡村的文化权威逐步得到展现和固定，并在乡村的社会结构和社会治理过程中发挥着较为关键的作用。"州县办理编查，乡保多不知书写，又未谙条款，必须绅士协导"②，这就是地方乡绅在基层社会管理中的一个重要体现。

士绅，"主要是指在野的并享有一定政治和经济特权的知识群体，它包括科举功名之士和退居乡里的官员"③。王先明认为："在近代社会中，无论是举贡生员还是乡居缙绅（职官），凡获得封建社会法律所认可的身份、功名、顶戴，'无论出仕未仕'，一概属于绅士阶层。"④ 费孝通指出："绅士是退任的官僚或是官僚的亲亲戚戚。他们在野，可是朝廷内有人。他们没有政权，可是有势力，势力就是政治免疫性。"⑤ 清代中国地方士绅阶层在区域内的基层社会公共管理及服务中具有举足轻重的作用，乡绅对基层社会的控制体现在三个方面：其一为操纵宗族、保甲组织；其二为通过举办社会公共事业控制地方；其三为掌握地方教化。⑥ 清代云贵地区的士绅积极参与地方灾赈事务，为推动区域灾赈事业的发展和社会治理做出了积极的努力。

施坚雅（G. William Skinner）认为："地方官员有责任救助穷人，在

---

① （元）马端临：《文献通考》卷12《职役考一》，摛藻堂四库全书荟要本。
② 闻钧天：《中国保甲制度》，商务印书馆1936年版，第152页。
③ 徐茂明：《明清以来乡绅、绅士与士绅诸概念辨析》，《苏州大学学报》2003年第1期。
④ 王先明：《近代绅士——一个封建阶层的历史命运》，天津人民出版社1997年版，第6—10页。
⑤ 费孝通：《皇权与绅权》，天津人民出版社1988年版，第8页。
⑥ 张研：《清代族田与基层社会结构》，中国人民大学出版社1991年版，第23—34页。

必要的时候减免租税，然而在繁冗的官僚政治下，国家有限的资金要保证公共救济事业的充分实施是非常困难的，针对此种情形，尽管不同地区实施的步调不尽一致，学者们在这一点上却达成共识，即国家把这种责任逐渐地转移到了地方是无可置疑的。"① 清代云贵地区的民间救灾活动力量以个人义举为典型代表，主要包括来源于社会上层中以地方精英阶层为代表的士绅群体和一般的平民阶层或个人，既有个人穷尽财力救灾，更有富民阶层的积极主动参与。总体来看，无论是士绅还是庶民，在灾荒来临之际，他们都具有整个社会的普遍价值认同，并认为舍尽财力救济穷民，为灾黎谋取生活之资是理所应当履行的义务。文献记载：康熙五十二年（1713），云南马龙州学宫因地震倾倒，学正汤茂如"捐资修葺"②。雍正二年（1724）十一月二十四日，云南呈贡县地震，宜良、河阳、路南、嵩明等处同时地震，压坏房屋人畜甚多，"蒙各宪即时捐资赈济"③。雍正十三年（1735）东川府地震，府属文庙受损，"知府崔乃镛捐金五百，委会泽县知县祖承重修"④。云南易门县庙学，始建于康熙三十四年（1695），由知县姜其垓拓地重建，邑人李迪简捐建大成殿。乾隆十三年（1748），绅士董良材捐修月台、阑干和龙版。乾隆十九年（1754）易门县庙学因地震倾圮，乾隆二十二年（1757）和乾隆二十三年（1758），"知县王壮图重修"⑤。云南地方士绅和官员在灾荒期间捐赀修建学宫、庙学，并赈济被震地方灾黎，使地方文化事业和灾荒赈济获得长足发展。

地方士绅一般家境殷实，拥有相当程度的经济实力，是邻里及四乡之间具有较高威望的富户或大户，每当灾荒突临之际，具有地方话语权的士绅群体便迅速活跃起来，竭尽个人所能捐助灾民，或是积极开展劝募，组织慈善救济，并成为民间灾荒救济的主要群体，在基层社会公共服务中也具有一定的影响力。云南澄江府江川县城，始建于明朝洪武二十七年

---

① [美]施坚雅编：《晚清中华帝国的城市》，斯坦福大学出版社1977年版，第422页。
② （清）岑毓英等修，（清）陈灿等纂：光绪《云南通志》卷158《人物志·卓行》，清光绪二十年（1894）刻本。
③ （清）朱若功修，（清）戴天赐等纂：雍正《呈贡县志》卷2《灾祥》，清雍正三年（1725）刻本。
④ （清）崔乃镛纂修：雍正《东川府志》卷2《艺文》，清雍正十三年（1735）刻本。
⑤ （清）阮元等修，（清）王崧、（清）李诚纂：《云南通志稿》卷79《建置志三·官署三》，清道光十五年（1835）刻本。

（1394），初为土垣所筑。崇祯七年（1634）迁址后方建砖城。康熙五十四年（1715），"知县张钟捐俸补葺"①，重建四门城楼。乾隆十六年（1751）夏，云南剑川地震，州境东北地下陷一丈五尺，剑海水势逆趋，致桑岭太平邑头等七十余村，屋宇田地，悉为巨浸。州牧张泓到任后，躬自节省，粝食典衣，"捐养廉一千八百金"②，合郡士民踊跃帮工，前后动夫十余万，筑坝开河，深一丈五尺，长尽河境。道光十五年（1835）闰六月初二日，贵州松桃厅所属地方大雨如注，山水陡发，乜江洞小桥一座，大路河大桥一座，桥上瓦屋二十六间，悉被冲塌。时任贵州巡抚裕泰奏称："冲塌桥梁系在僻径，并非驿路，应听该处士民自行捐修。"③ 道光二十九年（1849），云南昆明县麦收减色，云贵总督程矞采、云南巡抚张凯嵩奏称："率属倡捐并劝令绅富捐银，于附近产米州县陆续购运来省，查明贫难各户，随时按名散给。"④ 宣统二年（1910）夏季，贵州平远州兴文里山水大发，冲没民房、田禾，沙土堆积，兼被冰雹，受灾较重，贵州巡抚庞鸿书奏："均由各该处绅团捐款赈抚。"⑤

作为社会下层的平民，在云南灾荒赈济中涌现出了相当一部分乐善好施、急公好义的富庶平民，他们变卖个人财物保全家人，或以个人捐银或捐粮等方式积极参与灾荒救助。光绪十七年（1891），宣威州属被水成灾，米粮匮乏，灾黎生活极其窘迫。时有宣威州民于弱冠之年进入府学学习，但因灾荒频仍，家境贫寒，连粥都喝不上，被迫流移他乡，靠授徒为生，岁得一镪或两镪，方避免受冻挨饿。待有娶之时，妻子卖掉嫁妆，以供给父母食物，《先考妣事略》记载："先考入痒后，携先伯兄授徒远方。值岁饥，饔食或不给。先妣至，鬻其嫁时衣，以供堂上甘脂。"⑥ 清光绪年间，云南地方精英出于传播和实践儒家思想、保家产、树立良好的社会公众形

---

① （清）张维翰纂修，（清）葛炜续纂修：嘉庆《江川县志》卷5《城池》，清光绪三十三年（1907）抄本。

② （清）张泓：《滇南新语·挖河》，（清）王锡祺辑：《小方壶斋舆地丛钞》，清光绪十七年（1891）上海著易堂排印本。

③ 中国第一历史档案馆，军机处录副档，3-54/3071-26，40盘0262。

④ 中国第一历史档案馆，军机处录副档，3-50/2840-83，47盘0564。

⑤ 水利电力部水管司科技司、水利水电科学研究院编《清代长江流域西南国际河流洪涝档案史料》，中华书局1991年版，第1201页。

⑥ 《续滇文丛录》，载云南省水利水电勘测设计研究院编《云南省历史洪旱灾害史料实录（1911年〈清宣统三年〉以前）》，云南科技出版社2008年版，第271页。

象以及积德行善等因素的考虑，在云南各府厅州县灾荒发生期间，地方官府通常都会举行诸如捐银、施粥、恤嫠以及买谷平粜等慈善救济活动。光绪十八年（1892年），昭通府属恩安县、鲁甸厅等地方水旱频仍，饥馑荐臻，云贵总督王文韶、云南巡抚谭钧培恳准先发帑银三千两加以赈济，后又有"广西州绅士王炽捐银一千两，鲁甸厅绅士李正荣捐棉衣一千件、现银五百两"①。光绪二十九年（1903），维西县属饥荒严重，"地方官绅、商贾捐资办平粜"②。宣统年间，剑川州属地方发生洪灾，大水漂没民田，淤积河道，有"蒋次禄慨捐百金"③，经雇募工人疏浚，田多涸出，频岁安澜。

为鼓励捐赀赈济，清政府云南和贵州当局通常根据定制奏请给予奖叙。清制，根据士民人等凡养恤、孤老等项捐银千两以上者，准其请旨建坊的定例，并酌情给予"乐善好施""急公好义"等字样，以昭示善举。贵州省松桃直隶厅毗连川楚，系苗疆重地，道光二十九年（1849）五月，松桃厅属地方山水陡涨，旧城东南西三门倒塌城墙九段，共计九十八丈，亟应修理完固，以资保障。除现任同知李秀发捐廉六百二十两外，另有"绅民捐输六百两"，乔用迁奏称："所有捐银四百两之捐职从九品乔起凤，二百两之民人段凌云，仰恳天恩交部分别议叙，以示鼓励。"④ 光绪十八年（1892），贵州省赈抚局司道详据贵州绥阳县文童王文新禀称："故母王纪氏生平好善，临殁时嘱将钗钏等物变价备赈，兹遵遗命，凑集银一千两解局兑收，以备灾赈之需。"⑤ 该司道核与建坊定例相符，详细具报王文新遵母遗命捐银等情，并相应奏请光绪皇帝俯准王文新为其故母王纪氏在于原籍自行建坊，给予"乐善好施"字样，以示旌奖。光绪十九年（1893），昭通办理灾赈，四川巴县绅士同知衔候选州同夏昌乾为其父母捐助昭通灾赈银一千两，照例应当加以奖励。云南巡抚谭钧培奏称，"臣查该州同夏

---

① 龙云、卢汉修，周钟岳等纂：民国《新纂云南通志》卷161《荒政考三·赈恤·工赈》，1949年云南省通志馆据1944年刻本重印。

② 李炳臣修，李翰香纂：《维西县志》卷1《第二大事记》，据民国1932年稿本传抄庋藏。

③ （清）赵藩：《向湖村舍诗二集》，云南省水利水电勘测设计研究院编：《云南省历史洪旱灾害史料实录（1911年〈清宣统三年〉以前）》，云南科技出版社2008年版，第516页。

④ （清）乔用迁：《奏为松桃直隶厅官民捐修城垣工竣循例请准议叙事》（道光三十年九月二十八日），中国第一历史档案馆，朱批奏折，档号：04-01-37-0105-010。

⑤ 《奏为贵州绥阳县文童王文新遵母遗命捐银以备灾赈请准该文童为其故母在原籍建坊事》，中国第一历史档案馆，宫中朱批光绪朝十八年号5（包）7，档号：01-10062。

昌乾以邻省绅士为其父母捐助昭通赈银一千两,洵属好义急公,克尽子职,核与建坊之例相符,相应请旨敕部准其自行建坊,给予乐善好施字样,以昭激劝。"①

受中国传统文化里"积善成德"思想的感召,地方社会富裕的绅商士民将"扶危济困"视为一己之责,为实现"积德"而慷慨捐输,"行善"理念下的捐赀救灾实践体现出了民间社会力量的自发性和自觉性,尤其是士绅阶层中的卸任回籍官员、进士、举人、监生以及生员等捐献救灾物资,使民间社会的救灾与官方赈灾实现了良性互动。

三 民众祭拜神灵以禳弭殃灾

清代灾荒期间,设坛虔诚祈祷风调雨顺、国泰民安的记载广泛见诸史册,中国历朝统治者在"天人感应"为基础的"灾异谴告说"的导向下,无论是灾前祈谷礼,还是临灾祈禳礼,其作为传统中国灾荒期间的应对思想,一直对上至君王、下至黎民百姓都产生重要的影响。研究指出,"中国古代人民为了抗击自然灾害,在千年的传承中形成了内容十分丰富的应灾思想,清代作为中国传统社会的最后王朝,在吸收前代救灾思想的基础上,把中国古代的救灾思想推向了一个鼎盛阶段"②。康熙五十年(1711)五月,康熙帝谕大学士等:"比来天时又觉稍旱,可传谕在京大臣,自二十四日起,禁止宰牲,照前虔诚祈雨。此处著一体行。"③陈成国认为:"康乾盛世及其前后,以最高统治者为代表的上层社会面对大自然异常现象所表现的态度,敬畏祇惧一如古代帝王以及其他大多数人。……基于与古人同样的理由,清人对于祖宗神灵的祭祀同样是虔诚而不肯置疑的。"④清代举国上下的减灾礼仪制度作为灾荒期间荒政制度之下的防灾减灾文化现象,通过君王和百官祷告神明的方式强化了对礼制维护,以加强对政权合法性的阐释,同时亦左右人们对不同灾害现象的认识。

---

① (清)谭钧培:《奏为四川巴县候选州同夏昌乾为父母捐助昭通灾赈银两请准自行建坊事》(光绪十九年三月二十三日),中国第一历史档案馆,朱批奏折,档号:04-01-01-0990-004。
② 张涛、项永琴、檀晶:《中国传统救灾思想研究》,社会科学文献出版社2009年版,第301页。
③ 《清圣祖实录》卷246,康熙五十年五月庚戌条,中华书局1985年影印本,第6册,第444页。
④ 陈成国:《中国礼制史·元明清卷》,湖南教育出版社2002年版,第537页。

雩是古代求雨的专祭，《说文解字》载："雩，夏祭乐于赤帝，以祈甘雨也。"《公羊传·桓公五年》载："大雩者何，旱祭也。"因旱而雩是夏、秋两季因旱灾而临时增加的雩祭，祭拜的对象主要有苍天和山川百源。在中国历史发展的长河中，清代的雩祀制度比较完备，"我朝凡遇水旱，或亲诣祈祷，或遣官将事，皆本诚意，以相感格，不事虚文。初立神祇坛以祷水旱，雩祀即举，礼仪修备。闻或遣祷山川，悉准古典"①。雩祀，即为祈求上天沛降雨露的祭祀活动。乾隆朝时将常雩列为大祀，若君王亲祀礼毕之后仍未得雨，则通常会谕令百官分头祈祷。光绪年间，云南发生旱灾，受灾地方民众为求得雨泽纷纷举行雩祭（雩禳），通常伴有乐舞，对天地神灵进行祭拜。《神农求雨书》记载，春夏两季久旱不雨，如果旱情发生在东方，则由儿童舞蹈求雨；如发生在南方，则由壮年舞蹈求雨；如发生在西方，则由老人舞蹈求雨；如发生在北方，亦由老人舞之求雨，均以龙为标识。光绪三十三年（1907），昆明县全城百姓按照古礼在县城举行雩祭，初雩不雨，又于夏至当天再次雩禳，方得雨露。时有《雩说》记载："余乡雩祭，动依古礼，今夏尤甚，科乡每雩，辄阖南门并北门，依古礼也。今夏不雨，凡隶四民之籍者，依礼雩之，弗应。夏至之日，诸伶雩于市，陈百戏，观者如堵墙，趾踵骈叠，簪遗珥坠，父老弗能禁也。日将晡乃雨，入夜大雨，三日不止。"②贵州大定府黔西州流行有打龙潭的传说，其法用黄羊祭祷，即将羊首投掷于弯角龙潭中就会下雨。光绪十年（1884）夏季，黔西州地方逾月不雨，知州白建鋆为此堪忧，"遂亲诣其地，叩祷毕，甫掷羊头于水，即由大鱼跃出，旋绕而去。是夜，东南乡一带大雨连日，复雨以次，附城左右皆雨及，士民喜甚"。再过三日，天气晴光复烈，白建鋆"备疏文诣潭再祷，甫逾时，日光顿敛，阴云四合，至夜倾盆大雨，绵延三日，田禾稿者皆兴，阖邑为之狂喜。可见潭之灵应不爽"③。

---

① 清高宗敕撰：《清朝文献通考》卷100《郊社考》，商务印书馆1936年版，第1册，第5727页。
② （清）李坤撰，袁嘉谷、方树梅校辑：《筱风阁随笔》，载云南省水利水电勘测设计研究院编《云南省历史洪旱灾害史料实录（1911年〈清宣统三年〉以前）》，云南科技出版社2008年版，第168页。
③ （清）白建鋆修，（清）谌焕模等纂：光绪《黔西州续志》卷4《杂记·弯角龙潭祷雨记》，清光绪十年（1884）刻本。

清代云贵地区各种灾荒频频发生，损失惨重，对云南的经济、社会以及人口造成了严重影响。由于云南和贵州各府厅州县所属地方祈祷除灾的思想根深蒂固，加之民众受教育水平较低，龙祠祈神、筑坛祷告、拜祭海神等祈神禳灾仪式为被灾的地方绅民所用，甚至也有地方官积极参与祈神禳灾活动，进而使人民对迷信救灾产生敬畏之心。此外，清代云贵地区暴雨为涝、干旱、地震以及疫疾等灾害发生期间，云贵督抚及地方绅宦皆会举行祈禳活动，以为民请命。例如，康熙五年（1666）夏，贵州玉屏县大旱，"卫侯王公百元设坛城隍。曝于烈日中，不移时，黑云满空，大雨弥日，乡城尽获沾足，岁竟有秋"①。康熙二十五（1686）五月，云南禄丰县旱，"知县夏圯斋沐，祷于城隍庙，大雨沾足，至六月始得栽禾，是年大熟"②。黔地多系山冈，土脉疏漏，旬日不雨，即有干旱之虑。乾隆七年（1742）五月中旬正当插秧之时，贵州天气连晴二十余日，贵州提督韩勋奏称："臣率同在城文武虔诚祈祷，于六月初三日得大雨一次，田亩少为滋润，因尚未沾足，臣复祈祷，于六月十三四五等日，连得雨泽。"③乾隆二十三年（1758）五月下旬至六月初，贵州晴明半月，于夏收颇为相宜，而高田已有缺水之处。署理贵州巡抚岑周人骥奏称："臣正在设坛祈祷，仰邀圣德咸孚，省城于初六七等日大沛甘霖，嗣又连次得雨，高下田亩十分沾足。"④印江县人李海观善于兴除利弊，爱民如子，疾盗若仇。乾隆三十四年（1769）秋，贵州印江县大旱，"步祷滴水崖，雨立沛"⑤，百姓设筵迎劳，海观教之食时用礼，以度岁歉。

　　清代云贵两省地方黎民百姓在灾害有所征兆之前或是灾害不期而至之时，往往以举行各种祭拜仪式，通过对神灵的祭拜和诉求，藉此重新调整他们所认为的人与自然关系的错位，并希望通过栖身禳灾疏导灾害、祛除灾害。通常看来，虔诚祈祷，自可挽回天意，感召休和，当下抑或来岁必将祥风时雨、五谷丰登。康熙三年（1664），武定州霪雨不止，"知州彭嘉

---

① （清）赵沁修，（清）田榕纂：乾隆《玉屏县志》卷9《事纪志·杂记》，清末抄本。
② （清）胡毓麒修，（清）杨钟璧等纂：光绪《罗次县志》卷3《祥异》，云南省图书馆藏抄本。
③ 中国第一历史档案馆，《清代灾赈档案专题史料》第60盘，第1457—1459页。
④ （清）周人骥：《奏报贵州五月下旬至六月初雨水田禾情形等事》（乾隆二十三年六月二十一日），中国第一历史档案馆，朱批奏折，档号：04-01-23-0027-002。
⑤ （清）郑士范纂修：道光《印江县志》卷2《官师》，清道光十七年（1837）刻本。

率州民祈祷而霁，岁以有秋"①。同年，禄劝州也因连续降雨不止，官民上下皇皇，惧无以供赋税而赡衣食，"祈祷累日，已而阴霓渐消"②。雍正七年（1729）七月，云南大理府城及赵州城因地震损坏城垛、哨房及民居，云南督抚先后动支司库备公银两赈恤。七月二十九日，云南巡抚沈廷正奏称："接得提臣张跃祖来札云，自七月十四日至十七日偶然地震，即与永昌道设坛齐戒祈祷，十八日至二十一日遂安静宁。"③ 清代定制："凡遇水旱，则遣官祈祷天神、地神、太岁、社稷"，祈禳应验由地方督抚等员即行奏报。光绪十三年（1887）春夏之交，云南曲靖府南宁县天气亢旱，几致成灾。由于南宁县双龙潭龙神、曲靖府城隍神比较灵应，府县官绅等虔诣祈祷，甘霖立沛，转歉为丰，云南巡抚谭钧培奏请朝廷，神灵显应，请颁匾额。光绪十四年（1888）二月二十三日，内阁奉上谕："著南书房翰林恭书扁额各一方，交谭钧培祇领，饬属分别敬谨悬挂，以答神庥。钦此。"④

中国古代民间的神灵信仰是传统信仰的重要组成部分，其具有包容性和杂糅性的特点，是一种复杂多元的信仰。尤其是在自然灾害突然来临和社会生产力极其低下的情况下，人们对变幻莫测的自然界难以科学把握，进而使得各种自然神灵信仰在灾荒救济中占据着主要地位，并始终影响着灾民的思想。"直到近代，治灾救荒的思想，虽已逐渐普遍取得科学的根据，或者说，救荒思想的科学基础已经初步奠立。但由于社会条件的限制，天命主义禳灾思想的残余还是顽强地存在着。"⑤ 研究指出，"对于生活在近代社会的大多数中国人而言，他们对灾荒的认识和态度与两千年前的中国人几乎没有什么实质性的差别，他们仍然把这种无法以人的意志为转移的客观的自然现象，理所当然地全部理解为超自然的神的意志。换言之，在时代没有赋予普通民众科学的武器和近代化的技术手段的近代社

---

① （清）郭怀礼修，（清）孙泽春纂：光绪《武定直隶州志》卷4《寺观》，云南省图书馆藏油印本。
② （清）李廷宰修，（清）高攀云纂：康熙《禄劝州志》卷下《艺文》，清康熙五十八年（1719）刊本。
③ 《雍正朱批谕旨·沈廷正卷》卷51。
④ 中国第一历史档案馆，军机处上谕档，光绪十四年二月二十三第1条，盒号1401，册号2。
⑤ 邓云特：《中国救荒史》，商务印书馆2011年版，第164页。

会，一遇灾情，历史悠久的民众宗教意识仍然是灾民们普遍的心理依托。"①

清光宣时期，面对突如其来的自然灾害，云南民众依旧信奉传统的祈神禳灾，对上天充满着敬畏，对自然神灵抱有虔诚之心，并以诸多民间沿袭下来的祷雨方式祭拜一切神灵，祈求风调雨顺，泽被苍生。文献记载，光绪四年（1878）六月间，呈贡县属化境高登左卫、中卫等村田中禾苗被虫蚕食，"官民虔祷，忽有白鸦从空飞，啄虫尽，禾始得收"②。光绪五年（1879）入春以后，云南雨泽稀少，粮价日昂，麦收歉薄，民力拮据。五月二十七日，云南巡抚杜瑞联奏称："当经臣会同抚臣率设坛虔祷，幸于四月初旬霡霂先施，土膏滋润。"③ 光绪十年（1884），楚雄发生水灾，洪水涌进各城门，陈灿所辑《四郡骊唱集》记载官府"统绅民祈祷"④。又光绪三十二年（1906）冬至三十三年（1907）春季，武定直隶州属地方久旱不雨，据《武定田家即事》记："硗田多半是山乡，乞得山霖高下滂。方封峰腰悬翠毯，连腾云脚织流黄。森森山树天边来，的的珠林戎叔香。盼泽复闻咨暑雨，秋阳重铸石龙骧。"⑤ 武定地方山多地少，且土壤贫瘠，遭遇干旱之际便呈现遍地荒芜之景，民众期盼雨泽，时人先后到乌龙洞和南宋石将军洞祈祷，方得天降甘露，是年高阜、低洼之处禾稼丰收。到秋收后积雨成潦，再祈祷天晴，天随人愿，民人皆感灵验。

清光朝和宣统朝，云南和贵州两省旱灾尤为严重，延续时日较长，给田亩耕种和民人生活带来巨大的困难。灾区民众都认为旱灾由"旱魃"作怪引起。光绪二十年（1894），大理、楚雄一带连续三年雨水充足，禾稼畅茂，但恰逢夏秋时节旱魃为殃，收成大减。光绪二十一年（1895）入夏，贵州晴多雨少，四乡田禾仅于四月间得雨数次。五月初二至十九等日亦仅获微雨者外，未蒙雨泽。未种者难以栽插，已终者渐次枯槁，颇有旱

---

① 刘仰东：《近代中国社会灾荒中的神崇拜现象》，《世界宗教文化》1997年第4期。
② （清）朱若功修，（清）李明鹜纂修：光绪《呈贡县志》卷5《灾祥》，清光绪十一年（1885）刻本。
③ 谭徐明主编：《清代干旱档案史料》（下），中国书籍出版社2012年版，第806页。
④ （清）陈灿辑：《四郡骊唱集》，清光绪二十年（1894）滇南经正书院刻本。
⑤ 方树梅辑：《历代滇游诗钞》，载云南省水利水电勘测设计研究院编《云南省历史洪旱灾害史料实录（1911年〈清宣统三年〉以前）》，云南科技出版社2008年版，第440页。

象。贵州巡抚嵩崑奏称："奴才率同司道府县分赴城厢设坛，虔诚步祷。"① 光绪二十六年（1900），景东直隶厅属地方久旱逢甘霖，民众得雨大喜，文献记载："天公不自主，旱魃挥棘手。五月不得雨，龟坼见农亩。如是再一月，山田秋无有。天心忽然回，甘霖胜旨洒。生机活一线，欢情腾万口。雨粟与雨金，何若此施厚。曷不诛旱魃，庶以谢童叟。"② 宣统二年（1910年），昆明县属普自等堡交阜田得雨过迟，小麦和稻谷皆枯萎，几近赤地，被迫改种杂粮，旱灾非常严重，饥馑临近。时人撰《忧旱》记载："小春麦瘦犹堪刈，初夏秧枯未许分。山路黄尘埋马迹，水田赤壤坼龟文。殷勤鸠妇空唤雨，嫩漫龙公不喷云。旱魃有威能肆虐，巫尪无罪恐遭焚。"③

清光宣时期，云南因旱灾而采用游街或步祷祈拜、设坛或到城隍庙祈雨、祭拜龙潭和海神，抑或插牌等形式，且各府厅州县民众都比较虔诚，亦十分笃信。光绪三十二年（1906），昆明县属板桥等堡田亩被旱成灾，经过署理知县晏端溶会同委员李良年按堡履勘，有板桥、大蔴、马军、波罗、珥琮、普自、西宁、阿角、官渡、永福、严家、前卫、螺蛳、张家、大西、大渔、海源、西马、碧鸡、土堆、西华、厂口、桃园、羊肠、范竹、松华、莲花、严家地、西岳、望城、永丰三十一堡遭遇旱灾④，田禾未能按时栽插，民众生活疾苦。时有省城父老乡亲赤足沿街跪拜，祈求天降甘露，还有昆明县属穆斯林到清真寺邀约同伴赴黑龙潭插牌祷雨。文献记载："回教祈雨，以铜牌插于黑龙潭。清真古寺邀俦侣，连日叩天虔请雨。千群白帽迎天经，口中喃喃作咒语。黑龙潭底龙长眠，壮士潜匿探深渊。金牌已插龙池边，不见黑龙飞上天。龙兮龙兮伏不起，止渴望断西江水。"⑤ 清代云南和贵州各府厅州县地方祈神禳灾的剧幕在灾荒期间随时被拉开，政府官员也躬身亲行，积极进行布置祈神禳灾活动，事实上这仅仅

---

① 谭徐明主编：《清代干旱档案史料》（下），中国书籍出版社2012年版，第933页。
② （清）谭宗浚撰：《希古堂文集》，载云南省水利水电勘测设计研究院编《云南省历史洪旱灾害史料实录（1911年〈清宣统三年〉以前）》，云南科技出版社2008年版，第389页。
③ 陈荣昌撰：《虚斋诗稿》，载云南省水利水电勘测设计研究院编《云南省历史洪旱灾害史料实录（1911年〈清宣统三年〉以前）》，云南科技出版社2008年版，第169页。
④ 陈荣昌纂：《昆明县志》卷5《政典志·蠲恤》，1925年刻未定卷样本。
⑤ 《晚香室诗草》，载云南省水利水电勘测设计研究院编《云南省历史洪旱灾害史料实录（1911年〈清宣统三年〉以前）》，云南科技出版社2008年版，第165页。

达到调和阶级矛盾的作用，所谓的祈神禳灾这一消灾良策，亦只不过是广大灾黎对自然产生的一种敬畏和恐惧心理，是临灾无力应对的一种心理调适。

第三节　清代云贵地区灾后恢复重建的行动

灾后重建是灾荒赈济后恢复社会生产、调节灾民心理创伤、促进灾区秩序稳定和实现社会协同治理的重要举措。清代云贵地区灾荒发生后，在官方和民间施行赈济之余，还通过发动灾民积极自主参与修缮城墙、疏浚河道、修复桥梁和恢复盐井煎煮，基本上实现"输血"和"造血"统筹兼顾，在为灾黎的生产和生活开辟广阔"绿色通道"的同时，也从根本上促进了灾区生产力的恢复和区域社会防灾减灾救灾能力的提升。

一　修缮城墙以资捍卫统治

城墙是人类社会发展到一定阶段的产物，它是中国古代城市建设和发展的重要标志，能够对其所防护的地域空间提供防御和基础保障。"在中国历史上，如果没有以城墙为标志的城市，官府的安全就没有保证，它的政治权利就无法充分发挥，组织救灾、发展生产和维护治安的能力必将大大减弱，带来的后果自然是经济衰退。"[1] 城墙的存在，有效保护了城市的经济发展和区域社会的安全及其有序运行。清代云贵地区水灾和地震灾害较为频繁，巨大的洪流浸泡或冲塌城墙，地震则瞬间造成城垣的坍塌，城内各建筑物损毁更为严重。尤其是在灾荒或战乱之年，没有城墙的防卫，盗匪之祸更为频繁，严重威胁着官府的安全和城市的经济发展，阻碍了城市空间的拓展。

城墙的主要功能除军事防御以及维护统治者的自身安全以外，还具有防洪的功能。云贵两省的城墙通常建设在平坝或是河谷地区，时常遭受洪水的侵袭，因而修复城墙也就成了灾后重建过程中必须切实履行的公共事务之一。文献记载：乾隆十四年（1749）六月二十八日，云南大理府太和

---

[1] 马正林：《论城墙在中国城市发展中的作用》，《陕西师大学报（哲学社会科学版）》1994年第1期。

县大雨，苍山水发，冲塌城壕，涌入城内，云南巡抚图尔炳阿奏称："刷损城券墙脚，现在上紧修理。"① 乾隆四十年（1775），大理府浪穹、邓川二州县一隅被水，云贵总督裴宗锡奏称："至被水乏食贫民及淹塌房墙无力修复者，现在照例分别抚恤……其所坍卸城垣，并饬查明修整。"② 道光十年（1830）贵州松桃厅被水，据委员勘明，被冲房屋各户，已经该厅捐给口粮修费，"冲塌城墙、炮台……已督饬匠工兴修"③。道光十一年（1831）五月，贵州省城关厢内外被水，勘未成灾，贵州巡抚嵩溥与署藩臬两司督率文武员弁亲诣勘察灾情，沿河民房及贡院号舍、藩司衙署、房间、庙宇、桥梁、钱局、炉房多被浸淹，城垣倒塌三处。嵩溥奏报称："此次城厢内外民情甚为安谧，冲塌庙宇、桥梁、衙署、房间，应令分别捐修。惟贡院坍塌处所甚多，乡试在迩，必须赶紧修复，城垣、钱局均应次第修理。"④ 道光十一年（1831）五月二十五、二十六等日，思州府雷雨交作，城垣建修年久，被雨水灌浸，西南西北隅间有坍塌，监墙南面亦多倾倒，据嵩溥饬司查明，"该府州县被水甚轻，并未成灾，……坍塌城垣分饬修理完固，以资捍卫"⑤。道光二十九年（1849）五月十三、十四日，贵州铜仁府大雨导致河水泛涨，沿河田地被淹，"该府监墙倒塌，将人犯提禁县监。城垣、仓廒、衙署间有膨裂倾倒，同监墙一并捐修完固"⑥。

康熙二十四年（1685）三月，康熙帝谕令大学士等："朕巡省南服，见经过地方城垣圮坏者所在多有。夫城垣者，生民之保障，所以卫吾人者也。亟宜修筑之。其令地方官何以葺治，尔等传谕工部，确议以闻。"⑦ 乾

---

① 水利电力部水管司科技司，水利水电科学研究院编：《清代长江流域西南国际河流洪涝档案史料》，中华书局1991年版，第301页。
② 水利电力部水管司科技司，水利水电科学研究院编：《清代长江流域西南国际河流洪涝档案史料》，中华书局1991年版，第453页。
③ 水利电力部水管司科技司，水利水电科学研究院编：《清代长江流域西南国际河流洪涝档案史料》，中华书局1991年版，第705页。
④ （清）嵩溥：《奏为本年入春黔省省城被水勘未成灾妥为抚恤事》（道光十一年五月二十五日），中国第一历史档案馆，朱批奏折，档号：01-10898。
⑤ （清）嵩溥：《奏为镇远府思州近日被水城垣损坏捐款补修事》，中国第一历史档案馆，朱批奏折，档号：01-10907。
⑥ 中国第一历史档案馆，军机处录副档，3-60/3595-58。
⑦ 《清圣祖实录》卷之120，康熙二十四年丙寅条，中华书局1985年影印本，第5册，第258页。

隆朝规定："官民捐修之例，应仍照旧准行也。查地方官捐修城工，例应造册具题，交部议叙。其富民、绅士有情愿捐输修整者，按期银数多寡，分别议叙优奖。"①清代云贵地区省城及各府厅州县的城垣通常因洪水袭击而坍塌，除官府拨帑修复外，官员和士民也积极捐资兴修城墙，清政府循例对士民捐修城垣予以奖叙。道光二十八年（1848）五月间，镇远府清平县雨水连绵，城墙倒塌八十五丈，臌裂五十八丈，垛口坍损一百八十五堵，炮台均已坍塌，署清平县知县郑选士督率匠役勘估兴修，于道光二十九年（1849）闰四月工竣，用过工料银一千二百一十两零，系该署县捐办，报经藩司委令署麻哈州知州李珍验明，工坚料实，并无草率情事。贵州巡抚乔用迁奏称："现署清平县事、铜仁县知县郑选士捐修城垣……银数均在一千两以上，洵属急公好义，核与议叙之例相符。合无仰恳天恩俯准交部，分别议叙，以示奖励。"②城垣之建设，攸关保障，而边疆地区的城墙建设尤宜整肃。云南蒙化直隶厅于明朝洪武二十三年（1390）设砖城一座，周围四里三分，城身连垛口共高二丈三尺，城楼四座，迄今尚未请项修理过，即使遇有坍塌，均系随时粘补。前署同知张锦因倒塌愈多而修缮更难，首先捐廉倡率士民捐资修整，后有署同知陆葆接次赶修。道光三十年（1850），云贵总督程矞采、云南巡抚张日晟奏称：城墙修缮共用过工料银六千二百五十两，"除前署同知张锦捐银二百两外，其余俱系士民所捐……张锦系属应办公事，应毋庸议，并士民中捐数较少者，由该同知自行奖赏外，所有捐输银数在二百两以上至五百两，及在工尤为出力各士民姓名另缮清单，恭呈御览，可否量予鼓励之处，出自天恩"③。

城垣的坚实与否，是维护对地方牢固统治的象征，因此其兴举废坠同灾荒赈济同等重要。清代云贵地区历次水灾或地震等灾害对城垣的损坏最为严重，被灾地方官府在拨帑赈济近城灾民的同时，另一项重要的救灾任务便是兴工修复城墙及其附属的城楼、衙署等建筑。嘉庆十二年（1807）四月，贵州省城突然遭受大水，除沿河官民房屋被冲塌外，贡院冲毁之处

---

① （清）爱必达：《奏为遵旨查明滇省城垣次递兴修并酌定保护城垣条款事》（乾隆二十五年四月初二日），中国第一历史档案馆，朱批奏折，档号：04-01-37-001-2044。
② （清）乔用迁：《奏为官员捐修清平县城垣等各工请分别议叙事》（道光二十九年十月二十五日），中国第一历史档案馆，朱批奏折，档号：04-01-30-031-0107。
③ （清）程矞采、（清）张日晟：《奏为蒙化直隶厅士民捐修城垣工竣循例请分别奖励事》（道光三十年五月二十五日），中国第一历史档案馆，朱批奏折，档号：04-01-37-0105-006。

甚多。嘉庆十二年（1807）七月，贵州巡抚福庆奏称：自从分别抚恤后，所有倒塌房屋修葺有资，俱得及时修复，向有恒业者咸皆各安生业，"贡院内外围墙、房屋及东西号舍亦经筹款赶办，现已修葺完竣"，他还"率同司道及首府县公捐廉俸，雇集人夫，查明河身淤浅之处，开挖挑浚，委派在省候补佐杂每日分段督察稽查"①。光绪四年（1878），云南元江县被水，"城圮，先后修葺之"②。光绪五年（1879），姚州大雨引发洪水横流，"北城有坍塌者"③。光绪十九年（1893）六月，姚州淫雨不止，洪水泛滥，城中水深二达尺，姚州大坝、湖堤倾溃，府城及北界低下田亩两次被淹没，城内衙署、民房倒塌无数，急需修复。光绪十二年（1886）夏秋两季，武定直隶州属地方淫雨为灾，城内遭遇洪水长时间的浸渍，致使州城墙垣四周及内外坍塌共计三十二处，约一百六十余丈，破损将要倾覆者约数千丈，西南北三城楼全部倒塌，整座州城的城垣、城楼、文庙、武庙以及知州、守备、吏目各衙署损毁比较严重。《重修武定城墙碑记》记载："上台允准由本属捐办，饷需款内拨银一千五百两，以资培修。并由此项分银一百五十两，修补守备、吏目两署。"④武定直隶州城自光绪十三年（1887）正月开始修缮，历时四个月得以全部修复，为州城民众的经济生活提供了有效地保护。

二　疏挖河道以利农业垦殖

水环境与农业生产发展之间的关系尤为密切，水环境的状况直接影响着粮食作物的种植结构和产量，农业水资源的利用方式和开发程度影响着农业的发展模式和规模。"浚治河川是消弭水患的根本办法。水患消弭，农民就可以安于田亩，努力生产；生产出来的东西既多，自有积蓄，有了积蓄，及时遇有亢旱蝗雹等各种灾害，也可以避免饥荒流离，不致受

---

① （清）福庆：《奏为查明贵州省城赈恤工程俱经办理妥协事》（嘉庆十二年七月十三日），中国第一历史档案馆，朱批奏折，档号：04-01-02-0075-005。
② 黄元直修，刘达武等纂：民国《元江志稿》卷末《元江历年传》，1922年铅印本。
③ 由云龙总纂：民国《姚安县志》，杨成彪主编：《楚雄彝族自治州旧方志全书·姚安卷》（下），云南人民出版社2005年版，第1083页。
④ （清）胡秀山撰：《宦滇纪事》，载云南省水利水电勘测设计研究院《云南省历史洪旱灾害史料实录（1911年〈清宣统三年〉以前）》，云南科技出版社2008年版，第433页。

殃。"① 云南和贵州地处云贵高原腹地，无论是平坝还是山区，农业生产用水依赖于河道或沟渠引用地表水资源进行灌溉，因此在灾后积极动员地方民众疏挖河道，相应地成为促进农业复垦和补种杂粮的重要举措，河道安澜亦为沿河地方的农业生产发展提供了保障。滇省会城各属民田仰赖金汁等六河灌溉，而六河发源龙泉，河水有限，收纳山溪箐水居多，各就地势之高下，开凿支河沟道分引溉田。但山溪涨发非同寻常，且多沙石壅遏，故雨水骤至，堤埂易于冲决。雨水过后，河身旋致淤塞。乾隆元年（1736）和二年（1737），云南秋雨连绵，山水涨发，各入滇旧有之河堤、闸坝、沟埂渐多坍塌。乾隆五年（1740）二月十六日，云南总督庆复奏称："乾隆三年（1738年）大修，工竣报销在案。"② 乾隆五年（1740）六月初五、初六等日，云南临安府大雨如注，冲塌府属建水州象冲等河堤埂五处，沙压田稻三四十亩，庆复奏称："督率募夫将堤工上紧修筑，并加砌石堤以资永远捍护。"宣统元年（1909）五月，贵州省仁怀县大雨后山水陡发，县属茅苔、毛坝、观音等场，河水陡涨，冲毁民房十余家，淹毙居民数人。据仁怀县禀报："吴马口、永安寺一带，被淹之处较广，当经先后批饬设法疏消。"③

清代云贵地区自然灾害频发，尤其是连续性降雨的增多，加剧了区域性的水土流失，江河湖水暴涨，泥沙俱下，在湖泊进出水口或是河道沉淀淤积，使河床抬高，导致夏秋季节洪水易于泛滥成灾，春季则干旱迭至，对农业生产造成了严重的影响。"水旱之所以成灾，固然是由于自然条件造成，但人工不加以克服，或者说，水利的废弛，实是基本原因。"④ 清代云贵地区水旱灾害发生之后，云贵督抚及地方官通过开挖新河的方式，组织民众进行新修河道，对水利及其基础设施加以修缮，藉此缓解各种水旱灾害，以维系农业生产的正常进行。以工代赈，疏浚河渠，整治河川，有利于削弱"人水争地"带来的负面影响，能够提高江湖及河道泄洪、滞洪的能力，有效提高了农业的灌溉能力。例如，道光十一年（1831）夏，遵

---

① 邓云特：《中国救荒史》，商务印书馆2011年版，第386页。
② 水利电力部水管司科技司、水利水电科学研究院编：《清代长江流域西南国际河流洪涝档案史料》，中华书局1991年版，第239页。
③ 水利电力部水管司科技司、水利水电科学研究院编：《清代长江流域西南国际河流洪涝档案史料》，中华书局1991年版，第1193页。
④ 邓云特：《中国救荒史》，商务印书馆2011年版，第210页。

义府桐梓县被水成灾，县城官渡河逆流泛滥经年，贵州巡抚嵩溥奏称："欲免水患，必须另开明河。勘得地名戴家沟山势尚低，可以开河一道，直达蜀江水坎河，畅流而下。"① 因有新河可开以疏消雨季洪流，故河工宜熟筹赶办，嵩溥所奏开河泄水请借动库项事宜很快得到道光皇帝的谕准。道光十一年十月三十日，内阁奉上谕：

> 贵州桐梓县本年夏间被水成灾，该处仅有小河分注，岩洞是以积水难消，据该抚勘明戴家沟地方山势尚低，可以开河一道，藉资宣泄，所需工费等银一万一千余两，除该管道府县等现已捐银二千两外，著照所请，准其在于司库报部公费项下借支银九千两，发交遵义府督同桐梓县赶紧办理，所借银两其五千两著归于该县民粮，分作十年匀摊，带征还款，俟正赋二年带征完竣，再于道光十四年起征，其余四千两由该抚等酌量捐廉，著分作五年扣还归款。此项要工需员查办，奏署正安州柏中烻、署绥阳县陈鳌俱尚谙悉工程，著准其即令该二员会同署桐梓县王镇疆认真查催，毋许率延浮冒，以昭核实。该部知道。钦此。②

清代云贵地区水灾频发，因移民垦殖对广大山区半山区植被破坏的影响，每逢强降雨，湖水涨发，洪水肆虐，沟渠、河道泥沙淤积严重，漫溢并冲塌城墙，冲毁沿岸田禾，伤及临近居民房屋，对农业生产造成严重的制约。光绪九年（1883），云南临安府嶍峨县属练水涨发成灾，"决河堤百余丈，漂没田禾无数"③。光绪九年（1883）五月十九日，永昌府属河湾蛟水泛滥，淹没平地，"水涌数尺，淹坏田数千亩"④。楚雄府大姚县有南河和西河两条河流，南河发源于姚州三窠山，即蜻蛉川；西河发源于龙山等处，即大姚河。两河汇合并流，途中经过的新坝桥为两河汇出之所，新坝桥东边依靠鲤鱼山，西面全是万顷粮田，新坝桥下有闸门，因时节及农

---

① 水利电力部水管司科技司、水利水电科学研究院编：《清代长江流域西南国际河流洪涝档案史料》，中华书局1991年版，第715页。
② 中国第一历史档案馆，军机处上谕档，道光十一年十月三十日第2条，盒号970，册号2。
③ （清）岑毓英等修，（清）陈灿等纂：光绪《云南通志》卷4《天文志·祥异下》，清光绪二十年（1894）刻本。
④ （清）刘毓珂等纂修：光绪《永昌府志》卷3《祥异》，清光绪十一年（1885）刻本。

事开启或关闭。每当夏秋季节水涨之时，两河河水汹涌浩荡，但桥洞狭小，宣泄不及，漫溢为灾。清光绪九年（1883），将新坝桥处开挖宽阔，并建桥两座，增设闸门一座，既使得行旅方便往来，又让洪水得以宣泄，壅塞为患从此不再发生。文献记载，"至各处河心淤塞，堤埂坍塌之处，乘春间水涸，按段择要修理，自去岁（1882）八月兴，至本年三月告竣。"[①] 此后，大姚县又加大两河河道清淤疏浚的力度，及时修复坍塌的堤埂，提高了河道的排灌和泄洪能力。光绪十五年（1889），河阳县属地方洪涝灾害严重，伤及禾稼和民人，时任河阳知县殷如珠向澄江府请款三千两，"重修海口牛舌坝，镶砌以石，列若城墙，长里许，高八尺，抚仙湖口之水，可以畅流"[②]，使河阳县属抚仙湖沿岸地方田地免遭洪水侵蚀。

滇池主要汇聚盘龙江、金汁河、宝象河、海源河、马料河、洛龙河、捞鱼河等河流水源，由海口注入普渡河，最后汇入金沙江。滇池亦是四邑田亩灌溉之源。清光绪朝，由于海口沙石淤积，多年尚未疏浚，致使海口地方在干旱之季无水灌溉，大雨时节却又泛滥成灾。因此，每隔四至五年，召集四州县民夫挑浚一次，已成惯例。文献记载，光绪二十一年（1895），张白兴调守海口，按照海口绅民的请求，由善后处发经费银一千五百九十三两，号制足钱二百千文，重新对海口加以疏导，并于光绪二十二年（1896）正月动工，历时四月竣工，"自通西桥起至平地哨止，共筑拦沙坝九道，两河之石桥各添长石及斑马石一道，并将龙王庙、将军庙一律重新焕然，……复命将中兴街一带量加修治，倾圮者平之，险仄者宽之，计用工料银七十余金，昔为颇径，今属坦途"[③]。疏浚海口河，加大滇池的出流量，减轻了环湖涝灾发生的频次，同时也使其在旱季有水可资灌溉。

河道之兴废，实关田地之耕种和民生之休戚，在云南和贵州均属要务。云南嵩明州所属杨林海（又名嘉丽泽），河湾迂回曲折，不能直泻洪流，每逢夏秋雨水过多，遍地汪洋，又药灵山下有石子流沙冲入河口，壅

[①] （清）陈灿撰：《宦滇存稿》，载云南省水利水电勘测设计研究院编《云南省历史洪旱灾害史料实录（1911年〈清宣统三年〉以前）》，云南科技出版社2008年版，第432页。

[②] （清）胡秀山撰：《宦滇纪事》，载云南省水利水电勘测设计研究院编《云南省历史洪旱灾害史料实录（1911年〈清宣统三年〉以前）》，云南科技出版社2008年版，第211页。

[③] 《续滇文丛录》，载云南省水利水电勘测设计研究院编《云南省历史洪旱灾害史料实录（1911年〈清宣统三年〉以前）》，云南科技出版社2008年版，第158页。

塞咽喉，以致海边四十八村成熟田亩动辄被湮没无余。雍正八年（1730）五月二十六日，云南总督鄂尔泰奏称："臣令该州改疏河道，使水势直达河口，俾前之迂回曲折者顺流而下，前之泥沙淤塞者通达无滞，沿海田地渐次涸出。"① 道光十一年（1831）夏，贵州遵义府桐梓县被水成灾，该处仅有小河分注岩洞，因而积水难消，贵州巡抚嵩溥于九月二十一日奉到开河泄水上谕："据该抚勘明戴家沟地方山势尚低，可以开河一道，藉资宣泄，所需公费等银一万一千余两，除该管道府县等现已捐银二千两外，著照所请。其在于司库报部公费项下借支银九千两，发交遵义府督同桐梓县赶紧办理。所借银两其五千两著归于该县民粮，分作十年匀摊带征还款，俟正赋二年带征完竣，再于道光十四年（1834）起征，其余四千两由该抚等酌量捐廉，著分作五年扣还归款。"② 道光十四年（1834）正月，裕泰莅任贵州巡抚，他节次严催桐梓县浚河工程，他奏报："查桐梓县河工，业经委员逐一勘明，所开明河暗洞俱已一深通，自可无虞水患。"③ 裕泰还对桐梓县地方捐资和出力襄办河工的绅士和民众予以分别奖赏，绅民在地方河工兴修中的社会价值主要体现为捐资、出力浚河，在较大程度上增强了农业生产的弹性。

云贵高原平坝较多，每逢暴雨，河道洪水下泄受限，容易形成洪灾和内涝，水灾尤为频繁和严重。开挖新河则是解决雨季江河畅排，有效降低洪灾发生频率的关键工程，提高防洪和灌溉能力的有效举措。光绪元年（1875），鹤庆州杨玉样"招集民夫，以工代赈，择龙华、象岭之中，别开新河，越三载势成作辍"。朱洪章捐廉四千五百两白银，统率深通水性之军百余人，仍旧雇募民夫，分派劳役，通宵达旦督工疏导新河口，不因刮风下雨的阻碍而停歇，最终将新河口掘通。朱洪章感叹："于是唱筹量沙，顺流而下者，亦夏有年，而吾邑遂永无水患矣。"④ 鹤庆州凿通新河口，使

---

① （清）鄂尔泰：《奏报嵩明州属杨麻海涸出田地变价升科缘由折》（雍正八年五月二十六日），载中国第一历史档案馆编《雍正朝汉文朱批奏折汇编》，江苏古籍出版社1991年版，第18辑，第779页。

② 《九月二十一日奉到开河泄水上谕》，李世祚修，犹海龙纂：《桐梓县志》卷26《交通志》，1929年铅印本。

③ 《巡抚裕泰奏请免征疏》（道光十四年正月），李世祚修，犹海龙纂：《桐梓县志》卷26《交通志》，1929年铅印本。

④ （清）秦光玉辑：《滇南名宦传》，载云南省水利水电勘测设计研究院编《云南省历史洪旱灾害史料实录（1911年〈清宣统三年〉以前）》，云南科技出版社2008年版，第503页。

沿河地带的农业生产免受灾害侵袭，继此之后禾稼连岁丰稔。光绪三年（1877），鹤庆州属地方发生洪灾，将州城冲塌，城乡内外受损严重，时值湖南朱洪章镇守该州，并及时会同董事者驾驭小船前往新河口勘察灾情，慨然曰："新河不开，邑其为沼。"实际上，新河已于两年前开挖，中途停滞下来才导致此次洪水宣泄不及，泛滥成灾。光绪三年（1877），鹤庆州属秋季洪水泛滥，兵民共同开凿新河，洪患得以解除。根据《督兵率开新河作》记载："秋雨波涛壮，沿河子妇愁。祝之如己溺，念此经心忧。掘石山动摇，拖沙水顺流。众兵诚努力，挥汗日当头。"[1] 漾弓江发源于玉龙雪山南麓玉湖，自北向南流经丽江县城，至大理府鹤庆州转向东北注入金沙江。光绪年间，由于水土流失严重，漾弓河河床抬高，夏秋季节洪水滔滔无阻，威胁到两岸村庄和农田的安全。光绪三年（1877），军民开挖河道，整治流沙，时任鹤庆州训导彭显周撰《和朱镇军开漾弓河》，文中记载："前贤劈不开，两山锁公母。焚香告神祇，誓将水患除。沉沦决排间，荒度费心力。寒暑无间时，九载绩告成。禹功能远续，乐利通苍生。"[2] 经过疏导，提高了漾弓河的排洪、泄洪能力，增强了河道的调蓄功能，使疏浚河段的水生态环境状况得到改善，有效保护了两岸村庄及农田安全，同时也推进了漾弓河流域农田水利事业的发展。

自然灾害往往导致农事活动的失调。灾害对农业生产活动的破坏主要表现为："一是间接破坏，如使作物播种无法正常进行，其实质是对农时的破坏；一是直接破坏，即直接对作物株体造成伤害。"[3] 清代云贵地区干旱、洪涝、冰雹等自然灾害频仍，旱灾使农作物生长所需水分供应不足，并使已栽插的秧苗及其他作物枯死，却又无法补种；水灾或使农作物播种延迟，或冲决护堤，浸泡并损毁禾稼；冰雹灾害对农作物的叶片和根茎损伤最为严重，往往造成秋收颗粒不实。由于灾后补种具有明显的效果，为减少自然灾害造成的损失，云贵两省官府极力提倡督劝复垦，灾民也积极自主开展灾后恢复生产，补种杂粮，力争挽回部分损失。云贵两省地方农

---

[1] 方树梅辑：《历代滇游诗钞》，载云南省水利水电勘测设计研究院编《云南省历史洪旱灾害史料实录（1911年〈清宣统三年〉以前）》，云南科技出版社2008年版，第503页。

[2] （清）叶如桐等修，（清）朱庭珍、（清）周宗洛纂：光绪《续修永北直隶厅志》卷10《艺文志·诗歌》，清光绪三十年（1904）刻本。

[3] 王加华：《农事的破坏与补救——近代江南地区的水旱灾害与农民群众的技术应对》，《中国农史》2006年第2期。

作物未能按时播种或已播种作物因自然灾害被毁坏，则需要开展灾后重新开垦，使农业生产尽快恢复，而疏消田亩积水和挑浚沙石仅是垦复工作的第一步，其最终目的主要在于充分考虑生态环境并利用田间积水改种水稻，或择时补种荞、麦、南豆和高粱等适应节候、生长期较短且抗涝耐寒的作物。中国传统的农业很大程度上依赖于自然地理环境的优越与否，因地制宜、因时而种，及时顺应自然环境的不断变化，利用好自然资源进行农业生产，是保证粮食收入稳定的关键。尽管在自然灾害之后补种水稻和其他杂粮作物能够获得一定的收成，但必须保证农作物有充裕的生长期，即前提条件必须顺应农时，更不能逾越节候。清代云贵地区受灾地方灾民为适应自然灾害环境，积极对农业生态系统进行调控，使灾害、作物与节候相互适应，补种或改种适宜于云贵地区地理环境的农作物，在一定程度上反映出云贵地方民众在农业生产活动过程中具有较强的生态适应性。

三 修复桥梁设施以利行旅

桥梁是交通基础设施建设的重要组成部分，关系着国家各项政令的畅通程度、赋税的征收和运输，桥梁的兴废与地方政治、经济、文化、军事以及民众的生活息息相关。《说文解字》对桥梁二字作了详细的解释："桥，水梁也，从木也，乔声。""梁，水桥也，从木水，刃声。"[1] 桥与梁词义互通，都是构建在水面上的横木，后来主要指架设在水面上或空中以便商旅通行的建筑物。邓亦兵研究认为："在交通设施中，全国主要路、河、桥由政府投资建设。政府把修建路、河、桥作为各级官员的职责。"[2] 滇黔两省茫茫群山纵横交错，山脉峡谷相间分布，山间平坝星罗棋布，河流水系穿插切割，地质地貌、地质构造环境、活动性构造带以及道路水文地质环境条件复杂，自古以来桥梁建设就严重困扰着云贵两省的官民，尤其是路途的通畅和桥梁建设更是制约着各府厅州县地方经济社会的发展进程。

---

[1] （清）段玉裁：《说文解字注》，凤凰出版社2007年版，第469页。
[2] 邓亦兵：《清代前期对商品流通基础设施的投入问题》，《中国社会经济史研究》2002年第5期。

清康雍乾时期，随着中央王朝统治深入、移民垦殖拓展、矿产开采运输以及区域经济开发不断取得发展，云南和贵州各府厅州县地方相继建立起了许多便于商贸往来和利济行旅的桥梁，为促进中原地区同西南边疆的联系提供了重要通道。但由于云贵两省雨季降水集中迅猛，山水陡发和洪流冲刷往往容易冲塌桥梁，因此灾后修复桥梁设施便成为开展地方基础设施建设的一项重要内容。清代桥梁的兴修和管理维护，其经费主要由官府拨给，康熙四十一年（1702）谕令："修桥垫道，著动用道库杂项钱粮。"[1]文献记载，顺治十一年（1654）六月，蒙化府大雨七十余日，川原如泽，"永春、封川二桥俱皆崩圮"[2]。康熙二十五年（1686），贵州省兴义府安南县大雨，铁索桥被水冲坏，"加修如数"[3]。康熙二十九年（1690）夏季，禄丰县霪雨连绵，洪水陡发，"（星宿）桥被冲坍"[4]。乾隆十三年（1748）六月，云南省连日大雨，山水骤发，各河宣泄不及，泛涨旁溢，昆明、昆阳、安宁、晋宁、嵩明、富民、宜良、呈贡、罗次和禄丰等州县桥梁悉遭洪水冲刷坍圮。云南图尔炳阿奏称："滇省跬步皆山，豁涧暴涨，大雨淋漓，城垣、桥梁不无塌坏，亦俟委员查酌筹修补。"[5]乾隆三十四年（1769）五月初五日，镇远府属镇远、施秉两县雷雨交作，城脚桥道亦有损坏之处。贵州巡抚良卿奏称："至偏桥大石桥一座，被水冲坍，工程浩大，须至水涸时估计动项兴修。"[6]乾隆四十八年（1783），遵义府城东里许之孙公桥被水冲坏数处，"居人醵金修葺"[7]。无论是官府拨帑还是私人性质的集资，都对桥梁修复和消除行旅病涉起到积极的作用。

清嘉道朝以后，云南因战乱、洪灾和地震等人为或自然灾害的影响，诸多地方的桥梁和道路建设受到严重破坏，已经建设好的桥梁在战乱中遭

---

[1] （清）昆冈等纂：《钦定大清会典事例》卷933《工部桥道·除道》，光绪三十四年（1908）。

[2] （清）蒋旭修，（清）陈金珏纂：康熙《蒙化府志》卷1《灾祥》，清康熙三十七年（1698）刻本。

[3] （清）张锳修，（清）邹汉勋纂：咸丰《兴义府志》卷44《大事志·纪年》，清宣统元年（1909）铅印本。

[4] （清）張毓碧修，（清）谢俨等纂：康熙《云南府志》卷21《艺文》，清康熙三十五年（1696）刻本。

[5] 水利电力部水管司科技司、水利水电科学研究院编：《清代长江流域西南国际河流洪涝档案史料》，中华书局1991年版，第289页。

[6] 中国第一历史档案馆：《清代灾赈档案专题史料》第21盘，第1275—1276页。

[7] （清）平翰等修，（清）郑珍、（清）莫友芝纂：道光《遵义府志》卷9《关梁》，清光绪十八年（1892）刻本。

受焚毁，或于夏秋季节洪水横流被冲塌漂失，陆途之间水流泛滥，行人病涉，急需修复。道光十一年（1831）五月，贵州省城关厢内外被水，但均为勘不成灾，贵州巡抚嵩溥奏称："此次城厢内外民情甚为安谧，冲塌庙宇、桥梁、衙署、房间，应令分别捐修。"① 道光十五年（1835）闰六月，贵州松桃厅距城一百三十里之舍服洞一带地方雨后山水涨发，贵州巡抚裕泰奏："又乜江洞小桥一座，大路河大桥一座，均已冲塌，勘毕随捐廉抚恤。"② 贵州遵义府仁怀县属之照渡河西商旅往来要道，河宽水急，时有漂溺之虞。道光二十年（1840）十月二十二日，贵州巡抚臣贺长龄奏称："道光二年（1822），该县耆民孟启凤捐银一千二百余两修建石桥一座，至十四年被水冲塌，该耆民又于十八年五月捐银一千两重建石桥"，尚未蒇事，旋即身故，其子廪生孟先春复捐银六百四十九两零，于十九年四月工竣，并在河之两岸修凿岩路十九丈，新开山路八百丈，以利行人。贺长龄查得道光十五年（1835）准吏部咨开士民人等乐善好施，捐银以备公用，在二百两以上，给与应得议叙，并奏："今仁怀县耆民孟启凤与子廪生孟先春先后共捐银二千八百余两修建桥道，洵署乐善可嘉，合无仰恳圣恩交部议叙，用示奖励。"③ 道光年间贵州桥道被洪水冲塌，官府在发挥倡率和督饬的作用下，均饬令被灾地方绅宦捐资兴修，足见这一时期民间社会力量在桥梁交通资金筹措上表现出较强的活力，士民捐办与官方督办共同促进交通基础设施建设的修复和发展。

光绪朝至宣统朝，云南地方桥梁被洪水冲断的记载较多。光绪二十年（1894），云南威远等厅州县陆续禀报称，自七月以后大雨昼夜不止，"山水、海水均各涨发，威远厅属冲塌桥梁"④。光绪三十一年（1905）五月初三日，镇远县属贵溪、真武堡等寨突遭大雨，据署镇远县知县罗万华禀报："溪水涨发数丈，溺毙民人三十余丁口，冲塌民房二十余间、大桥三

---

① （清）嵩溥：《奏为本年入春黔省省城被水勘未成灾妥为抚恤事》（道光十一年五月二十五日），朱批奏折，档号：01-10898。
② 水利电力部水管司科技司、水利水电科学研究院编：《清代长江流域西南国际河流洪涝档案史料》，中华书局1991年版，第785页。
③ （清）贺长龄：《奏为士民捐修仁怀县照渡河桥道请分别议叙事》（道光二十年十月二十二日），中国第一历史档案馆，朱批奏折，档号：04-01-30-0505-025。
④ （清）谭钧培：《奏为委员等厅州县田房被水成灾委勘筹赈大概情形事》（光绪二十年十月二十七日），中国第一历史档案馆，附片，档号：04-01-01-0996-066。

座。"① 光绪三十四（1908）年十月，云南元江直隶州知州赵心得通过电报禀报称，元江十月中旬连日阴雨，上游蛟水发生，水势迅猛，将"沿江一带田地及城垣、民房多半冲塌，铁索大桥全行冲断"②。玉溪西南隅有双龙桥，桥下为灌溉万顷田亩的水渠，桥面于咸同回民起义期间被破坏，因无力修复，仅支木为梁，使行走稍微方便。有《大营街双龙桥碑记》记载，宣统三年（1911）夏季，"淫雨为灾，木梁倾覆，沟渠埋塞，西南一隅，尽成渊薮"③。桥梁因灾倾圮，阻碍商旅往来的同时，还对区域社会生产和生活产生严重的影响。毫无疑问，如何将毁坏的桥梁进行修复，保证陆路交通的便利和畅通，促进经济社会和文化等方面的开发和发展，是云南受灾地方官府和民众关心的一个重要问题。

　　清代云贵地区民众克服重重困难，凭借智慧、勤劳和勇敢，"逢山开路，遇水填桥"，在高山峡谷之间和湍急河流之上，先后修建了大量的桥梁，为地方社会的公共基础建设和社会发展做出了重要贡献。但由于时代变迁，社会发展，战乱和自然灾害使大部分桥梁坍圮殆尽。鉴于桥梁通行的重要性，云南地方官员和民众深谋远虑，或捐资，或出力，积极投入木桥、石桥和铁索桥等各类型桥梁的修缮工作中。据《白盐井重修孔仙桥记》记载，楚雄白盐井西五十里大河有孔仙桥，于咸同回乱被毁，光绪二十四年（1898）十月，"尽臣李公来权井篆，……于是定木桥之议，鸠工庀材，择能以督其役，不逾时而桥成"④。作为地方公共事务，官府和地方精英以及社会大众皆参与其中，桥梁的建设关切地方社会的发展进程。大关地处昭通地区的腹心地带，"车马之辐凑偕来，商贾之懋迁毕藁"，历来为滇川交通要道。在大关出水洞、栅子门等处，山间溪流深浅不一，需架木为桥以渡行人，但夏秋季节往往溪水盛涨，桥易被水淹没，当地人士早就筹划建设石桥却不曾实现。有《捐修大关属镇关彩虹雨石桥碑序》记载，光绪八年（1882），楚北胡秀山太守调署大关，"悯厉揭之艰，作创修

---

① 中国第一历史档案馆，《清代灾赈档案专题史料》第 24 盘，第 484 页。
② （清）锡良：《奏为云南元江等州属十月中旬被水成灾派员赈抚并查明应否蠲免钱粮详办事》（光绪三十四年），中国第一历史档案馆，附片，档号：04-01-04-0006-008。
③ 王灿、李鸿祥辑：《玉溪文征》，载云南省水利水电勘测设计研究院编《云南省历史洪旱灾害史料实录（1911 年〈清宣统三年〉以前）》，云南科技出版社 2008 年版，第 218 页。
④ 陈荣昌撰：《虚斋诗集》，载云南省水利水电勘测设计研究院编《云南省历史洪旱灾害史料实录（1911 年〈清宣统三年〉以前）》，云南科技出版社 2008 年版，第 436 页。

之举，共集经费八百余金……鸠工庀材，阅数月改建石桥，先后落成"①。胡秀山通过筹集经费，使大关修建石桥的愿望得以达成，使民众雨季渡河艰难的岁月不再复返。

清光宣时期，在桥梁的修建过程中，云南官府发挥着提倡、引导和监督作用，其中既有官员奉府帑承修，也有地方官员个人捐赀修筑，同时也有地方绅士耆民和商人的积极投资投力倡修。"由于绅士耆民和地方宗族势力有着千丝万缕的联系，他们在地方公共事务上往往比官府有着更大的影响力。而绅士耆民通过兴修津梁，为乡民提供了官府不能提供的必要利益，进一步提高了自己在百姓中的声望。"② 光绪年间，宁州地方饥馑，盗贼不断，李馥任知州后，发仓赈济灾黎，后又"捐赀建浦兮铁索桥"③。新平县大开门河是云南通往迤南地方的重要通道，由于大开门河源较高，每逢夏秋大雨时行，山洪暴涨，山水夹杂木石俱下，激浪惊湍，往来旅客望而却步。虽于光绪十九年（1893）集资创建石桥，但山洪怒不可遏，旋将修建好的桥头雁翅及河心七座石墩冲塌，积年之功，毁于一旦。《新建新平县大开门河铁桥记》记载，光绪二十一年（1895）春，"询悉前事，相与指石墩之旧址，徘徊瞻眺，慨然者良久之，复详为查勘，是河水急沙松，若再建石桥，石墩决难稳固，于是有以改建铁桥之说"④，经详细查勘石墩旧址，于光绪二十二年（1896）秋九月动工改建铁桥，至光绪二十四年（1898）春三月竣工。

桥梁基础设施建设属于地方公共事业，是一项关系到社会大众切身利益的系统性工程，其修建和管理往往由官方筹资和民间捐资两种形式相互补充而达成，而非是单一的筹建模式。在清朝末期，官府在桥梁建设中的作用逐渐下降，更多的是地方士绅、富民和商人以及致仕的官员参与其中，并成为区域桥梁投资和建设的主体。尤其是商人作为社会经济利益的

---

① （清）胡秀山撰：《宦滇纪事》，载云南省水利水电勘测设计研究院编《云南省历史洪旱灾害史料实录（1911年〈清宣统三年〉以前）》，云南科技出版社2008年版，第298页。

② 张俊：《从桥梁、渡口看清代湖北的公共事业建设》，《华中科技大学学报（社会科学版）》2003年第6期。

③ （清）秦光玉辑：《滇南名宦传》，载云南省水利水电勘测设计研究院编《云南省历史洪旱灾害史料实录（1911年〈清宣统三年〉以前）》，云南科技出版社2008年版，第212页。

④ （清）陈灿撰：《宦滇存稿》，载云南省水利水电勘测设计研究院编《云南省历史洪旱灾害史料实录（1911年〈清宣统三年〉以前）》，云南科技出版社2008年版，第213页。

最大拥有者，他们往往在财力方面比普通百姓更具优越的地位，因而成为地方桥梁修建的重要捐资力量。巧家距离会泽有一百一十里路程，巧家喜长里地方，两岸石壁对峙，嶙峋峭拔，下有深溪百余丈，纳那姑、黑露二甲之流，水流波涛汹涌，夏秋季节难以渡河。乾隆年间职员刘汉鼎抽出资财，积极凿山开路，历时八年遂创建成石桥，因后来蛟水猛涨，石桥坍圮，虽于沟底架木为桥，但时常有行人倾跌伤亡。光绪七年（1881），"江西商人王世泰、夏永顺各号捐金数千，另由峭壁中间凿石通穴，约二里许，可容轿马。又于悬岩绝处鍊铁索桥，往来官商，咸嘉赖之"①。景东直隶厅属地方靛坑河上有济殿桥，因时久远倾圮，行李病涉。光绪十七年（1891），里人吴云峰谋求重新修建该桥，有《济殿桥记》记载："稽岁蓄得钱八万冈济，云峰乃独立助钱十九万，纠集缮者，伐石为柱，架木成桥，长三十余丈，上有亭，亭柱木，覆瓦屋之，行人可避风雨"②，至光绪十八年（1892）完竣。

建桥修路自古以来就是中华民族的传统美德。桥和路是云南地方官绅、民众和外来商人济世济人的象征物，同时也是他们实现社会价值的寄托物。无论是外来云南为官，还是远到云南经商，抑或是云南当地民众，他们总是忘不了回馈地方社会，反哺民众。他们采取"仁莫大于济众，德莫善于津梁"的方式，积极修桥铺路。清朝光宣时期，官员个人或民众捐资修桥铺路蔚然成风，建桥修路的善举不胜枚举。楚雄永仁白岳地有河流，平时民颇病涉，涨泛时只能徘徊观望，往来行人皆视为畏途。光绪二十三年（1897），贺宗章积极捐资千元，倡率修筑从白岳地江边到白盐井的道路，分段兴工，路途长约千里。又有四川会理商号赞成修筑道路，并"量力承捐，来往驮担，或愿倾助，修路于白岳地，两岸砌石墩，中架巨木，上覆以亭"③。宣统二年（1910），昭通府鲁甸厅属牛街至拉来坡之间鹤寿桥山路崎岖难行，当地人石叔新倡修完固。赵藩途经此地，即兴作《观音山途中书所见》记："捐赀治道复成果，不比乘舆利济方。鹤寿何如

---

① （清）余泽春修，（清）茅紫芳等纂，（清）冯誉骢增修：（光绪）《东川府续志》卷1《津梁》，清光绪二十三年（1897）刻本。
② （清）谭宗浚撰：《希古堂文集》，载云南省水利水电勘测设计研究院编《云南省历史洪旱灾害史料实录（1911年〈清宣统三年〉以前）》，云南科技出版社2008年版，第388页。
③ （清）贺宗章：《幻影谈》，载云南省水利水电勘测设计研究院编《云南省历史洪旱灾害史料实录（1911年〈清宣统三年〉以前）》，云南科技出版社2008年版，第436页。

人寿永，百年来往口碑长。"①

　　通过对清代云贵两省地方桥梁和道路等公共基础设施兴废与修复的考察，可以看出，桥梁和道路的选址和修筑，都与当地的地理位置和人口分布密切相关，城乡之间居民和物流往来频繁，外来人口不断增加，商品经济发展迅速，桥梁和道路往往因废而设，因时而筑。由于受雨季洪水涨发，冲毁桥梁，道路泥泞不堪，造成通行不便，随有地方官员个人和绅士、民众、商人或商号乐善好施，捐资架桥铺路。清晚期，云贵两省地方财政收入日渐萎缩，使其不得不依靠士绅阶层和民众的力量来开展地方公共事务建设与维护，并借此机会实现对基层社会的有效控制。云贵两省地方官府逐渐退出桥梁和道路修筑的舞台，更多的是地方士绅和民众参与其中，他们或独资兴建、设桥渡山川河流，或带头募集资金，合众力完成，因而充分发挥了国家与地方社会事务中介的作用。

四　修复盐井以利税课征收

　　云南境内广泛分布着众多口盐井，其食盐资源蕴藏量相当丰富。云南各盐井赖以生存的盐业资源是盐井地方特殊的自然地理环境的恩赐，地理环境自始至终深刻影响着盐井地方区域社会历史的发展进程。云南井盐生产除供给本省外，其盈余部分常输往省外销售。"清代随着盐业经济的大发展，井盐开发不断深入扩展，在地域上形成滇中、滇西和滇南三大开采格局。"② 云南"诸井煎各有其程，行盐各有其地"③。盐课是云南地方政府财政收入的重要来源。清朝末期，云南官府通过扩大盐业发展的规模和食盐产量，以此获取丰厚的盐税（见表20），主要用以弥补政府财政的缺额。在遭遇洪水灾害后，政府倾向于对受灾盐井进行综合整治，鼓励灶户积极开展食盐生产，以确保盐业的利润能够更多地收归国家府库所有。

---

　　① （清）赵藩：《向湖村舍诗二集》，载云南省水利水电勘测设计研究院编《云南省历史洪旱灾害史料实录（1911年〈清宣统三年〉以前）》，云南科技出版社2008年版，第309页。
　　② 张崇荣：《清代白盐井盐业与市镇文化研究》，硕士学位论文，华中师范大学，2014年，第19页。
　　③ （清）王崧纂，（清）杜允中注，刘景点校：道光《云南志钞》卷2《盐法志》，载云南省社会科学院文献研究所内部点校本，1995年印刷，第112页。

表 20　　　　　　　　清朝末期云南各盐井盐课统计表

盐井	正课银	溢课银
黑盐井、元兴井、永济井	109125 两 8 钱 7 分 8 厘 3 毫	52748 两 9 钱 8 分 5 毫
白井	42473 两 7 钱 4 分 8 厘	8456 两 1 钱 6 分 2 厘 5 毫
乔后井	42500 两	12836 两 7 钱 3 分 6 厘
喇鸡鸣井	8146 两 5 钱 7 分 3 厘 2 毫	2039 两 8 分 3 厘 9 毫
丽江井、老姆井	1300 两 8 分 9 厘 3 毫	/
云龙井	6071 两 9 钱 6 分 9 厘 8 丝 9 忽	4914 两 6 钱 1 分 3 厘 7 毫 4 丝 2 忽
石膏井	12655 两 4 钱 7 分 5 厘	705 两 6 钱 8 分 5 毫
磨黑井	29344 两 5 钱 2 分 5 厘	15380 两 4 钱 5 分 2 厘
抱母井	15580 两	11368 两 4 钱 6 分 4 厘
按板井	18058 两 8 钱 8 分	11881 两 3 钱 6 分 8 厘
恩耕井	3558 两 8 钱 8 分	/
景东井	2802 两 2 钱 4 分	/
阿陋井	5040 两 1 钱 9 毫	2391 两 8 钱 4 分 6 厘 7 毫
大诺井	3597 两 3 钱 3 分 4 厘 8 毫	/
草溪井、安丰井	714 两	/
只旧井	636 两 7 钱 3 分 5 厘	/
琅井	4800 两	/
安宁井	2500 两	/
弥沙井	359 两 9 钱 7 分 3 厘	/
合　计	309266 两 3 钱 2 厘 5 毫 8 丝 9 忽	122723 两 3 钱 8 分 7 厘 8 毫 4 丝 2 忽

资料来源：龙云、卢汉修，周钟岳等纂：民国《新纂云南通志》卷 152《财政考三·岁入》，1949 年云南省通志馆据 1944 年刻本重印。

从表 20 可以看出，黑盐井、元兴井、永济井三井、白井、乔后井、石膏井、磨黑井、抱母井、按板井等各盐井的正课缴纳达万元以上，且溢课数额所占比重也较高；而产盐量较低的盐井，则其应缴纳的正、溢盐课也就较少。盐井所缴纳的盐课与盐业生产成正相关。以上各大盐井在清朝末期得到大规模开发，各井食盐生产量剧增，使得相应征收的盐课在云南财政收入中的比重也不断上升，且所征盐课关系清朝中央和云南地方行政、军费以及文化教育等支出，在云南地方社会经济中发挥着重要作用，并处于举足轻重的地位。具体而言，清朝光宣时期云南盐课据各盐井的产盐量及成盐的销售量而定，而各盐井的食盐生产量主要取决于井眼的出卤量，出卤量决定了所能煎制成盐的数量，即卤水越多，则煎盐的数量就越大，卤水越浓，则煎盐的比重也就越高。但是，由于云南各盐井大多位于河川径流附近，加之夏秋多雨，尤其是偶遇暴雨，山洪冲决堤岸，抑或有山体坍塌，严重危及盐井煎煮，甚至是损毁已煎成盐，不仅影响井灶生产，还给盐课征收带来困难。

清代对云南被灾地方的盐井和灶区的桥梁、柴薪以及护堤等加以高度重视，主要由政府直接拨帑修复盐井，使灶户复业煎盐，为对被灾盐井的灶户、灶丁予以抚恤，以赈济灶贫。文献记载：乾隆十三年（1748）六月中旬，滇省连日大雨，河水泛滥，安宁州洪新二井淹倒灶房十八间，墙七十八堵，又打坏锅口，冲塌沿河驳岸，漂没枧槽架木，冲消盐斤。九月十九日，云贵总督张允随奏："安宁州淹倒灶房、冲塌河岸，现在发银修补。"① 楚雄府属北溪河一道，由郡城绕至黑井五马桥，直达金江，乾隆三十七年（1772）八月，溪河水涨，下游之黑井桥道、井座亦有坍卸处所。云南巡抚李湖奏称，黑井旧建石桥一座，为转运柴薪、卤盐要道，因涨流建瓴而下，以致全桥冲塌，石岸亦多倒坍，均应确估兴修，"其井座灶房被损之处，业经修整完好"②。乾隆四十八年（1783），云贵总督富纲等奏报，云龙州地方沘江泛涨，致将金泉盐井砌岸冲坍，井眼淤塞，盐舍存贮盐斤俱被淹消，灶户田庐间有漂没，现已经查明抚恤。乾隆皇帝谕准："被淹房屋及冲失柴码锡口等项，均照例加赏，该督等即饬委员确查分给，务使被灾民灶各沾实惠。至冲消盐觔，并著通融赶补，毋致有妨民食。"③ 道光十年（1830）云南安宁州地方田房被水冲淹，云贵总督阮元奏称："已由该州县等查明抚恤，不致成灾。惟安宁盐井被淹卤淡，现饬上紧车戽淡水。"④ 清政府云南当局倾力对被灾盐井制盐基础设施的修复，使"井塌灶废"的普遍受灾现象得到根本补救，为盐业再生产以及盐商配引办课

---

① 水利电力部水管司科技司、水利水电科学研究院编：《清代长江流域西南国际河流洪涝档案史料》，中华书局1991年版，第291页。

② 水利电力部水管司科技司、水利水电科学研究院编：《清代长江流域西南国际河流洪涝档案史料》，中华书局1991年版，第447页。

③ 《清高宗实录》卷1216，乾隆四十九年十月甲午条，中华书局1986年影印本，第24册，第316页。

④ 中国第一历史档案馆，军机处录副档，3－60/3582－57，55盘0929。

创造了条件。

  清嘉道朝以后，云南盐井多遭受洪水的冲击，在暴雨突然来临之际，洪水泛涨，相继冲决护堤、涵洞、桥梁和道路，淹没井署、井灶、仓盐和盐店，损失食盐甚多，并导致被水浸淹之盐井不能煎盐。同时，也有盐井邻近民居及田禾被水冲淹，损失较为严重。光绪十七年（1891）八月上旬，白盐井地方大雨不止，盐井后山蛟水涨发，冲坏道路十余里，冲坏石桥一座，木桥五座，有灶房和民房七家受损。宣统元年（1909）六月中旬，镇沅石膏井所管之按板井地方连日大雨，山水涨发，冲去罗家源等二灶，淹没盐六十一锅；又有抱母井河水泛滥，冲倒盐房、民房千余家，河堤三丈余尺，各灶漂失锅一千余口，柴薪千余排，盐井被泥沙填塞，无卤可煎，造成煎盐困难①。经行司会道筹款委员会同逐一履勘，又"督饬灶民赶将井灶修复，以顾课额"②。云南各盐井在夏秋雨季遭受洪水浩劫之后，为提高盐卤的采收率以及满足正常盐业生产的需求，云南官府均派员及时督饬灶户对受灾盐井进行修护，以保证煎盐有序以及盐课按时如数征收。

  光绪年间，安宁州盐井每年额征盐课银为二千五百两，但由于卤水较淡，向来需要汲泼入田晒取硝土，并泡滤煎熬。光绪十九年（1893），安宁州盐井、盐田被河水浸灌，洪流冲塌灶房，平时积存硝盐以及器具、什物等全部漂没，灾情颇重，煎盐停顿。据安宁州知州张嘉璧、委员补用知县邬振铎共同禀报称："现在天气晴霁，已督饬灶户格淡泼晒，料理房灶，定于十月初一日照旧起煎。"③光绪二十七年（1901）五月二十一日，黑盐井地方蛟水泛滥，龙沟河水涨发，"计冲决石堤六十八丈，井口多被泥沙淤塞，淹坏灶房十三家，民房二十九家，汹毙四十一人，受伤十二人，融化存灶盐平一十四万四千一百八十斤"，荡析离居，停煎堕课，灾情奇重。时任云南布政使李绍芬、盐法道普津会同善后局、司道详称："奉饬修筑龙沟河堤，当于按盐抽收，留备各井灾伤公费，余存项下照案发给署

---

  ① 刘建华主编：《中国气象灾害大典·云南卷》，气象出版社2006年版，第141页。
  ② 《奏为本年六月云南石膏井提举所管按板井被水伤煎委勘赈抚督饬修复井灶事》（宣统元年），中国第一历史档案馆，附片，档号：04-01-05-0311-021。
  ③ （清）谭钧培：《奏为安宁州盐井灶房被水停煎请免停煎期内课款事》（光绪十九年九月二十五日），中国第一历史档案馆，朱批奏折，档号：04-01-01-0993-079。

黑井提举江海清修费银二万六千两以资兴修,并委试用布经历王泽深、试用州吏目彭肇栋前往黑井,会同该署提举认真监修。"① 盐井被淹后,云南督抚先委员督饬民户竭尽全力抢护,紧接着又对受灾民灶各户以及伤毙各丁口照章优加赈抚,并饬令将溶化盐平分别筹补薪本,自行改煎济销,同时准许由井筹款修复井口及学署等各项工程,其中修筑龙沟河堤埂长达六十八丈,工坚料实,并无偷减、草率等弊,为盐井的防护建立了牢固的屏障。

---

① (清)林绍年:《奏为滇省修筑黑盐井龙沟河堤工用过工料银两事》(光绪二十九年十一月十六日),中国第一历史档案馆,朱批奏折,档号:04-01-01-1062-062。

第六章　清代云贵地区灾荒赈济典型案例探赜

清代荒政制度作为国家在边疆地区社会治理的重要工具，其在充分吸取历代救灾经验的基础上，推进了中国古代救灾实践向纵深发展，为维护地方社会秩序和国家统一奠定了基础。有清一代，历朝中央政府及云南和贵州地方当局都高度重视滇黔各地方灾害产生的滞后影响，并在历次灾荒发生后采取了紧急应对措施和响应机制，云贵地区的地方官府推进报灾、勘灾、审户及赈济等赈济程序在灾荒期间的有效执行，为拓展不同时空范围内被灾黎庶的生存空间创造了条件。道光十三年（1833）云南地震、光绪十八年（1892）昭通以工代赈以及清代贵州"新疆"地方的自然灾害应急响应涉及荒政制度的各个方面，推进了清代灾荒赈济措施在西南边疆地区的实践。

第一节　危机与应对：清道光十三年云南地震灾害救济[*]

清道光十三年（1833）云南嵩明发生 8 级[①]地震，震级大，烈度强，波及范围广，其成灾情况在古籍和碑刻文献中均有详细的记录。此次嵩明

---

[*] 特别说明：《危机与应对：清道光十三年云南地震灾害救济》的内容作为本研究的阶段性成果，已发表于《昆明学院学报》2014 年第 4 期，第 31—40 页。

[①] 按：学界从事地震灾害研究的专家学者对 1833 年云南嵩明 8 级地震灾害进行实地考察和探究。余维贤等人根据实地考察研究指出，1833 年嵩明 8 级大地震的地表破裂带，全长约 130 千米；破裂带贯通小江西支断裂的 6 条次级断裂及 5 个断裂部；地震的地表破裂中心在南冲、陆良山一带（见俞维贤、汪一鹏、宋方敏、候学英、曹忠权、申旭辉、李志祥、沈军《1833 年云南嵩明 8 级大地震地表破裂带的考察研究》，《地震研究》1996 年第 4 期）；陈学良、郭金萍、高孟潭、李宗超等人的研究采用嵩明、昆明、澄江、玉溪—江川—通海盆地和它邻近区域作为研究区域，模拟计算嵩明地震的近场强地面运动、计算出相应的烈度分布图，并在次基础上评估和分析出嵩明地震的分布特征。调查数据显示：此次地震震中烈度为 X 度，影响烈度为Ⅶ度。其中，嵩明、河阳（今澄江）、宜良、寻甸、蒙自、昆明、呈贡、晋宁、江川、开远等十州县受灾严重，造成 6707 人死亡，受灾人口达 153385 人（见陈学良、郭金萍、高孟潭、李宗超《1833 年 9 月 6 日云南嵩明 8 级大地震强地面运动数值模拟与震害启示》，《国际地震动态》2015 年第 9 期）。

特大地震导致云南、澄江、曲靖、临安、武定等府州所辖三十余州县不同程度地受灾。灾害发生后，云南地方官府及时向朝廷报灾，并积极委派官员进行灾情勘察和户等审核。朝廷根据成灾实情，动拨府库钱粮对勘系成灾的昆明等十州县实行赈济，使灾情得以有效缓解。官府积极勘灾，并酌情进行赈抚，云南民间社会也积极开展救灾工作，成为灾害救济的重要力量。官方赈济和民间助赈在灾赈中形成合力，共同应对地震灾害带来的危机，为灾后重建的有序开展提供了重要保障。

一 道光十三年云南地震灾情概况

地震灾害发生的驱动力是剧烈的地壳运动，因而在地震发生的前后往往伴随有征兆，地震征兆的识别有助于促进地震灾害的预警。道光十三年云南嵩明地震灾害发生前后，已出现明显的地震征兆，并与地震灾害的严重程度息息相关。

地震前兆是民间社会在日常生活中积累的关于地震发生的一种认识。道光十三年云南地震发生前出现征兆，震后有民间异象显现。魏祝亭《天涯见闻录》记载："滇南以癸巳七月下浣三日，日逾午震。先期黄沙四塞，昏晓不能辨，凡三昼夜。又期先降淫雨九日，雨色黑，沾白夹衣玄若涅。将震昼晦，屋尽炬烛以烛，历时有二刻乃复明，明已震。"[①] 清人魏祝亭关于此次地震前兆的记述比较清楚，"黄沙四塞""昏晓不能辨""淫雨九日"和"将震昼晦"等语，分别说明地震发生前黄沙蔽天、天色晨昏不能分辨、阴雨连绵不断，且雨中夹杂着黑色物质等地气和气候异常现象，与这次地震的孕育、发生有着密切的联系。但从相关记载来看，震前征兆并未引起时人的重视，关于民众遇灾避险求生的记载较少，相应地就难以了解当时人们对预防震灾的认识和应急准备。

道光十三年云南地震灾害波及范围广，民众、屋宇受灾严重。在这次地震发生后，有民间物体异象显现，据清人何彤云记载："癸巳七月滇地震……震毕，偶一人取釜饮食，视之有文如古篆不可辨，传播甚众，各取釜视之，悉有文，同者才十之三四，已而征他出，莫不然。又偏处石上有

---

① 云南省地震局编：《云南省地震资料汇编》，地震出版社1988年版，第160页。

细纹如针类墨画，亦不知其故。"① 文献记载了道光十三年云南地震发生后民人取食所用的釜器底部有篆形文，但字迹不尽相同且难以辨认，又户外偏僻之处石头上有刻纹如画。古人将民间非正常的物理现象与地震相互关联在一起，并视之为地震征兆的一种表现，是否与此次地震灾害相关，难以从科学的角度加以考证。

事实上，地震前后征兆应当是在地震灾害发生前后于震源及其附近出现的一种宏观和微观的地表物质或动物行为异常的现象，如地下水位下降、地气异常、气象迥异和动物行为异常等，这与地震的发生有着密切联系，是人们对地震即将发生时既感性又理性的一种认识。无论是在古代，还是在地理知识系统性拓展的今天，地震征兆与地震之间的关系及其解释，在一定程度上是能够被人们所认知和接受的。道光十三年云南地震，由于当时的人们对震前征兆的认识不充分，云南官府缺乏相应的地震预警机制，进而致使地震成灾面积扩大，经济损失严重。

清道光十三年云南地震灾情，在清朝官修正史、地方志、奏折、文人笔记和庙宇碑刻等文献中均有详细的记录，其记载可谓资料齐全，涉及面广，内容翔实，甚至有碑刻为记，这为分析和研究这次地震灾情提供了较为翔实、可信的文字依据。这次地震的成灾情况可以从房屋坍塌、人口伤亡等两个方面进行考察。

道光十三年七月二十三日（1833年9月6日）巳刻，云南嵩明发生8级地震，魏祝亭记载："最烈则嵩明之杨林驿，市廛旅馆，尽反而覆诸土中，瞬成平地，核所毙万余口。"② 地震导致云南府、澄江府、曲靖府、临安府并武定直隶州等府州③所属三十余州县不同程度受灾。其中，云南等四府所属之昆明、嵩明、宜良、河阳、寻甸、蒙自、晋宁、江川、阿迷、呈贡等十州县同时发生地震，致使城垣、衙署、庙宇、仓监、塘汛、兵民房屋坍

---

① 谢毓寿、蔡美彪主编：《中国地震历史资料汇编》（第3卷，下），科学出版社1987年版，第875页。
② 云南省地震局编：《云南省地震资料汇编》，地震出版社1988年版，第160页。
③ 按：云南府治昆明（今昆明市），领昆明（今昆明市）、富民、宜良、嵩明州（今嵩明）、晋宁州（今晋宁东北晋城）、呈贡、安宁州（今安宁）、罗次（今禄丰东北罗次）、禄丰、昆阳州（今晋宁）、易门；澄江府治河阳（今澄江），领河阳（今澄江）、江川（今江川东北江城）、新兴州（今玉溪）、路南州（今路南）；曲靖府治南宁（今曲靖），领南宁（今曲靖）、沾益州（今沾益）、陆凉州（今陆良）、罗平州（今罗平）、马龙州（今马龙）、寻甸州（今寻甸）、平彝（今富源）、宣威州（今宣威）；临安府治建水，领建水、石屏州（今石屏）、阿迷州（今开远）、宁州（今华宁）、通海、河西（今通海西北河西）、嶍峨（今峨山）、蒙自；武定州治武定，领元谋、禄劝。

塌倾倒无数，压毙男妇人数较多，受灾范围广。经云南督抚等委员勘察，昆明等十州县均勘系成灾（见表21）。与此同时，云南等四府并武定直隶州所属之安宁、富民、罗次、禄丰、昆阳、易门、南宁、沾益、陆凉、罗平、马龙、平彝、新兴、路南、建水、石屏、通海、嶍峨、武定、禄劝等二十余州县也同时地震，且不同程度受灾，有房屋坍塌，间有人口伤毙，但震势较轻，均勘不成灾。另外，据文献记载，嵩明地震当天"午未二时，又震，至夜又震数次，八九月或三四日或五六日又震十余次"①，即在嵩明主震发生后，上述各州县余震频繁，影响范围广，持续时间3年有余。

从表21可以看出，道光十三年云南地震导致昆明等十州县不同程度受灾。由于寻甸州位于小江断裂带东支，且距离地震中心的位置较近，因此房屋受损严重，人口伤亡情况也最为惨烈。而河阳县和蒙自县分别位于普渡河和红河断裂带，其房屋和人口受损也较为严重。而呈贡县、晋宁县、江川县、阿迷州均位于小江断裂带上，但由于距离地震中心的远近不同，地震烈度的辐射存在差异，因而建筑和人口均有不同程度地受灾。据统计，昆明等十州县在此次地震中坍塌瓦房和草房共八万七千六百二十一间半，压毙人口六千七百零七人，受伤人口一千七百五十四人，受灾总人口十五万三千三百八十五人，可见受灾最为严重。

这次地震除瓦草房倒塌外，各属州县城垣、衙署、庙宇、桥梁等建筑坍圮也较严重。云南省城自清朝定鼎后多次修缮，城墙坚固，城楼与城堞鳞次栉比，可谓固若金汤，道光十三年地震后，城墙毁坏。文献记载："云南省城由来旧矣……迄今道光十有三年震灾之后，四垣多圮，六楼半倾，既不足肃观瞻，且无以资守护。"②澄江府的知府署、府教授署、府训导署及其所辖河阳县和江川县的典史署、教谕署、训导署、知县署等衙署均因地震倾圮。从道光十三年嵩明州城东二十五里永济桥的受损情况足以看出，此次地震的破坏较为严重。据《永济桥碑记》记载："永济桥之创建由来久矣，原有二孔，……道光九年起接建桥三孔，业已成功告竣，不料道光十三年七月二十三日地震倾颓，遂将桥五孔摇平。"③

---

① 龙云、卢汉修，周钟岳等纂：民国《新纂云南通志》卷22《地理考二·地质二》，1949年云南省通志馆据1944年刻本重印。

② （清）岑毓英修，（清）陈灿纂：《光绪云南通志》卷35《建置志·城池》，清光绪二十年（1894）刊本。

③ 谢毓寿、蔡美彪主编：《中国地震历史资料汇编》（第3卷，下），科学出版社1987年版，第879页。

表 21　道光十三年（1833）云南地震昆明等十州县灾情统计表[1]

时间	震中位置（经纬度）	震级（M）	受灾州县	房屋坍塌		人口伤亡		
				震中距离（km）	瓦屋和草房（间）	死亡人数（人）	受伤人数（人）	受灾人数（人）
道光十三年七月二十三日	嵩明(25.0°N,103.0°E)	8.0	地点					
			呈贡县	60	3772	108	127	8049
			晋宁州	100	1611	76	117	1777
			寻甸州	40	10967	1023	447	27588
			河阳县	90	11757	1237	259	15942
			江川县	136	587	4	9	958
			蒙自县	250	8797	285	100	10321
			阿迷州	246	3072	36	51	3153
昆明等十州县受灾情况			87621.5	6707	1754			153385

资料来源：云南省地震局编：《云南省地震资料汇编》，地震出版社1988年版，第157—158页；谢毓寿、蔡美彪主编：《中国地震历史资料汇编》（第3卷，下），科学出版社1987年版，第373—874页。

[1] 按：据道光十四年九月二十四日《管理户部长部长龄题本》（满文）统计而得，原文已残，仅存呈贡等七州县地震灾情的记载。因此，难以对所缺的嵩明州，昆明和宜良三地的地震灾情作全面的统计和分析。

这次地震导致云南等四府所属各州县诸多公共建筑坍塌,如澄江县仓圣祠在地震中倾圮,道光十五年得以重建。寻甸州九莲庵"道光十三年,地震倾圮,村人重修"①。其他各属州县的寺庙、祠堂、道庵、殿阁等建筑在地震中损毁也比较严重。这次地震后的碑刻文献详细地记载了地震灾情状况,如呈贡《中卫村青龙庵碑记》就详细记录了青龙庵遭受地震后庙貌衰败和神像损毁的状况,从中亦可见地震的破坏程度较强,碑刻记载:

癸巳年七月二十三日巳刻,滇省地震,倒塌屋宇,损伤人物,共计十州县而嵩明尤甚,其别里他乡惨不胜述。如下枝地界延村俱有损伤,而本境现损大小人丁物类不计其数,倒塌草瓦房十分十四。其庵内匪惟庙貌隳颓,兼神像倾裂,存有者仅五六尊,屋站者亦只七八间而已。②

地震诗以文学的形式表述了此次地震的惨烈状况,其字里行间足以反映这次地震受灾的情形。尽管诗文中描述地震情形存在部分夸大的现象,但这从侧面反映了此次地震受灾的严重性。当时的宜良县人陈通撰《癸巳七月二十三日地大震书呈吴紫楼邑侯》、蒙自县进士陆应谷撰《闻滇中地震感赋》详细地记录了道光十三年云南地震,建水县人刘士珍也为此次地震有感而作。蒙自县陆应谷于癸巳八月感言:

昨闻边报忽飞来,惊人惨祸罚尤酷。
凉秋八月西风吹,卷地黄埃来闪倏。
须臾白日晦光明,平地无端竟翻覆。
滇海簸扬华山摧,城廓崩颓屋宇仆。
雨师一时同作虐,迅雷轰轰相迫逐。
僵尸枕藉纷如麻,生者侥幸成孤独。
觅子寻亲不可见,三旬露处无归宿。③

---

① (清)岑毓英修,(清)陈灿纂:《光绪云南通志》卷97《祠祀志·寺观》,清光绪二十年(1894)刊本。
② 谢毓寿、蔡美彪主编:《中国地震历史资料汇编》(第3卷,下),科学出版社1987年版,第879页。
③ (清)陆应谷:《抱真书屋诗钞》卷3《闻滇中地震感赋》,清道光甲辰年(1844)镌刻本,第16—17页。

诗文记述了道光十三年云南地震发生前黄沙铺天盖地、光亮忽明忽灭、昼夜难辨等地震地气和气候异常，地震时平地颠簸、山体崩裂、屋宇倒仆成灾，地震后尸横路途、饿殍遍野、居无定所等情形，从中可以看出此次地震破坏比较严重。诗歌与历史文献记载相互印证，一定程度上可以反映出此次地震受灾的大体情形。

此次地震震级为8级，烈度达九度以上，破坏性大。如地震极震区嵩明、宜良、澄江、寻甸四州县的城垣、寺庙、亭阁、桥梁、民居等建筑均倒塌毁坏，且压死、压伤民众较多，伴随有山体滑坡、地面塌陷、河流改道、河水涨溢、水池枯竭等次生灾害；地震重破坏区昆明、呈贡、路南、个旧、曲靖等州县的民房倒塌也较多，各州县衙署、寺观、阁宇、桥梁几乎坍塌殆尽，也有人口死伤；地震轻破坏区通海、昆阳、富民、江川、开远、石屏、建水、蒙自、恩安、陆良等州县各类建筑均有损坏，有民众伤亡，但情况较极震区和重破坏区为轻。总的来说，这次地震给云南昆明等十州县造成了严重的人员伤亡和财产损失，也给云南安宁等十八州县并武定直隶州暨禄劝县等地的经济社会造成破坏。面对如此严重的地震灾害，上自朝廷，下至官府、民间及社会各界采取有效的措施，积极开展灾害救济，使地震灾害的影响范围得到缩减。

二 道光十三年云南地震灾害赈济

道光十三年云南地震发生后，经当时云南地方总督和巡抚的勘灾查明，地震波及范围广，受灾面积大，昆明等十州县勘系成灾（见表21），这为朝廷实施赈济和额赋的蠲免提供了可靠的决策依据。

灾情奏报与勘察是朝廷了解灾情的原始依据。道光十三年云南地震发生后，云南督抚阮元和伊里布先将地震灾害上奏朝廷，使灾情得以上传下达。勘灾是灾赈得以施行的前提，勘察的内容是核查田亩、房屋及人口的受灾情况，勘灾的结果是实行蠲免赈恤的依据。为配合灾情勘察的正常进行，官府还对勘灾不实及不力之官员予以严惩。道光十三年云南地震灾情奏报后，云南督抚及时委派官员前赴灾区开展灾情勘察，经实地踏勘，各属州县官吏分别将灾情禀报给云南官府，进而由督抚阮元等人汇总奏报朝廷，以期获得赈恤。如李德生接受云南督抚的委任，前往定远勘察地震灾情，史载：

第六章 清代云贵地区灾荒赈济典型案例探赜

道光十三年七月二十三日，地震。时德生甫抵滇省，二十三日辰巳间，地大震，日二、三次、一、二次不等。奉委勘灾。昆明县城乡，震倒房屋，压毙人口甚多，哭声遍野，闻者伤心。澄江府暨嵩明州一带更重，惟迤西颇轻。余于八月十五日到定，查询情形，尚无倒毙，乃为帖然。①

云南四府所属各州县在地震中的成灾情况不一，据道光十三年十二月十七日《云贵总督阮元等折》记载，云南官府已在道光十三年十二月分别将"勘不成灾"和"勘系成灾"的州县的地震灾情详细说明，以期能够得到朝廷的赈济和抚恤。奏折记载：

伏查本年七月二十三日云南地震，除安宁、富民、罗次、禄丰、昆阳、易门、南宁、沾益、陆凉、罗平、马龙、平彝、新兴、路南、建水、石屏、通海、嶍峨、武定、禄劝等二十州县震势较轻，勘不成灾，均毋庸赈恤蠲免外，其昆明、嵩明、宜良、河阳、寻甸、蒙自、晋宁、江川、阿迷、呈贡十州县勘系成灾，臣等当将成灾之昆明等十州县本年应征钱粮奏请豁免。②

在地震灾害的勘察过程中，各州县官员是否尽职尽责，灾情上报是否及时，云南督抚对此高度重视。当时云南督抚根据各属查明上报的情况，分别已未成灾情形，迅速上报朝廷，并及时开展灾后赈抚工作。而云南署河阳县事恩安知县赵发却在震灾的勘察过程中故意拖延时间，未能协同其他官员查明灾情，因而受到督抚问责和参奏，拟将赵发交部议处，以肃清影响。道光十三年十二月十七日《云贵总督阮元等参奏云南署河阳县事恩安县知县赵发查办灾务迟缓折》（军机处录副奏折）奏折载：

窃照本年七月滇省地震，……惟署河阳县事恩安县知县赵发因时值阴雨，未能周历确查，即时禀报。迨经臣等委员驰往，该县方始协

---

① 杨成彪：《楚雄彝族自治州旧方志全书·牟定卷》卷6《人物志》，云南人民出版社2005年版，第249页。
② 国家档案局明清档案馆编：《清代地震档案史料》，中华书局1959年版，第180页。

同查明系属成灾。虽经抚恤完竣，灾黎已皆得所，而该员赵发之办理迟钝，究难辞咎未便，因其尚无终致贻误，稍涉姑容。……相应请旨，将署河阳县事恩安县知县赵发交部议处，俾守土之官以后施地方民事不敢懈延，咸知儆惕，以肃吏治。①

清朝对灾荒的管理尤为严格、规范。道光十三年八月初八日，云南巡抚伊里布奏报朝廷的折子表明，他即将会同云贵总督阮元料理地震后的赈济事宜，并得到圣上"知道了"一语的批复。这表明，在此之前，云南官府已将地震灾情上报给朝廷，《云南巡抚伊里布奏报雨水粮价及澄江曲靖等处地震即将查办赈灾事宜折》（道光十三年八月初八日）记载："云南巡抚臣伊里布跪奏，为恭报雨水粮价情形，仰祈圣鉴事：……本月二十三日巳刻，云南、澂江、曲靖、临安、武定等府州所属地方同时地震，臣已会同督臣阮元将查办灾赈事宜。"②

审户又称"查灾"或"核户"。审户的主要内容是查报受灾户口及等级，确定灾民财产损毁及人口伤亡情况，以便官府按时按等赈灾。审户是勘灾程序中的重要步骤，对官府及时掌握灾民的情况、调集钱粮赈灾发挥着积极作用，是灾后钱粮赈济的重要依据之一③。

实际上，云南地方勘灾上报的情形与实际灾情存在地震极震区和重破坏区成灾不一致的情况。从道光帝颁发给内阁的上谕中可知，云南地方督抚未将震后已未成灾之户分别叙述清楚，同时也没有将未被灾之户的户籍和总数作详细的说明。因此，道光帝要求云南督抚详细核实昆明等十州县成灾及未被灾各户的具体实情，容许核准后择日上报。另外，由于勘系成灾的昆明等十州县秋后庄稼收获丰盈，这与朝廷履行成灾赈恤和蠲免相悖，因此仍需云南地方对昆明等十州县的受灾情形作出统一的覆核，分别灾情，以期加以赈济。《云南总督阮元等奏折》（道光十三年十二月十七日）记载：

---

① 中国地震局、中国第一历史档案馆编：《明清宫藏地震档案》（上卷，贰），地震出版社2005年版，第981页。

② 中国地震局、中国第一历史档案馆编：《明清宫藏地震档案》（上卷，贰），地震出版社2005年版，第974页。

③ 周琼：《清代审户程序研究》，《郑州大学学报（哲学社会科学版）》2011年第6期。

嗣经覆查秋禾收获甚丰，而此成灾十州县内有此村坍塌房屋、伤毙人口甚重，而彼村并未倒房伤人，安帖无恙者，是以复经奏请将该十州县内被灾之户蠲免钱粮，而不被灾之户仍旧输纳钱粮，分晰声请更正，并请将臣等交部察议。①

另外，在清朝政府接到云南官府报灾后，道光帝要求云南督抚等员督促、命令各属州县地方官对辖区的灾情进行挨户排查，主要是分别有灾和无灾的户数、本年应免和应输纳银两的数目，并要求据实备文上奏，且要避免官府从中营私舞弊、蒙混假报灾情，以从灾赈中获取利益，以期让受灾黎庶沐浴皇朝恩惠。据道光帝下发给内阁的谕令表明，朝廷对此次灾赈高度重视，对灾害赈济环节的管理比较严格。震灾奏闻后，朝廷诏谕云南督抚按照乾隆、嘉庆年间地震灾情赈恤的案卷办理，《谕内阁云南昆明等州县地震著该督严饬司道会同地方官确查妥速散赈》（道光十三年九月二十七日）记载：

该督等业经动拨司库银两，遴委明干守牧、正佐各员带往各属，会同该管道府州县查照乾隆、嘉庆年间成案，震倒瓦房每间给银五钱，草房三钱；压毙大口每名给银一两五钱，小口五钱；伤者不论大小，每口给银五钱；被灾各户现存大口给谷一京石，小口五斗，分别赈济。②

根据清制，地方发生灾情，由督抚委派官员勘灾，待查明灾情后结报督抚，由督抚在限期内（夏灾六月，秋灾九月）奏报朝廷。经勘灾官员核定为"勘系成灾"等级（六成及以上的为成灾，五成及以下的为不成灾）的灾情，方能得到官府的赈济，而达不到赈济等级的灾荒则在勘灾簿册记录为"勘不成灾"，不能享受官赈。从道光十三年云南地震灾情的勘察情况来看，地震灾情的上报、勘察为抗震救灾工作的开展奠定了重要前提，

---

① 中国地震局、中国第一历史档案馆编：《明清宫藏地震档案》（上卷，贰），地震出版社2005年版，第983页。
② 中国地震局、中国第一历史档案馆编：《明清宫藏地震档案》（上卷，贰），地震出版社2005年版，第977页。

成灾户口等级的审核则为灾赈提供了重要依据。此外，云南督抚等要员报灾是否迅捷，灾情勘察真实与否，事关朝廷赈灾钱粮数额的划拨，同时也关系到朝廷赈灾钱粮的发放速度和救灾效率。

因地制宜赈给银钱是推进灾害赈济的有效举措。发赈是在勘灾和审户的基础上开展的灾害救济模式，是灾害赈济最为关键的环节。道光十三年云南地震灾害发生后，云南督抚委任各州县要员积极开展灾情勘察，并对成灾户口等级进行审查，然后据受灾程度和成灾户口等级开展赈济。勘系成灾，则按照成灾户等赈给钱两和粮食，并免除本年应征额赋；勘不成灾，则无须赈抚，本年应输纳的钱粮和额赋一并收取。

据《小屯村观音寺碑记》记载，道光十三年云南地震"被灾者嵩明十一县，共计草瓦房八万七千六百二十一间半，压毙男妇大小共六千七百零七丁口"①。除安宁等二十州县震势较轻，勘不成灾，按照赈济标准不应给予赈济抚恤、免除额赋；其余勘系成灾之昆明等十州县灾民流离失所，生活所需之粮食缺乏，应当给予赈抚。鉴于昆明等十州县的地震灾情，云南督抚阮元、伊里布等积极奏请朝廷予以赈济，以抚慰灾黎。史载："道光十三年七月地震，民居房屋间有损伤。昆明、嵩明、宜良、晋宁等州县报灾，总督阮元、巡抚伊里布查灾具奏，奉旨赈恤。"② 据文献记载，针对云南等四府所属各州县官员勘察的灾情，云南督抚按照清朝廷的规定，分别情形，予以昆明等十州县钱粮的蠲免（见表22），并据实将蠲免钱粮数额奏报朝廷。

表22　道光十三年（1833）云南地震昆明等十州县蠲免钱粮统计表③

类型	蠲免户数（户）	应免秋税米（石）	米折银（两）	条公耗羡银（两）	备注
被灾有粮	26951	4434	3328	11372	一并蠲免
未被灾有粮	103480	16933	10105	39773	照旧征收

资料来源：谢毓寿、蔡美彪主编：《中国地震历史资料汇编》（第3卷，下），科学出版社1987年版，第873页。

从表22可知，勘系成灾的昆明等十州县的灾情存在差异，即存在被灾有粮户和未被灾有粮户，且未被灾有粮户数较被灾有粮户多。按照灾赈

---

① 云南省地震局编：《云南省地震资料汇编》，地震出版社1988年版，第164页。
② （清）朱庆椿纂修：道光《昆阳州志》卷1，清道光十九年（1839）刻本。
③ 据道光十四年三月二十日《云贵总督阮元等奏折》统计而得。

制度，理应分别情况，酌情蠲免。表中因震成灾的昆明等十州县的蠲免对象主要是被灾有粮的民户，其应免秋税米、米折银和条公耗羡银一概予以免除，而未被灾有粮的民户则应照旧缴纳税赋。另外，被灾有粮民户应输纳的税米和条公耗羡银粮数额明显低于未被灾有粮应征的数额，因此，免除被灾有粮民户的税额，征收未被灾有粮民户的税额，这既符合赈济标准，也相应地减少了朝廷的负担。这表明，朝廷和云南官府的审户程序极其严格，进而使蠲免有据。这一举措有利于减轻灾害带来的负面影响，对社会安定有着重要的作用。

清廷在云南征收的赋税原本较轻，根据云贵总督阮元的奏折可知，道光十三年昆明等十州县总共年额应征钱粮银米合银八万余两，而经云南督抚反复核查灾情，分别被灾和未被灾之户，除去不满足蠲免条件的未被灾之户，本年应免除的钱两银米合银只有三千三百二十八两。清廷接到奏报后，诏谕云南地方根据地震灾情适时开展赈济，朝廷从国库中拨出银两、粮食，挑派能干的地方官转运至昆明等十州县，并及时将粮食和财物分发给灾民。朝廷对勘系成灾之昆明等十州县进行赈济（见表23）。从此次地震灾害赈济来看，赈灾款项主要靠官方予以拨付，官府救灾是这次地震灾害得以有效赈济的主要力量。

表23　道光十三年（1833）云南地震昆明等十州县房屋、人口受灾赈济表[①]

地震受灾情况		数目（间/口）	赈给钱、粮	赈济钱、粮总额
震倒瓦屋		48888	5钱	44440两2钱5分
震倒草房		38733	3钱	11619两9钱
压毙男妇	大口	4356	1两5钱	6534两
	小口	2315	5钱	1175两5钱
受伤男妇	大小口	1754	5钱	877两
受灾男妇	大口	90196	1石	90196石
	小口	63189	5斗	31594石5斗

资料来源：谢毓寿、蔡美彪主编：《中国地震历史资料汇编》（第3卷，下），科学出版社1987年版，第874页。

从表23可知，朝廷根据灾报情形和此前灾害办理成案，按照既定的

---

① 据道光十四年（1844）九月二十四日《管理户部长龄题本》（满文）统计而得。

标准，确定享受赈给对象。震倒瓦屋给赈银五钱，震倒草房三钱；压毙男妇大口给赈银一两五钱，小口五钱；受伤男妇大小口一律给赈银五钱；受灾男妇大口给赈粮一石，小口五斗。赈济形式是向地震成灾的昆明等十州县发放钱粮，赈给的基本原则是满足被灾民众的生存需要，赈给标准严格按照户等和受灾程度施行赈济。总体上看，赈济标准比较规范。

朝廷在履行赈济的同时，也遴选、委任云南地方要员前往各路督查灾赈事务的进展，以期按时按质完成赈抚，使灾民摆脱苦海。例如，当时朝廷委任云贵总督伊里布在省城昆明总揽办理一切灾赈事，前专管粮务现升任山东的提刑按察使牛鉴督办宜良，迤东道普年督办寻甸等。与此同时，朝廷还委派伊里布、牛鉴、普年等人，严格督促云南司道监督各委员同各属州县地方官逐户确切查明灾情，并要求按时将赈灾钱粮分配到户。另外，朝廷谕令以上各员务必将各属房屋和人口的受灾实情和赈恤的银谷数额核实清楚，将城垣、衙署等工程的修葺等分别奏明办理，所有赈恤银两允许在盐务溢余课银款内调拨，但一切均得按照此前的成案办理，勘系成灾的昆明等十州县本年应上缴的钱粮可先奏闻，查实后予以酌情蠲免。

云南民间社会救济在地震灾害救济中扮演着重要作用。如当时的云南官绅李文耕、廖敦行、陆荫奎、周师、陈熙、李芬等六员率先倡导捐献财物，并随同地方官督查赈济。据《云南总督阮元等奏折》（道光十三年十二月十七日）记载："本年七月间，滇省地震成灾，各绅士情殷梓谊，互助劝捐银两，加济极贫之户，自数千两至数百两数十两不等，统计捐银四万三千余两。"[1] 除地方士绅捐资赈灾外，云南各州县士民或捐献财物救济灾民，或出资辅助修缮公共工程，这一善举为灾害救济贡献了积极的力量。云南地方政府也非常重视士民捐赈的义举，并将他们的助赈分类明情形，陈述上奏，然后申请按照礼部则例内所记载的士民助赈成案，分别予以嘉奖。《云贵总督阮元等奏请将已查明云南捐银助赈绅士人等交部议叙折》（道光十三年十二月十七日，军机处录副奏折）记载："今滇省助赈之绅士人等捐银自三五百两至五六千两者，臣等缮具清单，敬呈御览。……惟李文耕曾任臬司大员，不敢仰邀甄叙外，其余五员仰恳天恩，

---

[1] 云南省地震局编：《云南省地震资料汇编》，地震出版社1988年版，第157页。

交部议叙，以示鼓励。其捐银不及三百两者，应请由外奖予花红、匾额……"①尽管民间士绅在此次地震中捐献的银两数目相对有限，但对受灾的民众来说也是一笔丰厚的福利。民间社会力量的救灾活动在一定程度上弥补了官赈的不足，并在此次地震灾害的赈济过程中发挥了一定的成效。

此外，在对勘系成灾的昆明等十州县的赈济过程中，云南民间的慈善救济也发挥了一定的效用。如昆明土主庙内的慈善救济会就积极组织力量，倡导民众慷慨解囊，将募捐来的钱两用来对受灾的人口、民房和庙宇进行救济和修补。慈善救济会根据受灾的情形和成灾数目，分别给予定额的银钱赈济（见表24），这为昆明地区的灾害救济贡献了力量。

表24　道光十三年（1833）云南地震昆明土主庙慈善救济会赈济表②

救济情形	成灾数目	赈济银（两/钱）	总计赈济银（两/钱/分/厘）
坍塌房（间）	7422	2 两	17844 两
坍塌墙（堵）	1388	5 钱	6940 钱
受灾大丁（口）	14678	1 两	14678 两
受灾小丁（口）	10178	5 钱	50890 钱
压毙大小丁（口）	611	3 两	1833 两
受伤大小丁（口）	234	5 钱	1170 钱
1 份修文庙工程银	/		2966 两 5 钱 8 分 4 厘
1 份修武庙工程银	/		800 两 8 钱 4 分 6 厘

资料来源：云南省地震局编：《云南省地震资料汇编》，地震出版社1988年版，第171页。

在开展灾赈之后，查赈仍是整个灾害救济的关键关节。在这次震灾的赈恤中，待赈灾钱粮陆续运送至灾区，并按既定的救灾章程分发物资到户后，朝廷和云南地方督抚仍旧关心物资的归属问题，即行委派成灾各州县官员清查受灾户银谷的发放是否到位，要求根据司道汇总具体的详情进行终审，确保无异议。另外，云南督抚认为，除各州县官员饬查灾赈过程是

---

① 中国地震局、中国第一历史档案馆编：《明清宫藏地震档案》（上卷，贰），地震出版社2005年版，第980页。
② 据（云南省地震局）《滇东地震调查资料年表》卷4《土主庙内慈善救济会碑记》记载统计而得。

分内之事，无需奏请褒奖，而其他委员的查赈功劳应登记在簿册，恳请皇上开恩奖励。《云贵总督阮元等奏请分别议叙查办灾赈出力司道各员折》（道光十三年十二月十七日，军机处录副奏折）载：

> 兹据司道会详前来，臣等覆查无异，惟是劳绩稍有差异等，奖励自宜区别，庶足以昭激劝。除知县刘珩、郭振声、佐杂童楷、刘辛甫等由本省存记外，谨将各员出力等第分晰开列清单，敬呈御览，可否量予鼓励之处，出自圣主天恩，理合恭折具奏，伏乞皇上圣鉴训示。①

道光十三年云南地震灾害发生后，云南督抚等官员及时奏报朝廷，并大力组织各属州县官员勘查灾情，据实上报，分别成灾情形，奏请蠲免赋役，赈恤济贫，使灾害的影响范围得以缩小。鉴于昆明等十州县成灾情形不一致的状况，云南督抚根据朝廷的谕旨，分别将已未被灾及应征之户口钱粮和数目核实清楚，开列呈报朝廷，以期赈恤。云南各属州县由藩司、粮道核实奏报的灾情，经再次详细调查，昆明等十州县所报被灾户口均与此前奏报赈恤户口相符合，这是整个灾赈得以有序进行的主要原因。

三 道光十三年云南地震灾后重建

道光十三年云南地震灾害发生后，云南督抚等官员及时向朝廷报灾，并积极组织力量进行勘灾和审户，使赈灾得以顺利开展，从而推动了灾后重建工作的有序开展。

修缮屋宇以安辑灾黎是地震灾害救济的首要步骤。道光十三年云南地震后，民居坍塌，人民覆没，灾民流离失所，饿殍遍野。赈抚为当务之急，文献记载："赈云南昆明、嵩明、宜良、河阳、寻甸、蒙自、晋宁、江川、阿迷、呈贡十州县地震灾民。给房屋修费及埋葬银，并免本年额赋。"② 文中所记是为在道光十三年九月甲午，朝廷就做出赈济抚恤云南昆明十州县灾民的决定，赈给方式是给予房屋修理费、毙丁埋葬银，同时免

---

① 中国地震局、中国第一历史档案馆编：《明清宫藏地震档案》（上卷，贰），地震出版社2005年版，第987页。

② 《清宣宗实录》卷243，道光十三年九月壬辰条，中华书局1985年影印本，第39册，第654页。

除额定赋税。云南督抚将灾情上奏后，朝廷对成灾州县的情形殊感哀怜同情，并谕令赈灾和查赈务必清楚明白，要使灾民获得实惠。据道《云贵总督阮元等奏请分别议叙查办灾赈出力司道各员折》（光十三年十二月十七日，军机处录副奏折）记载，云南督抚等官员奉谕旨："饬查赈济，当即遴委大小各员星飞驰往，协同各地方官亲身挨户确查，照例赈恤完竣，均无遗滥，俾被灾穷黎皆得栖身果腹之资，莫不感戴皇仁同声遍野。"[①] 可以说，无论是官方钱粮的赈济，还是民间人士的捐资助赈，抑或是昆明土主庙内慈善救济会的义赈，都对灾害的防治和灾后重建起到了重要作用。

从云贵总督阮元等的奏报可看出，此次地震勘系成灾之昆明等十州县各户新修葺的房屋照例不应给予赈恤外，其余倒塌房屋、伤毙人口之户经该委员等限同地方官按户数给银谷，各坍塌房屋已陆续修葺中，这为灾民安身立命提供了保障。据《云贵总督阮元等奏报遵旨查明昆明十州县地震情形折》（道光十三年十月二十二日，台北故宫博物院·军机处档）载："承准军机大臣字寄奉上谕：'本日据阮元等奏昆明等州县同时地震，查办情形一折已明降谕旨交该督等迅速查赈，动用盐课溢余银两，并将被震成灾之嵩明等十州县应征本年钱粮概行蠲免。'"[②] 云南澄江府领河阳、江川、新兴、路南四州县，而河阳、江川二县在地震中勘系成灾，按照此前成案均应给予赈济和抚恤，且各项应征赋税需一概免除。文献记载："道光十三年，河阳、江川地震成灾，诏例抚恤，并免额征钱粮。"[③]

除官方和民间社会力量的救济以外，时任州县的地方官吏也在灾民生活物资来源的解决方面起到了重要作用。例如，当时直隶任邱人边鸣珂在道光十年刚到嵩明州任职，地震发生后，他分别灾情，据实奏请赈抚灾民，使众多灾民摆脱了苦难。文献记载："道光十年（1830），边鸣珂任嵩明州，清廉勤慎，爱士恤民。十三年，地震，详请赈恤，没男丁一名给银五钱，妇孺一口给银三钱，赖以全活甚众。"[④] 地方官吏个人的清廉勤政和

---

① 中国地震局、中国第一历史档案馆编：《明清宫藏地震档案》（上卷，贰），地震出版社2005年版，第986页。

② 北京市地震局、中国第一历史档案馆编：《明清宫藏地震档案》（下卷，贰），地震出版社2005年版，第649页。

③ （清）李熙龄纂修：道光《澄江府志》卷3《沿革》，清道光二十七年（1847）刻本。

④ （清）胡绪昌、（清）王沂渊等：光绪《续修嵩明州志》卷4《官师志》，清光绪十三年（1887）刻本。

体恤爱民为救灾做出了贡献。

修复城垣和衙署有助于维护地方社会秩序。震后城垣和衙署的修缮与重建是为灾后重建的一项重要工程。而由于地震破坏严重，城池和衙署的修建并非朝夕之工，其耗资多，耗时长，有的在震后短期内便得到修缮，有的长期未能得到修葺完毕。道光十三年云南地震致使昆明等十州县的城垣、衙署倒塌甚多，损失较为严重，经云南督抚委派官员勘查，均已成灾。云南府城昆明是云南督抚的办公中心和各属州县官吏往来办事的重要场所，地震导致墙垣和鼓楼一半以上被摧毁。云贵总督伊里布到任后，于道光十八年（1838）重修。澄江县知府署、府教授署、府训导署、县典史署也于地震中倾圮，地震当年就有澄江县知府葛天柱、府教授王文炳、府训导孙绍宗、县典史彭承裕奏报并领取府库银款分别将其修缮完毕。另外，澄江府城在地震中坍塌严重，在震后十二年内就得到恢复修缮，史载："（道光）十九年（1839），知府许文谖、知县杨炳捐修，修建立南北城楼。二十六年（1846），知府李熙龄、署知县吕仪孙、高鲁捐修，建东西城楼，修补西城垣并周围的垛口。"[①] 而处于地震中心的嵩明州城垣倾圮过半，衙署破坏严重，州城的修建一直到清咸丰九年（1859）得以完成。

此次地震造成新兴州学正署损坏，历任学正署官被迫借寓文昌宫，至道光二十四年得以筹集资金重建。根据道光二十九年《永定坝子河碑记》记载："道光二十三年（1843）春，余（李凤翚）来署斯邑，见士习民风颇醇朴，惟城垣庙宇衙署两学倾圮过甚，询系十三年地震所致。是年度，余捐廉倡率四乡，将先农坛建起，十月筹款，将四城楼修起，会善李锡纶家捐银二百两。"[②] 由此可知，由于资金的限制和物资的供给不足，城墙、公署等的重建既需要官府动拨银两修理，也需要民间力量的充分参与，同时也需要一个过程。

重建庙宇和桥路公共设施对恢复灾区民众的生产生活有较大裨益。寺庙、祠宫、殿阁等公共建筑与地方士民的社会经济文化生活最为关切，作为灾民寻求精神慰藉的处所，在地震后理应得到大力倡修，无论是官员，还是地方各界人士都积极捐资出力，并在短期内将其修缮。例如，嵩明县

---

① （清）李熙龄纂修：道光《澄江府志》卷6《城池》，清道光二十七年（1847）刻本。
② 云南省地震局编：《云南省地震资料汇编》，地震出版社1988年版，第175页。

老猴街清真寺在地震中围墙受损,据《老猴街清真寺碑记》记载:"众亲等鸠工庀材,恢宏其势"①,于道光十七年(1837)丁酉春二月将其重修;田坝村古庙在地震中受损,房屋坍塌,《田坝村万寿碑记》记载:"幸有村中陈、王二姓商酌率众重建"②;汪官村三官寺因地震倾圮,得"吾村父老捐资重建"③。杨林关圣宫在地震中受损,在"十余年来,欲因旧殿而更新之。戊戌之秋,乃构良木,求良匠,经之营之,越岁而告厥成功"④,即至道光十八年(1838)得以修复。《重修昙华寺碑文》记载,昆明昙华寺于"道光癸巳年(1833)地震成灾,梵宇倾塌,有心容、心正二师者住持,复募金于善信而踵修之,历年一十有七,至咸丰壬子(1852)而告竣"⑤。而嵩明杨林童保乡金轮寺则因咸同兵灾搁置,直到光绪二十八年(1902)才得修建,史载:"逮前清道光癸巳地震,嗣是兵戈纷扰,村舍邱墟,此寺亦残毁破坏,仅存遗址于荆棘中……光绪壬寅年,里人杨文愁焉忧之,提倡重建,乃集四村善信之众磋商,筹复询谋……阅十三年之久,又始告竣。"⑥ 也有殿宇因为工程量浩大和财力有限,而未得及时修理,昆明金殿的牌坊、客座茶房在地震中被震摇摧坏,据金殿《重修二天门碑记》记载:"寻因阖会功德未齐,道光十四、十五年只能修补圣母天君殿及客座茶房,而牌坊工程浩大,一时未能修理。"⑦

学宫、文庙、书院作为云南各属府州县文化传播和民间教育的重要设施,地震坍圮后得到各州县人士和民众的倡率重修。如澄江府学于康熙四十一年由府学和县学合建而成,规模较大,"道光十三年,地震倾圮,署河阳县知县吴守仁领款重修"⑧。寻甸州武帝庙"道光十三年,地震倾圮。十六年,士民重修"⑨。龙院村关圣庙自乾隆三十年创建,据《龙院村关圣

---

① 谢毓寿、蔡美彪主编:《中国地震历史资料汇编》(第3卷,下),科学出版社1987年版,第879页。
② 云南省地震局编:《云南省地震资料汇编》,地震出版社1988年版,第164页。
③ 云南省地震局编:《云南省地震资料汇编》,地震出版社1988年版,第164页。
④ 李景泰、杨思诚纂:民国《嵩明县志》卷6《舆地志·坛庙寺观》,1945年印。
⑤ 云南省地震局编:《云南省地震资料汇编》,地震出版社1988年版,第173页。
⑥ 李景泰、杨思诚纂:民国《嵩明县志》卷31《诗文征》,1945年印。
⑦ 云南省地震局编:《云南省地震资料汇编》,地震出版社1988年版,第172页。
⑧ (清)李熙龄纂修:道光《澄江府志》卷9《学校》,清道光二十七年(1847)刻本。
⑨ (清)岑毓英修,(清)陈灿纂:《光绪云南通志》卷89《祠祀志·典祀》,清光绪二十年(1894)刊本。

庙碑记》记载："历道光癸巳年地震倾圮，越道光丙申后建，光绪十八年（1838）重建。"① 云南宜良鹅堂书院地震受损后于1847年得当地民众捐资修缮，据《云南通志》记载："道光十三年，地震倾圮。至丁未年（道光二十七年），阖邑士民捐赀重修。"②

桥梁对一地民众来说，其是否通畅安全，关系到日常生活的各个方面。嵩明永济桥于地震后倾圮，在道光十九年（1839）岁次己亥秋八月得到重修；据《新村石桥碑记》记载，东川新村石桥"癸巳之秋七月既廿，地震桥颓，往来病涉。募自十七年（1837）兴工，至十八年（1838）告竣"③。是为得到乡内先民捐资建造。河口、堤坝的畅流兴废同粮食种植及其丰歉息息相关。滇池环绕昆明、昆阳、呈贡等数州县境，滇池水流的汇聚、疏通与灌溉，事关周围农田水利建设。道光十五年（1835）萧山何煊任职云南巡抚后，积极饬令州牧和县令会同绅士、庶民勘察海口淤积情形，并从府库拨给经费，使海口得以疏浚。缪荃孙《续碑传集》文献记载："十五年（1835）二月，授云南巡抚……又因滇省十三年地震事公陈臬事，捐廉抚恤；至是次第修复，檄饬所司察核，而尤以疏浚还口为亟。"④ 寻甸州果马堤"在城南五十里，自尖山起至大刘所，长十五里，溉田甚溥。道光十三年，地震堤陷，同治十年（1871），龙院、尖山两村士民捐修"⑤。

从道光十三年云南地震的灾后重建可以看出，官府救灾在灾后重建中起着主要作用，而民间社会力量的参与也起到了积极的推动作用，云南地方绅士、士民和慈善救济会等社会群体通过捐献钱粮或是出力参与重建，一定程度上减少了地震灾害带来的损失。虽然民间社会力量参与重建的能力有限，但却成为灾后重建过程中不可或缺的一部分。官府对地震灾害的赈济效果明显，而民间社会力量有限，因此，维护灾后地方社会的稳定与安宁，更多的则是依赖于官府的赈恤。

---

① 云南省地震局编：《云南省地震资料汇编》，地震出版社1988年版，第168页。
② （清）岑毓英修，（清）陈灿纂：《光绪云南通志》卷82《学校志·书院义学》，清光绪二十年（1894）刊本。
③ 云南省地震局编：《云南省地震资料汇编》，地震出版社1988年版，第177页。
④ 缪荃孙：《续碑传集》卷22，上海书店1988年版，第58页。
⑤ （清）岑毓英修，（清）陈灿纂：《光绪云南通志》卷54《建置志·水利》，清光绪二十年（1894）刊本。

道光十三年，云南嵩明发生 8 级地震，由于震级大、烈度强、波及范围广，致使云南、曲靖、澄江、临安等四府所属昆明等十州县成灾，且灾情比较严重。地震灾害发生后，经云南督抚等员奏报、勘察灾情及核实受灾户等，清朝廷和云南官府照例对成灾昆明等十州县实行蠲免和赈恤。由于官府的赈灾举措适宜，救济策略及时有效，使灾害得到及时救治，同时也使其影响得以缩小。从整个灾害赈济的过程可以看出，官方在地震灾害后积极予以赈济和抚恤，为灾后重建提供了强有力的保障，云南民间社会也积极组织力量参与自救和互助，为应对灾害做出了积极的努力。

此次地震灾害得到有效救济，其主要原因在于清代国家重视此次地震灾害的赈济工作，并对灾荒期间的社会治理予以高度关注，加之民间社会力量的协作赈灾，对地震灾害期间灾民的救济起到了重要的作用：首先，道光年间，云南的社会生产力大幅提高，商品经济获得了长足发展，府库充盈，为灾赈有效开展奠定了坚实的基础；其次，云南地处西南边疆，朝廷高度重视边疆地区的社会安宁和繁荣稳定，并在灾后积极调拨钱粮进行赈抚，使灾黎得以安定；再次，整个灾赈过程中的具体措施，有着一套完整、固定的程序，即报灾、勘灾、审户和发赈四个环节循序渐进，从而使救灾措施在理论上得以完善，也在实践中得到有效落实；最后，这次地震灾害发生后，官府和民间各界救灾主体积极协调行动，有序开展灾害救济，为灾后重建铺平了道路。

第二节　清光绪朝云南昭通以工代赈的实践路径及实践成效[*]

"以工代赈"区别于一般的专项灾荒救济，其特殊性在于赈济与灾后重建有机统合，它是灾赈对象通过参加公共基础设施建设而获得赈济钱粮，进而达到自主自救的一种特殊灾赈实践方式。光绪十八年（1892）云南昭通府恩安县、鲁甸厅灾荒频发，饥馑荐臻，赈不胜赈。督办昭通赈务委员龙文以扶危济困和赈饥养民为根本，恳恩颁发国帑，劝募赈捐，因地

---

[*] 特别说明：《清光绪朝云南昭通以工代赈的实践路径及成效》的内容作为本研究的阶段性成果，已发表于《原生态民族文化学刊》2019 年第 3 期，第 123—131 页。

制宜推行"以工代赈",河工、平粜和赈恤三事并举,云南官府和滇川渝地方社会力量的赈济活动在灾荒治理中有效重塑灾黎生存空间,推进了灾赈资源的动态整合和价值转换。以光绪十八年昭通工赈为区域性"以工代赈"实践的典型案例,通过分析工赈救荒实践的技术路径和成效,对光绪朝通过"以工代赈"加强西南边疆治理的成效进行多视角诠释,亦足以检视清朝"以工代赈"制度在西南边疆地区社会治理实践过程中延续和流变的全过程。

一 清朝"以工代赈"在西南边疆实施的原因

清朝"以工代赈"是灾荒期间国家治理与社会应急响应相互调和的反映。通过施行"以工代赈",合理调配赈灾物资和筹划基础设施建设,推动临时救灾和自主救助的统一,发挥灾民自主自救的能动性,能够提高国家和地方社会力量参与工赈救灾的响应能力。

光绪十八年恩鲁灾荒严重和河道淤塞迫使昭通府极力推行"以工代赈"。昭鲁坝子为典型的高原湖积盆地,坝子内部缓丘、平坝、河流相间,地势平坦,受高原山地构造地形和季风立体气候双重影响,干湿季节明显,旱洪灾害暴发频率高。光绪十八年(1892)至十九年(1893),昭通府恩安县和鲁甸厅先后遭遇干旱、洪涝、大雪和冰雹等灾害,农作歉收,饥民乏食。十八年三月,云南巡抚谭钧培奏称:"东川、昭通等府属雨泽稀少。据报民情拮据,亟宜接济。现在饬司筹款,委员会同各地方官妥为赈抚。"[①] 七月下旬至八月中旬,昭通府阴雨连绵,恩鲁正河和各支子河壅塞,积水漫溢,禾稻、杂粮受损,粮价涌贵。七月十二日,督办云南矿务大臣唐炯奏报:"据公司禀称……自五月中旬以后,昭通、东川、威宁一带,昼夜大雨五十余日,山水涨发,道路阻隔。"[②] 光绪十九年,云贵总督王文韶奏:"昭通、东川两府春间受旱……讵至六月初旬,阴雨连绵,初十以后,大雨如注,数昼夜滂沱不止,平地水深数尺。"[③] 此次恩鲁地方遭

---

① 谭钧培:《奏报云南省本年二月份雨水粮价情形事(光绪十八年三月二十九日)》,中国第一历史档案馆,朱批奏折,档号:04-01-25-0545-049。

② 水利电力部水管司科技司、水利水电科学研究院编:《清代长江流域西南国际河流洪涝档案史料》,中华书局1991年版,第1086页。

③ 水利电力部水管司科技司、水利水电科学研究院编:《清代长江流域西南国际河流洪涝档案史料》,中华书局1991年版,第1087页。

遇干旱，禾稼变为枯槁，后复因雨水过多，山水、河流同时涨发，河道淤塞并冲决堤埂，田禾被淹。

光绪十七年（1891），王文韶和谭钧培奏报："本年夏初无雨，入秋以后又复阴雨连绵……鲁甸厅荞、芋、小麦失收。"① 恩鲁遭灾，时值秋冬草木焦枯和新粮殆尽之际，"饥民有食白垙②，……然挖者太多，近亦难觅"③，放赈抚绥措手不及。昭通府春夏或雨泽愆期，或秋雨阴寒，低洼高阜之区收成歉薄，粮价奇贵，灾民掘草根或观音土为食，饿殍遍野。恩鲁地瘠民贫，户鲜盖藏，值此旱潦相继，栽插失时，补种艰难，饥民钱粮匮乏，迫切待赈。光绪十九年，昭通府大饥。正月初九日，昭通府"平地雪深数尺，间有红色者。民觅观音粉食之，三楚会馆开粥厂。继以疫死者甚众，一匣辄装数人"④。恩鲁灾荒爆发后，因生存环境恶化和卫生条件较差，疫病丛生，流民饥寒冻馁致病者不计其数。

因恩鲁干旱持续太久，低洼平畴沃野和山区半山区皆改种杂粮，逢秋雨寒凉，禾稼未能畅发，收成大减。光绪十八年十月二十六日，昭通府持续五日大雪，米价一千五百余文，苞谷一千文有零。龙文奏称："近日雪止，价已各减百文，而城中啼饥号寒之众，日有死亡。"⑤ 十月雨雪接达十日，冰凝数寸，极为寒冷，系多年来所未有。恩鲁粮食连年歉收，饥馑相继，冻饿饥民流入各县境乡村道旁，春耕之籽种，冬寒之棉衣，疾病之医药，死亡之棺木，地方之弹压、难民之安顿以及河道之疏浚，给云南官府赈灾带来困扰。

昭通府居西南乌蒙山腹地，僻在遐荒，跬步皆山，不通舟楫，运输程途俱在十余站之外，驮运之费倍于米价，望其接济比较艰难。昭通山多田少，嘉道同三朝以后，昭通府经济发展逐渐萧条，商货甚稀，府库亏空，粮仓因兵燹损毁，偶遇荒歉，无从贩籴，邻邦赈济亦属艰难。云贵总督兼

---

① 中国科学院地理科学与资源研究所、中国第一历史档案馆编：《清代奏折汇编——农业·环境》，商务印书馆2005年版，第565页。
② 按："白垙"同"白泥"。
③ （清）李正荣辑：《云南昭通工赈记》，载云南省图书馆藏清光绪乙未（1895）夏日刻·重庆文古堂藏板，第61页。
④ 符廷铨、杨履乾纂修：民国《昭通志稿》卷12《祥异志》，1924年铅印本。
⑤ （清）李正荣辑：《云南昭通工赈记》，载云南省图书馆藏清光绪乙未（1895）夏日刻·重庆文古堂藏板，第39页。

云南巡抚事务张允随奏："滇处极边，罕通舟楫，全赖仓贮充盈，方可有备无患。"① 光绪十八年昭通府恩安县和鲁甸厅灾荒频仍，农作歉收，粮食减产，物价腾贵，灾民较多，饥民流散，钱粮等普通救济难以实现对灾民的全面救济，并成为制约两属经济复苏和社会稳定的瓶颈。方国瑜教授曾言："边境地区有时在中原王朝统治之下，有时为中原王朝统治实力所不及，但不论整治情况如何，边境与内地作为整体的社会结构共同发展历史，并没有改变。"② 面对清政府和云南地方财政困绌的现实压力，昭通府通过工赈兴作河工，以调剂和分配有限的救灾物资，消弭灾后重建过程中不稳定的社会因素，为清朝"以工代赈"在昭通府乃至西南边疆社会治理过程中的有效实施提供了重要条件。

昭通府恩鲁两属河道淤塞并非源于此次水灾，而是由来已久。文献记载，乾隆二十三年（1758），恩安县民筑堐，使鲁水无归，此即该河被淹之始。后砌石开沟，民间诉讼方告结息。嘉庆二十二年（1817），恩鲁因河争讼酿成命案。咸丰六年（1856），因兵燹失修，河道淤塞更甚。长期的泥沙淤积容易导致河床抬高，每逢大雨骤降，恩鲁两地沿河周围田亩悉被冲毁，地埂和围堰溃决。历史时期以来，昭通府恩鲁两属河道经年累月遭到废弃，失修的水利工程较多，故而只能通过施行以工代赈加以疏浚，方利捍卫和广种农作。

光绪十八年，昭通府雨水多泛，恩安县和鲁甸厅低平处所一片汪洋，所淹田地粮食达数千万石。究其原因，系由恩属老鸦岩水口石龙过江，上淤沙泥，填高至丈，并非石龙作埂。其下则冷家坝被土人修成石堰，为之一阻。此外，由于高鲁桥接连四坝，横亘河心，沿河两岸堤外栽柳，倒入河中，层层壅塞。另外，河边居民只知顾己，田地日侵月削，以致地埂低薄，甚有左石九堤者，河浅而窄，不过数尺。"鲁海源头同坐此病，俾海水不能下注到塘，此等要害，上下游各存畛域，弗知自咎。"③ 昭通府暴雨后泥沙淤积，洪水漫流，沿河田粮遭受严重的损毁。据龙文派员勘验，昭

---

① （清）张允随：《奏报查明滇省仓储谷石无积弊情形折》（乾隆十年九月二十日），中国第一历史档案馆，朱批奏折，档号：01-02884。

② 方国瑜：《论中国历史发展的整体性》，《学术研究》1963年第9期。

③ （清）李耀廷辑，邵永忠点校：《云南昭通工赈记》之《九月初六日通禀》，载李文海、夏明方、朱浒主编《中国荒政书集成》（第10册），天津古籍出版社2010年版，第6715页。

郡正河以老鸦岩逆转高鲁桥卫下截，又高鲁桥至师人塘为上截，河道连年未修，砂益厚，水益高，冲塌益广，是故河道清淤势在必行，及时加以疏浚是缓解水患的良策。

光绪朝期间，由于昭通府年年荒歉，禾稼受损非常严重，粮价较之往常腾贵，在田亩产量大幅缩减的同时，市场粮食供给不敷需求，仓廒匮乏，粮价愈贵，并导致购买存贮困难。光绪十八年九月初十日后，昭通阴霾弥漫，十二日至十四日夜，昭郡大雨淋漓，十五日复降暴雨，十六日后天道反复无常。龙文禀称派员出城察看灾情，"河流涨添三尺，田中禾秆倒塌，渐行腐坏；谷熟落水，已尽生芽"，秋收成数未敢预期。而昭郡西南所种豆麦因雨水过多，"霉黑而滥，所坏粮种不下千数石"①，天晴后尚须另行补种。惟土人云，霜降后虽种不佳，未知明夏何以聊生？现在米价每斗一千四百文，苞谷六七百文不等，雨时价增，晴霁价减，时无定价，浮动较大。而各处采买粮石愈形棘手，导致仓储积谷变得益加艰难，并影响到赈济粮食的有效供给，对灾荒赈济的有序开展造成严重的制约。

光绪朝期间，昭通府仓廒积储日渐空虚，不敷灾荒所需。改土归流期间，由于昭通驻兵甚多，府县均设仓贮粮，按月支放。而当时米荞并发，各地采买粮食，均甚烦难。自乾嘉两朝以来，迭经奉文裁减，先前之兵粮仅存其半。迄至咸丰朝中期，因兵燹导致饷俸难领，月粮常给，仓储逐渐变得空虚。承平后，尽管始渐填补，而府仓一项已告停止，仅剩县仓或多或少尚有积贮。据文献记载，"光绪十年（1884），恩安县案册额贮常平仓荞二千石，社仓麦、荞五千七百零五石一斗三升。溢额荞一万一千七百四十石六斗八升五合"②。迨至光绪朝末年，因昭通兵额减少，除收米足额外，秋米折银，夏荞全数折银，实存粮食无几。嗣后因驻兵裁撤完毕，粮米停收，所余者惟有积谷义仓，以备地方志荒歉而已。而适逢光绪十七、十八年连年严重灾歉，因受灾地域面积较广，仅靠义仓积谷难以赈给灾黎口粮，更无庸论及仓粮平价之用。

"以工代赈"作为灾荒期间拯救灾黎的一项辅助性和间接性救灾措施，其措施和制度在历朝践行的基础上得到改良和发展，其通过雇募失业灾黎

---

① （清）李正荣辑：《云南昭通工赈记》，载云南省图书馆藏清光绪乙未（1895）夏日刻·重庆文古堂藏板，第16页。

② 符廷铨修，杨履乾纂：《昭通志稿》卷2《食货志·仓廒》，1924年铅印本。

修建城池、宫墙、庙宇、楼阁、沟渠、堤坝等公共基础设施，发放银钱和口粮，使被雇佣者在灾荒期间通过有偿劳动得以资生，继而达到兴建工程和扶危济困的双重目的。① 光绪朝云南昭通府自然灾害连年发生，恩鲁两属河道经年失修，暴雨洪流不同程度地对沿河农业生产造成损害，并造成严重的灾荒。而昭郡积谷备荒能力的弱化，灾后诸多工程百废待兴，救灾尚无多余钱粮，通过"以工代赈"实现赈饥养民便成为救荒善策，其主要措施和辅助举措使工赈救灾成效显著。

二 光绪十八年昭通府"以工代赈"实践的主要措施

以工代赈，亦称"寓工于赈""寓赈于工"，简称"工赈"，是指官府使受灾黎庶参与国家基础设施建设，诸如修复城垣、疏浚河道等公共工程，从而获得相应的赈济钱粮。自春秋战国伊始，"以工代赈"在救灾中就得到应用，如晏婴兴筑"路寝之台"实现"三年台成而民振"的良好效果。此后，宋明两朝皆相沿这一办法，并相继成为历朝官府和地方社会惯于采用的救灾举措，在清代发展成灾荒期间国家社会治理的辅助性举措。"以工代赈"具有程序制度化、动员面广、形式多样、利益驱动大以及民生普惠性等诸多特点，是清朝荒政事务及社会治理的重要工具。工赈兴修水利被清政府所采用，于清中后期灾荒赈济中得到推崇。② 光绪十八年昭通府实施"以工代赈"，疏通河道、修复地埂、补造栖流所和广仁堂三项主要措施通盘筹备，事权专一，基本上解决了灾赈所需银钱和米粮浩繁的困境。

水利工程关系国计民生，疏挖河道是工赈中常见的救灾措施。康熙十九年（1680），江苏常熟白茆港、武进孟渎河淤塞，江宁巡抚慕天颜奏："请动正帑银十万四千两，开深建闸，不惟水利克修，饥民亦得赴工觅食。寓赈于工，数善俱备。"③ 奏疏获康熙帝御批。雍正十二年（1734），直隶

---

① 周琼：《乾隆朝"以工代赈"制度研究》，《清华大学学报（哲学社会科学版）》2011年第4期。

② 吴晓玲、张杨：《论清朝灾后赈济制度及其成效》，《南昌大学学报（人文社会科学版）》2010年第5期。

③ 《清圣祖实录》卷93，康熙十九年十一月乙丑条，中华书局1985年影印本，第4册，第1176页。

水灾兴工修筑丰润等县民埝，其素来为民间自主加修，"今年秋被偏灾，民力不支，除所用物料动帑备办外，请令地方官各酌给米粮，以工代赈"①。乾隆二年（1737）上谕："常念水土为农田之本，而救荒之政，莫要于兴工筑以聚贫民。"②"盖所谓兴工代赈者，其工原属不必兴者，第为灾黎起见，既受赈之后，因以修举废坠，俾得藉以糊口。"③康雍乾时期以工代赈的救灾理念和实践，发展和完善了工赈救荒机制的内容，"寓工于赈""寓赈于工"资养达到皆可生民之目的，工赈工程可提高灾民自主救助的积极性。

"以工代赈"可解决灾民暂时性的生计需求，公共设施建设能为恢复灾黎生业提供保障。近代美国在华传教士李佳白《以工代赈说》一文指出，中国黄河为害，清政府发帑堵筑、拨款赈恤，实为救灾恤患之法，但"帑赈义赈恐难为继，莫若以工代赈之为善也。或迁移他省，以垦荒田，或培治道途，以便商贾，或浚淤筑堤，以疏水道，诚为代赈之良法，救灾之善道也"④。光绪十八年，为解决恩鲁流民生计，督办昭通赈务委员龙文在实施"以工代赈"，希冀凭借工赈疏河挽救黎民于水火。开河利在久远，放赈可解燃眉之急。"以工代赈"开河风声传遍四乡，灾黎皆有指望，人情遂觉稍安。谭钧培认为，"新粮食尽之际，似目前放赈可缓，应以履勘河道为急。开河一有端倪，则冬赈、春赈俱可以工代之"⑤。

光绪十八年八月二十四日，龙文赴恩安县老鸦岩下十二里处洒鱼河出水口勘河，并节次逆流而上至鲁甸、桃源两海子水源，"实勘得昭河自鲁甸海子内一支由都噜山绕城边，一支由马鹿沟下石桥，合流至师人塘。又桃源海子内一支由大水塘，一支由大宝山，合流至土硐⑥子。此两大支同入恩安界。其恩安之大龙洞、小龙洞、大花树、铁马寨、杨家山、边阱、旧圃七支，历经各地，远近不一，计共九支回流，俱由老鸦岩出口，是为

---

① 《清世宗实录》卷139，雍正十二年正月戊戌条，中华书局1985年影印本，第8册，第766页。
② 《清高宗实录》卷50，乾隆二年九月辛卯条，中华书局1985年影印本，第9册，第850页。
③ 《清高宗实录》卷404，乾隆十六年十二月甲辰条，中华书局1985年影印本，第14册，第312页。
④ ［美］李佳白（Gilbert Reid）撰：《河工策》，清光绪二十二年（1896）刻本。
⑤ （清）李正荣辑：《云南昭通工赈记》，载云南省图书馆藏清光绪乙未（1895）夏日刻·重庆文古堂藏板，第4页。
⑥ 按："硐"，通"洞"。

昭郡正河。从源至尾，约有二百余里"①。此次爆发洪涝，河道淤塞使恩鲁田粮被淹达数千万石②。

昭通府施行以工代赈，唐炯认为，"刻下不但开河之役未可视为缓图，即赈粜两端亦宜速筹赶办"③。光绪十八年九月初六日，龙文禀呈工赈开河情形，恳请省城赈银一万二千两，以购粮赈粜河工。十月三十日，王文韶批复，估勘河工及拟办赈务所请速发赈款六千两，已札委补用盐提举方士铭管解和前往交收，至禀报河工拟定章程及所请续发银两，准由局再行筹发六千两，札委补用知县黄起凤管解交收。十一月十七日，龙文禀称：天晴水消，即行命令两岸田民扎堰、堵塞决口和引水入圩，拟于二十一日设局，粘贴河工章程，并谋划输运钱粮、盐煤和器具到局。由局员先发各村民户，给二百五十文钱一石，将稻谷碾成米一分，兼磨谷面暨荞麦、苞谷各磨面一分存贮。十二月初六日，龙文察得远近络绎赴工流民二百八十五棚，又流民三十八棚，通计三千二百三十人，"除各流民日给钱六十文自买粮食外，所有壮丁，计土按段包工。惟夫头领钱买粮，不暇工作，日各给食费钱百文，俾专责成"④。

恩鲁灾民甚多，河工费事，云南官府拨发钱粮不敷赈给，仅有兴工浚河实为公便。关于发赈救灾，龙文认为可在恩鲁极贫册内，将昭城贫户造齐，统一于十八年冬腊月行"以官就民"之策，派令员绅亲赴各乡，择贫民可一日往返之数处地段，运钱到此散赈一次，"其中酌分人口多寡，定为三等钱数，每户自三百文起至五百文止，高低通以四百文一户合算"⑤。工赈期间，龙文恳请颁发国帑以资赈济，委任专职官员监督工赈，以防止工赈中可能出现的疏漏。云南督抚对工赈所需钱粮进行调度，并交由办赈

---

① （清）李正荣辑：《云南昭通工赈记》，载云南省图书馆藏清光绪乙未（1895）夏日刻·重庆文古堂藏板，第5页。
② 按："石"，市制容量单位。古时1石约等于1担（即10斗），古代常用的容量单位由小到大有：升、斗、斛（石）、钟，学者们通常认为"斛"和"石"相通。清代"两斛为石"（丘光明：《中国古代度量衡》，天津教育出版社1991年版，第127页）。
③ （清）李正荣辑：《云南昭通工赈记》，载云南省图书馆藏清光绪乙未（1895）夏日刻·重庆文古堂藏板，第16页。
④ （清）李正荣辑：《云南昭通工赈记》，载云南省图书馆藏清光绪乙未（1895）夏日刻·重庆文古堂藏板，第55页。
⑤ （清）李正荣辑：《云南昭通工赈记》，载云南省图书馆藏清光绪乙未（1895）夏日刻·重庆文古堂藏板，第27页。

委员接济，照章审批、因灾施赈。

清朝在治边思想上基本接受"守中治边"的原则①，"作为防灾减灾的重要举措，清代河工水利建设的发展变化过程，始终与当时整个社会政治、经济的发展状况相一致"②。"工程之修举，在先事豫筹，别其缓急轻重，则遇灾欲办工赈，无难次第举行。"③昭通工赈招募灾民疏挖河道，作为荒政有偿救济的范畴，公共基础建设与赈济统筹兼顾，使恩鲁灾后的社会治理实现了民生普惠。

昭通府恩安县和鲁甸厅各支正河及子河的河道泥沙淤积有年，河身渐次抬高，严重削弱了河道天然防洪排涝能力。光绪朝恩鲁两属连续性降雨诱发山洪，水流漫溢对沿河两岸田亩堤埂和土堰造成严重的冲击，适时加以修复有利于保障田亩正常的种植及粮食产量加增。

光绪十八年九月，龙文拟于九月二十四日巳时祭河，并称宜视水势之大小，定兴工之迟速。先从正河水口疏浚，上及九支子河，按照故道挖深掏宽，修弯取直，折石坝，去柳树，加地埂，置木桩。所幸各河均系泥底间偶有斜石插入，不多费工。龙文称，此外有数十条无源沟道，应归民间自筑拦山堰，免泻沙入水。期至光绪十九年四月水发，工程可以告竣。至开通后，应即行督饬，民人于两岸堤埂内另栽桑柳，并于年冬新筑土堰，以资灌溉。春水涨时，听其冲去。庶使蓄泄畅流，不致再形壅塞。期间，龙文拟定开河章程，称"开河筑埂，自应于两岸田地堆沙、砌石、钉桩、栽树"④，以使其完固。

因堤埂修复关系河道整治的整体进程，龙文无不悉心组织开展河工两岸的堤埂建设。光绪十八年十月十六日，他于拟定河工章程十条中称："两岸堤埂，应归附近各圩业主，每十石地帮夫一名，按段修筑，不给饭食工资。先由各乡约开造亩数、人名，临期率领赴工，按日查验。"⑤ 龙文

---

① 熊坤新、平维彬：《超越边疆：多民族国家边疆治理的新思路》，《中国边疆史地研究》2017年第3期。
② 陈桦：《清代的河工与财政》，《清史研究》2005年第3期。
③ 李文海、夏明方、朱浒主编：《中国荒政书集成》（第5册），天津古籍出版社2010年版，第3198页。
④ （清）李耀廷辑，邵永忠点校：《云南昭通工赈记》之《十月十六日通禀》，载李文海、夏明方、朱浒主编《中国荒政书集成》（第10册），天津古籍出版社2010年版，第6720页。
⑤ （清）李耀廷辑，邵永忠点校：《云南昭通工赈记》之《十月十六日通禀》，载李文海、夏明方、朱浒主编《中国荒政书集成》（第10册），天津古籍出版社2010年版，第6721页。

认为，河工两所有岸堤埂，应以宽大高厚为佳。凡系堆沙砌石，钉桩栽树，无论何人田地，均照式一律开挖修筑，需以全大局。

据恩属洒渔河绅粮禀请踏勘，该河系由老鸦岩水口泻出，正当冲要，然后合流至黑石坳等地。惟合水处及以下两岸地埂低薄，柳树倒入河中，致使光绪十八年洪水漫溢堤内，田地被淹。龙文拟饬由该处绅粮添派田民，加堤砍树，并提帮食费银二百两以济民工。另据恩属黑石坳绅粮禀请踏勘，该河系由恩安、鲁甸、永善三属合流，大河由此下关，属黄果溪，出盐井渡，入金沙江，一路无阻。该处素有石堤一道，约高四尺，光绪十八年水泛，堤崩三百余丈，淹坏田禾无数。"今正河既通，水势更大，若不将堤修复，难免邻国为壑之患。拟饬由该处绅粮添派田民，择要补砌，提帮食费银三百两。"① 沿河冲决堤埂的修筑，皆饬令田民量力补筑，使灾民在兴工期间获得帮食费银，较大程度上为修缮堤埂和拯救灾民提供了基本的生产生计保障，责令田民自行修筑河道堤埂，充分调动了民众自主参与救灾的积极性。

清代栖流所是收容灾荒中离散流民的慈善机构，其经费源于官府和民间捐助，尽管其救济对象有限，救助手段单一，但作为"以工代赈"期间容置流民的辅助措施，在解决民生问题和稳固地方秩序方面起到积极作用。"清代云南的栖流所建设及发展与云南历史发展阶段相吻合，呈现出天下同治背景下的典型区域历时性特点。"② 光绪朝云南栖流所、广仁堂的修复和扩建，受到云南官府和地方士绅的重视。

光绪十八年十一月初五日，龙文称：自十月二十一日起已发给二百余名流民银两。二十六日至十一月初一日，昭郡两关流民增至三百有奇，若按每人每日赈钱五文，则难养生活。龙文当即与府县会商就地筹款，每名添加五文，各共得钱十文，以资苟活。前有旱潦相继，现今雨雪阴冷，流民无安身之所，龙文禀请"提拨赈银五十两，添补广仁堂旧屋，并新造栖流所瓦房三间，以便流民住宿"③。由于昭郡已无款可筹，米价一千四百余

---

① （清）李耀廷辑，邵永忠点校：《云南昭通工赈记》之《十月十六日通禀》，载李文海、夏明方、朱浒主编《中国荒政书集成》（第10册），天津古籍出版社2010年版，第6720页。

② 周琼：《天下同治与底层认可：清代流民的收容与管理——兼论云南栖流所的设置及特点》，《云南社会科学》2017年第3期。

③ （清）李正荣辑：《云南昭通工赈记》，载云南省图书馆藏清光绪乙未（1895）夏日刻·重庆文古堂藏板，第42页。

文，苞谷九百余文，物价上涨，河工难开，龙文奏请省城解银来赈。光绪十八年十一月十六日，龙文接奉王文韶批复，称昭郡连日大雪，饥民冻馁，提款添制衣裤，并补造广仁堂和栖流所，安置乞丐、流民之策甚为妥当。王文韶称："所有委员黄令接解赈银六千两，已于本月十一日由省起程，不日即可解到。仰云南善后局会同布政司转饬遵照，仍由局陆续筹款委解，以资接济。"谭钧培亦批示："据禀已悉，添制衣裤及添补广仁堂各节，所办甚是。"①

光绪十八年十一月底至十二月初，昭郡冻毙疾病贫民较多。春荒在即，龙文派各员绅照本城内外灾册，挨户勘察，先给赈票，并择定东西南北中五座庙宇，于二十七日同时散放。但流民仍持续增多，隍祠流民急增至一千余人，多为栖居有室之贫户。限于赈济物资有限，龙文令自十二月初一日起，将该庙赈济停止。赈饥养民关系扶危济困之兴废举坠，龙文晓示赈务局，"除挑赴河工外，所有鳏寡孤独二百余名，概送至栖流所、广仁堂，分别男妇寄住。仍按五日，不分早晚，日各给钱十文，并给煤炭、草鞳，庶可死里求生。"② 城中栖流、广仁、养济等处流民，龙文劝令自二十一日起按五日给钱，此后停放赈款，让流民进入粥厂，市廛为之安静。

此外，龙文于光绪十九年三月初三日派员分查城厢四门，除搬移故绝外，重新补发饥民赈票，并于初五、六日运钱挨户散放，每家二三百文不等，实发钱五百余串③。惟栖流所老幼妇女日给钱数十文，实难养活，龙文拟在较场修筑墙垣、搭盖草屋，并派人施粥。十九年六月以来，昭郡伏暑阴森，霪雨不息，苞谷尚未成熟，荞麦难收，饥荒临近。龙文先后遣散自愿离去的饥民，每人按一站给钱二百文，两站三百文，三站四百文，缴签领钱，"如实系老弱残废、无家可归者，酌留多寡，再添栖流所房屋，以便安置，另等口食。"④ 十九年四月，龙文禀称："现择老弱男妇百余，就近另佃民房，分别寄住，以示体恤。又有将蓐孕妇二十余人移入广仁

---

① （清）李正荣辑：《云南昭通工赈记》，载云南省图书馆藏清光绪乙未（1895）夏日刻·重庆文古堂藏板，第43页。
② （清）李正荣辑：《云南昭通工赈记》，载云南省图书馆藏清光绪乙未（1895）夏日刻·重庆文古堂藏板，第52页。
③ 按："串"，钱币数量单位。清制，一串钱即一吊钱，亦即一贯钱，相当于钱一千文。
④ （清）李耀廷辑，邵永忠点校：《云南昭通工赈记》之《七月十七日通禀》，载李文海、夏明方、朱浒主编《中国荒政书集成》（第10册），天津古籍出版社2010年版，第6754页。

堂，借作寄生所，均照腰牌，日各给米二合，俾可干饭，量付盐炭草鞯，令丐头夫妇分管。产后报局，无论男女，各给包裹中衣一条，钱二百文，俾免遗弃。仍于赈饥之中藉寓育婴之意，俟粥厂停办，应并遣回。"① 四月二十日，因粥厂旧病饥民不断毙命，龙文与府县会商，将老弱、孕妇之流民分散寄住，后复检出寡妇四十余口，移送养济院，幼孩三十余名，交民妇领养，均照发米盐、炭草和衣裤。

光绪十八年昭通府"以工代赈"，栖流所、广仁堂和育婴堂因接受工赈协济，其救助措施的改进和救助规模的扩大，相应地对工赈救荒起到积极作用。栖流所、广仁堂和育婴堂作为云南官方非主导、辅助性的救济机构，在强化对恩鲁灾荒中流民扶绥的同时，有效遏制弃婴陋习和维持地方社会秩序，使昭通工赈中普济生民的理念和边疆治理实践获得广泛的底层认同和普遍的社会认同。

以工代赈作为清朝重要的灾荒赈济举措，其源于康熙朝，发展于雍正朝，乾隆朝实现繁荣并趋于完善。历经乾隆朝六十余载的推行，清朝"以工代赈"制度得到最终确定，其间各阶段工赈工程项目、资金筹备、监督机制等层面的具体实践，极大地丰富了清朝"以工代赈"制度的思想和内涵。光绪十八年昭通工赈通过举办河工带动平粜齐物，"寓工于赈"和"寓赈于工"协调推进，有效整合云南官府、恩鲁乡绅以及川渝绅商官宦等多方救灾力量，河工、平粜和赈恤符合灾赈中赈饥养民和普惠民生的多元需求，工赈解决了灾荒期间社会治理面临的现实问题，"以工代赈"实践使灾荒"济众博施"理念更有"温度"。

三 光绪十八年昭通府"以工代赈"实践的辅助举措

光绪十八年昭通灾情较重，在施行以工代赈的同时，龙文还开展平粜和赈恤，以期实现对灾民的有效赈济。由于府库匮乏使官府灾赈受限，云南督抚、昭通地方要员以及川渝绅商官宦积极捐资赈灾。在云南官府工赈救灾的基础上，滇川渝地方社会力量实现联动救灾，作为昭通工赈救灾的辅助措施，在灾赈应急响应过程中形塑"以工代赈"的公益性和普惠性。

---

① （清）李耀廷辑，邵永忠点校：《云南昭通工赈记》之《四月初三日通禀》，载李文海、夏明方、朱浒主编《中国荒政书集成》（第10册），天津古籍出版社2010年版，第6746页。

清制,"各省常平仓常年平粜,皆以存七粜三为是。闻有地方燥湿不同,随时酌粜,存七粜三、存半粜半、存六粜四及不限额数者,如遇丰岁或酌粜十之一二,或全行停粜,遇歉岁或逾额出粜,皆令报部查核,惟不得空仓全粜。其平粜丰岁每石减市价银五分,歉岁减银一钱,秋收后以粜存价银采补"①。昭通府灾荒期间,粮食缺乏,质次价高、强买强卖和囤积遏籴等非理性市场交易普遍存在,灾民离散流徙途中就食困难。云南官府将存粮平价出售,或异地购粮平粜,以控制粮价。恩鲁工赈,龙文禀请颁发帑银三万金,除赈恤河工外,以万金折耗囤买苞谷,减价出卖,平抑市价。

以工代赈救济期间,龙文派周之丰、刘昌第、敬第芬和蔡胜宇分路查赈,允准各带亲兵三名勘灾,藉以按月赈粜。由于地方粮价日渐昂贵,龙文认为宜往远处趸买,不应近处零收。十八年八月下旬,龙文派员从恩安、镇雄、大关、永善各属买存苞谷、稻、荞共一千二百余京石,后复买五百余石。但此数仅敷河工买食,尚无平粜之资,因而未敢轻易设局平粜。十九年正月,河工次第实施,河道疏浚按地段计土包工,但粮局工作难随河工平粜推进。龙文拟定每一石缴面七斗、荞五升、苞谷石一,通卖七十文钱一升,藉寓赈粜。自十九年正月起,恩鲁米价增至一千八百余文,苞谷一千四百文。龙文会同方宏纶商议,先于城中平粜。因现粮难济粜用,龙文据情飞报省城,恳请拨发赈银一万二千两赈粜。

龙文所拟平粜方案,"恩属四乡分作仁、义、礼、智四号,本城定信字号;鲁甸九里分作天、地、人三号,本城定和字号。俱编成连二串票,上盖赈粜二字图记。先照户册分注极次,交本人执存,认票不认人。其赈票可兼领粜,惟粜票不能领赈。"②他晓示官员从昭郡各乡买粮转运,于平粜时调派员绅帮办,各乡粮尽则将所购之粮解运四乡,就近贮存,以资平粜。自十九年正月初六日起:"先由恩安县仓借出三百余石,发籖粮米,每日计以八石,分运四门各行,派人监卖,每升定价钱一百二十文,每人只准买米一升,晚间归钱九十六串到局。开市后,各行自理生意,遂移至考棚设粜,拣选绅粮六人,轮流经管。从二十起,日卖谷十石,定六十文

---

① (清)昆冈等修:《钦定大清会典》,台北新文丰出版公司1976年版,第7642页。
② (清)李正荣辑:《云南昭通工赈记》,载云南省图书馆藏清光绪乙未(1895)夏日刻·重庆文古堂藏板,第24页。

钱一升，每人只准买谷二升。"① 由于谷少民多，远不足敷厘平市价。龙文与方宏纶会商，从赈务局拨银一千两，方宏纶自借垫银一千两，并劝城绅二十人捐银二千两，共计筹集银两四千，及时选派可靠人员前往管镇采买白米运回昭城，每斗定价一千五百文，作民间平粜，借此冲抵市价。此次购米赈粜仅供县城周转，所有银米由城绅经理。

"官方主导的清代仓储经营绩效的低下，使得仓储经营始终未能高效运转，出现兴废无常的情况，凸显了传统仓储的运营困境，成为18世纪末清代仓储走向衰落的重要原因。"② 光绪年间，云南粮食短缺导致仓储亏空，仓储制度的弊坏影响积谷备荒的功效。作为固定的济贫制度，平粜在昭通府"以工代赈"期间遵循"照时价减粜"的原则，或就地调用有限仓粮，或从外地购粮接济，皆依时价制定粜价，于各乡设局平粜，随粜收票，待灾民前往粜局购粮，抑或直接粜卖给河工，全赖官府拨帑和绅捐米价接济。平粜是昭通工赈救荒的重要举措，其施行使粮价趋于平稳，云南官府作为平粜救灾主体，同地方乡绅所捐米价的有效配合，一定程度上弥补了清末云南仓储体系衰颓和弊坏带来的失位和缺陷。

清代总结历代救荒举措并发展出完备的荒政制度，救荒程序在灾赈中日臻制度化和规范化，可谓"集历代之大成，最为全面完备，凡古代赈济济贫之术，靡不毕举"③。积谷备荒是"救荒之本"，康熙十八年（1679）题准，"地方官劝谕官绅士民捐输米谷，乡村立社仓，市镇立义仓，照例议叙"④。康熙十九年（1680），鼓励地方社会捐输，"嗣后常平积谷，留本州县备赈。义仓社仓积谷，留本村镇备赈。永免协济外郡，以为乐输者劝"⑤。康熙朝除规定常平额贮外，还建立社仓和义仓，其谷本源于民间捐输，仓粮存储在调剂余缺、备荒赈灾中具有重要作用。

光绪十八年，昭通工赈挑浚鲁甸、桃源两海子及各支河，龙文派鲁甸乡绅招募鲁民二千人，分别开挖河道，并视鲁甸饥荒情形，从厅属借拨积

---

① （清）李正荣辑：《云南昭通工赈记》，载云南省图书馆藏清光绪乙未（1895）夏日刻·重庆文古堂藏板，第70页。
② 吴四伍：《清代仓储的经营绩效考察》，《史学月刊》2017年第5期。
③ 李向军：《清代荒政研究》，农业出版社1995年版，第28页。
④ 《清会典事例》卷193，中华书局1991年版，第214页。
⑤ 《清圣祖实录》卷88，康熙十九年二月丁卯条，中华书局1985年影印本，第4册，第1115页。

谷六百三十五京石赈给饥民。光绪十九年八月，龙文称："此次赈务，先后由恩安县方令宏纶拨来积谷三百五十五市石①，每石照买价四两二钱合算，该昭平银一千五百二十三两八钱零二厘；大关厅朱丞毓崧拨来社、积两谷共四百二十京石②，每石照历届市价八钱合算，该关平银③三百四十八两。均各如数移还归款，以备采买在案。"④ 恩鲁设厂平粜，龙文先后从恩安县和大关厅借调积谷，弥补了恩鲁常平仓因仓储空虚和不敷支用给赈灾带来的困境。

劝募赈捐作为清廷除国库拨款和地方财政以外的第三方赈济钱粮来源，其对稳定灾区秩序和恢复灾黎生业有着重要的作用⑤。光绪年间，云南财政困窘，灾赈筹款无措，"以工代赈"所需部分款项依赖募捐。光绪十八年昭通灾荒，龙文不仅从富户募捐，"更谕绅商粮户，此时正好济贫，捐资为请奖叙，买粮先给现银"⑥。龙文告知恩鲁绅商，乐捐粮食、棉衣、医药和棺木等项作银值千两者，禀请奏题建坊；五百两者，院宪给匾奖叙；二百两者，府县分予匾额；百两以下者，酌给功牌。光绪十八年九月，"劝得在籍同知衔分省补用知县李绅正荣认捐棉衣千件，合银五百两，函致重庆采买，准约冬初到昭"⑦。九月十八日，谭钧培批示：募捐一款既群情帖服，乐输不乏，应准照办，以补赈款缺额。同年十月，龙文称李正荣陆续捐赠衣裤共三千余件，俟收齐另单请奖。另有蒋守送来自制布裤一千条，但均不敷散给，自己提拨赈银四百两，新制衣裤两千件，交予各员运赴城乡散赈。

---

① 按："市石"，市制容量单位，一市石等于一百市升；市制重量单位，亦称"市担"，相当于100市斤，即50千克。在中国古代和近代各时期，"石"所规定的表示单位的具体数量各有不同。作为市制容量单位或重量单位，"石"或"市石"在中华人民共和国建立之前是通用单位，现已不再使用。

② 按："京石"，即清代以京都为中心广泛使用的容量和重量单位。

③ 按：关平银，又称"关平两""关银""海关两"，清朝中后期海关所使用的一种记账货币单位，属于虚银两。

④ （清）李耀廷辑，邵永忠点校：《云南昭通工赈记》之《八月二十五日通禀》，载李文海、夏明方、朱浒主编《中国荒政书集成》（第10册），天津古籍出版社2010年版，第6759页。

⑤ 赵晓华：《清代赈捐制度略论》，《中国政法大学学报》2009年第3期。

⑥ （清）李正荣辑：《云南昭通工赈记》，载云南省图书馆藏清光绪乙未（1895）夏日刻·重庆文古堂藏板，第5页。

⑦ （清）李正荣辑：《云南昭通工赈记》，载云南省图书馆藏清光绪乙未（1895）夏日刻·重庆文古堂藏板，第9页。

光绪十九年正月,龙文奉王文韶批饬后,认为宜就地筹款,同时发布捐廉助赈公启,称:"伏维诸君子饥溺情殷,自必关怀大局,或指囷中粟,或捐囊底金,汇齐列单上闻,同邀奖叙,且足默迓天庥。"① 正月十六日,谭钧培批示称:赈捐公启已由云南府致函各府厅州县量力捐助,以资补救,捐数多寡,仍候酌核请奖。二月初七日,李正荣自渝来函称,四川重庆府巴县在籍同知衔候选州同夏昌乾乐捐昭赈叙平银一千两,其银已由德胜隆号兑交。接函后,龙文拟请为夏昌乾父亲夏安世、母亲袁氏奏题建坊。光绪十九年三月,谭钧培奏称:"查该州同夏昌乾以邻省绅士为其父母捐助昭通赈银一千两,洵属好义急公,克尽子职,核与建坊之例相符,相应请旨敕部准其自行建坊,给予乐善好施字样,以昭激劝。"② 光绪帝照例谕允。

光绪十九年五月二十五日,龙文奉谭钧培批示,云南府邹兰馨经收文武各官捐赈,共银三千四百九十二两八钱七分,经由局会入奏请赈款银十万两及各官绅捐赈银,先后支发被灾各属赈抚各款,以资赈用。八月初三日,赈灾委员曾应銮解到省城赈银一千两,收到宜宾县令国璋补解捐款银一百六十九两二钱,昭通府胡守移来镇雄州牧孟荫桂捐银一百七十九两一钱。另有恩安县令方宏纶募捐得易世玱二百两、龙在朝五十两、谢定元五十两、龙德源杂粮一百石,给付鲁甸平粜,合银五百两。此外,赈务局还收到施怀藻捐银二百两、贺嘉寿二百两。以上共获赈捐银一千五百四十八两三钱。其中有拟请奖叙者,有不愿领奖者,龙文皆据实造报。

八月二十五日,龙文禀称李正荣谊笃桑梓,慨捐银四百两作买谷还仓之用。李正荣前捐棉衣千件,合银五百两,外捐现银五百两,请奖已禀奉候批。李正荣在重庆劝募,复倡捐银四百两,鲁甸雹灾另捐赈银二百两;八月间复捐平积谷银四百两。五次共捐银二千两,在川代募赈捐至万余金。龙文认为,李正荣赈捐得力,可随折奏保,并拟请照章移奖其长子光禄寺署正衔文生李湛阳及次子李煜阳,其余省内外乐捐官绅则邀请从优奖叙。此次昭通工赈,云南官绅和川渝绅宦好义行仁,乐善捐施。龙文皆汇

---

① (清)李正荣辑:《云南昭通工赈记》,载云南省图书馆藏清光绪乙未(1895)夏日刻·重庆文古堂藏板,第59页。
② (清)谭钧培:《奏为四川巴县候选州同夏昌乾为父母捐助昭通灾赈银两请准自行建坊事(光绪十九年三月二十三日)》,中国第一历史档案馆,朱批奏折,档号:04-01-01-0990-004。

册奏请云南督抚援照顺直章程①开贡监从就捐例给奖，遴选赈捐尤为出力者数人，随折保举，并赏准保举给发功牌。

光绪十八年十一月，黄起凤解到督宪王文韶捐银二百两。十九年正月十五日，试用知县田亮勋解到督宪捐银二百两，前后共收到王文韶捐银四百两。恩鲁本为瘠区，灾荒中成人子女身无完缕，冻且馁病者多，死亡相继。十八年十二月十四日，龙文称前奉谭钧培批示，准募捐给奖，即行出示晓谕，李正荣先捐棉衣一千件，合银五百两，衣服由重庆买齐送局转发。复因目睹灾黎不敷给领，李正荣又捐现银五百两，凑足一千之数，此外尚有拨款添置衣裤一项。广西州②在籍道衔分省补用知府王炽闻恩鲁重灾，自愿捐银一千两，业已交由德胜号兑付。光绪二十一年（1895）三月，云南巡抚兼署云贵总督崧蕃奏请为云南官绅捐助赈款恳恩敕部奖叙，奉硃批："王文韶等均著户部照章请奖。"③

光绪十八年八月十九日夜，恩鲁大雨成灾，龙文委派周之丰、刘昌第、敬第芬和蔡胜宇四员分赴恩安四乡，逐户查造饥民户册，分极贫、次贫和少贫各造册1本，册籍注明每户壮丁数目，并告知赴河工可获赈济。龙文嘱令四人各带碎银一百两和药料二包，遇有饥饿待毙之民，即可酌量散给。十月二十六日，龙文搏节办理工赈救荒，并恳请云南督抚迅即派员解赈银三万两施赈，称"冬寒时症多，需用合香丸药甚效，恳请再发施济为望"④。十一月二十二日，黄起凤附解药料一万二千服。光绪十九年正月十五日，田亮勋解到药料一万服和丸药二包，龙文同方宏纶验收印领。恩鲁工赈救荒中施给医药，虽流民服药，药方与病症吻合，然粥厂中抱病者较多，成效不甚显著，总宜速医。

光绪十九年正月，王文韶批复，已添置复苏散一万服，并札委田亮勋同赈银一同解济，以期工赈和救灾见效。施给医药，当属省城拨发的平安

---

① 按：《中国荒政书集成》（第9册）载《顺直赈捐章程》对筹集赈款拯济灾黎捐贡监、职衔、升衔、推广顶戴升衔、封典、翎枝、推广盐运司副将、参将职衔的各项报捐银数皆有明确的规定。

② 按：广西州，元至元十二年（1275），置广西路；明洪武十五年（1382），改置广西府，隶属云南布政司；清初袭明制，称广西府，乾隆三十五年（1770），降广西府为直隶州，隶属云南省。

③ （清）耘著：《奏为云南官绅钱登熙等捐助赈款请饬部奖叙事》（光绪二十一年二月二十五日），中国第一历史档案馆，剥副奏折，档号：02-09913。

④ （清）李正荣辑：《云南昭通工赈记》，载云南省图书馆藏清光绪乙未（1895）夏日刻·重庆文古堂藏板，第40页。

万应丸极为效验。十九年七月,龙文禀称亲见运粮夫役发痧急症,使用此药全活无数,并恳请由局再配一料,通用罐装解来施济,同时将药方刊印寄示,以在恩鲁流传。八月初三日,王文韶批复:"前发平安万应丸,既有效验,应即遵批再配一料,并刊刷药方一千张,专足送交该委员查收,以资施济"①,王文韶晓示,万应丸及药票查收后宜及时施济。

昭通府工赈救荒,制发棺木和增置义庄亦为善后当务之急。光绪十八年十月十六日,龙文奏报河工章程,并称昭郡天气大寒,入冬后贫民死亡多,城内向来无施棺会,现有三五日无法抬埋之病亡者,恳请于赈款内调拨钱五十五千文,以赶买棺木百具,所用棺木需登簿备查,派人随时赈救并酌给抬价,亦视情况购买义地。十八年十月,王文韶批饬:"兹特寄来省市平足银二百两,请专备买地施棺之用,作为退圃主人捐助。"② 十月二十六日,龙文派敬第芬赴鲁甸查造流民乞丐册籍,并令仿照恩城办法添置棺木百具,以资殓葬。

光绪十八年十一月,恩鲁穷民死亡甚众,草鞯裹尸,犬衔遍野,先前赈款赶制百具棺木已用尽,义地棺上重棺,龙文恳请量拨赈款添置。龙文禀称:"现奉督宪捐发银二百两,遵买得东北两处义地,共去银一百四十两。勘界竖碑,契存福禄宫。当谕该首暂收租息,即雇捡骨夫二名支用,并添置棺木百具,去银三十七两零。共敷平银三两。均另数报销,不入赈务,亦不再动赈款。"③ 十一月三十日,龙文接奉督宪王文韶批复,并收到捐银二百两,合昭平银一百九十五两八钱,随即拨发银三十七两四钱一分半赶置棺木百具。此外,赈务局相继以价银四十两买得东关外吕国良陆地一契,价银二十两买得北关外张国翰一契,价银八十两买得张国藩一契,三契合银一百四十两,均勘界竖碑,作为昭属义冢专用,契据仍交存福禄宫,并饬绅首经管。王文韶再次批复,饬令龙文由赈务局暂时借出二百金,再次赶办施棺五百具,以济急需。

恩鲁"以工代赈"期间,流民疾病缠身甚至死后无棺葬身,义地、义

---

① (清)李耀廷辑,邵永忠点校:《云南昭通工赈记》之《奉善后局宪札》,载李文海、夏明方、朱浒主编《中国荒政书集成》(第10册),天津古籍出版社2010年版,第6755页。
② (清)李正荣辑:《云南昭通工赈记》,载云南省图书馆藏清光绪乙未(1895)夏日刻·重庆文古堂藏板,第37页。
③ (清)李正荣辑:《云南昭通工赈记》,载云南省图书馆藏清光绪乙未(1895)夏日刻·重庆文古堂藏板,第50页。

冢和义庄的添置以及棺木施给，体现出云南官府和地方社会力量对灾黎的人文关怀。通过"以工代赈"引导灾民积极参与公共基础建设，河工、赈济和平粜统筹兼顾，有效破解了恩鲁灾荒带来的困局。尤其是工赈期间云南官府、地方士绅及川渝绅宦或解囊捐款，或捐衣施药，积极主动捐献款物，或间接性推动灾赈，救生恤死、扶危济困，"以工代赈"实践使待赈穷黎实惠均沾，官府赈款未有虚糜，基本上实现了工赈救荒、拯救灾民和稳定边疆的多重效应。

四 光绪十八年昭通府"以工代赈"实践的社会成效

光绪十八年昭通府"以工代赈"作为灾荒期间社会治理的重要技术路径，"寓工于赈"使恩鲁淤塞河道得到疏浚，沙石积压粮田得到挑复，广大灾黎得到多方抚恤和安置，在有效缓解灾荒冲击的同时，亦使受灾地方的社会秩序得到稳定，工赈救灾社会成效显著。

光绪十八年昭通府"以工代赈"实践使灾民自救意识得到提高。"以工代赈"救荒区别于常规的钱粮赈济，其最大裨益在于发动灾民自主救荒的积极性。工赈通过调动灾民参与民生工程的兴修，是为工赈劳民之举，实为利民之策。"荒岁役民，出于不得已，未始非良法也。浚河筑堤诸务，受其直，救目前之饥荒；藉其劳，救将来之水旱。他如修城垣以资保障，葺学校以肃观瞻，皆工程之大者。即缮完寺观，似非急务，而用财者无虚糜之费，就佣者无素食之惭，劳民而便民，非良法乎？"① "以工代赈"通过招集流民兴工，有偿劳动使待赈饥民从官府和民间社会的捐资中得到相应的赈济钱粮，基本能达到官方所标榜的"令彼穷人不暇于为非，全家赖之而得食，恩施万姓，名著千秋"② 这一理想化的社会成效，濒死饥民得资糊口，流民得以归乡，灾民救灾的积极性亦能得到提高。

清代赈灾物资主要是钱粮，乾隆四年（1739）定制，赈济标准为大口日给米五合，小口减半，赈济米粮不足则可银米兼赈。恩鲁工赈，龙文派勘灾大员赈给灾民口粮或银钱，查赈和补赈并行，并对赈给口粮和银钱做

---

① （清）杨景仁：《筹济篇》卷7《兴工》，载李文海、夏明方主编《中国荒政全书》（第2辑·第4卷），北京古籍出版社2003年版，第203页。
② （清）陆曾禹：《钦定康济录》卷4《煮粥须知·开粥厂以活垂危》，载李文海、夏明方主编《中国荒政全书》（第2辑·第1卷），北京古籍出版社2003年版，第352页。

出动态调整。光绪十八年十月,龙文禀称:"自八月二十一日分路启行,至今五十余日。沿途随赈两属饥民,并补发前委员漏赈灾户,共去银六百二十余两。造存册户,实惠均沾,僻壤穷乡,无处不到。复核查恩册三等共一万一千一百余户,鲁册三等共八千七百余户,通计一万九千八百余户,男女共八万一千二百余丁口。"① 督办工赈,龙文认为需先以万金采买荞麦、米豆,量挽作饩,分择四乡要地,日给老弱贫病之民。工赈期间,龙文或亲往灾区履勘,或派员前往踏勘,以期赈抚归实,无业流民生计得到解决,减少了昭通府恩鲁两地社会动荡的因素。

盖救荒无善策,龙文认为:开河设赈宜因时推进,饥饿贫困之流民,允准藉河工之便资养残生,但冒混领取赈资者,宜应随时加以监察,亦使灾民自主自救的积极性得到提高。"工赈是赈济中比较积极的办法,它使赈济不再是纯粹的消耗,而具有了生产的含义。"② 昭通府"以工代赈"兴办河工,从直接赈济到"工""赈"有机结合,灾赈方式从"授人以鱼"向"授人以渔"转化,灾赈实践从"输血"向"造血"转变,尤其是灾黎自主自救的能动性得到提高,一定程度使工赈达到了扶危恤困的良好效果。

光绪十八年昭通府"以工代赈"实践使恩鲁一带的基础设施建设得到恢复。关于工赈救灾,清人朱凤英递呈给乾隆帝的奏疏中称:"广赈莫过于兴工,而兴工之中莫过于沟渠堤防,盖以一时之补救,而开万世之乎利也。"③ 光绪十八年昭通府工赈兴作河工,经云南官府和滇川渝绅宦协同捐资,使壅塞已久的河床得到疏浚,河道泄洪排涝得到提高。十八年十月十六日,龙文禀称,除以老鸦岩逆转高鲁桥为下截,高鲁至师人塘为上截昭郡正河需疏浚外,尚有恩属七支子河及鲁甸、桃源四支子河需同时兴工。根据踏勘情形,龙文会同府县官员拟定河工章程,开河筑埂、田地认领、乡绅购粮、夫马银两、增设粮局、流民管理等事无巨细。十月三十日,谭钧培批复:"恩鲁两属赈务,除'以工代赈'外,该丞拟专赈饥饿待毙之

---

① (清)李正荣辑:《云南昭通工赈记》,载云南省图书馆藏清光绪乙未(1895)夏日刻·重庆文古堂藏板,第27页。
② 杨琪、徐林:《试论华洋义赈会的工赈赈灾》,《北方论丛》2005年第2期。
③ 台北故宫博物院编:《宫中档乾隆朝朱批奏折》(第1辑),乾隆三年十月二十七日许容奏,台北故宫博物院1982年版。

极贫,稍贫不赈,次资缓图,所见甚是。"① 谭钧培指出,龙文督办疏浚恩鲁支河十一道,既由官办,所费不赀,应筹划并仿大龙洞等处,劝令绅商酌量捐资,或由司酌筹经费帮贴②,务使工赈落到实处。此次昭通府工赈救灾,除挑挖恩鲁正河外,共疏浚恩安县子河及官沟、草坝等二十九处,开鲁甸厅子河十四支,涸出田地数万亩,工归实际,款弗虚糜。

救荒之策莫善于以工代赈,其中又以兴复土工最为有利。"一遇荒歉,虽多方赈救,而常恐不能接济。是以复兴土功,俾穷黎就佣受值,则食力者免于阻饥,程工者修其废坠,一举两得,洵合古人恤民之精意,而不泥其迹者也。"③ "以工代赈"发挥兴修地方基础设施和救济灾民双重作用的同时,其工赈举措亦各有侧重,即工赈的根本目的是赈济养民,诸如兴修水利及挑复粮田等工程,皆为拯济灾区饥民而兴作。"寓赈于工""寓工于赈"的最终目的都为实现对灾民的赈济,光绪十八年昭通府"以工代赈"完成了拯救饥民的本意,河工的开展使河道得到疏挖,客观上为沿河农作复业提供了保障,即借水利急需之工,使贫民佣工就食,养灾荒枵腹之众,庶可免灾民之家口流离失所,于民生殊有裨益。

光绪十八年昭通府"以工代赈"实践使恩鲁社会救灾力量形成联动。民间社会力量参与灾荒救济,与官府主导的灾赈实践协调合作,在灾赈中发挥着较大的作用。"在晚清社会,随着社会的发展,救灾减灾力量由单一的政府主体开始呈现出多元化的救助系统,民间各阶层等游离于政府之外的个人和社会组织和力量大量地加入到减灾救灾的行列中来,既有传统的延续,又有了新的内容,显示出巨大的慈善力量和多中心的救灾结构的初露端倪。"④ 光绪十八年昭通工赈期间,由于云南官府财政资源亏缺,拨帑困难,龙文敦劝云南地方官及川渝绅宦商贾纷纷慷慨捐输,救灾银两和棉衣等物资的捐献,较大程度上缓解了云南官府救灾资金短缺的压力。

光绪十九年三月二十日,除先前收到王炽、李正荣暨重庆夏昌乾捐赈

---

① (清)李正荣辑:《云南昭通工赈记》,载云南省图书馆藏清光绪乙未(1895)夏日刻·重庆文古堂藏板,第32页。
② 按:帮贴,即资助。
③ (清)杨景仁:《筹济篇》卷7《兴工》,载李文海、夏明方主编《中国荒政全书》(第2辑·第4卷),北京古籍出版社2003年版,第200页。
④ 李红英、汪远忠:《晚清民间救灾:法律文本、实践及其思考——以直隶为中心》,《中国社会经济史研究》2012年第4期。

银共二千五百两外，亦有邻省绅宦慨捐巨款助赈。宜宾知县国璋函覆，已先垫捐银一千两，送交井渡裕盛公号，以便就地买粮。复据李正荣自渝来函告知，已募得川东黎道捐银二百两、重庆府王守捐银一百两、署巴县耿士伟捐银一百两、巴县知县周兆庆捐银一千两以及富顺知县陈锡鬯嘱代垫银一千五百两。同时，李正荣又自垫银二千五百两，陆续由德胜隆号汇兑来昭济急。此外又由德胜隆号汇来督宪王稚奎捐银五十两，屈中协捐银一百两，陈宗海捐银一百两，柴守照捐银十两，王穆捐银十两。昭郡张镇捐银二百两、矿务公司捐银二百两、镇雄州牧孟荫桂捐银五十两、大关厅朱毓崧续捐银三十两。通计前后实有捐款银九千六百五十两。所有捐款收到后用于支买粮食①，以备工赈所需。十九年四月，国璋来函称，接续募得县绅凑集赈捐银一千四百五十两，仍送裕盛公号，就便在普洱及川界新场作买粮之用。李正荣再次复函称："募得仁寿县知县何令履端捐银一百两外，又富顺县陈令锡鬯添募得银五百两，均由德胜隆号兑交卑局。再牛街厘金局修大使家镠捐来银二十两。此次计共收入捐款银两千零七十两，以资接济。"②

灾荒赈济是一项系统的社会民生工程，清中前期完备的荒政制度得到较好的实践，嘉道朝后随中国社会由盛转衰，荒政体系亦逐渐衰颓，地方官府财源枯竭使灾赈步履维艰。"作为'区域'的西南边疆本身并不是一个封闭的或孤立的地理空间，而是和周边广大地区存在着广泛文化接触、经济交流以及多种社会力量碰撞的场域"③。昭通府处于滇川渝交接地带，川渝商贾和绅宦对昭通工赈救荒做出的即时应急响应，弥补了云南官府主导灾赈基础之上赈济钱粮不足的裂痕，区域性灾赈资源的调度和整合，以工代赈的救灾模式使边疆社会治理得到完善，地方社会力量的灾赈实践与官方赈灾实现了协调联动。

"守中治边"和"守在四夷"是清朝统治者治边思想的核心意识，西南边疆地区始终是其治边关注的重点范围和区域，一直处于朝廷整体治边

---

① 按：粮石，指粮食。因以石计量，故称。《清会典事例·户部·积储》载："凡旗仓额储仓粮，每年出陈易新，将额储变色粮石，照时价减银平粜。"
② （清）李耀廷辑，邵永忠点校：《云南昭通工赈记》之《四月二十日通禀》，载李文海、夏明方，朱浒主编《中国荒政书集成》（第10册），天津古籍出版社2010年版，第6747页。
③ 尹建东：《环境、族群与疆域空间：西南边疆史研究的区域史观和阐释路径》，《西南民族大学学报（人文社科版）》2018年第9期。

布局的视野之下，从未放松过对其进行有效治理。尽管晚清政府处于由盛转衰之际，但在治边保民和固本安邦这一关系国家命运的重要抉择上，仍旧没有松懈，把灾荒救济与边疆治理紧密结合，在西南边疆地区"以工代赈"的救荒事务中持务实的肯定态度，这有利于地方官府在赈灾实践中积极开创和探索，反映了清政府西南边疆治理政策变迁的"延续性"和"时代性"。

光绪十八年昭通府多种灾害连续发生，呈现出持续时间久、受灾面积大、灾害程度深的特点，灾荒救济的实践也出现了新探索。在这一年昭通府"以工代赈"的灾荒救济实践模式中，云南官府作为"以工代赈"的实践主体，河工、平粜和赈恤三措并举，积极引导滇川渝三地官宦和商贾等跨省际社会力量联动参与救灾，"官办民助"与"省际联动"相互配合的救荒路径使灾赈机制更为合理务实、灵活高效，较大程度上提高了工赈救灾的地方能动性和区际联动性，克服了工赈期间因生存危机和仓储体系崩溃对灾民的打击和政府治理的困扰。这体现了中央和地方、政府和民间、省外与省内力量共同努力，主导性和辅助性救灾措施并存并用，自救与他助相互结合的优越性，是清朝政府通过"以工代赈"实现边疆治理的典型缩影，推动了"以工代赈"制度实践路径的创新。

"以工代赈"最直接的成效是为灾民生计需求提供保障。从本质上说，光绪十八年昭通府"以工代赈"的救荒实践属于临时补苴的范畴，但亦不失为一种兼具积极性和能动性的"以工代赈"实践模式。工赈与灾赈"双管齐下"，官方与民间协调联动，"以工代赈"的互补性和优越性使灾荒治理期间西南地方社会韧性与经济韧性得到诠释。与此同时，昭通府工赈期间赈捐活动的开展，表明清代国家赈灾主体的权力不断下移，渐进式传统中国荒政制度变迁下救灾角色的演变，以及自上而下的救灾制度和自下而上的救灾实践，一定程度上推动了晚清西南边疆地区"以工代赈"救灾方式的转型。

第三节 清代贵州"新疆"地区自然灾害应急响应

贵州省黔东南苗疆因地理位置特殊，具有重要的政治、经济和军事战略地位。清朝雍正年，根据国家对西南少数民族统治方略的筹划，张广泗审时度势，极力开辟黔东南苗疆。在推行改土归流的同时，清朝积极开展对苗疆的政治治理和经济开发，"剿抚并施"的施政策略有效地推进了国家的统一进程。清代贵州"新疆"的开辟，以及国家在苗疆地方社会政治体系的实施和完善，推进了黔东南苗族聚居地区的社会向新的历史发展阶段跨越，改土归流与苗疆再造驱动了苗疆"化外生界"的内地化及其进程。灾荒赈济作为清代国家治理西南边疆的重要举措，其在苗疆再造过程中得到有效的实践，贵州"新疆"地方历次自然灾害发生之后，清朝中央政府和云贵当局积极启动灾荒赈济的应急响应，作为对苗疆再造的另一种调整和治理方式，灾赈实践对促进"新疆"地方各族人民的国家认同具有重要的导向作用。

一 清代贵州"新疆"的开辟与经营

清代贵州"新疆"即对改土归流后黔东南广大苗疆地区的统称，作为一个多民族交错杂居的地区，因地形封闭，地貌崎岖，交通不便，明代以前的中原王朝都难以将势力拓展至此，因而长期以来皆处于"化外"的状态。据《平苗纪略》记载："黔省故多苗，自黎平府以西，都匀府以东，镇远府以南，广西柳州、庆远府以北，皆'生苗'地，逼近黎平者，曰古州；逼近都匀者，曰八寨；逼近凯里者，曰丹江；逼近镇远者，曰九股，曰清水江。广袤二三千里，户口十余万，不隶半途，不奉约束。"[①] 这是对贵州"生界"开辟以前苗疆地区存在状态的大体描述。鉴于贵州苗疆地区毗连湖南和广西，战略地理位置至关重要，自清代承平之后，黔东南苗族地区的发展形势便一直备受清朝中央政府的高度关注。

贵州苗疆与湖南苗疆毗连，因两省苗民长期杂处，而行政区划又分作两省节制，不便于对这一地区进行统治和管理。雍正三年（1725）后，云贵总督高其倬奏报"苗疆"腹里情形，并陈述了湘黔接壤地方的苗疆政区统筹规划的便利问题。高其倬奏称："黎平一府与楚省五开卫同在一城，民苗杂处，分隶两省，事权不一，请将五开卫改为一县，归黎平一府管理，铜鼓卫亦归并五开，则中间古州八万等苗区皆属于黔省，一切措办呼

---

① （清）方显著，马国君编著、罗康隆审定：《平苗纪略研究》中篇《平苗纪略》校释，贵州人民出版社 2008 年版，第 109—110 页。

应得灵。"① 雍正四年（1726），刚调任云贵总督的鄂尔泰向雍正帝上奏云贵地区改土归流事宜疏，称："云贵大患，无如苗蛮。欲安民，必先制夷。欲制夷，必改土归流。"关乎贵州苗疆的改土，鄂尔泰称："贵州土司向无钳束群苗之责，苗患甚于土司。苗疆思州几三千余里，千三百余寨，古州踞其中，群寨环其外。左有清江可北达楚，右有都江可南通粤，蟠据梗隔，遂成化外。如欲开江路通黔粤，非勒兵深入遍加剿抚不可。此贵州宜治之边夷也。"② 基于开辟交通要道以及对整个西南地区统一进程的综合考量，对苗疆的改土归流势在必行。

雍正五年（1727），在谈及云南、贵州、四川、广西以及湖北各省土司地区是否适宜推进改土归流问题时，雍正皇帝给出明确的回答，谕兵部："朕念边地穷民皆吾赤子，欲令永除困苦，咸乐安全，并非以烟瘴荒陋之区，尚有土地人民之可利，因之开拓疆宇，增益版图，而为此举也。今幸承平日久，国家声教远敷，而任事大臣，又能宣布朕意，剿抚兼施，所在土司，俱已望风归向，并未重烦兵力，而愿为内属者，数省皆然。自此土司所属之夷民，即我内地之编氓，土司所辖之头目，即我内地之黎献。民胞物与，一视同仁，所当加意抚绥安辑，使人人得所，共登衽席，而后可副朕怀也。"关于改土归流后苗疆地区流官的任用，雍正皇帝特别强调："稍觉其人不宜苗疆之任，即时调换，并严禁兵丁胥役，生事滋扰，务俾政事清明，地方宁谧，安居乐业，共享升平。"③ 鄂尔泰上任云贵总督后，当即实地考察苗疆局势，并着手策划对黔东南苗疆的改土归流。

雍正六年（1728），鄂尔泰奏称："查此一段生苗地界，岁属宽广，而要隘总汇之区，在黎平者则为古州，在镇远者则为九股、清水江，在都匀者则为八寨，在凯里者则为丹江。又自八寨深入，则为千家寨。其余零星寨分，虽地名尚多，户口繁重，其中亦有顽梗者。然皆观望此数处以为向背，非能自为主张也，今古州早已愿听约束，现在宁贴，其九股据镇远协遵奉化诲者，已十之八九。其尚未就抚者，因切近丹江，故而观望。至清

---

① 《清世宗实录》卷31，雍正三年四月庚辰条，中华书局1985年影印本，第7册，第474页。
② 赵尔巽等撰：《清史稿》卷512《土司》，中华书局1977年版，第47册，第14204—14205页。
③ 《清世宗实录》卷64，雍正五年十二月己亥条，中华书局1985年影印本，第7册，第986—987页。

水江一带，亦多领受告，情愿内附。而八寨经本司恩威并用，亦俱就抚。"① 文献有关黔东南苗疆地区的情形，鄂尔泰了解的尤其详尽透彻，为彻底的改土归流政策的实施掌握了重要情报。"开辟'苗疆'，就是对'化外生苗'的征服，使其纳入清政府的行政管理体系之中。雍正年间开辟的'苗疆'主要集中在贵州、广西、湖南等省，而尤以贵州最为突出，特别是黔东南地区。"② 尽管清朝中央政府内部对有关开辟苗疆的策略宜"抚"还是宜"剿"存有异议，但此时雍正皇帝推行改土归流的大局已定，不容迟疑。

真正开辟苗疆的行动，始于雍正六年（1728）六月的贵州按察使张广泗带兵进剿都匀府八寨，"广泗以兵赴都匀府八寨及黎平府之古州，镇远府志上下就股、清水江，清平州之大小丹江等处，化诲生苗，相机剿抚"③，止于雍正十一年（1733）征讨九股苗寨，历时近五年，黔东南广大苗疆地区自此从"生界"这一"化外之地"被完全纳入清朝中央政府的政治统辖格局中，贵州苗疆无土官束缚以及无流官管治的时代宣告结束，清政府在这一地区推行原先执行过的屯军制度和即将废除的土司制度这一套特殊的统治之策，营卫、屯堡和土千总、土把总、土舍等小土司在苗疆的设立，进一步形成了新的统治格局④。据《清朝文献通考》卷二百九十记载，自苗疆平定之后，清朝政府先后于雍正六年（1728）置八寨、丹江厅和都江厅；雍正七年（1729），置古州厅；雍正八年（1730），置清江厅；雍正十一年（1733），置台拱厅⑤，历史上总称以上六厅地方为"新疆六厅"，亦称"新设六厅"，对黔东南苗疆地区的政治、经济、文化等发展都产生了较深的影响。

事实上，清朝在西南地区大规模推行改土归流以后，清廷对贵州广大苗疆地区的土司制度采取保留和改造的举措，并遵循"从俗从习、各安其

---

① （清）鄂尔泰：《鄂尔泰奏剿平丹江苗寨折》，中国第一历史档案馆，中国人民大学清史研究所，贵州省档案馆：《清代前期苗民起义档案史料汇编》（上册），光明日报出版社1987年版，第14页。

② 李世愉：《试论"新辟苗疆"与改土归流之关系》，《遵义师范学院学报》2017年第5期。

③ 王锺翰点校：《清史列传》，中华书局1987年版，第1263页。

④ 白林文：《清代贵州"苗疆六厅"治理研究》，博士学位论文，华中师范大学，2016年，第72页。

⑤ 清高宗敕撰：《清朝文献通考》卷290《舆地考》，商务印书馆1936年版，第2册，第7390—7391页。

习"的原则,并在"以汉化夷"思想的具体指导下,对贵州苗疆地区采取"因俗而治"的统辖政策,进一步把"治"放在首要位置①。尽管在开辟苗疆的过程中前后历经多场苗民起义的强烈反抗,但清朝政府决心要对苗疆地区进行征服,因而先后调拨滇川黔桂湘楚粤等七省兵力予以平息。乾隆二年(1737),改土归流后,清政府在贵州苗疆改土归流地区开展清查户口、丈量土地、征收赋税,军事治理、郡县设治调整以及基层社会治理的统合推进,基本上对"新疆"地区的社会稳定起到了重要支撑,进一步强化在"新疆"地区的统治基础,并借此加强对苗疆地区的社会治理。例如,雍正十年(1732),贵州古州镇总兵官韩勋奏请,对于无力耕种者,"着头人按名查报","散以籽种",并且会同文员"教以栽种杂粮之法,使平衍土地,不致荒芜"。在流官的积极倡导下,"新疆"一带"秧满绿畴、荞麦扬花,黄豆、粟、谷亦间有种者,土性所宜,发荒无异","不特栽种几同内地,即子弟中亦有渐识诗书者"②。同年,清廷谕令:"免云南贵州所属、乌蒙清水江、古州丹江等处兵丁借支银两有差。"③雍正十一年(1733),户部议覆:贵州巡抚元展成疏言:"黔省新辟苗疆,安设重镇,亟宜预筹积贮。查古州之都江河直达广西,转运甚便,请将广西浔州沿河等仓拨谷五万石,分运古州、都江。古州建仓六十间,贮谷三万石;都江建仓四十间,贮谷二万石。于青黄不接时减价出粜,秋成买补还项"④。雍正皇帝照例谕允。无论是蠲免军事借动银两,还是建仓储粮,抑或散种垦殖,充分体现了雍正皇帝加强对"新疆"地区统治的政治意图。

清代贵州"新疆"开辟后,雍正朝政府军事上设营置汛,乾隆朝正式施行屯田制度,并根据苗疆地方社会的分散性和苗族等少数民族根深蒂固的传统社会习俗,机动地采取了更为灵活的整治举措,尤其是在原本没有土司的苗疆地方建立起土司制度,在苗族聚居地方的基层建置苗寨"头人"制度,苗头、土司、流官的存在相继加强了清朝政府对"新疆"的统治,为统一多民族国家在西南边疆地区的稳定统治奠定了坚实的基础。

---

① 李世愉:《清前期治边思想的新变化》,《中国边疆史地研究》2002年第1期。
② 台北故宫博物院整理:《宫中档雍正朝奏折》(第19卷),台北故宫博物院印行,1979年,第758—759页。
③ 《清世宗实录》卷117,雍正十年四月癸巳条,中华书局1985年影印本,第8册,第554页。
④ 《清世宗实录》卷233,雍正十一年七月辛卯条,中华书局1985年影印本,第8册,第720—721页。

贵州"新疆"设立后，清朝中央政府派设的流官积极鼓励军屯以及外来的移民开发苗疆，外地的先进农耕器具、农业技术以及高产作物不断被引进和推广种植，"大化治苗"及兴办义学、书院，不同程度地推进了"新疆"地区苗民的文化教化。"苗疆是清朝雍正朝至光绪朝之间国家对西南和南方少数民族聚居区进行治理综合改造后而形成的国家特别行政区，具有很强的流动性。"[1]清廷政治、经济、文化以及教育在"新疆"地区使苗疆再造的"国家化"工程[2]不断深入和拓展，相继使苗疆区域的"新疆六厅"从边缘地带进入中央版图的"腹地"，并逐渐使"新疆"融入大一统的中华秩序之中。

二 清代贵州"新疆"地区自然灾害发生的背景

清代移民涌入贵州"新疆"地方使土地兼并现象严重。贵州"新疆"地方自改土归流以后，伴随军屯的开展以及湖广、江西、四川等省外来人口的不断涌入，部分移民或经商致富，或强取豪夺，进而拥有了巨额的财产，从无业移民跃居土地的拥有者，其根本原因在于清初以来推行的奖励垦殖的举措，外来人口进入贵州开垦受到鼓励，因而到嘉庆和道光朝以后土地兼并的现象渐次突出，作为清代贵州封建地主经济发展的重要体现，凭借土地的买卖而实现的土地兼并相继加剧了苗疆地方的社会矛盾。文献记载："如田土一项，悉系苗人开垦，始因不谙办粮，寄放绅衿户下，每年议补完粮米谷，久之而刻薄，绅衿持有印串，即捏造假契，指称伊祖伊父所卖，因而则令分花，分花不足，即另招种。于是苗民数十年血垦殖田，遂惟绅衿所有。"[3] 这是地主阶层通过欺诈的手段从"新疆"苗户中夺取土地财富的具体体现。

军屯期间人口增长与鼓励垦殖，高产作物在"新疆"地区的推广容易造成严重的水土流失。"山区种植的作物中以种苞谷造成的水土流失危害

---

[1] 胡兴东、卢丽娟：《苗疆：清朝西南和南方民族治理开发史中一个流动性概念》，《贵州民族研究》2017年第11期。

[2] 张中奎：《清代苗疆"国家化"范式研究》，《广西民族大学学报（哲学社会科学版）》2014年第3期。

[3] 中国第一历史档案馆、中国人民大学清史研究所、贵州省档案馆：《清代前期苗民起义档案史料汇编》（上册），光明日报出版社1987年版，第229页。

更大，这是因为种苞谷之地刨土深，根系入土深，土壤被雨水冲刷流失最为严重。……清代中期后南方山区的粮食作物以种植苞谷最多……玉米的种植加剧了山区的水土流失。"① 乾隆四年（1739）十一月，贵州古州镇总兵韩勋奏："军苗田亩，早晚稻丰收。向来'新疆'地方，小麦、高粱、小米、黄豆、脂麻、荞麦等种，素不出产。自安设屯军之后，地方文武设法劝种杂粮，今岁俱有收获。乘此农隙，操练技艺之外，山坡荒地，督令开挖。"② 古州地方麦豆等杂粮的引进和种植向山区推进，使古州原本植被覆盖较高的山区半山区得到开垦，森林植被的破坏相应地加剧了夏秋季节的水土流失。高产作物种植地区的水土流失等灾害易损性与区域自然地理环境息息相关。"这些地区土地绝大部分是斜度很高的坡面，只有密集的天然植被可以保护其地表突然不被雨冲刷。树木被砍光后，坡面完全裸露，即令是种了玉米蓝靛等作物，仍然无法保护地表。由于坡度很大，雨水的冲刷力极强，凡是被开垦的山区农地，多则五年，少则三年，表土损失殆尽，岩石裸露，农田便不堪使用……造成了永久性的山区水区水土流失的问题，其后果是下流河川快速地被山上冲刷下来的泥沙淤塞，或是平原良田被沙土掩盖。"③

作为清代贵州屯田和移民屯垦的主要区域，改土归流后的"新疆六厅"地区的军屯为大量田土的开垦提供了充足的劳动力。《黔南识略》详细记载了"新疆六厅"驻军和屯垦情形。

古州同知驻军屯垦：

> 国朝雍正七年，总督鄂尔泰、巡抚张广泗用兵讨平之，始设同知，其地与清江、台拱、八寨、丹江、都江同时建置为新疆六厅，……（古州）厅设左右两卫，各千总一员。左卫驻王岭，辖二十二堡，共安军一千六百八十一户，曰恩荣、曰仁育、曰义正、曰德化、曰兴隆、曰升平、曰增盛、曰安乐、曰忠诚、曰和顺、曰永清、曰锡庆、曰长治、曰修文、曰太平、曰鸣凤、曰怀来、曰玉麟、曰嘉

---

① 张芳：《清代南方山区的水土流失及其防治措施》，《中国农史》1998 年第 2 期。
② 《清高宗实录》卷 105，乾隆四年十一月壬申条，中华书局 1985 年影印本，第 10 册，第 581 页。
③ 赵冈：《中国历史上生态环境之变迁》，中国环境科学出版社 1996 年版，第 63 页。

会、曰清宁、曰靖远、曰镇安；右卫驻寨嵩，辖一十八堡，共安军八百三十八户，曰寿昌、曰太平、曰咸亨、曰富有、曰普安上下、曰平定、曰敦仁、曰崇义、曰维新、曰福善上下、曰顺宁上下、曰建威、曰信诚上下、曰宣化。凡四十堡，各堡筑有土垣，屯军所领田亩分上中下三则，每亩上田征米一斗，中八升，下六升。每户上田授六亩，中八亩，下十亩，计上田六千三百三十六亩，中田一万一千六十亩，下田六百八十亩，共田一万八千一百七十六亩。①

清江通判驻军屯垦：

国朝雍正七年，平定苗疆后，以公鹅寨据清江形胜建城，设同知驻其地，旋以同知移驻台拱，改设通判。……自平苗后，平衍之区安屯设卫，余皆民苗开垦，未经丈量升科，无亩可计。惟赤溪、岑戈等寨汉民有田二百四十三亩零，额征丁银十七两有奇，秋米二十二石八斗有奇，改征米一十九石有奇，耗银五两一钱有奇。左右两卫每卫设千总一员，左卫辖十一堡，章圣堡，城周二百三十丈；上下德阜二堡，上城堡八十丈，下城堡一百八十丈；九仪堡，城二百二十丈；柳金堡，城二百四十丈；宣号堡，城二百五十丈；绕庆堡，城二八一十丈；新柳堡，城三百四十丈；江泽堡，城一百九十丈；天培堡，城二百一十丈；南嘉堡，城二百二十一丈。计安屯军九百四十一户。右卫辖十一堡，嘉年堡，城二百八十一丈；万安堡，城一百二十九丈；镇门堡，一百七十五丈；松乔堡，城三百一十五丈；南金堡，城一百五十四丈；台列堡，城三百一十五丈；柳荫堡，城三百五十丈；顺安堡，城一百二十六丈；王梁堡，城一百丈；培养堡，城二百丈；观摩（堡），城二百九丈。计安屯军九百七十七户。各堡皆系土城，屯田计

---

① （清）爱必达纂修：乾隆《黔南识略》卷22《古州同知》，清光绪三十三年（1907）刻本。《嘉庆重修一统志》卷508 记载，黎平府屯田："古州左卫屯田一万一千四百七十二亩，古州右卫屯田六千七百四亩。"屯田总数与《黔南识略》记载完全符合。

一万七百四十八亩零。①

台拱同知驻军屯垦：

  国朝雍正十一年，平定苗疆建城于台拱寨，设同知驻其地……厅辖两卫，每卫设千总一员领之。台拱卫零十二堡，曰德丰、曰永安、曰覃膏、曰宣教、曰庆溥、曰宝贡、曰来同大堡、曰来同小堡、曰怀化大堡、曰坏化小堡、曰大德大堡、曰大德小堡。黄施卫领十堡，曰固围、曰通崖、曰康衢、曰苞桑、曰干城、曰松茂、曰棠荫、曰遵路、曰石洞、曰湛露。共屯军一千七百八十六户，田亩从未丈量，平庙以后判苗绝产，计亩分授。军屯每军授上田六亩，中天加二亩，下田又加二亩，共田一万二千四百五十五亩有奇。②

八寨同知驻军屯垦：

  国朝雍正六年平等后设同知道驻其地。……雍正十三年剿抚之后，以逆苗绝产丈给屯军，设卫千总一员领之，凡十一堡，曰望城、曰柔远、曰长清、曰丰乐、曰平夷、曰兴仁、曰咸凝、曰中孚、曰石桥、曰守望、曰双峰，安军八百一十户，每户岁额征米六斗，加耗三合，岁征屯粮，为各堡总小旗工食及制备操演火药铅弹之用。苗田永不征赋。③

丹江通判驻军屯垦：

---

 ① （清）爱必达纂修：乾隆《黔南识略》卷13《清江通判》，清光绪三十三年（1907）刻本。《嘉庆重修一统志》卷503记载，镇远府屯田："清江左卫屯田七千六百九十七亩九分有奇，清江右卫屯田七千六百七十三亩九分有奇。"两相比较，《嘉庆重修一统志》所记超出屯田数四千六百二十三亩八分，应为雍正至嘉庆年间新增垦殖亩数。

 ② （清）爱必达纂修：乾隆《黔南识略》卷13《清江通判》，清光绪三十三年（1907）刻本。《嘉庆重修一统志》卷503记载，镇远府屯田："台拱卫屯田七千四百二十六亩有奇，黄施卫屯田五千二十九亩三分有奇。"屯田总数与《黔南识略》记载完全吻合。

 ③ （清）爱必达纂修：乾隆《黔南识略》卷9《八寨同知》，清光绪三十三年（1907）刻本。《嘉庆重修一统志》卷502记载，都匀府屯田："八寨卫屯田五千三百一十二亩九分有奇。"

明以前皆化外生苗，国朝雍正六年十月，八寨既平，巡抚张广泗以十一月率兵进剿，十二月讨平之。七年，平余党，设通判驻其地……丹江卫屯堡十二，曰连城、曰震威、曰南屏、曰治安、曰肇泰、曰长丰、曰永定、曰望抚、曰抚远、曰绥宁、曰北键、曰培墉，按屯军八百三十户，卫千总一员领之。屯军每户额米六斗，不加耗。苗民止种山坡沟涧畸零至田，永不征赋。①

都江通判驻军屯垦：

明以前为化外生苗。雍正九年平定后，设通判驻其地。……通属苗寨一百有六，无汉庄，设二汛十一塘城中驻扎。②

劝垦荒土和修建水利以广种杂粮。乾隆五年（1740）十一月，大学士九卿会议贵州总督张广泗、署贵州布政使陈德荣所奏《黔省开垦田土饲蚕纺绩栽植树木一折》，折中酌议垦殖应行各款中，即"水田宜劝修渠堰。查黔地多山，泉源皆由引注，必善为经理，斯沃壤不至坐弃，应如所议。凡贫民不能修渠筑堰，及有渠堰而久废者，令各业主通力合作，计灌田之多寡，分别奖赏。如渠堰甚大，准借司库银修筑。其水源稍远，必由邻人及邻邑地内开渠者，官为断价置买，无许掯勒。山土宜广行垦辟，增种杂粮。查黔省山土既多未辟，收获惟恃稻田，应如所议。凡有可垦山土，俱报官勘验，或令业主自垦，或招佃共垦，按其勤惰，分别劝惩。其无业主之官山，一概招人认垦，官为立界，给照管业。至劝民随时播种杂粮之处，应令地方官，酌借谷种"③。"在云贵高原还分布有石灰岩岩溶山地，这些地区土壤易分化，植被遭破坏后，很易造成水土流失，再加上南方山区雨量丰沛，雨季常多暴雨，产生的径流量大，山区坡陡流急，侵蚀力强，因此，在植被破坏的山区，往往造成严重的水土流失……因山区地面

---

① （清）爱必达纂修：乾隆《黔南识略》卷9《丹江通判》，清光绪三十三年（1907）刻本。《嘉庆重修一统志》记载："丹江卫屯田五千二百七十四亩六分有奇。"
② （清）爱必达纂修：乾隆《黔南识略》卷9《都江通判》，清光绪三十三年（1907）刻本。都江厅驻军未有屯田，而军队进驻后，渐渐流散为民，亦就近开辟土地，未曾载入簿册。
③ 《清高宗实录》卷130，乾隆五年十一月癸酉条，中华书局1985年影印本，第10册，第900页。

崎岖有坡度，下雨后水流沿坡面下行，凡是裸露的土地都会或多或少有面蚀、沟蚀等水土流失现象发生，如遇暴雨，发生山洪，裸露的山地侵蚀危害更加严重。"①

"新疆六厅"山区半山区的垦殖造成"亚热带山地的结构性贫困"。蓝勇在对"亚热带山地的结构性贫困"的研究中指出："亚热带结构性贫困表现为三种旱地农作物，特别是玉米、马铃薯的大量种植，并向中高山推进后，高于25度的陡坡上垦殖，造成农业生态的破坏，水土流失加大，土坡肥力递减，使种植业的产出越来越少。清代中叶三种农作物的推广往往是以砍伐森林来种植的。"②乾隆六年（1741），内阁遵旨议准云南巡抚署贵州总督张广泗奏《黔省开垦田土饲蚕纺织栽植树木一折》。其中疏引水渠灌溉，则"自官为督劝后，各属请借工本开修水田者。如贵筑、施秉、余庆、仁怀、丹江厅等处，或现在开修，或已经工竣"。开山垦土，乃黔民资生的长策。张广泗奏称："凡陂头岭侧，有可播种杂粮者，无不刀耕火种，然不过就近增开，其离村稍远之官山，则不敢过问，应劝谕农民，尽力播种。"③同年七月，贵州总督张广泗奏："黔中无地非山，尽可储种材木，乃愚苗知伐而不知种，以致树木稀少，应劝谕民苗广行种植。"④乾隆皇帝谕准。毋庸置疑，"清代在巨大的人口压力下，对南方一些山区的自然资源过度开发，尤其是毁林开荒，陡坡开垦，盲目扩大耕地，掠夺式经营土地，造成严重的水土流失，因而使山区环境恶化，经济日益衰退和贫穷，这一历史教训是深刻的"⑤。

"新疆六厅"是清代在贵州苗疆地区的新移民垦殖区，清王朝在明代汉族移民垦殖的基础上，即"在旧移民增殖、新移民增多的情况下，向少数民族居住的农村和山区、半山区拓展"⑥。玉米的种植对贵州"新疆"地区生态环境的破坏最为严重。"清中叶各省流民开发山区，种植玉米，采伐林木等活动……闽、广、云、贵以及华北各省，无处无之。其对生态

---

① 张芳：《清代南方山区的水土流失及其防治措施》，《中国农史》1998年第2期。
② 蓝勇：《明清美洲农作物引进对亚热带山地结构性贫困形成的影响》，《中国农史》2001年第4期。
③ 《清高宗实录》卷105，乾隆六年七月丁亥条，中华书局1985年影印本，第10册，第219页。
④ 《清高宗实录》卷105，乾隆六年七月丁亥条，中华书局1985年影印本，第10册，第219页。
⑤ 张芳：《清代南方山区的水土流失及其防治措施》，《中国农史》1998年第2期。
⑥ 尤中：《中国西南民族史》，云南大学出版社2009年版，第443页。

环境的破坏力视境内之山区面积大小而定，只要有山林，莫不受到影响。我们可以毫不夸张地说，清中叶 100 余年，中国生态环境受到前所未有的、致命的破坏。其破坏的方式是经由下面几个步骤，第一，清初残留下来的一些森林，除了边陲地区者，在短短的时期内消失殆尽。第二，到处留下一片片的凸岭，在没有植被保护之下，一遭雨水冲刷，便泥沙俱下。第三，严重的水土流失使得下游河川淤塞不畅快，水灾的频率因而增加。第四，大量泥沙被雨水冲到平原上的良田了，使平原上的耕地缓慢沙化，生产力下降。"① 研究认为："驿道的开通、大道的延展、航道的整治与疏浚，打破了苗疆相对封闭的局面，尤其是清水江的大量木材外运，刺激了商品经济的发展。"但需要指出的是，清水江流域大量森林植被的砍伐，相应地加剧了这一地区水土流失的频次，森林植被涵养水源的功能性下降，洪涝灾害的不断发生，给生活在清水江地区的苗族及其他各族人民的生产生活造成了严重的冲击。

自雍正六年（1728）改土归流和客民进入垦殖以来，贵州便由清前期的"宽乡"逐渐变为"狭乡"，这一现象在黔东南广大苗族聚居"新疆"地方尤其明显，并进一步导致苗疆地方"佃众人稀"和抢耕问题严重，②土地争夺成为客民和"新疆"军屯户口、土著民族之间相互争夺的焦点。时任贵州巡抚罗绕典详细地揭示了人口压力转移和土地问题导致的社会矛盾的深层次根源：

> 其间客民之住居苗寨者，又较别地为多，盖其地虽有崇山峻岭，而两山之中每多平坝，溪流回绕，田悉膏腴，村墟鳞比，人户稠密，其富庶之象易起客民觊觎之心。且地利肥美，物产丰亨，山土种木棉，苗妇勤于织纺，杉木、茶林到处皆有，于是客民之贸易者、手艺者，邻省邻府接踵而来，此客民所以多也。然而开泰县所管八堡十五所，锦屏乡所管城内九甲、城外十二屯，自改卫为县时，军屯皆成土著，身住屯所，业落苗寨。视彼邻省邻府客民，跋涉相依，尤为捷便。况苗民家道既裕，又晓文义，族类蕃多，同气相助，间有力薄弃

---

① 赵冈：《中国历史上生态环境之变迁》，中国环境科学出版社 1996 年版，第 62 页。
② 袁轶峰：《清中期贵州的人口压力及相关问题》，《江西社会科学》2011 年第 11 期。

产之户，不待客民计议筹划，合寨有力苗民已将田土垄断而得，纵有可图之产，又为府县两属之土着平日眈眈于侧者捷足先登。客民始计未尝不借径于贸易、手艺窥视苗产，及至身入苗寨，已则势孤，竟无从得土田，故苗寨客民虽多于他地，而客民当买田土则又寥寥者也。①

事实上，清朝政府对贵州民族地区的屯垦计划早于康熙朝就已经有初步的考量。据《清实录》记载：康熙六年（1667）九月，湖广道御史萧震疏言："国用不敷之故，皆由于养兵。以岁费言之、杂项居其二，兵饷居其八。以兵饷言之，驻防之禁兵、藩兵居其二，绿旗兵又居其八。今黔蜀两省地多人少，诚行屯田之制，驻一郡之兵，即耕其郡之地。驻一县之兵，即耕其县之地。驻一乡之兵，即耕其乡之地。如此，则国家养兵之费既省，而两省荒田亦可渐辟矣。"② 改土归流后，贵州"新疆"地区土地的大面积垦殖，以及高产作物种植范围的不断拓展，使"新疆"地方大量的森林植被遭到毁灭性的采伐，生态环境的脆弱性急剧显现。因康熙和雍正朝时期鼓励垦殖而引发的苗疆地区的生态危机在乾隆朝时期间有突显，招徕移民屯垦造成的生态破坏和社会矛盾引发了清廷内部的重视，这从乾隆朝有关在苗疆地区进行屯垦的奏疏中能够找到证据。乾隆二年（1737）七月，奉上谕：据协办吏部尚书事务顾琮条奏："贵州于深山邃谷，招募屯田，尽夺生苗衣食之地，目今残败之余，潜居岩穴，觅食维艰。待至秋成，必聚众并命为变，残杀掳掠，不可不预筹也。"③ 乾隆皇帝认为，顾琮尚未熟悉贵州情形及"新疆"事务，而贵州巡抚张广泗时在任上，一切防范事宜自应筹划妥协，并晓谕顾琮可寄信与张广泗商酌"新疆"屯垦及防患未然之事。

清代前中期贵州现有耕地不能够满足人口生存需求时，就相应地需要通过发展旱地作物及其他渠道解决人口压力问题，而期间移民的不断进入和高产作物的持续引进，在扩大粮食产量和养活更多人口的同时，也相应地加剧了广大山区、半山区的生态危机，自然灾害的潜伏性和滞后性加剧了趋于内部自然规律和社会秩序的失衡，"特别当人口压力达到临界点时，

---

① （清）罗绕典纂修：《黔南职方纪略》卷6《黎平府》，清道光二十七年（1847）刻本。
② 《清圣祖实录》卷24，康熙六年九月戊申条，中华书局1985年影印本，第4册，第328页。
③ 《清高宗实录》卷46，乾隆二年七月丁亥条，中华书局1985年影印本，第9册，第793页。

就会导致社会秩序失衡"①。嘉道时期，贵州的荒地开垦已趋接近临界点，特别经过雍正和乾隆朝时期移民的大量垦辟，"新疆"地区的环境容量和人口承载量亦渐次趋于饱和，可接纳流民的能力不断降低甚至造成萎缩的状态，因争夺生存空间而造成"新疆"地方夷民和汉族矛盾的激化，从而影响到"新疆"社会秩序的平衡。曹树基认为："在东南地区，如果一个地区的移民数量较多，就意味着他们具备了与土著抗衡的力量，这一区域的土客冲突便显得激烈，就会长时期的延续，反之则不然。西南的情况也是如此，土著与移民的矛盾冲突在湘黔地区表现得最为尖锐和激烈。"②

三 清代贵州"新疆"地区自然灾害时空分布特征

"贵州广大的喀斯特地区由于地面森林覆盖率低，地表土壤储水保水能力差，地表缺水比较普遍，因此遇到大雨或者持续降雨又容易造成洪涝灾害。"③ 贵州"新疆"地方特殊的地形条件是台拱、八寨、古州、都江、清江、丹江各厅属地方水灾形成的驱动因素，而西南季风气候的推移所带来降雨量的减增相应地影响水灾发生的频次。自雍正朝改土归流后毁林垦殖的影响，贵州生态环境日益恶化，并增加了水灾发生的可能性，"新疆"地方"遇雨既涝"和"遇晴既旱"即是对周遭生态环境脆弱性的强烈感应。从相关文献和档案的记载中可知，清代贵州"新疆"地方自然灾害频发，其中主要以水灾为主，且多集中发生于乾隆朝时期，光绪朝和宣统朝偶有发生。总体上看，清代贵州"新疆"水旱灾害的发生对苗疆地方社会经济的发展造成了严重的破坏。

毋庸置疑，贵州"新疆"由于其自然地理环境的独特性存在，各厅属地方生态环境十分脆弱，尤其是不稳定大气环流和降水使"新疆"地方的水旱灾害呈现明显的集中性、严重性和独特性。灾害级别或者灾害等级是"对区域灾情定性和定量的描述和对比，是对区域灾情轻重程度的确定"④。"灾害多少、规模大小、灾情轻重是评估一个地区一定时期内灾害的三个

---

① 袁轶峰：《清中期贵州的人口压力及相关问题》，《江西社会科学》2011年第11期。
② 曹树基：《中国移民史》（第6卷），福建人民出版社1997年版，第148页。
③ 周承、彭法：《明代贵州自然灾害特征及其成因研究》，《农业考古》2013年第4期。
④ 郭强、陈兴民、张立汉：《灾害大百科》，山西人民出版社1996年版，第1091页。

主要指标,他们分别从一个方面量定灾害的等级、规模大小、灾情轻重,又是量化单次灾害的主要指标。"① 黔东南苗疆季风气候明显,夏秋季节雨量极其充沛,因而洪涝灾害发生的频率也就较高。"苗疆地竟恒多阴雨,俗有漏天之说,又曰:天无三日晴。秋冬之间亦有晴至五六日者,土人每诧为异事。"② 乾隆二年(1737)三月二十一日,贵州台拱厅属地方雷雨、冰雹骤至,小者如粟,大者如鸡卵,由于台拱镇城建设山巅,因风势甚猛损毁严重,"所有兵民草房并城楼、仓廒等项间有为风吹倒,并揭去瓦片者"③。台拱厅雷雹风等灾害夹杂而至,对厅属重要基础设施造成严重的损毁。乾隆七年(1742)四月,贵州因大雨猛骤,沿溪低洼田亩、房舍不无冲坏之处,贵州总督张广泗于六月二十八日奏称:"据思州府都江通判、黄平州、镇远县、平越县、安化县、婺川县先后据报,四月二十八九暨五月初一、二等日,因连日大雨绵骤,各所属村寨沿溪田亩间有被水冲压,每处或百余亩及数十亩、数亩不等。"④ 水灾造成田亩被冲刷或淤压,洪水对被灾地方民众生产和生活产生了严重的负面影响。

　　清代贵州"新疆"水灾的分布在年际上和季节上都有明显的区域性分布特征。由于"新疆"地方地处亚热带季风气候,季节性强降雨多集中在夏秋两季,因而"新疆六厅"所属地方江河流域的洪涝灾害也多发生在夏秋季节。乾隆《镇远府志》记载:"若贵州,或相隔不百里、五六十里、三四十里,而寒暖大异者,何也?高则寒,低则暖,渐高渐寒,渐低渐暖。然古州最酷热,不闻地势低于黎平、都匀、乌撒,最酷寒不闻地高于习安、大定。大抵古州山势最狭,而近河乌撒、近旱海地多沮濡,故也。是一方亦有燥湿不同者。至瘴疠气,往时无处无之,近则承平日久,田土开辟,深林密箐,斫伐无余,镇远以西,偏桥以北,绝无此患矣。"⑤ 贵州到处皆山,或府县营汛地方,间有溪河可通路者,两岸多系高山夹峙,不过中流一线,且势随山转,曲折回环,偶值春夏雨水猛大,河身狭小,下

---

① 张建民、宋俭:《灾害历史学》,湖南人民出版社1998年版,第98页。
② (清)徐家干辑:《苗疆闻见录》卷下《苗疆地势》,贵州人民出版社1997年版,第159页。
③ 中国科学院地理科学与资源研究所、中国第一历史档案馆编:《清代奏折汇编——农业·环境》,商务印书馆2005年版,第13页。
④ 中国第一历史档案馆,《清代灾赈档案专题史料》第60盘,第178—179页。
⑤ (清)蔡宗建修,(清)龚传绅纂:乾隆《镇远府志》卷7《气候志》,清乾隆五十六年(1791)年刻本。

流宣泄不及，溪水随时泛溢。乾隆十三年（1748）六月二十二日，古州镇城河下因连日雨水迭沛，河水陡涨，将城外沿河两岸民房淹没，并城内低下之处亦有营房被淹受损。乾隆十三年（1748）闰七月初八日，署贵州古州镇总兵冷文瑞奏："惟沿河低处之田，被淹约数十余亩。"① 乾隆十三年（1748）十一月初四日，据贵州布政使恒文奏：本年自夏至秋，"古州、都江一带大雨时行，山水陡长，一时宣泄不及田舍被淹，城垣间有冲损"②。贵州"新疆六厅"区域内小气候的变化以及地形地貌的差异与水旱灾害发生的频率息息相关，如古州低狭的地势，往往在雨季容易引发洪涝灾害。

　　清朝中期，由于长江中游平原地区垦殖殆尽，在人口剧增的压力下，无地贫民便迁徙向广大的山区找寻寄宿之地。玉米、番薯等高产作物的引进和推广种植驱动了山区开发的进程，诸如云贵两省山区半山区都相继出现了垦山的高潮③。"明清时期玉米、马铃薯、红薯的传入和推广除了有极积意义的一面外，还存在许多负面影响。其负面影响是为清代'人口奇迹'创造了基本条件，使南方亚热带山区形成了结构性的贫困，制约了亚热带山区商品经济发展，从而影响了资本原始积累……影响了社会进步。"④ 贵州"新疆"地方洪涝灾害的贫乏及其易损性所造成的损失，即是亚热带结构性贫困的重要表征。乾隆十四年（1749）五月十二、十三等日，古州厅连沛大雨，古州兵备道协同古州镇官员亲往古州河道江干视察，因水势渐长，雨尚未止，勘灾大员"督令街民搬运货物入城"。乾隆十四年（1749）六月二十日，贵州巡抚爱必达奏报房屋倒塌情况："其余兵民房屋、草棚等项，并附近古州之下江地方被淹及冲塌者，计二百余间。淹坏沿江军田八十余亩。又下江冲倒城垣十余丈，并查得该江上游都江通判所属冲坏塘房六坐、兵民房屋七十余间，逼近江边田亩亦间被

---

① 水利电力部水管司、水利水电科学研究院编：《清代珠江韩江洪涝档案史料》，中华书局1988年版，第79页。
② 水利电力部水管司科技司、水利水电科学研究院编：《清代长江流域西南国际河流洪涝档案史料》，中华书局1991年版，第289页。
③ 方行、经君健、魏金玉主编：《中国经济通史·清代经济卷》（上册），经济日报出版社2000年版，第135页。
④ 蓝勇：《明清美洲农作物引进对亚热带山地结构性贫困形成的影响》，《中国农史》2001年第4期。

淹浸。"①

　　乾隆十八年（1753）六月初二日，古州地方五月连雨水涨，因溪河陡窄，宣泄不及，研习村堡内间有漫溢。署贵州巡抚定长奏报："据署古州同知等复称，该处居民早知水势涨发，预行搬移，人口、牲畜、什物并无损伤。其被水田地不过数十亩及一二顷不等，……并不成灾。"②乾隆四十四年（1779）七月初六、初七等日，古州地方阴雨连绵，复于十二日至十三日大雨滂沱，山水泛涨，古州城外东南隅都江、车江、溶江三水汇流之处，因山高河窄，一时宣泄不及，涌起的洪水淹没南门外教场、水师营房，及东门外河街一带。八月初一日，贵州提督总兵官敖成奏："接准古州镇总兵官乌大经札称，……当即差弁前往上下所属各营汛塘，查看有无被水。嗣据差弁查复，近河之上江协城垣高阜，惟坡下之水手兵房被水冲塌十一间，民房亦伤损二十余间……演武厅三间，旗台甬壁附近河边尽行冲去。打略汛冲去演武厅一间，营房五间，民房数间。"③此外，洪流还将教场、演武厅、照壁、将台以及南门外水师营房尽行冲去，木瓦无存。古州厅西南两门沿河居民铺户，冲去草房数间，瓦房三间。

　　赵冈对中国生态环境变迁的研究指出："明中叶自外国引进玉米品种以后，中国农业史上出现了个重大的转折点……导致乾、嘉两朝大量流民涌进山区……他们到人迹罕至的无主深山里，以最野蛮的方式，破坏了森林，种植蓝靛及玉米，尤以玉米为主。在高坡度的山区里铲除了天然植被，改植农作物，会立即导致水土流失。"④乾隆三十五年（1770）闰五月十八日，古州厅地方大雨竟日，溪水陡涨丈余，厅属寨麻寨傍临溪河，营房、公馆、铺店、民房被水冲没，人口亦有损伤。自寨麻寨以下利洞、丰登凹民田并相连八匡之兴隆、忠诚、安乐等堡屯田俱被水淹，洪水冲坏八匡堤埂石桥。五月二十一日，贵州巡抚宫兆麟奏："据该县申称，查勘寨麻寨沿溪营房公馆铺店民房被水冲没六十九间，又冲去八匡庙宇店民房

---

① 水利电力部水管司、水利水电科学研究院编：《清代珠江韩江洪涝档案史料》，中华书局1988年版，第80页。
② 水利电力部水管司、水利水电科学研究院编：《清代珠江韩江洪涝档案史料》，中华书局1988年版，第87页。
③ 水利电力部水管司、水利水电科学研究院编：《清代珠江韩江洪涝档案史料》，中华书局1988年版，第101页。
④ 赵冈：《中国历史上生态环境之变迁》，中国环境科学出版社1996年版，第27页。

屋共三十七间,淹死客民男妇塘兵眷属共五十三名口。"① 此外,八匡冲堤埂二道、大石桥一座俱被冲塌,当前急难修复。乾隆四十八年(1783),"古州大水,河街城内俱被水淹"②。宣统三年(1911)闰六月,贵州清江雨水过多,贵州巡抚沈瑜庆奏:五月份贵阳、安顺、兴义、大定、遵义、都匀、镇远、思南、石阡、思州、铜仁、黎平十二府,平越一直隶州,松桃一直隶厅,先后得雨六七次至二十一次不等,"清江厅属田亩则冲刷勘多"③。清代贵州"新疆"地方历史灾害的文献记载兼具抽象性和描述性的特点,有关水灾的史料记述具有趋同性,但从"新疆"不同时空范围内水灾反映的情况可知,水灾的频次与水灾强度整体上呈现出正相关的关系,且不同年份水灾的季节发生频率亦具有较大的趋同性。

四 清代贵州"新疆"地区的自然灾害应急响应

清雍正朝时期,清朝中央政府自上而下地在贵州苗疆地区开展大规模的改土归流,其根本目的在于剪灭盘踞地方的土司势力,消除苗蛮长期以来处于"化外""边缘"的状态。流官政治在苗疆地区的推行,有效地维护了清廷各项政治、经济、文化等措施在"新疆六厅"的落地生根。荒政制度作为清朝国家政治体制之下维护地方社会秩序的一项重要制度,在清代苗疆改土归流后的苗族聚居地方亦得到具体实施,为灾荒赈济的有序开展奠定了前提。

贵州"新疆"仓储备荒机制完善。改土归流后,张广泗秉承清朝中央政府在黔东南苗疆地方的施政之策,大力开发"新疆",进一步加强了清廷对这一地区的直接统治,"新疆"地方的政治体制与内地几乎保持一致,巩固了统一多民族国家的发展进程。"新疆"地方的屯垦,其中的一个重要目的是预筹积储,以备军需和灾荒赈济之用。在张广泗的努力下,屯田制度在"新疆"的推行促进了农业的发展,为积贮粮食提供了便利。雍正十年(1732)闰五月,大学士等遵旨议覆:贵州巡抚张广泗条奏古州善后

---

① 中国第一历史档案馆,《清代灾赈档案专题史料》第56盘,第990页。
② (清)俞渭修,(清)陈瑜纂:光绪《黎平府志》卷1《天文志·祥异》,清光绪十八年(1892)刻本。
③ 水利电力部水管司科技司、水利水电科学研究院编:《清代长江流域西南国际河流洪涝档案史料》,中华书局1991年版,第1211页。

事宜四款，其中一条有关仓储积储，即"古州等处积贮，最关紧要，请分别镇营，各贮米石，责成该管同知通判县丞等经管"①。贵州镇远府所属黄平州产米供过于求，除自给自足外，"岁拨运镇远府兵米二千六百一十三石有奇，余米供支黄平营兵粮及廪生、寒生、孤贫等米。常平仓实贮谷三万零九百二十一石有奇"②。乾隆三年（1738），张广泗奏称："今苗疆设立屯户，人口益多，……惟年岁丰歉靡常，或遇歉薄，或值青黄不接，则屯军之艰食堪虞，请照屯堡之多寡，以每户三旦计算，统计新疆内安屯九千余户，共需米二万七千余旦，应俟秋成后动帑发交各该管厅员，或于附近水次，或于邻近产米之处，照依时价，买卖，运贮各屯堡，饬内令各该卫弁收贮，以备赈借平粜。"③ 不难看出，雍正乾隆朝时期，改土归流后的"新疆"地方仓储备荒机制初具雏形，仓贮米粮大充盈为"新疆"防灾减灾铺平了道路。

事实上，改土归流后的"新疆"屯政与交通的开发紧密相连，如疏浚河道不仅有助于打破"新疆"地方的封闭状态，同时也有利于官兵、灾民口粮等物资的转运。长期以来的"水路不通，陆路甚险"阻滞了苗疆地方的商贾往来贸易和财货流通，而日积月累的疏浚和导引则是云贵地区的"永远之利"。因清水江、都柳江的壅塞导致黔东南苗疆改土归流后政治和军事治理所需日常粮食难以迅速拨补，鄂尔泰和张广泗于雍正七年（1729）十二月将这一情形奏闻雍正皇帝："提请开浚河道，自都匀府至湖广黔阳县，总一千零二十余里，遄行无阻"④，但因军事推进被搁置。雍正十三年（1735），清水江支流至台拱厅欧家寨小河得到疏通，此后，清水江和都柳江的开凿和疏浚一直持续到乾隆年间，直至两江相联通⑤。另外，"新疆"腹内众多小河流的疏浚有助于减轻洪水压力，在洪流消退后亦得到不同程度的疏挖。例如，乾隆十三年（1748）七月二十五日，贵州巡抚

---

① 《清世宗实录》卷119，雍正十年闰五月庚寅条，中华书局1985年影印本，第8册，第575页。

② （清）爱必达：《黔南识略》卷15《黄平州》，清光绪三十三年（1907）刻本。

③ 中国第一历史档案馆、中国人民大学清史研究所、贵州省档案馆：《清代前期苗民起义档案史料汇编》（上册），光明日报出版社1987年版，第227—228页。

④ 刘世显、谷正伦修，任可澄纂：《贵州通志·前事志》，民国三十七年（1948）贵阳书局铅印本。

⑤ 张露：《雍正朝黔东南"新疆六厅"的治理研究》，硕士学位论文，吉首大学，2018年，第21页。

爱必达奏："据古州同知具报，因六月十九至二十二等日连雨，山水骤发，自沿河直至城内，当即拨船救渡，居民俱免损伤。惟沿河村寨田亩被淹，及营房、民舍、城汛、墙垣俱有坍损。"此次一同受灾的还有都江通判地方，沿溪田禾、庐舍被淹，城垣被冲损。根据古州厅官勘察灾情禀称，厅属下江、朗洞及左右卫等处，水冲田分别仅有六七十亩，其中挑复后即可补种杂粮者十居八九。而砂石冲压需人工垦复者只有右卫等处田数十亩。"现在督率开挖，均不成灾。至坍塌房屋，分别瓦草房，给资修盖，以安室家。各汛营房及古州、下江、台拱、都江等处城汛墙垣，俟估计请修。"①

贵州"新疆"报灾检灾制度组织严密。中国自古以来就以农立国、以农为本，历代统治者对荒政工作的重视，在报灾和检灾这一重要环节中得到体现。清代在历代报灾检灾的基础上，进一步将其制度化和规范化，并在灾赈实践中得到具体运用。乾隆十二年（1747）云贵总督张允随奏："黔省台拱、天柱、古州、下江等处秋禾被旱，现委员查勘，酌量接济"。奏疏后得到乾隆皇帝的恩旨："览奏欣慰。至台拱、古州乃苗疆要地，彼处缺雨，恐顽苗乘此新易总督之时，故智复萌，一切卿宜留心。"② 台拱、古州等苗疆地方的灾情能够及时上达清廷，乾隆皇帝御批审时度势筹划边疆要务，说明灾情备受关注。乾隆十四年（1749）八月十二日，张允随奏称："黔省古州、都江、下江、桐梓等处，山水骤发，田庐被淹。"③ 乾隆十四年（1749）五月十二至十四等日，古州地方阴雨连绵，昼夜不歇，十四日山水陡发，江流泛涨阻截下粤水口，以致淹浸南郊校场、东关河街客铺、塘房，暨南关靠河之水手兵丁住屋。五月二十一日，贵州古州镇总兵官哈尚德奏称："臣于十四日清晨登城而望，见水势骤长，随传谕河街、南关兵民，即速搬运进城，兵民俱获无恙。其塘房墙壁、营房门窗，间有

---

① 水利电力部水管司、水利水电科学研究院编：《清代珠江韩江洪涝档案史料》，中华书局1988年版，第78页。
② 《清高宗实录》卷297，乾隆十二年八月丁亥条，中华书局1985年影印本，第12册，第893—894页。
③ 水利电力部水管司科技司、水利水电科学研究院编：《清代长江流域西南国际河流洪涝档案史料》，中华书局1991年版，第301页。

冲倒及倾坏者。"① 从文献记载可知, 改土归流后贵州"新疆"地方灾情奏报制度基本上都得到了较好地贯彻和执行, 诸如古州总官兵以及云贵总督的层层报灾, 为清廷及时了解直省地方灾情和民瘼提供了翔实的信息情报, 地方要员在灾情勘察中无不分别人口和财产损失情形如实奏覆, 有助于厘清被灾地方所需赈抚的轻重缓急程度, 为进一步开展救灾提供了确切的依据。

开展灾荒赈济以恢复农业生产。清代贵州"新疆"地方不断遭受水灾的袭扰, 居民房屋被冲塌, 粮田被泥沙覆压, 导致秋收歉薄, 灾民口粮大幅减少, 为保证正常的农业生产, 清政府云南和贵州当局积极开展赈抚, 对遭受洪灾的地方分别轻重缓急予以赈济。例如, 道光十三年(1833)七月初五日, 内阁奉上谕: "嵩溥奏古州等处被水委员查勘抚恤一折。贵州省古州、兴义、都江、下江四处于五月初间先后被雨成灾, 业经该抚委员分往勘抚。惟念该处被水过大, 淹毙人口, 冲坏田庐, 情堪悯恻, 著该抚遴委妥员, 实力查勘, 分别抚恤, 务期实惠及民。"② 道光十四年(1834)二月十六日, 内阁奉上谕: "前因嵩溥覆奏贵州省被水地方量为接济, 甚不明晰, 当经降旨饬令迅速查明, 详晰覆奏。兹据奏称古州、都江二厅上年被水较重, 当兹青黄不接之时, 民力未免拮据, 加恩着照所请。古州厅被水田土, 准其每垧借给籽种谷五升, 即在该厅常平仓内借给谷二千二百九十八石零, 秋收后免息还仓。都江厅无地贫民, 准其碾动常平仓谷一千石, 减价平粜, 秋后买补还仓。"③ 乾隆十四年(1749)八月二十二, 贵州巡抚爱必达奏: "古州、仁怀被水处所, 虽间有沙石壅淤, 本年不能垦复者, 原属无几, 业已赈恤得所。"④ 光绪四年(1878)夏, 贵州雨水较多, 古州、丹江等地方被水严重, 七月二十八日, 贵州巡抚黎培敬奏: "据该司道详履查明, 古州各属近河及低洼之处, 被水冲坏房屋、田亩颇多, 其沙壅田土亦属不少。业已分别被灾轻重妥为赈济。"⑤ 乾隆十四年

---

① 水利电力部水管司、水利水电科学研究院编:《清代珠江韩江洪涝档案史料》, 中华书局1988年版, 第80页。
② 中国第一历史档案馆, 军机处上谕档, 道光十三年七月初五日第3条, 盒号982, 册号1。
③ 中国第一历史档案馆, 军机处上谕档, 道光十四年二月十六日第4条, 盒号985, 册号2。
④ 水利电力部水管司科技司、水利水电科学研究院编:《清代长江流域西南国际河流洪涝档案史料》, 中华书局1991年版, 第300页。
⑤ 水利电力部水管司科技司、水利水电科学研究院编:《清代长江流域西南国际河流洪涝档案史料》, 中华书局1991年版, 第971页。

· 429 ·

(1749）八月中旬，贵州巡抚臣爱必达于稻粱成熟之后察看田禾情形，奏称："据上下两游各属禀报早稻据在收割，晚稻山种亦皆结实，其古州仁怀被水处所虽间有沙石壅淤，本年不能垦复者原属无几，业已赈恤得所，至可以垦复之土，当经补种杂粮。"①

在救灾举措中，以国家财力和物力为基础，最为直接和最为有效的赈济手段莫过于钱粮赈济。清代贵州苗疆地区在改土归流后被纳入中央政府的管辖范围之内，府、厅、州、县这一套全国统一的行政建置得以在苗疆地区推行，知府、知州的派驻强化了对苗疆地区的治理，同时也允许保留和新设众多小土官土弁，分别隶属各府厅县统领，流官与土官土弁共存局面的形成，为清政府对黔东南苗疆地区的深入管控提供了便利，既满足内地文化传播、国家赈抚恤困的需要，也初步达到"新疆"政治体制与中央政体的高度融合和统一。清代贵州"新疆"自然灾害发生期间，清朝中央政府、云南及贵州地方政府遵依"以农为本"的政策，根据荒政制度及时开展灾荒赈济，都令被灾地方修复城垣、疏通河道、挑复田土，鼓励灾民补种杂粮，妥筹抚恤灾民，为"新疆"地方被灾黎庶复业提供了坚强的后盾。灾荒赈济作为国家治理"新疆"的一项重要手段之一，较大程度上推动了黔东南苗疆地方各族人民对清朝中央政府及中原文化的广泛认同，为清朝中央政权加强对苗疆地区的经营和管理奠定了前提。

清朝荒政制度在贵州"新疆"地区的施行，其作为清代国家统辖苗疆地区的重要工具和方式，尤其是灾赈措施在国家政治和军事手段的基础上得以有效实施，为清朝中央政权经营西南边疆地区创造了条件。清代云贵地区的灾荒赈济在实现拯救灾民和维护地方社会秩序的同时，既达到了赈饥养民的效果，亦稳步地推进了苗族聚居地区社会的深入治理和对灾黎的妥善抚绥，使清朝国家灾荒赈济从根本上实现了"固本安边"的效用。

---

① （清）爱必达：《奏报贵州省本年八月中旬雨水禾稼情形事》（乾隆十四年八月二十二日），中国第一历史档案馆，朱批奏折，档号：04-01-22-0028-007。

第七章　清代云贵地区灾赈实践的区域联动效应

"国家施仁、养民为首",清代云贵地区自然灾害频发后,国家荒政制度的施行,使历次灾赈活动得以次第举行。在灾赈期间,云南和贵州毗邻省区赈灾物资的应急调拨和补给,使云南和贵州与四川、湖北、湖南、广西等周边地区经济得以融通,并促进了国家灾赈资源的广泛流动。"国家干预"作为清代云贵地区灾赈期间社会治理的重要举措,使中央政权"恤民养民"的赈济理念得到切实践行,灾赈实践路径的多元化为国家强化对乡村基层社会的控制提供了必要前提,并不同程度地推进了灾赈实践的区域协调联动。迨至"嘉道中衰",面对清朝国家府库空虚的窘况,荒政制度亦随国家政治和经济的没落而走向弊坏,尽管清代国家的灾赈事业逐渐黯然失色,但国家仍在灾荒赈济中起着主导作用。清光绪和宣统朝时期,清代国家荒政失位使灾荒赈济面临重重困境,在传统与近代的变迁与交融中,灾荒赈济面临向近代化转型的过程,其中以云南的灾赈近代化转向最为明显。在清代国家的积极引导下,光宣时期云南的灾荒赈济呈现出灾赈方式的多元化和灾赈力量的多样化的特点,灾赈期间云南同周边地区及外界的联动融通,为晚清云贵地区的社会治理取得重要进展提供了条件。

第一节　清代云贵地区灾赈实践的区域协同联动

清代云贵地区的灾荒赈济受云南和贵州两省地理位置、交通条件、农业产出、仓储建设和社会发展等各种因素的限制,在国家主导的赈灾模式之余,通常需要邻近省份在救灾物资上提供大力援助,并由此促进了国家主导赈灾向国家与社会协同赈济的转变,灾荒赈济的区域协同联动效应使西南边疆地区的"社会协同治理共振"效应日益凸显。

一 云贵地区灾赈物资的应急调运和供给

清代云贵地区自然灾害的频发，对农业生产产生了根本性的破坏，大范围的干旱或是洪涝灾害的集中性发生，使农业生产基本资料变得极其脆弱，田亩禾稼的受损导致秋成歉薄甚至绝收，最终造成生产不足。由此引发的自然生态系统和生命生态系统之间物质的转化和能量的流动出现中断抑或是间断性的衰竭，并使灾后农业再生产力恢复过程面临崩溃的困境，用于维持劳动力再生产物质资料的损耗不同程度地加剧了粮食作物的减产，灾荒与饥馑交错叠加，原本自然地理环境较为封闭的云贵地区不得不向外寻求赈灾钱粮的供给，以度时艰。

清代云贵地区灾荒期间所需粮食的借拨和调运，充分运用了中国古代调粟赈灾救民的主要措施。具体而言，所谓调粟，指的是灾荒期间，由官府主导调拨赈灾所需粮食，以救济灾民之急需。其主要包括移民就粟、移粟就民和平粜齐物。据《周礼·地官·大司徒》载："大荒、大札，则令邦国移民、通财、舍禁、薄征、缓刑。"《周礼·地官·廪人》载："若食不能二人飻，则令邦国移民就谷。"中国灾赈调粟的思想源远流长，孟子云："河内凶，则移其民于河东，移其粟于河内。河东凶亦然。"[①] 但历史时期中国较少举行移民就粟之策，因为相对于把灾民迁到产粮区或是其他作物丰产区而言，移粟救民更为易于操办。清代云贵两省粮食需求的对外依赖性较强，尤其是灾荒期间粮食的供求关系受地方仓储丰盈程度、邻封富庶与否，以及交通运输耗费的多重影响，米谷的转运就相应地成为灾荒期间调粟赈济最为棘手的问题，因此省内府州一级府州之间、府县之间，甚至是县级因灾赈所需而开展粮食调运和支援的情况易为常见。

文献记载，滇省僻处极边，山多田少，民间既鲜盖藏，亦复罕通商贩，一遇歉收，米价必至腾贵。乾隆元年（1736），滇省晚稻被伤，收成歉薄，兵民口粮欠缺。乾隆元年（1736）十一月二十二日，云南巡抚张允随奏称："只幸数年以来，每于秋收之后饬催各属乘时买补仓粮，均皆实贮。现今各有米谷足资调剂，首从省城办理。"他称，云南大理府为提臣

---

① （战国）孟子：《孟子》卷1《梁惠王上》，万丽华、蓝旭译注，中华书局2007年版，第5页。

驻扎重地,兵民杂处,业经饬动府县仓粮一万石发粜,以平市价。针对其余各府州县市米依旧昂贵者,张允随饬令减价平粜,"仓贮不敷者,另将附近余粮拨运接济"。元江、他郎两厅系极边重地,昭通、鲁甸两属新辟夷疆,猓民最为穷苦,张允随委员赍银分往各处速买籽种,以助春耕,并采买米、荞,以供赈粜,"其各处兵粮除仓贮有余足敷支给者不议外,如临安、普洱等处每岁原资附近州县拨运,今因应拨州县内停征折多无米可拨,议将本地存仓米石尽数支放"①。档案中明确记载了滇南临安府和普洱府灾年赈粜粮食需邻近州县拨运接济的实情,这表明清代云南州县之间官府主导的粮食流通是一种常态。

"清代调粟不仅有临灾调拨,也有根据各省粮食存贮情况预先调运,具有储粮备荒的作用,这种调粟既有省内协济,又有跨省调运,数额巨大,接济地区广泛,是一种十分有效的救灾措施。"②滇黔本非沃区,清代云贵两省广大山区半山区粮食种植仅处于传统中国农村经济发展中的一种半自给自足的状态,并不能在灾荒频仍之际敷给饥民口粮,因而紧急赈灾之米粮供应只能仰给邻封湖南、湖北以及四川等产量大区,是为灾赈粮食调运省与省之间互动的重要可行性路径。文献记载:顺治十七年(1660),贵州旱灾,巡抚卞三元"调运湖广米三千石,以赈之"③,藉此赈济贫乏。迤东之昭通、东川两府为乾隆朝新辟夷疆,素来产米无多,兼因地产银铜,各省走厂商民以及运铜脚户云集辐辏,食米浩繁,虽丰收之年,米价亦倍于他省,目今每米一仓石价至三两二三钱,兵民日食正常供给尤为艰难。乾隆初年,昭东两府其挨山傍箐、地寒水冷处所稻谷偶遭阴雨损伤,云南总督兼管巡抚事务臣张允随实地踏勘,成灾牵算约在六分以上,并考虑预先筹备来岁青黄不接时的米粮。尽管此期云南省各府虽获丰收,米价渐减,但境内跬步皆山,不通舟楫,运输程途俱在十余站之外,驮运之费,倍于米价,不能望其接济。金沙江上游工程业已告竣,下游亦将次兴修,从四川土田衍沃和产米有余之地购买粮食运入昭东更为便捷,张允随

---

① (清)张允随:《奏为办理云南府等各属平粜赈抚事宜事》(乾隆元年十一月二十二日),中国第一历史档案馆,朱批奏折,档号:01-08627。
② 叶依能:《清代荒政述论》,《中国农史》1998年第4期。
③ (清)周作楫修,(清)萧琯等纂:道光《贵阳府志》卷40《五行略》,清咸丰二年(1852)刻本。

行令云南布政使阿兰泰会同粮储道宫尔劝、迤东道宋寿图公同查议,从铜息项下动银二万两,发交驻扎四川永宁转运京铜之同知谷确,分遣亲信人役在于川东一带地方公平市买米一万石,雇募船只于此年春水涨以前运回滇省,"以多半运至永善县之黄草坪,以少半运至大关眼睛渡转运,以备青黄不接时平粜之用"①。昭通府和东川府皆位居滇东北,与川省毗邻,凭借金沙江和长江航运输送米粮,较从云南省腹地调拨更为便利。

清朝中央政府能够在有限的时间内集中全国的人力和财力驱动粮食物资调运系统的运转,完备的荒政制度及救灾体系为区际调运粮食和拯救饥民提供了法制保障。据档案记载,云南省绿营兵自奏准按年裁减以后,各处征放兵米均有赢余,云贵总督丁振铎于光绪三十一年(1905)会商司道,并通饬各属将应征兵米支给现存各兵,其余均改征谷石,按照一米二谷,分别存储,以备不时之需。光绪三十二年(1906),云南亢旱成灾,秋收失望,而入春以来豆麦复受损作困,饥民嗷嗷,朝不谋夕。丁振铎奏称:"虽经两次奉谕旨饬部拨款赈济,并由司库极力筹款,派员分赴越南及川黔筹米,来买米石,赈粜兼施,无如灾区过广,人数众多,待赈之日方长,非第来买不易,而陆远尤绍艰难,恒未能源源接济,焦思苦虑,莫展一筹。惟各属改征之谷石,通盘核算,计应存三万六百七十九石零,以之碾运灾区,亦足济来买之匮乏,因即通饬各万州县一律遵办,并准其列入交代,照数开除,将来由赈粜案内列款造销,以清眉目,而昭核实。"②关于漕粮救荒,《救荒策》记载:"地方大饥,或有本地应解粮米及他处经过米船,不妨权留赈济,然后申报,秋熟即行籴偿。在朝廷不过缓数月之粮,在百姓即活数万人至命,虽以专制贾罪,又何妨哉!"③ "地方荒歉,民间乏食,全以多筹米粮为要。"④《荒政考》记载:"惟是遇有凶荒,有司须力请于监司,监司则力请于朝廷,或留上供之运输,或截留漕米,如

---

① (清)张允随:《奏报动支铜息项下银两采买川东谷石接济昭东两府折》,中国第一历史档案馆,宫中朱批财政第1127函第17号,档号:01-02638。
② (清)丁振铎:《奏为滇省灾情过重各属征存谷石碾米迈济清救邵立案事抄奏》(光绪三十三年四月二十九日),中国第一历史档案馆,录副奏折,档号:03-5610-014。
③ (清)魏禧撰、(清)俞森辑:《救荒策》,载李文海、夏明方主编《中国荒政全书》(第2辑·第1卷),北京古籍出版社2003年版,第13页。
④ (清)尹继善:《奏请截留漕米以济民食折》(乾隆十年九月二十二日),中国第一历史档案馆,朱批奏折。

前代举行故事。"①《钦定康济录》记载：明代储巏与都御史书有云："目前救荒，简便应急，百方以思，莫如截留漕运之米为善。"② 尽管清代漕粮作为"天庾正供"例不它用，但康熙和雍正朝后，清政府还是突破定例的限制，将漕粮截拨存留地方和调拨他处另用，或充实地方仓储，或用于赈恤平粜，漕粮截拨因此成为供给朝廷日常消费之外的一种有效应急机制③。

贵州系无漕粮之省份，但由于邻近楚省，因而灾荒期间往往需要清政截留楚漕加以接济和赈抚。乾隆元年（1736），鸿胪寺少卿臣晏斯盛称，贵州省镇远府清平县等州县所属地方屡蒙世宗宪皇帝发帑赈抚，远迩闻风渐次还集待赈。而目前黔省军务未竣，饷糈浩繁，米价比较渐昂，东作方兴，西成尚远，民间实属拮据，兼以黄平州各处既经蹂躏，遵义、思南、石阡三府亦复歉收，且四川和广西两省近黔州县目前米价亦昂，采买兵民所需粮石俱艰。雍正朝黔省军兴以来，仰荷圣谟截留楚漕，运济糗粮不匮，士马饱腾，苗气渐次消沮，休养民依更需加以调剂。晏斯盛认为，粟贵则酌行平粜以贱之具有成法，若推广留漕，皇仁量计预借拨运平粜之方，足以裕民食而抑市价，并奏请"以湘湖瞿蜀附近贵州府州县所贮常平仓米拨给五万石，运交镇远、思州、铜仁、思南、石阡等府州县，水次交接，均分四乡减价平粜，以本年府州县应输漕米征留抵还，则所停漕储无多，而黔人户沾实惠矣。至借动常平米石，既请截漕征抵，不烦采买还项，将来黔中粜易之价，即充贵州军需，第于楚省应解协饷内扣清，报部并解，补往返之费，亦可撙节也"④。诚然，历次灾荒赈济，云贵督抚不遗余力从邻省借调或购买米谷，藉以平粜市价和赈恤贫乏。正如魏丕信所言："18世纪的集权化官僚政府能够集聚和利用如此大量的资源，并能够进行粮食和资金的区际调运，这使其有可能独立承担起大规模的、长时期的救灾活动。"⑤

---

① （清）王心敬辑：《荒政考》，载李文海、夏明方主编《中国荒政全书》（第2辑·第1卷），北京古籍出版社2003年版，第193页。

② （清）陆曾禹：《钦定康济录》卷2《先事之政》，载李文海、夏明方主编《中国荒政全书》（第2辑·第1卷），北京古籍出版社2003年版，第282页。

③ 吴琦、王玲：《一种有效的应急机制：清代的漕粮截拨》，《中国社会经济史研究》2013年第1期。

④ （清）晏斯盛：《奏请贵州酌筹平粜仓米缘由折》（乾隆元年二月初六日），中国第一历史档案馆，朱批奏折，档号：01-01844。

⑤ ［法］魏丕信：《十八世纪中国的官僚制度与荒政》，徐建青译，江苏人民出版社2006年版，第264页。

滇省僻处极边，山多田少，民间既鲜盖藏，亦复罕通商贩，一遇歉收，米价必至腾贵。乾隆元年，滇省晚稻被伤，收成歉薄，云南巡抚张允随允准将民间应纳秋粮缓征。云南广西府鼓铸运京钱局工匠人役岁需食米一万余石，因附近各处歉收，难以采买。张允随奏称："查粤西之土黄等处收成丰稔，距广西府不远，亦经于司库酌拨银两，委员赴粤买运，并咨明粤省在案。"① 云南昆明、昭通、宣威等州县所存粮食不敷赈给，张允随饬令前往与贵州毗连之处采买运回。档案记载，乾隆二年，贵州总督兼管巡抚事务张广泗在奏报贵州荒歉及米价的折中称："大定府所属地方邻近云南之昭通、宣威等处，安顺、南笼二府所属地方接壤云南之曲靖沾、益等处。上年（乾隆元年）滇省有秋歉薄之处，尚俱纷纷赴大定、安顺、南笼所属地方采买接济。"②

贵州接壤湖南，接近湖北，从两省有水陆可通往黄平、都匀，是快速转运粮食的重要通道。乾隆二年（1737），张广泗奏称："查黔省自军兴以来，凡属赈米军储，悉藉资于楚南、粤西二省协济，通共前后咨拨过粤米一十三万余石，楚米三十三万余石，自雍正十三年（1735）五六月报运起至本年二月内，始转运通完"③，贵州从湖南、湖北历经两年购买转运大量粮石，较大程度上补充了灾荒赈济和军需米粮的需求。乾隆三年（1738）九月，贵州督臣张广泗以古州下江朗洞等处系苗疆要地，设有重兵防守，仓粮宜多为存贮，委员赍银一万五千两赴粤西柳州府、庆远府采买米石。广西巡抚臣杨超曾认为，现在委员候补同知宋祐于粤西近水各属多方购买，约已得数千石，而粤省并无现成米石，必须买谷自行碾运，今运米一万八千余石，即需谷将及四万石，柳庆一隅之地出产有限，该二府各属今冬应买补仓储已不下十万石，民间骤闻邻省差赍多金远来收买，闭粜居奇市价，必有昂贵之势，且委员零星购买，旷日持久，亦多繁费。他奏称："思柳州府仓现在尚有贮谷三万六千余石，可以通融，除委员买有成数之外，其不足之数，即于府仓内支出，先行碾运回黔，将谷价归还府库，令

---

① （清）张允随：《奏为办理云南府等各属平粜赈抚事宜事》（乾隆元年十一月二十二日），中国第一历史档案馆，朱批奏折，档号：01-08627。
② （清）张广泗：《奏为遵议监察御史朱凤英请敕贵州督抚详查荒情米价分别赈恤及修筑城垣折事》（乾隆二年四月初八日），中国第一历史档案馆，朱批奏折，档号：04-01-01-0014-001。
③ （清）张广泗：《奏为遵议监察御史朱凤英请敕贵州督抚详查荒情米价分别赈恤及修筑城垣折事》（乾隆二年四月初八日），中国第一历史档案馆，朱批奏折，档号：04-01-01-0014-001。

该府从容买补还仓，则以本地之官收买本地之谷，宽其时日，民间既无价昂之虑，而委员得以及时运回，亦免稽迟守候之烦。"①

据清人俞森《郧襄赈济事宜》记载："尧九年水，汤七年旱，自古圣王之世，水旱之灾亦时有之。"② 清光绪朝时期，云贵地区与全国一样处于"清末自然灾害群发期"或"清末宇宙期"，干旱、洪涝、地震等自然灾害频繁发生，加剧了灾赈的紧迫性。另外，由于咸同兵乱后云贵两省仓储遭到损毁，常平仓和社仓残存无几，仓廒所储粮石被焚毁殆尽，灾黎嗷嗷待哺，给灾荒赈济带来严重困扰。鉴于省内粮食产量有限和运输程途艰巨，滇南与越南接壤，因而购买米谷的部分任务遂转向国外，国家与国家之间粮食调运亦成为调剂灾赈粮食余缺和拯救饥民的另一个可行性途径。光绪年间，滇省灾旱连年，情形极重，筹办赈粜倍极艰辛。惟是滇省民贫地瘠，夙鲜盖藏，加以滇越开办铁路，倏增多数不耕而食之工人，匪徒复因之淘迹。即使年庆丰登，产米犹虞不继，且时虑勾结滋事，乃忽亢旱连年，蔓延数十州县，灾民之嗷嗷待哺者，计数百万。面对府库亏空如洗，广筹民食维艰，尽管先后有清廷叠颁巨帑，邻近各省官绅倾力接济，但灾赈所学米谷依旧难敷灾户食用。光绪三十三年（1907）十二月二十三日，云贵总督兼管云南巡抚事臣锡良奏报称，除云南省提拨款项设立总局外，亦"选派员绅分赴黔蜀及越南等处采买米石，运赴各灾，分途赈粜"③，而云南地居边远，山路崎岖，运道险阻，转运粮石程途远在二三十站以外，竭尽万马之力，往返月余，仅足供灾民一日之食，缓不济急深用，历次所派员绅到处采买，节节转运，并四处清查散赈，综计派用员绅共逾百余人。

清代云贵两省灾荒期间赈济贫乏所需粮食的调运和供给，是清朝国家为实现被灾地方"裕食"的重要手段，"拯灾恤困，乃国家第一要务"④，云贵地区灾荒赈济期间，从四川、湖南、湖北购运粮食，或从越南购进，

---

① （清）杨超曾：《奏报贵州委员采买广西米石折》（乾隆三年十一月初二日），中国第一历史档案馆，宫中朱批财政第 1109 函第 25 号，档号：01-02104。
② （清）俞森：《郧襄赈济事宜》，载李文海、夏明方主编《中国荒政全书》（第 2 辑·第 1 卷），北京古籍出版社 2003 年版，第 145 页。
③ （清）锡良：《奏为滇省办理赈粜各员绅勤劳倍著请立案择优汇奖事》（光绪三十三年十二月二十三日），中国第一历史档案馆，朱批奏折，档号：04-01-01-1082-027。
④ 《清高宗实录》卷 55，乾隆二年十月甲辰条，中华书局 1985 年影印本，第 9 册，第 910 页。

舍此别无他途，云贵督抚和清廷中央政府"宁可国家多费帑金，断不可令闾阎一夫失所"①的赈灾理念得到切实践行，省级、区际和国际购买转运粮食救灾，在特定的时间促进了被灾地区粮食供求关系的调整，市场粮价的稳定，使赈灾备荒和固本安民的政治目的得以顺利实现，为西南边疆地区社会的稳定起到了重要导向作用。

二 云贵地区灾荒赈济的"国家干预"

清代云贵地区灾荒期间，清朝中央政府及云贵当局严格按照荒政程序，对被灾地方予以适时的赈济和抚恤，灾荒期间调拨府库钱粮救灾的"国家干预"作为有效救济的重要手段和工具，推进了救荒活民和社会治理的整体进程。清朝历代帝王莫不追求四海之内皆安康太平的安乐景象，正如康熙皇帝在为"耕织图"作诗作序时所强调："朕早夜勤毖研求治理，念生民之本，以衣食为天。……欲令环宇之内皆敦崇本业，勤以谋之，俭以积之，衣食丰饶，以共跻于安和富寿之域。"②轸念民依，惟足食是虞。清代云贵地区遭遇荒歉，清政府及时予以被灾民众赈济，或蠲减钱粮，或赈恤贫发，都是"国家干预"的重要体现。顺治十六年（1659）八月，寻甸州民饥，升米三钱，"守官赈粥以济"③。康熙二十九年（1690）谕令："免云南新兴、河阳二州县本年分水灾额赋有差。"④康熙四十八年（1709）十月，贵州大定府饥，"免明年贵州钱粮"⑤。乾隆二十八年（1763），云南通海地震，奉旨加倍赈恤，"其被灾之家，蠲免钱粮，共免民屯秋粮九十八石二斗四升，条丁银一百一十两四钱"⑥。嘉庆十二年（1807），贵州思南府朗溪司地方被水成灾，贵州巡抚福庆奏称："被淹田禾共计七百十余亩，沙压者三百十余亩，每亩量给垦复工资三钱。被水贫

---

① （清）姚碧：《荒政辑要》卷1《灾赈章程》，载李文海、夏明方主编《中国荒政全书》（第2辑·第1卷），北京古籍出版社2003年版，第742页。
② （清）鄂尔泰、（清）张廷玉编纂：《授时通考》卷52，参考文渊阁《四库全书》第732册，上海古籍出版社1987年版，第725—726页。
③ （清）李月枝纂修：康熙《寻甸州志》卷1《灾祥》，清康熙五十九年（1720）刊本。
④ 《清圣祖实录》卷149，康熙二十九年十一月壬辰条，中华书局1985年影印本，第5册，第649页。
⑤ （清）黄宅中修，（清）邹汉勋纂：道光《大定府志》卷43《纪年》，清道光二十九年（1849）刻本。
⑥ （清）赵自中：道光《通海县志》卷2《户口》，道光六年（1826）刊本。

民男妇大小，共三百八十五名口，分别极次，捐给口粮。"① 清代云贵地区灾荒发生期间，清廷都根据灾情予以酌情赈济或蠲免额赋，作为清朝统治者的"恩政"，国家直接介入灾赈事务有利于充分调动国家机器开展赈灾。

清代荒政实施的主体是中央政府及各省当局，在高度集权的国家政权组织体系下，国家机构通过荒政制度及其相关法令措施来推行灾荒赈济，荒政作为国家意志和行政职能的具体体现，其与政治运行、法律规范以及社会经济结构形成交互联系的统一整体。此外，清代国家荒政实施的主要对象是受灾民众，当被灾地方社会生产者的安危关系到国家治乱兴衰时，中央政权组织下的国家机器为维护区域社会稳定，通常根据灾情严重程度施行赈济，藉以及时拯救灾黎和复兴农业。清人方观承《赈纪》记载："田禾灾而赈恤行，赈所以救农也。农民终岁勤苦，力出于己，赋效余公，凡夫国家府库、仓廪之积，皆农力之所入也。出其所入于丰年者而以赈其凶灾，德意无穷而恩施有自，盖有非可得而幸邀者矣。司赈者先视田亩被灾轻重，复审查其居处器用牛具之有无存弃，以别极贫、次贫。其不因灾而贫者，则非农也。"② 雍正二年（1724）十二月二十日，云南巡抚杨名时所题《地震疏》记载："雍正二年十一月二十六等日，据滇属嵩明州、宜良县、河阳县、路南州、寻甸州各申称十一月二十四日申时地震，房屋倒塌，压伤人民。"③ 接到灾情报告后，杨名时立即飞饬各州县，亲往查勘抚恤，即行捐发银两。云南布政使李卫也动发备公银两，委官分头驰往赈济，以期此次地震灾害毋致灾民流移失所。

田禾灾而赈恤行，赈所以救农也。清朝灾荒赈济的实施旨在拯救灾民和恢复农业生产，因而赈济之前通常要先视察田亩被灾之轻重，以及受灾地方民众的居所、器用和牛具等有无存弃，区分极贫和次贫，以为救荒活民提供依据。方观承认为："夫农饥则四民皆饥，谷贵则百物皆贵。盖推广恩泽而及之耳，非赈政之本意也。观于给贫生则用存公余款，给旗庄则用井田官谷，益知灾赈之大发正帑，盖首重救农。其余乏食之民，不过为

---

① 中国第一历史档案馆，军机处录副档，3-38/2120-69，54 盘 1018。
② （清）方观承辑：《赈纪》卷2《核赈》，载李文海、夏明方主编《中国荒政全书》（第2辑·第1卷），北京古籍出版社2003年版，第508页。
③ （清）杨名时：《杨氏全书》卷1，清乾隆五十九年（1794）刻本。

区别斯可矣，未可与农民并论也。"① 清代荒政兼有政治和经济两方面的属性，仅荒政加强地方社会治理和维护区域社会稳定来讲，其主要是政治倾向较大。而就灾荒赈济本身而言，无论是平粜赈济，还是发给钱粮，其较大程度上体现的是国家通过经济手段干预市场经济，以渐次强化国家机构对自然灾害的紧急应对，从而对被灾黎庶提供保护网。乾隆十三年（1766）七月初十、十一等日，云南昆明、安宁、呈贡、晋宁、元谋、他郎、五嶰、陆凉、景东等府厅州县被水淹没，云贵总督张允随委员逐一确查，照例分晰妥筹酌办赈济。闰七月初一日至初三日，大理府赵州、云南、宾川、邓川、浪穹等州县大雨连绵，河堤坍塌，田亩冲淹，亦经一面会题，一面飞行查勘。张允随奏称："统俟勘报到日酌量情形，实心经理。伏念我皇上胞与为怀，恫瘝在抱。臣职任封疆，不敢隐匿玩视，亦不敢虚糜帑项，庶以仰副圣主轸恤灾黎之至意。"②

清朝荒政制度中国家救济行为的规范化和程序化，相继推进了灾荒赈济成效的不断显现。正如魏丕信所言，18世纪国家救灾活动中的政府管理效率、政治目的，以及物质资料的发展达到了清朝灾赈实践的高峰，"灾害勘查与赈灾物资分配的章程和法规比以往任何时候都更加完善和标准化、制度化，在歉年、物价高昂之时，或是饥荒之年，资助贫困人口在议定程度上成为地方政府的一件例行公事，至少从理论上说，它所遵循的是一套近乎自动化的程序"③。乾隆元年（1736），云贵总督尹继善奏称：云南曲靖、澄江、临安、楚雄、姚安、广西、昭通等府所属州县内有栽插稍迟之地，禾稻正在扬花，忽遇冷雨，多不结实，止有五六分收成，其中呈贡、昆阳、安宁、恩安、鲁甸数处收成则在四分以下，除委员确勘，实在成灾者，即行具题，将应免地丁等项照例请免。查秋米一项，旧例不在邀免之内，已令所属暂缓征收。乾隆元年（1748）十一月初七日，内阁奉上谕："滇省远在天南，舟车不通，民每艰于谋食，今闻本年栽种稍迟州县内有收成歉薄之处，朕心深为轸念，其成灾地方自应将应免地丁等项照例

---

① （清）方观承辑：《赈纪》卷2《核赈》，载李文海、夏明方主编《中国荒政全书》（第2辑·第1卷），北京古籍出版社2003年版，第509页。
② （清）张允随：《奏为云南昆明县被水会商筹办赈务及呈贡等州县续被水淹查勘酌办情形事》（乾隆十三年闰七月三十日），中国第一历史档案馆，朱批奏折，档号：01-09069。
③ ［法］魏丕信：《十八世纪中国的官僚制度与荒政·前言》，徐建青译，江苏人民出版社2006年版，第2页。

豁免。至于秋米一项，虽无邀免之例，第恐闾阎力薄，输纳维艰，著将收成六分以下之州县所有本年应收秋米全行缓征，从乾隆二年为始，分作三年带征，以纾民力。凡此歉收之处，穷民必至乏食，其应赈恤者，即行动项赈恤，务使咸得其所，其应平粜者，即将存仓米谷减价平粜，或将邻近仓储设法拨运，以资接济。至无力之民，则借给籽种，以助来岁春耕，若折内所开州县之外，尚有似此歉收之处，亦照此一体办理，毋得忽视。"①

"18世纪以来的则例、律例使得既有的荒政程序更加规范化，它成为近乎'自动化'的一套程序，不管是官府统治者还是民间精英，在面临灾荒时都会自觉或不自觉地启用这一荒政程序，这样近乎'自动化'的理论和制度资源本身就是一种强大的精神和文化力量。"② 尽管清代荒政制度比较完备，但终究未建立起一个专门督办赈务的国家机构。追根溯源，囿于灾荒赈济的时效性比较强，清朝历代帝王都高度重视灾赈事务，从灾情奏报到拨帑赈济，整个环节都有严格的规制和限定，即由各省州县官吏具体执行、知府协同查办参办、督抚主办督办、皇帝全权负责总揽全局的灾赈体系极其缜密，各级官员的监督监察职能的发挥，为历次灾赈提供了重要保障。清朝统治者认为，凡地方水旱灾祲，皆由人事所致，或朝廷政事有所阙失，若督抚大吏不修其职，或郡县守令不得其人，皆足以干天和而召灾祲。雍正五年（1727）七月，雍正皇帝谕大学士九卿等："朕为天下主，凡民生之休戚，吏治之得失，皆朕躬之责。为难推诿于臣工，况臣工之是非，即朕之是非，朕又何能推诿乎？但用人察吏之道，各有等次。朕所察用者，督抚也；督抚所察用者，有司也。若督抚不得其人，朕之过也；有司不得其人；则督抚之过也。至地方百姓，不能为之遂生复性，捍患御灾，则其过专在有司矣。夫为政之道，在于得人。而用人之法，只得博采舆论。"③ 由雍正皇帝谕旨可知，荒政与吏治紧密关联，清朝国家对荒政的是非成败予以关注，因此办理灾赈事务的成效也就相应成为中央政权考察百官的重要指标。

---

① （清）尹继善：《谕内阁云南曲靖等府被雨成灾著缓征收成六分一下之州县所有应收秋米》（乾隆元年十一月初七日），中国第一历史档案馆，上谕档，档号：06-00018。
② 周荣：《中国传统荒政程序：理论与实践——基于明清救荒书和两湖地区赈济实例的考察》，《江汉论坛》2007年第6期。
③ 《清世宗实录》卷59，雍正五年七月甲子条，中华书局1985年影印本，第7册，第902页。

国家紧急应对灾害性粮食匮乏的一项举措是进行直接的财政干预（或经济干预）。魏丕信认为，灾荒期间国家直接的财政干预主要有两个方面："或者是国家自己采买粮食（通常是在灾区之外的地区），自己组织运送和发放，或者是通过百姓发放银钱，来支撑灾区岌岌可危的购买力，让市场自己发挥作用。"① 康熙三十四年（1695）和康熙三十五年（1696），威宁州连岁大饥，威宁州总兵唐希顺"请发仓粟以振②之。不足，继之以私赏焉。全活者数万"③。乾隆十六年（1751）八月初五日，内阁奉上谕："据云贵总督硕色等奏请将云南剑川等州县地震被灾较重之户地丁暂行缓征，并请将被灾兵丁再借饷银一月。"尽管剑川地震后兵民已得邀抚恤，但恐甫经被灾而元气未能骤复。乾隆皇帝谕令："著将剑川、鹤庆、浪穹、丽江等四州县被灾较重之户所有本年应征地丁银米缓作两年带征，以苏民困。其被灾兵丁亦著再借给饷银一月，分作四季扣还，以恤民艰。"④ 道光元年（1821）三月二十四日，威宁州大雨后溪水陡发，距州城三百五十里之后所地方溪河漫溢，平地水深八九尺，沿河一带铺户、居民猝不及防，以致淹毙大小男妇九十二名口，并淹死歇店客民四十余人，五月二十五日，贵州巡抚明山奏称："该州驰往勘明，所有淹毙人口……饬令打捞，冲塌民房六十三间，已给银修盖。"⑤ 无论是赈给仓粟和房屋修费，还是缓征地丁银两，抑或借给屯兵饷银，都是灾荒期间"国家干预"直接触及救荒根本的体现，不同程度地盘活了被灾地方的社会生产力，为社会经济的复苏播下了希望的种子。

从认识灾害规律、平籴法应对灾荒，到设常平仓自觉地转移、分摊灾荒风险，再到仓储的多元化、养恤的互保化和救灾的预案化，中国古代荒政逐渐成熟的过程也反映了中国古代应对自然灾害的应急管理面貌⑥。由于仓廪存贮的粮食关系灾民口食能否尽可能得到满足，因而清代国家将仓

---

① ［法］魏丕信：《十八世纪中国的官僚制度与荒政》，徐建青译，江苏人民出版社2006年版，第238—239页。
② 按："振"通"赈"，即周济、救济之意。
③ （清）黄宅中修，（清）邹汉勋纂：道光《大定府志》卷31《职官》，清道光二十九年（1849）刻本。
④ 《谕内阁著缓征云南剑川等被震州县较重之户地丁银米并借给兵丁饷银》（乾隆十六年八月初五日），中国第一历史档案馆，上谕档，档号：06-00528。
⑤ 中国第一历史档案馆，军机处录副档，3-169/9799-8，63盘0494。
⑥ 张介明：《我国古代对冲自然灾害风险的"荒政"探析》，《学术研究》2009年第7期。

储及其制度建设作为一项长期的任务来抓,其中资源调配在备荒仓储建设中的效用充分体现了国家的意志。仓贮充实足以对国家政权和地方社会发展提供坚实后盾,因而若仓贮空虚,则地方官会受到相应的惩处,以重仓储。清制,凡州县经管仓库等款,例应详慎收贮,丝粒无亏,一遇交卸,即当按款移交后任,不容稍有短缺。纵观清代的常平仓、社仓和义仓这一"三仓体系",其作为清朝国家控制灾荒的工具,为国家加强对乡村的控制发挥着重要作用。而在具体的积谷备荒及仓储运行的过程中,诸如上述仓廒存贮的积弊在全国范围内都不无蔓延,腐败无能的官僚群体的贪婪始终难以从根本上改善灾民物质匮乏的境遇,粮仓的侵挪或短交使实贮之粮食难以拯救生活无依无靠之黎庶,管理不善造成的仓廒空虚使国家的仓储备荒机制名存实亡,正如萧公权所言:"清帝国不同地区之间的'丰荒相通',虽然可能会解决经济发展的不平衡,但难以解决全国的灾荒和经济匮乏等问题。"①

印度经济学家阿玛蒂亚·森认为:"资源的有效分配,特别是在贫困国家,完全取决于对风险全貌及灾害影响严重性的理解。"② 事实上,不管是在清朝"康乾盛世"期间,还是"嘉道中衰"之后的咸同光宣时期,无论清代国家所掌控的资源富足与否,基于荒政制度的灾荒赈济资源的分配总体上始终与灾情轻重程度息息相关,灾荒赈济的"国家干预"手段对灾荒的应急响应充分体现了灾情的概貌。章永乐认为:"在中国古代地方社会物质资源的分配上,'差序格局'的原则具有广泛的适用性。"③ 例如,乾隆五十四年(1789)五月十四日,云南通海连次地震,云贵总督富纲亲往查勘,奏请照乾隆二十八年(1763)江川等处地震之例赈给,并将应纳条公等项一体蠲免。据覆查,云南通海等五州县城垣、官署俱有坍坏,民居多有倒塌,间有伤毙人口,共赈银九千九十余两,需谷一万九千三百五十余石,各于本处仓存内动支,如有不敷,照例折银五钱。乾隆五十四年(1789)闰五月二十五日,内阁奉上谕:"此次通海等处同时地震,

---

① 萧公权:《中国乡村——19世纪的帝国控制》,张皓、张升译,九州出版社2018年版,第218页。
② [英]古哈·萨皮尔、[英]桑托斯主编:《自然灾害的经济影响》,顾林生、王蓉、赵星磊译,东北财经大学出版社2016年版,第35页。
③ 章永乐:《清朝荒政中的"地方性正义"问题》,《思想战线》2013年第4期。

情形较重，小民仓猝被灾，殊堪轸悯。若仅每石折银五钱，为数尚少，恐不敷买食，著再施恩加倍折给银一两，所有已经散给者，仍即按数补发。该督抚当不时查察，督同所属如数补给，毋任官吏从中稍有克扣侵渔，务使灾民均沾实惠。并察看情形，酌量出粜，俾资接济。其坍塌房屋，伤毙人口，仍照二十八年之例妥为抚恤，该督抚其率属加意稽查，实力办理，以副朕惠恤灾黎有加无已之至意。"① 此外，通海等州县及佐杂衙署间有倒塌，清廷恩准照例赈给银两，以资修葺，不敷之处则允准加倍借给，仍需展限扣还，以示体恤灾黎之维艰。

"由于灾害与国家政权有密切的关系，因此我国历代中央和地方政权都比较重视灾害的发生，对灾前的防灾和灾后的救灾工作都列为政府的重要职能。"② 传统中国国家借助吏胥系统来干预基层事务，其基本功能逐渐由士绅阶层承担下来，并形成区别于国家组织的运作空间③。在清朝国家府库亏空而不能源源接济灾民之际，地方士绅、商贾等中层民间社会力量相继担负起灾荒赈济的任务，尽管灾赈力量相对有限，但其作为官赈方式的重要补充，对灾黎稳步度过危机和国家加强地方社会治理两有裨益。清宣统朝时期，贵州仓储已破坏殆尽，仓廒额贮空虚，凡地方偏灾，常平仓根本无法满足赈济的需求，被灾地方只能靠士绅捐款以及民间筹赈。宣统二年（1910）夏间，贵州雨旸时若，收成平稳。惟龙里县南乡大雨时行，山水发生，致被水灾；清镇县席关滥坭箐大雨经旬，河水陡涨，冲刷傍河田亩，淹毙人口；黔西州黔兴平定二甲各里雨大风狂，山水陡涨，冲毁田房，淹毙居民；平远州兴文里山水大发，冲没民房、田禾，沙土堆积，兼被冰雹，受灾较重。贵州巡抚臣庞鸿书承准军机大臣字寄④，宣统二年（1910）十月初三日奉上谕：被灾地方"均由各该处绅团捐款赈抚。……安平县北靖田亩稍有被水冲刷之处，幸未成灾，尚可垦复。均经臣札饬司

---

① 《谕内阁云南通海等州县地震著照例抚恤》（乾隆五十四年闰五月二十五日），中国第一历史档案馆，上谕档，档号：06-02123。

② 邹逸麟：《灾害与社会研究刍议》，载复旦大学历史地理研究中心主编《自然灾害与中国社会历史结构》，复旦大学出版社2001年版，第12页。

③ 杨念群：《中层理论：东西方思想会通下的中国史研究》，江西教育出版社2001年版，第130页。

④ 按："字寄"，清代军机处用语。即不经内阁明发，而以军机大臣寄信的形式密发的上谕。其收文者大都为各地封疆大吏或钦差大臣和高级武职官员。

局委员分查,妥为抚恤,饬将查明被灾田亩较重,分别永免暂免,并先后奏明在案。兹据藩法雨司会详,龙里等五州县虽有偏灾,业经分别筹赈,民情安谧如常,粮价均平,来春可勿庸接济"①。庞鸿书遵旨覆核灾情属实,一面节饬恪遵谕旨,力戒隐匿捏饰灾情,并称各属如有续应抚恤之处,惟有尽心筹办,以仰副圣主视民如伤之至意。

"中国历史上自然灾害的一个重要特征,是自然灾害造成的人员伤亡大于财产损失,'大灾之后必有大疫和饥荒',次生灾害灾情不亚于原生灾害灾情,而且灾情蔓延造成的间接后果往往比直接的灾害损失更为严重。"② 清代云贵地区历次自然灾害发生期间,云贵督抚等要员饬令各被灾地方官妥筹勘察,并适时据实奏报灾情,使受灾情形得以逐级上闻清朝中央政府,以期获得府库赈济钱粮。根据清代荒政定例,勘不成灾者毋庸赈济,而被灾较重且勘系成灾者皆可以获得相应的钱粮赈济。"雍正朝开始对"勘不成灾"制度的建设,乾隆朝予以完善,促成了清代赈灾制度的外化并使其发挥了较好的社会效用。"③ 边疆治理始终是清朝国家治理体系中的关键环节,边疆社会治理的成效直接关系社会稳定和国家昌宁。从整体上看,在清代云贵地区的灾荒赈济实践中,以备荒和救灾为媒介的边疆社会治理,是政府主导和监督、民间多元社会力量广泛参与的社会治理模式的优化过程,清政府对国家资源的调度和分配,一定程度上体现了国家公共资源取之于民和用之于民的特点,尤其是灾荒赈济"地方性正义"的实现,为云贵地区社会治理体系的完善提供了条件。清代荒政定制,凡勘系成灾之处,则方可酌情给予赈济。但事实上,成例亦并非一成不变之教条,在具体执行灾赈的过程中,被灾地方往往会根据灾情的伤损程度和救济的轻重缓急,对勘不成灾的灾情给予赈济抚恤。清代灾荒赈济银钱和粮食等国家资源的差异化分配是一个分配正义问题,不仅体现在涉及财政收支的灾蠲与灾赈活动之中,也体现在不直接涉及财政支出的恢复生产管理之中。④

---

① (清)庞鸿书:《奏为遵旨复陈黔省地方查明毋庸接济抚恤事》(宣统二年十一月二十六日),中国第一历史档案馆,朱批奏折,档号:01-10410。
② 胡鞍钢、陆中臣、沙万英、郭其蕴、杨建新:《中国自然灾害与经济发展》,湖北科学技术出版社1996年版,第4页。
③ 周琼:《清代赈灾制度的外化研究——以乾隆朝"勘不成灾"制度为例》,《西南民族大学学报(人文社会科学版)》2014年第1期。
④ 章永乐:《清朝荒政中的"地方性正义"问题》,《思想战线》2013年第4期。

道光十一年（1831）五月，贵州省城大雨倾注，城厢内外均被水淹，沿河居民房屋多有浸塌。五月十六日，贵州巡抚嵩溥与署藩臬两司督率文武员弁亲诣查勘灾情，当令贵阳府暨贵筑县迅速扎具木筏，立将被水人口渡至高处栖止，一面多备麫①饎②钱文，散给贫民，藉资糊口，随勘得沿河民房及贡院号舍藩司衙署房间庙宇桥梁钱局炉房多被浸淹，城垣倒塌三处。十七日下午，因积水全行消退，嵩溥又饬委因公在省之州县并佐杂等官分往各处挨查被水户口，冲塌房屋，淹毙人口确数。五月二十五日，嵩溥奏称："查临河居民因河水骤涨，猝不及防，以致被淹情形深为可悯，民瘼攸关，自应仰体圣主爱育黎元之至意，妥速赈济，何敢稍有膜视致令失所。现值青黄不接之时，距秋成尚远，应即酌加抚恤，于常例抚恤一月之外再加一月口粮，俾被水穷民无虞，乏食大口每月给仓斗米二斗四升，小口每月给米一斗二升，共需米一千九百四十六石四斗。查省城有损积便民仓谷原系筹备灾赈之用，碾米足敷支给，无庸动拨常平仓粮。全塌瓦房每间给修费银一两，草房给银五钱，其仅止浸损瓦房每间给银五钱，草房给银二钱五分，俾得修整。盖复淹毙人口，大口各给银二两，小口各给银一两，以资瘗埋，为数无多，毋庸动用公款。已由臣与在省司道暨该府县捐廉，发交委员挨户散给，不经胥役之手，务使人人均沾实惠。"③事实上，经嵩溥等员仔细勘察，此次贵州省城所有地方被水均系勘未成灾，但念及灾黎生业困顿，皆因灾情轻重予以相应的抚恤，嵩溥恭折据实奏闻道光皇帝。

国家通过较大程度上控制帝国的赈灾资源，实现了对被灾地方的灾赈举措的直接干预。清朝中央政府通过严密的荒政制度，对各直省灾情和民情进行详细地掌握，并根据灾荒赈济需要适时予以蠲免额赋，或是直接从中央财政收入中拨给帑项以资接济，但二者都与灾情的轻重和赈恤缓急密切相关。"灾蠲只是政府免除臣民一定期限内的税收与劳役负担，是通过减少政府财政收入的方法来减轻臣民负担。而灾赈则是政府的财政支出，是积极主动地将资源散发给灾民，是更为积极的、回应民众需要的救济方法。"④

---

① 按："麫"，古同"麵"，粮食磨成的粉，特指小麦磨成的粉。
② 按："饎"同"馍"，即饼也。
③ （清）嵩溥：《奏为本年入春黔省省城被水勘未成灾妥为抚恤事》（道光十一年五月二十五日），中国第一历史档案馆，朱批奏折，档号：01-10898。
④ 章永乐：《清朝荒政中的"地方性正义"问题》，《思想战线》2013年第4期。

道光十一年（1831）十月初三日，贵州巡抚嵩溥奉谕遵查五月贵州桐梓、贵筑、瓮安、施秉、镇远五县，松桃厅石岘卫、思州府、黄平州等地方被水灾情，其中内思州一府、黄平一州、瓮安、施秉、镇远三县被水甚轻，据各该地方官查明，冲坏田土无多，已及时修复补种，冲塌房间，捐给修费，并给与口粮，抚恤得所。而松桃厅石岘卫被水冲沙压屯田、公田挑复不及，嵩溥奏准照本年秋收分数在松桃厅常平仓内动给屯军谷石，以供食用。贵筑县城厢内外被水贫民，经抚恤两月口粮，并给与修费银两，房屋现在俱修复，安居乐业。桐梓县近城及松坎等处被水，经委员查勘抚恤，极贫各户加赈两月，次贫之户加赈一月，已各口食有资，不致失所。冲塌房屋，淹毙人口，发给修费及殓埋银两。嵩溥勘察后称：兹据藩臬两司详据粮储、贵东、贵西三道督同贵阳、遵义、镇远、思州四府，平越直隶州、松桃同知暨桐梓、贵筑、黄平、瓮安、施秉、镇远等州县查覆，现在粮价中平，民情安贴，惟被水地方收成减薄，来春青黄不接之时，未免拮据，应请届期查明，或出借籽种，或减价平粜，量为接济等情，由司具详前来。嗣后嵩溥复称："臣查桐梓县等处被水贫民自经赈恤之后，俱已得所，闾阎安静。惟各该处山多田少，户鲜盖藏，来春青黄不接之时，民力不免拮据，自应体察情形，酌量妥办。来年春间或出借籽种，或减价平粜，妥为接济，务使穷黎均沾实惠，编户生计裕如，以仰副圣主子惠黎元之至意。"[①]

三 云贵地区灾赈期间的乡村秩序维系

农业是清代国家社会发展和政权稳定得以维系的根本，灾荒期间对灾民的赈济和抚恤就成为国家理所应当承担的行政职能。"传统中国是以小农经济为根基的乡土社会，构成'乡土中国'的认识范式。"传统中国小农经济的长期存在和持续发展，为塑造和稳固农业社会的乡土秩序奠定了前提。"传统乡土中国虽然也经历了周期性的治乱平衡，但是'乡土中国'的社会性质并没有根本性变化，表现为一种超稳定的传统农业社会形态。"[②]

[①]（清）嵩溥：《奏为遵旨查明贵州桐梓县来春民力拮据妥为接济事》（道光十一年十一月十七日），中国第一历史档案馆，朱批奏折，档号：01-09614。

[②] 朱战辉：《城乡中国：乡村社会转型中的结构与秩序》，《华南农业大学学报（社会科学版）》2019年第1期。

清代国家的荒政制度及其具体灾赈实践作为维系小农经济发展的重要工具，为灾荒赈济期间乡村社会秩序的重构提供了一定的保障。

清代摊丁入亩、蠲免赈济、减租减赋以及官绅一体当差、一体纳粮等举措的推行，广大灾民在承受自然灾害和沉重赋税的同时，也或多或少享受到国家资源配置和调整所带给的"红利"。清代承平后，历代帝王渐次意识到地方丁口粮食的重要性，对各省实际的民数和谷数逐渐有明确的规定。康熙五十年（1711），因全国生齿日繁，顾及有司征加丁赋却隐报不奏，康熙帝特诏令据实开载，新增人户，不另加丁赋。至雍皇帝勤恤民隐，广储仓谷，常恐生民不得其所。然而各省督抚虽有五年编审之规，州县常平仓虽有岁终稽核之法，而奉行者仅亦于登耗散敛之间，循职式之旧，却不知政治之施设。清乾隆五年（1740）十一月，乾隆皇帝谕令："其自今以后，每岁仲冬，该督抚将各府州县户口减增、仓谷存用，一一详悉具折奏闻。朕朝夕披览，心知其数，则小民平日所以生养，及水旱凶饥，可以通计熟筹，而预为之备。各省具奏户口数目，著于编审后举行，其如何定议令各省画一遵行。"① 同期，户部遵旨议奏："查定例，五年编审人丁，每年奏销仓谷，今特降谕旨，欲周知其数，以通计熟筹而为之备。请嗣后编审奏销，仍照旧办理外，应今各督抚即于辛酉年编审后，将各府州县人丁，按户清查，及户内大小各口，一并造报，毋漏毋隐。其各项仓谷，有于青黄不接之时借粜者，务于秋成买补，或因偏灾动赈者，亦于册内登明。详核存用实数。俱于每岁十一月，缮写黄册奏闻。倘各该省奉行不善，致有吏役滋扰，科派里民，立即严参究治。"② 乾隆皇帝及清廷内部极力强调各省民数、谷数实际载册额数的重要性，严格清查户口，有助于清代国家政权从地方征收既定的赋税，严查实贮仓粮数量，有助于地方被灾之际按照丁口整体规模和具体成灾情形及时予以拨帑赈济，因此民数和谷数不仅事关国家财赋资源的收纳，亦与民生福祉紧密关联。

清代登献生齿乃保世滋大之良规，稽核仓储实酌盈剂虚之要术。乾隆六年（1741）后直省各属民数谷数的奏报为清代国家行政运行提供了基准

---

① 《清高宗实录》卷130，乾隆五年十一月戊辰条，中华书局1985年影印本，第10册，第893页。

② 《清高宗实录》卷131，乾隆五年十一月乙酉条，中华书局1985年影印本，第10册，第911页。

数据支撑。"清代人口的统计是一个不断发展演进的过程,从宏观政策来看,逐步实现了由以赋役为主要目的的'人丁编审'向以计量人口数量为主要目的的'人口统计'的转化。"① "据户部的民数汇报方案,民数统计的对象只包括当地的土著人口,并不包括流寓人口和'番疆苗界不入编审者'。"② 文献记载,乾隆五年(1740),户部覆准:"每岁造报民数,若俱照编审之法,未免烦扰。直省各州县设立保甲门牌,土著流寓原有册籍可稽,若除去流寓,将土著造报,即可得其实数。应令各督抚于每年十一月将户口数与谷数一并造报,番疆苗界不入编审者,不在此例。"③ 乾隆七年(1742)十一月,署理云南总督印务、云南巡抚张允随钦奉上谕查核乾隆六年云南民数谷数,奏称:"催据布政使阿兰泰、粮储道宫尔劝会详,据云南等府转据昆明、嵩明等州县详称,除番界苗疆向不入编审者,遵照部文无庸查造。又两迤各厂商民以及外来走厂贸易之人去来无定,亦无凭查造外,计通省土著民人三十五万六百七十八户,大丁五十七万三千四十五丁,小丁三十四万四千一百四十丁,总计乾隆六年分通省大小人丁共九十一万七千一百八十五丁。存仓、捐纳、捐输、积贮、社仓等项米一万八千八百七十八石一斗二升零,谷九十七万四千七十二石六斗二升零,小麦六百一十四石二斗九升零,荞一万八千七百七十六石三斗二升零,稗一百七十石六斗八升零,豆一十六石五斗,大麦一千四百八十五石五斗八升零,青稞五百七十五石六斗三升零,总计乾隆六年分通省实在仓贮米、谷、麦、荞、稗、豆、青稞共一百一万四千五百八十九石七斗六升零,俱系实贮在仓,并无亏缺等情。"④

然而,在清代国家编户齐民政策具体执行的过程中,番界苗疆进入编审之例亦并非不可更改,国家根据对地方社会治理的需要予以相应调整的情形亦可见诸史籍。例如,乾隆六年(1741)十一月,贵州总督张广泗奏报:"黔省向属夷疆……其苗蛮地方除新开苗疆甫归王化,既不入编审,

---

① 朱义明:《清代中前期人口数量及增长率的辨析与重估》,《中南大学学报(社会科学版)》2012年第6期。
② 侯杨方:《乾隆时期民数汇报及评估》,《历史研究》2008年第3期。
③ 清高宗敕撰:《清朝文献通考》卷19《户口考一》,商务印书馆1936年版,第1册,第5028—5029页。
④ (清)张允随:《奏报云南上年民数谷数折》(乾隆七年十一月十七日),中国第一历史档案馆,朱批奏折,档号:01-02474。

又未编保甲门牌者，亦应遵照部议无庸造报外，其余各府州县所辖内地熟苗与汉民鳞栉居处，向虽未入编审，而保甲门牌与汉民一体编设。况此等苗民归化已久，平日纳粮征赋既与汉民一例输将，即偶有水旱不齐亦与汉民同行赈恤，自不便遗弃，臣通饬确查。"① 清代历年册报的"实在"民数的最终数据，其计算方法是"旧管"民数加"新收"民数，再减"开除"民数之总和。尽管清廷自乾隆六年（1741）伊始并未进行过精准的人口基数普查，并相应导致此后历年登册民数不实，因而"民数汇报的结果有明显的随意性和官方操作性"②。乾隆四十一年（1776）六月，帝谕曰："各省岁报民数，用以验盛世闾阎繁富之征"③，清朝国家统计民数之根本目的尽管显得较为单纯，但是对乡村人口基数的总体性掌握，不仅有助于管窥和推进保甲制度的施行情况，亦体现了大一统国家掌土治民的迫切要求。

保甲制度是清朝中央政府实施的对各省地方乡村社会进行控制的主要制度，其作为区域性地方社会公共秩序构建的组成部分，因此备受清朝中央政府所重视。康熙四十七年（1708），申行保甲法，其基本编制方法为："一州一县城关各若干户，四乡村落各若干户，给印信纸牌一张，书写姓名、丁男、口数于上，出则注明所往，入则稽其所来。面生可疑之人，非盘诘的确，不许容留。十户立一牌头，十牌立一甲头，十甲立一保长。若村庄人少，户不及数，即就其少数编之。无事递相稽查，有事互相救应。保长、牌头不得借端鱼肉众户。客店立簿稽查，寺庙亦给纸牌。月底令保长出示无事甘结，报官备查，违者罪之。"④ 从文献记载来看，清代保甲制度中最基本的程序是给每家每户派发"门牌"，上载民户所有成员的姓名和丁口数等信息，此"编户齐民"的方式有利于灾荒期间赈务工作的开展。因为饥荒骤然降临之际，国家机器就很容易根据这个"门牌"，并加上家庭财产、现有储备等情况，编制出详细的赈济名单⑤。清代保甲制度

---

① （清）张广泗：《贵州本年民数谷数折》（乾隆六年十一月）中国第一历史档案馆，朱批奏折，档号：01-0060-023。

② 侯杨方：《乾隆时期民数汇报及评估》，《历史研究》2008年第3期。

③ 《清高宗实录》卷1011，乾隆四十一年六月丁卯条，中华书局1986年影印本，第21册，第579页。

④ 清高宗敕撰：《清朝文献通考》卷22《职役考二》，商务印书馆1936年版，第1册，第5051页。

⑤ [法] 魏丕信：《十八世纪中国的官僚制度与荒政》，徐建青译，江苏人民出版社2006年版，第88页。

作为保障专制王朝统治秩序而确立的一种强控制机制①，其在西南边疆地区的深入推行，使云贵地区乡村居民亦被纳入帝国的控制体系之下，为清代国家督令小农开垦更多田土及从中攫取额赋提供了基本的制度保障。但要看到的是，受国家正式管理的"编户齐民"的云贵地方，在灾荒赈济之时亦搭上保甲制度的"便车"，灾赈银钱和口粮根据被灾轻重缓急按护按口发给，为灾后重建中恢复小农生业和国家加强社会治理提供了重要支撑。

"中国历代乡村所实行的保甲制度，是一种地缘性的社会控制制度。若从控制的效果来看，实可算是地缘性控制中最为严密的一种。"② 保甲制度最基本的特征是基于"户"（或家庭）为地方社会组织的基本单位，其作为中央集权国家长期延续的统制社会的一种手段，其严密性使国家通过户口和田地牢牢掌握了更多的社会生产力，为国家赋税的征缴提供了基本驱动因素。一方面，保甲制度的针对性和普遍性使小农不得不长期依附于土地和国家，开垦耕种和人丁滋养在国家行政体制之下被保甲制度完全所掌控。另一方面，保甲制度最重要的目的是对地方丁口的登记造册，其主要作用在于"专为互相稽查，以弭盗贼"③。事实上，保甲之制鼓励地方民众彼此监督，对清代国家掌握户口及民生具有重要的作用。乾隆二十二年（1757），乾隆皇帝谕令："州县编查保甲，本比闾什伍遗法，地方官果实力奉行，不时留心稽察，凡民间户口生计，人类良莠，平时举可周知，惰游匪类，自无所容，外来奸宄，更无从托迹。于吏治最为切要。"④ 就灾荒赈济中以户和丁口为单位的灾情勘查和赈济而言，其较大程度上与保甲制度现行之下的民数有着千丝万缕的联系。清代灾荒赈济，其赈给方式通常是按照户口及其丁口的大小口情况发给银钱，以资抚恤得宜。例如，乾隆三年（1738）十二月，户部察核具奏："议得黔省上游之安顺府、郎岱厅暨安平、普定二县地方于乾隆二年（1737）闰九月初六日被雹打伤已熟未

---

① 王先明、常书红：《晚清保甲制的历史演变与乡村权力结构——国家与社会在乡村社会控制中的关系变化》，《史学月刊》2000年第5期。
② 钟年：《中国乡村社会控制的变迁》，《社会学研究》1994年第3期。
③ （清）叶世倬：《为编审保甲示》，（清）徐栋：《保甲书》，张霞云点校，安徽师范大学出版社2012年版，第16页。
④ 《清高宗实录》卷548，乾隆二十二年十月庚午条，中华书局1986年影印本，第15册，第985页。

收晚稻田亩,已经题报在案。今委员履亩查勘,实系成灾六七八九分至三四分不等,将本年应征钱粮米石照例分别蠲免缓征,其被灾民苗按户口大小赈给口粮,打坏房屋分别给银赈恤。"①

"清朝政府在分配资源的时候,乃是着眼于各社会阶层对于帝国财政的贡献,从而将农民这一群体作为荒政的主要对象。满族族人、官庄庄丁、驿站站丁和有功名的士人群体,由于与帝国统治秩序的关联而受到特殊的优待,地主与佃户之间的关系也得到一定程度的调整。"② 阿玛蒂亚·森指出:"一个人支配粮食的能力或他支配任何一种他希望获得或拥有东西的能力,都取决于他在社会中的所有权和使用权的权利关系。"③ 灾荒赈济期间村庄区划、户口情形与保甲制度推行期间的"编户齐民"及小农在国家经济发展中的基础地位不无关系。至清光绪朝时期,为确切掌握被灾实情,云南地方督抚等通常饬令地方官按照被灾地方的田亩等则、村庄区图、花户姓名和成灾轻重汇总奏报,以期核明灾情后具体施策赈抚。例如,光绪十四年(1888)冬至十五年(1889)夏,据新平县知县甄庆蕙禀报,云南新平县天气亢旱,得雨较迟,以致栽插未能全完。迨至入秋后复晴霁,先前已栽种者遂变为枯槁,秋收无望。又据建水县知县丁鸿勋禀报,县属四五两月雨水稀少,西南屯之左中、前右、新安等乡远离潭河各田因栽插较迟,于扬花之际复遭狂风烈日,伤损谷胎,且有白邑小虫伏啮根节,以致谷穗白而不实,收咸大减,秋灾已成。兼署云贵总督云南巡抚谭钧培奏称:"当经行司委员,并责成该管道府督饬印委各员逐一确勘,被勘田粮应否蠲缓,分别村庄区图,造册详办。一面查明应否筹款接济,赶紧禀复核办。"④ 光绪三十一年(1905),云南太和县属弓鱼洞等处地方被水成灾,秋收无望。三十二年(1906)十一月,云贵总督兼管巡抚事调补闽浙总督丁振铎奏称:"据太和县知县朱裔将勘明被灾田亩、分别等则、村庄区图、花户姓名及请免银米数目造具册结,由该管迤西道核明,咨由藩司会同粮道具详前来。陈查该县属弓鱼洞等村被灾田地共计七前五百四

---

① (清)张广泗:《题为贵州晚稻雹灾并买米平粜情形事》(乾隆三年十二月十三日),中国第一历史档案馆,题本,档号:02-01-04-13019-012。
② 章永乐:《清朝荒政中的"地方性正义"问题》,《思想战线》2013年第4期。
③ [印]阿玛蒂亚·森:《贫困与饥荒》,王宇、王文玉译,商务印书馆2001年版,第189页。
④ (清)谭钧培:《奏为派员确勘云南省新平等县被灾情形事》(光绪十五年),中国第一历史档案馆,附,. 档号:04-01-05-0181-024。

十八亩四分七厘，应征秋粮米三百九十石八斗六升五合一勺一抄七撮七圭，条丁等银四百二十八两四钱八分六厘六毫六丝一忽四微，既据会勘明确，委系十分成灾。"① 若照常征收赋役，恐因民情困苦不能输将，丁振铎奏请清廷准将应完光绪三十一年分前项银米照数豁免。

自古以来，农业一直是中国国民经济发展的命脉，"传统中国是一个农业大国，农业是社会发展的原动力，乡村社会其重要性不言而喻"②。清代承平后，云贵两省改土归流地开展以及府县制度的深入推行，是中央王朝国家统治秩序向西南边疆地方社会延展的必然抉择。清朝政府在西南部分少数民族地区废除土司制，推行流官制的政治改革，疆界的调整和事权归并，清查土地和清理财粮，兴建城池和建设学校，进一步加强了清朝政府对西南边疆管辖和控制，促进了统一多民族国家的持续发展。"封建国家在乡村社会中的统治职能包括维持公共利益，如修建义仓、兴修水利、维护法律和秩序，并征收赋税。"③ 古者救荒有政绩，贮为先，所以备水旱之不时，法固甚详。清代义仓官民互为经理，经造报以实收，则民不能隐，待禀请而后发，则官不能侵，立法尤为尽善。道光三十年（1850），知府汪之旭带领东川府官民捐资新建仓房四楹共十二间，以地支编号，储粮"四千京石，以备旱涝"。据东川府《新建义仓碑文》记载："岁庚戌郡侯汪观察大人下车后，即议修义仓，时大工频兴，后众皆有难色，公不以为难。首捐廉千金，由是众皆感奋。余有谷者出谷，丰余赀者捐赀，踊跃争先，得谷约万京石，银三千余两。遂购地府署之侧，鸠工庀材，设仓十有二，可贮谷万余石，规模宏敞，为滇省最。"④ 咸丰三年（1853）夏秋，东川兵燹后田亩歉薄，远近乡米无颗粒输入城内，东川府城全靠义仓储备度过荒年。

---

① （清）丁振铎：《奏为云南太和县属弓鱼洞等处被灾请豁免钱粮折》（光绪三十二年十一月初十日），中国第一历史档案馆，宫中朱批财政第128函第40号，档号：01-01583。
② 王旭：《近代中国乡村社会变迁的历史图景——王先明〈乡路漫漫：20世纪之中国乡村（1901—1949）〉评析》，《史学月刊》2018年第11期。
③ [美] 杜赞奇：《文化、权力与国家——1900—1942年的华北农村》，王福明译，江苏人民出版社1996年版，第37页。
④ 笔者于2015年11月访查抄阅于会泽县文物管理所。《新建义仓碑文》系清朝咸丰四年（1854）暮春下浣李殿元、李登夔、刘莹、孟光奎、孟光学、李上元、朱守先、汤鑑、牛中选、萧凤鸣、袁开堂、曹松年、陈朝良、朱国珍、杨钟泰、唐应瑞、萧逢春、刘乾正、梅和羹、梁昭、瞿士焕、李松年仝立。原碑镶嵌在会泽县文物管理所碑廊。

灾害对农业耕作的直接影响，是造成农业耕地的严重损失，而其间接性影响便是造成耕地地力的严重下降[1]。在清代西南边疆社会的发展进程中，因自然灾害频发和灾荒蔓延所造成的乡村社会秩序失衡具有普遍性、必然性、脆弱性和滞后性。联合国救灾组织认为："脆弱性是一种损失度，即某一或一系列要素在某一强度自然现象发生时遭受损失的程度。"[2] 研究认为："自然灾害发生后，为维护社会秩序的基本稳定，减少因灾荒所造成的饥民流徙、死亡即社会动荡局面的出现，任何一个有能力的国家或政府，都会历尽所能地对灾荒予以赈恤，临灾救济因此成为国家应对灾荒的主要形式。"[3] 自然灾害的发生及其影响程度与被灾地方的社会情形密切相关。一是人类社会的不当行为可加重乃至引发自然灾害，如过度垦殖不仅能加重干旱肆虐的程度，而且由其引起的水土流失、河湖淤塞往往容易造成水潦之灾；二是自然灾害发生后对社会产生的影响主要取决于被灾地方社会机体内部组织体系的健全程度及其对灾害的抵御以及救济等反应能力[4]。清代云贵地区自然灾害的发生，尤其是诸如强降雨导致的洪涝灾害的发生，时常造成被灾地方房屋被冲塌、田禾被淹没、田土被泥沙淤积、粮食减产和粮价上涨，甚者亦造成人口损伤及灾户大型牲畜的伤毙，最终使社会动荡的因素不断增加，大规模或持续性的自然灾害的骤临，对云贵两省区域的社会生产力和乡村社会秩序都产生严重的冲击。

　　清代"官方组织在民间的运作，是以社区为控制基础的，乡长、里长、保长等基层管理人员垄断了地方社会的大部分资源"[5]。中国近代社会政治结构的主体是从历史上延续下来的皇帝—官僚—士绅的体制，其明显特征是高度中央集权和对社会的强控制[6]。从这过程来看，无论是国家对乡村的社会治理，还是民间士绅对地方社会治理的协调推进，二者共同形

---

[1] 张崇旺：《明清时期江淮地区的自然灾害与社会经济》，福建人民出版社2006年版，第252、259页。

[2] 刘燕华、李秀彬主编：《脆弱生态环境与可持续发展》，商务印书馆2001年版，第2页。

[3] 陈业新：《明至民国时期皖北地区灾害环境与社会应对研究》，上海人民出版社2008年版，第470—471页。

[4] 陈业新：《明至民国时期皖北地区灾害环境与社会应对研究》，上海人民出版社2008年版，第64页。

[5] 冯贤亮：《传统时代江南的中层社会与乡村控制》，《上海社会科学院学术季刊》2002年第2期。

[6] 马敏：《过渡特征与中国近代社会形态》，《历史研究》1989年第1期。

成协调的有机整体，共同对乡村治理期间的社会资源和秩序起着支配作用。"乡村公益活动组织者的身份是上层士绅、下层士绅还是没有功名的平民，能够在一定程度上反映城居士绅活动空间及对乡村社会的影响。"① 乾隆十六年（1751），云南剑川州城西岩场口灵宝塔因地震坍塌倾倒，乾隆四十八年（1783）"绅士募修"②。光绪十四年（1888），云南临安府属阿迷、蒙自等州县疫疠流行，死亡甚众。复因旸雨不时，田谷被虫，收成歉薄。云贵总督谭钧培饬局分别筹款抚恤，配药医疗，并查明被灾钱粮，上奏朝廷后获准蠲免。光绪十五年（1889）九月二十七日，谭钧培奏称："兹准部咨将动用银两数目报部查核，按前司曾纪凤会同善后局司道转据该州县造报具详前来。臣查蒙自县疫毙人民四千九百二十二丁口，共赈银一千九百四十四两九钱，内除该县绅民捐助银三百四十四两九钱外，实发银一千六百两。"③ 云南地方士绅或募集资金修建公共基础设施，或直接施给银两以济丁口，是乡绅积极参与救灾和塑造乡村秩序的具体体现。

  清代国家防灾救灾的连续性实践，对于维系乡村社会稳定以及加强国家对乡村社会的控制起到举足轻重的作用。灾荒期间国家对乡村的控制，主要是国家机器通过施行荒政拯救灾民，进而加强对地方基层社会的治理，积极塑造和维系农业社会和乡土秩序的过程。此外，亦有地方社会力量积极参与灾荒救济，这为小民生存空间的拓展创造了条件。"清代由于人口激增、耕地数量有限而产生了大量的流寓民。为更好地对其进行管理，清朝颁布多条谕令，将流寓民编入保甲，纳入政府的掌控当中，从而达到对基层民众的全面控制。"④ 光绪十八年（1892）昭通府以工代赈期间，督办昭通赈务委员龙文奏请："暂撤昭厘，疏通商路，俾肩挑背负之民，日有所资，免致聚党生事。并恳咨民贵抚，于威宁一带设赈，以防流民乱窜，变生仓猝。"⑤ 此外，昭通府城外岳庙一带有流民一二百人，明则

---

  ① 吴滔：《清代江南市镇与农村关系的空间透视——以苏州地区为中心》，上海古籍出版社2010年版，第259页。
  ② （清）阮元等修，（清）王崧、（清）李诚纂：《云南通志稿》卷212，《杂志一·古迹》，清道光十五年（1835）刻本。
  ③ （清）谭钧培：《奏报上年云南阿迷蒙自等州县被灾人口及捐收发放银数事》（光绪十五年九月二十七日），中国第一历史档案馆，录副奏片，档号：02-09359。
  ④ 高松：《清代保甲制度与流寓民管理》，《黑龙江民族丛刊》2015年第6期。
  ⑤ （清）李耀廷辑，邵永忠点校：《云南昭通工赈记》，载李文海、夏明方、朱浒主编《中国荒政书集成》（第10册），天津古籍出版社2010年版，第6713页。

挑负营生，暗则遍行偷窃。城内有乞丐三四百人，每纠众估骗，满街抓拿，名为灶君会。严重扰乱被灾已重的昭郡社会秩序，龙文夔称："此两种人，安顿无法，亦属可忧。拟商同恩安县就中挑出壮丁若干名，由局照发家俱，饬赴河工，派员管束，作为余夫随用，免致生事。"[①] 昭通工赈合理安置流移人口，调动流民参与河工事务，在激发灾黎生产积极性和提高被灾地方生产效率的同时，对灾区边缘人群提供的社会保障对消弭社会危机发生具有重要作用。

清朝中央政府曾不遗余力地运用军事力量统一云贵两省，并建立起象征国家政权的地方州县，为中央集权国家的德政在西南边疆的传播奠定了坚实的基础。康雍朝以后，伴随清朝在云贵两省地方统治的稳固，清朝政府在"大一统"统治意识的导向下，通过行政机构建置进一步加强对云贵地区的开发和经营力度，西南边疆地方被逐渐纳入清朝的行政管理体系之内。其中，荒政制度作为清朝国家行政制度的一个重要组成部分，灾荒赈济在云贵两省的施行，有效促进了西南边疆地方社会与中央政权的良性互动，历次扶危济困和赈饥养民的灾赈实践作为国家治理西南边疆的工具，灾荒赈济实施的深度较大程度上强化了云南和贵州地方社会对国家的高度认同。

清代云贵地区灾害频发，清廷因地制宜采取轻徭薄赋的治理策略，蠲额赋、赈济贫乏，恤孤养幼，"朝廷之德化"普泽云贵两省广大地方，被灾黎庶得以均沾朝廷恩泽之实惠，相应加深了西南边疆地方底层社会对王朝国家恤民爱民的认同感和归属感。魏丕信认为："18世纪的中央政府积累了相当数量的财政储备，包括银钱和粮食，这使它有可能通过大规模的赋税蠲免，通过从市场上购买大量粮食，通过大量的无偿赈济、免息借贷，来推行它的'慈恩'政策。"[②] 清代国家对乡村控制方式的多样化及其演进，使国家正式治理社会的成本收益及结构在地方社会环境的变迁中发生着深刻的变化。清代云贵地区灾赈实践，使清代国家、市场、环境和资源实现了不同形式的组合，云贵两省地方社会面对来自自然和社会的双

---

① （清）李耀廷辑，邵永忠点校：《云南昭通工赈记》，载李文海、夏明方、朱浒主编《中国荒政书集成》（第10册），天津古籍出版社2010年版，第6721页。
② ［法］魏丕信：《十八世纪中国的官僚制度与荒政·前言》，徐建青译，江苏人民出版社2006年版，第3页。

重压力所体现的韧性,是国家底层认同和灾民家国认同角色互动转化的集中体现。

"荒政制度的正义质量随着帝国的财政状况发生变化,在帝国财政状况最佳的康乾年间达到高峰,具体表现为灾蠲与灾赈的覆盖程度,以及在差异分配的法律之外的经常的格外施恩;而在嘉庆以后,帝国的官方荒政由于投入不足以及腐败,处于不断的衰败之中。"① 清朝前中后期国家在云贵开展灾荒赈济尽管因灾害的脆弱性和易损性不同,导致各地方不同灾种甚至是同一灾种造成的损坏情形不一,因而赈济标准在不同的时空范围内存在一定的偏差。但从国家维护社会整体秩序的视角来看,相关灾赈时间毫无疑问具有较强的"地方性正义",即在云贵两省地方灾黎嗷嗷待哺期间,清代国家机器动员国家力量通过分配的"正义性"和"均等性"介入救灾的每一个重要环节,不同程度地强化了云贵地区被灾地方灾黎对国家资源分配公正性的认同,灾荒赈济的"国家干预"顺利地实现了对云贵两省地方社会的深入治理,使西南边疆地方社会对国家的广泛认同不断深化。

"自然灾害的破坏作用不仅仅限于对自然环境本身的变化和破坏,而且波及整个人类社会、经济系统,影响人类的长久、持续发展。自然灾害直接造成人员伤亡和财产损失,间接可能导致整个经济系统功能衰退,社会结构破坏。"② 中国精耕细作的小农经济极其容易遭受气候变化、生态变迁以及非经济因素的干扰和制约,进而在粮食产量和粮食价格上产生波动,严重时甚至出现粮食供应危机,经济学上称之为"古典农业危机"。清代灾荒问题是中国灾荒史研究的重点,其原因在于:"首先,清朝是中国封建君主专制统治的最后一个王朝,也是离我们最近的一个封建王朝。当代中国的经济、政治、军事、外交、民族关系等诸多方面的问题,大都由清朝演化延伸而来。研究清代的灾荒,对今天有着最直接的借鉴意义。其次,清代灾荒极其严重,而人民群众的抗灾斗争也积累了丰富的经验,政府的救荒机制及实际运作,也集古代荒政之大成,更加完备和系统,发

---

① 章永乐:《清朝荒政中的"地方性正义"问题》,《思想战线》2013年第4期。
② 胡鞍钢、陆中臣、沙万英、郭其蕴、杨建新:《中国自然灾害与经济发展》,湖北科学技术出版社1998年版,第18—19页。

展到了一个较高的水准。"① 就清代云贵地区灾赈实践的具体情况而言，无论是官方的实施荒政，还是民间社会力量积极自主参与救灾，其根本出发点都是为了尽最大努力挽救被自然灾害袭扰的黎庶，而终极目标是加强对被灾地方社会的治理，以稳定农业生产秩序、保障民情贴然和极力维护边疆社会稳定。

历经清代王朝国家的行政系统建构和政治发展成熟，清廷对西南边疆的控制力度不断得到强化和巩固，无论是改土归流或云贵两省行政管理机构的设立，还是移民屯垦和矿产开采等经济的开发，清王朝最根本的政治目的即是将此前处于边缘的西南边疆纳入国家正统体系之内。随着"内地化"之下云南和贵州地方社会的发展和社会进步，云贵两省各府州县地方民众逐渐自发性地增强了对国家的认同感，勤于开荒耕耘，定期缴纳赋税，接受教育并参加科举考试，西南边疆与中原内地逐渐融为一体。灾荒治理作为清朝国家加强对西南边疆社会治理的重要工具，历次灾赈实践为清廷在云南和贵州各地方施行"齐政修教"的治边策略提供了重要补充。毋庸置疑，清朝政府通过具体的灾荒赈济方式，进一步强化了对云贵地区基层社会的有效治理和管辖，并促进了西南边疆各族人民对国家的认同，为推进西南边疆治理和统一多民族国家的发展奠定了基础。

第二节 清代云贵地区灾荒赈济协同机制的构建

清代是中国历史上的"灾害群发期"，伴随灾害的频繁发生以及荒政制度、仓政制度和社会治理体系的建设，灾荒赈济协同机制的构建趋于系统化。边疆治理的本质是国家实施区域治理和基层治理的统合，边疆治理体系优化和治理模式的选择，主要依赖于国家经略边疆的方略和底层民众的利益诉求。清代云贵地区的灾荒赈济协同机制历经由中央到地方的正向路径和由地方到中央的反向路径双重作用的过程，并在官方与民间救灾实践的推动下得以调适、整合和发展完善。清代云贵地区灾荒赈济协同机制构建带来的社会变革，作为推进西南边疆地区社会公众国家认同、政治认同和文化认同的重要路径和标志性符号，在驱动国家和地方社会力量参与

---

① 李文海：《进一步加深和拓展清代灾荒史研究》，《安徽大学学报》2005年第6期。

赈灾救民和灾后重建的同时，也在客观上提升了清朝经略边疆和灾害社会协同治理的成效。

一 清代云贵地区灾荒赈济协同机制的建设

清代在吸取和总结前朝各代救灾法规、救灾实践经验的基础上，建立起一套相对完善的荒政制度，进而将中国的灾荒赈济推向顶峰。清代云贵地区灾害的频繁发生，严重影响云贵高原农业生产的可持续发展，并给清政府的西南边疆治理带来严峻的风险挑战，区域性灾荒赈济协同机制的构建，在灾前筹划、临灾防御、灾害应急及灾后恢复重建中发挥着重要作用。

中国地域广袤，自然环境复杂多样，自古以来就是灾荒频发的国度之一。"就文献可考的记载来看，从公元前十八世纪，直到公元二十世纪的今日，将近四千年时间，几乎无年无灾，也几乎无年不荒。"[1] 正如傅筑夫先生所言："一部二十四史，几乎就是一部中国灾荒史。"[2] 从中国荒政构建与国家安全的关系来说，一部中国人民的生存发展史和中华文明史，就是一部中华民族同自然灾害相抗争的历史。荒政制度是中国传统社会中灾荒赈济领域制度、法令、政策和措施的统称。清代作为中国荒政制度发展的鼎盛时期，臻于至善的灾情奏报制度、勘灾制度、审户制度和救济制度在灾荒赈济的实践中更加趋于规范化、制度化和社会化。"反对诸侯分裂割据，加强中央集权，将全国思想统一于孔子儒学"[3] 是秦汉以来传统中国"大一统"的重要内涵，清朝荒政制度施行的目的是巩固皇权和国家安全，其实质是维护社会稳定和国家统一。康熙十二年（1673）三月谕令礼部："民资粒食以生，今当播种之时，亢旸不雨，农事堪忧。皆由朕躬凉德，政治有所未协，未能仰格天心。用是夙夜靡宁，实图修省，以感召休和，为民请命。尔部即虔诚祈祷雨泽，以副朕勤恤民隐至意。"[4] 由此可见，这是基于"天人感应"的灾害风险应急响应行为方式，统治者希望通

---

[1] 邓云特：《中国救荒史》，商务印书馆2011年版，第9页。
[2] 夏明方、朱浒：《〈中国荒政全书〉的编纂及其历史与现实意义》，《中国图书评论》2007年第2期。
[3] 周桂钿：《董仲舒政治哲学的核心——大一统论》，《中国哲学史》2007年第4期。
[4] 《清圣祖实录》卷41，康熙十二年三月辛巳条，中华书局1985年影印本，第4册，第552页。

过敬天和自省来强化治国理政和轸恤民瘼的合理性。从祈雨的社会功效来看，"康熙自觉于儒学体系内择取兼具政治理性与神秘色彩的内容，实现以祈禳安百姓、以实心行实政的政治理想，构成清代官方祈雨的完整意义"[①]。

顺治十六年（1659）开辟云南和贵州后，清廷立即委派总督、巡抚大臣对云贵地区进行系统管理，四月初六日，云南首任巡抚林天擎抵达云南昆明任职受事，十一月初三日，首任云贵总督赵廷臣于贵州驻扎衙门到任受事，十一月十七日，新任贵州巡抚卞三元到任。赵廷臣奏称："惟是职有两省总督之责，今当云南兵马需用粮草，地方溃逆未靖，土司新附未久，职不敢不驰赴料理。"[②] 清初期，朝廷屡次蠲免云贵地区钱粮，拨给帑金赈济灾民。但由于吴三桂叛乱，云南辖境田地大量抛荒，人丁死徙甚众，导致垦殖乏人、牛种匮乏，兵燹饥馑相继，救荒尤为急切。云贵总督蔡毓荣在《筹滇十疏》中奏称："按目前形势，揆之善后事宜，相应亟请皇上下令蠲除，解此日之倒悬，培全滇之元气。容臣陆续招徕开垦，随垦随报，照例起科，缺额人丁仍俟编审补额。从此田畴渐辟，户口渐充，屈指三五年间，可复承平之旧。是所损者小，而所益者实大也。"[③] 康熙二十年（1681），康熙帝诏令蠲免该年云南夏税，以革除弊政和优恤生民。鉴于云南官兵罹患疾疫较多，但缺良医能够医治，康熙帝谕令"太医院医官胡养龙、王元佐驰驿前往调治"[④]。从史料记载来看，清初期极其重视云贵地区的灾荒救治，并发挥了清朝荒政制度养民、化民和恤民的社会功效。康熙四十四年（1705）谕令："自吴三桂变乱之后，民甚艰苦，故朕累年蠲免钱粮，民生优裕，则国家太平矣。"[⑤] 在平定"三藩之乱"和推行改土归流后，清政府在云贵地区设置督抚职员，于各府厅州县驻扎绿营兵和乡兵，"在各地包括新改流地区普遍推行保甲制度，并允许因地制宜灵活处置，以建立对基层的规范管理"[⑥]，推进了云贵地区社会的协同治理进程。

[①] 李光伟、陈思翰：《康熙朝京师祈雨与王朝治理》，《中国高校社会科学》2020 年第 5 期。

[②] （清）赵廷臣：《揭展起行赴滇日期疏》，载张伟仁主编《明清档案》，联经出版事业有限公司 1986 年版，第 35 册，第 B19919 页。

[③] （清）蔡毓荣：《筹滇十疏·第一疏：请蠲荒》，载邹建达、唐丽娟主编《清前期云南督抚边疆事务奏疏汇编》（卷1），社会科学文献出版社 2015 年版，第 10—11 页。

[④] 《清圣祖实录》卷97，康熙二十年八月己亥条，中华书局 1985 年影印本，第 4 册，第 1224 页。

[⑤] 《清圣祖实录》卷223，康熙四十四年十一月癸酉条，中华书局 1985 年影印本，第 6 册，第 242 页。

[⑥] 方铁：《方略与施治：历朝对西南边疆的经营》，社会科学文献出版社 2015 年版，第 214 页。

清代云贵地区荒政制度的施行,得益于云贵督抚履行灾荒赈济程序和督饬各府厅州县官员开展救灾和灾后重建。"清代地方督抚设置定制化,督抚由朝廷简派到各直省,是王朝行政管辖权的代表,负责镇守一方和实施治理的封疆大吏。"[1] 毋庸置疑,清朝通过在云贵地区实施督抚制度,同时辅以荒政制度、仓储制度等与灾赈密切相关的民生保障制度,推动了西南边疆地区的灾荒赈济和社会协同治理的进程,荒政制度在云贵地区的实施推进了灾荒赈济协同机制的构建,为促进云贵地区乡村社会与国家之间的良性互动创造了条件。"国家制度建设是巩固乡村社会与国家关系的根本"[2],清朝在云贵地区推行的荒政制度与督抚制度、土司制度、里甲制度、保甲制度、仓储制度和社会保障制度,共同编织成一套严密的国家治理网络,在促进云贵地区灾荒社会协同治理的同时,也维护了清朝在西南边疆地区的有效统治,灾荒赈济协同机制的构建在政治层面上对"家国同构"起到了重要作用。清代云南土司有土知府、知州、知县,有宣慰、宣抚、安抚、长官等司,名目不尽不同。自明初开辟以来,因各土司投诚有功,朝廷授官锡土,令其自耕而食,所纳钱粮名曰"差发银",所纳税额较汉民地方甚轻。清朝定鼎数年来,云南境内的土司为贼寇胁迫,远者派金以养贼兵,近者派人力以驱争斗,致使土司地方财力交困。为安置土司,云南籍官员王宏祚奏称:"今既改过投诚,自是望恩甚切。宜察某土司官职,该管地方仍令照旧料理,输纳钱粮,一切逆寇苛派悉与蠲除,庶土司安,百姓亦安矣。"[3] 清政府对云南土司地区和汉族地区的差异化管控和社会治理,客观上增强了荒政制度的施行力度,为维护国家政治秩序和社会安定创造了条件。

　　清朝中央集权体制下灾荒赈济的实施,得益于清政府依靠直省地方督抚及各级官员对政务、军务和民事的逐级管理和有效调控。清朝被西方称为"福利国家"和"救荒的黄金时代",清政府在"大一统"的视域下加强云贵地区灾荒和社会的协同治理,建仓储粮是其重要体现。宋代董煟

---

[1] 许新民:《清代后期云南封疆大吏的省情认知与国家治理研究》,中国社会科学出版社2017年版,第246—247页。

[2] 李良品:《明清时期西南民族地区乡村社会与国家关系研究》,重庆大学出版社2020年版,第635页。

[3] (清)王宏祚:《滇南十议疏》,(清)阮元等修,(清)王崧、(清)李诚纂:道光《云南通志稿》卷203《艺文志·杂著七》,清道光十五年(1835)刻本。

《救荒活民书》记载:"人主救荒所当行,一曰恐惧修省,二曰减膳撤乐,三曰降诏求言,四曰遣使发廪,五曰省奏章而从谏诤,六曰散积藏以厚黎元。宰执救荒所当行,一曰以燮调为己责,二曰以饥溺为己任,三曰启人主警畏之心,四曰虑社稷颠危之渐,五曰进宽征固本之言,六曰建散财发粟之策,七曰择监司以察守令,八曰开言路以通下情。"① 董煟系统总结了最高统治者、宰相和执政官在救灾的行为方式,这一系列防灾救灾减灾的措施为清朝灾荒赈济提供了有益指导。清政府在云贵地区推行的仓储备荒制度,实质上是一种与保甲制度相辅相成,与云贵地方官府相配合,与村规民约相适应,与绅民阶层相协同的乡村社会管理体系和协同治理机制。

救荒之策,备荒为上,仓储建设作为灾荒赈济协同机制构建的关键要素,其建设规模和运转效率关系救灾成效。从清代云贵地区的仓储建设运营及管理来看,从国家专营和官吏管理的常平仓,到广置于社乡和官绅共管的社仓,再到以公益为中心、官督绅办民办的义仓,清政府为云贵地区的备荒救灾和灾后重建构建起了一套系统完备的仓储保障体系,为清朝在云贵地区征收赋税、发展农业和救灾救荒奠定了基础。仓储积贮本为生民大命,是保证国家粮食安全的重要举措。清代云贵地区的仓储建设形成了以常平仓为骨干、社仓和义仓为依托的三大仓储形式,各府厅州县灾荒赈济期间以官仓为主、民仓为辅的粮食储备及供应体系的构建,在平抑粮价和调控市场供给的同时,在备荒赈灾中发挥着安民固本的作用。社仓作为常平仓的重要补充,在筹建和管理过程中与保甲制度相结合,备荒救灾效果逐渐得到体现。"仓储是整个国家治理大棋盘中的一个小卒,其建设因为固有经营利润有限,先天不足,使得其对外部环境的依赖性很高,特别是对国家财政和地方财政的依赖。"② 清代重视储藏,并以制度化的粮食储备应对灾害,云贵地区常平仓、社仓和义仓等仓储的建设,在救灾实践和灾后重建的过程中,促进了灾赈机制的发展和完善。除常平仓、社仓和义仓的建设外,清代云贵地区还设置有常裕仓、致阜仓、惠民仓、惠穷仓、广惠仓、广丰仓、广盈仓、丰盈仓、大有仓、和籴仓、预备仓、积谷仓、便民仓等形式多样的仓储,尽管这些仓储名称各异,且时兴时废,但为云

---

① (宋)董煟:《救荒活民书》卷2《救荒杂说》,载李文海、夏明方主编《中国荒政全书》(第1辑),北京古籍出版社2002年版,第87页。

② 吴四伍:《清代仓储救灾成效与国家能力研究》,《江海学刊》2021年第1期。

贵地区粮食安全和救灾提供了一定的保障。总体上看，清代云贵地区仓储机制的建设及其备荒救灾功能的发挥，促进了基层社会治理能动性、边疆治理价值性和国家治理持续性目标的基本实现。

清代云贵地区的灾荒赈济是西南边疆社会治理规范化、体系化和制度化的重要内容之一，救荒活民作为云贵地区社会协同治理的基石，在清朝"大一统"的观念下形塑着边疆的安全格局。回望清代云贵地区灾荒赈济的实践及其成效，清政府在历次灾荒中都将扶危济困和边疆治理当作一项系统工程，通过推行综合施策和多管齐下的灾荒赈济措施，促进了区域社会资源的有效整合和灾赈能力的提高。清政府健全灾赈制度的最终目标是拯救灾黎和维护国家统一，"其具体实践常彰显出专制体制下罕见的人性温情的光辉，如将部分'勘不成灾'的灾荒纳入赈济范畴，是清代乃至中国古代荒政制度中最富人性化的内容"[①]。清朝历代帝王高度重视西南边疆的社会治理，并在"中心—边缘""内地—边疆"的结构下，通过施行荒政制度来强化边疆治理的能力，灾荒赈济实践及其协同机制的构建作为清帝国的边疆治理结构和发展环境，促进了国家政治制度在云贵地区的落实和西南边疆的社会稳定。

二 清代云贵地区灾荒赈济协同机制的调适

清朝在传统中国重农思想、"灾异天谴"和"大一统"观念的影响下，救灾恤民的实践形成了"救荒活民"与"边疆治理"并存的灾害风险防范路径和社会协同善治方式。清政府通过灾荒赈济进一步消除了中央政府与云贵地区乡村社会的区隔，并在历次灾赈实践中促进了赈济措施的调整与边疆治理的高度协同和整合，从而推进了西南边疆与中原内地互动与融通的进程。

国家治理针对的是国家内部的社会问题，国家政治制度和治理方略对边疆基层社会治理和国家政治利益共同体形成影响，国家治理能力决定了社会群体利益与国家认同的差异化和趋同性。在云贵地区灾荒发生后，清政府根据灾情实况开展赈济，推进了荒政制度有效运行。"政治制度实质上发挥着引导资源以达成集体目标的功能，作为系统的基本决策主体，

[①] 周琼：《清前期重大自然灾害与救灾机制研究》，科学出版社2021年版，第754页。

'目标达到'所要解决的核心问题是合法地行使权力以保证社会决策的顺利实施。"① 清代云贵地区灾荒赈济和社会治理主要凭借总督和巡抚的极力筹划，因此清廷亦对督抚任免极为重视。顺治十七年（1660），吏部议称："云贵总督兼任两省，应如经略洪承畴等请，令驻适中之地，半年驻安顺，半年驻曲靖。"② 乾隆三年（1738）谕令："边疆之地，民夷杂处，抚绥化导，职任尤重，更不得不慎选其人，以膺牧民之寄。"③ 从文献记载可知，清朝在云贵两省督抚大员的简派上，尤其看重边疆治理的能力。"荒政指南的层出不穷反映出中国古代的行政传统已经深谙某个道理：他们已经积累了很多世纪的经验，而这些经验仍旧可以有很好的利用。"④ 清代云贵地区灾荒赈济及社会治理问题的凸显，要求清政府针对边缘性的西南边疆发生的各类自然灾害采取行之有效的荒政制度进行治理，灾荒赈济协同机制的构建因此得以在清朝帝国疆域的基础得以逐渐形成，并在理论上和实践层面上蕴含着深刻的国家视角。

从清代云贵地区救荒恤民的实践来看，清朝中央政府和云贵督抚及各级官员在履行报灾、勘灾、审户和赈济过程中发挥着重要的作用，并推进了西南边疆社会治理的进程。"作为一个疆域辽阔且边缘区与核心区之间存在着巨大差异的国家，中国的国家治理自然形成了一个'边缘—核心'结构。"⑤ 清代云南官府在陆凉州属地方马厂地筑堤设闸，导水开田，以筹备积贮和接济兵食。雍正二年（1724）六月，陆凉州雨水多于常年，河水溢入新开田亩，淹浸禾稼十分之四。云贵总督臣高其倬奏称："已将种地之人量行给赏，其未淹者分得租米二百二十四石，已贮五营义仓，备济兵丁家口之用。"⑥ 嘉庆六年（1801）五月初八日，云南府易门县之太和川等处骤雨倾盆，溪河涨溢，附近田庐被水浸淹，积水淹没草房二十二间和零星块段田地约计二千余亩，经易门县照例抚恤，并借给赈济口粮，被灾

---

① ［美］帕森斯：《社会行动的结构》，张明德译，译林出版社 2003 年版，第 235 页。
② 《清世祖实录》卷 133，顺治十七年三月己巳条，中华书局 1985 年影印本，第 3 册，第 1029 页。
③ 《清高宗实录》卷 83，乾隆三年十二月甲午条，中华书局 1985 年影印本，第 10 册，第 305 页。
④ ［法］魏丕信：《略论中华帝国晚期的荒政指南》，载李文海、夏明方《天有凶年：清代灾荒与中国社会》，生活·读书·新知三联书店 2007 年版，第 99 页。
⑤ 周平：《边疆研究的国家视角》，《中国边疆史地研究》2017 年第 2 期。
⑥ （清）高其倬：《奏报遵旨仿古井田之意料理陆凉州马厂涸出地亩折》，载邹建达、唐丽娟主编《清前期云南督抚边疆事务奏疏汇编》（卷1），社会科学文献出版社 2015 年版，第 142 页。

民众俱已得所，其田内覆压之沙石亦得到挑挖，并种植杂粮。云贵总督觉罗琅玕奏称："该处被水，本属一隅，且山水消退甚速，不致成灾，被水各户虽地方官业已抚恤，臣仍会同抚臣伊桑饬令该府再行前往确勘，加意抚绥，不致失所。再目下正值青黄不接之际，稽核各属开报粮价，虽较上月稍增，而额贮常平仓谷。臣与抚臣先期札饬照例详明借济，是以市粮充裕，价值不致过昂，两省民夷乐业，里巷恬熙，边关亦俱宁谧。"觉罗琅玕得到嘉庆帝的砵批谕旨："如果成灾，即行驰奏，不可讳匿。"① 从档案记载来看，清朝中央政府对地方匿灾不报的情形极其重视。贵州省古州厅河道两岸皆山，中流一线三江会合，消长靡常，夏秋之间往往泛涨。乾隆十四年（1749）五月十二、十三等日，古州地方连降大雨，署古州兵备道徐立偕同古州镇官员亲往江干视察，厅属兵民房屋、草棚等项及附近古州之下江地方被淹及冲坍者通计二百余间，淹坏沿江军田八十余亩，又下江冲倒城垣十余丈，并查得该江上游都江通判所属冲坏塘房六座，兵民房屋七十余间，逼近江边田亩亦间被淹浸，三脚屯州同所属有沙壅田五坵。贵州巡抚爱必达奏称："古州上年六月被水，经臣照例查办，分别赈恤……今复水涨冲淹，兵民未免拮据，臣酌量较前加增抚恤，务使均沾实惠。"② 贵州镇远府濒临大河，府城地势稍高，卫城较低，溪水骤发，河流宣泄不及，多有漫溢之患。道光二十八年（1848），镇远府知府廖惟勋、署镇远县知县恩彬、镇远镇游击荣麟禀报，五月三十日大雨如注，河水陡涨，平地水深五六尺至七八尺不等，沿河铺户、民房间有冲塌，卫城内营署以及兵民房屋亦被淹浸。贵州巡抚臣乔用迁奏称："因民瘼攸关，当檄饬贵东道周作楫并委思州府知府祝祜驰往查勘，加意抚恤，毋使一夫失所，并查明被水户口房间确数，散放口粮修费。"③ 针对镇远府此次遭受水灾及田庐被淹情形，乔用迁表示将在勘报到日另行具奏，同时委员驰往勘抚，并会同总督林则徐向清廷奏报灾情。

除以官方为主导的自上而下的"官赈"外，云贵地区士绅阶层亦自发

---

① （清）觉罗琅玕：《奏为敬陈臣自黔回滇沿途地方雨水田禾情形》（嘉庆六年七月一日），台北故宫博物院，宫中档奏折，档号：091268。
② （清）爱必达：《奏为本年入夏以来雨水充足并古州镇等地方被水分别赈恤事》（乾隆十四年六月二十日），中国第一历史档案馆，朱批奏折，档号：04-01-21-0053-027。
③ （清）乔用迁：《奏为镇远地方被水大概情形委员查勘抚恤事》（道光二十八年六月二十二日），中国第一历史档案馆，宫中朱批，档号：01-11102。

组织民间社会力量开展自下而上的灾害赈济工作。例如，道光十三年（1833），云南嵩明地震成灾，清政府蠲赈兼施，并有各绅士踊跃捐赈，捐银一千两至六千两的有昆明县廪生高本仁，附贡生李贻直，监生李贻箴、刘复昌、刘复功，琅盐井文童杨嘉禾和晋宁州监生宋文藻；捐职从九品叶长春捐银一千两；捐银三百两至五百两的有昆明县捐贡生石健，文童施坦，俊秀石价、郭铣，监生官鏸、黄恩贵、刘椿、田锡禄，文童张绍谟，俊秀石映星、毕联登和杨洲；捐银三百两的为现任江南上元县知县保先烈。另外，还有前任湖北候补道廖敦行，前任江苏松太道陆荫奎、候选知府周师，前任贵州大定府知府陈熙以及前任浙江萧山县知县李芬首先倡捐，他们还随同云南地方官亲身散赈。据云贵总督阮元查明，各绅士情殷桑梓，互相劝捐加济极贫之户，共捐得银四万三千余两，洵属踊跃好义，实堪嘉尚，奏请交部议叙。道光十四年（1834）二月初四日，内阁奉上谕："此外捐银不及三百两者，着该督抚等自行奖予花红匾额，以示奖励。"① 除直接捐资赈济外，云贵士绅商民还通过捐建仓储积谷，间接推进了灾荒救济。光绪二十五年（1899），贵州毕节、威宁、贵阳、贵筑、普安、水城、平远、黔西、清镇等处秋成歉收，清廷恩赏银十万两交付贵州，由巡抚邵积诚"饬属分别灾情轻重，切实筹办赈济"②，但由于灾区甚广，饥民尤重，此项赈款难以救济周全，加之光绪二十六年（1900）谷雨时节后贵州迭见霜雹，上下两游耗费谷种数十万石，各属续请赈款，邵积诚奏称："虽经微臣会同司道捐廉倡导，以冀官绅富户观感乐施，恐杯水车薪，仍属无济，拟请援照安徽章程，开办赈捐，借资补救，所需捐项，查照捐数，银谷并收，以广招徕，并由黔局刊给实收，报部核奖。"③ 在清代广泛流动的乡土社会中，地方士绅来自于区域社会提供的公共空间，以差序格局为特征的地方熟人社会的构建，使乡绅的社会影响力得到民众的认可，并在伦理执掌、教化施播、扶危济困等公共事务和基层社会治理中发挥着举足轻重的作用。

  清代云贵地区灾荒赈济协同机制的变革是公共利益关系的重新调整过

---

  ① 《军机处上谕档》，中国第一历史档案馆，道光十四年二月初四第5条，盒号985，册号2。
  ② 《清德宗实录》卷461，光绪二十六年三月丁巳条，中华书局1987年影印本，第58册，第42页。
  ③ （清）邵积诚：《奏为黔省赈款不敷请援照安徽章程开办赈捐事》（光绪二十六年五月十一日），中国第一历史档案馆，朱批奏折，原档号：04-01-02-0099-004。

程，促进了国家治理格局下边疆治理与基层社会治理的协调统一。清代云贵地区灾荒赈济协调机制的调适符合中华民族居安思危、革故鼎新的文明传统，"大一统国家的体制变革源于大一统体制与大规模治理的张力"①。清代灾荒赈济的施行，"在一定层面上奠定了清王朝在中原地区的统治地位，成为促进清代中华民族认同发展进程的重要原因之一，即加速了汉民族对清王朝的认同及其进程，也加快了满族融入中华民族的步伐。这使清王朝的统治者在恤民、轸念民瘼的外衣下，得到了民众对其恩情的感念，巩固了统治基础"②。边疆治理的过程在于增强边疆治理与腹地治理的同质性和协同性，其目的在于"减小边疆的地缘、经济、社会等方面的异质性"③。清代云贵地区灾害的频繁发生和清朝国家边疆治理结构下的张力，催生了"大一统"国家推进灾赈机制变革、规避王朝政权更迭和国家应对风险挑战的需求，灾荒赈济的实践为国家治理的韧性塑造创造了条件。

边疆治理的目标是保障边疆社会稳定和国家统一。从清代帝国腹里到华夏边缘，从中原内地到西南边疆，国家治理体现出鲜明的"中心—边缘"的特征，但由于边疆治理方略的多元性存在，边疆社会治理所寻求的整体社会利益和国家利益，在边疆基层社会治理体系变革中发挥着筑牢边疆安全屏障的作用。清代云贵地区的备荒和救灾是中国官僚制度的头等任务之一，"这是中国传统家长式权力统治的一部分，它体现了儒家的教义：养民才能更好地教民"④。从实施赈济主体来看，清代云贵地区的灾荒赈济既有官方主导的官赈，也有民间社会力量组织开展的民赈。从制度层面来看，清朝吸纳历代救灾经验，并建立了系统的灾赈制度，"其内容主要包括报灾、勘灾、筹赈、赈灾、善后等多个方面，基本覆盖整个救灾过程。清朝将救灾责任法律化，救灾立法体系严整灵活，从而确保救灾制度有效运行"⑤。清代灾赈程序并非是一成不变的，而是需要根据地方受灾情况进

---

① 赵德昊、周光辉：《体制变革：塑造大一统国家韧性的动态机制》，《江苏社会科学》2021年第5期。
② 周琼：《清前期重大自然灾害与救灾机制研究》，科学出版社2021年版，第670—671页。
③ 胡佳玲：《边疆治理的逻辑进路研究——基于边疆异质性的分析》，《云南民族大学学报（哲学社会科学版）》2020年第1期。
④ ［法］魏丕信：《十八世纪中国的官僚制度与荒政》，徐建青译，江苏人民出版社2003年版，第4页。
⑤ 赵晓华：《清代救灾制度为何效果显著》，《人民论坛》2020年第1期。

行调整。清朝荒政制度规定,各直省发生灾荒,督抚在题报灾情的同时,即行开仓赈济乏食灾民一个月。待勘察清楚受灾分数后,区分极贫和次贫户口及人数,具题加赈。然后再根据受灾情形,分别酌量赈济米或银四月、三月、二月、一月或借给口粮一月不等,是为加赈。例如,嘉庆二十二年(1817)十一月二十八日,内阁奉上谕:"伯麟等奏……云南邓川州被水村庄业经将冲倒房屋官给修费,被灾户口并已赈过口粮。"但由于秋收歉薄,民力拮据,云贵总督伯麟率员查明灾情后,恳请分别加赈并蠲缓钱粮,"著加恩将邓川州小邑等九里极贫九百三十四户加赈四月口粮,次贫一千八百七十七户加赈三月口粮"①。清代灾荒赈济在时间上具有周期性和长期性的特点,清政府根据云贵地区的灾荒实情,循序渐进地推进了灾荒赈济的实践。

  毋庸置疑,清代云贵地区灾荒赈济的过程中往往也出现延迟报灾、匿灾不报、勘灾不实、粮仓亏短等诸多弊病,清政府严格依照救灾法律进行整顿。救灾责任的制度化,促进了灾荒救济与人事制度的结合,即地方政府报灾、中央派员勘灾、各机构协同救灾,在时间上、用人上、财政支出上形成了明确的规定,②清政府通过运用法律手段严格管控救灾过程和明确救灾责任,对约束和惩处救灾官员的违法行为和提高救灾成效具有积极的效用。顺治十二年(1655)谕准:"蠲免不实,灾伤迟报,踏勘骚扰,妄兴词讼,妨夺农时等弊,一切严行禁革。有违犯者,该督抚即行纠参,以凭重处。如督抚徇情庇纵,部院科道官访实劾奏。"③康熙七年(1668)六月,户部议覆:"报灾定例,夏灾不出六月,秋灾不出九月。但踏勘于收获未毕之先,始可分别轻重,请嗣后报灾限期,夏灾不过五月初一,秋灾不过八月初一,逾期,仍如例治罪。"与此同时,康熙帝谕准:"凡被灾州县,有司必先勘察申报,该抚然后具题,地方远近不一,若限期太迫,被灾之民恐致苦累。其仍如旧例行。"④清朝荒政制度的推行是政府"公共决策"过程中社会价值和公共资源的再分配,并在国家治理从"嵌入吸

---

  ① (清)伯麟:《谕内阁云南邓川州及白盐井等被水各里极次贫民著分别加赈口粮蠲缓钱粮等》(嘉庆二十二年十一月二十八日),中国第一历史档案馆,上谕档,档号:06-03668。
  ② 周光辉、赵德昊:《荒政与大一统国家:国家韧性形成的内在机制》,《学海》2021年第1期。
  ③ 《清世祖实录》卷88,顺治十二年正月甲辰条,中华书局1985年影印本,第3册,第693页。
  ④ 《圣祖仁皇帝圣训》卷21,载文渊阁《四库全书》,台湾商务印书馆1986年版,第411册,第387页。

纳"向"协同治理"转变的阶段实现了灾荒赈济的法制化和内地化。光绪三十二年（1906），云南邱北县属曰者乡等处被旱成灾，前署知县张联恩匿不具报，嗣据绅民李嘉树等呈，由该管州道禀经前云贵总督丁振铎，檄行司道委员会同接署县杨文海逐一履勘，被灾属实，据云南藩臬两司会同粮储道具详前来，督臣适值交卸，未及核办。云贵总督锡良奏称："接准移交，覆核无异，除由司道筹款赈恤，并将被灾钱粮分别蠲缓造册详办外，查该员张联恩身任地方，匿灾补报，实属玩视民瘼，未便稍涉姑容。相应请旨将前署邱北县知县、本任赵州知州张联恩即行革职，以儆官邪。"① 清代云贵地区灾荒赈济的协同机制始建于顺治朝，发展于康雍朝，完善于乾隆朝，并于灾赈实践中不断得到整顿、调适和检验，推进了灾荒治理结构的优化。

国家是为促进和实现对社会有效管理和协同治理而创设的政治形式，"边疆是由于国家治理的需要而被认定（确定）的特定区域，它的形成离不开客观的地缘性条件，既要以客观的地缘性条件为基础，同时还要受人们对国家的边缘性区域的认识所制约，渗透着浓厚的历史文化内涵"②。国家治理与边疆治理的关系是清朝荒政制度韧性构建的重要领域，清政府通过荒政制度的实施，对赈灾救民的行为方式进行渐进式的调整，并形成行之有效的灾荒赈济协同机制，在培育西南边疆各民族国家认同意识的同时，也推进了云贵地区荒政制度、仓储制度、救灾人事制度和灾赈律令制度的健全和完善，为西南边疆安全提供了重要保障。

三 清代云贵地区灾荒赈济协同机制构建的效应

清代云贵地区灾荒赈济实践的成效是清朝边疆治理能力的反映。边疆治理的本质是一种空间治理或区域治理，③ 边疆治理尺度下清代云贵地区灾荒赈济协同机制的构建，蕴含着清朝历代帝王励精图治和加惠烝民的的价值取向，是一种直接性的社会管理和治理状态，为推进西南边疆地区形成高度的国家认同提供了价值标尺。

---

① （清）锡良：《奏为特参前署邱北县知县张联恩匿灾不报请革职事》（光绪三十三年五月二十九日），中国第一历史档案馆，录副奏折，档号：03-5610-24。
② 周平：《边疆在国家发展中的意义》，《思想战线》2013年第2期。
③ 周平：《陆疆治理：从"族际主义"转向"区域主义"》，《国家行政学院学报》2015年第6期。

清代云贵地区灾荒赈济协同机制的建设，在上裨国事和下济民生的场域中具有较强的效能感，荒政制度和仓政制度作为"嵌入政体或政治经济组织结构中的正式或非正式的程序、规则、规范和管理"①的国家制度和社会保障规制，对云贵地区的社会治理和清帝国政治共同体内的西南边疆安全和公共利益的分配起到重要的导向作用。灾情信息收集系统是灾荒预警机制建立和实现社会治理的关键环节，清朝在吸收历代灾报的基础上，因时因地对报灾规则进行调整和完善，为清代荒政制度的建立创造了条件，各项灾赈机制的损益变化和调适，推进了灾害风险应急防范机制创建的进程。清代云贵地区历次灾荒赈济的施行建立在完备的灾情奏报制度之上，其中"粮价奏报与雨泽奏报系统共同组成了清代荒政信息收集系统"②。林天擎任职云南巡抚后，目击云南地方残毁至极，饿殍载道。顺治十六年（1659）闰三月中旬，云南"米一市斗价至三两一二钱，四月初旬，因路稍通，米一市斗减至一两八九钱不等"，灾民日啖草根，无力耕作，秋将绝望。他奏称："职今惟有会同尽心抚安，着实力做，先议禁止掠夺，疏通道路，以期四民归心，百蛮向化"③，以期新辟边疆安宁。云贵地处边徼，田少山多，百谷丰盈全资雨泽适宜。乾隆十四年（1749）夏秋之际，云贵一带霖雨滂沱，低下之区虽间有被淹，而高阜山田及平原普遍湿润，禾稻、杂粮发荣长茂，秀硕倍常。云贵总督张允随奏称："嗣自秋分以至立冬五十余日之内，阴雨不过数日……并无疾风骤寒之患，是以稻谷已成熟者愈加坚好，未成熟者亦黄茂盈畴"。与此同时，张允随勘察得该年雨潦普降之时，云南安宁盐井被水冲淹，云南布政使宫尔劝、署驿盐道郭振仪查覆："安宁井台业经修整，汲卤趋煎；大关民房、船只亦经修葺、抢获；……惟弥勒州被淹低田三顷八十亩零，虽水势旋即消退，伤损无多，内有不能收获者，酌动常平仓谷出借接济，亦皆得所。"④清代灾荒

---

① 彼得·豪尔、罗斯玛丽·泰勒、何俊智：《政治科学与三个新制度主义》，《经济社会体制比较》2003年第5期。
② 李伯重：《信息收集与国家治理：清代的荒政信息收集系统》，《首都师范大学学报（社会科学版）》2022年第11期。
③ （清）林天擎：《揭为抵省到任日期并陈云南地方米贵乏食残毁情形事》（顺治十六年五月二日），中国第一历史档案馆，揭贴，档号：04-00032。
④ （清）张允随：《奏报滇黔两省秋成丰稔情形折》，载邹建达、唐丽娟主编《清前期云南督抚边疆事务奏疏汇编》（卷2），社会科学文献出版社2015年版，第838页。

信息奏报制度的建设重构和云贵实践,反映了入主中原的满洲统治者对中原汉文化及其传统制度的接纳,① 也体现着西南边疆各族人民对中原汉文化的认同。

国家赋税的缓征与蠲免是清代灾荒赈济中的重要措施,基于国家根据地方民力对百姓征收赋税的整体考量,清政府推行遇灾缓征或临灾蠲免钱粮,在事实上起到了略纾民力和救灾恤贫的效果,因而救灾是清帝国经济基础雄厚和惠济于民的具体体现。"在中国帝制时代,文化治理不仅存在,而且有制度层面的设计和具体的实践"②,清代云贵地区灾荒赈济和社会协同治理就是一个典型的案例。康熙二十一年(1682)、二十二年(1683),云南灾荒造成地丁③征收困难,尽管各府厅州县在康熙二十三年(1684)至二十四年(1685)乃渐次开垦复业,但正赋④征收尚属艰难,若并征四年未完钱粮,则民力实难措办,追缴过急又会导致逃散抛荒。云南巡抚王继文奏称:"倘得照例暂宽时日,分年带征,则积年之国赋固无亏损,而皇上破格之殊恩更沦浃于滇民世世矣。"⑤ 雍正十二年(1734)五至六月,贵州桐梓、毕节、瓮安三县及都江各地突发降雨,山水泛涨造成沿河居民房屋被淹。同年六月初二日,古州城因江水消泄不及,东南城厢被淹,兵民房屋、城墙倒坍较多,人口避登高阜方得保全。六月二十五日,贵州省城北边山水陡发,城内、城外房屋亦有冲坍,损伤居民一十余口。云贵广西总督尹继善会商贵州巡抚元展成,"委员确勘,赍带公银,酌量抚恤"⑥,并饬令藩司遴委干员查勘古州镇城水患,以资捍御疏通。可以看出,轻徭薄赋、勤恤民隐是清朝实行云贵灾荒赈济的首要任务。

清代云贵地区的灾荒赈济是清朝加强边疆治理和维护国家统一的重要

---

① 周琼:《清前期灾害信息上报制度建设初探》,《兰州大学学报(社会科学版)》2021年第4期。
② 廖国强:《"以汉化夷"与"因俗而治"——清代云南改土归流地区两种文化治理方略及其关系》,《云南师范大学学报(哲学社会科学版)》2020年第6期。
③ 清代的财政收入包括田赋、盐课、关税、杂赋、捐纳等,地丁银始终是最重要且较为稳定的财政收入。而田赋的主体是以银两为会计单位的地丁银,又称"地丁钱粮",俗称"钱粮""条银""粮银"等。
④ 正赋,即清代主要的赋税,指地丁税。
⑤ (清)王继文:《请新荒分年带征疏》,(清)范承勋、(清)王继文修,(清)吴自肃、(清)丁炜纂:康熙《云南通志》卷29《艺文三》,清康熙三十年(1691)刻本。
⑥ (清)尹继善:《奏报三省田禾茂盛并雨水情形折》,载中国第一历史档案馆编《雍正朝汉文朱批奏折汇编》(第26辑),江苏古籍出版社1991年版,第721—722页。

构件，官方赈济和民间救灾在实践上形成上行下效的示范效应，并在基层社会协同治理中达成一致的目标，这是清代完备的荒政制度和区域灾荒赈济协同机制得以构建的魅力所在。据《荒政辑要》记载："荒政者，仁政也。自古及今，极为详备。有预备于未荒之前者，有急救于猝荒之际者，有广救于大荒之时者，有方行于偏荒之地者，有补救于已荒之后者。全在大小官吏，遵谕旨，酌时势，权缓急，次第举行，迅速筹办，庶有裨于灾黎耳。"① 汪志伊阐述了官员在备荒救灾和灾后重建中的重要性，灾荒赈济中仁政施行的效应不言而喻。清朝荒政制度的基本职能是社会资源调度和整合的重要保障，并在其职权范围内维持着边疆秩序和社会稳定。"'安民恤民'是中国古代历朝统治者国家治理的重要工作之一，其中'凶年'救济即救灾是恤民工作的重点。"② 国依于民，民依于岁，岁之丰歉，民生之休戚，体现了清朝历代帝王施行荒政和恤民爱民的民本思想。云南山多田少，喜水畏旱，故民间有"水潦吃饱饭，干旱要苦饥"之谣。乾隆十三年（1748），昆明等州县被水，云南官府对灾黎抚恤一月，并加赈口粮。乾隆十四年（1749），云南巡抚图尔炳阿奏称："酌量冬春之间灾黎多有拮据，合各地方官自上年十一月起至今年二月止，按月照例折银给发，再于东作之候，若有缺少籽种，酌量借给，以资工本，并委道府大员按次前往监赈，实力稽查，务使灾户均沾实惠，毋许假手胥役头人，致有冒滥扣克等弊。"③ 云南官府派员赴灾区监赈，以期使灾黎均沾渥泽，使受灾地方呈现出"各府属粮价均平，并无昂贵之处，汉夷民情亦各恬然安静，地方甚为宁谧"的景象，被水人民欢欣鼓舞感颂皇仁，这是清政府力行德政和加惠民生的具体反映。

清代灾荒赈济期间社会资源的分配和供给，是清朝"大一统"国家政权合法性获取和底层民众国家认同塑造的主要依据。"政治统治到处都是以执行某种社会职能为基础，而且政治统治只有在它执行了它的这种社会

---

① （清）汪志伊辑：《荒政辑要》，载李文海、夏明方主编《中国荒政全书》（第2辑·第2卷），北京古籍出版社2003年版，第539页。
② 李伯重：《信息收集与国家治理：清代的荒政信息收集系统》，《首都师范大学学报（社会科学版）》2022年第1期。
③ （清）图尔炳阿：《奏报滇省春禾茂盛情形委员监赈地方宁谧事》（乾隆十四年二月二十九日），中国第一历史档案馆，宫中朱批内政（赈济篇）第42号，档号：01-06826。

职能时才能持续下去。"① 随着清朝统治的深入以及西南边疆"内地化"进程的加快,云贵地区独特的地理生态环境所产生的阻碍效应不断被弱化,而以地方治所和汉族移民区为中心的区域网络格局的形成,使处于王朝边缘地带的云贵高原地区在清朝"大一统"国家治理体系下实现了与中心地带的互动,"中心—边缘"的结构逐渐得到强化。② 边疆安全是总体国家安全的重要组成,国家韧性在"韧性边疆"③ 中得以形成和延续。清朝通过推进云贵地区灾荒赈济协同机制的构建,并在西南边疆灾荒治理体系优化和边疆治理效能提升的过程中形成一种韧性,使云贵地区在内地化的进程中不断将灾赈实践内化为社会成员共同的心理意识和行动自觉。

荒政制度作为攸关国家治理成效的关键所在,是清朝帝国在全国各直省地方贯通和实施的重要制度,"西南边疆行政治理方式的内地化,关涉皇朝中央政治上实现多民族统一之打大计"④,为清朝加强云贵地区的社会治理提供了范式。"中国是单一制的中央集权制国家,从中央到地方均体现着整齐划一式的治理特点。"⑤ 清代云贵地区的救灾实践和灾荒赈济协同机制的构建,作为一种普遍性和专项性的治理方式,成为西南边疆地区贯彻国家意志、施行国家方略、落实国家政策和推进边疆安全建设的重要手段,并有效推进了西南边疆的内地化和社会治理进程。

"国家将边疆治理纳入国家治理的范畴,边疆治理的主体是国家,边疆治理起源于国家政治共同体的产生,伴随着国家形态的演进而发展。"⑥ 清朝政府在云贵地区的灾荒赈济实践顺应了历史延续性的潮流,并在"大一统"的观念下将西南边疆地区的社会治理纳入国家一体化的进程,其根本目的是在国家立场上进行灾荒赈济协同机制的构建,以促进对云贵地区的无差异化治理,从而维护西南边疆稳定和国家统一。就仓储备荒而言,在清代云贵地区的备荒救灾过程中,间有仓储匮乏之时,往往需要从邻近

---

① 《马克思恩格斯文集》(第9卷),人民出版社2009年版,第187页。
② 尹建东:《论历史时期西南疆域空间结构的多元属性和流动特征——兼论中华民族共同体建构的"边疆视角"》,《云南师范大学学报(哲学社会科学版)》2020年第3期。
③ 张高原:《"韧性边疆"建设初探》,《丝路瞭望》2021年第6期。
④ 陈征平:《近代西南边疆民族地区内地化进程研究》,人民出版社2016年版,第11页。
⑤ 夏文贵:《以县治边:中国边境治理的行政单元》,《云南社会科学》2021年第2期。
⑥ 刘华夏、袁青欢:《去差异化边疆治理:前现代国家的历史逻辑》,《湖北民族学院学报(哲学社会科学版)》2018年第1期。

省份购买粮食救灾。贵州原本山多田少，产米有限，岁收丰稔仅敷民食，鲜有盖藏，若收成稍为歉薄，亟需预先设法筹备粮食，以资赈济灾荒。雍正十三年（1735），贵州苗疆未靖，军储赈米需用浩繁，兼之连岁秋熟中平，以致各处仓贮无多，民间米价涌贵。贵州总督兼管巡抚事务张广泗拨帑委员前赴楚南①近黔产米之处采买米二万石运黔备贮，以期丰裕筹济和有备无患。张广泗奏称："湖广督臣德沛以贵阳等处米价腾贵不待咨请，即碾办楚米二万石飞转贵州接济民食，具见该督臣推广皇仁公忠，体国不分畛域，周恤邻封。"② 贵州古州厅属地方系苗疆要地，设有重兵防守，仓粮需多为存贮，但由于古州四面环山，所产米粮仅敷民苗食用、兵丁月粮之外，尚需邻省协济。自古州初辟以来，兵丁搬来家口与贸易商民日用的米粮，皆依赖粤西商贩源源不绝得以接济，若稍一阻隔，古州即有乏食之虞。韩勋奏称："荷蒙皇上轸念'新疆'食米维艰，以丙丁两月至折色俱改为实米，圣恩高厚，无微不照，去岁粤西收成丰稔，贵州巡抚元展成虑及新疆两月实米，发银五千两，差员赴粤西采买，以备兵丁支食之用，于九月间粤省忽有禁米出境之行，虽古州米船稀少，尚有商贩潜粜者，间至商民不致乏食。……臣又留心细访禁米之故，始知粤西辅臣檄行各属以协济古州兵米一万五千石买补还仓，且恐粤民贵食，是以禁米出境。"③ 由于粤西禁米出境，导致古州米粮缺乏，价值日昂。经云贵总督尹继善和贵州巡抚元展成移咨广西巡抚金铁速即开通米禁，以济"新疆"兵民日食，故而米禁顿驰，商贩得以通行，韩勋奏称："（雍正十三年）六月十五日以后，渐有粤西商贩米船陆续至古州，米价日渐减落"，古州米粮市价"每仓石粜银八钱一二分，兵民甚是欢悦"④。光绪十八年（1892），清廷拨银十万两赈济云南，并谕准"由四川盐厘津贴应解京饷及边防经费凑拨十万速解云南"⑤。清代云贵地区因军需或灾荒赈济从广西、湖北、湖南等邻省

---

① 楚南，即地域名，泛指湖北南部及湖南北部。
② （清）张广泗：《奏请将贵州采买楚米分运新疆缘由折》（乾隆三年六月二十八日），中国第一历史档案馆，宫中朱批财政第1108函第6号，档号：01-02056。
③ （清）韩勋：《奏为请饬粤西速弛米禁以济新疆民食事》（雍正十一年五月二十八日），台北故宫博物院，宫中档奏折，档号：005765。
④ （清）金铁：《奏报因两粤官兵前赴贵州省古州剿抚苗乱广西省运送米粮事》（雍正十三年六月十三日），台北故宫博物院，宫中档奏折，档号：011565。
⑤ 《为云南赈灾需由四川凑拨经费速解云南事》（光绪十八年七月十七日），中国第一历史档案馆，军机处电报，档号：10-00288。

采购米石，使区域之间救灾物资的流动性增强，提升了灾荒赈济的区域联动效应，为云贵地区灾荒赈济协同机制的构建起到了重要的驱动作用。

清代备荒救灾是国家韧性的重塑机制，云贵地区灾荒赈济实践在促进公共资源分配的同时，强化了底层民众对大一统国家的整治支持。从实践来看，"帝王在救政制度之外开始实施救灾制度，在古代社会主要有物质储备制度、水利兴修制度、农业技术推广制度、报灾与勘灾制度、物资赈济制度、扶持灾民再生产制度、市场救济制度等，这些制度对中国古代社会影响深远"[①]。就清代云贵地区灾荒赈济协同机制构建及其效应而言，云贵地区在荒政制度的指导下开展救灾，并逐步建立起一套集灾害预警、仓储备荒、灾害赈济和灾后重建于一体的灾害风险应对机制，从而提高了国家治理和边疆治理的协同水平。显而易见，清代"全社会已经形成一套适合于当时生产力水平的防灾减灾的制度与措施"[②]，云贵地区灾荒赈济协同机制的建设、调适和完善，适应了清代"大一统"观念下"中心—边缘""内地—边疆"这一国家治理模式的需要，为实现清朝国家疆域一体化发挥着重要作用。"清朝治理西南边疆一个重要的特点，是积极推进社会改革，注重进行规范化、持续化的管理，并因地制宜采取行之有效的治理措施，为此统治者倾注了大量的心血。"[③] 清代云贵地区的灾荒赈济协同机制的构建及其实践，为构建具有中国国家制度框架、治理立场与示范效应的边疆治理体系提供了重要蓝图。

清代的西南边疆治理是一个具有科学性、复杂性、多元性和一定张力的制度和运行体系，而灾荒赈济协同机制的构建则系统阐释了云贵地区底层民众对国家共同体的忠诚和归属性认同，并揭示出了清朝国家治理和边疆治理"有效性"的内在原理和制度支撑。清代云贵地区的灾荒赈济活动，是清朝国家社会治理体系和西南边疆治理能力建设不可或缺的重要内容。清代云贵地区灾荒赈济协同机制的构建，作为清朝国家文化软实力建设的重要内容，其在云贵地区的实践凸显了西南边疆社会协同治理和文化软实力建设的紧迫性，从而为云贵地区的灾荒赈济与社会治理实现标本兼

---

① 李军、黄玉玺：《救灾与救政：中国古代社会救灾制度反思》，《南京农业大学学报（社会科学版）》2018 年第 3 期。

② 陈桦：《清代防灾减灾的政策与措施》，《清史研究》2004 年第 3 期。

③ 方铁：《方略与施治：历朝对西南边疆的经营》，社会科学文献出版社 2015 年版，第 213 页。

治提供了制度依赖。西南边疆治理是清朝帝国跨区域治理的有机组成部分。尽管中心对边缘的辐射功能和效果存在较大差异，但在清朝帝国之治的文化宣教和国家制度的滋养下，西南边疆地区各民族文化和中华文化的涵育，为边疆基层社会的发展提供了广阔空间。西南边疆地区处于清代国家治理和主权疆域的边缘地位，为华夏边缘地带的灾害风险防范或源自外部的国家安全威胁提供了时空的转圜余地。毋庸置疑，清代云贵地区灾荒赈济协同机制的构建，较大程度上为中原腹地国家核心区域的安全屏障建设和西南边疆治理提供了重要支撑。

结　　语

云南和贵州自古以来都是中央王朝国家不可分割的重要组成部分。自清朝中央政权平定"三藩之乱"和推行"改土归流"后，面对恢复社会生产和发展期间出现的人口剧增和广泛流动问题，清朝中央政府积极化解人口膨胀带来的区域社会问题，垦荒耕种禁令的开放促使省内外大量人口向云贵地区偏僻的山区半山区和边疆地区流动，辟土开疆相应地促进云贵地区的农业开发和经济发展，打破了边疆地方赋税增收的困难和障碍，为清朝加强对西南边疆的统治和管理奠定了坚实的基础。"清朝在西南各省建立统治后，西南和全国其他地区一样，也感受到了时代脉搏，同时，西南地区亦处于清廷整体布局的视野之下。"[①] 囿于西南地区战略地理位置的特殊性及区位资源的优势，清朝政府在系统总结历代"治边安邦"经验的基础上，秉持传统中国"守中治边"和"守在四夷"的边疆治理理念，充分发挥全国人力、物力、财力的集聚效用，用于开发、巩固和持续经营西南边疆地区。在"大一统"思想的导向下，清朝国家统治力量在云贵两地区僻壤狭陬之处无所不及，为统一多民族国家的建立和发展奠定了条件。

清顺治十六年（1659）云贵总督设置，为清朝政府切实加强对云南和贵州的统辖和治理提供了制度保障，尽管在康熙朝至乾隆朝期间云贵总督的建置有过分合演变和重要调整，尤其是"因人设置"向"因事易置"的转变充分体现了清朝在云贵地区制度安排的重要性，历任总督任职不同程度地强化了中央政权对云贵两省边疆各少数民族地区统治力度的深化，

[①] 方铁主编：《西南通史》，中州古籍出版社2003年版，第672页。

相应推进了西南边疆与内地一体化的进程。"云贵总督的建置及其演变，大大拓展了清王朝在云贵的统治区域，巩固和深化了统治的力度，使清王朝对云贵的统治实现了由内地到边疆、由平坝到山区、由汉族地区到少数民族地区的发展转化，促进了云贵边疆民族地区的社会稳定和多民族国家的统一。"[1] 位于西南边疆的云南和贵州作为清朝国家赋税征缴和金属产品的重要源头，不断吸引中央政权对这一地区开发的投入力度。无论是清朝中央政权的制度控制、弹压控制和设治控制，还是历任云贵督抚的励精图治，皆逐步强化了清廷对云南和贵州这一西南少数民族地区统治的有效性。清朝政府对云贵地区经营力度的持续加强，不断改变了云贵两省地域人口规模和社会结构的交困问题，内地文化与西南边疆民族地区多元文化的碰撞交流以及通融，不仅适应了中央政权加强对云贵地区法治管理的需要，而且为国家在掌土治民的过程中进行经营和治理提供了重要机遇，并丰富了西南边疆社会治理和发展的内涵。

云南和贵州自然地理环境和气候复杂多样。清代云贵受"明清小冰期"气候变化的影响，云贵地区在全球性气候变迁和局部气候变化的影响下，冷暖、干湿交替明显，干旱、洪涝、雪灾、雹灾等自然灾害不断发生。受地壳运动和地质变迁的交互影响，云贵地区地质灾害的周期性发生和蔓延的特点较为显著，云贵两省局部地区地质灾害与气候波动使不同灾害之间呈现关联性，对传统小农经济的发展造成严重的损害。尤其是粮食减产和物价间断性减增直接影响云贵两省高原的农业生产，并导致出现严重的灾荒和民族起义等系列社会连锁效应。"各种时间尺度的气候变化，一般都以冷暖阶段的交替和干湿阶段的交替为其特征，具有近似周期变化的过程。由于地质时期和历史时期的气候变化不仅周期长，而且变化幅度大，因而对地理环境、生物和人类的影响时间和程度长远而又强烈。"[2] 经济学家傅筑夫认为，"灾荒、饥馑是毁灭人口的一种强大力量，而在科学不发达和抗灾能力不大的古代，灾荒的破坏力更是格外强烈。不幸的是，一部二十四史，几无异于一部灾荒史。水、旱、虫、蝗等自然灾害频繁发

---

[1] 邹建达：《清代云贵总督之建置演变考述》，《中国边疆史地研究》2008 年第 2 期。
[2] 王宇编著：《云南气候变化概论》，气象出版社 1996 年版，第 157 页。

生，历代史书关于灾荒的记载自然就连篇累牍"①。清代云贵地区自然灾害的叠次发生，不断加剧了饥荒发生的频次和危害程度，对西南边疆社会的稳定发展形成干扰，这为清代荒政制度在云贵地区的施行提供了前提。

清代荒政制度体系完备，为云南地区抵御频繁的自然灾害乃至饥荒提供了重要的制度保障。荒政制度作为清代国家政治制度的重要组成部分，其完备的灾赈举措和体系为政府组织全国力量备荒救灾提供了重要指导。荒政制度作为清代国家加强边疆地区社会治理的重要工具，为清廷保障农业生产发展、缓解社会矛盾、稳固社会秩序创造了条件。"历史上的王朝在用武力征服边疆民族之后，即依据各边疆民族的风俗及地域等特点转换为怀柔、招抚为主的民族政策，从而达到对边疆进行治理的目的。"②清代云贵地区灾荒频发，历代统治者根据既定的荒政制度，严格敕令云贵督抚开展防灾减灾工作，灾荒赈济期间银两和粮食兼行并施，国家府库的拨帑赈济从根本上为云贵两省被灾地方小农的复业提供了最为根本的支撑，官方的无偿救济为灾民生存空间的拓展和灾后重建铺平了道路。

"在传统社会，人们抵御自然灾害的能力十分有限，因此，每一次大的灾害对社会经济、人民生活都造成严重的恶果。"③清代中国传统的灾荒赈济方式重视对被救助对象的救济，并着重强调银钱等物资的供给对灾黎的抚恤的可靠性，尤其在以工代赈期间，银钱赈济仍旧在灾赈实践中发挥着举足轻重的作用。"在以人治为主导的传统中国，政治在各种社会因素中居于无可置疑的地位。政权的状况，政风的好坏，统治者的思想与政策，人们的政治态度与政治活动，直接决定着其他社会生活的一切主要方面，影响着人世代谢，朝代盛衰"④。清代荒政制度和灾赈体系是一个复杂的逻辑系统，对于特定时空范围内不同灾种的交互作用引发的灾荒而言，清代官方的灾赈措施都具有相对较强的适用性。

清代云贵地区传统灾荒赈济以官赈为主要实践形式，云南和贵州地方士绅、官宦和民众等社会救灾力量勃兴，其作为国家赈灾行动直接或间接

---

① 傅筑夫、王毓瑚：《中国经济史资料·秦汉三国编》，中国社会科学出版社1982年版，第96页。
② 陈育宁：《中国民族学理论新探索》，中国社会科学出版社2015年版，第133页。
③ 王笛：《跨出封闭的世界：长江上游区域社会研究（1644—1911）》，北京大学出版社2018年版，第18页。
④ 高翔：《论清前期政治演变：在历史的深处》，中国社会科学出版社2012年版，第245页。

的被动响应，仅是对官赈的临时补充而已，传统的民间赈灾活动相对于国家灾赈，始终处于从属地位。自清嘉道朝以后，云贵地区的灾荒赈济和灾后恢复重建是一个官方和以士绅官宦阶层为代表的社会力量多元协同推进过程，它源于社会秩序层面的规划与重建，并在云南官府层面通过倡导建立义仓，以及施行以工代赈等方式推进荒政的实施。尽管这样的救济方式没有充分发挥传统时期官府作为救灾主体的作用，其救助效率及效果均受到限制，但是清朝中央政权"大一统"格局下"爱民恤民"的灾赈理念一直在得到传承，并在西南边疆地区灾荒期间的社会治理过程中得到有效实践。

　　本研究选取清代云贵地区的灾荒赈济为研究对象，透过清朝帝国边疆治理能力不断提升，以深度审视和系统考察清代云贵地区灾荒赈济对社会治理的积极效用，藉此进一步探讨清代的国家治理如何层递地深入到西南边疆地区。据此，本研究得出以下六点基本认识：

　　第一，在清朝帝国向西南边疆逐渐开拓的过程中，云贵地区的社会结构和经济格局不断发生量和质的变化，为清朝中央政权行政职能的植入奠定了坚实的基础。随着军事力量和政治职权的拓展和运行，西南边疆地区逐渐得到稳定，为荒政制度在云贵地区的施行提供了有力的支持。清朝帝国边疆的拓置和开化教育，促进了地处西南边疆的云贵地区各族人民对国家的认同，灾荒赈济的有效实践使清朝中央政权充分获得了云贵地区底层民众的认同，为维系西南边疆地区的稳固和国家统一积累了力量。

　　第二，清代国家对云贵境内的政区设置、交通开发、移民屯垦、户籍管理、赋税征收、推广儒学等"掌土治民"方式的多样化，为云贵地区灾荒赈济内容和形式的多元化发展发挥了重要的促进作用。清代云贵地区的灾荒赈济实践对稳固小农发展起到了重要的支撑作用，其伴随清王朝对西南边疆经营力度的深入，并不断从云南和贵州腹地向广阔的山区半山区以及边境地区拓展。荒政作为国家治理西南边疆地方的重要方略和工具，在维护西南地区社会稳定的同时，并促进云贵两省广大地区同中原的政治、经济、文化等领域交流和融通。灾赈实践活动在清朝国家"固本安边"的治边理念下进一步得到强化。

　　第三，重农固本是安边之基，频繁的自然灾害会不同程度地挫败被灾地方黎庶的农业生产积极性，并影响到区域社会的稳定发展。就清代荒政制度在云贵地区的施行而言，历次灾赈实践较大程度地激发和提高了中央政权在西南边疆社会治理过程中赈灾资源的调度能力、国家赈灾人员的动员能力、突发灾害的应急响应能力、临灾弱化风险的组织能力以及灾后重建工作中的协调能力。清代国家的灾荒应对机制的深入实践和发展完善，使云贵地区的赈灾活动得到有序开展，灾赈成效不断显现，为云贵地区被灾民众生存空间的拓展和稳定奠定了坚实的基础。

第四，清代云贵地区的灾荒赈济主要是在国家完备的荒政制度下得到有序开展。清朝帝国荒政制度在云贵地区的体系化发展和多元化实践，为清朝中央政权加强对云贵乃至西南边疆地区乡村的控制创造了重要条件，同时为云贵地区基层社会问题的解决提供了可趁之机。清朝灾荒赈济在西南边疆地区具体实践和积极探索，不仅使清朝国家的统治势力深入到云贵长期存在的处于半自治状态的土司地区，灾赈期间中央政权的"恩泽"使云贵地区的各族人民有了较为可靠的依赖，为清朝国家获得广大灾民对国家的高度认同铺平了道路。

第五，灾荒赈济作为清朝政府加强对西南边疆地区灾荒期间社会治理的重要工具，对"固本安边"起到了积极的效用。清朝国家通过驱动云南、贵州同四川、重庆、湖北、湖南、广西等省以及海内外在救灾物资上的整合和分配机制的完善，相应地使僻处西南边疆的云贵地区实现了灾荒赈济所需的供给与省际和国际之间的协调联动，这为清朝政府牢牢掌握对云南、贵州以及整个西南边疆地区的控制权创造了重要条件。

第六，清代云贵地区传统的民间社会力量参与灾荒赈济，丰富了清朝帝国的灾赈形式和内容，一定程度上亦为清朝国家践行"固本安边"的边疆经营路径提供了重要支撑。清代云贵地区士绅、商贾、官宦和民众在灾荒赈济中的主动作为，尽管捐赀助赈活动所涉及的范围和规模较小，所募捐的灾赈款项主要限于赈济本乡本土的灾黎，地区差异性限制了灾赈活动规模的扩大和成效的发挥，但是民间社会力量广泛参与灾荒赈济，从而不同程度地加速了云贵地区与周边地区在横向上的社会流动。

清朝帝国对云贵地区的社会治理就是一个由离散走向统合、由混乱走向秩序的历史过程，其中深刻地体现着清朝中央政权缜密的边疆治理方略和经营理念。本研究通过对清代云贵地区灾荒期间国家治理的荒政制度和灾赈体系进行专题研究，凭借实证的方式对清代国家建构和西南边疆治理过程中"固本安边"的国家意志进行了系统深入的论述，运用历史学的方法，从清代国家边疆治理的视角创新性地对云贵地区的乡村控制和基层社会治理的历史进程进行剖析，基本上呈现了清朝政府在西南边疆地区灾荒期间社会治理历史演进的全貌，通过实证的方式指出清代国家统一进程中灾赈方式对国家建构的重要性，并从长时段的视角揭示了清代国家移植完备的荒政制度加强云贵地区基层社会治理和西南边疆民族地区内部经营管理的有效性。

清代云贵地区自然灾害在不同时空范围内呈现出普遍性、连续性、积累性和重叠交错的分布特征，灾害的持续性和衍生性造成饥荒蔓延。面对严重的灾荒，清朝政府和云贵地方当局以国家完备的荒政制度为蓝本，积极开展灾荒赈济工作。荒政作为清代国家社会治理的重要工具，国家府库银钱和粮食等救灾物资的调拨，灾荒赈济举措的协调推行，以及云贵地区毗邻省区之间赈灾物资的应急补给，较大程度上拓展了云贵地区被灾民众的生存空间。清代国家荒政的制度化和灾荒赈济实践路径的系统化，为云贵地区的灾荒赈济和灾后重建提供了重要条件。

清朝统治者高度重视对云贵地区灾荒期间的社会治理和经营，清朝中央政权在云贵地区的设治经营及自上而下的"国家化"进程，为云贵地方的灾荒治理提供了制度支撑。清代云贵地区自然环境和社会环境的变迁，不同程度地加剧了云贵两省自然灾害暴发的频次，并对清政府加强西南边疆地区社会治理的进程造成影响。荒政制度作为清代国家治理西南边疆的重要路径，为清朝中央政权巩固和经营西南边疆奠定了坚实的基础。清代云贵地区与周边乃至中原地区的灾赈资源整合与融通，加强了清政府在西南边疆灾荒治理期间的协调联动能力和应急响应能力，并从根本上加快了清代国家"一体多元"的发展进程。

边疆治理是当前学界研究的理论与现实热点议题之一。本书以清代云贵地区作为研究的特定时段和区域，以清代国家灾荒赈济的社会治理及其效应为研究对象，对西南边疆地区灾荒期间社会治理的国家应急响应能力进行分析，以多角度地认识清代云贵地区灾荒赈济的理论与实践、历史与现实的各个面向。同时，基于清代云贵地区灾荒赈济的历史维度和现实维度，深入分析清代国家西南边疆治理的能力和基本谱系，对清代国家的西南边疆治理体系以及云贵地区的底层认同和国家认同进行探讨，藉此系统阐释清代灾荒赈济在西南边疆地区社会治理过程中得到深入施行的深层机理和积极效应。

防灾减灾是人类社会生存发展的永恒课题。当前，经济全球化和区域经济一体化的进程不断加快，全球性生态危机和环境问题交互作用，使灾害发生的频次持续增高，灾害的协同治理已成为全球共同关注的现实问题。西南边疆地区由于地理位置特殊，自然环境多样和人文环境多元，其环境安全和社会安全的重要性不言而喻。西南地区集边疆、民族、山区、贫困为一体的地缘政治环境，使这一地区防灾减灾以及灾害应急救援方式与内地乃至国际上具有较明显的不同之处，尤其是西南边疆民族地区的救灾物资储备和紧急应急响应方式更具独特性。防灾救灾减灾需要切实加强综合灾害的防范能力和治理体系建设，这有历史的经验可资借鉴，清末云贵地区的灾荒赈济就是典型的案例。科学认知致灾规律，提高灾害风险的应急响应能力和灾害治理水平，坚持以防为主、防灾抗灾救灾相结合，提升防灾备荒能力和综合防灾水平，有效化解自然灾害风险，是构建人类社会命运共同体的重要抉择。

21世纪，面对全球气候变化、能源紧缺、资源安全、疾病蔓延、环境危机、灾害频发等共同挑战，寻求科学发展、安全发展和可持续发展已经成为人类社会的普遍共识。在当前全球气候变化和人类活动的广泛影响下，云贵地区干旱、洪涝、地震、滑坡、泥石流、疾病、低温冻害以及生物入侵等灾害不断发生，给云南和贵州的经济发展和社会发展带来巨大的潜在威胁，原生灾害所诱发的次生灾害也逐渐成为制约云贵两省区域经济可持续发展的一个关键因素。探究清代云贵地区历史上的自然灾害发生规律、灾荒赈济方式、成效以及灾赈实践的区域联动效应，总结历史经验教训，以史为鉴，方能更好地防患于未然，这对当前云贵高原地区的防灾减灾措施及其政策的制定具有重要的资鉴和导向作用。

参考文献

一 基本史料

《清实录》，中华书局 1985—1988 年影印本。
《清会典事例》，中华书局 1991 年影印本。
《宫中档光绪朝奏折》，台北故宫博物院 1973 年。
《宫中档雍正朝奏折》，台北故宫博物院 1977 年。
《宫中档乾隆朝奏折》，台北故宫博物院 1982 年。
赵尔巽等撰：《清史稿》，中华书局 1976 年版。
《清朝文献通考》，商务印书馆 1936 年版。
（清）刘锦藻撰：《清朝续文献通考》，商务印书馆 1999 年版。
李文海、夏明方主编：《中国荒政全书》，北京古籍出版社 2003 年版。
中国第一历史档案馆编：《光绪朝朱批奏折》，中华书局 1996 年版。
中国第一历史档案馆编：《康熙朝汉文硃批奏折汇编》，档案出版社 1984 年版。
中国第一历史档案馆编：《雍正朝汉文硃批奏折汇编》，档案出版社 1986 年版。
中国第一历史档案馆编：《雍正朝汉文谕旨汇编》，广西师范大学出版社 1999 年版。
中国第一历史档案馆编：《光绪宣统两朝上谕档》，广西师范大学出版社 1996 年版。
中国第一历史档案馆编：《咸丰同治两朝上谕档》，广西师范大学出版社 1998 年版。

中国第一历史档案馆编：《乾隆朝上谕档》，广西师范大学出版社 2008 年版。

中国第一历史档案馆编：《嘉庆朝上谕档》，广西师范大学出版社 2008 年版。

中国第一历史档案馆编：《道光朝上谕档》，广西师范大学出版社 2008 年版。

中国第一历史档案馆编：《雍正朝汉文朱批谕旨汇编》，广西师范大学出版社 1999 年版。

李文海、夏明方、朱浒主编：《中国荒政书集成》，天津古籍出版社 2010 年版。

邹建达：《清前期云南督抚边疆事务奏疏汇编》，社会科学文献出版社 2015 年版。

龚胜生：《中国三千年疫灾史料汇编》，齐鲁书社 2019 年版。

中国科学院民族研究所贵州少数民族社会历史调查组、中国科学院贵州分院民族研究所编：《〈清实录〉贵州资料辑要》，贵州人民出版社 1964 年版。

云南省历史研究所编：《〈清实录〉有关云南史料汇编》，云南人民出版社 1984 年版。

中国第一历史档案馆、中国人民大学清史研究所、贵州省档案馆编：《清代前期苗民起义档案史料汇编》，光明日报出版社 1987 年版。

云南省水利水电勘测设计研究院编：《云南省历史洪旱灾害史料实录：1911 年（清宣统三年）以前》，云南科技出版社 2008 年版。

（清）贺长龄、（清）贺熙龄：《贺长龄集·贺熙龄集》，岳麓书社 2010 年版。

二 地方志类

（明）谢东山修，（明）张道纂：嘉靖《贵州通志》，嘉靖三十四年（1555）刻本。

（清）杜绍先纂修：康熙《晋宁州志》，清康熙五十五年（1716）抄本。

（清）管棆纂修：康熙《姚州志》，清康熙五十二年（1713）刻本。

（清）管棆纂修：康熙《师宗州志》，清康熙五十六年（1717）刻本。

（清）蒋深等纂修：康熙《余庆县志》，清康熙五十七年（1718）刻本。

（清）任中宜纂修：康熙《平彝县志》，清康熙四十四年（1705）刻本。

（清）李月枝纂修：康熙《寻甸州志》，清康熙五十九年（1720）刻本。

（清）蒋旭修，（清）陈金玨纂：康熙《蒙化府志》，清康熙三十七年（1698）刻本。

（清）陆绍闳修，（清）彭学曾纂：康熙《嶍峨县志》，清康熙三十七年（1698）刻本。

（清）罗纶修，（清）李文渊纂：康熙《永昌府志》，清康熙四十一年（1702）刻本。

（清）汪炅修，（清）任洵等纂：康熙《嵩明州志》，清康熙五十九年（1720）刻本。

（清）魏荩臣修，（清）阚祯兆纂：康熙《通海县志》，清康熙三十年（1691）刻本。

（清）陈肇奎修，（清）叶涞纂：康熙《建水州志》，清康熙五十四年（1715）刻本。

（清）张毓碧修，（清）谢俨等纂：康熙《云南府志》，清康熙三十五年（1696）刻本。

（清）黄德巽修，（清）胡承灏等纂：康熙《罗平州志》，清康熙五十七年（1718）刻本。

（清）范承勋、（清）王继文修，（清）吴自肃、（清）丁炜纂：康熙《云南通志》，清康熙三十年（1691）刻本。

（清）王秉煌、（清）屈正宸修，（清）梅盐臣等纂：康熙《罗次县志》，清康熙五十六年（1717）刻本。

（清）卫既齐修，（清）薛载德纂，（清）阎兴邦补修：康熙《贵州通志》，清康熙三十六年（1697）刻本。

（清）张嘉颖等修，（清）李镜、（清）刘联声等纂：康熙《楚雄府志》，清康熙五十五年（1716）刻本。

（清）刘邦瑞纂修：雍正《白盐井志》，清雍正八年（1730）刻本。

（清）范溥纂修：雍正《顺宁府志》，清雍正三年（1725）刻本。

（清）周钺纂修：雍正《宾川州志》，清雍正五年（1727）刻本。

（清）何天衢修，（清）郭士信等纂：雍正《安南县志》，1933年抄本。

（清）祝宏修，（清）赵节等纂：雍正《建水州志》，清雍正九年（1731）刻本。

（清）朱若功修，（清）戴天赐等纂：雍正《呈贡县志》，清雍正三年（1725）刻本。

（清）许日藻修，（清）杜兆鹏等纂：雍正《马龙州志》，清雍正元年（1723）刻本。

（清）杨若椿等修，（清）段昕纂：雍正《安宁州志》，清乾隆四年（1739）刻本。

（清）管棆纂修，（清）夏治源增修：雍正《师宗州志》，清雍正七年（1729）刻本

（清）潘文芮纂修：乾隆《贵州通志稿》，1965年油印本。

（清）罗文思纂修：乾隆《石阡府志》，清乾隆三十年（1765）刻本。

（清）管学宣纂修：乾隆《石屏州志》，清乾隆四十五年（1780）刻本。

（清）郭存庄纂修：乾隆《白盐井志》，清乾隆二十三年（1758）刻本。

（清）董枢等纂修：乾隆《续修河西县志》，清乾隆五十三年（1788）刻本。

（清）谢圣纶纂：乾隆《滇黔志略》，清乾隆二十八年（1763）刻本。

（清）王秉韬纂修：乾隆《霑益州志》，清乾隆三十五年（1770）刻本。

（清）王诵芬纂修：乾隆《宜良县志》，清乾隆三十二年（1767）刻本。

（清）宣世涛纂修：乾隆《永昌府志》，清乾隆五十年（1785）刻本。

（清）汪炳谦纂修：乾隆《恩安县志》，清宣统三年（1911）抄本。

（清）李淳纂修：乾隆《宜良县志》，清乾隆五十一年（1786）刻本。

（清）李其昌纂修：乾隆《南笼府志》，清乾隆二十九年（1764）刻本。

（清）毛慜、（清）朱阳纂修：乾隆《晋宁州志》，清乾隆二十七年（1762）刻本。

（清）赵沁修，（清）田榕纂：乾隆《玉屏县志》，清乾隆二十二年（1757）刻本。

（清）周采修，（清）李绥等纂：乾隆《广西府志》，清乾隆四年

487

(1739）刻本。

（清）陈奇典修，（清）刘慥纂：乾隆《永北府志》，清乾隆三十年（1765）刻本。

（清）蔡宗建修，（清）龚傅绅纂：乾隆《镇远府志》，清乾隆五十六年（1791）刻本。

（清）李云龙修，（清）刘再向纂：乾隆《平远州志》，清乾隆二十一年（1756）刻本。

（清）王粤麟修，（清）曹维祺、（清）曹达纂：乾隆《普安州志》，1964 油印本。

（清）管学宣修，（清）万咸燕纂：乾隆《丽江府志略》，清乾隆八年（1743）刻本。

（清）鄂尔泰等修，（清）靖道谟等纂：雍正《云南通志》，清乾隆元年（1736）刻本。

（清）孙元湘修，（清）赵淳纂：乾隆《琅盐井志》，清乾隆二十一年（1756）刻本。

（清）郝大成修，（清）王师泰纂：乾隆《开泰县志》，清乾隆十七年（1752）刻本。

（清）方桂修，（清）胡蔚纂：乾隆《东川府志》，清光绪三十四年（1908）刻本。

（清）吕缵先修，（清）罗元琦纂：乾隆《石屏州续志》，清乾隆四十五年（1780）刻本。

（清）董朱英等修，（清）路元升纂：乾隆《毕节县志》，清乾隆二十三年（1758）刻本。

（清）史进爵修，（清）郭廷选纂：乾隆《续编路南州志》，清乾隆二十二年（1757）刻本。

（清）任中宜纂修，（清）徐正恩续纂修：乾隆《新兴州志》，清乾隆十五年（1750）刻本。

（清）鄂尔泰、（清）张广泗修，（清）靖道谟、（清）杜诠纂：乾隆《贵州通志》，乾隆六年（1741）刻本。

（清）傅天祥、（清）李斯佺等修，（清）黄元治等纂：乾隆《大理府志》，清乾隆十一年（1746）刻本。

（清）李世保修，（清）张圣功、（清）王在璋纂：乾隆《云南县志》，清乾隆三十二年（1767）刻本。

（清）刘岱修，（清）艾茂、（清）谢庭薰纂：乾隆《独山州志》，清乾隆三十四年（1769）刻本。

（清）秦仁、（清）王纬修，（清）伍士瑎纂；（清）傅腾蛟等续纂修：乾隆《弥勒州志》，清乾隆四年（1739）刻本。

（清）刘垲、（清）席庆年修，（清）吴蒲等纂：乾隆《续修蒙化直隶厅志》，清乾隆五十五年（1790）刻本。

（清）罗含章纂修：嘉庆《景东直隶厅志》，清抄本。

（清）张大鼎纂修：嘉庆《阿迷州志》，清嘉庆元年（1796）刻本。

（清）何愚纂修：嘉庆《广南府志》，清道光五年（1825）刻本。

（清）张若驷纂修：嘉庆《滇云纪署》，清嘉庆十三年（1808）刻本。

（清）刘永安等修，（清）徐文璧纂：嘉庆《黔西州志》，清嘉庆八年（1803）刻本。

（清）张维翰纂修，（清）葛炜续纂修：嘉庆《江川县志》，清光绪三十三年（1907）抄本。

（清）郑绍谦纂修：道光《普洱府志》清道光二十年（1840）刻本。

（清）黄培杰纂修：道光《永宁州志》，清道光十七年（1837）刻本。

（清）郑士范纂修：道光《印江县志》，清道光十七年（1837）刻本。

（清）敬文等修，（清）徐如澍纂：道光《铜仁府志》，1965油印本。

（清）朱庆椿修，（清）陈金堂纂：道光《晋宁州志》，1926年铅印本。

（清）谢体仁纂修：道光《威远厅志》，清道光十七年（1837）刻本。

（清）王崧纂修：道光《云南备征志》，清道光十一年（1831）刻本。

（清）李熙龄纂修：道光《澂江府志》，清道光二十七年（1847）刻本。

（清）戴絅孙纂修：道光《昆明县志》，清光绪二十七年（1901）刻本。

（清）罗绕典纂修：道光《黔南职方纪略》，清道光二十七年（1847）刻本。

（清）夏修恕等修，（清）萧琯等纂：道光《思南府续志》，1966年油印本。

（清）缪阗修，（清）施映衮等纂：道光《陆凉州志》，清道光二十五年（1845）刻本。

（清）鲁寿崧修，（清）熊声元等纂：道光《黔西州志》，清光绪十年（1884）刻本。

（清）黄宅中修，（清）邹汉勋纂：道光《大定府志》，清道光二十九年（1849）刻本。

（清）黎恂修，（清）刘荣黼纂：道光《大姚县志》，清光绪三十年（1904）刻本。

（清）何怀道等修，（清）万重赟等纂：道光《开化府志》，清道光九年（1829）刻本。

（清）徐鋐修，（清）萧琯纂：道光《松桃厅志》，清道光十六年（1836）刻本。

（清）林则徐修，（清）李熙龄纂修：道光《广南府志》，清光绪三十一年（1905）抄本。

（清）刘沛霖修，（清）朱光鼎等纂：道光《宣威州志》，清道光二十四年（1844）刻本。

（清）平翰等修，（清）郑珍、（清）莫友芝纂：道光《遵义府志》，清光绪十八年（1892）刻本。

（清）阮元等修，（清）靖道谟等纂：道光《云南通志稿》，清道光十五年（1835）刻本。

（清）郑绍谦纂修，（清）李熙龄续纂修：道光《普洱府志》，清咸丰元年（1851）刻本。

（清）周作楫修，（清）萧琯、（清）邹汉勋纂：道光《贵阳府志》，清咸丰二年（1852）刻本。

（清）平翰等修，（清）郑珍、（清）莫友芝纂：道光《遵义府志》，清道光二十一年（1841）刻本。

（清）李台修，（清）王孚镛纂，（清）易宝善续修，（清）刘霞举续纂：道光《黄平州志》，1965油印本。

（清）郑珍纂修：咸丰《荔波县志稿》，1984年油印本。

（清）钮方图修，（清）侯允钦纂：咸丰《邓川州志》，清咸丰五年（1855）刻本。

（清）张锳修，（清）邹汉勋纂：咸丰《兴义府志》，清宣统元年（1909）铅印本。

（清）常恩修，（清）邹汉勋等纂：咸丰《安顺府志》，清咸丰元年（1851）刻本。

（清）方齐寿修，（清）杨大镛纂：同治《石阡府志》，清光绪二年（1876）刻本。

（清）周沆纂修：光绪《浪穹县志略》，1912刻本。

（清）陈宗海修，（清）李星瑞纂：光绪《丽江府志》，抄本。

（清）胡程章纂修，光绪《云龙州志》，清光绪十二年（1886）抄本。

（清）爱必达纂修：乾隆《黔南识略》，光绪三十三年（1907）刻本。

（清）刘毓珂等纂修：光绪《永昌府志》，清光绪十一年（1885）刻本

（清）周沆纂修：光绪《浪穹县志略》，清光绪二十九年（1903）刻本。

（清）刘盛堂纂修：光绪《云南地志》，清光绪三十四年（1908）石印本。

（清）俞渭修，（清）陈瑜纂：光绪《黎平府志》，清光绪十八年（1892）刻本。

（清）陆宗郑等修，（清）甘雨纂：光绪《姚州志》，清光绪十一年（1885）刻本。

（清）陈昌言修，（清）徐廷燮纂：光绪《毕节县志》，清光绪五年（1879）刻本。

（清）陈宗海修，（清）赵端礼纂：光绪《腾越厅志稿》，清光绪十三年（1887）刻本。

（清）白建鋆修，（清）谌焕模等纂：光绪《黔西州续志》，清光绪十年（1884）刻本。

（清）岑毓英等修，（清）陈灿等纂：光绪《云南通志》，清光绪二十年（1894）刻本。

（清）李毓兰修，（清）甘孟贤纂：光绪《镇南州志略》，清光绪十八年（1892）刻本。

（清）彭焯修，（清）杨德明、严宗六纂：光绪《续修正安州志》，清

光绪三年（1877）刻本。

（清）胡毓麒修，（清）杨钟璧等纂：光绪《罗次县志》，清光绪十三年（1887）刻本。

（清）吴光汉修，（清）宋成基纂：光绪《镇雄州志》，清光绪十三年（1887）刻本。

（清）吴宗周修，（清）欧阳曙纂：光绪《湄潭县志》，清光绪二十五年（1899）刻本。

（清）项联晋修，（清）黄炳堃等纂：光绪《云南县志》，清光绪十六年（1890）刻本。

（清）黄绍光修，（清）申云根等纂：光绪《平远州续志》，清光绪十六年（1890）刻本。

（清）余泽春等修，（清）余嵩庆等纂：光绪《古州厅志》，清光绪十四年（1888）刻本。

（清）崇俊等修，（清）王椿纂：光绪《增修仁怀厅志》，清光绪二十八年（1902）刻本。

（清）曹昌祺等修，（清）覃梦榕等纂：光绪《普安直隶厅志》，清光绪十五年（1889）刻本。

（清）陈燕、（清）韩宝琛修，（清）李景贤纂：光绪《霑益州志》，清光绪十一年（1885）刻本。

（清）党蒙等修，（清）周宗洛等纂：光绪《续修顺宁府志》，清光绪三十一年（1905）刻本。

（清）李训鋐等修，（清）罗其泽等纂：光绪《续修白盐井志》，清光绪三十三年（1907）刻本。

（清）王文韶等修，（清）唐炯等纂：光绪《续云南通志稿》，清光绪二十七年（1901）刻本。

（清）朱若功原本，（清）李明鋆续修，（清）李蔚文等续纂：光绪《呈贡县志》，清光绪十一年（1885）刻本。

（清）余泽春修，（清）茅紫芳纂，（清）冯誉聪续纂修：光绪《东川府续志》，清光绪二十三年（1897）刻本。

（清）汪濬撰：《滇疆纪略》，清宣统三年（1911）铅印本。

（清）郭燮熙纂修：《盐丰县志》，1924年铅印本。

任可澄、刘显世等纂修：民国《贵州通志》，1948 年铅印本。

龙云、卢汉修，周钟岳等纂：民国《新纂云南通志》，1949 年铅印本。

陈秉仁：民国《晋宁县志稿》，民国稿本。

袁嘉谷纂修：《石屏县新志》，1913 年铅印本。

朱勋、李退谷等纂修：民国《瓮安县志》，1915 年铅印本。

刘润畴等修，喻赓唐等纂：《陆良县志稿》，1915 年石印本。

张铿安修，寸开泰纂：《龙陵县志》，1917 年刻本。

王懋昭纂修：《续修马龙县志》，1917 年铅印本。

张培爵等修，周宗麟等纂：《大理县志稿》，1917 年铅印本。

符廷铨修，魏镛纂：《续修新平县志》，1919 年石印本。

李春曦等修，梁友檍纂：《蒙化志稿》，1920 年铅印本。

黄元直修，刘达武纂：《元江志稿》，1922 年铅印本。

王槐荣、许实等纂修：民国《宜良县志》，1922 年云南官书局刻本。

周汝钊修，侯应中纂：《景东县志稿》，1923 年石印本。

符廷铨等修，杨履干纂：《昭通县志稿》，1924 年铅印本。

李方、张鉴等纂修：民国《大定县志》，1926 年石印本。

徐孝喆修，缪云章纂：《邱北县志》，1926 年石印本。

犹海龙、李世祚纂修：民国《桐梓县志》，1929 年铅印本。

张自明纂修：《马关县志》，1932 年石印本。

王世鑫等纂修：民国《八寨县志稿》，1932 年铅印本。

朱纬修，罗凤章纂：《罗平县志》，1933 年石印本。

李炳臣修，李翰香纂：《维西县志》，1932 年稿本。

江钟岷、蒋希仁修，陈廷棻等纂：《平坝县志》，1932 年铅印本。

覃梦松、杨化育纂修：民国《沿河县志》，1933 年铅印本。

吴永立、王志高修，马太元纂：《新平县志》，1933 年石印本。

李光斗、陈明典纂修：民国《余庆县志》，1936 年石印本。

赵恺、周恭寿等纂修：民国《续遵义府志》，1936 年刻本。

李文林、卢金锡修，杨履干等纂：《昭通志稿》，1937 年铅印本。

袁嘉谷纂修：《石屏县志》，1938 年铅印本。

周恭洪、拓泽忠等纂修：民国《麻江县志》，1938 年铅印本。

赵思治修，单锐纂：《镇越县志》，1938 年油印本。

陆崇仁修，汤祚等纂：《巧家县志稿》，1942 年铅印本。
田广心、张礼纲纂修：民国《德江县志》，1942 年石印本。
倪惟钦等修，陈荣昌等纂：《昆明县志》，1943 年铅字排印本。
李景泰、杨思诚等纂：《嵩明县志》，1945 年铅印本。
李群杰等修，彭嘉霖纂：《昆阳县志》，1945 年稿本。
刘承功修，钟灵纂：民国《绥江县志》，1947 年影印本。
张问德修，杨香池纂：《顺宁县志初稿》，1947 年石印本。
陈秉仁纂修，陈葆仁撰：民国《盐津县志》，1949 年稿本。
贵定县采访处纂修：民国《贵定县志稿》，贵州图书馆 1964 年油印本。
阮略纂修：民国《剑河县志》，贵州省图书馆 1965 年油印本。
陈昌言纂：民国《水城厅采访册》，贵州省图书馆 1965 年油印本。
钱光国、朱嗣元纂修：民国《施秉县志》，贵州省图书馆 1965 年油印本。
李承栋、陈昭令纂修：民国《黄平县志》，贵州省图书馆 1965 年油印本。

三　今人研究专著

梁方仲：《中国历代户口、田地、田赋统计》，上海人民出版社 1980 年版。
方国瑜：《云南史料目录概说》，中华书局 1984 年版。
耿庆国：《中国旱震关系研究》，海洋出版社 1985 年版。
方国瑜：《中国西南历史地理考释》，中华书局 1987 年版。
李文海、周源：《灾荒与饥馑（1840—1919）》，高等教育出版社 1991 年版。
邓云特：《中国救荒史》，商务印书馆 1993 年版。
袁林：《西北灾荒史》，甘肃人民出版社 1994 年版。
李向军：《清代荒政研究》，中国农业出版社 1995 年版。
葛剑雄、吴松弟、曹树基：《中国移民史》，福建人民出版社 1997 年版。
胡鞍钢、陆中臣：《中国自然灾害与经济发展》，湖北科学技术出版社 1997 年版。

张建民、宋俭：《灾害历史学》，湖南人民出版社1998年版。

许飞琼：《灾害统计学》，湖南人民出版社1998年版。

郑功成：《灾害经济学》，湖南人民出版社1998年版。

刘波、姚清林、卢振恒、马宗晋：《灾害管理学》，湖南人民出版社1998年版。

王子平：《灾害社会学》，湖南人民出版社1998年版。

曹建民：《中国全史：赋税史、救荒史、救灾史》，经济日报出版社1999年版。

范宝俊：《中国自然灾害史与救灾史》，当代中国出版社1999年版。

梁其姿：《施善与教化——明清的慈善组织》，河北教育出版社2001年版。

江立华、孙洪涛：《中国流民史（古代卷）》，安徽人民出版社2001年版。

曹树基：《中国人口史（清时期）》，复旦大学出版社2001年版。

复旦大学历史地理研究中心主编：《自然灾害与中国社会历史结构》，复旦大学出版社2001年版。

康沛竹：《灾荒与晚清政治》，北京大学出版社2002年版。

孙绍聘：《中国救灾制度研究》，商务印书馆2004年版。

王卫平、黄鸿山：《中国古代传统社会保障与慈善事业：以明清时期为重点的考察》，群言出版社2005年版。

陈桦、刘宗志：《救灾与济贫——中国封建时代的救助活动（1750—1911）》，中国人民大学出版社2005年版。

汪汉忠：《灾害、社会与现代化——以苏北民国时期为中心的考察》，社会科学文献出版社2005年版。

曹树基、李玉尚：《鼠疫：战争与和平——中国的环境与社会变迁（1230—1960年）》，山东画报出版社2006年版。

张崇旺：《明清时期江淮地区的自然灾害与社会经济》，福建人民出版社2006年版。

杨煜达：《清代云南季风气候与天气灾害研究》，复旦大学出版社2006年版。

［法］魏丕信：《十八世纪中国的官僚制度与荒政》，江苏人民出版社

2006年版。

卜风贤：《农业灾荒论》，中国农业出版社2006年版。

朱浒：《地方性流动及其超越：晚清义赈与近代中国的新陈代谢》，中国人民大学出版社2006年版。

赫治清：《中国古代灾害史研究》，中国社会科学出版社2007年版。

曹树基：《田祖有神：明清以来的自然灾害及其社会应对机制》，上海交通大学出版社2007年版。

李文海、夏明方：《天有凶年：清代灾荒与中国社会》，生活·读书·新知三联书店2007年版。

周琼：《清代云南瘴气与生态变迁研究》，中国社会科学出版社2007年版。

杨伟兵：《云贵高原的土地利用与生态变迁》，上海人民出版社2008年版。

张艳丽：《嘉道时期的灾荒与社会》，人民出版社2008年版。

朱凤祥：《中国灾害通史》（清代卷），郑州大学出版社2009年版。

张祥稳：《清代乾隆时期自然灾害与荒政研究》，中国三峡出版社2010年版。

［美］艾志端：《铁泪图：19世纪中国对于饥馑的文化反应》，江苏人民出版社2011年版。

赵晓华：《救灾法律与清代社会》，社会科学文献出版社2011年版。

张祖平：《明清时期政府社会保障体系研究》，北京大学出版社，2012年版。

郝平：《丁戊奇荒：光绪初年山西灾荒与救济研究》，北京大学出版社2012年版。

朱浒：《民胞物与：中国近代义赈（1876—1912）》，人民出版社2012年版。

谢永刚：《中国模式：防灾救灾与灾后重建》，经济科学出版社2015年版。

陈征平：《近代西南边疆民族地区内地化进程研究》，人民出版社2016年版。

吴四伍：《清代仓储的制度困境与救灾实践》，社会科学文献出版社

2018年版。

卜风贤：《历史灾荒研究的义界与例证》，中国社会科学出版社2018年版。

萧公权：《中国乡村——19世纪的帝国控制》，九州出版社2018年版。

夏明方、郝平主编：《灾害与历史》（第一辑），商务印书馆2018年版。

白丽萍：《清代长江中游地区的仓储和地方社会》，中国社会科学出版社2019年版。

侯玲：《灾害治理社会脆弱性研究》，科学出版社2019年版。

夏明方：《文明的"双相"》，广西师范大学出版社2020年版。

李良品：《明清时期西南民族地区乡村社会与国家关系研究》，重庆大学出版社2020年版。

［日］吉井博明、［日］田中淳编著：《灾害与社会》，商务印书馆2020年版。

闵祥鹏：《黎元为先：中国灾害史研究的历程、现状与未来》，生活·读书·新知三联书店，2020年版。

周琼：《清前期重大自然灾害与救灾机制研究》，科学出版社2021年版。

郝平主编：《中国灾害志·断代卷·清代卷》，中国社会出版社2021年版。

夏明方、郝平主编：《灾害与历史》（第二辑），商务印书馆2021年版。

四　学术论文类

李向军：《清代救灾的基本程序》，《中国经济史研究》1992年第4期。

李向军：《清代救荒措施述要》，《社会科学辑刊》1992年第4期。

李向军：《清代前期的荒政与吏治》，《中国社会科学院研究生院学报》1993年第3期。

李向军：《清前期的灾况、灾蠲与灾赈》，《中国经济史研究》1993年第3期。

李向军：《清代前期荒政评价》，《首都师范大学学报》1993年第5期。

李文海：《晚清义赈的兴起与发展》，《清史研究》1993年第3期。

张岩：《试论清代的常平仓制度》，《清史研究》1993年第4期。

谢应齐、黄华秋、赵华柱：《云南干旱灾害初步研究》，《云南大学学报（自然科学版）》1994年第1期。

李向军：《清代救灾的制度建设与社会效果》，《历史研究》1995年第5期。

康沛竹：《清代仓储制度的衰败与饥荒》，《社会科学战线》1996年第3期。

王水乔：《清代云南米价的上涨及其对策》，《云南学术探索》1996年第5期。

王水乔：《清代云南的仓储制度》，《云南民族学院学报（哲学社会科学版）》1997年第3期。

叶依能：《清代荒政述论》，《中国农史》1998年第4期。

康沛竹：《晚清灾荒频发的政治原因》，《社会科学战线》1999年第3期。

李玉尚、曹树基：《咸同年间的鼠疫流行与云南人口的死亡》，《清史研究》2001年第2期。

李玉尚、曹树基：《清代云南昆明的鼠疫流行》，《中华医史杂志》2003年第2期。

朱浒：《二十世纪清代灾荒史研究述评》，《清史研究》2003年第2期。

夏明方：《中国灾害史研究的非人文化倾向》，《史学月刊》2004年第3期。

古永继：《历史上的云南自然灾害考析》，《农业考古》2004年第1期。

赵晓华：《清代的因灾恤刑制度》，《学术研究》2006年第10期。

王卫平：《光绪二年苏北赈灾与江南士绅——兼论近代义赈的开始》，《历史档案》2006年第1期。

杨煜达、满志敏、郑景云：《清代云南雨季早晚序列的重建与夏季风变迁》，《地理学报》2006年第7期。

杨煜达、满志敏、郑景云等：《1711—1911年昆明雨季降水的分级重建与初步研究》，《地理研究》2006年第6期。

张建民：《饥荒与斯文：清代荒政中的生员赈济》，《武汉大学学报（人文科学版）》2006 年第 1 期。

杨煜达：《清代昆明地区（1721—1900 年）冬季平均气温序列的重建与初步分析》，《中国历史地理论丛》2007 年第 1 期。

朱浒：《地方社会与国家的跨地方互补——光绪十三年黄河郑州决口与晚清义赈的新发展》，《史学月刊》2007 年第 2 期。

杨煜达：《清代档案中气象资料的系统偏差及检验方法研究——以云南为中心》，《历史地理》2007 年。

江太新：《清代救灾与经济变化关系试探——以清代救灾为例》，《中国经济史研究》2008 年第 3 期。

陈锋：《清代"康乾盛世"时期的田赋蠲免》，《中国史研究》2008 年第 4 期。

张祥稳：《清代乾隆政府灾害救助中之"截拨裕食"问题》，《中国农史》2008 年第 4 期。

黄祐：《晚清时期民间义赈活动探析》，《广西社会科学》2008 年第 12 期。

严奇岩：《明清贵州水旱灾害的时空分部及区域特征》，《中国农史》2009 年第 4 期。

皇甫岗：《云南地震活动性研究》，博士学位论文，中国科学技术大学，2009 年。

李永强：《云南人员震亡研究》，博士学位论文，中国科学技术大学，2009 年。

王明东：《清代云南赋税蠲免初探》，《思想战线》2010 年第 3 期。

许新民：《近代云南瘟疫流行考述》，《西南交通大学学报（社会科学版）》2010 年第 4 期。

谢忠强：《"官赈"、"商赈"与"教赈"：近代救灾主体的力量合流——以"丁戊奇荒"山西救灾为例》，《华南农业大学学报（社会科学版）》2010 年第 2 期。

闫文博：《清代仓储制度研究述评》，《中国史研究动态》2011 年第 2 期。

周琼：《清代审户程序研究》《郑州大学学报（哲学社会科学版）》

2011年第6期。

周琼：《乾隆朝"以工代赈"制度研究》，《清华大学学报（哲学社会科学版）》2011年第4期。

李光伟：《清代田赋蠲缓研究之回顾与反思》，《历史档案》2011年第3期。

刘雪松：《清代云南鼠疫流行区域变迁的环境与民族因素初探》，《原生态民族文化学刊》2011年第4期。

刘雪松：《清代云南鼠疫的环境史研究》，硕士学位论文，云南大学，2011年。

李新喜：《清代云南救灾机制刍探》，硕士学位论文，云南大学，2011年。

李玉尚、顾维方：《都天与木莲：清代云南鼠疫流行与社会秩序重建》，《社会科学研究》2012年第1期。

刘红晋：《云南历史旱灾及防控措施研究》，硕士学位论文，西北农林科技大学，2012年。

李月声：《清代中前期云南赋役制度变化对农业生产发展的影响》，硕士学位论文，云南大学，2012年。

张学渝：《云南历史上的旱灾与应对措施研究》，硕士学位论文，云南农业大学，2012年。

王璋：《灾荒、制度、民生——清代山西灾荒与地方社会经济研究》，博士学位论文，南开大学，2012年。

周琼：《乾隆朝粥赈制度研究》，《清史研究》2013年第4期。

何术林：《明清时期乌江流域水旱灾害的初步研究》，硕士学位论文，西南大学，2013年。

李光伟：《清代钱粮蠲缓积弊及其演变》，《明清论丛》2014年第2期。

周琼：《清代赈灾制度的外化研究——以乾隆朝"勘不成灾"制度为例》，《西南民族大学学报（人文社科版）》2014年第1期。

周琼：《云南历史灾害及其记录特点》，《云南师范大学学报（哲学社会科学版）》2014年第6期。

李苏：《清代云南水旱灾害与社会应对研究》，硕士学位论文，云南师范大学，2014年。

胡蝶：《清代云南省疫灾地理规律与环境机理研究》，硕士学位论文，华中师范大学，2014 年。

严凤：《清代云南地震灾害及其应对研究》，硕士学位论文，云南师范大学，2014 年。

徐凤梅：《明清时期贵州瘴气的分布变迁》，硕士学位论文，贵州师范大学，2014 年。

李鹏飞：《清水江下游地区自然灾害初步研究（1459—1949）——兼谈经济活动、社会规约与自然灾害之关系》，《原生态民族文化学刊》2015 年第 3 期。

姚佳琳：《清嘉道时期云南灾荒研究》，硕士学位论文，云南大学，2015 年。

朱加芬：《乾隆时期的救灾制度及在云南的实践》，硕士学位论文，云南大学，2015 年。

张明、张寒梅、杨春华、肖敏：《清代清水江流域自然灾害初探——以清水江文书和地方志为中心的考察》，《贵州大学学报（社会科学版）》2016 年第 6 期。

吴才茂、冯贤亮：《请神祈禳：明清以来清水江地区民众日常灾害防范习俗研究》，《江汉论坛》2016 年第 2 期。

周琼：《天下同治与底层认可：清代流民的收容与管理——兼论云南栖流所的设置及特点》，《云南社会科学》2017 年第 3 期。

吴四伍：《清代仓储的经营绩效考察》，《史学月刊》2017 年第 5 期。

韩基凤：《清嘉道时期贵州民族地区赈济研究》，硕士学位论文，贵州民族大学，2017 年。

朱浒：《中国灾害史研究的历程、取向及走向》，《北京大学学报（哲学社会科学版）》2018 年第 6 期。

赖锐：《清代云南水旱灾害时空分布特征初探》，《农业考古》2019 年第 3 期。

周琼：《农业复苏及诚信塑造：清前期官方借贷制度研究》，《清华大学学报（哲学社会科学版）》2019 年第 1 期。

李光伟：《清代田赋灾蠲制度之演变》，《中国高校社会科学》2019 年第 2 期。

赵文婷：《清代贵州灾荒赈济研究》，硕士学位论文，西南大学，2019。

杨春华：《清代清水江流域自然灾害与社会变迁研究》，硕士学位论文，贵州大学，2019年。

王国梁：《贵州士绅的形成、发展和转型研究（1413—1911年）》，博士学位论文，云南大学，2019年。

李光伟：《清中后期西南边疆田赋蠲缓与国家财政治理》，《史学月刊》2020年第2期。

李光伟：《清代普免制度的形成及其得失》，《历史研究》2021年第4期。

周琼：《清前期灾害信息上报制度建设初探》，《兰州大学学报（社会科学版）》2021年第4期。

李伯重：《信息收集与国家治理：清代的荒政信息收集系统》，《首都师范大学学报（社会科学版）》2022年第11期。

后 记

我自幼生长于云南省会泽县乌蒙山主峰地段的农村，山高、坡陡、谷深的地形地貌和高寒、冷凉的气候条件是造成会泽山区、半山区长期贫困的主要因素。自从记事起，村庄里的每一条山沟里都有潺潺流水，滋养着房屋周围的一整片梯田，田间的蛙声和稻香充斥着我的童年，亦不乏冰雹伤坏烟草、滑坡土石掩埋禾稼和干旱造成粮食减产等灾害体验，当然还有对村民口耳相传下来的历史时期村里缺衣少食这一灾害史实的历史记忆。然而近20余年来，由于气候变暖进入加速期和温室效应导致的极端气候增加，山涧溪流逐渐断绝，水田被改造成旱地，从推广烟草栽种到全部种植玉米，我见证了气候变化改变村庄生态环境的整个过程，对于环境灾害频发致使村民生产和生活艰难的事实，我感同身受。2009年至2012年，云南遭50年一遇的特大旱灾，水库干涸、河水断流、庄稼绝收，冬春连旱和持续性的高温少雨造成全省七百多万人口、四百多万头大牲畜饮水困难，解决人畜饮水问题成为抗大旱、保民生、促春耕的首要任务，会泽亦拉开了一场战天斗地的抗旱救灾大会战，这是我印象最为深刻的一次灾害。毋庸置疑，从小到大对灾害的体验和记忆对我所选择的灾荒史研究不无影响。

本书是在我2013年9月至2019年6月攻读博士学位（硕博连读）期间完成的毕业论文的基础上修改而成，是业师周琼教授呕心沥血指导的结果，也是她担任首席专家的国家哲学社会科学基金重大项目"中国西南少数民族灾害文化数据库建设"的系列成果之一。从选题立意到框架结构，从档案资料查阅到章节内容写作，再到观点提炼和最后的修改完善，都倾注和凝结着周琼教授的心血。在完成论文初稿的写作之后，每当我敲开办公室的门拜谒，周琼教授都从繁忙的研究所事务或科研工作中腾出时间，对我的论文修改予以悉心指导，并提出诸多中肯而又富有学术思想的修改建议。周琼教授学识宏富、治学严谨，在环境史和灾荒史研究两个领域提出了站位前沿、富有创见的学术观点和新论断。我的每一次虚心请教，都会在她哪里获得如同醍醐灌顶般的点拨，以及不厌其烦的引导和鼓励。

2013年9月，我从文山学院考入云南大学西南环境史研究所，并于2015年10月9日获得硕博连读的宝贵机会，在周琼教授的谆谆教诲、循循善诱之下，我得以将记忆中的零星碎片拼凑起来。从2013年1月5日至6日研究生考试算起，我已随周琼教授求学十六个寒暑，无论是专业基础知识的学习，还是研究理论的提升和方法的借鉴，或者是个人品行的陶冶和涵养，抑或是良好的学习习惯和生活方式的养成，都到周琼教授潜移默化的感染和影响。从硕士和博士阶段的学习迄今，周琼教授高尚的师德和恪尽职守的敬业精神，激励着我在学业上不断进步，并督促我在浩瀚的书海思考环境史学研究的价值和探寻灾荒史未知世界的乐趣。同样重要的是，无论是学习、科研还是生活上，周琼教授都给予了我无私帮助和无微不至的关心，这是我人生中最宝贵的精神财富和经历，师恩难忘，我将永远铭记于心。

在论文资料收集期间，中国人民大学清史研究所的赵珍教授、李光伟副教授，国家清史编纂委员会项目中心李岚老师、魏晋老师、梁从国老师以及孔勇博士、王楠博士，他们在我查阅档案资料的过程中提供了莫大的帮助，他们的无私奉献让我心怀感恩！2018年国庆节期间，我还专门到中国人民大学清史研究所拜访夏明方教授，他对我的论文写作也提出了指导性意见和建议，在此一并致以诚挚的谢意！论文得以修改出版，还要特别感谢我的论文开题报告指导专家林超民教授、廖国强教授、李益敏教授、邓瑞生高级工程师（教授级）、秦剑教高级工程师（教授级）、郭利华教授、毕清教授对论文选题和立意都提出了诸多宝贵意见，给我的论文写作带来启迪，在此由衷感谢他们！我还要感谢我的论文预答辩和答辩委员会成员杨正权教授、武友德教授、李伟教授、马翀炜教授、骆华松教授、胡兴东教授、吴映梅教授，他们在论文答辩过程中给予我的建设性的批评意见，对我的论文有大的帮助和启发，在此深表感谢！此外，我还要感谢在漫长的求学征途中关心我进步和成长的师长，德国海德堡大学金兰中

（Nanny Kim）教授、莱比锡大学白莎（Elisabeth Kaske）教授、伦敦大学亚非学院的安特利娅·杨库（Andrea Janku）教授、中国台湾东华大学王鸿濬教授和文山学院的杨永福教授，他们曾在学术上给了我很多有益的建议和指引。

人类文明史是一部同疾病和灾难斗争的历史，传染性疾病的预防和危机处理是推进公共健康治理体系和治理能力现代化过程中的重要议题，推进公共卫生治理是构建人类卫生健康共同体的具体实践。2019年6月博士毕业后，我有幸跟随何明教授从事博士后的研究，是他引领我走进了公共卫生人类学这一全新的研究领域。2022年3月，我请何老师为书稿赐序时，他当即慨允，他在文中也为书稿提出了宝贵的意见和建议。在此表示诚挚的谢意！

书稿亦是西南环境史研究所集体努力的结果，尤其是在论文写作和答辩期间，先后得到西南环境史研究所同仁的协助和支持。耿金老师在论文答辩的过程中予以帮助，使论文答辩得以顺利进行；研究所的师弟、师妹们替我分担了大部分研究所的日常事务和科研管理工作事务，让我有充裕的时间去思考、斟酌和写作。同门同窗之谊，亦是我人生珍贵的记忆。在此谨表感谢！

诚然，我的求学之路亦有诸多亲朋好友的鼓励和支持，诸如家族里的爷爷聂国斌先生、姑姑聂琪和聂玲，在我学习和生活中遇到困难的时候，他们曾给予我无微不至的关怀和帮助，使我得以克服困难和顺利完成学业。挚友李琼、吴锋欣、王永平、胡宗飞等亦在求学的征途上多方勉励。谨此一并向他们表示由衷的谢意！

最后，我要特别感谢我慈爱的父母和勤劳的兄弟，是他们在学业上给予我理解、宽容和勉励，他们的无私关爱激励我在学业上更加勤奋和进步。我懂得，学习不仅是一个日积月累、循序渐进的过程，更是需要用一生去坚持的事业，我个人的求学之路无比漫长，乐在其中，苦亦在其中。我深知，父母日出而作、日落而息的劳苦才是真正的苦，每逢假期和家人团聚时的欢愉才是真正的快乐。从1994年上学前班伊始，至2021年已逾二十七载，从高考失利到鼓起勇气两次复读，我始终坚信读书改变命运、知识改变人生。我清楚，我能够从会泽乌蒙大山里走出来直至读到博士毕业，离不开父母的勤劳养育和兄弟的大力支持，而我对他们却亏欠甚多，我将在今后的工作中更加勤奋努力，争取以优异的成绩来回报我的家人。我能想到最幸福的事——做一个孝敬父母的好孩子！

赘语心声。回首自己研究生阶段的求学历程，是西南环境史研究所这个平台给了我太多的惠益，是业师周琼教授给了我探索新知和努力进步的方向，关于西南环境史研究所的点点滴滴都值得永久珍藏！我永远铭记和怀念云南大学英华园北学楼西南环境史研究所门口曾种植有一株藤蔓常青的绿植，以及时至深夜办公室里依旧亮着的白炽灯。2019年6月获得云南大学历史与档案学院研究生优秀论文，2021年12月获得云南大学优秀博士学位论文，这仅仅是对我研究生阶段学习经历的一种认可，我深知尚有诸多需要努力和改进之处，"路漫漫其修远兮，吾将上下而求索"，以学术为志业，"天道酬勤、力耕不欺"。

本书的出版还得到云南省第二批"云岭学者"培养项目"中国西南边疆发展环境监测及综合治理研究"的资助，在此谨对项目负责人杨林教授致以诚挚的谢意！

云南大学东陆园
2022年5月31日